Anne Springer
Alf Gerlach
Anne-Marie Schlösser (Hg.)

Macht und Ohnmacht

Das Anliegen der Buchreihe Bibliothek der Psychoanalyse besteht darin, ein Forum der Auseinandersetzung zu schaffen, das der Psychoanalyse als Grundlagenwissenschaft, als Human- und Kulturwissenschaft und als klinische Theorie und Praxis neue Impulse verleiht. Die verschiedenen Strömungen innerhalb der Psychoanalyse sollen zu Wort kommen, und der kritische Dialog mit den Nachbarwissenschaften soll intensiviert werden. Bislang haben sich folgende Themenschwerpunkte herauskristallisiert:

Die Wiederentdeckung lange vergriffener Klassiker der Psychoanalyse – wie beispielsweise der Werke von Otto Fenichel, Karl Abraham, W. R. D. Fairbairn und Otto Rank – soll die gemeinsamen Wurzeln der von Zersplitterung bedrohten psychoanalytischen Bewegung stärken. Einen weiteren Baustein psychoanalytischer Identität bildet die Beschäftigung mit dem Werk und der Person Sigmund Freuds und den Diskussionen und Konflikten in der Frühgeschichte der psychoanalytischen Bewegung.

Im Zuge ihrer Etablierung als medizinisch-psychologisches Heilverfahren hat die Psychoanalyse ihre geisteswissenschaftlichen, kulturanalytischen und politischen Ansätze vernachlässigt. Indem der Dialog mit den Nachbarwissenschaften wiederaufgenommen wird, soll das kultur- und gesellschaftskritische Erbe der Psychoanalyse wiederbelebt und weiterentwickelt werden.

Stärker als früher steht die Psychoanalyse in Konkurrenz zu benachbarten Psychotherapieverfahren und der biologischen Psychiatrie. Als das anspruchsvollste unter den psychotherapeutischen Verfahren sollte sich die Psychoanalyse der Überprüfung ihrer Verfahrensweisen und ihrer Therapie-Erfolge durch die empirischen Wissenschaften stellen, aber auch eigene Kriterien und Konzepte zur Erfolgskontrolle entwickeln. In diesen Zusammenhang gehört auch die Wiederaufnahme der Diskussion über den besonderen wissenschaftstheoretischen Status der Psychoanalyse.

Hundert Jahre nach ihrer Schöpfung durch Sigmund Freud sieht sich die Psychoanalyse vor neue Herausforderungen gestellt, die sie nur bewältigen kann, wenn sie sich auf ihr kritisches Potential besinnt.

BIBLIOTHEK DER PSYCHOANALYSE
HERAUSGEGEBEN VON HANS-JÜRGEN WIRTH

Anne Springer
Alf Gerlach
Anne-Marie Schlösser (Hg.)

Macht und Ohnmacht

Psychosozial-Verlag

Bibliografische Information Der Deutschen Bibliothek
Die Deutsche Bibliothek verzeichnet diese Publikation in der Deutschen
Nationalbibliografie; detaillierte bibliografische Daten sind im Internet
über <http://dnb.ddb.de> abrufbar.

Originalausgabe
© 2005 Psychosozial-Verlag
Goethestr. 29, D-35390 Gießen.
Tel.: 0641/77819; Fax: 0641/77742
e-mail: info@psychosozial-verlag.de
www.psychosozial-verlag.de
Umschlagabbildung: © 2004 Peter von Tresckow
Umschlaggestaltung: Peter von Tresckow
nach Entwürfen des Ateliers Warminski, Büdingen.
Lektorat: Vera Kalusche
Satz: Katharina Appel
Printed in Germany
ISBN 3-89806-469-7

Inhalt

Übertragung: Inszenierung und Reinszenierung von Macht

Machtstrukturen in psychoanalytischen Institutionen

Kinderanalytisches Forum

Inhalt

Vorwort

Anne Springer, Alf Gerlach, Anne-Marie Schlösser

Im vorliegenden Band veröffentlichen wir die Vorträge des Jahreskongresses 2004 der *Deutschen Gesellschaft für Psychoanalyse, Psychotherapie, Psychosomatik und Tiefenpsychologie.* Mit dem Tagungsthema »Macht und Ohnmacht« formulierte die DGPT ihr Interesse an einem Thema, das Psychoanalytiker und Psychoanalytikerinnen in vielfältiger Weise beschäftigt: in der alltäglichen Welt der Politik und Gegenwartsgeschichte, in ihren Verbänden, Aus- und Weiterbildungsinstituten, im Behandlungsraum und bezogen auf die innere Welt der Patienten und Patientinnen.

Macht und Ohnmacht – Aktivität und Passivität – bilden ein Gegensatzpaar, das Freud als eine der wichtigen Polaritäten im Menschen bezeichnete: eine Polarität, die die menschliche Trieb- und Beziehungsstruktur mitbestimmt und die sich im Sadismus/Masochismus manifestiert.

Als Psychoanalytiker sind wir nachhaltig und immer wieder befasst mit der Komplexität von Macht- und Herrschaftsstrukturen in der inneren und äußeren Realität, die wir erleiden *und* mitgestalten.

Im Behandlungsraum sind wir alltäglich mit Macht- und Ohnmachtsphantasien konfrontiert und mit der Versuchung, diese (mit) zu agieren oder zu inszenieren. Dieser Versuchung zu erliegen hieße, gegen das Gebot der Abstinenz zu verstoßen. Im politischen und kulturellen Raum »draußen« sind wir alltäglich gefordert, uns im Spannungsfeld von Demokratie und Macht zu bewegen, dieses Feld mitzugestalten und für die Realität der auch allgegenwärtigen Ohnmacht eine Sprache und einen Ort zu finden.

Die Psychoanalytiker und Psychoanalytikerinnen, die anlässlich dieser Tagung in Berlin über »Macht und Ohnmacht« nachdachten, sprachen an einem Ort, der konnotiert ist mit den Zivilisationsbrüchen, die Deutschland zu verantworten hat als Erbe einer Gesellschaft, in der die Macht idealisiert und die Ohnmacht entwertet wurde.

Das Traumatisierende an der Macht

Mario Erdheim

Die Krankheit der Macht

Der Nachweis der traumatisierenden Wirkungen der Ohnmacht ist leicht zu erbringen. Wer ohnmächtig ist, leidet, hat keine Kraft mehr zum Handeln, ist gelähmt und kann in extremen Situationen zwischen Phantasie und Realität kaum mehr unterscheiden. Das Traumatisierende an der Macht hingegen, ist schwerer zu erfassen. Man neigt ohnehin dazu, den Mächtigen als Täter zu betrachten, und es hat etwas von einem Tabubruch, wenn man vom Trauma der Täter spricht. Oft wird dann auch der Verdacht geäußert, man wolle die Täter lediglich entschuldigen und sie womöglich auf die gleiche Stufe wie die Opfer stellen.

Als ich dennoch der Frage nachging, ob der Macht auch ein traumatisierender Effekt anhaftet, der sich gegen den Machthaber richtet, war mir die Beschäftigung mit den Bildern und Metaphern der Macht ein erster wichtiger Zugang. Diese Bilder beeinflussen und bestimmen, was Menschen wahrnehmen dürfen und zu Theorien verarbeiten können. Der französische Philosoph Gaston Bachelard hat in seiner *Psychoanalyse des Feuers* bereits 1938 auf die Bedeutung der unbewussten Bilder hingewiesen:

> Man kann nur erforschen, was man vorher geträumt hat. Die Wissenschaft entwickelt sich viel eher aus einer Träumerei als aus einer Erfahrung, und es bedarf sehr vieler Erfahrungen, um die Nebel eines Traumes zu zerstreuen. (Bachelard 1938, S. 41f.)

Es wäre in der Tat ein spannendes Unterfangen den Träumen, Phantasien und Bildern von Ethnologen, Soziologen, Ökonomen und Psychologen nachzugehen, insbesondere dann, wenn sie sich in ihren wissenschaftlichen Theorien mit Gewalt, Macht und Herrschaft auseinandersetzen. Vermutlich gilt oft das als wissenschaftlich, was am besten die dahinter liegenden Träume kaschieren kann: Je blasser die Sprache, angereichert mit Metaphern aus Naturwissenschaft oder Technik und mit mathematischen Formeln oder Tabellen bestückt, je rigoroser die Gliederung und die Anmerkungen, desto besser können letztlich die Träume von Macht und

Herrschaft, denen die Wissenschaftler selbst nachhängen, unbewusst gehalten werden.

Die bekannte Max Weber'sche Definition der Macht lautet:

> Macht bedeutet jede Chance, innerhalb einer sozialen Beziehung den eigenen Willen auch gegen Widerstreben durchzusetzen, gleichviel worauf diese Chance beruht. Herrschaft soll heißen die Chance, für einen Befehl bestimmten Inhalts bei angebbaren Personen Gehorsam zu finden; Disziplin soll heißen die Chance, kraft eingeübter Einstellung für einen Befehl prompten, automatischen und schematischen Gehorsam bei einer angebbaren Vielheit von Menschen zu finden. (Weber 1956, S. 38)

Ich frage zuerst einmal: Was passiert mit jemandem, der seinen Willen auch gegen das Widerstreben des anderen durchsetzen kann? ›Macht haben‹ bedeutet nach Max Weber, dass man eine Position einnimmt, in der es einem im Hinblick auf die Ausführung eines erteilten Befehls gleichgültig sein kann, ob der andere, der Befehlsempfänger, den Inhalt des Befehls gut findet oder nicht. Die Haltung des anderen spielt also keine Rolle und die Macht des Befehlshabers erscheint umso stabiler und gesicherter, je weniger Rücksichten er auf die Einstellung des Befehlsempfängers nehmen muss. Es stellt sich psychisch eben das ein, was Freud in *Massenpsychologie und Ich-Analyse* beschreibt:

> (...) sein [des Führers] Wille bedurfte nicht der Bekräftigung durch den anderer. Wir nehmen konsequenterweise an, daß sein Ich wenig libidinös gebunden war, er liebte niemand außer sich, und die anderen nur, insoweit sie seinen Bedürfnissen dienten. Sein Ich gab nichts Überschüssiges an die Objekte ab. (Freud 1921, S. 327)

Wer die Möglichkeit wahrnimmt, Macht auszuüben – und das ist ein weites Feld: Erwachsene gegenüber Kindern, Vorgesetzte im Büro, Vortragende im Saal, Therapeuten, Politiker – liebt niemanden außer sich, wenigstens in dem Moment, da er die Macht ausübt, und wenn er dann doch noch liebt, so nur insoweit die anderen seinen Bedürfnissen dienen. Wer an der Macht ist, der ist von seinem Narzissmus absorbiert, und dieser Narzissmus ist bekanntlich sehr verletzlich. Die Macht hat in diesem Bereich zwei teils entgegengesetzte Wirkungen: Erstens stimuliert und verstärkt sie den Narzissmus des Machthabers und zweitens schützt sie ihn davor narzisstisch verletzt zu werden. Je mehr Macht nun jemand akkumuliert, desto verletzlicher *und* sicherer wird er, was ja einen Widerspruch bedeutet, einen Widerspruch allerdings, der eine große, tendenziell in eine Katastrophe einmündende Dynamik auslöst: Weil man verletzlich wird, muss man seine Macht ausbauen; und dieses Mehr an Macht verstärkt wiederum die Verletzbarkeit, was zu weiteren Anstrengungen führt, die Macht zu erweitern. Der Machthaber kommt somit nie ans Ziel – seine Verletzbarkeit wächst und wächst und nicht einmal die Überzeugung, man sei eigentlich ein Gott[1], kann den verhängnisvollen Prozess aufhalten.

Eine vorübergehende Entlastung von diesem Dilemma, die aber zugleich eine fatale Steigerung desselben bedeutet, bietet die Flucht in den Wahn, die Flucht in die Paranoia und in die Phantasie des Weltuntergangs. In seinem Aufsatz über die paranoide Erkrankung des sächsischen Gerichtspräsidenten Daniel Paul Schreber entwickelte Freud (1911) eine Reihe von Gedanken, die uns helfen können das Traumatisierende an der Macht besser zu verstehen. Schrebers Vorstellungen einer kosmischen Katastrophe, die er als einziger Mensch glaubte überlebt zu haben, verstand Freud als Produkt eines Zerfalls der Libidobesetzung:

> Der Kranke hat den Personen seiner Umgebung und der Außenwelt überhaupt die Libidobesetzung entzogen, die ihnen bisher zugewendet war; damit ist alles für ihn gleichgültig und beziehungslos geworden (...). Der Weltuntergang ist die Projektion dieser innerlichen Katastrophe; seine subjektive Welt ist untergegangen, seitdem er ihr seine Liebe entzogen hat. (Freud 1911, S. 307)[2]

Ich halte mich nicht lange an der Frage auf, was genau mit Libido gemeint ist und wie sie zu messen sei; vielmehr geht es mir darum zu verstehen, was mit Individuen passiert, die Macht haben und ihren Willen auch gegen Widerstreben durchsetzen können. Man kann erkennen, dass der Keim der Paranoia in dem Umstand liegt, dass der Befehlshaber auf Grund seiner Macht keine Rücksichten auf die, die ihm Gehorsam schulden, nehmen muss. Der Befehlshaber entzieht seiner Umwelt die Liebe, und wenn dieser Prozess des Beziehungsverlustes voranschreitet, wird ihm die ganze Umwelt gleichgültig. Bei ihm auftauchende Weltuntergangsphantasien sind nach Freud das Abbild eines lautlosen Verdrängungsprozesses:

---

[1] Gottkönige, wie Pharaonen oder Inka.

[2] Hier beschreibt Freud eindrücklich die Funktion des Eros, die Welt zusammen zu halten und vor dem Untergang zu bewahren.

(...) der eigentliche Verdrängungsvorgang besteht in einer Ablösung der Libido von vorher geliebten Personen – und Dingen. Er vollzieht sich stumm; wir erhalten keine Kunde von ihm, sind genötigt, ihn aus den nachfolgenden Vorgängen zu erschließen. Was sich uns lärmend bemerkbar macht, das ist der Heilungsvorgang, der die Verdrängung rückgängig macht und die Libido wieder zu den von ihr verlassenen Personen zurückführt. Er vollzieht sich bei der Paranoia auf dem Wege der Projektion. (Freud 1911, S. 308)

Nach Freud besteht also die eigentliche Krankheit in einem Libido-Rückzug; die Welt erstarrt dann zu Eis, und das Gefühl einer schrecklichen und schmerzhaften Einsamkeit ohne menschliches Echo erfasst das Individuum. Die Wahnbildung hingegen, die Vorstellung also einer Welt voller Feinde und Gefahren, fasst Freud auf als Heilungsversuch, als eine Wiederherstellung des emotionalen Bezuges zur Welt.

Diese gelingt nach der Katastrophe mehr oder minder gut, niemals völlig (...). Aber der Mensch hat eine Beziehung zu den Personen und Dingen der Welt wiedergewonnen, oft eine sehr intensive, wenn sie auch feindlich sein mag, die früher erwartungsvoll zärtlich war. (Ebd.)

Angst ist zwar ein schreckliches Gefühl, aber sie ist immerhin ein Gefühl und weckt den Eindruck, als Machthaber ließe sich etwas dagegen unternehmen: nämlich die Feinde suchen, enttarnen und ausrotten.

Elias Canetti bezeichnete in seinem Buch *Masse und Macht* Paranoia als »*Krankheit der Macht*«: »Eine Untersuchung dieser Krankheit nach allen Richtungen führt zu Aufschlüssen über die Natur der Macht, wie sie in dieser Vollständigkeit und Klarheit auf keine andere Weise zu erlangen sind.« (Canetti 1960, S. 516). Im paranoiden Wahnsystem, das oft in der Vorstellung gipfelt, mit Gott zu verkehren oder selbst gottähnlich zu sein, zeigt sich die gleichsam reine, von der Realität abgelöste und in diesem Sinne kompromisslose Macht. Die Paranoia ist der psychische Ausdruck von eigentlicher Allmacht: In ihr kommt die phantastische Dimension, die der Macht immer anhaftet, deutlich zum Vorschein. Und der Macht haftet immer auch diese phantastische Dimension an.

Wer, umgekehrt, die Macht untersucht, der kann auch ungeahnte Aufschlüsse über die Paranoia erhalten. Die Macht zeigt nämlich die reale Seite der Paranoia; Macht ist sozusagen real gewordene Paranoia. Die Machthaber, die fast wie Götter verehrt werden, aber zugleich hinter dem devoten Gebaren ihrer Untertanen ständig Komplotte und Aufruhr befürchten müssen, befinden sich in einer paranoiden Realität. Wer an der Macht ist, fühlt sich meist umstellt – und ist es oft auch tatsächlich. Sein Denken wird immer um die Macht kreisen und um die Frage, wie sie zu schützen, zu bewahren und auszudehnen wäre – vermeintlich im Dienste seines Überlebens.

Canetti untersuchte die Macht vor allem unter dem Aspekt des Überlebens: Macht ist für Canetti das, was in einem Kampf auf Leben und Tod das Überleben ermöglicht. Und aus dieser Sicht interpretiert er Schrebers paranoide Untergangsvorstellungen anders als Freud: Schreber betrachtete sich als letzten Überlebenden – die ganze Menschheit war bereits untergegangen: »Der einzige, der lebte, war er«, erklärt Canetti.

> Man hat nicht den Eindruck, dass diese Katastrophen sehr gegen den Willen Schrebers über die Menschheit hereingebrochen sind. (...) Die ganze Menschheit wird bestraft und ausgerottet, denn man hat sich erlaubt, gegen ihn zu sein. (...) Schreber bleibt als der einzige Überlebende zurück, weil er es selber so will. Er will der einzige sein, der auf einem riesigen Leichenfeld noch lebend steht, und dieses Leichenfeld enthält alle anderen Menschen. Darin erweist er sich nicht nur als Paranoiker; es ist die tiefste Tendenz in jedem ›idealen‹ Machthaber, als der Letzte am Leben zu bleiben. (Canetti 1960, S. 510)

Das hört sich alles sehr überspitzt an, und man wird höchstens eingestehen wollen, dass sich solche Verhältnisse in Extremsituationen herausbilden: in Hitlers letzten Tagen oder Stalins letzten Jahren. Aber ich möchte an der These festhalten, dass *jede* Machtsituation paranoide Prozesse in sich birgt. Diese ergeben sich aus der Libidoablösung, zu der die Machtposition zwingt. Der Machthabende setzt seinen Willen auch gegen das Widerstreben des anderen durch; würde er ihn libidinös besetzen, müsste er auf dessen Widerstreben Rücksicht nehmen, müsste ihn mindestens zu überzeugen versuchen – was aber auf eine Verminderung seiner Macht hinausliefe. Es ist der Abzug der Libido, die die Welt des Machthabers in eine kalte Welt von manipulierbaren Objekten verwandelt. Der Ausdruck »Kadavergehorsam« deutet auch darauf hin, dass es sich um eine tote, verwesende Welt handelt. Die paranoiden Prozesse, die den Machthaber erfassen, seine Ängste vor den überall lauernden Feinden, die Hypochondrie, die seinen eigenen Körper in etwas Feindliches verwandelt, stellen den verzweifelten Versuch dar, doch noch einen emotionalen Bezug zur Welt zu finden.

Auch einen Vortrag zu halten, löst – bei manchem mehr, bei manchem weniger – paranoide Prozesse aus, die sich oft hinter dem verharmlosenden

Begriff des Lampenfiebers verbergen. Es geht um die Macht, die man beansprucht, wenn man »das Wort ergreift« und die Leute zuhören sollen. Bekannt ist, wie anstrengend es ist, sich an die Zeit, die einem eingeräumt worden ist, zu halten. Nach dem Vortrag fühlt man sich oft erschöpft und ist in der Regel enttäuscht über die Reaktionen, die man zu hören bekommt. Es sind Wunden und Schmerzen, die man – wie ja viele Sportler auch – gar nicht zur Kenntnis nehmen will. Oft schwört man sich, nie wieder einen Vortrag anzunehmen, aber will gar nicht so genau wissen, was eigentlich das Mühsame war. Das ist ein eher harmloses Beispiel. Dort, wo Hierarchien sich herausgebildet haben, weht ein schärferer Wind.

Ein Wechsel der Perspektive leitet vom Befehlshaber zum Befehlsempfänger über. Herrschaft, zitierte ich Max Weber

> soll heißen die Chance, für einen Befehl bestimmten Inhalts bei angebbaren Personen Gehorsam zu finden; Disziplin soll heißen die Chance, kraft eingeübter Einstellung für einen Befehl prompten, automatischen und schematischen Gehorsam bei einer angebbaren Vielheit von Menschen zu finden. (Weber 1956, S. 38)

Liest man hier vergleichsweise Canettis Überlegungen zum Befehl, so taucht eine zusätzliche Dimension der Macht auf. »Die Handlung, die unter Befehl ausgeführt ist«, schreibt Canetti,

> ist von allen anderen Handlungen verschieden. Sie wird als etwas Fremdes empfunden. (...) Der Ursprung des Befehls, der ein Fremdes ist, muss aber auch als Stärkeres anerkannt sein. Man gehorcht, weil man nicht mit Aussicht auf Erfolg kämpfen würde. (Canetti 1960, S. 349)

Canetti thematisiert hier das, was die *Chance* ausmacht, *Gehorsam zu finden,* nämlich Ohnmacht und Gewalt. Man gehorcht, weil man unterlegen ist:

> Die Macht des Befehls muss unangezweifelt sein; hat sie nachgelassen, so muss sie bereit sein, sich durch Kämpfen wieder zu bewähren. (...) Siegreiche Kämpfe leben in Befehlen weiter; in jedem befolgten Befehl wird ein alter Sieg erneuert. (Ebd., S. 349)

Obwohl Max Weber als Begründer der verstehenden Soziologie gilt, machte er sich nie große Gedanken darüber, dass auch das Verstehen seinen sozialen Ort hat. Der Herrschende versteht und beachtet nämlich anderes als der

Beherrschte. Bei Max Weber war die Identifikation mit der Herrschaft ganz fraglos. Canetti hingegen versuchte die Herrschaft vom sozialen Ort des Beherrschten her zu verstehen, und eine Entdeckung, die er dabei machte, war der »Stachel«:

> Jeder Befehl besteht aus einem Antrieb und einem Stachel. Der Antrieb zwingt den Empfänger zur Ausführung, und zwar so wie es dem Inhalt des Befehls gemäß ist. Der Stachel bleibt in dem zurück, der den Befehl ausführt. Wenn Befehle normal funktionieren, so wie man es von ihnen erwartet, ist vom Stachel nichts zu sehen. Er ist geheim, man vermutet ihn nicht; vielleicht äußert er sich, kaum bemerkt in einem leisen Widerstand, bevor dem Befehle gehorcht wird. (Ebd.)

Max Weber interessierte sich nicht dafür, was im Individuum passiert, wenn es »*prompten, automatischen und schematischen Gehorsam*« leistet, und was es bedeutet, wenn, wie er in *Wirtschaft und Gesellschaft* schreibt, dem Befehl gehorcht wird, so,

> als ob [der Gehorchende] den Inhalt des Befehls um dessen selbst willen zur Maxime seines Verhaltens gemacht habe, und zwar lediglich um des formalen Gehorsamsverhältnisses halber, ohne Rücksicht auf die eigene Ansicht über den Wert oder Unwert des Befehls als solchen. (Weber 1956, S. 159)

Hier setzte Canetti mit seinen Betrachtungen ein: Jeder befolgte Befehl, das heißt jede Handlung, die man auf Geheiß eines anderen und ohne eigene Einsicht ausführte, hinterlässt im Individuum einen Stachel, der es zwingt, immer wieder gleich einsichtslos zu handeln. Kein Befehl geht laut Canetti je verloren;

> nie ist es mit seiner Ausführung wirklich um ihn geschehen, er wird für immer gespeichert. Die Befehlsempfänger, denen am gründlichsten mitgespielt wird, sind Kinder. Dass sie unter der Last von Befehlen nicht zusammenbrechen, dass sie das Treiben ihrer Erzieher überleben, erscheint wie ein Wunder. Dass sie es alles, nicht weniger grausam als jene, später an ihre eigenen Kinder weitergeben, ist so natürlich wie Beißen und Sprechen. Aber was einen immer überraschen wird, ist die Unverletzlichkeit, mit der sich Befehle aus der frühesten Kindheit erhalten haben: sie sind zur Stelle, sobald die nächste Generation ihre Opfer vorschickt. (...) Die Kraft, mit der das Kind Befehle empfängt, die Zähigkeit und Treue, mit der es sie bewahrt, ist nicht ein individuelles Verdienst (...) Jedes,

auch das gewöhnlichste Kind, verliert und vergibt keinen der Befehle, mit denen es misshandelt wurde. (Canetti 1960, S. 350)

Jeder war einst ein Kind und wurde mit Stacheln gespickt. Indem man »es« weitergibt, versucht man, mit den traumatisierenden Folgen jener Befehle zurechtzukommen. Manchen gelingt es vielleicht die Kette zu unterbrechen, aber es ist schwierig dem Wiederholungszwang zu widerstehen, den das Trauma in Gang bringt. Das gilt umso mehr, als es einer alten pädagogischen Maxime entspricht, dass, wer später einmal befehlen können soll, zuerst einmal selbst lernen muss sich Befehlen zu unterwerfen. Paul Parin hat in seinem Buch *Die Leidenschaft des Jägers* (2003) auf erschütternde Weise beschrieben, wie mit Hilfe der (Fuchs-)Jagd und des dabei einzuhaltenden Zeremoniells die heranwachsenden Angehörigen der herrschenden Klasse zum Befehlen dressiert werden. Aber die Jagd ist nur ein Mittel, eigentlich gehört die ganze so genannte sportliche Ertüchtigung auch dazu.

Vor diesem theoretischen Hintergrund möchte ich einige Aussagen von Joschka Fischer und Renate Schmidt, also von zwei sensiblen PolitikerInnen, zitieren, die irgendwie ahnen, was sie sich selber antun. Diese Aussagen entnehme ich dem Buch von Herlinde Koelbl (1999) *Spuren der Macht. Die Verwandlung des Menschen durch das Amt. Eine Langzeitstudie.*

Renate Schmidt und der Liebesverzicht

Renate Schmidt ist seit 2002 Bundesministerin für Familie, Senioren, Frauen und Jugend. 1991 wendete sich eine Interviewerin mit folgenden Worten an sie: »Sie sind eine sehr rührige Frau. Ständig in Bewegung, ständig unter Strom.« Schmidt antwortet:

> Dafür kann ich nichts. Das ist gewissermaßen angeboren. (...) Meine Nürnberger Mitarbeiter sagen: Wenn du in einen Raum kommst, dann ist außer dir nichts da. Und ein Freund meinte mal, ich hätte die Mentalität einer Dampfwalze. Das weise ich natürlich mit Entschiedenheit zurück, aber ich weiß auch, dass irgend etwas dran ist. (Koelbl 1999, S. 261)

Frau Schmidts Mitarbeiter erzählen also, wie das Erscheinen der Politikerin in einem Raum alle anderen Individuen zum Verschwinden bringt. Natürlich verschwinden sie nicht wirklich, sie sind ja weiterhin im Raum und wollen etwas von ihr, aber klar ist, wer wichtig ist und wer nicht. Alle

Aufmerksamkeit richtet sich auf die Politikerin. Und ein Freund von ihr sagt, sie sei wie eine Dampfwalze. Ein Merkmal von Dampfwalzen ist, dass sie auf nichts Rücksicht nehmen, sondern alles in den Boden walzen. Auf den ersten Blick geht es um Verletzungen, die die Politikerin den anderen beibringt, zum Beispiel indem sie als Dampfwalze über sie hinwegfährt. Hört man aber genauer hin, so merkt man, dass sie auf etwas antwortet, was im Grunde genommen Angst auslöst, nämlich dass sie so wirke, als ob sie unter Strom stünde. Woher kommt diese Spannung?

Auf die Frage, welche Eigenschaften sie bei sich selbst erkenne, antwortet sie:

> Ich bin wahnsinnig neugierig. Ich habe gerne die Fäden in der Hand. An manchen Tagen hadere ich mit mir selbst und denke, mein Gott, in dieser Sache hättest du viel mehr tun können. Per Saldo finde ich, so schlecht bin ich nicht. Aber ich neige dazu, andere zu überrollen, und bin gelegentlich zuwenig einfühlsam. Außerdem bin ich süchtig nach Selbstbestätigung. Oft bin ich nur halb so selbstbewusst, wie ich erscheine. Und deshalb suche ich auch die Resonanz und die Bestätigung von anderen. Das heißt, bisweilen überspiele ich eine gewisse Unsicherheit. (Ebd., S. 262f.)

Neugier ist eine Art libidinöser Bezug zur Umwelt, sie treibt das Individuum in die Welt hinaus. Aber wie ist es mit dem Wunsch die Fäden in der Hand haben zu wollen? Es geht um Kontrolle; und das ist nur ein anderes Wort für ›Macht‹. Was sich der Kontrolle entzieht, weckt Angst. Frau Schmidt wirft sich dann vor zu wenig getan zu haben. Selbstvorwürfe und die Gefahr von Selbstentwertung scheinen auf. Aber es gelingt ihr sich wieder zu beruhigen. Schon folgt die nächste Selbstattacke: Sie neige dazu, andere zu überrollen, und sei zu wenig einfühlsam und zudem süchtig nach Selbstbestätigung. Frau Schmidt individualisiert das Problem der Macht. Wer an der Macht ist, der muss sich narzisstisch aufladen, es ist die Grundstruktur der Macht, die durch das Energiegefälle zwischen Machtträger und Befehlsempfänger den narzisstischen Strom erzeugt, und es ist nicht ein Charakterfehler von Frau Schmidt. Wer Macht hat, ist nicht einfühlsam und wird süchtig nach Selbstbestätigung.

Frau Koelbl möchte gerne wissen: »Jahrelange politische Tätigkeit lässt sicherlich niemanden unverändert. Was mussten Sie von sich aufgeben, um das zu erreichen, was Sie erreicht haben? Welchen Preis mussten Sie bezahlen?« – »Sicherlich den Verlust an Liebe«, antwortet Frau Schmidt und fährt fort:

Das ist der Preis. Ich möchte diesen Preis nicht auf Dauer zahlen. Aber für eine begrenzte Zeit bin ich dazu bereit. Dafür habe ich eine der interessantesten Tätigkeiten bekommen, die diese Republik auf Zeit zu vergeben hat. Und die Einsicht in Zusammenhänge, die ich sonst nie bekommen hätte. Dafür lohnt es sich auf einiges zu verzichten. Aber ich versuche den Ausverkauf der eigenen Person im Geschäft der Politik so weit wie möglich zu verhindern. Das Leben als öffentliche Person bringt immer die Gefahr mit sich, blind für die eigenen Fehler und Schwächen zu werden. Daher brauche ich Menschen um mich, die mich darauf aufmerksam machen, wenn ich mich allzusehr verändere. Man darf sich nicht mit Jasagern umgeben, sondern muss Leute um sich haben, die einem auch mal sagen: Jetzt lass doch die Allüren, hier steht weit und breit keine Fernsehkamera! (Ebd., S. 265)

Es geht hier um den Preis der Macht und Frau Schmidt bezeichnet ihn klar: Man muss auf Liebe verzichten. Das kann vielerlei heißen, wichtig erscheint mir jedoch, dass dieser Preis von der Struktur der Macht gesetzt wird. Frau Schmidts Antwort erinnert an den Handel Fausts mit Mephisto: Sie bekommt die interessantesten Tätigkeiten und Einsichten in geheimnisvolle Zusammenhänge, muss dafür aber »auf einiges« verzichten. Aus dem Verzicht auf die Liebe ist nun der Verzicht auf einiges geworden. Wer aber auf Liebe verzichtet, ist bereits traumatisiert oder er bzw. sie ist gerade dabei traumatisiert zu werden. Hinzu kommt nun etwas anderes: »der Ausverkauf der Person im Geschäft der Politik«. Was kommt da in den Ausverkauf? Ausverkauf heißt, dass die Preise hinunter gesetzt werden, dass alles billiger wird, weil man es loswerden muss, und zwar um in der kommenden Saison neue Waren anbieten zu können. Die Metapher des Ausverkaufs entspringt der Selbstentwertungstendenz, die die narzisstische Wunde wieder aufreißt. Um diese zu behandeln, muss die Macht weiter ausgedehnt und müssen neue, wenn möglich höhere Ämter angestrebt werden.

Joschka Fischer und der Mount Everest

Im Gespräch mit Herlinde Koelbl bezeichnet Joschka Fischer sich 1992 *»als eine Art Kriegshäuptling«*. Sie greift dieses Bild auf und meint, Fischer würde häufig ein Kriegsvokabular benützen. Dazu meint Fischer:

Ich mag die aggressiven Untertöne. Ich mag den Streit und bin nun mal kein Mensch des Ausgleichs – wenn es darum geht, bin ich nicht ganz in meinem

Element. Ich bin am besten, wenn es zur Attacke geht. Es muss ätzen, dann fühle ich mich wohl. (Ebd., S. 23)

Im Folgenden zitiere ich aus zwei Interviews von Herlinde Koelbl mit Joschka Fischer aus den Jahren 1995 und 1998:

Koelbl: Könnten Sie sich eine Frau, zum Beispiel Heide Simonis, als Kanzlerin vorstellen?

Fischer: Warum denn nicht? Nur geht es ganz da oben nicht mehr nach dem Frauenbonus. Kanzler werden heißt, den Mount Everest ganz alleine und ohne Sauerstoffmaske zu erklimmen. Bis auf 7000 Meter kommen viele Talente. Das sind die Ministerpräsidenten, aber auf den letzten Metern bleiben viele festgefroren in der Wand hängen.

Koelbl: Woran liegt es denn, dass dieses letzte Wegstück so schwer zu bezwingen ist?

Fischer: Ich habe im Laufe der Jahre gelernt, dass vielen talentierten Politikern der letzte entscheidende Wille fehlt. Da steht ihnen das Ego im Weg. Und daran scheitern viele.

Koelbl: Mir fällt auf, dass Ihre Haare inzwischen fast ganz grau sind.

Fischer: Ich bin eben ein grauer alter Kater geworden. Dass die Haare grau wurden, ging los während der ersten rot-grünen Koalition in Hessen. Während dieser ersten mistigen 14 Monate wurden meine Haare im Wochenrhythmus weisser und weisser. Es war die Hölle, der absolute Alptraum. Ich dachte zum erstenmal in meinem Leben, das überlebe ich nicht. Deswegen sehe ich mittlerweile auch vieles so gelassen.

Koelbl: Hat sich außer den Haaren noch etwas verändert?

Fischer: Ich halte konstant das gleiche Übergewicht. Aber in dieser Republik sind jetzt sowieso die Dicken angesagt. Auch die SPD hat sich für einen Dicken entschieden. Das müssen Sie einfach sehen, Politiker, das sind die Menschen mit den schmalen Lippen. Weil man so viel wegstecken muss. Runterschlucken muss. Das ist überall so, wo man in eisigen Regionen rummacht. Ein Tritt daneben, und es geht abwärts.

Koelbl: Wie halten Sie das alles physisch durch? Was tun Sie, um sich zu regenerieren?

Fischer: Faulenzen. Einfach nichts tun. Am Computer sitzen, im Internet surfen, ein Buch lesen, blöde Filme im Fernsehen gucken, gemütliche Klamotten anhaben und einfach einen Tag verbummeln. Abends was Schönes essen gehen. Mich mit meiner Frau unterhalten, einkaufen gehen, Fußball spielen, ein ganz normales Leben führen, ohne große Ansprüche, außer beim Essen. Dabei erhole ich mich sehr schnell und wunderbar. (Ebd., S. 30)

Koelbl: »Machtinstinkt hat er zweifellos. Und Durchsetzungsvermögen. Aber er gehört auch zu dem Politikertyp, der sehr viel einsteckt und trotzdem durchhält.« Sind Sie damit zutreffend beschrieben?

Fischer: Das können Sie über mich sagen. Es ist vor allem richtig, dass ich nicht nur im Geben gut bin, sondern fast noch besser im Nehmen.

Koelbl: Sie haben Bundeskanzler Kohl in unserem Gespräch 1991 so beschrieben.

Fischer: Wir sind eben beide Widder. Und das sind einfach wichtige Eigenschaften, die Sie in der Politik oder überhaupt im Leben brauchen.

Koelbl: In den letzten Jahren haben Sie viel davon gesprochen, dass Sie Dinge tun müssen, die meditativen Charakter haben, um wieder zu sich zu kommen. Was ist davon übriggeblieben?

Fischer: Das Laufen. Im Moment bin ich allerdings von der Meditation weit entfernt. Dies lässt das neue Amt nicht zu. Aber das wird sich regeln. (Ebd., S. 35)

Den Bildern, die Joschka Fischer einfallen, wenn er von seiner Arbeit spricht, kann man einiges über das Traumatisierende an der Macht entnehmen. Wer sich im Krieg wähnt, wenn er seine Ziele durchsetzen will, muss Verletzungen, Wunden und Schmerzen in Kauf nehmen. Jeder Krieger ist traumatisiert, aber so lange er sich als Sieger vorkommt, kann er es zu verleugnen versuchen. Von der eisig dünnen Luft zu sprechen, die auf den Gipfeln der Macht herrscht, entspricht zwar einem Klischee, aber die Phantasie von den festgefrorenen Politikern, die an der Wand hängen, ist das eindrückliche Bild eines jener Überlebenden, von denen Canetti sprach. Und es hat etwas Gespenstisches an sich, wenn sich Fischer in der Frage der Macht von Helmut Kohl nicht mehr zu unterscheiden vermag und hilflos-ironisch auf das gemeinsame Sternzeichen verweist.

Ich fasse das Bisherige zusammen: Wer Macht ausüben will, muss wissen:

1. dass er sich auf etwas einlässt, das ihn früher oder später selbst traumatisieren wird, und

2. dass all das, was das Brimborium der Macht ausmacht – das Prestige, der Luxus, die unterwürfige Bewunderung, die ihm entgegengebracht wird, etc. –, ihn eben das zu verdrängen helfen soll. Wer an der Macht ist, darf nicht merken, dass er eigentlich traumatisiert wird, das heißt, dass er an diesem Ort etwas erlebt, das ihn zutiefst verletzt (etwa den Abzug der Liebe aus der Welt), und dass er das weitergeben muss. Vielleicht wird so auch die Gefühlslage in der Bürokratie verständlicher.

Welchen Erkenntnisgewinn bringt es, von den Traumata der Machthaber zu sprechen? Zunächst stößt man auf die alte Frage, wie sehr sich der Mensch verändere, sobald er in eine bestimmte Machtposition kommt. Wem Gott ein Amt gibt, dem gibt er auch Verstand, sagt das Sprichwort. Aber der Behauptung, er werde dem Amt entsprechend verantwortungsbewusster, reifer oder – psychoanalytisch ausgedrückt – Ich-stärker, steht eine pessimistischere Sicht gegenüber, wonach der Mensch zu schwach sei, um den Verlockungen der Macht zu widerstehen. Bekannt ist der Ausspruch des englischen Historikers Lord Acton, wonach Macht immer korrumpiere und absolute Macht absolut korrumpiere. Der Schweizer Jacob Burckhardt beschäftigte sich in seinen *Weltgeschichtlichen Betrachtungen* ebenfalls mit den Auswirkungen der Macht auf den Machthaber und schrieb:

> Und nun ist Macht an sich böse, gleichviel wer sie ausübe. Sie ist kein Beharren, sondern eine Gier und eo ipso unerfüllbar, daher in sich unglücklich und muss also auch andere unglücklich machen. Unfehlbar gerät man dabei in die Hände sowohl ehrgeiziger und erhaltungsbedürftiger Dynastien als auch einzelner ›großer Männer‹, usw., das heißt solcher Kräfte, welchen gerade an dem Weiterblühen der Kultur am wenigsten gelegen ist. (Burckhardt 1968, S. 73)

Burckhardt war es klar, dass das Problem der Macht kein subjektives ist, und dass die Persönlichkeit des Machthabers nur eine sehr untergeordnete Rolle spielt. Entscheidend ist vielmehr die Struktur der Macht. Burckhardt versucht allerdings, eine moralische Kategorie einzuführen, um das Problem der Macht zu bezeichnen, nämlich »das« Böse, und Macht sei böse, weil sie gierig mache und der Wunsch nach Macht an sich unerfüllbar sei: Man könne nie genug davon bekommen. Von Burckhardts moralischem Diskurs lässt sich eine Brücke schlagen zur Traumatheorie der Macht: Macht ist »in sich unglücklich und muss also auch andere unglücklich machen«. Welche Folgen hat aber dieses Unglück, hat das Trauma der Macht? Die amerikanische Historikerin Barabara Tuchman beschäftigt sich in ihrem Buch *Die Torheit der Regierenden* (1984) mit dem Phänomen der Unfähigkeit der Machthaber. Vor dem Hintergrund einer Vielfalt von Beispielen von Troja bis Vietnam kommt sie zum Schluss,

> dass die Macht auch häufig dumm macht und Torheit erzeugt; dass die Macht, Befehle zu erteilen, häufig dazu führt, das Denken einzustellen; dass die Verantwortlichkeit der Macht in dem Maße schwindet, wie ihr Handlungsspielraum wächst. (Tuchmann 1985, S. 47)

Es ist das der Macht innewohnende Trauma, das »dumm« macht. Aber was heißt genau »dumm«? – Es ist die Unfähigkeit zwischen Phantasie und Realität, zwischen Wunsch und Wirklichkeit zu unterscheiden: Je größer die Macht des Individuums ist, desto weniger ist es imstande, diese Unterscheidung durchzuführen und für sein Handeln als relevant zu behandeln. Weil auf seine Berater kein Verlass war, war der König auf den Hofnarr angewiesen, um Phantasie und Realität auseinander zuhalten. Fiele auch dieser Berater weg, dann drohte der »Cäsarenwahnsinn«. Aber auch dann, wenn es nicht um absolute Macht geht, wirkt sich die traumatisierende Kraft auf den Machthaber aus. Was man den »Leerlauf bürokratischer Abläufe« nennt, kann auch als eine Folge dieser Art von Traumata interpretiert werden. Die Unfähigkeit der Bürokraten, sich die Situation der von ihnen verwalteten Subjekte vorzustellen, hat nicht so sehr mit bürokratischer Phantasielosigkeit zu tun als mit der psychischen Lähmung, die von der Macht in der Hierarchie induziert wird. Wer die traumatisierende Wirkung der Macht auf den Machthaber übersieht, überschätzt die Möglichkeiten, die die Machthaber haben, bewusst die Realität zu verändern.

Literatur

Bachelard, G. (1938): Psychoanalyse des Feuers. Stuttgart 1959 (Schwab).

Burckhardt, J. (1868): Weltgeschichtliche Betrachtungen. In: Gesamtausgabe, Bd. VII, Stuttgart u. a. 1929 (Deutsche Verlagsanstalt).

Canetti, E. (1960): Masse und Macht. Hamburg (Claassen).

Freud, S. (1921): Massenpsychologie und Ich-Analyse. In: G. W., Bd. 13. Frankfurt a. M. 1964.

Freud, S. (1911): Psychoanalytische Bemerkungen zu einem autobiographisch beschriebenen Fall von Paranoia (Dementia paranoides). In: G. W., Bd. 8.

Koelbl, H. (1999): Spuren der Macht. Die Verwandlung des Menschen durch das Amt. Eine Langzeitstudie. München (Knesebeck).

Parin, P. (2003): Die Leidenschaft des Jägers. Hamburg (Europäische Verlagsanstalt).

Tuchman, B. (1984): Die Torheit der Regierenden. Von Troja bis Vietnam. Frankfurt a. M. 1985 (Büchergilde Gutenberg).

Weber, M. (1956): Wirtschaft und Gesellschaft. Grundriß der verstehenden Soziologie. Köln/Berlin (Kiepenheuer & Witsch).

Annäherungen an einen psychoanalytischen Begriff von Macht

Klaus-Jürgen Bruder

Die Psychoanalyse tut sich schwer mit der Macht. Obgleich die Wirkungen der Macht in unserem Alltag allgegenwärtig sind, wie die Luft, die wir atmen, und obwohl deshalb die seelische Entwicklung begleitet ist von der ständigen Auseinandersetzung mit ihr in ihren vielfältigen Formen, hat die Psychoanalyse – wie Ethel Person 1999 auf der 50. Tagung der DGPT festgestellt hatte – keinen Begriff (von) der Macht (Person 2000).

Ethel Person hat diesen Mangel eines Macht-Begriffs als Ergebnis einer Verleugnung der Macht gedeutet, und zwar in erster Linie der Verleugnung jener tatsächlich stattfindenden Machtkämpfe innerhalb des frühen psychoanalytischen Kreises selbst. In diesen Machtkämpfen war es gerade um die Rolle der Macht im Psychischen gegangen, um die Durchsetzung des Primats des Lust-Prinzips gegenüber dem Macht-Prinzip, dem Willen zur Macht, dem Macht-Streben. Und diese Machtkämpfe waren mit dem Ausschluss des Vertreters des Macht-Begriffs im psychoanalytischen Diskurs der frühen Jahre beendet worden: mit dem Ausschluss Alfred Adlers.

Ethel Persons Erklärung ist verführerisch. Bereits C. G. Jung hatte ja die These vertreten: Die Psychoanalyse verleugne die Macht durch ihren Diskurs der Sexualität. Ich will mich aber – zunächst – nicht verführen lassen, obgleich ich mich auch auf Adler beziehen werde und obgleich auch ich in der Verleugnung (der Macht) den zentralen Mechanismus des Umgangs mit der Macht sehe – nicht nur innerhalb des psychoanalytischen Diskurses.

I.

Ich möchte mich stattdessen zunächst dem Begriff von Macht zuwenden, den Ethel Person selbst vorschlägt – denn sie hält in der Tat einen psychoanalytischen Begriff von Macht für notwendig. Macht gehe »über zwischenmenschliche Belange hinaus«, sagt sie, und beinhalte »auch Selbstkontrolle und Selbstdisziplin sowie die Fähigkeit oder Unfähigkeit, eigenständiges Handeln hervorzubringen, was wir im allgemeinen als Selbstbestimmtheit oder Autonomie bezeichnen« (Person 2000, S. 2). »Macht an und für sich« sei »nur mehr eine Kraft oder Energie«, »uns angeboren«, »durch die wir einerseits zur Selbstkontrolle usw. gelangen, und andererseits zwischenmenschliche Macht entwickeln« (ebd., S. 18). Dabei sei »Selbstbestimmtheit« die »elementarste Form von Macht« (ebd.).

Ich war verblüfft, als ich diese Definition gelesen hatte: Das also sollte der Begriff (von Macht) sein, der der Psychoanalyse fehle, den sie brauche, der der Verleugnung der Macht ein Ende setzte: »Selbstbestimmtheit«, »Macht über sich selbst« die »elementarste Form von Macht« und: Macht (an und für sich) als »uns angeborene« Kraft oder Energie?

Man könnte verlockt sein, Ulrike Gießner zu folgen, die 2001 trocken konstatierte: »Das haben wir schon: ›Ich-Stärke‹, ›Autonomie-Streben‹«. – Irritierend, befremdlich ist allerdings, dies »Macht« zu nennen. Denn es fehlt darin schließlich die soziale Dimension, »innerhalb« derer Macht sich entfaltet, realisiert, angesiedelt ist. Macht ist immer Macht über andere, eine »Chance«, wie Max Webers klassische Definition festhält, innerhalb einer »sozialen Beziehung« seinen »eigenen Willen durchzusetzen«, und zwar (auch) »gegen das Widerstreben« des anderen (Weber 1922, S. 28). Während »Selbstbestimmtheit«, »Selbstkontrolle und Selbstdisziplin« auch ohne den anderen vorstellbar sind, ohne dass ich meinen Willen gegen dessen Widerstreben durchsetze. Selbstbestimmtheit kann also gar nicht die »elementarste Form von Macht« sein, während umgekehrt Macht über andere Selbstbestimmtheit nicht ausschließt, eher leichter macht, die Ressourcen zugänglich macht.

Es hat einen Beigeschmack von Verharmlosung oder Beschönigung, wenn wir »Macht« auf »Selbstbestimmtheit« reduzieren, angesichts der realen (tatsächlichen) Ausübungen der Macht, nicht nur im Krieg, nicht nur im Irak, in Afghanistan, Palästina, nicht nur durch Ausgrenzung und politische Unterdrückung, sondern bereits durch Hunger und Armut in weiten Teilen der Welt. Jacques Derrida bezeichnete auch dies als »Krieg«, und zwar als »internationalen Bürgerkrieg«, in dem die »neue Weltordnung« heute »ihren Neo-Kapitalismus zu installieren versucht« (Derrida 1993, S. 67). »Noch nie in der Geschichte« hätten »Gewalt, Ungleichheit, Ausschluss, Hunger und damit wirtschaftliche Unterdrückung so viele menschliche Wesen betroffen« (ebd., S. 139). Laut *Social Watch Report* 2004 sind es drei Viertel der Weltbevölkerung, die in Armut und Ausgrenzung leben. Und nach dem Bericht der Welternährungsorganisation FAO aus dem Jahre 2003 sind 842 Millionen Menschen unterernährt, davon zehn Millionen in den Industriestaaten (taz, 02.07.2004, S. 2). »Wo

Hunger herrscht, wird Demokratie verweigert«, hat Paolo Flores D'Arcais (2004) festgestellt, »dort gibt es keine politische Existenz, sondern nur einen animalischen Überlebenskampf«. Aber auch durch Arbeitslosigkeit, durch Arbeit, die die Existenz kaum sichert, durch Arbeit, die den Menschen von sich selbst entfremdet, wird Demokratie verweigert.

›Macht‹ als Selbstbestimmtheit zu definieren, gestattet oder verführt dazu, diese realen Wirkungen, das Auftreten der Macht aus dem Blick zu verlieren, zu übersehen, zu vergessen, zu verschweigen, zu verleugnen. »Macht über uns selbst« ist keineswegs ein Besitz – »von uns allen«, keine – angeborene – Kraft des einzelnen Individuums, sie ist im Gegenteil ungleich verteilt. Macht als Selbstbestimmtheit zu definieren bedeutet, diese Ungleichheit zu verleugnen, die soziale Hierarchie, die Differenz zwischen (dem) Besitz(er) von Macht und dem Besitzlosen, zwischen Macht(in)haber und dem der Macht Unterworfenen, Unterlegenen, Ohnmächtigen, zwischen dem Mächtige(re)n und dem weniger Mächtigen.

Verleugnung ist nicht die einzige Form des Umgangs mit der Macht, Affirmation ist eine andere, ihre Idealisierung, Heroisierung. Man kann sich der Macht zu Füßen werfen, sie anbeten, sie für notwendig und unverzichtbar erklären, aber Verleugnung ist die Voraussetzung für ihre Definition als »Selbstbestimmtheit«. In ihr ist die Differenz zwischen Machtinhaber und Machtlosem vollkommen dem Blick entzogen, denn der andere taucht in dieser Definition gar nicht auf, der andere, über den ich Macht ausübe, das »Objekt« der Macht. Und mit ihm verschwindet auch der Machtausübende als bezogen auf einen anderen. Macht als Macht über sich selbst zu definieren ermöglicht davon abzulenken, dass wir uns selbst verwirklichen auf Kosten des anderen, davon abzulenken, dass wir auf die anderen angewiesen sind, in der Entfaltung unserer (eigenen) Macht, auf ihre Bereitschaft unseren Willen zu erfüllen, auf ihre »Kooperation«, ihre Willfährigkeit.

Ich denke, dies ist der Sinn der Verknüpfung von Macht und Selbstbestimmtheit (nicht nur bei Ethel Person): die Verknüpfung von (Selbst-)Erleben und (Selbst-)Täuschung. Das Subjekt täuscht (sich) darin, dass es selbst die Quelle seiner Macht sei und verleugnet die Bedingungen seiner Macht, die im anderen liegen – »der dumme August« hatte Freud (1914, S. 97) gesagt. Aber: Diese Verleugnung ist auf beiden Seiten der Macht-Relation zu finden: Das Objekt der Macht, der Machtlose verleugnet die Macht ebenso wie der Besitzer von Macht. Die Illusion der Macht über sich selbst, das Gefühl, über sich selbst bestimmen zu können, ermöglicht dem Objekt der Macht sich abzufinden mit seiner Situation.

II.

Wir haben von Heinz Kohut die Definition des Selbst, in der wir diese Selbsttäuschung impliziert finden können: Das Selbst, bzw. dessen »Kern«, sei die Grundlage für unser »Gefühl«, »ein unabhängiger Mittelpunkt von Antrieb und Wahrnehmung« zu sein (Kohut 1977, S. 155), »Zentrum von Initiative und Selbstbestimmtheit«. Im »grandiosen Selbst« wird das Selbst als Zentrum für »Macht und Perfektion« erlebt (ebd., S. 24).

Für Kohut allerdings ist dieses Selbst abhängig von der – spiegelnden – Anerkennung durch den anderen (das »Selbst-Objekt«): »Ein Mensch erlebt sich selbst als kohärente, harmonische Einheit in Raum und Zeit, die mit ihrer Vergangenheit verbunden ist und sinnvoll in eine kreativ-produktive Zukunft weist«, aber er erlebt sich *nur so lange* in dieser Weise, »wie er [gleichzeitig] in jedem Stadium seines Lebens erlebt, daß gewisse Vertreter seiner menschlichen Umgebung freudig auf ihn reagieren«, *nur so lange* diese für ihn verfügbar sind »als Quellen idealisierter Kraft und Ruhe«, *nur so lange*, wie »ihre Reaktionen auf seine Bedürfnisse abgestimmt sind (...)« (Kohut 1984, S. 84).

Gleichwohl *erlebt* er sich als unabhängig, erlebt er seine Abhängigkeit nicht (nicht in jedem Moment). Er erlebt seine Abhängigkeit gerade in dem Moment nicht, in dem er das Gefühl von Macht hat. Vielmehr entsteht das Gefühl von Macht ja gerade, wenn er seine Abhängigkeit nicht erlebt, wenn er nicht erlebt, dass er in der Verwirklichung seiner Selbstbestimmtheit auf andere Subjekte angewiesen ist.

Zugleich blendet er damit den »relationalen Charakter« von Macht aus. Verleugnung der eigenen Eingebundenheit in die »intersubjektive« Relation ist die Bedingung dafür, dass Macht nicht als eine relationale erfahren wird. Sie gestattet nicht nur die Perspektive des anderen auszublenden, des anderen als Subjekt der Machtausübung, sondern beschränkt dadurch zugleich auch seine eigene Perspektive: indem es die Möglichkeit verleugnet, selbst Objekt der Machtausübung eines anderen zu sein.

Ausgeblendet wird also in der Vorstellung von Macht als Selbstbestimmtheit die »andere« Seite der Machterfahrung, nämlich das Leiden an und unter der Macht, das Leiden am Mangel von Macht, am Defizit von Selbstbestimmtheit. Damit werden zugleich die alltäglichen Kompensationsversuche dieses Leidens an der Macht verleugnet: das Streben nach Macht, die Entwertung des anderen. Diese Kompensationsversuche sind das unerschöpfliche Material der Psychoanalysen. Auch der Besitzer von Macht kennt diese Kompensationsversuche – oder er verleugnet sie: verleugnet seine Ohnmacht.

III.

Diese Verleugnung der eigenen Ohnmacht – angesichts der Macht – und damit die Verleugnung der Macht selbst, der Eingebundenheit in Machtstrukturen, gehört zur subjektiven Realität der Erfahrung der Macht, bzw. des Umgangs mit dieser und deshalb zu einem psychoanalytischen Begriff von Macht.

Dies (genau) ist die Theorie Adlers bzw. der Kern der Adler'schen Theorie. In der Dynamik von Minderwertigkeitsgefühl und kompensatorischem Machtstreben – bekannter als Theorie des Machtstrebens aus Minderwertigkeitsgefühlen – nimmt die Verleugnung eine zentrale Rolle ein: die Verleugnung der eigenen Ohnmacht durch die Fiktion der Überlegenheit über den anderen, die Verleugnung der Unterlegenheit durch Entwertung des Überlegenen, also: durch die Leugnung der Übermacht des anderen – die Verleugnung der Macht.

Diese Dynamik entwickelt Adler ausgehend von der Situation des (hilflosen, auf den Erwachsenen angewiesenen) Kindes gegenüber/angesichts der tatsächlichen Überlegenheit des Erwachsenen. »Die kindliche Unbeholfenheit (...) [erzwingt] das Austasten der Möglichkeiten (...) damit die Brücke in die Zukunft geschlagen werden könne, wo Größe, Macht, [und] Befriedigungen aller Art wohnen« (Adler 1912a, S. 95).

Adler erklärt diesen Brückenschlag aus der Minderwertigkeit zur Macht/Größe als »die wichtigste Leistung des Kindes, da es sonst in der Fülle der einstürmenden Eindrücke ohne (...) Führung stünde (...)«. Es geht also darum, »dem Kinde größere Sicherheit« zu geben«. »Sicherheit aber [könne das Kind] nur gewinnen, wenn es auf einen fixen Punkt hinarbeitet, an dem es sich größer, stärker, von den Mängeln der frühen Kindheit befreit sieht«. Dieser fixe Punkt – das »Leitbild«, das zukünftige, veränderte Bild der eigenen Person liegt oberhalb des mächtigen Erwachsenen. Es wird »in der Gestalt (...) eines Helden, (...) eines Gottes gedacht« (ebd., S. 95). Dadurch wird die Überlegenheit des Erwachsenen überwunden, d. h. verleugnet.

Diese Situation des Kindes verlängert Adler sozusagen in die des Erwachsenen. Ich übergehe die Differenz, die Adler macht zwischen der neurotischen Fixierung und der nicht neurotischen »Möglichkeit, jederzeit aus dem Banne seiner Fiktionen zu entweichen« (ebd., S. 95). Um – in der Situation der Unterlegenheit – selbst das Gefühl von Macht (eigener Macht) zu bekommen, verleugnen wir die Macht (der anderen, der Mächtigen).

Diese Verleugnung (der [Über]Macht des anderen) ist zugleich eine Verleugnung der eigenen Unterlegenheit. »Machtstreben«, Streben nach

Überlegenheit erscheint also als ein Versuch, das Gefühl von Unterlegenheit zu überwinden, die erlebte erfahrene Ohnmacht zu kompensieren. Es basiert auf der Verleugnung: der – eigenen – Ohnmacht und der Macht – des anderen.

Diese Aufgabe, das Gefühl der Minderwertigkeit zu kompensieren, erfüllt das Macht-Streben auch dann, wenn »reale« (gesellschaftliche) Macht nicht erreicht wird, wenn es nur dazu reicht, so zu tun »als ob«: die »Fiktion« der Überlegenheit, die Fiktion der eigenen Macht. Gleichwohl wird die Tatsache realer Macht von Adler nicht bestritten – dazu später.

Aber zentral geht es um die Erhöhung bzw. Erhaltung des Persönlichkeits-*Gefühls* – Adlers Begriff für Selbstbestimmtheit. Diese gründet sich auf die »Fiktion« der eigenen Macht, die Fiktion der »Teilhabe an der Macht«, die Verleugnung der eigenen Ohmacht, die Fiktion der Selbstbestimmtheit und die Verleugnung der Fremdbestimmtheit.

Der »fiktionale« Charakter dieses Strebens, bzw. des Ziels ist dasjenige, was es als subjektives qualifiziert: Wir hängen an Fiktionen, die unser Verhalten, Denken, Wahrnehmen und Fühlen »leiten«. Der Neurotiker ist »ans Kreuz seiner Fiktionen geschlagen«, hängt in den Maschen seiner Verleugnungen.

IV.

Die »subjektive Realität« wird durch Verleugnungen (und Fiktionen) aufgebaut, durch Abwehrmechanismen »unbewusst« gemacht. Diese Verleugnung findet zwar im Kopf (des einzelnen Individuums) statt – heute, unter der Ägide der Neurowissenschaft sagt man lieber: im »Gehirn« –, sie ist also eine subjektive Konstruktion (»Fiktion«), zugleich aber ist sie intersubjektiv vermittelt, im Austausch mit anderen. Dort müssen sich unsere Konstruktionen (Fiktionen) bewähren, Anerkennung finden. Von dort haben wir die Fiktionen erhalten, dort, im Austausch mit anderen entwickeln wir sie. Sie sind die Argumente im Austausch mit anderen.

Diese Dimension des Austauschs von Fiktionen, der Intersubjektivität, ist wesentlich eine des Sprechens, findet im Sprechen statt. Sie ist für das menschliche Erleben die zentrale. Der Mensch ist das sprechende Wesen, wir handeln nicht ohne zu sprechen. Die Sprache umgibt uns wie die Luft, die wir zum Atmen brauchen. Sprechen begleitet unser Handeln, interpretiert es, rechtfertigt es. Von Geburt an sind wir eingehüllt in das

Sprechen, zunächst in das Sprechen der anderen, dem später unsere Versuche antworten, uns in die Sprache, den Diskurs des anderen einzubringen.

Hier taucht bereits die Notwendigkeit/Notlösung auf, »so zu tun als ob«, die Fiktion, die Verleugnung, das Unbewusste. Wir haben allerdings eher das Gefühl, wir brächten uns in den Diskurs ein, als dass wir vom Diskurs eingeholt würden. Wir haben das Gefühl von Selbstbestimmtheit, das Gefühl, als sie seien wir die Herren des Diskurses: »Sklaven, die sich für Herren halten« (Lacan 1953, S. 136).

Also: wieder die Verleugnung – der Macht. Nicht nur der persönlichen Macht des konkreten anderen, die relative Macht des Stärkeren gegenüber dem Schwächeren, die relationale Macht innerhalb der Dyade von Unterlegenem und Überlegenem, sondern die Macht der – abstrakten – anderen, Macht der Verhältnisse (von »Herr und Knecht«), die diese »Beziehungs«-Macht relativiert, depotenziert, in die sie eingebettet ist: »strukturelle« Macht (Gewalt), Machtstruktur der Gesellschaft, die den Diskurs beherrscht, sich in ihm Macht verschafft.

Diese (gesellschaftliche, strukturelle) Macht kränkt das Gefühl von Selbstbestimmtheit, Autonomie des Subjekts. Deshalb muss sie verleugnet werden, deshalb muss Macht als Besitz einer Person behauptet werden, mit der sie über sich – wenn schon nicht über andere – bestimmen kann. Wir wollen (eher) das Gefühl, dass wir es sind, die sich in den Diskurs einbringen, als dass wir von ihm bestimmt werden. Wir wollen, dass es unsere eigenen Gedanken sind, die wir einbringen, als dass wir die dort kursierenden Parolen übernehmen, dass wir die Botschaften der anderen lediglich übersetzen (Laplanche 1991).

Trotzdem sind uns die Themen vorgegeben, die Art und Weise, wie wir diese Themen zu behandeln haben und auch noch die »richtige« Übersetzung der Parolen: »Reform« des Sozialstaats müssen wir sagen, nicht dessen »Abbau« – »es gibt keine Alternative dazu« und dass wir – trotzdem – in einem »Rechtsstaat« und in Freiheit leben, müssen wir erklären, und nicht in einem »Unrechtsstaat« – als solchen müssen wir die ehemalige DDR bezeichnen. Die Übersetzungen müssen so beschaffen sein, dass sie angenommen werden können, anerkannt werden, dass sie vor den Ohren und Augen der anderen Bestand haben. Die anderen, das sind zugleich die Instanzen, vor denen wir uns überprüfen lassen, vor denen wir uns bewähren müssen, Anerkennung bekommen – oder nicht –, als kompetente, ernst zu nehmende Teilnehmer am Diskurs.

V.

Vom Diskurs gehen also Machtwirkungen aus, die zugleich verleugnet werden – oder verkannt. Die Machtwirkungen des Diskurses werden von der Psychoanalyse kaum thematisiert, obwohl das Sprechen das Medium der Psychoanalyse ist. Jean Laplanche (1991) konstatiert, dass in der Psychoanalyse diese Dimension des Diskurses überhaupt fehle. Er behauptet diese Dimension des Diskurses als »dritte Realität« neben der »psychischen Realität« und der »Wahrnehmungsrealität«, die die Psychoanalyse nur kenne (Laplanche 1991, S. 491). Diese »dritte« Realität des Diskurses fehle im Freud'schen Denken, d. h. es fehle der andere, und zwar der andere nicht als abstrakter Protagonist einer Szene oder als Hilfsmittel für Projektionen, sondern der andere Mensch als Absender von Botschaften (ebd.), und damit fehle auch das Subjekt selbst als Empfänger dieser Botschaften, dessen Subjektivität gerade darin besteht, die empfangenen Botschaften erst für sich übersetzen zu müssen. Diese Übersetzung durch das Subjekt selbst gehe auch der Deutung des Analytikers voraus. Seine Deutung könne deshalb immer nur als eine »Zweitdeutung« erfolgen. Und auch sie rekonstruiere nicht »Tatsachen« der »infantilen Szenen«, sondern sie bestehe ebenfalls in der Übersetzung von Botschaften (ebd., S. 486).

Inzwischen findet – durch das »intersubjektive« Paradigma – die Vorstellung eines »Dritten« Eingang in das psychoanalytische Denken. Stolorow, Atwood, Orange et al. (1983ff.) versuchen dieses im Begriff des »intersubjektiven Feldes« zu fassen, Jessica Benjamin (2004) als »moralisches Drittes«. Beiden gemeinsam ist der Gedanke der Herstellung dieser dritten Dimension; bei Stolorow et al. stellen Analytiker und Analysand dieses Feld in der analytischen Begegnung durch ihre Interaktion gemeinsam her, bei Benjamin scheint es eher die – »moralische« – Aufgabe des Analytikers zu sein. Sie hat in ihrem Vortrag (in diesem Band) auf der DGPT-Tagung 2004 das »moralische« Dritte als hoffnungsvollen Ausweg aus dem Dilemma der narzisstischen Verstrickungen von Analytiker und Analysand beschworen. Wir können, sollten allerdings davon ausgehen, dass dieses »Dritte« bereits in der analytischen Begegnung präsent ist, dass es darum geht, es »bewusst« werden zu lassen. In diesem Sinne könnten wir es als »moralisch« bezeichnen, als dasjenige, was die Protagonisten der analytischen Dyade bereits als vergesellschaftete Subjekte über die »imaginäre« Dimension hinaus »verpflichtete« und insofern jene Dimension »triangulierte«. In dieser Bedeutung wurde von Lacan der Begriff des »Diskurses« in die Psychoanalyse eingeführt und von Laplanche erneut reklamiert. Diesen Diskurs stellen

Analytiker und Analysand nicht erst her, sondern sie treten in diesen ein, und: Sie kommen in die psychoanalytische Situation als bereits in den Diskurs eingetretene, sie bringen diesen Status bereits mit. Dies entgeht den beiden »intersubjektiven« Positionen von Stolorow et al. und Benjamin. Insofern gilt immer noch, was Laplanche festgestellt hatte, dass der Psychoanalyse die Dimension des Diskurses fehle. Und aus diesem Grund kann die Psychoanalyse auch nicht die Machtwirkungen des Diskurses erkennen. Dafür müssen wir auf die Diskurstheorie zurückgreifen.

Die Machtwirkungen, die vom Diskurs ausgehen, hat Jean-François Lyotard (1983) als »tort« beschrieben (in der deutschen Übersetzung mit »Unrecht« wiedergegeben). Gemeint ist damit der »Zwang«, nach den Regeln des Diskurses zu »antworten«, z. B. einem Befehl Folge leisten, einer Belehrung gegenüber sich gelehrig zeigen, der Parole zuzustimmen. Es ist der Diskurs, von dem Macht-Wirkungen ausgehen – aber: An den Machtwirkungen (des Diskurses) können wir die Macht erkennen (Foucault), die Präsenz des Diskurses der Macht im »Diskurs des Anderen« (Lacan). Jedes noch so harmlose Gespräch ist davon erfüllt: »hast du noch nicht ...«, »als selbstbewusste Frau musst du aber ...«. Jedoch: Die Macht »verschwindet« hinter dem Diskurs, denn ich bin es, der sagt »hast du nicht?«, »du musst aber!«. Und ich wende mich an einen anderen, den ich unter Druck setze, indem ich den »tort« des Diskurses auf ihn wirken lasse, an ihn weitergebe – ich wende mich nicht an die Macht, der ich Paroli böte.

Der Diskurs der Macht: Das ist das, was wir von der Macht zu hören bekommen – im Wesentlichen durch die Vermittlung der Medien, verdoppelt, vervielfacht durch den Diskurs der anderen, der davon erfüllt ist, was er von anderen gehört hat. Der Diskurs der Macht – das ist *alles*, was wir von der Macht zu hören bekommen, aber auch zu sehen: auch die Bilder, die Inszenierungen üben Machtwirkungen aus.

Aus dem Fernseher sprechen die vielen Stimmen und Bilder, die die Welt umkreisen, ohne sie je zu verstehen, denn sie umkreisen in Wirklichkeit nur die Macht, der sie dienen, und ihr Zweck ist, dass wir uns mit dieser Macht abfinden, indem man sie uns unaufhörlich erklärt. Aber nur scheinbar, denn die Macht erklärt sich dort immer selbst, sie duldet nicht, dass sie ein andrer erklärt. Sie sagt schlicht: Ich bin die Macht, ich bin so und so, das können Sie nicht ändern. Es darf nichts gefragt werden, denn unser Fernseher antwortet nicht, außer er stellt eine Zuseherfrage an uns. Die Macht will sich nicht selbst anschauen. Sie will aus dem Fernsehapparat herausschauen und lieber uns betrachten, damit sie sich unserer bemächtigen und uns übermächtigen kann. Sie ist immer da, wie der Ewige. Eine graue, grauenhafte Anwesenheit (Elfriede Jelinek 2003).

Der Diskurs der Macht ist nicht beschränkt auf die Anordnungen und deren Begründungen. Auch Unterhaltung gehört dazu, ebenso wie Belehrungen, oder Bitten bis hin zu den Enthüllungen, was uns von »hinter den Kulissen« berichtet wird, von den »persönlichen Gefühlen« der Machthaber und Mächtigen. Dass Joschka Fischer sich in schlaflosen Nächten damit quält, weil er – der frühere Kriegsgegner – Militäreinsätze beschließen muss, während Bill Gates Visionen hat, ob Schröder sich seine Haare färbt, ob ihn eine Männerfreundschaft mit Putin verbindet, während Angela Merkel zu Udo Walz geht – der Narzissmus der Mächtigen, der sie uns nahe bringt oder (und zugleich) sie zu unseren Vorbildern erhebt: wie in der TV-Sendung über den Vater Bush am 18.10.2004: »als Kind zur Führung erzogen«, »Eliteschule«, »ausnahmslos Spitzenleistungen«, »außergewöhnlicher Geschäftsmann«, im Krieg »hoch dekoriert«, »seinen Bomber auf den Namen seiner Verlobten getauft«. »We were unusual, we were different – in education«.

Der Diskurs der Macht produziert die »Phantasmen«, wiederholt die Parolen, die uns an anderen Orten wieder begegnen: in Schule, Berufsausbildung und Beruf, bis zur Freizeitindustrie und in der Familie – es ist der Diskurs »unserer« Kultur. Der Diskurs der Macht »organisiert und beherrscht überall die öffentliche Kundgebung, die Zeugenschaft im öffentlichen Raum« (Derrida 1993, S. 90), »dank der Vermittlung der Medien« werden in ihm die Diskurse der politischen Klasse, der massenmedialen Kultur, und der akademischen Kultur »verschmolzen« (ebd., S. 91).

Der Diskurs der Macht: Das ist das, worauf wir antworten (können), im Fühlen, Denken, Handeln, Sprechen zustimmend oder nicht zustimmend, widersprechend oder schweigend. Durch ihn wird Subjektivierung eine Einübung in die Praxis und Praktiken »unserer« Kultur der Unterwerfung, Übernahme der Kontrolle in eigene Regie (Brückner 1978) – durch unsere Zustimmung zum Diskurs der Macht.

VI.

Der »Diskurs der Macht« ist sozusagen das »Scharnier« zwischen dem Subjekt und der Macht, Subjekt und Macht stehen einander nicht »unvermittelt« gegenüber. Aber das heißt auch: Die Macht übt ihre Wirkung auf die Subjekte nicht ohne deren »Mitwirkung« aus. Wir müssen ihren Befehlen erst Folge leisten, ihre Anordnungen ausführen, uns ihren Belehrungen gegenüber gelehrig zeigen, ihren Parolen gegenüber aufgeschlossen.

Die »Antwort« ist (zwar) vom Diskurs gefordert, aber nicht determiniert. Ich habe die Freiheit, eine andere als die geforderte Antwort zu geben, aus der vorgegebenen Diskursart auszusteigen (Lyotard). Deshalb ist die Antwort zugleich auch »meine«. Sie ist nicht determiniert durch die »äußeren« Verhältnisse, die politischen, ökonomischen, kulturellen, und deshalb auch nicht aus diesen »abzuleiten«. Dennoch sind meine Antworten durch die »Vermittlung« des Diskurses, durch den sie zugleich verdeckt und »unbewusst gemacht« (Erdheim 1982, S. 433) werden, von den »äußeren« Verhältnissen abhängig. Wir selbst machen diese Abhängigkeit von den Verhältnissen unbewusst, indem wir dem Diskurs zustimmen. Deshalb spricht Mario Erdheim auch zu Recht von der »Verleugnung der Realität der Macht durch die Beherrschten«. Diese Verleugnung sieht Erdheim vermittelt durch die »Phantasmen der guten Herrschaft« (ebd.), durch jene Bilder, durch die die Macht in die Vorstellungswelt der Kindheit geholt wird. Diese Bilder sind unsere, wir schneiden die Macht auf das Format unseres Familiendramas zurecht.

Allerdings müssen wir feststellen, dass der Diskurs der Macht voll ist von solchen Bildern und Metaphern eines Familiendramas, er bietet uns diese Bilder an, drängt sie uns auf. Und gleichzeitig zeigt er uns andere Bilder nicht, die nicht »phantastisch« wären, sondern »realistisch«. Indem er die einen uns zeigt, versteckt er die anderen. Bourdieu hat dafür die Formel »Verstecken durch Zeigen« geprägt. Der Diskurs der Macht, das ist *nicht nur* das, was wir von der Macht zu hören und zu sehen bekommen, auch was er verschweigt oder versteckt gehört dazu. »Kennen Sie ein Land, in dem die Differenz zwischen den Einkommen so gering ist wie in Deutschland?«, so Henkel in Naumanns »Palais« am 05.10.2004. Henkel sagt jedoch nicht, dass diese Differenz zwischen den Einkommen in Deutschland immerhin bereits den Faktor 1000 beträgt: Das Managergehalt übersteigt das durch Hartz IV definierte Existenzminimum um das 1000-fache. »Bei einem Wirtschaftswachstum von über 15 % in den letzten 10 Jahren« ist »das Netto-Durchschnittseinkommen um 4,3 % gesunken« (van Rossum 2004, S. 49) und »die Summe der Vorstandsgehälter bei der Deutschen Bank um gut 600 % gestiegen« (Hannes Koch, taz, 21.10.2004, S. 11). Die Sätze aus dem Off der Macht fließen in uns ein, noch bevor wir ihre Botschaft richtig erfasst haben. So wie bei der bereits zitierten Henkel-Äußerung: »Kennen Sie ein Land, in dem die Differenz zwischen den

Einkommen so gering ist wie in Deutschland?« Die Botschaft lautet: »Die Differenz zwischen den Einkommen in Deutschland ist *zu* gering, um sich über Hartz IV empören zu dürfen« – eher »es ist höchste Zeit dies zu ändern, um das Niveau von Amerika zu erreichen«. Oder wie Bundestagspräsident Thierse (ebenfalls bei Naumann im »Palais« am 05.10.2004) vernehmen ließ: »Auch die Arbeitslosen haben Menschenwürde, aber sie müssen auch etwas leisten. Was ist ihr Beitrag zur Solidargemeinschaft?« Er fragt nicht: »Was ist der Beitrag der Unternehmer zur Solidargemeinschaft?« Das erfahren wir aus dem 2004 erschienenen Buch *Asoziale Marktwirtschaft* von Hans Weiss und Ernst Schmiederer: »sie plündern den Staat aus: trotz immenser Gewinne zahlen sie kaum noch Steuern«, wie »Insider aus Politik und Wirtschaft« berichten. »Der Staat subventioniert sie zusätzlich mit Milliarden«. »Wir könnten uns den Sozialstaat leisten«. »Der Sozialstaat ist vielleicht pleite, aber das Geld ist nicht weg – es ist nur in den Taschen der Großkonzerne« (Robert Misik in der Besprechung des Buches von Weiss und Schmiederer: tazmag 9, 19.10.2004, S. VII).

Der Diskurs der Macht »übernimmt« nicht nur (nicht einfach) die Vorstellungen der Bevölkerung, die »Phantasmen« der Subjekte, er bildet sie auch oder zuerst. Und: Er verlässt sich nicht nur auf die Phantasmen, wie das vom »guten Herrscher«, der alles für seine Untergebenen richtet, der schon weiß, warum er von uns etwas fordert, auch wenn wir es nicht einsehen. Vielmehr ist der Diskurs der Macht voller Lüge, Täuschung, Irreführung, im und vor dem Krieg gegen den Irak 2003 haben wir es nur wieder drastisch vorgeführt bekommen – aber erst, nachdem ihre Aufgabe, uns zur Zustimmung zu bewegen, nicht mehr nötig schien.

Aber: Lüge, Täuschung, Irreführung, Manipulation unserer Zustimmung sind unser täglich Brot – nicht nur in Florida oder in Bochum –, so sehr, dass Hannah Arendt (1971) den Lügner als den Politiker par excellence bezeichnen konnte: der mit der bewussten Verdrehung der Tatsachen die Welt verändert (s. a. Derrida 1996). Wie weit ist es von einer Irreführung, um nicht Lüge zu sagen, entfernt zu behaupten, »die Amerikaner« hätten Bush ein zweites Mal zum Präsidenten gewählt, wo es nur die knappe Mehrheit war? Nicht durch das Wahlergebnis, sondern durch seine Interpretation werden »Tatsachen« geschaffen, wird »die Welt« verändert.

Der aktuelle »Globalisierungs«-Diskurs selbst wäre als die Irreführung in Permanenz zu bezeichnen. Seine Begriffe »Privatisierung« und »Deregulation« sollen ja die Vorstellung von »weniger Staat« hervorrufen, von Maßnahmen, die den Staat zu schwächen gestatten. Aber wie Saskia

Sassen, Professorin für Soziologie an der Universität Chicago (2004) zeigen konnte, ist es nicht der Staat, der geschwächt wird, sondern die Legislative, das Parlament. Die neoliberale Politik, zu privatisieren, was in der öffentlichen Hand war, und zu deregulieren, was sich unter öffentlicher Kontrolle befand, habe dazu geführt, immer mehr Entscheidungen dem Licht der Öffentlichkeit zu entziehen und damit die Macht der Legislative immer mehr beschnitten, während umgekehrt die Exekutive an Macht gewonnen habe. Die Legislative sei nicht länger in der Lage, die Aufgabe zu erfüllen, die ihr laut Verfassung zusteht – nämlich die Exekutive zu kontrollieren –, entweder weil die Kontrollfunktion vom Markt wahrgenommen wird oder weil sie Kommissionen zugeschlagen wird, die der Exekutive angegliedert sind oder dem Obersten Gerichtshof, der ebenfalls von der Exekutive besetzt wird.

Diese tief gehende strukturelle Umwälzung des politischen Systems – in erster Linie und zunächst der USA, aber im Weiteren der westlichen Demokratien insgesamt, so weit diese in den Prozess der Globalisierung eingetreten sind oder hineingezogen worden sind – werde durch den Krieg gegen den Irak verschleiert: Mit ihm erpresst die Bush-Regierung die Zustimmung zu ihrer Politik der Entmachtung der öffentlichen Kontrolle.

Damit wäre der Kreis geschlossen: Der Krieg zeigt sich als Form des Diskurses der Macht. Auch mit ihm geht es um unsere Zustimmung. Der Diskurs der Macht schielt auf sie, indem er unsere Uninformiertheit ausbeutet, die er zugleich herstellt mit der suggestiven Kraft von Halbwahrheiten, deren einer Hälfte wir unsere Zustimmung nicht verweigern können, weil wir der anderen Hälfte nicht widersprechen können.

VII.

Der Diskurs ist der Ort der Vermittlung zwischen Subjekt und Macht. Die Macht tritt uns mit ihren Botschaften entgegen – rätselhafte Botschaften, wie Jean Laplanche sie nennt, die wir durch unsere »Übersetzung« zur eigenen machen, mit ihren Parolen (Adler), denen wir Folge leisten, was wir zugleich verleugnen, indem wir sie als eigene ausgeben. Der Ort, an dem Subjektivität eingreift, eingreifen kann. Indem ich folge, wie ich folge, so tue, als ob ich folgte, oder verweigere zu folgen. Der Ort der Psychologie und damit auch der Psychoanalyse.

Adler hat 1919 diesen Zusammenhang zwischen der Macht und dem Subjekt als einen durch die Sprache, durch den Diskurs der Macht vermittelten thematisiert, und zwar in einer Studie über die »Kriegsfreiwilligen« des Ersten Weltkrieges. Sie waren der Parole zum Krieg gefolgt, die die Macht ausgegeben hatte.

Ich möchte darauf etwas ausführlicher eingehen, nicht nur weil Krieg uns z. Zt. wieder stark beschäftigt, sondern in erster Linie weil ich in dieser Studie Adlers Theorie der Macht, des Machtstrebens aus (dem Gefühl der) Minderwertigkeit, besonders prägnant dargestellt finde und zugleich die Rolle der Sprache in der Beziehung zwischen der Macht und dem Subjekt, der »Parole«, die die Macht ausgibt, der wir folgen, des Diskurses der Macht.

»Nicht aus Sympathie, oder aus kriegerischen Gelüsten« seien sie (die Kriegsfreiwilligen) in den Krieg gezogen, sondern als »Opfer einer falschen Scham« (Adler 1919a, S. 13). Diesem Gedanken, der in der Diskussion um Missbrauch und Traumatisierung eine zentrale Rolle spielt, werden wir dann später bei Ferenczi wieder begegnen: Das Opfer schämt sich für das, was ihm angetan worden war. »Zur Schlachtbank gezerrt, gestoßen, getrieben sah es [das Volk] sich in tiefster Schande aller Freiheit und Menschenrechte beraubt« (ebd., S. 15). Und wie das Missbrauchsopfer Rettung von seinem Peiniger erhofft, »versuchte [das Volk] aus der Schande seiner Entehrung sich unter die Fahne seines Bedrückers zu retten« (ebd., S. 16) »und tat so, als ob es die Parole zum Krieg ausgegeben hätte« (ebd., S. 15).

Die Psychoanalyse erklärt dies mit der »Identifikation mit dem Aggressor«: Das Opfer übernimmt die Verantwortung, die der Täter nicht übernommen hatte, und macht sich selbst zum Verursacher der Tat des anderen. Bei Adler lesen wir: Mit der Übernahme der Parole ihrer Peiniger (Bedrücker) »waren sie nicht mehr gepeitschte Hunde, die man gegen ihren Willen dem Kugelregen preisgab, nein, Helden waren sie, Verteidiger des Vaterlandes und ihrer Ehre« (ebd., S. 15)!

Ebenso verteidigt das missbrauchte Kind die Ehre der Familie und des Vaters, um so seinen *eigenen* Wert zu verteidigen, um »sich *selbst* wieder zu finden«. Das ist aber nur möglich um den Preis der Verleugnung, wie bei den Kriegsfreiwilligen: In dieser seelischen Befreiung vom Gefühl tiefster menschlicher Erniedrigung und Entwürdigung, in diesem krampfhaften Versuch sich selbst wieder zu finden, wichen sie scheu der Erkenntnis aus, nur armselige Opfer fremder Machtgelüste zu sein, und träumten lieber von selbst gewollten und selbst gesuchten Heldentaten ... (ebd., S. 14) – wie die missbrauchten Kinder: Auch sie »träumen«, sie »spalten« »Realität« und »Traum«.

Aber: Mit der Übernahme der Parole zum Krieg träumten die Kriegsfreiwilligen nicht von eigenen Heldentaten, statt sie zu vollbringen. Vielmehr träumten sie, es seien Heldentaten, was sie zu vollbringen gezwungen wurden. »Traum« und »Wirklichkeit« stimmten überein. Was sie vollbrachten, wurde – jedenfalls zu diesem Zeitpunkt – »Heldentaten« genannt. Der Traum, das Denken der Subjekte hat den »Gott des Generalstabs« »geschluckt«. Und der »spricht nun aus ihm« (ebd., S. 14). »Nun hatte er [der Träumer] wenigstens einen Halt und war der Schande und des Gefühls seiner Erbärmlichkeit ledig« (ebd., S. 15).

Für Adler gilt nicht Aggression des Einzelnen als Antrieb für das kriegerische Handeln der Staaten – die Handlungen des einzelnen Kriegsteilnehmers sind ja »aggressive« Handlungen oft erst im Kontext der »Logik« des Krieges. Der Staat *bedient* sich nicht der aggressiven Triebe der Einzelnen für seine Handlungen, ebenso wenig ihrer libidinösen Bindungen an den Führer, sondern er *schafft* sie erst. Der Staat »bedient« sich dazu der Ohnmacht seiner »Staatsbürger« – was nur die andere Seite seiner Macht darstellt. Er bedient sich ihres Wunsches nach Überwindung ihrer Ohnmacht, des Wunsches nach Wiederherstellung, Aufrechterhaltung ihres Selbstwertgefühls, auch ihrer Angst – darin »bedient« er sich seiner Macht, übt seine Macht aus.

Und deshalb ist auch die Frage: »Weshalb folgen wir der Macht, weshalb gehorchen wir, weshalb machen wir uns die Parole der Macht zu eigen?«, realitätsfern: Diese Frage nimmt nicht ernst, wonach sie fragt, verleugnet die Realität der Macht. Die Frage kann nur lauten: »Warum *verleugnen* wir, dass wir nichts anderes tun, als der Macht zu folgen, indem wir ihre Parole als unsere eigene ausgeben?«

Weil es uns beschämt, »aller Freiheit und Menschenrechte beraubt«, »[zur Schlachtbank] gezerrt, gestoßen, getrieben« zu sein. Deshalb weichen wir »scheu dieser Erkenntnis aus«, »nur« »Opfer fremder Machtgelüste« (Adler 1919a, S.14) zu sein, und tun so, als hätten wir uns den Befehl selbst gegeben, als folgten wir dem eigenen Befehl. Dies ist die einzige Möglichkeit dem Gefühl der Ohnmacht zu entkommen. Man kann sich das Folgen als »selbstbestimmtes« umdeuten, »als ob« man Herr seines Tuns sei. Denn es ist ja die eigene Parole, der man folgt.

Die Beschämung, die aus der Erkenntnis erwächst, nichts als Opfer fremder Machtgelüste zu sein, wird durch das Gefühl von eigener Macht abzuwehren versucht, die Zustimmung zur Parole der Macht verschafft Macht über sich selbst, über die eigene Entscheidung. Es ist dies eine Macht, die aus der Position kommt, von der aus die Parole zum Krieg ausgegeben wird, die man illusorisch einnimmt, indem man sich ihre Parole zu Eigen macht.

Die Parolen der Macht bieten die Rechtfertigungsgründe für die Zustimmung zu ihr, selbst für die Zustimmung zu ihrem Krieg. Sie geben die Möglichkeit, nicht nur die Ohnmacht zu verleugnen, die Erniedrigung, Entrechtung, Demütigung, sondern zugleich auch das Streben nach Macht und Überlegenheit, als Streben nach Ehre, Recht und Vaterland darzustellen – so 1914 – und heute als Kampf für Freiheit, Demokratie und Selbstbestimmung.

Diese »Flucht vor der beschämenden Erkenntnis« in die Fiktion von eigener Macht, Souveränität und Selbstbestimmung ist es, die durch die Kriegsrhetorik ausgebeutet wird, durch die Rhetorik des Diskurses der Macht, heute durch die Rhetorik der »Demokratie für den Irak«, der »Befreiung der Frauen von der Burka«, der »Reform« des Sozialstaats. Deshalb kann ihr zugestimmt werden. »Geglaubt« wird ihr, insofern die Zustimmung verleugnet wird. Dies ist die Möglichkeit, die die Intellektuellen bevorzugen: ihre Zustimmung als eigene Meinung und Überzeugung zu rationalisieren als selbst bestimmten Akt.

Adler lenkt unseren Blick nicht nur auf den *fiktionalen* Charakter des Strebens nach Macht, der fiktionalen Überwindung unserer »Minderwertigkeit«, des »als ob«. Er verliert auch den *nichtfiktionalen* Charakter gesellschaftlicher Unterlegenheit und Macht gleichzeitig nicht aus dem Blick. Er kritisiert diese Zustände. In der Vorstellung des Machtstrebens als irregeleiteter Form der Überwindung (Kompensation) von Ungleichheit, Unterlegenheit und Minderwertigkeit kritisiert er zugleich auch die Macht, die diese Ungleichheit herstellt, aufrechterhält, dem Streben nach Überwindung die falsche Richtung weist und die »Parole« vorgibt: »Überwindung von Ohnmacht und Minderwertigkeit, durch Streben nach Macht und Überlegenheit« – dies ist die Parole des »Diskurses der Macht«.

Adlers Analyse der Beziehung zwischen Macht und Subjekt ist keineswegs auf das von ihm gewählte Beispiel der Kriegsfreiwilligen des Ersten Weltkriegs zu beschränken. Der Ausdruck, »so zu tun, als habe man die Parole des Bedrückers selbst ausgegeben«, stellt vielmehr prägnant dar, was unsere Beziehung zur Macht reguliert – auch außerhalb des Krieges. Deleuze & Guattari (1980, S. 106f.) sehen in der Parole, dem Kennwort oder dem Befehl, die »Grundeinheit der Sprache«: Die Sprache sei »dazu da um zu gehorchen und Gehorsam zu verschaffen«. Das Entscheidende an Adlers Analyse ist jedoch nicht, dass sie das Befehlsverhältnis verallgemeinert, wie Deleuze & Guattari, sondern dass sie den entscheidenden Punkt darin festhält, dass die Parole erst als eigene ausgegeben werden muss, um gehorchen zu können, dass wir das Gehorchen verleugnen, indem wir so tun, als folgten wir dem eigenen Befehl.

Der Automobilkonzern VW könne »weiterhin eine führende Rolle in der Welt spielen«, so Vorstandsmitglied Daniel Goeudevert (im Interview mit der taz vom 02./03.10.2004, S. 12), »aber nur, wenn die Mitarbeiter bereit sind, die Ernsthaftigkeit der Situation anzuerkennen«, nämlich, dass dies »nicht ohne Einsparungen und schmerzhafte Entscheidungen« gehe. Und an die Presse gerichtet erklärt er: »Die Menschen haben kein Problem, vorübergehend Opfer zu bringen, wenn es dahinter ein Ziel gibt«. Deshalb sei es die »Aufgabe der Politik«, »Visionen zu entwickeln« und »ihren Wählern zu erklären, dass es in Übergangsphasen immer zu Rezessionen kommen kann«. Es ist eigentlich nicht so wichtig zu sagen, wer das gesagt hat – wir können solche Parolen jeden Tag in den Medien hören, wichtig ist nur, dass es ein Vorstandsmitglied gewesen war.

Aber wir müssen der Parole nicht folgen (Lyotard), wir haben immer die Möglichkeit nicht zuzustimmen, die Parole der Macht nicht zu übernehmen, die »rätselhafte Botschaft« »anders« zu übersetzen. Oder: zu schweigen, die Diskursart zu wechseln: Parodie, provokative Affirmation – oder den Befehl zu verweigern, wenngleich dies auch nicht ohne Konsequenzen bleiben wird. Und weil diese Möglichkeit besteht, ist auch die Zustimmung zur Parole der Macht nur eine Möglichkeit. Sie ist nicht unausweichlich, sondern gewählt, absichtsvoll, intentional, eine Entscheidung des Subjekts – wenn auch unbewusst (gemacht).

Die Macht ist »eine Weise des Einwirkens auf ein/mehrere Subjekte«, sie wirkt, indem sie »anstachelt«, »eingibt«, »ablenkt«. Nur »im Grenzfall nötigt oder verhindert sie vollständig; aber stets sofern die Subjekte handeln oder zum Handeln fähig sind. Stets bleiben die Subjekte ihrer Einwirkung als solche anerkannt« (Foucault 1982, S. 255). Darin ist die Grenze der Macht gesetzt: Erst indem wir ihr Folge leisten, kann die Parole der Macht ihre Wirkung ausüben.

Diese Grenze der Macht bezeichnet zugleich den Bereich der Psychologie (und Psychoanalyse): die Möglichkeit des Subjekts, der Parole der Macht nicht Folge zu leisten, sich ihr zu verweigern. Adlers Analyse galt dem umgekehrten Fall der Möglichkeiten des Subjekts, nämlich so zu tun, als folge man nicht der Parole der Macht, sondern der eigenen. So wichtig ist (uns) das Gefühl von Selbstbestimmtheit (Macht), dass wir es um jeden Preis suchen, um jeden Preis zu finden glauben, selbst um den der

Selbsttäuschung, der Verleugnung – unserer Ohnmacht, der Verkennung unserer Abhängigkeit.

Damit wären wir wieder am Ausgangspunkt, bei Ethel Person, bei dem Begriff von Macht als Selbstbestimmtheit. Unsere Annäherung hat den Begriff der Macht als Selbstbestimmtheit nicht unberührt gelassen. Wir haben ihn einerseits als psychoanalytischen Begriff ernst genommen. Die Psychoanalyse braucht einen Begriff, der diesem zentralen Wunsch nach Selbstbestimmtheit gerecht wird. Andererseits haben wir ihn in den Kontext gestellt, aus dem heraus seine »psychische Realität« als Antwort verstehbar wird: die Verleugnung, die fiktionale Konstruktion der subjektiven Realität, die Verkennung der »objektiven« Realität gesellschaftlicher Macht.

Nicht nur ist bei Adler die Situation der Minderwertigkeit und Ohnmacht an die gesellschaftliche Struktur der Macht gebunden, sondern zugleich auch ihre Kompensation, die Fiktion der Selbstbestimmtheit. Ihre Überzeugungskraft gewinnt diese Fiktion der Selbstbestimmtheit aus dem Diskurs der Macht, der die Rationalisierungen bereitstellt, denen wir zustimmen (können), indem dieser dem Streben nach Macht – über uns selbst, dem Streben nach Vollkommenheit (Adler) – ein anderes Ziel supponiert: das Streben nach Macht – über andere, eine irregeleitete Form des Strebens nach Selbstbestimmtheit, ein Versprechen des Diskurses der Macht, die Machtlosigkeit dadurch zu überwinden, dass sie affirmiert wird durch das Streben nach Macht.

Literatur

Adler, A. (1912a): Über den nervösen Charakter. Grundzüge einer vergleichenden Individualpsychologie und Psychotherapie. Wiesbaden (J. F. Bergmann); Kommentierte textkritische Ausgabe, ed. Karl-Heinz Witte, Almuth Bruder-Bezzel und Rolf Kühn. Göttingen (Vandenhoeck und Ruprecht 1997).

Adler, A. (1919a): Die andere Seite. Eine massenpsychologische Studie über die Schuld des Volkes. Wien. [Reprint (Faksimile) 1994, hrsg. und mit einem Vorwort versehen von Almuth Bruder-Bezzel].

Ahrendt, H. (1971): Die Lüge in der Politik. (Wieder abgedruckt in: Vorgänge 2004).

Benjamin, J. (2004): The Relationship of Doer and Done To and Its Dissolution through the Intersubjective Third. Vortrag auf der 55. Jahrestagung der DGPT in Berlin, 7. November 2004, abgedruckt in diesem Band.

Bourdieu, P. (1996): Sur la télévision. Liber – Raison d'agir. 1996 [dt.: Über das Fernsehen. Frankfurt a. M. (Suhrkamp 1998)].

Bruder, K. J. (1993): Subjektivität und Postmoderne. Der Diskurs der Psychologie. Frankfurt a. M. (Suhrkamp).

Bruder, K. J. (2003): Psychoanalyse und Semiotik In: Posner, R., Robering, K. & Sebeok, T. A. (Hg.): Handbuch Semiotik. Berlin, New York (Walter de Gruyter), S. 2483–2510.

Bruder, K. J. (2004): Zustimmung zum Diskurs der Macht. Prolegomena zu einer Theorie der Subjektivierung. Psychologie und Gesellschaftskritik.

Bruder-Bezzel, A. (1985): Das Spannungsverhältnis von Macht und Ohnmacht als Grundproblem der Persönlichkeitstheorie Alfred Adlers. Zeitschrift für Individualpsychologie, 1/85, 11–17.

Bruder-Bezzel, A. & Bruder, K. J. (2001): Auf einem Auge blind: die Verleugnung der Macht in der Psychoanalyse. ZfIP 26, 1/ 2001, 24–31.

Bruder-Bezzel, A. & Bruder, K. J. (2004): Kreativität und Determination. Studien zu Nietzsche, Freud und Adler. Göttingen (Vandenhoeck & Ruprecht).

Brückner, P. (1978): Versuch, uns und anderen die Bundesrepublik zu erklären. Berlin (Wagenbach).

Deleuze, G. & F. Guattari (1980): Mille Plateaux. Paris: Minuit [dt.: Tausend Plateaus – Kapitalismus und Schizophrenie. Berlin (Merve 1992)].

Derrida, J. (1993): Spectres de Marx. Paris [dt.: Marx' Gespenster: Der verschuldete Staat, die Trauerarbeit und die neue Internationale. Frankfurt a. M. (Fischer 1995)].

Derrida, J. (1996): Prolegomena zu einer Geschichte der Lüge. Vortrag in der Berliner Staatsbibliothek (9. Juni) Reihe:»Erbschaft dieser Zeit«

Eife, G. (2001): Die Unterscheidung des »Willens zur Macht« von der Macht. ZfIP, 26. Jg. H. 1: 32–49.

Erdheim, M. (1982): Die gesellschaftliche Produktion von Unbewußtheit. Frankfurt a. M. (Suhrkamp).

Ferenczi, S. (1933): Sprachverwirrung zwischen den Erwachsenen und dem Kinde. Internationale Zeitschrift für Psychoanalyse 19, 5–15.

Flores D'Arcais, P. (2004): Die Demokratie beim Wort nehmen. Berlin (Wagenbach).

Foucault, M. (1982): The Subject and Power. Afterword in H. L. Dreyfus & R. Rabinow: Michel Foucault: Beyond Structuralism and Hermeneutics (2o8-226) Chicago [dt.: »Das Subjekt und die Macht«, Nachwort von Michel Foucault, 243–264].

Freud, S. (1914): Zur Geschichte der psychoanalytischen Bewegung. In: GW X, 43–114.

Gießner, U. (2001): Das Machtprinzip bei Nietzsche, Adler und Freud. ZfIP, 26.Jg. H. 1: 64–69.

Jelinek, E. »In Mediengewittern«: © 2003 Elfriede Jelinek.

Kohut, H. (1977): The Restoration of the Self. New York (International University Press). Dt. (1979): Die Heilung des Selbst. Frankfurt (Suhrkamp).

Kohut, H. (1984): How does Analysis cure? Chicago (Univ. of Chicago Press). Dt. (1989): Wie heilt die Psychoanalyse? Frankfurt a. M. (Suhrkamp).

Lacan, J. (1953), »Funktion und Feld des Sprechens und der Sprache in der Psychoanalyse«. Bericht auf dem Kongreß in Rom am 26. und 27. September 1953. [dt. von K. Laermann in: J. Lacan: Schriften I: 71–169. Weinheim (Quadriga 1986)].

Laplanche, J. (1991): L'interprétation entre déterminisme et herméneutique: une nouvelle position de la question. Revue Française de Psychoanalyse [dt.: 1992. Deutung zwischen Determinismus und Hermeneutik. Eine neue Fragestellung. In: Psyche XLVI, 6, Juni 1992, 467–498].

Lehmkuhl, G. & U. Lehmkuhl (2001): Analyse der Macht – Jenseits des Aggressionstriebs. ZfIP, 26. Jg. H. 1: 50–58.

Lyotard, J.-F. (1983): Le Differend. [dt.: Der Widerstreit. München (Fink 1987)].

Orange, D. M.; Atwood, G. E. & R. D. Stolorow (1997): Working Intersubjectively. Contextualism in Psychoanalytic Practice. Hillsdale, NJ (The Analytic Press) [dt.: Intersubjektivität in der Psychoanalyse. Kontextualismus in der psychoanalytischen Praxis, Frankfurt/M. (Brandes & Apsel) 2001]

Person, E. S. (2000/2001): Über das Versäumnis, das Machtkonzept in die Theorie zu integrieren. In: Schlösser, A.-M., Höhfeld, K. (Hg): Psychoanalyse als Beruf. Gießen (Psychosozialverlag), S. 73–98; auch in: ZfIP, 26. Jg. H. 1: 4–23.

Sassen, S. (2004): Die Macht der Angst. taz vom 01.11.2004, S. 15.

Stolorow, R.; B. Brandchaft & G. Atwood (1983): Inter-subjectivity in psychoanalytic treatment, with special reference to archaic states. Bulletin of the Menninger Clinic 47 (2): S. 117–128

Stolorow, R. & G. Atwood (1992): Contexts of Being: The Intersubjective Foundations of Psychological Life. Hillsdale NJ (Analytic Press)

van Rossum, W. (2004): Meine Sonntage mit »Sabine Christiansen«. Wie das Palaver uns regiert. Köln (Kiepenheuer & Witsch).

Weber, M. (1922): Wirtschaft und Gesellschaft. Tübingen (Mohr).

Witte, K. H. (1988): »Aus dem Irrgarten des alltäglichen Machtstrebens: die Neurose«. In: Mohr, Franzjosef (Hg.): Macht und Ohnmacht. Beiträge zur Individualpsychologie, Bd. 10, 150–160.

Weiss, H. & E. Schmiederer (2004): »Asoziale Marktwirtschaft«. Köln (Kiepenheuer & Witsch).

»Wirtschaftliche und soziale Fragen können hier nicht zur Behandlung kommen«

Kann die Psychoanalyse mit der Realität der Arbeitslosigkeit umgehen?

Almuth Bruder-Bezzel

I.

›Hartz IV‹ ist die Chiffre geworden für den Abbau des Sozialstaats im Zeichen der Globalisierung, für das Absinken nun auch der ehemals Besserverdienenden, für die Verschärfung der Zumutbarkeitsregeln, Plünderung von Ersparnissen und finanziellen Absicherungen, für einen evtl. Zwang zum Wohnungs- oder Ortswechsel. 345 Euro und die »1-Euro-Jobs« sind eine reale Bedrohung. Die Zahl der Arbeitslosen wird damit aller Voraussicht nach nicht gesenkt, sondern die finanzielle Lage der Arbeitslosen und der Bevölkerung insgesamt dramatisch verschlechtert. Kurz, Hartz IV sorgt für eine weitere und tiefere Spaltung der Gesellschaft und für die Teilung Deutschlands in Ost und West.

Aber Hartz IV ist nur ein weiterer Schritt in einem schon ca. 30 Jahre dauernden Prozess. Seit Jahren hat Deutschland Millionen von Arbeitslosen, im Jahr 2005 wurden nun über 5 Millionen registriert, das sind über 12% der Gesamtbevölkerung (davon über 9% in Westdeutschland, über 19% in Ostdeutschland), in Berlin sind es über 19%, in einzelnen anderen Städten und Regionen sieht es ganz ähnlich aus.

Hatte man naiv vor Jahren noch hoffen können oder wollen, dass dies ein vorübergehendes Problem sei und dass die Arbeitslosenzahl gesenkt werde – wie uns ja auch versprochen wurde – ist inzwischen davon nichts mehr zu erwarten. Man hat mit verschiedenen Arbeitsmarktmaßnahmen experimentiert: mit Minijobs zu 400 Euro, Midijobs bis zu 800 Euro, Ich-AGs ab 600 Euro und Leiharbeit. Keines dieser Experimente ist erfolgreich.

Im Gegenteil, die Zahlen steigen, bei der gleichzeitigen Absurdität, die Wochenarbeitszeit auf 40 Stunden zu erhöhen. Massenentlassungen und Produktionseinschränkungen sind an der Tagesordnung und auch die Lehrstellen werden nicht mehr. Die Politiker und Medien trimmen uns täglich darauf, glauben zu sollen, es gäbe keine andere Wahl, keine Alternative, Politik sei machtlos. Die ansteigenden Proteste seien lächerlich, demagogisch oder hysterisch.

Das alles hat natürlich auch Auswirkungen auf die, die Arbeit haben. Zu nennen sind hier massive Lohnsenkungen bis hin zur weiten Verbreitung von Billiglöhnen, besonders im Dienstleistungsbereich, Intensivierung der Arbeit durch Personalabbau, Angst vor Kündigung, Verschlechterung des Arbeitsklimas durch Anheizen der Konkurrenz bis zum Mobbing etc. Die Arbeitsmarktsituation hat Auswirkungen auf die gesamte Bevölkerung durch den Wegfall oder die Einschränkung einer Fülle von Dienst- und Sozialleistungen – nicht zuletzt im Gesundheitsbereich –, wovon natürlich immer in erster Linie die sozial und gesundheitlich Schwächeren besonders stark betroffen sind. Dass dies im Weiteren auch die Anbieter dieser Dienste – wie z. B. Psychotherapeuten – treffen wird, zeichnet sich bereits ab.

Gesicherte Existenzen, glatte Arbeitsbiographien werden zur Rarität, vorherrschend sind improvisierte Biographien. Normal wird die Entkoppelung von Ausbildung und Beruf. Das wird zwar euphemistisch als Schaffung von Flexibilität gefeiert, bedeutet aber letztlich eine größere existentielle Unsicherheit und fordert verschiedene Fähigkeiten, wie sich selbst gut verkaufen zu können, und fördert Tugenden wie Ellebogen-Stärke.

Ich kann davon ausgehen, dass alle Therapeuten in ihren Praxen mit diesen Problemen konfrontiert sind – im Osten noch massiver als im Westen. Über die Hälfte meiner, meist gut ausgebildeten, Patienten – ich habe meine Praxis im bürgerlichen West-Teil von Berlin, nicht im sozialen Brennpunkt – sind arbeitslos oder arbeiten dequalifiziert (z. B. Akademiker als Taxifahrer, Fahrradkurier, Kellner, Filmvorführer, Putzfrau etc.). Viele von ihnen könnten, auch wenn sie wollten, nicht mehr arbeiten oder haben nur jeweils vorübergehende Minijobs oder überleben notdürftig als Selbständige. Sie leben z. T. mit Mischökonomie – Arbeitslosengeld , kleiner Neben-Job, Untervermietung bis zu skurrileren Einnahmequellen wie Blutspenden, Versuchsperson für die Pharmaindustrie, Scheinheiraten, dealen – oder erneuter Abhängigkeit von den Eltern. Sie stehen damit häufig am Rand des Existenzminimums.

Sozialabbau, dequalifizierter Arbeitsplatz und Arbeitslosigkeit sind ökonomische Strukturprobleme, die sich in unsere Arbeit drängen. Dies kann unsere Psychoanalysen/Therapien nicht ungestört und unbeeinflusst lassen. Nimmt Psychoanalyse die Arbeitssituation oder Arbeitslosigkeit als auslösenden oder verstärkenden Faktor für Angst und Depression ernst genug? Oder neigen gerade wir dazu, das subjektive und neurotische

Moment in Angst und Depression überzubetonen – um damit, im Chor mit den Politikern, kritiklos die reale Bedrohung zu verleugnen und zu verharmlosen und dem Mechanismus der Anpassung an die Situation, wie sie ist, und der Akzeptanz der Verhältnisse Nahrung zu geben?

Ich habe den Eindruck, dass wir die Arbeits-/Arbeitslosen-Biographien in unseren Diagnosen und Psychodynamiken zu sehr vernachlässigen, die durch das Fehlen der Arbeit oder durch Schäden durch die Arbeit zugefügt wurden. Müssen wir dagegen nicht sehr viel mehr Depressionen und Ängste oder die narzisstische Problematik auf die aktuelle, aber lang anhaltende Lebenssituation beziehen? Zuweilen gerät die Frage der Indikation und Diagnose ins Wanken: »Ich habe Depressionen, ich weiß aber nicht: Brauche ich Therapie oder eine Arbeit?«, wie sich mir einmal eine Frau im Erstgespräch vorstellte. So allerdings stellt sich diese Alternative meist nicht, da angesichts drohender Langzeitarbeitslosigkeit nicht das Ende der Depression oder einer anderen seelischen Beeinträchtigung abgewartet werden kann.

Ändert sich damit das Therapieziel oder die Erfolgsmöglichkeit von Therapie? Das wird von manchen Gutachtern bereits skeptisch angemerkt, weshalb es bereits zur Ablehnung von Anträgen kommt oder zur Kürzung der beantragten Stundenzahl.

II.

»Wirtschaftliche und soziale Fragen können hier nicht zur Behandlung kommen.« Dies zitiert Ernst Bloch (1979, S. 72) als Aushang in einer Wiener psychoanalytischen Beratungsstelle für verhinderte Selbstmörder – vermutlich nach dem Ersten Weltkrieg, der Zeit der Arbeitslosigkeit, der Wohnungsnot und des Hungers.

Die Formulierung »nicht zur Behandlung kommen« ist unklar, man könnte dies natürlich so verstehen, dass es in der Beratungsstelle keine finanzielle Unterstützung gibt oder dass keine Arbeitsstellen vermittelt werden. Für eine psychoanalytische Beratungsstelle wäre das dann vielleicht akzeptabel, auch wenn man mit Bloch davon ausgeht, dass damals über 90% der Selbstmorde aus wirtschaftlicher Not verübt wurden. Aber Bloch versteht den Aushang offenbar so, dass es die zentralen, Depressionen auslösenden Sorgen und Ängste sind, die die Psychoanalyse, in einer Art von Wolkenkuckucksheim schwebend, nicht sähe, die nicht Thema sein dürften, ausgeklammert seien.

Und er nützt dies zu einer Polemik gegen die Psychoanalyse: »Verständlicherweise war vom Innenleben des verhinderten Selbstmörders auf diese Art wenig zu erfahren.« (Bloch 1979, S. 72).

Das Innen erschließt sich erst über das Außen. Prinzipieller noch merkt Bloch kritisch weiter an: »Der Hungerstachel« werde von der Psychoanalyse »sekretiert«, der »Selbsterhaltungstrieb ... merkwürdigerweise nicht dem Magen und Leibsystem insgesamt zugeordnet.« Ohne Nahrung, schreibt Bloch weiter, lasse es sich nicht leben, aber ohne Liebesgenuss, ohne Befriedigung des Machttriebs und ohne »Regression zur Urzeit«, wie er gegen die Trias Freud, Adler, Jung schreibt (Bloch 1979, S. 71–73). Er wirft damit der Psychoanalyse vor, die (gesellschaftlich geformte) Naturbasis, die existentiellen Grundlagen der Selbsterhaltung theoretisch und praktisch zu vernachlässigen. Psychoanalyse entmaterialisiert, sie sieht nur die »psychische Realität«, nur das Innen – und sieht es damit nicht.

Im Fall einer psychoanalytischen Beratungsstelle in solchen Zeiten muss man auch weiterfragen, ob nicht erst die materielle Not auch gelöst oder gemildert werden muss – mit Brecht materialistisch ausgedrückt: Erst kommt das Fressen, dann die Moral – was auf heutige Verhältnisse übertragen hieße: Erst Arbeit, dann Therapie, oder: Arbeit und Therapie.

Als Freud 1919, am Ende des Krieges, die nicht unrealistische Vision hatte, die Psychoanalyse nicht nur einer kleinen Zahl von Privilegierten, »wohlhabenden Oberschichten« (Freud 1919a, S. 192) zukommen zu lassen, sondern die unentgeltliche »Massenanwendung« für die »Armen« voraussieht – wie vorher für die Kriegsneurotiker –, verschließt er nicht die Augen vor der Armut und meint, durchaus pragmatisch gedacht, dass »wir oft nur dann etwas leisten können, wenn wir die seelische Hilfeleistung mit materieller Unterstützung (...) vereinigen können« (ebd., S. 193). – Das hört sich anders an als im Aushang der Beratungsstelle.

Allerdings glaubt er mit dieser Anwendung für die »Armen« sich genötigt, »das reine Gold der Analyse reichlich« mit »Kupfer« »legieren« (ebd.) zu müssen – die drängende Not, aber auch den geringen Bildungsgrad macht er dafür verantwortlich.

Unsere arbeitslosen Patienten sind im Durchschnitt allerdings nicht mit Freuds und Blochs »Armen« vergleichbar. Bisher geht es in der Regel bei Arbeitslosen noch nicht um echten Hunger und unsere Patienten haben meist einen guten Bildungsgrad bzw. ein höheres psychologisches Verständnis, sodass wir nicht aufs »Gold« verzichten müssen – allerdings steht auch der Psychoanalyse eine Legierung nicht schlecht an.

Geht es heute also nicht um Hunger, so geht es aber um das Ringen um die Basisexistenz, um ständiges Rechnen, Knapsen, schlechte Wohnqualität, mangelhafte Ernährung, reduzierte Freizeitmöglichkeiten, wo kleine Extras oder kleine Versäumnisse oder Fehler die Planung über den Haufen werfen, und zwar voraussichtlich als Dauererscheinung, nicht als vorübergehende Phase. Das bleibt nicht selten unausgesprochener Hintergrund. Wie weit lassen wir diesen Hintergrund aufscheinen, zur Sprache kommen? Und wie weit kann ich, als gut verdienende Psychoanalytikerin, mich darin einfühlen, dies verstehen. Kenne ich das Innenleben?

III.

Psychoanalyse als Theorie hat keinen Begriff von Arbeit, von der Bedeutung von Arbeit oder der Bedeutung des Fehlens von Arbeit und von Geld für das Selbstwertgefühl. Darüber hat sie nicht nachgedacht. Die Psychoanalyse hat die »Erwerbssphäre« ausgeschlossen. »Freuds Blick« entgingen »die Konsequenzen der Lohnarbeit für die Konstituierung von Bewusstsein, Verhalten, Triebstruktur, von Alltäglichkeit.« (Brückner 1972, S. 369).

Peter Brückners Kritik am Ausschluss der Erwerbssphäre zielte zu ihrer Zeit auf den Ausschluss der Dimension der Entfremdung durch kapitalistische Lohnarbeit. Diese Stimme der Kritik an entfremdeter Arbeit, an zerstörerischen Arbeitsverhältnissen, ist zwar nach wie vor für eine grundlegende Gesellschaftskritik und für die psychologische Analyse des Individuums unabdingbar, aber sie ist angesichts von Arbeitslosigkeit als Massenphänomen leise und kleinlaut geworden, erscheint geradezu als Luxus, trifft das Erleben von Arbeitslosen im Allgemeinen nicht und muss von Arbeitsplatzbesitzern verdrängt werden – und ich vermute: Wir tun dies in der Regel auch.

Durch diesen Ausschluss des Arbeitsbereichs sind wir für die Psychoanalyse Familienmenschen und – als solche – sind alle Menschen gleich. Psychoanalyse kennt keine Klassen, keine Differenzierung in den Lebensverhältnissen. Sie unterscheidet nur innerpsychische Konflikte, deren spezifische Färbung und Ausprägung sich aber natürlich in ihrer Genese und in ihrer aktuellen Dynamik von diesen Lebenslagen her bestimmen – andererseits erheben wir natürlich die Anamnese genau zu diesem Zweck, um die spezifischen Lebensumstände zu erfassen.

Auch Kultur und Gesellschaft sind für die Psychoanalyse wie eine Familie, den Mechanismen von Individuen und Familien gehorchend – freilich eine Vorstellung, die im öffentlichen Diskurs transportiert und von der Psychoanalyse sozusagen übernommen wird. Mit dieser verengten Perspektive auf die Welt und Kultur als Familie hängt es auch zusammen, dass die Psychoanalyse sich in ihren Erklärungen auf die früheste Kindheit, auf die Determinierung durch die Kindheit allein, auf den engsten Kreis in der Familie beschränkt, sodass für sie das Unbewusste nur Vater,

Mutter, Kind enthält oder, wie Mario Erdheim weiter zuspitzte, »dass das Unbewusste quasi zum Familiengrab wird.« (Erdheim 1990, S. 18). Und dieser Ausschluss von Außenwelt und Arbeitswelt wird gesteigert durch den Ausschluss des Vaters, in der Konzentration auf die Mutter-Kind-Dyade. In der Mutter-Kind-Dyade erscheint der Ausschluss der gesellschaftlichen Realität am überzeugendsten – was er in Wirklichkeit nicht ist, denn das Umfeld, die Arbeits- und Lebensbedingungen der Familie, prägen selbst die Mutter-Kind-Dyade und rufen spezifische Bewältigungsstrategien hervor. In allen späteren Lebensphasen, ab der Zeit, in dem das Kind nach außen geht (Kindergarten) kann dieser Ausschluss der gesellschaftlichen Realität nur noch durch das Konstrukt aufrechterhalten werden, alle späteren Entwicklungen nur als Neuauflage der frühkindlichen Konflikte zu definieren (Erdheim 1990, S. 27).

Dass aber spätere Entwicklungen nicht nur eine Neuauflage und Wiederholung ist, dass außerfamiliäre Einflüsse, individuelle und gesellschaftliche Lebenslagen, die Möglichkeit zu neuen Entwicklungen und neuen Fehlentwicklungen in sich bergen – und damit über eine halbwegs gesunde oder pathologische Entwicklung entscheiden – wurde immer wieder angemerkt. Zu diesen weiteren Faktoren und Einwirkungen gehört eben auch und sehr wesentlich alles, was mit Arbeit, Existenzsicherung, auch Angst am und um den Arbeitsplatz oder Arbeitslosigkeit zu tun hat. Dies wird in der Psychoanalyse chronisch unterbelichtet oder ausgeblendet.

IV.

Auf einer allgemeineren, abstrakteren Ebene müssen wir daher weiterfragen, welchen Stellenwert die äußere Realität für die Psychoanalyse hat, ob Psychoanalyse – die ja für die psychische Realität, für das Innenleben, zuständig ist – glaubt, äußere Realität und soziale, ökonomische Macht, ausschließen zu dürfen. Dies führte nicht nur zur stillschweigenden Akzeptanz der Realitäten, sondern, in der psychoanalytischen Therapie, zu einer folie à deux, wie Leupold-Löwenthal im Anschluss an Jeanne Lampl-de Groot schreibt. Auch Anna Freud und Otto Fenichel kritisierten die Überbetonung der psychischen Realität gegenüber der äußeren Realität (in Übertragung und Widerstand) (Anna Freud), den »Widerstand des Analytikers in seiner Vernachlässigung des Lebens« (Fenichel) (Leupold-Löwenthal 1988, S. 293).

Die Psychoanalyse hat im Großen und Ganzen die realen Erfahrungen für die Erklärung psychischer Entwicklung ausgeschaltet zugunsten der Phantasietätigkeit. Harald Leupold-Löwenthal lässt diesen Ausschluss von Realereignissen mit Freuds Aufgabe der Verführungstheorie beginnen (ebd., S. 279), als Freud fälschlicherweise zu entdecken glaubte, dass sexuelle Verführung des Kindes nicht real, sondern nur in der Phantasie des Kindes stattfinde. Gelegentlich nur spricht Freud vom »realen Leiden« oder von Erkrankungen durch ein »äußeres Moment« – führt dabei aber das (traumatische) Ereignis eines Objektverlustes an und scheint weniger an fortwährend einwirkende Lebensbedingungen zu denken (Freud 1912, S. 322f.). Im Zusammenhang mit dem Krieg allerdings musste er sich mit dem realen Trauma der Kriegsneurose befassen. (Allerdings psychologisiert er auch hier auf etwas seltsame Weise: Die Kriegsneurose sei ein Ich-Konflikt zwischen dem alten friedlichem und dem neuen kriegerischen Ich angesichts der realen Lebensgefahr [Freud 1919b, S. 323].)

Die Fragestellung kann aber natürlich nicht sein, psychische *oder* objektive Realität – das ist nicht die richtige Alternative. Vielmehr steht die psychische Realität in einem komplexen Verhältnis zur äußeren, erfahrenen Realität und beide Realitäten stehen in einem dialektischen Verhältnis zueinander, insofern als dass individuelle oder kollektive psychische Prozesse sowohl von äußeren Geschehnissen beeinflusst werden als auch auf die äußeren Verhältnisse einwirken, diese mit antreiben und ihnen ihre konkrete Gestalt geben. Innen und außen sind voneinander abhängig.

Die psychische Realität ist eine individuelle Verarbeitung der je erlebten objektiven Realität, sie ist die schöpferische (wie Adler sagen würde), gestaltete Antwort auf die äußere Realität. In diesem Zusammenspiel werden Strukturen und Lebensstile gebildet.

Psychische Realität gibt der äußeren Realität Sinn, Bedeutung und Bewertung. In diese Bedeutungsverleihung gehen so genannte Fakten ein, die auf dem Hintergrund der biographischen Erfahrung wiederum verarbeitet werden. In diese Erfahrungen gehen aber auch intersubjektiv vermittelte Sichtweisen, sozial vermittelte Normen, Werturteile, Diskurse ein. Innerpsychisches ist intersubjektiv vermittelt, wie die »Intersubjektiven« sagen – eben auch durch den Diskurs, der offene und versteckte Botschaften transportiert. Wir verkennen die psychische Realität in ihren bewussten und unbewussten Anteilen, wenn wir nicht die soziale Macht und den gesellschaftlichen Diskurs einbeziehen, kennen und anerkennen. Deshalb ist es auch nicht richtig zu behaupten, die äußeren Fakten (z. B. eines Traumas) seien letztlich nicht relevant – wie in der Psychoanalyse nicht selten vertreten wird.

Auch Vorstellungen eines unveränderlichen Lebensstils (Adler) oder von gleich bleibenden Strukturen oder vom Ich als fester Burg rechnen mit relativ stabilen gesellschaftlichen Strukturen. In Zeiten von unsicheren Lebensverhältnissen, da, wo nichts bleibt, wie es war, oder in Zeiten von Arbeitslosigkeit größeren Umfangs wird erst deutlich, wie sehr die Festigkeit der Persönlichkeitsstruktur von der Stabilität der Verhältnisse getragen war. In solchen Zeiten wiederum wird es zugleich prekär oder gefährlich, an bisherigen Verarbeitungs- und Umgangsweisen mit der Realität festzuhalten – dann droht die Selektion aus dem gesellschaftlichen Leben.

Arbeit und Geld zu haben oder arbeitslos zu sein und kein Geld zu haben sind objektive Bedingungen, die das Bewusstsein und das Unbewusste formen. Arbeitslosigkeit als Langzeit-Status wird auf dem Hintergrund der bisherigen Biographie, des biographischen Abschnitts, in dem sich jemand befindet und des gesellschaftlichen Diskurses erlebt: »Es gibt keine Alternative« – zu Hartz IV, zu den Forderungen der Unternehmer –, die »Reformen« »reichen noch nicht weit genug« oder »Die Bevölkerung muss Opfer bringen«, sind Botschaften, die Hoffnungen und Eigeninitiative auslöschen. Arbeitslosigkeit wird z. B. erlebt als Ausgeschlossensein, als Wende, Abbruch, als Glied in einer Kette von Versagen, Schicksal, Demütigung, Strafe oder Ungerechtigkeit. Auf der Folie solcher Bedeutungszuschreibungen werden dann alle weiteren Einzelerscheinungen in diesen Zusammenhängen interpretiert und auf andere Bereiche übertragen.

Psychoanalyse muss sich auf diese Bedeutungszuschreibungen beziehen, muss mit ihnen arbeiten, aber es sind Zuschreibungen, die sich auf objektive Lebenslagen beziehen, von denen nicht abzusehen ist. Mit Bloch: Das Innenleben bleibt verborgen, wenn wir das Außen nicht sehen.

V.

Arbeitslosigkeit ist ein Risikofaktor erster Güte, körperlich, psychisch oder psychosomatisch krank zu werden oder zu bleiben. Krankheiten und Probleme, die vorher bestanden, werden verschärft und fixiert. Das ist umso wahrscheinlicher, je länger die Arbeitslosigkeit dauert, je aussichtsloser die Lage im Einzelnen ist, je stärker die ökonomischen Einschränkungen sind. Auch ein häufiger Wechsel zwischen Beschäftigung, Arbeitslosigkeit und Wiederbeschäftigung stellt eine besondere Belastung dar (Kieselbach 1998, S. 42f.).

In der Arbeitslosenforschung wird unterschieden zwischen Krankheiten im Verlauf und in Folge von Arbeitslosigkeit einerseits (Kausalfaktor) und dem Eintritt und der Fortdauer von Arbeitslosigkeit auf Grund von Selektion andererseits (Selektionsfaktor). Dabei kann die Selektion – neben sehr vielen anderen Selektionsfaktoren wie Alter, Berufserfahrung,

Branche, nicht volle Verfügbarkeit durch Erziehungsarbeit etc. – eben auch durch psychische oder körperliche Krankheit bedingt sein.

Allerdings schlagen psychische Krankheiten oder Eigenarten – wie z. B. eine mangelnde Fähigkeit durchzuhalten, sich darzustellen oder Ungeschicklichkeiten – heute viel stärker zu Buche als in Zeiten der Vollbeschäftigung. Zudem spielen häufig objektive und subjektive Faktoren ineinander, es vermischen sich bei psychischen Krankheiten Kausal- und Selektionsfaktoren – sie sind nicht in Reinkultur scharf getrennt – und schließlich spielen heute, bei Massenentlassungen, diese Selektionsfaktoren oft gar keine Rolle mehr.

Unter den psychischen Problemen dominieren Depressionen, Ängste, schamvoller Rückzug, Ängstlichkeit, Schlaflosigkeit, Reizbarkeit, Grübeln über soziale Ungerechtigkeit und über das eigene Versagen. Auch Suizidversuche kommen bei Arbeitslosen 20-mal häufiger vor als bei Arbeitenden (Kieselbach 1998, S. 38, 41).

In der psychologischen Arbeitslosenforschung wird von Viktimisierungsprozessen und Entfremdungsprozessen (im nicht-marxistischem Sinn) gesprochen, denen Arbeitslose ausgesetzt sind. Unter ›Viktimisierungsprozessen‹ versteht man den Verlust an ökonomischer Sicherheit und sozialer Einbindung, die soziale Stigmatisierung und Schuldzuweisung (Kieselbach 1998, S. 40f.). Unter ›Arbeits-Entfremdungserscheinungen‹, die Kieselbach auf Arbeitslosigkeit anwendet, versteht man in der Psychologie Isolation, Normlosigkeit, Bedeutungslosigkeit, Machtlosigkeit und Selbst-Entfremdung, womit gemeint ist: Verlust der Kollegen, Mangel an Information, Gefühl für andere nicht interessant zu sein, keine gesellschaftliche Rolle zu spielen, keine gesellschaftliche Durchsetzungsmöglichkeit, Verlust an Kompetenzen (Kieselbach 1998, S. 46f.).

Wie die Einzelnen mit diesen Belastungen umgehen, hängt dann natürlich von vielen Faktoren ab, so auch von der psychischen Struktur, von den bisherigen Lebenserfahrungen und von sozialen privaten Einbindungen.

VI.

Viktimisierungsprozesse und Entfremdungserscheinungen kann ich bei allen meinen arbeitslosen oder dequalifiziert arbeitenden Patienten in unterschiedlichem Ausmaß beobachten:

Sie leben oft isoliert, wissen nicht recht, wie sie die Jobsuche anpacken sollen, fühlen sich ausgeliefert und sind zaghaft in der Einschätzung ihrer Kompetenz. Vorherrschend ist Ratlosigkeit, wie aus der Situation rauszukommen ist, zugleich ist auch die Angst vor einem potentiellen Job groß. Sie können sich selbst nicht einschätzen, trauen sich nichts zu.

Es schwankt, ob sie aktiv werden, sich rumhören, sich bewerben, sich eine Nische suchen, um zu Job oder Geld zu kommen; andere warten ab, voller Angst. Für manche ist Therapie erstmal Schonzeit – aber ja nicht ewig.

Das Bemühen um einen Job erfordert dann häufig so viel Energie, sie wird auch gegen die Angst, gegen die Hoffnungslosigkeit eingesetzt – sodass dieses bald wieder erlahmt und der Aktivität ein resignatives Rückfallen folgt. Michael Hilgers spricht hier treffend von der »Ohnmachtsfalle« (Hilgers 1998, S. 29f.).

Die Häufigkeit und Art, ob und wie sie das Thema ›Arbeitslosigkeit‹ in der Therapie ansprechen, ist bei den verschiedenen Patienten unterschiedlich und geschieht phasenweise. Es wechseln Zeiten von – zumindest scheinbar – relativ sorgloser Gelassenheit oder fatalistischer Starre, in denen nicht über die Arbeitslosigkeit gesprochen wird, mit Zeiten von Angstschüben bis Panik, in denen sie häufig zum Thema wird. Dann wird auch deutlich, dass sie sich auf irgendeine Weise eigentlich täglich damit beschäftigen, aber in der Therapie dieses Thema aus Angst oder Schamgefühl vermeiden oder verdrängen, allenfalls nur andeuten, um wenigstens in der Therapie davon frei zu sein. Möglicherweise schließen sie auch aus dem vorherrschenden Interesse des Therapeuten an psychischen Problemen auf ein Desinteresse an »banalen« Fragen.

Anlässe zu Panik sind die anstehende Bezahlung der Fixkosten, unbeglichene Rechnungen, ein leeres Konto am Monatsende, ein Bescheid vom Arbeits- oder Sozialamt oder Termine dort. Dann ist mal wieder »Land unter«, Kaninchen vor der Schlange, plötzliche Unterleibsschmerzen, Magenschleimhautentzündung etc. angesagt, was zu Absagen von Terminen, auch von Terminen der Therapie, führt. Seit Hartz IV hat sich das alles gesteigert.

»Es ist doch schrecklich und peinlich, immer wieder vom Geld anzufangen, das gehört doch nicht hierher«, meint eine ca. 40-Jährige, die als Freiberuflerin immer wieder in größter finanzieller Bedrängnis ist. Im Anschluss an einen lebensbedrohlichen körperlichen und psychischen Zusammenbruch meint sie später, dass sie mich über das Ausmaß ihrer desaströsen finanziellen Lage und ihres messie-ähnlichen Umgangs damit aus Scham im Unklaren gelassen habe. – Habe ich zu lange weggeguckt?

Eine andere Patientin, ca. 40 Jahre, freiberuflich, ohne Arbeitsaufträge, beginnt relativ bald nach Therapiebeginn eine intensive Arbeitsamt-Fortbildung in EDV. Sie zieht diese sehr angestrengt, mit viel Energie über Monate durch, verbunden mit Hoffnungen und Illusionen, dann bricht sie vor dem letzten Modul ab, wird krank, fällt für längere Zeit aus, hofft aber doch auf einen Anschluss, dem dann der Job – hoffentlich – folgen wird. Inzwischen, nach 160 Stunden Therapie, hat sie endlich – unter Hartz-Druck – entdeckt, dass sie Anspruch auf Sozialhilfe hat, nachdem ihre kleine Lebensversicherung aufgebraucht ist. Nun beginnt ein hektisches Treiben mit Behördengängen, Sammeln der Unterlagen, auferlegten täglichen telefonischen Bewerbungen. Sie entwickelt große Energien, konstruktive Ideen, Aktivitäten, Hoffnungen – da kommt es schon auch vor, dass wir zusammen an Ideen spinnen, ihre Vorlieben, Fähigkeiten eruieren, überlegen, wo sie sich bewerben könnte etc. – und doch geht alles sehr langsam, schwankend in der Stimmung, mit kleinen Erfolgen und immer wieder droht dann vorübergehend wieder alles zusammen zu brechen.

Eine 27-Jährige mit Studienabbrüchen, dann Lehre und arbeitslos, begreift die Therapie lange als Schonzeit und lässt sich krankschreiben – was sie auch braucht, um sich der Abhängigkeiten von den Eltern zu entledigen. Sie spricht das Berufsthema lange Zeit nicht an, ist abwechselnd in Starre und in Panik. Nach 160 Stunden, selbst etwas nervös geworden, bringe ich das Thema ins Spiel. Das war wohl der richtige Zeitpunkt und die richtige Weise: Plötzlich bewegt sich etwas, entwickelt sie Wünsche und Vorstellungen über die Realisierungsmöglichkeiten und überrascht mich, wie klar sie in ihren Wünschen und wie relativ gut sie doch informiert ist. Dann kommen wieder Wartezeiten, z. T. von außen erzwungen.

Ein 56-jähriger Mann, neu in Berlin, nach Abschluss der probatorischen Sitzungen gekündigt, scheint die neue Situation zunächst relativ gelassen zu nehmen, ja sogar die Freiheit ein Stück weit zu genießen. Nach etwa einem Jahr bekommt er befristete Aufträge an weiter entfernten Orten. Die Analyse kommt aus dem Rhythmus, wird immer wieder unterbrochen, Termine müssen geändert werden. Er beginnt sich mit seinen wechselnden Wohn- und Arbeitsorten immer mehr entwurzelt und einsam zu fühlen.

Für mich als Therapeutin sind diese Erscheinungen – das Schwanken, die Anstrengungen, die Ausweglosigkeit – belastend, es vermitteln sich Gefühle von Ohnmacht. Ich schwanke mit zwischen Hoffen und Bangen, fürchte um illusionäre Hoffnungen – die aber zugleich nötig sind, um handeln zu können –, habe Zweifel über eine positive Aussicht – auch angesichts der Labilität oder des Alters über 40 oder über 50 Jahre. Ich bange um das Durchhalten bei ihren Bemühungen oder werde auch ungeduldig oder enttäuscht, wenn sie Chancen – oder vermeintliche Chancen – verstreichen lassen, sich nicht mit

Nachdruck engagieren, sich ungeschickt anstellen oder gar im entscheidenden Moment psychosomatisch reagieren. Ich fühle mich gedrängt, das Thema ›Arbeitslosigkeit‹ ins Spiel zu bringen, wenn sie das nicht selbst tun, aber wann ist der richtige Zeitpunkt?

Arbeitslosigkeit wirkt wie ein stetiges Störfeuer in der Therapie – durch den Wechsel von Passivität und Panik, durch Verschiebungen von Terminen oder gar durch Ortswechsel, wenn sich eine neue Verdienstquelle auftut. Sie scheint zuweilen das Therapieziel auf Arbeitssuche hin zu orientieren und es schleichen sich Zweifel ein an dem Erfolg der Therapie.

Dies ist jedoch kein Argument gegen die Notwendigkeit von Therapie und Analyse. Gerade Arbeitslose brauchen Therapie, um den Alp der Zukunft – neben dem der Vergangenheit – abzutragen.

Dazu muss das Thema ›Arbeitslosigkeit‹, müssen die damit verbundenen Ängste und Hoffnungen zur Sprache kommen können und Gehör finden, dazu muss der Therapeut ein Klima herstellen, in dem das möglich ist. Der Therapeut sollte annähernd über die Lage auf dem Arbeitsmarkt, über Sozialleistungen und über das Reden über Arbeitslosigkeit informiert sein.

Ziel ist es, die Viktimisierungs- und Entfremdungsprozesse zu entschärfen, den Umgang mit der Arbeitslosigkeit zu verbessern, aus dem resignativen Arbeitslosen einen proaktiven Arbeitslosen werden zu lassen, der seine Zeit neu strukturieren lernt, seine Fähigkeiten mobilisieren wird, seine Kompetenzen entdeckt, seine sozialen Möglichkeiten wieder aktiviert. Der Patient sollte – mit Freud gesprochen – »sich mit einem wiedergenesenen Seelenleben besser« gegen das »gemeine Unglück« »zur Wehre setzen können« (Freud 1895, S. 312).

Nach meinen bisherigen Erfahrungen haben sich die resignativen Tendenzen im längeren Verlauf der Therapie gemildert, die Patienten wurden mutiger, aktiver, kreativer, risikofreudiger – was nicht heißt, dass sie einen festen Job fanden, vielleicht aber doch einen Minijob, ein Schlupfloch – im Einzelfall, nicht für fünf Millionen. Was aber ist, wenn die Möglichkeiten der Nischen noch geringer werden oder für diese Person aus äußeren oder inneren Gründen unmöglich? Glücklicher Arbeitsloser? Frei vom neurotischen, aber sich arrangieren mit dem gemeinen Elend, mit 345 Euro? – Wie lange geht das?

Literatur

Bloch, E. (1979): Das Prinzip Hoffnung, Bd.1. Frankfurt a. M. (Suhrkamp).

Brückner, P. (1972): Marx, Freud. In: Gente, H. P. (Hg.): Marxismus, Psychoanalyse, Sexpol, Bd. 2: Frankfurt a. M. (Fischer), S. 360–395.

Erdheim, M. (1990): Wie familiär ist der Psychoanalyse das Unbewusste? Über homogene und heterogene Psychoanalyse. In: Rohde-Dachser, Ch. (Hg.): Zerstörter Spiegel,. Psychoanalytische Zeitdiagnosen. Göttingen (Vandenhoeck & Ruprecht), S. 17–31.

Freud, S. (1895): Studien über Hysterie. G. W., Bd. I, Frankfurt a. M. (Fischer).

Freud, S. (1912): Über neurotische Erkrankungstypen. G. W., Bd. VIII, Frankfurt a. M. (Fischer), S. 322–330.

Freud, S. (1919a): Wege der psychoanalytischen Therapie. G. W. XII, Frankfurt a. M. (Fischer), S. 183–194.

Freud, S. (1919b): Einleitung zur Psychoanalyse der Kriegsneurosen. G. W. XII: Frankfurt (Fischer), S. 321–324.

Hilgers, M. (1998): Arbeitslosigkeit, Qualifikationsoffensive und der Verlust der Würde. In: Lehmkuhl, U. (Hg.): Beiträge zur Individualpsychologie; 24. München (Ernst Reinhardt), S. 26–34.

Kieselbach, Th. (1998): Arbeitslosigkeit und Entfremdung. In: Journal für Psychologie, Jg. 6, H. 1, S. 38–52.

Leupold-Löwenthal, H. (1988): Das Problem der »Realität« in der Psychoanalyse. In: Kutter, P. et al. (Hg.): Die psychoanalytische Haltung. München-Wien (Internationale Psychoanalyse), S. 279–301.

Bismarck im Licht der Psychosomatik – Macht und Ohnmacht eines Potentaten

Rudolf Klußmann

Bismarck, 1815 geboren, Gründer und Kanzler des Deutschen Reiches, war eine der großen Persönlichkeiten des 19. Jahrhunderts. Seine Bewunderung fand bis vor kurzem kaum Grenzen. Nach ihm wurden Straßen, Plätze, Städte benannt, sein Konterfei steht auf vielen Denkmälern. Zahlreiche Ehrentitel und Orden wurden ihm zuteil, so 1865 der Grafentitel und 1871 der Fürstentitel. Der Kaiser schenkte ihm das Schloss Friedrichsruh.

Bismarck war groß gewachsen, ging aufrecht mit einem eher militärischen Gang. 1863 beschrieb Lucius von Ballhausen Bismarcks Erscheinung folgendermaßen:

> Er trug damals noch Zivil, der starke Schnurrbart war noch rotblond wie auch das Haupthaar, das zwar schon gelichtet aber doch noch vorhanden war. Seine hohe, breitschultrige Figur erschien an dem Ministertisch mächtig und imponierend, während eine gewisse Nonchalance in Haltung, Bewegung und Sprechweise etwas provokantes hatte. Er hielt die rechte Hand in der Tasche seines hellen Beinkleides und erinnerte mich an den ›krähenden Sekundanten‹ bei den Heidelberger Mensuren. Die Art, wie er in zögernden Sätzen die Worte zu suchen schien und stets das bezeichnendste fand, schnelle, schlagende

Erwiderungen gab, hatte er schon damals. Mir machte er einen junkerhaften, aber höchst ›forschen‹ Eindruck, besonders die Art, wie er scheinbar gutlaunig den erregten Gegnern Malicen einpumpte. (Pflanze 1997, S. 556)

Als junger Mann war Bismarck schlank, nahm jedoch ab 1862 erheblich an Gewicht zu. Beobachter verwunderte die »zu diesem Riesenkoloss eines Körpers in keinem Verhältnis stehende dünne, fast schüchtern klingende Stimme« (Bismarck 1923, S. 100). Bismarck redete mit einer »eigentümlichen, suchenden, pausierenden Langsamkeit« (Engelberg 1993, S. 487). Trotz seiner sehr hohen Kopf-, ja, Fistelstimme, besaß er eine, wie er selber sagte, »natürliche Kampfeslust« (Lohmer 1907, S.158), die er einerseits genoss, die ihm andererseits, wenn ihm auch kaum bewusst, viel Ärger bereitete. Rat und Kritik konnte er nicht annehmen, Widersprüche duldete er nicht. Er kannte nur Untergebene und Feinde. Seine Wutausbrüche, seine Rücksichtslosigkeit, seine Politik des ›Eisen und Blut‹ sind legendär. Wenn er auch ein liebenswürdiger, charmanter, unterhaltsamer Gastgeber war, so wurde er als arrogant, kalt, egozentrisch, unverschämt und zutiefst unaufrichtig beschrieben. Bismarcks Lebensmotto ist laut Pflanze: »Nichts bereuen und nichts vergeben« (Pflanze 1997, S. 561). Bismarck ließ seine Mitarbeiter seine Grandiosität und Macht spüren, indem er sie quälte und misshandelte. Im Schoß seiner Frau(en) konnte er seine entgegengesetzte, anklammernd-kindliche Seite leben. Pflanze verweist auf Fontane:

Theodor Fontane, der sich ›trotz alledem‹ zu Bismarcks ›schwärmerischen Verehrern‹ zählte, beobachtete einen gewissen Popularitätsverlust des Kanzlers im letzten Jahrzehnt seiner Amtszeit, den er auf diese bis dahin wenig bekannten Facetten seines Lebens zurückführte: Diese Mischung aus Übermensch und Schlauberger, von Staatsgründer und Pferdestall-Steuerverweigerer (...), von Heros und Heulhuber, der nie ein Wässerchen getrübt hat – erfüllt mich mit gemischten Gefühlen und lässt reine helle Bewunderung in mir nicht aufkommen. (Ebd., S. 593)

Otto von Bismarck: Krankengeschichte und Familienanamnese

»Ich werde entweder der größte Lump oder der größte Mann Preußens« (Lange-Eichbaum & Kurth 1992), schrieb Otto von Bismarck um sein 18.

Lebensjahr an einen Jugendfreund. Bereits hier stellt sich die Frage, ob ein Pubertierender mit seinen inneren Gefahren und Möglichkeiten kämpft oder ob sich das Grundproblem einer pathologisch-narzisstischer Zerrissenheit andeutet, das sich durch das Leben Bismarcks hindurch zieht. Bismarck hatte eine lange psychosomatische Krankengeschichte[1]

- Als Kind und Jugendlicher war er selten krank, hatte lediglich Reitunfälle;

- mit 22 Jahren begannen Migräne, Schlaflosigkeit und Schwindelerscheinungen;

- mit 25 erste Anfälle von »rheumatischem Leiden«;

- mit 27 »Fieber mit heftigen Schmerzen«;

- mit 33 litt er unter einer »gasthrischen Erkrankung mit schwerem gallischen Erbrechen« und ab etwa

- 35 Jahren an »Koliken«, »Sodbrennen«, »Grippe«, »Rose«, »Venenentzündungen«, »Verdauungshemmung mit ihrem hämorrhoidalen Gefolge«, »Blutstockungen, Congestionen und Weichlichkeit für Erkältung«;

- nach einem Jagdunfall hatte er mit 42 Jahren eine lebensbedrohliche Lungenembolie;

- seit seinem 44. Lebensjahr nahm er wegen seiner Schlafstörungen häufiger Opium; etwas später sprach der Nervenarzt Lohmer von einer »tiefen und jahrelang anhaltenden Depression«;

- kurz nach seiner Berufung zum Minister mit 47 Jahren ging das Gerücht um, Bismarck leide »an einer schweren Nervenkrankheit«;

- mit 51 Jahren traten die genannten Beschwerden gehäuft und verstärkt auf;

---

1   Die Quellenangaben für die Symptome, Beschwerden und Krankheitsbilder Bismarcks finden sich bei D. Mösch (1994, S. 57–58).

- mit 55 Jahren manifestierte sich seine Gichterkrankung;

- mit 64 Jahren »Trigeminusneuralgie«;

- mit 68 Jahren »Gallenstein«, »nervöse und funktionelle Störungen«; Fehldiagnose: »Leber- und Magenkrebs«;

- mit 82 Jahren trockene Gangrän des linken Fußes; »Herzbeschwerden«;

- 30.07.1898 Tod durch »akutes Lungenödem«.

Bismarcks Mutter starb an Krebs, als er 24 Jahre alt war, der Vater an einem Schlaganfall, als Otto 30 Jahre war. Sein Bruder Bernhard, 1910 geboren, und seine Schwester Malwine, 1827 geboren, waren – wie der Vater – übergewichtig. Alle tranken übermäßig. Nach der Übernahme des Kanzleramtes, 1862, wurde Bismarck zunehmend adipös und wog 123,5 kg bei einer Größe von 184 cm (Pflanze 1997, S. 567).

Kindheit und Entwicklung

Die Mutter, Wilhelmine Luise, geborene Mencken, war eine schöne, elegante und gebildete Frau. Sie war die Tochter eines bürgerlichen Beamten, der als Vertrauter Friedrichs II. und dessen Nachfolgern hohes Ansehen genoss. Sie litt unter ihrer bürgerlichen Herkunft. Die damit verbundenen Minderwertigkeitsgefühle versuchte sie durch ein übersteigertes Geltungsbewusstsein und durch Ehrgeiz zu überspielen. Wohl deshalb zeigte sie sich gern in der »richtigen Gesellschaft« (Crankshaw 1990, S. 21). Ihr inneres Spannungsfeld drückte sich in ihrer Nervosität, ihrer Launenhaftigkeit und Eigenwilligkeit aus. Für ihre Kinder interessierte sie sich wenig. Sie konnte sich nur schwer in sie einfühlen und überließ die Erziehung – in Junkerkreisen damals unüblich – weitgehend Gouvernanten. Bismarck kommentierte im Rückblick: »Ich bin nicht richtig erzogen. Meine Mutter ging gern in Gesellschaft und kümmerte sich nicht viel um mich« (zit. n. Ludwig 1978, S. 358). Und in dem »Werbebrief« an Heinrich von Puttkamer (21.12.1846):

> Ich bin meinem elterlichen Hause in frühester Kindheit fremd und nie wieder völlig darin heimisch geworden (...). Meine Erziehung wurde von Hause her aus dem Gesichtspunkt geleitet, dass alles der Ausbildung des Verstandes und

dem frühzeitigen Erwerb positiver Kenntnis untergeordnet blieb. (Bismarck zit. n. Gall 1980, S. 27)

Ihren um 18 Jahre älteren Ehemann Karl Wilhelm Ferdinand, Bismarcks Vater, dominierte die Mutter, gab sich als die Stärkere und ging, wenn immer möglich, ihre eigenen Wege, zumal sie sich von der Landwirtschaft auf den Gütern nicht angezogen fühlte. Der Vater muss ein freundlicher, humor- und gemütvoller Genießer gewesen sein. Er war sehr naturverbunden; die literarisch-künstlerische Welt kümmerte ihn wenig. Wohl deshalb wird er als wenig geistreich beschrieben. Bismarck fehlte es an einer starken männlichen Identifikationsfigur, die die Lösung von der Mutter und den Weg in die innere Autonomie ermöglicht hätte. Bismarck suchte sich sein Vaterbild in Wilhelm I.

Er setzte sich besonders nachhaltig dafür ein, dass dieser zum Kaiser ernannt werden konnte. Dahinter verbarg sich eine lebenslange Sehnsucht nach einem anerkennungswürdigen Vater. Letztlich ließ er ihn aber stets Untertan sein. Seine Politik, die Monarchie gegen die Zeitströmungen zu verteidigen, könnte als Wunsch interpretiert werden, sein von Ferdinand übernommenes schwaches Vaterbild zu stärken. (Sempell 1974, S. 19)

Vermutlich hat der kleine Otto von Bismarck von seinen Eltern keine adäquate Zuwendung, Nähe und Geborgenheit erfahren. Sicher war es für ihn schwer, Identifikationsmöglichkeiten zur Stabilisierung seines Selbstwertgefühls zu entwickeln. Er benötigte Kompensationsmechanismen, um seine innere Stabilität aufbauen und die Defizite überwinden zu können. In den historischen Beschreibungen wird er zwar als »intelligent, aufsässig, äußerst gefühlsbetont und strotzend vor Vitalität« – aber auch als »faul« charakterisiert (Crankshaw 1990, S. 20). In der Familie Bismarcks war sein Bruder Bernhard die engste Bezugsperson, die ihm wahrscheinlich die größte Sicherheit vermitteln konnte.

Einschneidend war für ihn die Einschulung mit sieben Jahren in das Internat der Plamann'schen Anstalt in Berlin. Die Erziehung dort war hart, spartanisch, geprägt von körperlicher Ertüchtigung, von Frieren und Hungern. Bismarck sehnte sich wehmütig auf die elterlichen Güter zurück.

Nach dem Abitur machte er sich allein auf den Weg. Er wandte sich der Jurisprudenz zu, studierte die längste Zeit in Göttingen. Während der Studienjahre demonstrierte er »seine Aufsässigkeit bis zum Exzess durch Weibergeschichten und auffallende, grellfarbige Kleidung« (Crankshaw 1990,

S. 25). Trinkgelage, Duelle und ein stetiger Geldmangel mit Schulden bestimmten sein Leben. Die 14 Jahre des »tollen Junker« – wie er von der Bevölkerung teils bewundernd, teil gefürchtet genannt wurde – hatten begonnen. Mit flüchtigen Liebschaften, Alkoholexzessen, Jagden, Ausritten und »Junkerspäßen« versuchte er ein schales Gefühl von Leere, Sinnlosigkeit und Langeweile zu überspielen. Auf die Erfahrung unerfüllter Beziehungen zu Frauen wie Isabella Loraine-Smith, zu Ottilie von Puttkamer und zu Marie von Thadden reagierte er mal mit Rückzug auf seine elterlichen Güter, mal mit ausgedehnten Reisen – aber auch mit körperlichen Krankheiten. Die einzige Freundin, die er wirklich liebte, war Marie von Thadden, verheiratete von Blanckenburg. Durch sie wurde er gläubig und betete wohl zum ersten Mal an ihrem Sterbebett. Er folgte ihrem Wunsch, Johanna von Puttkamer zu heiraten. Auf diese Weise konnte er Maries Tod vergessen. In der Person Johannas hatte er sie aber auch wieder an seine Seite geholt. Bismarck war jetzt 32 Jahre alt.

Die Ehe Bismarcks war pathologisch-symbiotisch geprägt, eine oral-narzisstische Kollusion im Sinne Willis (1978). Bismarck (ge-)brauchte »seine« Johanna, die in der traditionellen Hausfrauenrolle aufging. Durch ihre Wärme und Fürsorge erlebte er sie als seinen sicheren Hort – nicht nur für ihre gemeinsamen Kinder, sondern insbesondere für sich selbst. Er genoss ihre Nähe, holte sich bei ihr eine gewisse emotionale Stärke und gewann dadurch innere Kraft. Dann aber hielt er es in der häuslichen Enge nicht mehr aus, entfernte sich, reiste. Seine Krankheiten machten willkommene Kuren nötig, bei denen er sich in »Schatten« wie die russische Gräfin Katharina Orlowa verliebte. Und diese seine Erlebnisse erzählte und schrieb er seiner Frau Johanna in allen Einzelheiten. Sie aber reagierte nicht etwa eifersüchtig, sondern verstand »ihren Otto« wie eine gute Mutter ihr Kind.

Erste Konflikte – erste Symptome

Die ersten bekannten Körperbeschwerden in Form von Migräneanfällen, Schlaflosigkeit und Schwindelanfällen traten bei Bismarck 1837, also mit 22 Jahren, auf. Die Zeit um den Beschwerdebeginn war für ihn in besonderer Weise konfliktbeladen:

- So fiel er im Juni 1836, in seinem zweiten Jahr als Referendar am Regierungspräsidium in Aachen, in eine tiefe Krise. Beruflich hatte er sich für den diplomatischen Dienst entschieden, war aber zu den dafür erforderlichen Prüfungen nicht zugelassen worden. Er war sehr enttäuscht, spürte eine innere Leere und versuchte sie mit Zerstreuungen auszugleichen. Am 9. November 1837 wurde er dann endgültig aus dem Regierungsdienst entlassen.

– In dieser Zeit kam es zu einer Konfrontation mit seiner Mutter. Ein Brief von Ottos Vater Ferdinand an Ottos Bruder, vom 19. Juli 1838, vermag Zusammenhänge zu erklären:

> Otto hat während seines Hierseins der Mutter sein ganzes Herz aufgeschlossen. Ihr nicht allein gesagt, welch Ekel er für die ganze Beschäftigung bei der Regierung hätte, daß er dadurch sein Leben ganz überdrüssig wäre, und wenn er sich fast sein ganzes Leben gequält hätte, dann würde er vielleicht zuletzt Präsident mit 2000 Talern Einkommen, von Lebensglück wäre aber nie etwas zu hoffen. Er hat die Mutter dringend gebeten, ihn in eine andere Stellung zu geben, er hat sich erboten, wenn wir noch eine Zuckerfabrik anlegten, nach Magdeburg zu gehen und die Fabrikation praktisch zu erlernen und die Fabrik alsdann in Kniephof zu dirigieren. Da es mich doch sehr nahe geht, daß er sich so unglücklich fühlt, und ich mit inniger Freude bei meine Anwesenheit in Kniephof gesehen, welch großes Interesse die Landwirtschaft für Dich hat und welch gute und richtige Ideen Du zur Verbesserung der dortigen Güter hast, und ich einsehe, wenn ich hier in Berlin bleiben muß (...) daß wir sämtlich zugrunde gehen müssen, so habe ich mich entschlossen, Euch beiden die dortigen Güter als Eigentum zu übergeben und meine Subsistenz nur allein auf Schönhausen zu beschränken. (Wolter 1986, S. 47)

Bismarck war in den Zwiespalt geraten, sich zwischen dem Wunsch der Mutter nach einer gesicherten Beamtenlaufbahn ihres Sohnes und seinem eigenen innerem Drang nach dem Landjunkertum entscheiden zu müssen.

– Die Krebserkrankung der Mutter verstärkte den inneren Konflikt, die finanziellen Sorgen der Familie waren eine zusätzliche große Belastung für den 22-jährigen Bismarck.

– Er verliebte er sich im Juli 1837 in Isabella Loraine-Smith, eine Landpfarrerstochter aus England. Bismarck wurde enttäuscht; Isabella erwiderte seine Zuneigung nicht in der Weise, wie er es sich gewünscht hatte. Da half es auch nicht, dass er ihr monatelang durch Europa nachreiste, um in ihrer Nähe sein zu können. Gall (1980, S. 40) betont, dass die Trennung schmerzlos gewesen sei. Auffallend ist dabei allerdings, dass Bismarck eben zu diesem Zeitpunkt an den genannten Symptomen – Schlaflosigkeit, Schwindelanfälle und Migräne – erkrankte.

– Etwas später verliebte er sich in Ottilie von Puttkamer, wurde jedoch erneut abgewiesen. Er fühlte sich sehr einsam und reagierte mit Kopfschmerzen und unklarem Fieber.

Nach Gall (1980, S. 41) eröffnete der Tod der Mutter am 1. Januar 1837 Bismarck den Weg zur eigenen Entfaltung. Er hatte jetzt die Möglichkeit, sich auf das gerade vom Vater übernommene Landgut zurückzuziehen und sich seinen Kindheitstraum von einem Leben auf dem Lande zu erfüllen. Schon bald jedoch fühlte er sich einsam und verlassen, musste er auf dem Lande doch weitgehend auf Geselligkeiten und Sozialkontakte verzichten. Bismarck war innerlich zerrissen, erste rheumatische Beschwerden stellten sich ein und machten ihn gleichsam auf diesen inneren Zwiespalt zwischen Ausharrenmüssen und Weglaufenwollen aufmerksam.

Ausbruch der Gichterkrankung

Eine weitere Erkrankung, die in einer für ihn emotional nur schwer zu bewältigenden Konfliktsituation auftrat, war der Ausbruch seiner Gicht zur Jahreswende 1870/71. Bismarck war zu diesem Zeitpunkt 55 Jahre alt und hielt sich in Versailles auf. Der deutsch-französische Krieg ging dem Ende entgegen. Die Atmosphäre, in der er sich befand, war konfliktreich, spannungsgeladen und voll von Misstrauen. Er fühlte sich in jeder Weise eingeengt und schrieb an seine Frau Johanna: »Ich führe das Leben eines Galeerensträflings (...) Wir [Bismarck und Roon] haben beide mit unserer Gesundheit die Durchsetzung der Belagerung erkauft« (zit. n. Baumgardt 1951, S. 215). Bismarck wurde »depressiv«, litt unter einer »Nervenkrankheit«, zu deren Eigentherapie Johanna ihm Morphium schickte (Winter 1988, S. 216f.). Zusätzlich hatte er erhebliche Magenbeschwerden. Er versuchte seine schwierige Situation »mit einem guten Tisch, der sich da, wo die Umstände es erlaubten, zur Opulenz erhob, zu kompensieren: Spickgänse, Wild, edler Fisch, Fasan, Baumkuchen, gutes Bier und herausragende Weine« (Koschnik 1990, S. 77) wurden mehrfach täglich zu seinen purin- und alkoholreichen Mahlzeiten – ein bedeutender Risikofaktor in der Pathogenese der Gicht.

Die Kaiserproklamation am 18. Januar 1871, im Kaisersaal des Schlosses von Versailles war für Bismarck ein Ereignis von herausragender Bedeutung. Er hatte sich sein ganzes Leben für diesen Tag eingesetzt. Die

Vollendung seines Lebenstraumes, nämlich in der Person Wilhelms I. sein Vaterbild zu retten, schien zum Greifen nahe. Die »leitende Fiktion« (Adler 1978b) der Inthronisation eines Über-Vaters war ihm zur Kompensation eines inneren Defizits stets wichtig gewesen. Nun kam der Tag heran, an dem auch Bismarck den Lohn seines Einsatzes zu ernten hoffte. Doch Wilhelm überging ihn, beachtete ihn kaum, gab ihm nicht einmal zum Dank die Hand. Bismarcks Gefühl von Verlassenheit und Deprivation, das er aus seiner Kindheit gut kannte, wurde reaktiviert. Jetzt wären emotionale Reaktionen wie tiefe Trauer oder unbändige Wut verständlich gewesen, doch Bismarck hatte nicht gelernt diese Gefühle auszudrücken. Stattdessen erkrankte er und litt an den Symptomen einer Hypochondrie und an Schlafstörungen. Weglaufen als Flucht, was er so häufig in ihn einengenden Situationen eingesetzt hatte, war nicht mehr möglich. Er aß und trank viel, um auf diese Weise seine schmerzliche Kränkung in Schach zu halten.

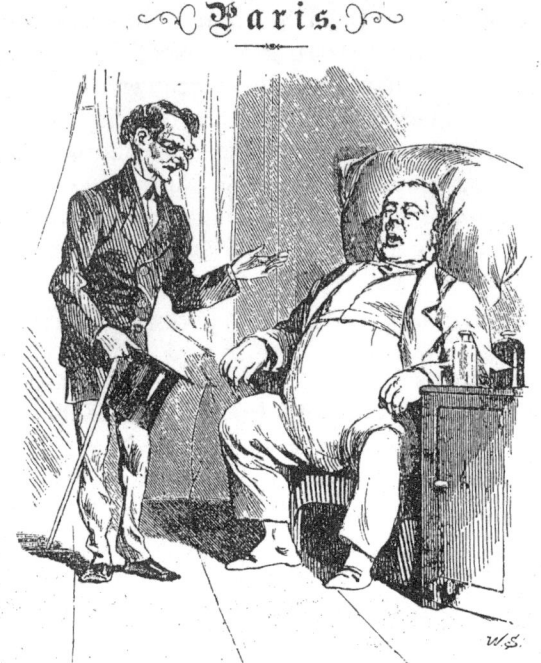

Doctor. Wenn Sie sich bei Ihrem Zustande nicht Bewegung in frischer Luft machen, dann stehe ich für nichts.

Hydrops. Geht nicht mehr. Als ich vor vierzehn Tagen zum letzten Mal über den Boulevard ging, und die Leute meinen Leib sahen, schrien sie wie besessen: „Prussien! **Traitre! Bismarck!**" Ich war froh, als ich wieder heil zu Hause war.

Vor dem Hintergrund dieses kompensatorischen Essens und Trinkens – Anzeichen für seine Regression auf die orale Entwicklungsstufe – ereignete sich Bismarcks erster Gichtanfall.

Bismarck und Schweninger

Bismarcks Beziehung zu seinem langjährigen Hausarzt Ernst Schweninger spielt für das Verständnis der Charakterentwicklung des Reichskanzlers eine wichtige Rolle. Die Verbindung beider, die Arzt-Patient-Beziehung, zog erstaunliche Behandlungserfolge nach sich. Schweninger vermochte es, Bismarcks gravierende Schlafstörung und auch seine Adipositas zu heilen. Das schaffte er, indem er sich als Selbstobjekt zur Verfügung stellte: Er brachte den »Eisernen Kanzler« wie eine fürsorgliche Mutter ins Bett und setzte sich während der Nacht an seine Seite. Seinen erwachenden Patienten begrüßte er mit einem »Guten Morgen, Fürst«. Schweninger erfasste intuitiv Bismarcks Bedürfnis nach mütterlicher Nähe. Seit dieser Zeit wurde Schweninger ein unentbehrlicher Bestandteil von Bismarcks persönlicher Umgebung.

Seit dem Beginn der Behandlung durch Schweninger nahm Bismarck zudem über 20 kg an Gewicht ab. Mit Hilfe des Vielessens, seiner oralen Gier, hatte Bismarck versucht, die bisher fehlende oder unzureichende Selbst- und Objektrepräsentanz durch Nahrung zu ersetzen. Diese Kompensation konnte er jetzt aufgeben, hatte er doch in Schweninger eine sich empathisch, stützend, mütterlich verhaltende Person gefunden.

Der »Ohrfeigenbrief« und die »Gesichtsneuralgie«

Eine weitere psycho-somatische Konstellation erscheint interessant und erwähnenswert: Im August 1879 schrieb der russische Zar Alexander seinem Vetter, Kaiser Wilhelm, einen ungewöhnlichen Privatbrief. Er ist als »Ohrfeigenbrief« in die Geschichte eingegangen. Darin beschuldigt Alexander Bismarck für die gespannte politische Situation in Europa verantwortlich zu sein und nennt als Ursache für Bismarcks Fehlverhalten persönliche Animositäten zwischen dem Kanzler und dem russischen Regierungschef Gortschakow:

> Ist es eines wahren Staatsmannes würdig, einen persönlichen Streit ins Gewicht fallen zu lassen, wenn es sich um das Interesse zweier großer Staaten handelt, die geschaffen sind, in gutem Einverständnis zu leben, und von denen der eine dem anderen im Jahr 1870 einen Dienst geleistet hat, den Sie nach Ihrem eige-

nen Ausdruck niemals vergessen zu wollen erklärt haben? – Ich würde mir nicht erlaubt haben, Sie daran zu erinnern, als dass ich Ihnen meine Befürchtungen verbergen dürfte, deren Folgen verhängnisvoll für unsere beiden Länder werden könnten. (zit. n. Gall 1980, S. 592f.)

Diese Mitteilung erfolgte hinter dem Rücken Bismarcks. Kurz zuvor hatte er die Rolle eines »ehrlichen Maklers« in der aktuellen Politik gespielt. Jetzt war er entschlossen, nicht nachzugeben. Er war höchst aufgebracht darüber, dass der Kaiser diese Angelegenheit mit Alexander II. in Alexandrowo am 3. und 4. September 1879 in einem persönlichen Gespräch allein bereinigen wollte.

Politik und Persönliches waren auch hier eng miteinander verknüpft: Der Kaiser, Bismarcks Über-Vater, hatte ihn auch hier enttäuscht. Wilhelm war mit dem russischen Herrscherhaus verwandtschaftlich verbunden; für Bismarck hingegen war Gortschakow der »Prototyp der Hinterlist, Lügenhaftigkeit und jeder Niedertracht«; in jede Pfütze habe er hineingeschaut, um sein Spiegelbild zu sehen (Bismarck zit. n. Richter 1977, S. 377).

Als der Brief Bismarck erreichte, brach er sofort seine Kur in Bad Kissingen ab und setzte sie im österreichischen Gastein fort, in der Hoffnung, in Wien mit Andrassy, dem Außenminister Österreich-Ungarns, ein Bündnis vorzubereiten. Diese Pläne wiederum versetzten den Kaiser in helle Aufregung. Ende September 1879 verweigerte Wilhelm seine Unterschrift unter das »neue Bündnis«. Der Höhepunkt der Auseinandersetzung war erreicht.

Gerade zu diesem Zeitpunkt erkrankte Bismarck erneut. Von Oktober bis Dezember 1879 »wechselte« er nur noch »zwischen Bett und Sopha« (Pflanze 1997, S. 241), wie er selbst schrieb, und litt unter Gallenblasenbeschwerden und Rheumatismus, vor allem aber unter Gesichtsschmerzen, einer Trigeminusneuralgie, die ihn außerordentlich beeinträchtigte.

Bismarck war gekränkt und konnte mit der gegen ihn gerichteten Kritik nicht adäquat umgehen. Zunächst trat er die »Flucht nach vorn« an, indem er seine Kur in Bad Kissingen sofort abbrach und nach Bad Gastein abreiste, um mit dem österreichischen Außenminister Bündnispläne zu schmieden. Dieses Verhalten reichte aber nicht aus. Er erkrankte an einem sehr schmerzhaften tic douloureux, wie er nach einer heftigen Ohrfeige, einem Schlag ins Gesicht, auftritt.

Der »Ohrfeigenbrief« zeigt auch Bismarcks Vaterproblematik auf. Die neuen Bündnisvorstellungen über eine so genannte »Friedensliga« waren gegen den Über-Vater Wilhelm I. gerichtet, der ihn zu wenig be- und geachtet hatte. Die darauf folgenden aggressiv-narzisstischen Affekte kompensierte Bismarck gleichsam hinterrücks in seinen

Verhandlungen mit Andrassy. Sie fanden auch Ausdruck in seinem körperlichen Symptom, dessen aggressiv-destruktive Komponente er gegen sich selbst richtete.

Ausblick auf Bismarcks Persönlichkeit und Krankheiten

In der Biografie Bismarcks finden sich kindliche Lebensbedingungen, die für die Entwicklung einer pathologisch-narzisstischen Persönlichkeit mitverantwortlich sind. Er erlebte seine Mutter als zurückweisend und äußerst ambivalent. Der schwache, emotional abwesende Vater wirkte wenig stabilisierend und war kein adäquates Vorbild für das Kind. Bismarck hatte es schwer, sichere und tragfähige Repräsentanzen aufzubauen und damit ein stabiles Selbstwert- und Identitätsgefühl zu entwickeln. Abwehrformationen aus den oralen, intentionalen und aggressiven Entwicklungskonstellationen konnten die darunter liegende Depression in den Zeiten des »tollen Junkers« wie auch des »Eisernen Kanzlers« wenigstens zeitweise in der Latenz halten.

Bismarck war ein Meister darin, seine persönlichen Schwächen zu überspielen. Er polarisierte, wo immer es sich anbot, war boshaft, skrupellos, log, um Vorteile herauszuholen. Er hatte ein ständig herausforderndes Auftreten, das seinen innenpolitischen Gegnern nur die Wahl zwischen Daueropposition oder Unterwerfung ließ. Die Unterstellungen, die er seinen Feinden machte, deutet der Historiker Stamm-Kuhlmann unzweideutig »als Projektion der eigenen Absichten« (Stamm-Kuhlmann 2001, S. 272).

Christoph Tiedemanns, von 1878 bis 1881 Chef der Reichskanzlei und engster Mitarbeiter Bismarcks, charakterisierte ihn folgendermaßen:

> Sein Selbstgefühl war, ähnlich wie bei Friedrich dem Großen und Napoleon, mit einer starken Dosis Menschenverachtung gepaart und diese verleitete ihn nicht selten, Freunde und Feinde zu unterschätzen. Er sah in Freunden dann willenlose Werkzeuge seiner Pläne, Schachfiguren, die er beliebig auf dem Brette seiner Politik hin- und herschieben, auch opfern konnte, wenn dies ins Spiel paßte, in seinen Feinden nur Schurken und Dummköpfe. Freunde konnte er nur gebrauchen, wenn sie sich vollständig mit ihm identifizierten. Er betrachtete sie mit Mißtrauen, sobald sie sich erlaubten, eine andere Meinung zu haben wie er, oder eine Haltung einzunehmen, die seinen Erwartungen nicht entsprach. (Pflanze 1997, S. 563)

In ihn persönlich besonders einengenden, konfliktgeladenen Situationen brach seine Abwehr zusammen. Sie führten zu den zahlreichen Krankheitsbildern, die als Verlustverarbeitung, als Reparationsversuch eines erheblich bedrohten Selbst zu deuten sind. Auch auf der Körperebene kämpfte Bismarck stets um sein Gleichgewicht: Seiner übermächtigen sympathischen Innervation stand die ihn bremsende, die Regression fördernde mächtige Funktion des Parasympathikus gegenüber.[2]

Sein Ehrgeiz, seine Leistungsorientierung und sein Machtstreben – ob kompensatorisch oder persönlichkeitsimmanent – waren der Motor zu den Erfolgen, die Bismarck so berühmt gemacht haben. Dieser Einstellung stand der intensive Wunsch nach Geborgenheit und Schutz gegenüber, die Bismarck nur selten erfuhr. Er befand sich stets in diesem ausgeprägten Spannungsfeld, das sein Leben bestimmte.

Das Gegensatzpaar von Macht und Ohnmacht ist bei Bismarck eingebettet in dasjenige von Progression und Regression, von Symbiose und Individuation, von Geborgenheitswünschen und Autonomiebestrebungen. Beides, Ablehnung wie Bewunderung, erfuhr er früh. Stets »auf der Suche nach dem verlorenen Glück«[3] schaffte er sich eine gewisse innere Balance – einmal mit Hilfe seiner zahlreichen somatoformen Störungen, dann aber auch mit Hilfe seines Leistungsstrebens auf dem Boden seiner genialen intellektuellen Ausstattung

Literatur

Alexander, F. (1971): Psychosomatische Medizin. 2. Aufl., Berlin (de Gruyter).

Balint, M. (1960): Primärer Narzissmus und primäre Liebe. In: Jahrbuch der Psychoanalyse, Bd. I, S. 3–34.

Baumgardt, R. (1951): Bismarck: Licht und Schatten eines Genies. München/Wien (Andermann).

Bismarck, O. (1924–1935): Die gesammelten Werke. Friedrichsruher Ausgabe. 19 Bde. Berlin (Stollberg).

Crankshaw, E. (1990):Bismarck: Biographie. München (List).

Cremerius, J. (1971): Neurose und Genialität; Einleitung, S. 7–25. In: Cremerius, J.: Neurose und Genialität. Psychoanalytische Biographien. Frankfurt a. M. (Fischer).

Engelberg, E. (1987): Bismarck: Urpreuße und Reichsgründer. 3., durchges. Aufl., Berlin (Akademie Verlag).

Gall, L. (1980): Bismarck. Der weiße Revolutionär. 4. Aufl., Frankfurt a. M. (Propyläen/Ullstein).

---

2 Vgl. das Alexander'sche Modell »Kampf und Flucht« (Alexander 1971, S. 36 f.) sowie die »Gleichzeitigkeitskorrelation« psycho-physischer Vorgänge.

3 In Anlehnung an das Buch gleichen Titels von Jean Liedloff (1977).

Groddeck, G. (1923): Das Buch vom Es. Psychoanalytische Briefe an eine Freundin. Leipzig (Internationaler Psychoanalytischer Verlag).

Habermas, J. (1968): Erkenntnis und Interesse. Frankfurt a. M. (Suhrkamp).

Kohut, H. (1973): Narzißmus. Eine Theorie der psychoanalytischen Behandlung narzißtischer Persönlichkeitsstörungen. Frankfurt a. M. (Suhrkamp).

Koschnik, L. (1990): Bismarck bei sich selbst. In: Deutsches Historisches Museum (Hg): Bismarck, Preußen, Deutschland und Europa. Ausstellungskatalog. Berlin (Nicolai), S. 77–88.

Klußmann, Rudolf (2004): Bismarck im Licht der Psychosomatik. Macht und Ohnmacht des »Eisernen Kanzlers«. Lengerich u. a. (Pabst).

Küchenhoff, J. (1996): Zum Stellenwert der Biographie in der Psychoanalyse. In: Z. Psychosom. Med. 42, S. 1–24.

Lange-Eichbaum, W. & Kurth, W. (1992): Genie, Irrsinn und Ruhm. Bd. 8: Die Politiker und Feldherrn. 7., völlig neubearb. Aufl., Basel (Reinhardt).

Liedloff, Jean (1977): Auf der Suche nach dem verlorenen Glück. Gegen die Zerstörung unserer Glücksfähigkeit in der frühen Kindheit. (Beck'sche Reihe; 224) München 1990 (Beck).

Lohmer, G. (1907): Bismarck im Lichte der Naturwissenschaft. Halle (Marhold).

Lucius von Ballhausen, R. (1921): Bismarck-Erinnerungen des Staatsministers Freiherr Lucius von Ballhausen. Stuttgart/Berlin (J. G. Cotta Nachfolger, 4.–6. Auflage).

Ludwig, E. (1978): Bismarck: Eine Biographie. München (Goldmann).

Mösch, D. (1994): Psychosomatische Aspekte der Gichterkrankung Bismarcks. München (unveröffentl. Dissertation).

Pflanze, O. (1997): Bismarck. Der Reichsgründer. München (Beck).

Richter, W. (1977): Bismarck. Frankfurt a. M. (Fischer).

Schweninger, E. (1898/99): Die Krankheit Bismarcks. In: Die Heilkunde 3, S. 462–466.

Schweninger, E. (1915): Blätter aus meiner Erinnerung. In: Erinnerungen an Bismarck. Aufzeichnungen von Mitarbeitern und Freunden des Fürsten mit einem Anhange von Dokumenten und Briefen. In Verbindung mit A. v. Bauer, gesammelt von E. Marcks und K. A. v. Müller. 2. Aufl., Stuttgart/Berlin (Deutsche Verlagsanstalt), S. 177–222.

Sempell, C. (1974): Bismarcks Childhood. A Psychohistorical Study. Hist. Child Q 2, S. 107–124.

Stamm-Kuhlmann, T. (2001): Psychosomatik und Psychohistorie. Möglichkeiten einer interdiszplinären Zusammenarbeit am Beispiel Bismarcks. In: (Hg.) Klußmann, R., Gross, M., Kuse-Isingschulte, M.: Perspektiven einer integrierten Psychosomatischen Medizin. Sternenfels (Verlag für Wissenschaft und Praxis).

Szaluta, J. (1983): Freud's Ego Ideals: A Study Of Admired Modern Historical and Political Personages. In: J. Am. Psychoanal. Ass. 31, S. 157–186.

Willi, J. (1978): Therapie der Zweierbeziehung. Analytisch orientierte Paartherapie, Anwendung d. Kollusions-Konzeptes, Handhabung der therapeutischen Dreiecksbeziehung. Reinbek b. Hamburg(Rowohlt).

Winter, I. M. (1988): Mein geliebter Bismarck. Der Reichskanzler und die Fürstin Joanna. Ein Lebensbild. Mit unveröffentlichten Briefen. Düsseldorf (Droste).

Wolter, H. (1986): Otto von Bismarck. Dokumente seines Lebens: 1815–1896. Frankfurt a. M. (Röderberg-Verlag).

Das Paradox in der negativen Übertragung

Eduard Bolch

»Eher den Tod, als daß du mir nahtest in Liebe!«
(Ovid, Metamorphosen)

Die Metamorphose von Echo und Narcissus

Vor nunmehr über 2000 Jahren schrieb Ovid diese Metamorphose als Teil eines übergeordneten Werkes, in dem »seine Kunst der Menschendarstellung ihren Gipfel (erreicht)« (Schmidt 1986, S. 407). Ovid geht es dabei »immer wieder um die Empfindungen, die die Vorgänge begleiten und steuern, um die Bloßlegung von Handlungsantrieben und psychischen Reaktionen« (ebd.).

Da sich meine Gedanken auf die Metamorphose von Echo und Narcissus beziehen, will ich als Erstes den Inhalt kurz wiedergeben.

Narcissus ist die Frucht einer ins mythologische gewendeten Vergewaltigung von Liriope, der blauen Nymphe, durch Cephisius. Gleich nach seiner Geburt wird ein Seher befragt, ob Narcissus ein langes Leben beschert sei. Dessen Antwort ist: »Wenn er sich nicht kennt« (Ovid 1986, S. 71).[1]

Ovid lobt sodann die Schönheit von Narcissus. Zu einem 15-jährigen Jüngling herangereift, wird er von vielen Jünglingen und Mädchen begehrt. »Aber es war in der zarten Gestalt so fühlloser Hochmut: keiner bewegte sein Herz von den Jünglingen, keines der Mädchen.« In dieser Zeit geht Narcissus auf die Jagd. Er verliert den Kontakt zu seiner Jagdgesellschaft. Jetzt nimmt ihn die Nymphe Echo wahr. Echo besitzt zwar noch ihren Körper, ist zu diesem Zeitpunkt aber bereits von Saturnia zur Echolalie verurteilt. Dieses Urteil wurde von Saturnia, der Frau Jupiters, gefällt, weil Echo die Aufmerksamkeit Saturnias durch lange Gespräche auf sich gezogen hatte, damit sich Jupiter ungestört mit den anderen Nymphen im Gebirge vergnügen konnte. Dieser Arglist wegen wurde ihr von da an der freie Gebrauch ihrer Sprache verwehrt. Echo nun »erglüht«

---

[1] Alle in der Einleitung noch folgenden Zitate sind in Ovid 1986, S. 71–76 zu finden; der besseren Lesbarkeit wegen werden sie nicht einzeln aufgeführt.

beim Anblick von Narcissus, folgt ihm und spürt, »je mehr sie ihm folgt, je drängender (...) die Flamme der Leidenschaft. Oh, wie wollte sie oft schon nahen mit kosenden Worten und sanft bitten und flehn.« Die ihr auferlegte Sprache macht ihr die aktive Erfüllung dieses Wunsches unmöglich. Sie bleibt in der Nähe und wartet auf gesprochene Worte.

Inzwischen realisiert Narcissus, dass er den Kontakt zu den anderen verloren hat. Vielleicht hört er jemandes Schritte, Geräusche. Der Text lässt das offen. »Ist jemand da?« Mit diesem Ruf versucht er den Kontakt herzustellen. »Da«, lautet Echos Antwort. »Komm«, ruft nun Narcissus, um als Antwort auch »Komm« zu hören, ohne dass aber Echo bereits erschienen wäre. Obwohl noch niemand da ist, fragt Narcissus nun: »Warum fliehst du mich?«, um erneut nur das Echo zu hören. Er hält die widerhallende Stimme für die Antwort einer anderen Person und ruft »Vereinen wir uns!«, um »Einen wir uns« als Antwort zu bekommen. Nun tritt Echo aus dem Wald. Sie will »um den ersehnten Hals die liebenden Arme (...) schlingen.« Narcissus aber flieht »und entreißet im Fliehn der Umschlingung die Hände: ›Eher‹, so ruft er, ›den Tod als daß du mir nahtest in Liebe!‹«.

Echo zieht sich gekränkt in entlegene Höhlen zurück. »Aber die Liebe verbleibt und wächst vom Schmerz der Verachtung (...) Siechtum macht einschrumpfen die Haut, und die Säfte des Leibes schwinden (...) Stimme verbleibt; zu Gestein – so sagen sie – wurden die Knochen.«

Narcissus mutet diese Enttäuschung noch vielen zu, »verhöhnt« sie, bis endlich ein Verschmähter ihn verflucht: »So mag lieben er selbst, so nie das Geliebte besitzen!« Die Göttin der Vergeltung stimmt in diesen Fluch mit ein.

Der Fluch vollzieht sich an Narcissus, während er, erhitzt von der Jagd, an einer klaren Quelle lagert. »Während den Durst zu löschen er strebt, wird anderer Durst wach; denn im Trinken vom Schein des gesehenen Bildes bezaubert, liebet er nichtigen Wahn: er hält für Körper, was Schatten (...) sich ersehnt er betört«. Anschaulich beschreibt Ovid nun die vielen Versuche Narcissus, sein flüchtiges Spiegelbild zu fassen. »Unkundig, was er erblickt, glüht für das Erblickte der Jüngling«. Wie gefesselt, gebannt, verharrt Narcissus im Angesicht seines Spiegelbildes. »Im beschatteten Gras gelagert, schaut er die leere Gestalt mit unersättlichen Blicken.«

Narcissus beginnt, seinen Zustand zu erkennen und zu beklagen. »So fesselt den Liebenden Irrwahn«. Ovid veranschaulicht diese Liebe zum Gleichen in vielen Bildern, bevor er Narcissus ausrufen lässt: »Ich bin, merk ich, es selbst. Nicht täuscht mich länger mein Abbild. Liebe verzehrt mich zu mir; ich reg und leide die Flamme.« Wie gefesselt aber hält er an dem Bild fest. Die gerade gewonnene Einsicht verflüchtigt sich unversehens. Als Rettung kommt ihm in den Sinn: »Daß ich vom eigenen Leibe mich zu trennen vermöchte! Was kein Liebender wünscht, ich wünsche mir fern, was ich liebe.« Schon beginnt nun auch Narcissus das nahende Ende zu spüren: »Weg schon nimmt mir die Kräfte der Schmerz, und unserem Leben [seinem eigenen und dem seines Spiegelbildes, E. B.] bleibt kein langer Bestand, (...)« Der Wahn, die Liebe zu seinem Selbstbild, behält die Oberhand. Daran ändern auch seine Tränen nichts. Weder seine Klagen noch seine Tränen schaffen ihm Erleichterung. Viel mehr stören ihn in seinem Wahn die eigenen Tränen, da sie sein schönes Spiegelbild trüb machen. So klagt er weiter um die Erfüllung seines Wahns, beginnt, sich die entblößte Brust zu schlagen. Die zarte Röte seiner geschlagenen Brust, die sich im wieder geklärten Wasser spiegelt, steigert noch seine Qual, ein letztes Mal. Echo sieht sein Unglück und trotz weiter schwelendem Zorn, gaukelt sie ihm in seiner letzten Stunde ein Objekt vor: »Leb wohl«, so spricht Narcissus zu seinem Spiegelbild, »Leb wohl« tönt es von Echo zurück. Bis über den Tod hinaus hält Narcissus an seinem verliebten Blick fest: »(...) da auch noch, wie er längst dem Reich der Toten gehörte, schaut er sich selbst in der stygischen Flut.«

Die Metamorphose endet damit, dass die Najaden und Dryaden um ihn trauern und sich bereit machen, seinen Leichnam zu bergen und zu bestatten, aber »da war nirgends der Leib. Für den Leib ist sichtlich ein Blümlein safrangelb, um die Mitte besetzt mit schneeigen Blättern.«

Das Bild über Narcissus

In deutscher Sprache liegt die Metamorphose von Echo und Narcissus in einer Vielzahl unterschiedlicher Übersetzungen vor, die sich im Detail nicht unwesentlich voneinander unterscheiden. Ich möchte dies an einem Beispiel veranschaulichen. Bei von Albrecht und Glücklich liest sich die als Motto vorangestellte Zeile »Eher den Tod, als daß du mir nahtest in Liebe« so: »Ich will eher sterben, als dass du über mich Macht bekommst (von Albrecht & Glücklich 2002, S. 54). Es folgt der Kommentar der beiden Übersetzer: »Er [Narcissus, E. B.] denkt nicht in Kategorien der Liebe, sondern der Macht« (a.a.O.).

Das von Ovid gewählte Wort scheint sowohl Liebe als auch Macht meinen zu können, so als ob beide in einem innig verwobenen Verhältnis zueinander stünden. In erster Annäherung lässt sich also sagen, dass in Ovids Text Macht, Ohnmacht und Liebe ein innig verwobenes Gestrüpp darstellen.

Obwohl eine Beschäftigung mit den Unterschieden in den Übersetzungen sehr reizvoll erscheint, habe ich mich mehr an den übereinstimmenden Aspekten orientiert.

Einigkeit in den Kommentaren herrscht unter anderem darin, Narcissus als ›hochmütig‹ zu beschreiben. Noch bevor ein Raum geöffnet werden kann, in dem mögliche Fragen gestellt würden – etwa: Warum ruft er: »Komm«? Warum: »Vereinen wir uns!«? Warum: »Eher den Tod, als daß du mir nahtest in Liebe!«? – wird Narcissus mit der ihm zugeschriebenen Schmähung belegt. Mehr noch: Obwohl noch keine Äußerung von ihm selbst vorliegt darüber, was denn sein Herz bewegt – es wird lediglich eine sich wiederholende Handlungsabfolge beschrieben, deren Motiv noch im Verborgenen ruht –, wird eine Bemerkung darüber gemacht, so, als benötige man Narcissus nicht als Erzähler seiner eigenen Geschichte, sondern könne sich mit der Kommentierung derselbigen begnügen. »Keiner bewegte sein Herz«, erfahren die Leser. Da ist Narcissus noch gar nicht zu Wort gekommen, ist er bereits stigmatisiert, zu- und eingeordnet. Seine Handlungen werden ihm ausgelegt, ohne dass in dieser Auslegung sein Konflikt mitbedacht würde. Diese moralische Bewertung ist in der Rezeptionsgeschichte bis heute die bevorzugte Auslegung geblieben. Die wiederholte Zurückweisung der ihm entgegengebrachten Liebe ruft bei den Abgewiesenen negative Gegenreaktionen hervor, die sich bis zum Fluch steigern können. Das Prinzip Talion, ›Aug' um Auge, Zahn um Zahn‹, herrscht und beherrscht die interpersonelle und intrapersonelle Dynamik. Auf die Intensität der beteiligten Affekte weist auch der Umstand hin, dass die Göttin der Vergeltung ihm zustimmt. In Ovids Metamorphose wird das weitere Geschehen von dieser primären, alttestamentarischen Antwort geprägt.

Hatte Narcissus bis zu diesem Moment, bevor er verflucht wurde, ein Problem, so hatte er danach ein Schicksal, das sich nur noch an ihm und mit ihm vollzog, über dessen Verlauf ihm keine Chance eingeräumt war.

Die Steigerung in der Dynamik des Ablaufs – von der nüchtern wirkenden Beschreibung über die moralische Verurteilung bis hin zum Fluch – drückt etwas aus, das als primäre Antwort des abgewiesenen Objekts benannt werden kann. Balint hat es so formuliert: »(...) denn wir hassen solche Menschen, die für uns zwar außerordentlich wichtig sind, die uns aber nicht lieben (...), obwohl wir unsere besten Kräfte darauf konzentrieren, ihre Zuneigung zu gewinnen« (Krause 2001, S. 938). Hierin sehe ich die wie automatisch, reflexiv sich einstellende unbewusste Antwortbereitschaft darauf, von Narcissus abgewiesen zu werden. Ich komme darauf zurück.

Diese weit verbreitete Stigmatisierung des pathologischen oder malignen Narzissmus entsteht aus der wiederholten Zurückweisung. Da wir, wie Chasseguet-Smirgel schreibt, die für unsere Befriedigung auf allen Ebenen notwendigen Umstände nicht alleine schaffen können, stets das Objekt benötigen, »sonst (...) sterben würden oder zum Stillstand kommen« (Chasseguet-Smirgel 1988, S. IX), ist mit dieser primären Antwort, dem Fluch als Ausdruck des Hasses, zu rechnen. In dieser Antwort sind Hass, Rache und Vergeltung gemischt. Diese affektiv aufgeladene Reaktion beherrscht in weiten Teilen den öffentlichen Diskurs. Aus diesem Diskurs bleibt jener Narcissus ausgeblendet, der über sich hinaus auf einen Konflikt verweist.

Narcissus und sein Konflikt

Welcher Konflikt belastet Narcissus? – Nachdem Ovid ihn als hochmütig beschrieben hat, uns hat wissen lassen, dass keiner der Jünglinge, keines der Mädchen sein Herz bewegen konnte, er fühllos sei, beschreibt er etwas, das nicht zu diesen einseitigen Charakterisierungen von Narcissus passen mag. Narcissus ruft: »Komm«. Wenn einzig zuträfe, dass nichts sein Herz bewegen würde, machte das keinen Sinn. Mit diesem »Komm« drückt er einen Wunsch aus. Zwar kennt dieser Wunsch das gemeinte Objekt noch nicht – Echo ist zu diesem Zeitpunkt noch gar nicht auf der Bildfläche erschienen – man erfährt aber, dass Narcissus etwas vermisst. In Abweichung von der einseitigen Beschreibung weist er mit diesem Ruf über sich hinaus, zeigt sich als Mensch, dessen Herz durchaus von etwas bewegt wird. Ihn als Menschen zu beschreiben, der sich selbst genügt, ist nicht alles, was es über ihn zu sagen gibt. Wie reagiert er auf das Nichterscheinen des Objekts, das er nahe wähnt und das er mit seinem Ruf zu sich locken möchte? Er reagiert darauf mit einer fragenden Phantasie: »Warum fliehst du mich?« Er stellt diese Frage, obwohl noch niemand erschienen ist. Eine äußere Verursachung kommt zwar für die *Entstehung* der Frage in Betracht (das ausbleibende Objekt ruft die Frage ja hervor), nicht aber für den *Inhalt*. Dieser wird aber in dem Fall plausibel, dass Narcissus über eine phantasievoll ausgestaltete Innenwelt verfügt, in der Präkonzepte über seine Welt und die seiner Objekte abrufbereit existieren. Narcissus denkt sich als jemand, vor dem man besser fliehen sollte, und er denkt sich sein Objekt als eines, das sich durch Flucht besser beraten sehen könnte als durch Bleiben. Warum aber flieht man ihn? Die Leser wissen es noch nicht. Was sie aber wissen können ist dies: Es öffnet sich durch diese kleinen Bemerkungen ein Raum über Narcissus hinaus. Eine Geschichte setzt ein, für die es mindestens zwei Personen geben muss. Auch die folgenden Sequenzen verstärken die Verwunderung des Lesers. Wie mag der Ausruf von Narcissus, »Vereinen wir uns!«, zu dem hochmütigen Jüngling passen, dessen Herz fühllos unbewegbar sein soll? Zunächst aber erscheint nun Echo auf der Bildfläche. Hingerissen von ihrer Leidenschaft umarmt sie den, den sie liebt und den sie für ihren Geliebten hält. Sie tut dies ohne jegliches Zögern. Kein Zwischenraum für Annäherung und Erkundung trennt sie von den Armen dessen, von dem sie sich geliebt wähnt. Narcissus aber windet sich aus dieser Umarmung heraus, mit den Worten: »Eher den Tod, als daß du mir nahtest in Liebe!« Dieser Ausruf folgt, wie eine Ergänzung, Vervollständigung der Medaille, der zuvor gestellten Frage: »Warum fliehst du mich?« War es in dieser Frage das Objekt, das sich Narcissus gleichsam entwunden hat, so ist er es nun, der sich aus Echos Armen windet. Er erscheint hin und her gerissen zwischen zwei Phantasien, die polare Gestalt und polare Gewalt besitzen. Im Wechselspiel scheinen die beiden Pole gebunden an Macht oder Ohnmacht. An beiden Polen lauert Gefahr, vor der geflohen werden muss, wobei entweder er die Gefahr verkörpert oder Echo. In Ovids Metamorphose erscheint die Gefahr als an die Liebe, an die menschliche Begierde gebunden. Liebe kann die Gestalt von unersättlicher Bemächtigung und grenzenloser Hingabe annehmen. Womöglich geben die eingangs erwähnten Unterschiede in den Übersetzungen etwas wieder von diesen Schattierungen der Liebe. Die Liebe erscheint als Schmelztiegel, in dem sich Narcissus und Echo im Wechselspiel mal als Täter, mal als Opfer wieder finden. So gerät der Wunsch, einander zu finden, zu einer Gefahr, die zu fliehen ebenso sehr geboten erscheint, wie sie zu suchen dringlich. Womöglich weist jene Textstelle auf die Gefahr hin, bei der Ovid Narcissus beschreibt, wie er sein eigenes Spiegelbild mit »unersättlichen Blicken« betrachtet.

Die Tragik liegt nun darin, dass ihn sein Hilfsmittel, sich zur Abwendung der Gefahr aus den Armen zu winden, zugleich ins Verhängnis führt: zum »Sterben« oder zum »Stillstand«, wie von Chasseguet-Smirgel (1988) beschrieben. Aber nicht nur die Selbstrettung durch Abweisung wirkt destruktiv, sondern auch der Fluch der Abgewiesenen, der Ausschluss, hat zerstörerische Folgen. Das seltsam unstete Verhalten Narcissus erscheint so als Versuch, sich durch Aufrechterhalten der Spannung vor dem zerstörerischen Ende seiner Geschichte zu bewahren.

Da ihm aber die bewusste Aufnahme und Annahme seiner Tragik verwehrt erscheint, führt der stete Wechsel – in einem Augenblick ist er derjenige, der ruft »Vereinen wir uns!«, im nächsten Moment wird er zu dem, der aus der Umarmung flieht – zum Tod.

Die Übertragung der paradox negativen Position

In der Arbeit *Zur Einführung des Narzissmus* schrieb Freud 1914, dass »narzißtisches Verhalten« bei Neurotikern »eine der Grenzen ihrer Beeinflußbarkeit herstellte« (Freud 1914c, S. 138). Patienten, deren Hauptsymptome aber »Größenwahn die Abwendung ihres Interesses von der Außenwelt« seien, würden sich »der Beeinflussung durch die Psychoanalyse [entziehen und] für unsere Bemühungen unheilbar.« (ebd., S. 139). Damit bezog sich Freud auf die Entdeckung, dass für die Heilung positive Übertragungsprozesse vonnöten seien, deren Ausbleiben Heilung mit Hilfe des psychoanalytischen Verfahrens unmöglich macht.

Diese Perspektive erweckt den Eindruck, als würde Narcissus nicht übertragen, während doch die beschriebene Szene alle Anzeichen einer Übertragung besitzt.

Narcissus überträgt jedoch nicht nur das Negative, sondern einen Konflikt. Er benützt Echo, um an ihr handelnd und sprechend einen zentralen Aspekt seines Konfliktes darzustellen. Der Konflikt spielt sich in einem Kraftfeld ab, aufgespannt zwischen zwei verschiedenen Polen mit psychischen Funktionen. An einem Pol operiert der Widerstand gegen das Liebesbegehren der anderen, Echo. Er hat die Aufgabe, sowohl Echo vor den unersättlichen Blicken, als auch Narcissus selbst davor zu schützen, im Mahlstrom dieses Soges unterzugehen. So betrachtet, geht die Gefahr von einer im Unbewussten noch nicht ausreichend mentalisierten und symbolisierten Zerstörung durch Unersättlichkeit aus. Diese Unersättlichkeit bietet – in einem Moment – Narcissus Anlass das Objekt zu fliehen und bietet – im nächsten Moment – dem Objekt Anlass vor Narcissus zu fliehen. Hierbei verkehrt sich eine ursprünglich schützende Dynamik während ihres Vollzugs in ihr Gegenteil und wird zum Verhängnis. Diese Spannung – mal auflösbar, mal nicht – umschließt Rettung und Verhängnis in einem, sodass ich hier nicht vom Negativen spreche, sondern von der Paradoxie im Negativen.

Die paradoxe Dynamik wird erst deutlich mit dem Ende der Latenzphase und dem Durchbruch sexueller Interessen. Ovid platziert den Beginn der Geschichte wohl nicht zufällig in Narcissus' 15. Lebensjahr. Die bis dahin relativ stabile Abwehr, die vorhandenen Schutz- und Abwehrmöglichkeiten, reichen jetzt nicht mehr aus. Die primären Antworten der Protagonisten führen in den Tod. In beiden Fällen wird der Leib als Quelle des Begehrens vernichtet. Echo wird zu Stein, Narcissus zur Blume.

Das Konzept der Autopoiese

In ihrer 1986 erschienenen Arbeit setzen sich Brocher und Sies mit Maturanas Konzept der Autopoiese auseinander und versuchen es für einen psychoanalyseimmanenten Dialog nutzbar zu machen. Mir war die Arbeit hilfreich, um begreifen zu können, wie sehr die Tragik von Narcissus auf eine tödliche, selbstdestruktive und destruktive Lösung hinauslaufen kann. Ebenso verstand ich aber, wie sehr in dieser Tragik zentrale Überlebensinteressen eine Rolle spielen.

Mit den Worten »Eher den Tod, als daß du mir nahtest in Liebe!« schützt und verliert Narcissus sein Leben. Gleichzeitig überträgt er diesen Konflikt auf Leben und Tod in einer Inszenierung auf Echo. Narcissus demonstriert seine Fähigkeit, unter den für ihn geltenden Bedingungen zu überleben und das Leben der anderen zu schützen, aber um einen verhängnisvoll hohen Preis: Die Ausgrenzung aus gemeinschaftlichem Austausch führt zum Tod.

Brocher und Sies nun greifen das Modell von Maturana auf, um diese basale Dimension unseres Lebens weiter zu beleuchten. Maturana (1982) definiert autopoietische Systeme als solche, die ihr eigenes Leben organisieren durch permanente wechselseitige Einwirkungsprozesse zwischen Umwelt und eigenem System. »Ein lebendes System ist demnach ein homöostatisches System, das stets versucht, seine eigene Organisation als grundlegende Variable konstant zu halten.« (Brocher & Sies 1986, S. 34). Das funktioniert nur auf dem Wege einer permanenten funktionalen Anpassung, Angleichung und Neuschöpfung: »Der Bereich der Transformation, in dem ein lebendes System existiert, ist der Bereich der Veränderungen und Interaktionen, in denen es als Einheit existiert.« (Ebd.) Maturana geht dabei so weit zu sagen, dass lebende Systeme nur diesen einen Zweck hätten: Erhaltung der Homöostase. Fragen nach Sinn, Zweck, Funktion sind so betrachtet dem autopoietischen System fremd. Brocher und Sies sehen in diesem Konzept gleichsam eine Grundierung des von Freud schon entwickelten Konzepts des Selbsterhaltungstriebes. Schon für Freud besteht dessen Aufgabe darin, ein Gleichgewicht herzustellen zwischen Lust- und Unlustspannungen. Um diesen Zustand nicht aus dem Gleichgewicht geraten zu lassen, gleichsam als Schutz vor malignen Überlastungen, verfügen wir über unterschied-lichste Abwehrmodalitäten. Eine der stabilsten und archaischsten besteht im Rückzug der Libido von der Außenwelt und den Objekten. Ähnlich zu diesem Modell geht auch Maturana von einer primären Aufgabe aus: »Das Konzept der Autopoiese geht von einem biologischen ›Regulationsprinzip‹ aus (...), das infinite strukturelle Zustandsänderungen bei invarianter Organisation zur Aufrechterhaltung der Homöostase erfordert« (ebd., S. 38). Sollten Rückübersetzungen aus Maturanas Konzept in Konzepte des Mentalen sinnvoll sein, so erschiene mir Freuds, um seine Stabilität bemühtes »Ich« noch am nächsten verwandt mit der»invarianten Orga-nisation«. Dem Erhalt des Ich also dienen alle Hilfsmittel, mit denen Austausch, Angleichungen und Neuschöpfungen reguliert werden sollen. Wo diese Zustandsänderungen nicht herbeigeführt werden können, bricht die Autopoiese zusammen und das Leben endet.

Ich komme zurück zu Ovids Metamorphose: Weil das, was Narcissus zu seinem Schutz ersinnt, ihn aus dem Fluss der »infiniten Zustandsänderungen« herausnimmt, endet das Leben von Narcissus schon zu Lebzeiten. Um seine innere Organisation, deren Homöostase, deren Überleben, zu sichern, ist Narcissus, ohne es zu wissen, zum Sterben verurteilt. So erklärt sich das Para-dox im Negativen: Es soll schützen, führt aber, so belassen, zum Tod.

Mit dem Konzept der Autopoiese bewege ich mich aber noch im Vorraum dessen, was den Gegenstand der Bearbeitung in einem analytischen Prozess darstellt. Im analytischen Prozess geraten jene Phantasien ins Blickfeld, die über die biologische Grundierung hinaus weisen, in die Welt unbewusst geformter Gefahren, deren Bewusstmachung und Durcharbeitung eine Option für ihre Transformation in unschädlichere Schutzmöglichkeiten eröff-nen kann. Zur Illustration dieser unbewusst bebilderten und gestalteten Gefahren möchte ich drei Träume von Patienten anführen.

Ein Patient träumte, als er sich einer Frau sexuell nähern wollte, hätte er das Gefühl bekommen, er würde eine Plutoniumpille schlucken. In Todesangst, schweißgebadet, sei er aufgewacht. Ein anderer Patient hörte im Traum, als er sich gerade einer Frau nähern wollte, wie diese ein Baby fallen ließ, so dass die Knochen krachten. Er sei entsetzt, mit dem Geräusch der krachenden Knochen noch im Ohr, aufgewacht. Eine Frau hatte geträumt, sie sei in einem Supermarkt damit beschäftigt, alle Regale auszu-räumen und ihren Wagen damit zu füllen. Noch während sie damit beschäftigt gewesen sei, habe sich alles in Roboterarme verwandelt, die gierig nach ihr gegriffen hätten. Voller Panik habe sie sich gerade noch mit einem Aufzug retten können.

Den Träumen gemeinsam sind Verlockungen, die sich in eine existenzielle Bedrohung verwandeln und denen sich die Patienten auf die ihnen mögliche Weise erwehren. Vor dem Hintergrund einer womöglich allgemein menschlichen biologischen Grundmatrix haben sich hier Traumgestalten entwickelt, die die Aufgabe übernehmen, rechtzeitig vor diesen Gefahren zu warnen und die Einleitung der gebotenen Schritte zur Sicherung des Ich einzuleiten.

Vom Echo zum Analytiker

Im Unterschied zu der eingangs erwähnten Verengung der Perspektive auf einen Narcissus, der nur im Hinblick auf seine Selbstliebe wahrgenommen und damit seiner Tragik beraubt wird, knüpft Freud an die tragische Seite der narzisstischen Störung an. Die Tragik sieht Freud darin, dass bei den betroffenen Menschen der Versuch, eigene libidinöse Wünsche auszusenden, mitten im Vollzug endet, zum Halten kommt oder gar zum vollständigen Rückzug der libidinösen Interessen führt. Nach anfänglichen Behandlungsversuchen mit narzisstisch gestörten Patienten kommt Freud zu der Überzeugung, dass ihnen mittels der Psychoanalyse nicht zu helfen sei (Freud 1914c, S. 139). Zu dieser Einschätzung kommt es vor dem Hintergrund der von ihm entwickelten psychoanalytischen Therapie mit Patienten, die »regelmäßig« Liebesgefühle für ihren Analytiker hegen und die unter günstigen Umständen durch die Analyse der Übertragung geheilt werden können. Dabei ging Freud anfänglich soweit anzunehmen, dass Übertragung »aufgelöst« werden könne. Heute wissen wir, dass Freuds Annahme nicht dem entspricht, was wir mit den Patienten zusammen an Arbeit zu leisten imstande sind. Herstellbar ist zwar keine Auflösung, wohl aber eine Reduktion und Umverteilung des pathogenen Gewichts von Übertragungen, so dass es zu spürbaren und andauernden Besserungen kommen kann.

1914 schloss Freud die Patientengruppe der narzisstisch Gestörten mit gesetzgeberischem Sprachduktus von der Behandlung aus. Die Gründe, die für diese Sichtweise sprechen, existieren auch heute noch und werden weiterhin kontrovers diskutiert. Im Kontext meiner Überlegungen erscheint aber auch eine andere Sichtweise plausibel. Diese Haltung, Narcissus aus der Gruppe der Behandelbaren auszuschließen, kann auch als Ausdruck, als Widerhall, Echo oder Abkömmling jener Affektmischung verstanden werden, die als primäre Antwort in den abgewiesenen Objekten entsteht – obwohl und weil sich diese Objekte um Liebe und

Austausch bemühen. Narzisstisch gestörte Patienten lassen ihren Therapeuten nicht am Austausch teilhaben. Sie lassen ihn teilhaben an einem Zustand, in dem zunächst, auf unbestimmte Zeit, kein Austausch möglich ist. Auf unbewusster Ebene kommt dieser Zustand einem Todesurteil gleich, bei lebendigem Leib zwar nicht begraben, aber wie versteinert, abgeschnürt vom Leben zu sein. Der schützende Rückzug von Narcissus – durchaus in zwei Richtungen schützend – mobilisiert immense Gegenübertragungskräfte, die in ihrer primären Verfassung dem Fluch des Abgewiesenen und dessen Weihe durch die Göttin der Vergeltung gleichen. Die Weihe soll die Schuldgefühle des Fluchenden legalisieren und besänftigen. Diese Dynamik beherrscht bis heute den Umgang mit der narzisstischen Patientengruppe. Ein Supervisand drückte seine Gegenübertragung im Schutz einer Supervisionssitzung einmal wie folgt aus: »So ein arrogantes narzisstisches Arschloch!« In dieser Reaktion wird – stellvertretend für viele Äußerungen – jene Mischung aus Hass, Rache und Vergeltung deutlich, wie sie sich im abgewiesenen Objekt bilden kann. Solche massiven Gefühlsreaktionen, verbunden mit elementaren Schuldgefühlen, mobilisieren selbst eher archaische Abwehrmodalitäten, wie Verleugnung oder Projektion. Zwei Beispiele sollen das veranschaulichen. Grunberger setzt sich in seinem Buch *Vom Narzissmus zum Objekt* mit zwei Autoren auseinander, die den narzisstischen Patienten vorwerfen, sie böten keinen Anhalt für eine Gegenübertragungsantwort. Grunberger formuliert es so: »Ich bedaure, dass die Autoren den Narzissmus fast ausschließlich als Hindernis betrachten, das der Erkenntnis der Gegenübertragung im Wege stünde« (Grunberger 1976, S. 222). Mir scheint es plausibler anzunehmen, dass hier ein Beispiel für Echos Reaktion vorliegt: Der Analytiker versteinert. Freuds Feststellung, dass narzisstisch gestörten Patienten nicht zu helfen sei, weil sie nicht übertragen, scheint aus der Sicht der beiden Autoren wiederzukehren in der Formulierung, ihnen – den Patienten – sei nicht zu helfen, weil sie keine Gegenübertragungsantwort hervorriefen. Als Folge dieser Haltung bewegen sich Analytiker und Patient in eine Konstellation, vergleichbar jener von Narcissus und Echo. Ein Beispiel für eine projektive Verarbeitung der heftigen induzierten Gegenübertragungsantwort sehe ich in der Strategie, Narcissus als intentional aggressiv zu deuten, nur weil er Aggressionen auslöst. Rosenfeld weist in seinem Buch *Sackgassen und Deutungen* (1990) auf diese Gefahr hin.

Ebenso zutreffend aber scheint mir, dass sowohl die heftige Antwort des Supervisanden wie auch die emotionale Versteinerung der beiden Analytiker dem Erhalt des Lebens dient. Mit ihren Antworten versuchen die Beteiligten im Fluss der »infiniten Zustandsänderung« zu verbleiben, sich dem tödlichen Mahlstrom der malignen narzisstischen Dynamik zu entziehen. Eben weil Narcissus den lebenserhaltenden »Bereich der Veränderungen und Interaktionen« auf unbestimmte Zeit unterbricht, weckt er unbewusst Existenzängste, da ohne Teilhabe an diesem Prozess »infiniter Zustandsänderungen« das Leben endet.

Natürlich stellen meine Überlegungen lediglich eine Hypothese über mögliche Motive der rigorosen Position Freuds dar. Freud ließ es jedoch nicht bei seiner ersten Reaktion bewenden. Er beobachtete, ähnlich wie es Ovid in seiner Dichtung beschreibt, wie narzisstische Menschen immer wieder versuchen sich einem Objekt zu nähern und wie sie diesen Prozess immer wieder anhalten und zum Stillstand bringen. Im Einzelfall, so schreibt er an anderer Stelle, sei es mit Hilfe der Psychoanalyse möglich »einen Blick über die narzißtische Mauer zu werfen« (Freud 1916–1917a, S. 439). Damit relativiert er sein eigenes Diktum. Er öffnet den Raum wieder, indem er an Modifikationen der von ihm entwickelten Technik denkt. So lässt sich Freuds eigene Entwicklung als Weg von der primären Antwort – vollständiger Ausschluss – zu einer Offenheit und relativen Akzeptanz lesen.

Auch in der Nachfolge Freuds, schon unter seinen Schülern, wurde seine Haltung nicht von allen akzeptiert. Allzu eng erschien manchen die Anwendung des Übertragungskonzepts allein auf die Fälle positiver Übertragungen. So lesen wir bei Landauer über ganz andersartige Erfahrungen mit der Behandlung von narzisstisch gestörten Patienten. In seinem Aufsatz über narzisstische Charaktere beschreibt er, wie sich aus der anfänglichen und unvermeidlichen Machtlosigkeit eine Entwicklung ergeben kann:

> Und doch sind wir nicht machtlos. Wenn wir uns ganz passiv erhalten, nur »da« sind, erleben wir es manchmal, wie wir erst Teil des Menschen werden, und wie dann ganz allmählich diese Verkoppelung von Sinneseindrücken und Reaktionen sich vom Menschen löst, so wie ehemals aus dem Chaos kindlichen Erlebens sich die Welt der Wirklichkeit gebar. (Landauer 1991, S. 207)

Dieser Zustand – ›bloß da sein‹ – meint keineswegs eine unterwürfige Passivität. Landauer beschreibt sehr detailliert, wie aktiv er diesen Prozess seinerseits gestaltet. Ich habe mir diesen Zustand so vorgestellt, dass sich in ihm die Bereitschaft ausdrückt, auf Narcissus tätig zu warten, einen Raum offen zu halten, in den hinein sich Mentalisierungs- und Symbolisierungsversuche entwickeln können. Wo dies geschieht, kann sich der Handlungsdialog um weniger destruktive Möglichkeiten herum erweitern.

Behandlungstechnische Überlegungen

Dabei knüpfe ich erneut an Brocher und Sies an. Sie beschreiben die Arbeit der Psychoanalyse so:

> Die »Intervention« in der Praxis der Psychoanalyse zielt auf eine Destabilisierung einer bestehenden Vernetzung, um selektive Zustandsänderungen herbeizuführen, ohne dabei die Organisation als Invarianz zu gefährden. (Brocher & Sies 1986, S. 40)

Oft taucht bei Patienten diese besorgte Vorstellung auf, dass die Destabilisierung in einer irreparablen Demontage ihres Selbst enden könne. Um der Gefahr zu begegnen, sei entscheidend, »dass diese Strukturveränderungen der Erhaltung dieser basalen Organisation dienen« (ebd., S. 41).

Welche Möglichkeiten haben Analytiker, ihre Interventionen so zu gestalten, dass die »Organisation der Invarianz« als Basis für endlose Zustandsänderungen nicht gefährdet wird? Ich möchte hier kurz an Freuds Überlegungen anknüpfen, die sich auf die Wertschätzung der »Oberfläche« beziehen. War Freud anfänglich der Meinung, eine Bezugnahme auf die Oberfläche würde den tieferen Sinn verfehlen, lediglich »die Oberfläche ankratzen« (Freud 1918, S. 140), so hat er diese Haltung später revidiert. An die Stelle der anzustrebenden tiefen Deutungen trat die Idee, »von der jeweiligen Oberfläche« (Freud 1905e, S. 169) auszugehen. Freud stärkt diese Position immer weiter. In seinem Aufsatz über *Die Handhabung der Traumdeutung in der Psychoanalyse* (1911) geht er sogar so weit, der Bezugnahme auf die psychische Oberfläche des Patienten den Vorrang einzuräumen vor der Ambition, einen Traum – die Via Regia zum Unbewussten! – vollständig deuten zu wollen. Zur Begründung führt er aus, der Analytiker verlöre, bliebe er an der Idee einer vollständigen Traumdeutung haften, den Kontakt mit der Aktualität seines Patienten. Freud schreibt: »Man mache also von der Regel, immer das zu nehmen, was dem Kranken zunächst in den Sinn kommt, [auch, *E. B.*] zugunsten einer unterbrochenen Traumdeutung keine Ausnahme.« (Freud 1911e, S. 352) Viele haben diesen Ansatz weiter ausgearbeitet.

Ich will nun die Entwicklung zu einer ersten »nichtstrafenden Konfrontation« (Hohage 2004, S. 15) als Ausweg aus dem Macht-Ohmacht-Dilemma näher beleuchten. Freud schreibt, die erste Aufgabe des Arztes bestünde darin, nichts zu unternehmen, was das Attachement des Patienten an den Arzt stört. Für die Arbeit mit narzisstisch gestörten Patienten heißt das: Die erste Aufgabe des Analytikers besteht darin, sich als Übertragungsobjekt anzubieten, auch wenn seine eigene primäre Antwort ihn zu Versteinerung oder Vergeltung drängt. Versteinerung oder Vergeltung stellen das erste Durchgangsstadium bei dem Versuch dar, mit Narcissus gemeinsam einen Raum für analytische Erkundungen einzurichten. Aus dieser Fähigkeit des Analytikers, auch Echo in sich aufzubewahren und zu transformieren, erwächst ihm eine weitere Fähigkeit, über die Echo nicht verfügt: die Frage. Mit dieser fragenden Haltung schafft der Analytiker Distanz und bekundet Interesse. ›Interesse‹, lateinisch *inter-esse*, bedeutet ›dazwischen sein‹, ›dabei sein‹, ›teilnehmen‹ oder ›von Wichtigkeit sein‹. Der Analytiker stellt sich gleichsam zwischen Narcissus und Echo. Damit unterbricht er den primären Ablauf der Geschichte und öffnet einen Raum, der optional betreten werden kann. Gleichzeitig aber ruht in der Distanz der Frage auch die Anteilnahme am Schicksal des anderen. Die Frage richtet sich an zwei Parteien und steht als Mittlerin zwischen Nähe und Distanz.

Der Analytiker arbeitet daran, einen Raum zur Verfügung zu stellen, in dem Narcissus seine objektdestruktive und selbstdestruktive negative, gleichzeitig schützende Abwehrhaltung entfalten, ausagieren und durcharbeiten kann. Dabei ist für den Patienten besonders wichtig, dass die Hoffnung, sein Analytiker würde nicht versteinern wie Echo oder ihn verfluchen wie ein Abgewiesener erhalten werden kann. Rosenfeld hat die antitherapeutische Wirkung des Versuchs, Übertragung aggressiv einzuklagen, in seinem Buch *Sackgasen und Deutungen* (1990) ausführlich beschrieben. Die tätig abwartende Haltung des Analytikers, sein Verzicht darauf, sich unbedingt als Übertragungsobjekt ins Spiel bringen zu wollen, birgt optional den Rückweg in die menschliche Gemeinschaft. Dies bleibt ein Angebot, das auch abgelehnt werden kann. Trimborn hat in seinem Aufsatz *Verrat am Selbst* (2003) den negativen Triumph narzisstischer Vollkommenheitsphantasien beschrieben.

Zusätzlich zur Qualität des aktiv tätigen »bloß da sein« (Landauer, a. a. O.) geht es auch um die Gestaltung des Dialoges. Dieser Dialog dient in der Arbeit mit den Patienten der Zielvorstellung, die »Rückkehr in die menschliche Gemeinschaft« einzuleiten, sie zu ermöglichen. Förderung und Forderung wechseln sich dabei ab. Das »bloß da sein« ist also nicht als Passivität aufzufassen, sondern als aktives Bereitstellen eines Raumes zum Annähern und Erkunden. Die eingangs erwähnten Modellvorstellungen von Maturana wurden von Brocher und Sies auf die analytische Behandlung konzeptionell adaptiert. Danach lässt sich der analytische Prozess als ununterbrochene, von Störung zu Störung voranschreitende

Entfaltung der Übertragung beschreiben. In diesem Prozess geraten Analytiker und Patient durch ihre jeweilige Andersartigkeit in einen strukturell endlosen, wenn auch zeitlich begrenzten Strom von Erschütterungen, die im günstigen Fall zu einer regulativ gesteuerten Neuordnung des Gleichgewichts führen. So betrachtet lässt sich Psychoanalyse als ein dialogischer Prozess beschreiben, in dem das aus Analytiker und Patient bestehende System infinite Zustandsänderungen seines homöostatischen Gleichgewichts herbeiführt. Diese Verlaufsgestalt nennen die Autoren den »konsensuellen Bereich« (Brocher & Sies 1986, S. 51) im Feld der Übertragungs- und Gegenübertragungsreaktionen. Die Manifestationen dieses Übertragungsgeschehens sind dann Gegenstand der gemeinsamen Bearbeitung in den Sitzungen.

Was geschieht aber, wenn sich einer der beiden Partner, Narcissus zum Beispiel, in einem Zustand befindet, in dem er sich aus diesen infiniten Zustandsänderungen herausnimmt? Im Analytiker entstehen nun fortgesetzt negative Rückkoppelungsschlaufen. Maturanas Modell des regen Austauschs, der »konsensuelle Bereich«, Eros, wird in der paradoxen Negativität außer Kraft gesetzt und angegriffen. Die »infinite strukturelle Zustandsänderung« soll nicht zur Entfaltung kommen; sie würde den Schutz vor Überwältigung gefährden. Sie soll aber auch nicht beendet werden, weil dies die Hoffnung auf eine Rückkehr in die menschliche Gemeinschaft zunichte machen würde. Wie lange aber lässt sich dieser Zustand einer seelischen Versteinerung ertragen? Ab wann gerät der Analytiker dabei in den Zustand eines irreparabel entwerteten Objekts?

In vielen Fällen helfen einem die Patienten ein bisschen. Ich gehe also noch einmal zurück zur Metamorphose. Hat Narcissus eine Idee, wie ihm geholfen werden könne, er sich selbst helfen könne? Wenn ja, wie sieht diese Idee aus? Er wünschte: »Daß ich vom eigenen Leib mich doch zu trennen vermöchte! Was kein Liebender wünscht, ich wünsche mir fern, was ich liebe.« Er wünscht sich nur »Ferne«, nicht den Tot. So glaubt er, aus dem »traurigen Wahn« einen Ausweg finden zu können. Auch hier findet sich – scheinbar – ein Paradox. Näher betrachtet zeigt sich eine logische Erklärung: Da Narcissus nun einmal verflucht ist, sich selbst zu lieben, kann er zu sich und zum Objekt nur finden, wenn ihm eine Trennung von seinem Spiegelbild gelingt. – Womöglich ist dies die Weisheit des Sehers: Wenn er sich nicht kennt, wenn er sich also von seinem Spiegelbild abwenden und dem Objekt zuwenden kann, dann wird er lange leben.

Die erste Aufgabe des Analytikers besteht folglich darin, Echo und Narcissus zu trennen, ohne selbst wie Echo zu werden. Indem sich der Analytiker triangulierend zwischen Narcissus und Echo, zwischen Narcissus und sein

Spiegelbild stellt, verkörpert er einen Dissens zum unbewusst angelegten weiteren Ablauf der Geschichte. Dieser Dissens ist nicht inhaltlich gemeint, im Sinne einer Vorgabe für die weitere Entwicklung. Er ist strukturell und strukturierend gemeint. Auf diese Weise fordert der Analytiker Narcissus, aber er fördert ihn zugleich auch. Die Förderung besteht in der Weigerung, wie Echo zu antworten und im Öffnen eines Zwischenraumes für die weitere Erkundung und Klärung. Während die Vorstellung eines »konsensuellen Bereichs« eher jener auf Freud zurückgehenden Definition von Übertragung angemessen erscheint, schlage ich vor, den Terminus eines *dissensuellen Bereichs* ergänzend in das Konzept möglicher Übertragungskonstellationen aufzunehmen.

Wenn es möglich wird diese negative, potenziell destruktive Kraft affirmativ aufzunehmen, kann eine Rückkehr in die menschliche Gemeinschaft möglich werden.

Die erste Intervention, fußend auf Freuds Idee der Beachtung der Oberfläche, könnte dann die Form einer unschädlichen Konfrontation annehmen. Der Analytiker könnte seinen Narcissus auf einen Konflikt aufmerksam machen, zwischen dem Augenblick im Leben von Narcissus, in dem er »Komm« und »Vereinen wir uns!« ruft und dem Moment, in dem er »Eher den Tod, als dass du mir nahtest in Liebe!« ruft.

Freuds Schwerpunkt lag auf der Beschreibung der Übertragungsliebe. Zum Zwecke des Widerstandes werde der Analytiker zur Annahme dieser Liebe gedrängt. Hass, Rache und Vergeltung als vorherrschende Übertragungsaffekte können ebenso dem Widerstand des Patienten bzw. seinem Schutz dienen. Jedoch sind weder die Erfüllung der Liebe noch die Erfüllung des Hasses im Kontext einer Analyse hilfreich. In beiden Fällen gilt Freuds Anweisung, die Behandlung habe in der Abstinenz stattzufinden.

Für alle Formen von Übertragung als Widerstand gilt, dass sie nicht der Person des Analytikers zuzuschreiben sind. Es macht daher weder Sinn, beglückt auf Äußerungen von Übertragungsliebe zu reagieren, noch geknickt auf eine klare Weigerung oder eine paradoxe Übertragung. Weder ist die Übertragungsliebe Verdienst des Analytikers noch die Ablehnung der Übertragung Ausdruck seines Versagens. Beide sind moralfrei, ohne Stigmatisierung – als Übertragung eben – zu betrachten. Dies gilt selbstverständlich nur im Kontext einer nach Menschenmaß vernünftig durchgeführten Behandlung und ist nicht als Freibrief aufzufassen. Die Schwierigkeiten im Umgang mit narzisstischen Patienten und den sich mit ihnen ergebenden Behandlungssituationen reichen in eine existenziell, unsere biologischen Lebenserhaltungsinteressen berührende Dimension. Für unsere Möglichkeiten setzt der »gewachsene Fels« des Selbsterhaltungstriebes immer wieder Grenzen.

Technik könnte etwas mit der wachsenden Fertigkeit des Analytikers zu tun haben, eine Balance zwischen diesen beiden Hauptaspekten des Übertragungsgeschehens zu halten – zwischen dem Wunsch nach infiniten Zustandsänderungen, nach Austausch aller Lebens- und Liebessäfte einerseits (*konsensueller Bereich*) und der Angst vor Verwirklichung dieses Wunsches andererseits (*dissensueller Bereich*). Dieses Oszillieren, Ausbalancieren, taucht in letzter Zeit vermehrt im psychoanalytischen Diskurs auf als ein Kennzeichnen der analytischen Haltung. R. Klüwer (2004) hat kürzlich sein Konzept der Fokalität (etwa *Durcharbeiten*) um das Modell der Afokalität (etwa *gleichschwebende Aufmerksamkeit*) erweitert und die Aufgabe des Analytikers darin gesehen, eine Balance zwischen diesen beiden Polen anzustreben.

Nun wird es womöglich leichter, beide Zustände affirmativ aufzunehmen und zu sehen, wie weit man gemeinsam mit den Patienten damit kommen kann.

Schlusswort

Freud meinte, die Psychoanalyse böte eine Möglichkeit, unvoreingenommen jene Kräfte zu untersuchen, die aus unserem eigenen Unbewussten heraus zu den unterschiedlichsten Krankheitsbildern und Konflikten führen können. Dass diese Untersuchung, verantwortlich durchgeführt, dem Wunsch des Patienten dienen sollte, spürbare und andauernde Linderung für seine Beschwerden und Besserung für sein Empfinden zu bewirken, verstand sich für ihn von selbst.

Damit dies aber geschehen kann, bedarf es unter allen Umständen – positiven, negativen oder paradoxen – eines Raumes, in dem sich triangulierend Prozesse entfalten können, die *Vom Narzissmus zum Objekt* (Grunberger 1976), ›vom Körperschmerz zum Seelenschmerz‹ (Freud) führen können. In diesem Offenhalten des Raumes sehe ich eine der Hauptaufgaben des Analytikers.

Literatur

von Albrecht, M. & Glücklich, H.-J. (2002): Interpretationen und Unterrichtsvorschläge zu Ovids »Metamorphosen«. Göttingen (Vandenhoeck & Ruprecht).

Brocher, Th. H. & Sies, C. (1986): Psychoanalyse und Neurobiologie. Zum Modell der Autopoiese als Regulationsprinzip. Stuttgart (fromann-holzboog).

Chasseguet-Smirgel, J. (1988): Zwei Bäume im Garten. Zur psychischen Bedeutung der Vater- und Mutterbilder. Psychoanalytische Studien. München/Wien (Verlag Internationale Psychoanalyse).

Freud, S. (1905e): Bruchstück einer Hysterie-Analyse. GW Bd. V, S. 161–286.

Freud, S. (1911e): Die Handhabung der Traumdeutung in der Psychoanalyse. GW Bd. VIII, S. 349–358.

Freud, S. (1914c): Zur Einführung des Narzissmus. GW Bd. X, S. 137–170.

Freud, S. (1916–1917a): Vorlesungen zur Einführung in die Psychoanalyse. XXVI. Die Libidotheorie und der Narzissmus. GW Bd. XI, S. 427–446.

Grunberger, B. (1976): Vom Narzissmus zum Objekt. Frankfurt (Suhrkamp).

Hohage, R. (2004): Analytisch orientierte Psychotherapie in der Praxis. Diagnostik, Behandlungsplanung, Kassenanträge. 4., durchges. Aufl., Stuttgart (Schattauer).

Maturana, H. R. (1982): Erkennen: Die Organisation und Verkörperung von Wirklichkeit. Braunschweig/Wiesbaden (F. Vieweg).

Klüwer, R. (2004): Mündliche Mitteilung.

Krause, R. (2001): Affektpsychologische Überlegungen zur menschlichen Destruktivität. Psyche 55. Jahrgang, Sonderheft 9/10, 935–960.

Landauer, K. (1991): Theorie der Affekte und andere Schriften zur Ich-Organisation. Frankfurt (Fischer).

Ovid (1986): Metamorphosen. Wiesbaden (Drei Lilien).

Rosenfeld, H. (1990): Sackgassen und Deutungen. Therapeutische und antitherapeutische Faktoren bei der psychoanalytischen Behandlung von psychotischen, Borderline- und neurotischen Patienten. München/Wien (Verlag Internationale Psychoanalyse).

Schmidt, E. G. (1986): Ovids Mytheninterpretation in den ›Metamorphosen‹. In: Ovid 1986, S. 399–412.

Trimborn, W. (2003): Der Verrat am Selbst – Zur Gewalt narzisstischer Abwehr. Psyche, 57. Jahrgang , Heft 11, 1033–1056.

Macht und Ohnmacht am Beispiel des 11. Septembers und des Irak-Krieges

Hans-Jürgen Wirth

Reaktionen auf die Wiederwahl von George W. Bush

Wie Meinungsumfragen kurz vor den Präsidentschaftswahlen in den USA im November 2004 zeigten, wünschte sich eine überwältigende Mehrheit der deutschen Bevölkerung John Kerry als neuen US-Präsidenten. Viele Bundesbürger reagierten auf die Wiederwahl von George W. Bush bedrückt, enttäuscht und traurig. Viele Menschen fragten: Wird dieser Präsident in der Lage sein, den Irak-Krieg zu beenden oder wird er gar einen neuen Krieg gegen den Iran beginnen? Aber auch Gefühle von Wut und Trotz tauchten auf: Wie kann nur mehr als die Hälfte der Amerikaner so dumm und so verblendet sein, Bush zu wählen? Die Amis werden schon sehen, was sie von diesem Bush haben.

Verhärten sich solche spontanen unreflektierten Empfindungen zu politischen Überzeugungen, können sich Stereotypien herausbilden, die Abwehr-Charakter haben. Anti-Amerikanismus wäre eine solche stereotype Abwehrreaktion. Die dazu komplementäre Abwehr besteht in der Über-Identifikation mit dem einstigen Befreier Amerika und in der kritiklosen Unterwerfung unter die Vorstellungen der amerikanischen Regierung. Im Unterschied zu manchen anderen Kommentatoren habe ich nicht den Eindruck, dass die Deutschen einem Antiamerikanismus aufsitzen, bloß weil 80% der Deutschen Bushs Politik ablehnen und Kerry ihre Stimme gegeben hätten. Auch von der Über-Identifikation mit der Macht Amerikas, zu der sich alle deutschen Nachkriegs-Regierungen verpflichtet sahen, hat sich die Regierung Schröder/Fischer befreit, als sie eine deutsche Beteiligung am Irak-Krieg verweigerte. So gesehen haben die Deutschen 60 Jahre nach dem Ende des Zweiten Weltkrieges vielleicht zum ersten Mal ein Verhältnis zu Amerika entwickelt, das weder durch Ressentiments noch durch Idealisierung geprägt ist.

Gleichwohl besteht bei einer psychopolitischen Analyse, wie sie hier unternommen werden soll, immer die Gefahr, dass sie durch die eigenen politischen Vorlieben und Abneigungen gefärbt wird, speziell wenn es sich um so aktuelle und emotional aufwühlende Ereignisse handelt wie den 11. September und den Irak-Krieg.

Zur Psychoanalyse des Terrorismus

Terroristen, speziell Selbstmordattentäter, sind Fanatiker. Günter Hole (2004) hebt in seinem Buch *Fanatismus* die »Leidenschaftlichkeit« und den »blinden Eifer« des Fanatikers hervor, mithilfe dessen jener »kompromisslos« und »starr« seine »überwertige Idee« (Hole 2004, S. 42) vertritt. Der Fanatiker habe alle Gefühle für andere Menschen in sich abgetötet und diese auf die Partei oder die Gruppe, deren Ideologie ihm nahe steht, projiziert. Er vergöttert das Kollektiv und die gemeinsame Ideologie, denen er sich selbst als Sklave ausgeliefert hat. Die völlige Unterwerfung unter diesen Götzen lässt in ihm eine Leidenschaft entstehen, deren emotionale Qualität Erich Fromm (1961) als »kaltes Feuer«, als »Leidenschaftlichkeit, die ohne Wärme ist«, charakterisiert.

Beispielsweise bekennt der Palästinenser Nizzar Iyan in einem *Zeit*-Interview (Schirra 2001), er sehe die höchste Erfüllung darin, dass seine Söhne sich als Selbstmordattentäter im Kampf gegen die Israelis opferten. Als sein 17-jähriger Sohn Ibrahim tatsächlich bei einem Selbstmordattentat ums Leben kommt, sagt der Vater: »Mein Sohn Ibrahim ist tot. Nie war ich glücklicher als in dem Moment, als sie kamen und mir sagten: ›Die Juden haben deinen Sohn getötet‹.« Und auf die Frage des Interviewers: »Aber Sie sind doch sein Vater, es muss Ihnen doch wehtun«, antwortet der Vater scheinbar ungerührt: »Ich bin ganz ehrlich, ich sage das aus Überzeugung, ich empfinde keine Trauer, ich empfinde Freude, wirkliche Freude, dass das, was wir geglaubt haben, mein Sohn ein Stück weit realisiert hat. Das Leben hat keinen Geschmack, wenn man seine Träume, seine Ziele nicht realisieren kann«.

Als ich dieses Interview las, fühlte ich mich eigenartig berührt: Einerseits meinte ich die tiefe Verzweiflung und Trauer zu spüren, die dieser Vater angesichts des Todes seines Sohnes empfinden musste und die er nur hinter der Schutzbehauptung versteckte, er »empfinde keine Trauer«, sondern »wirkliche Freude«. Andererseits bekam ich Wut auf diesen Vater, der seinen Sohn für seine eigenen fanatischen Überzeugungen ans Messer lieferte. Er schien haargenau dem Typus des Fanatikers zu entsprechen, den Hole beschreibt, wenn er sagt: Typische Fanatiker »lieben Ideen mehr als Menschen, die Hingabe an Ideen ist abnorm stark, die Hingabe an Menschen jedoch eigenartig blockiert oder gebrochen« (Hole 2004, S. 93).

Dem Fanatiker fehle »die Fähigkeit zur Empathie«, zur »Einfühlung«, zur »Sympathie«, die »prinzipiell Liebesfähigkeit, Offenheit, ein An-sich-Heranlassen anderer Menschen« (ebd., S. 94) voraussetze. Theoretisch gesprochen – so Fromm – ist der Fanatiker eine »stark narzisstische Persönlichkeit« (Fromm 1961, S. 61).

Schließlich fiel mir noch ein Freud-Zitat ein, das sich mit unserem »Verhältnis zum Tode« beschäftigt und in seiner Diktion ganz den Äußerungen des palästinensischen Vaters entspricht. Ich zitiere nochmals den Vater: »Das Leben hat keinen Geschmack, wenn man seine Träume, seine Ziele nicht realisieren kann«. Und bei Freud heißt es:

> Das Leben verarmt, es verliert an Interesse, wenn der höchste Einsatz in den Lebensspielen, eben das Leben selbst, nicht gewagt werden darf. Es wird so schal, gehaltlos wie ein amerikanischer Flirt, bei dem es von vornherein feststeht, daß nichts vorfallen darf, zum Unterschied von einer kontinentalen Liebesbeziehung, bei welcher beide Partner stets der ernsten Konsequenzen eingedenk bleiben müssen. (Freud 1915, S. 343)

Und nachdem Freud in epischer Breite die seelischen Vorzüge der Angstlust und des Todesmutes dargestellt hat, verweist er noch auf den Wahlspruch der Hanse, der da lautet: »Seefahren muß man, leben muß man nicht« (ebd.).

Halten wir fest: Die zunächst so fremd und uneinfühlbar erscheinende Psyche der palästinensischen Selbstmordattentäter und ihrer Familien, erweist sich bei näherer Betrachtung als durchaus verstehbar und erinnert an vergleichbare Haltungen und Phänomene in unserer eigenen Kultur.

Der »soldatische Mann« als Kugel

Am Tag der Anschläge auf das World-Trade-Center wurde am Bostoner Flughafen das nicht rechtzeitig umgeladene Gepäck des Terrorpiloten Muhamed Atta gefunden (vgl. Der Spiegel 40/2001, S. 32–33). Es enthielt u. a. das Testament des Selbstmordattentäters, ein psychologisch aufschlussreiches Dokument, das Attas innere Welt offenbart. Von den 18 Punkten seines Testaments beschäftigen sich allein drei mit seiner Angst vor der Unreinheit der Frauen:

> Weder schwangere Frauen noch unreine Personen sollen von mir Abschied nehmen – das lehne ich ab.

Frauen sollen nicht für meinen Tod Abbitte leisten. (...)

Frauen sollen weder bei der Beerdigung zugegen sein noch irgendwann später sich an meinem Grab einfinden. (ebd.)

Die Angst vor der Frau – speziell der emanzipierten, der selbstbewussten, der sexuell aktiven Frau – ist nicht nur ein individuelles Merkmal von Atta, sondern ein in der islamischen Welt weit verbreitetes Phänomen. Der Narzissmus der islamischen Männer erfuhr in der traditionell patriarchalisch orientierten Kultur des Islam eine enorme Aufblähung durch die Überhöhung der Männer und die Abwertung der Frauen. Unter dem Einfluss des Westens und seiner egalitären Orientierung fühlen sich viele männliche Muslime in ihrem Selbstwertgefühl gekränkt und suchen Halt im islamistischen Fundamentalismus, der ihnen Selbstbestätigung durch die Erhebung über die Frau und deren Erniedrigung verspricht.

Die Angst vor der Verschmelzung mit der Frau und die »Entstehung des Panzers gegen die Frau« hat Klaus Theweleit (1977, 1978) eingehend für den Typus des »soldatischen Mannes« beschrieben. In seiner psychoanalytisch-psychohistorischen Analyse zeigt er auf, welche psychische und psychosomatische Funktion der militärische Kampf für das Ich und für das Körper-Bild des »soldatischen Mannes« hat: Einerseits führt der militärische Drill zur Erzeugung eines »stählernen Leibes«, einer »Körpermaschine«, einer Ernst Jünger'schen »Stahlgestalt« (Theweleit 1978, S. 185), andererseits wird – so Theweleit – »der Moment der Sprengung des Körperpanzers, des Verschwindens des starren Körper-Ichs (...) ersehnt« (ebd., S. 208).

Am intensivsten ist die Erwartung der Sensation, wenn sie [die Soldaten] schließlich selbst die Bewegung der Kugel übernehmen und als Geschosse aus der Militärmaschine auf die gesuchten Leiber zurasen. (...) (Ich töte, also bin ich. Ich sterbe, also war ich.) (Ebd., S. 209–223)

Theweleits Ausführungen lassen sich auch lesen als mögliche Interpretation der psychischen Vorgänge, die sich bei den Terrorpiloten abgespielt haben könnten. Die Analogie mit Theweleits »soldatischen Männern« ist jedenfalls frappierend. Wie Hole (2004) schreibt, zeichnet sich der Fanatiker durch eine »Erstarrung und Rigidität im affektiven Bereich« (ebd., S. 93) aus, die durch »eine gestörte Beziehung zum eigenen Körper« – ja eine »ausgeprägte Körperfeindlichkeit« (ebd.) – ergänzt wird. Körperfeindlichkeit,

Reinheitsideale, das Streben nach vollständiger Vergeistigung, die Entwertung der realen Existenz, die überwertige Idee vom Jenseits, der Wunsch, das eigene Leben vollständig einer illusionären Idee zu weihen und schließlich sogar zu opfern, bilden ein Syndrom, das Fanatismen jeder Couleur eigen ist.

Narzissmus der Reinheit

Auch im Hinblick auf Reinheitsvorstellungen und körperbezogene Ängste weist Attas Testament Übereinstimmungen mit dem von Theweleit beschriebenen Typus des soldatischen Mannes auf. Atta schreibt unter Punkt neun seines Testaments:

> Derjenige, der meinen Körper rund um meine Genitalien wäscht, sollte Handschuhe tragen, damit ich dort nicht berührt werde. (Der Spiegel 40/2001, S. 32)

Und in dem Leitfaden für das Verhalten von Selbstmordattentätern »am Abend bevor du deine Tat verübst« (Der Spiegel 40/2001, S. 38), der ebenfalls in Attas Gepäck gefunden wurde, heißt es:

> Du sollst rezitieren, dass du für Gott stirbst. Rasiere das gesamte überflüssige Haar von deinem Körper, parfümiere deinen Körper und wasche deinen Körper. (...) Reinige dein Herz von allen schlechten Gefühlen, die du hast, und vergiss alles über dein weltliches Leben. (Ebd., S. 38)

Die Angst vor dem Tod, die Angst vor der Ungeheuerlichkeit des geplanten Verbrechens wird auf die Angst vor dem eigenen Körper verschoben und dort durch Reinlichkeits-Rituale gebannt. Mithilfe der rituellen Handlungen wird nicht nur die gesamte Sphäre der Körperlichkeit, sondern auch das gesamte »weltliche Leben« entwirklicht. Mit der peniblen Reinigung des Körpers soll auch das »Herz von allen schlechten Gefühlen«, d. h. von Liebesgefühlen, Mitleid, mitmenschlicher Sympathie, Schuldgefühlen usw. gereinigt und die Monstrosität des geplanten Massenmordes de-realisiert werden.

Grunberger (1984) hat die Reinheit als ein narzisstisches Ideal beschrieben, das durch die Verleugnung von Triebhaftigkeit, ja die Aufhebung von Körperlichkeit schlechthin, den Zustand narzisstischer Vollkommenheit zu erlangen sucht. Grunberger definiert Reinheit als ein »narzisstisches Ideal von Allmacht und absoluter Souveränität (...), aus dem die Triebdimension völlig ausgeschlossen wird« (ebd., S. 114). Indem der Fanatiker die Reinheit zum Ideal erhebt, entfernt er sich von der realen Welt, zu der immer auch der Schmutz, das Unreine, die Exkremente als Teil des Lebens gehören und weiht sein Dasein einer illusionären reinen Heiligkeit. Um sein Reinheitsideal zu verwirklichen, findet eine Projektion der »nicht in das Selbst integrierten Analität« (Grunberger & Dessuant 1997, S. 272) auf die als unrein phantasierten Außenfeinde statt. In Kriegen, speziell denen, die als »heilige Kriege« bezeichnet werden, sollen das absolut Schmutzige, das Böse, die Ungläubigen vernichtet und im Namen eines »Narzißmus der Reinheit« (ebd.) aus der Welt verbannt werden.

Terroristen als unbewusste Delegierte transgenerationaler Konflikte

Über die Selbstmordattentäter unter den Palästinensern ist einiges bekannt. Vor allem die Jugendlichen, die sich für die Selbstmordattentate zur Verfügung stellen, sind von Kindesbeinen an einer permanenten Traumatisierung ausgesetzt. Wie Vamik Volkan (2005) berichtet hat, erscheint diesen palästinensischen Jugendlichen die Gruppen-Identität und der Fanatismus als letzter Rettungsanker. Wie armselig, elend und aussichtslos das eigene Leben auch immer sein mag, die unbedingte Identifikation mit den Idealen der Gruppe entschädigt den Einzelnen für seine Schmach. Der »Gruppennarzißmus« (Fromm 1964, S. 199–223) stellt eine wichtige Stütze für das Selbstwertgefühl des Individuums dar.

Diese Dynamik gilt besonders für die Menschen, die bereits seit mehreren Generationen unter erbärmlichen Umständen in Flüchtlingslagern leben und durch die tagtägliche Präsenz von Gewalt traumatisiert sind. Doch die Attentäter von New York und Washington waren keine Flüchtlinge, sondern gut ausgebildete Studenten.

Wie Otto Kernberg (2002) ausdrücklich betont, wirkt nicht nur die Gewalt, die man am eigenen Leibe erlebt, traumatisierend, sondern auch die Gewalt, deren Zeuge man wird. Die Araber und die Muslime in den arabischen Ländern fühlen sich in ihrer kollektiven Identität vom Westen gedemütigt und in ihrem kollektiven Selbstwertgefühl narzisstisch verletzt. Einzelne Individuen können gerade aufgrund ihrer privilegierten Stellung eine besonders intensive Verpflichtung empfinden, alle Kräfte in ihrem Kampf gegen Israel und seinen großen Beschützer Amerika und gegen den Westen insgesamt zu unterstützen.

Auch die deutschen Terroristen der RAF waren moralisch hoch motivierte Menschen, die sich vor ihren gewalttätigen Aktionen in verschiedenen Projekten sozial engagierten. Wie ich an anderer Stelle ausgeführt habe, waren die RAF-Terroristen als »unbewusste Delegierte« (Stierlin 1978) der Eltern-Generation eingebunden in einen transgenerationalen Konflikt. Sie holten den Widerstand gegen ein Terror-Regime nach, den die Elterngeneration in der Zeit des Nationalsozialismus versäumt hatte (vgl. Wirth 2002b).

Die islamistischen Terroristen, die in den »heiligen Krieg« ziehen, sind häufig in einen ähnlichen Generationszusammenhang eingebunden: In beiden Fällen setzt die zweite Generation einen ungelebten Impuls der ersten in die Tat um. Privilegierte und wohlhabende arabische Familien leben einerseits in einem kaum vorstellbaren Öl-Reichtum und genießen den Luxus der westlichen Industriegesellschaft, andererseits predigen sie ideologisch den Hass auf den Westen. Diese Doppel-Moral stellt einen schwerwiegenden Konflikt in der Auseinandersetzung zwischen den Generationen dar, der so aufgelöst wird, dass die Söhne aus wirtschaftlich privilegierten Familien teils im bewussten, teils im unbewussten Auftrag der Väter in den »heiligen Krieg« ziehen, von dem die Väter nur reden und träumen. Tatsächlich sind nach dem 11. September viele Hinweise bekannt geworden, dass die Terrorgruppen von zahlreichen islamischen Geschäftsleuten finanziell unterstützt werden, die in Europa und in Amerika erfolgreich ihren Geschäften nachgehen und die sich durch diese Spenden ein reines islamisches Gewissen verschaffen.

Der 11. September 2001 als kollektives Trauma

Der monströse Anschlag vom 11. September 2001 auf das World-Trade-Center und das Pentagon haben die Amerikaner einer kollektiven Traumatisierung ausgesetzt (vgl. Auchter u. a. 2003). Ihre nationale Identität erfuhr durch diese demütigende Erfahrung eine schwere narzisstische Kränkung. Das reichste und mächtigste Land der Welt musste hilflos zusehen, wie ihm eine Handvoll Terroristen, bewaffnet mit Teppichmessern, auf seinem eigenen Territorium ein in dieser Art einzigartiges Inferno bescherte.

Ein Trauma ist ein Erlebnis, das von solcher Intensität ist, dass es die seelischen Verarbeitungsmöglichkeiten überschreitet. Mit dem Trauma gehen Gefühle von extremer Angst – häufig Todesangst –, Schrecken, Ohnmacht und totaler Hilflosigkeit einher. Dies führt zu einem Zusammenbruch zentraler Ich-Funktionen und zu einer basalen Erschütterung der gesamten

Persönlichkeit. Wenn dies gleichzeitig einer großen Gruppe von Menschen widerfährt, spricht man von einem »kollektiven Trauma«. Die Zerstörung des World-Trade-Centers in New York stellt eine kollektive Traumatisierung der amerikanischen Nation dar, die das kollektive Identitätsgefühl der Amerikaner und ihren Gruppennarzissmus zutiefst erschüttert hat.

Exkurs zum Begriff des kollektiven Traumas

Der Begriff des kollektiven Traumas oder der kollektiven Identität stößt allenthalben auf Skepsis: Stellt die Übertragung von Begriffen aus der Individual-Psychologie auf kollektive Phänomene nicht eine unzulässige Verallgemeinerung, eine Aufweichung psychoanalytischer Begrifflichkeiten dar? Ich will in diesem Exkurs erläutern, warum ich den Begriff der kollektiven Identität und des kollektiven Traumas für ein hilfreiches theoretisches Konzept halte.

Unter ›kollektiver Identität‹ verstehe ich den Teilaspekt unserer Identität, der sich auf die verschiedenen Kollektive bezieht, denen wir uns zugehörig fühlen und die für unsere Werte, Überzeugungen und Emotionen von zentraler Bedeutung sind. Ich beziehe mich dabei auf Erik H. Eriksons (1950, 1959) Begriff der »Gruppen-Identität« und den Begriff der »Familien-Identität«, den Manfred Cierpka (1999) als Familientherapeut formuliert hat. Erikson (1959, S. 18) betont ausdrücklich, dass sich die »persönliche Identität« nur in einem fortwährenden psychosozialen Austausch mit den anderen konstituiert und festigt. Die unmittelbare Selbstwahrnehmung »der eigenen Gleichheit und Kontinuität in der Zeit« ist verbunden mit der Wahrnehmung, »daß auch andere diese Gleichheit und Kontinuität erkennen«. »Der Begriff ›Identität‹ drückt also insofern eine wechselseitige Beziehung aus, als er sowohl ein dauerndes inneres Sich-Selbst-Gleichsein wie ein dauerndes Teilhaben an bestimmten gruppenspezifischen Charakterzügen umfaßt« (ebd., S. 124). Die individuelle Identität stellt eine Variante der »Gruppen-Identität« dar, wobei Erikson dabei sowohl den sozialen Nahbereich als auch Großgruppen und »historische Leitbilder« (ebd., S. 11) im Auge hat.

Folgt man der psychoanalytischen Entwicklungspsychologie, so bilden Kinder ihre Identität, indem sie sich mit ihren primären Bezugspersonen und der Beziehung zu diesen identifizieren. Die psychoanalytische Familientherapie geht jedoch noch einen Schritt weiter und sieht in der Identifikation des Kindes mit den Eltern als Paar und auch mit der Familie als Ganzes einen wesentlichen Baustein der Identität. Durch die Identifikation mit dem Elternpaar und dem Gesamt der Familiengruppe bildet sich im Kind eine »Familien-Identität« (Cierpka 1999, S. 91), ein bewusst und unbewusst strukturiertes Bild der »inneren Familie« (ebd.), das die eigene individuelle Identität prägt und insbesondere die »psychosexuellen Fähigkeiten zur Intimität« und die »psychosoziale Bereitschaft zur Elternschaft«, wie das Erikson (ebd., S. 137) formuliert hat, formt.

Da ›Identität‹ ein Sich-gleich-Bleiben über die Zeit meint, kommt der Erinnerung und dem Gedächtnis eine besondere Bedeutung zu. Es kann daher nicht verwundern, dass die Kulturwissenschaften, in denen es auch immer um die Frage geht, wie Gesellschaften die Kontinuität kultureller Riten, Sitten, Normen, Werte usw. über die Generationenfolge hinweg gewährleisten, ganz ähnliche Konzepte herausgebildet haben, die sich um die von Maurice Halbwachs (1985a, 1985b), Aleida Assmann (1999) und Jan Assmann (1992, 2000) formulierten Begriffe des »kommunikativen« und des »kulturellen Gedächtnisses« ranken.

Das menschliche Gedächtnis stellt man sich zunächst als ein Phänomen vor, das sich im Gehirn des Individuums abspielt – ein Thema für die Neurowissenschaften, aber nicht für die historischen Kulturwissenschaften. »Was dieses Gedächtnis aber inhaltlich aufnimmt, wie es diese Inhalte organisiert, wie lange es was zu behalten vermag, ist weitestgehend eine Frage nicht innerer Kapazität und Steuerung, sondern äußerer, d. h. gesellschaftlicher und kultureller Rahmenbedingungen« (J. Assmann 1992, S. 19f.). Das individuelle Gedächtnis konstituiert und erhält sich nur, indem das Individuum an sozialer Interaktion teilnimmt.

Auch wenn das individuelle Gedächtnis immer schon ein soziales Phänomen ist, muss man individuelles und kollektives Gedächtnis unterscheiden. Das individuelle Gedächtnis ist im Gehirn verankert, auch wenn es inhaltlich durch die Kultur bestimmt ist und sich durch das auszeichnet, was das Subjekt aus den vielfältigen Gruppengedächtnissen, an denen es teilhat, macht. Das kollektive Gedächtnis hat hingegen keine neuronale Basis. »An deren Stelle tritt die Kultur: ein Komplex identitätssichernden Wissens, der in Gestalt symbolischer Formen wie Mythen, Liedern, Tänzen, Sprichwörtern, Gesetzen, heiligen Texten (...) objektiviert ist« (ebd., S. 89) und durch Wiederholung und kulturelle Zirkulation erinnert und an die nächste Generation weitergegeben wird.

Diese kulturwissenschaftliche Konzeption des »kommunikativen Gedächtnisses« wird durchaus auch von den neuen Erkenntnissen der Neurowissenschaften über die Funktionsweise der Erinnerungsprozesse gestützt (Welzer 2002). Nur durch fortlaufende Wiederholung im Kommunikationsprozess werden die neuronalen Verschaltungen im Gehirn, die eine bestimmte Erinnerung repräsentieren, dauerhaft im Gedächtnis verankert. Dabei kann eine bestimmte Erinnerung auch einem Wandlungsprozess unterliegen, sofern sich die Erzählungen über das zu Grunde liegende Ereignis verändern. Unser Gedächtnis ist also keineswegs »objektiv«, sondern auch kommunikativ in dem Sinne, dass es durch Kommunikation beeinflusst, verändert – und durchaus auch verzerrt werden kann.

Auf der Grundlage der Begriffe ›kollektive Identität‹ und ›kulturelles Gedächtnis‹ möchte ich nun versuchen, den Begriff des kollektiven Traumas näher einzugrenzen.

1. Wir sprechen von einem individuellen Trauma, wenn einem Menschen die Erfahrung widerfährt, ohnmächtig einer äußeren Gewalt ausgesetzt zu sein – ein Zustand, der mit starker Angst, Panik, Entsetzen, Schrecken, Ohnmacht und dem Gefühl der Sinnlosigkeit einhergeht – und dies die psychischen Verarbeitungsmöglichkeiten des Subjekts übersteigt. Wie ich unter Hinweis auf Kernberg (2002) schon ausgeführt habe, wirkt nicht nur die Gewalt, die man am eigenen Leibe erlebt, traumatisierend, sondern auch und gerade die Gewalt, deren Zeuge man wird. Ein Kind, das zusehen muss, wie Soldaten seine Mutter vergewaltigen und seinen Vater ermorden, wird durch dieses Erlebnis traumatisiert, auch wenn ihm selbst nichts passiert. Wir sehen an diesem Beispiel, dass individuelle Traumen das Potential in sich tragen, nicht nur das unmittelbare Opfer zu traumatisieren, sondern zugleich auch nahe stehende Menschen mit in den Traumatisierungsprozess einzubeziehen. Als These sei formuliert: Jedes individuelle Trauma ist potentiell ein kollektives Trauma, und zwar in dem Sinne, dass es auch andere Menschen trifft. Das hängt zum einen damit zusammen, dass die Menschen nicht als voneinander isolierte zu denken sind, und zum anderen damit, dass das Trauma per definitionem ein durchschlagender Prozess ist, dessen Wucht nicht nur das Individuum aus der Bahn wirft, sondern eben auch die soziale Umwelt, das Kollektiv, nicht unberührt lässt.

2. Wenn nun die Gewalt nicht nur einem einzelnen Individuum (und seiner Familie) angetan wird, sondern die gleiche Gewalt zur gleichen Zeit vielen Angehörigen einer Gruppe, einer Ethnie oder einer Religionsgemeinschaft widerfährt, liegt beim einzelnen traumatisierten Individuum sowohl eine individuelle als auch eine kollektive Traumatisierung vor. Unter ›kollektiver Traumatisierung‹ verstehe ich in diesem Zusammenhang das Bewusstsein des Opfers, vor allem oder ausschließlich deshalb verfolgt worden zu sein, weil man Angehöriger einer bestimmten Gruppe ist. Dieses Wissen

beeinflusst die intrapsychische Verarbeitung des Traumas. Das Bewusstsein, wegen der Zugehörigkeit zu einer Gruppe die Traumatisierung erleiden zu müssen, kann helfen das Trauma heroisch zu ertragen (»Ich bin stolz darauf, zur Gruppe X zu gehören und leide für eine gute Sache.«), kann aber andererseits auch das Gefühl der Ohnmacht und Sinnlosigkeit hervorrufen (»Ich muss für meine Zugehörigkeit zur Gruppe leiden, mit der mich innerlich eigentlich gar nichts verbindet.«).

3. Unter ›kollektiver Identität‹ verstehe ich den Teilaspekt unserer Identität, der sich auf die verschiedenen Kollektive bezieht, denen wir uns zugehörig fühlen und die für unsere Werte, Überzeugungen und Emotionen von zentraler Bedeutung sind. Diese *kollektive Identität* kann verletzt und traumatisiert werden, auch wenn das Individuum weder körperlich noch unmittelbar psychisch verletzt wurde, d. h. in seiner *persönlichen Identität* nicht traumatisiert wurde. Ich will das an einem Beispiel beleuchten: Ein Individuum wird Zeuge davon, wie zahllose Angehörige seiner ethnischen Großgruppe systematisch ermordet werden. Das Individuum selbst und seine Familie befinden sich aber in Sicherheit. Man könnte hier sagen: Eine individuelle Traumatisierung liegt nicht vor, wohl aber eine Traumatisierung der kollektiven Identität, eben jenes Teils der individuellen Identität, die sich auf das Zugehörigkeitsgefühl zur Gruppe stützt. Je nachdem, wie stark sich das Individuum mit dem Kollektiv verbunden fühlt, variiert das Ausmaß, in dem es sich von der gegen das Kollektiv gerichteten Gewalt betroffen, beeinträchtigt, traumatisiert fühlt. – Das sind die Folgen der Gewalt vom Individuum her formuliert. Man könnte sie aber auch vom traumatisierten Kollektiv her denken und sagen: Ein Gewaltakt von monströsem Ausmaß hat eine solche traumatisierende Durchschlagskraft, dass sich ein Individuum, das zu diesem Kollektiv gehört, seiner Wirkung nicht entziehen kann. Der Holocaust wäre das Beispiel für ein solches Trauma, das nicht nur unzählige Einzelne und ihre Familien traumatisiert hat, sondern auch diejenigen, die überlebt haben, diejenigen, die rechtzeitig emigrieren konnten, diejenigen, die immer in Sicherheit lebten, ja, selbst die nächsten Generationen, die noch nicht geboren waren, als der Holocaust stattfand. Das »Schuldgefühl des Überlebenden« (Niederland 1980) gehört in diesen Zusammenhang.

Aber was heißt hier ›Durchschlagen des kollektiven Traumas auf das Individuelle‹? Wenn an der Unterscheidung zwischen individueller und kollektiver Identität – zwei Bereichen oder Aspekten des Bewusstseins des Subjekts – festgehalten werden soll, dann lassen sich zwei Fälle unterscheiden: Im einen Fall schlägt die Traumatisierung des Kollektivs (beispielsweise der Holocaust) durch auf die Ebene der individuellen Identität und führt dort zu einer individuellen Traumatisierung und Symptombildung. Beispielhaft wäre das jüdische Mädchen, das in der Identifikation mit den Großeltern, die im KZ verhungert sind, eine Magersucht entwickelt. Im andern Fall führt das kollektive Trauma »nur« zu einer Störung der im Individuum verankerten kollektiven Identität. Das Individuum bleibt psychisch gesund, die kollektive Identität erfährt aber eine gravierende Störung. Liest man die Bücher von Lilly Brett, Tochter von Holocaust-Überlebenden, so bekommt man den Eindruck, dass in ihrem Leben kein Tag vergeht, an dem sie nicht an den Holocaust denkt. Als Frau, als Ehefrau, als Mutter, als Autorin erscheint sie nicht außergewöhnlich belastet zu sein. Doch mit ihrer kollektiven Identität, jüdisch und Tochter von »Überlebenden« zu sein, ist der Holocaust immer präsent oder kann doch jederzeit aktualisiert werden. Das kollektive Bewusstsein, Jüdin zu sein, ist mit einer Hypothek belegt. Der kollektive Teil der Identität ist traumatisiert.

4. Ich will das Phänomen kollektiver Traumata noch aus einer vierten Perspektive beleuchten: Wenn man die Abstraktionsstufen der kollektiven Identität weiter hinaufsteigt, kommt man von der persönlichen Identität über die Familien-Identität, die Gruppen-Identität, die nationale Identität, die ethnische Identität schließlich bei der *Identität als Gattungswesen Mensch* an. Der Entwicklungspsychologe Rolf Oerter stellt die These auf, jeder Mensch verfüge über ein »Bild des Menschen«, das auch die persönliche Identität präge. Dieses »Verständnis über Menschsein im allgemeinen« (Oerter & Noam 1999, S. 56) sei neben dem Selbstkonzept von zentraler Bedeutung für die Entwicklung der Identität.

> Um sich im Wechselverhältnis zu anderen zu verstehen, bedarf es stets einer Interpretation dessen, was der Mensch ist. Nicht die Herauslösung von Einzelkomponenten wie Moral, Empathie, theory of mind etc. sind das Entscheidende, sondern deren Herleitung aus einem globalen, wenn auch oft diffusen Menschenbild. Letztlich gibt es für jedes Individuum ein Grundverständnis dessen, was der Mensch ist und wie er sich zur Welt verhält. (Ebd., S. 58)

> Menschenbild, Selbstbild und Selbst hängen zusammen, müssen aber als getrennte Konzepte mit unterschiedlicher Bedeutung verstanden werden. Das Selbstbild leitet sich vom Menschenbild her, befruchtet dieses aber auch, so dass beide Entwürfe in Wechselwirkung stehen. (Ebd., S. 60)

Man könnte diese Identität als Gattungs-Identität bezeichnen. Die Identität als Gattungswesen Mensch hat die Ähnlichkeiten und Unterschiede zu den Tieren und den Pflanzen zum Thema, die Ähnlichkeiten und Unterschiede zu Gott, sie behandelt unser Verhältnis zum Tod, aber auch unser Verhältnis zur Menschheit an sich, zu den Menschen die vor uns gelebt haben und zu denen, die nach uns kommen werden. Die Gattungs-Identität hat eine philosophische Dimension und sie ist auch bereits für Kinder relevant: Wenn ein geliebtes Haustier stirbt, sprechen Eltern mit ihren Kindern darüber, dass das zwar traurig sei, dass es aber doch einen Unterschied zwischen Menschen und Tieren gebe und dass deshalb die Trauer um ein verstorbenes Tier weniger intensiv sein sollte als die um einen verstorbenen Menschen.

Die Gattungs-Identität kommt auch dann ins Spiel, wenn darüber nachgedacht wird, ob der Verbrauch der fossilen, nicht erneuerbaren Energievorräte auf der Welt durch die jetzt lebenden Menschen den nachfolgenden Generationen die Existenz- und Zukunftchancen beschneidet. Eine solche Überlegung versteht sich ja keineswegs von selbst, sondern ist nur möglich, wenn so etwas wie eine Identifikation mit der Menschheit schlechthin existiert.

Ich will die Nützlichkeit der Kategorie Gattungs-Identität an einem Beispiel erläutern: Als ich während des Irak-Krieges die Nachricht über die Zerstörung und Plünderung der Bibliothek in Bagdad erfuhr, war ich tief erschüttert. Ich verspürte ohnmächtige Wut, Verzweiflung, depressive Gefühle, Trauer, Gefühle der Sinnlosigkeit. – Wie ist dieses Phänomen zu verstehen? Die Zerstörung der Bibliothek von Bagdad lässt meine nationale Identität als Deutscher völlig unberührt. Auch meine persönliche Identität wird nicht beeinträchtigt, insofern mir die dort vernichteten Bücher und Kult-Gegenstände als konkrete ziemlich gleichgültig sind. Ich habe sie nie gesehen, ich werde sie nie sehen und ich hätte sie wahrscheinlich auch nie gesehen, wenn sie nicht vernichtet worden wären. Und trotzdem stimmt es mich traurig, macht mich wütend und verzweifelt, dass die Menschheit etwas so Wertvolles für immer verloren hat. Was als schmerzhaft erlebt wird, ist die Beschädigung von Bestandteilen, Behältern und Symbolen der menschlichen Zivilisation. Nur in der Identifikation mit der Menschheit an sich wird dieser Verlust als solcher erfahrbar.

Robert Jay Lifton und Eric Markusen (1992) sprechen von »Gattungs-mentalität«, »Gattungsselbst« und »Gattungsbewusstsein« und meinen damit »das Bewusstsein, ein Exemplar der Gattung Mensch zu sein, die heute von der Ausrottung bedroht ist« (ebd., S. 272). Die Identifizierung mit der Menschheit als Ganzer erlaubt auch eine gewisse Aussöhnung mit dem eigenen individuellen Tod. Man kann die Begrenztheit des eigenen Lebens akzeptieren, indem man die Vorstellung hat, in der Menschheit fortzuleben. Die Gefährdung des Fortbestandes der Menschheit, beispielsweise durch einen Atomkrieg, stellt hingegen eine fundamentale Infragestellung der Gattungs-Identität dar. Inwieweit die Bedrohung oder Verletzung der Gattungs-Identität traumatischen Charakter annehmen kann und wie sich eine solche Traumatisierung auf die individuelle Identität auswirkt, ist eine offene Frage.

Der 11. September 2001 als »gewähltes Trauma« (Volkan)

Ich komme zurück zum 11. September und der Frage, wie dieses Ereignis auf die kollektive Identität der Amerikaner gewirkt hat. Die Weltmacht Amerika wurde durch den terroristischen Angriff auf ihre Metropole und auf das Symbol ihrer wirtschaftlichen und technischen Überlegenheit mit der Erfahrung der Verwundbarkeit konfrontiert. Was so gar nicht ins Weltbild und ins Selbstverständnis Amerikas passt, wurde zur erschreckenden, aber unabweisbaren Realität: Auch die Supermacht Amerika ist verletzbar.

Die Katastrophe löste eine Welle der Hilfsbereitschaft, der Trauer, der Anteilnahme aus. Doch bleibt die Frage, ob den Amerikanern eine kollektive psychische Verarbeitung des erlittenen Traumas gelungen ist oder gelingen wird. Leider haben sich die Befürchtungen bestätigt, die ich im Dezember 2001 als Schlusskapitel meines Buches *Narzissmus und Macht* wie folgt formuliert habe:

> Sollte den Amerikanern eine kollektive psychische Verarbeitung des erlittenen Traumas nicht gelingen, besteht die Gefahr, dass sich ein post-traumatisches Belastungs-Syndrom entwickelt, das sich als ständiges Wiedererleben des traumatischen Ereignisses, als gedankliche Fixierung auf das Trauma, als unkontrollierte Panikattacken und als ebenso heftige und abrupte Aggressions-Ausbrüche gegen andere ausdrücken könnte. Die amerikanische Gesellschaft könnte in die Versuchung geraten, das erlittene kollektive Trauma dadurch abzuwehren, dass sie sich auf das Trauma fixiert und es zum zentralen Bezugspunkt der nationalen Identität macht. Als »gewähltes Trauma« – im Sinne von Vamik Volkan (1999) – wäre es laufend präsent und würde eine ständige Rechtfertigung für die eigenen paranoid-aggressiven Haltungen liefern. Amerika wäre genötigt, unablässig den Beweis seiner militärischen Überlegenheit anzutreten, indem es – mehr oder weniger

wahllos – Feinde definiert, aufspürt, verfolgt und vernichtet. Schließlich käme es zur Ausbildung einer nationalistischen Ideologie, die Verfolgungs-, Rache- und Größenphantasien zum Inhalt hat. Diese haben die Funktion, die erlittenen narzisstischen Verletzungen des Selbstwertgefühls wieder gutzumachen und die Demütigungen durch Rache auszugleichen. Beauftragt die Gesellschaft einen Führer damit, einen Rachefeldzug zu organisieren, so genießt derjenige Politiker das größte Ansehen, der am fanatischsten die paranoide Ideologie vertritt und am heftigsten verspricht, dass er Rache als ausgleichende Gerechtigkeit üben werde, um das erschütterte grandiose Selbstbild wieder zu festigen. (Wirth 2002a, S. 381f.)

George W. Bush auf der Couch

Eben diese Funktion hat George W. Bush im kollektiven seelischen Haushalt der Amerikaner übernommen. Wenn ich mich im Folgenden mit der Psychologie von George W. Bush beschäftige, geschieht dies nicht mit der Vorstellung, die Weltpolitik ließe sich aus den persönlichen Konflikten des US-Präsidenten erklären. Diese sind vielmehr nur insofern relevant, als sich in ihnen die religiösen Überzeugungen und gesellschaftlichen Ideologien spiegeln, denen große Teile der amerikanischen Bevölkerung anhängen. Bush repräsentiert als Führerfigur im Sinne von Freuds Massenpsychologie das Ich-Ideal der Masse.

Vor dem 11. September galt Bush als ein schwacher Präsident. Seine demokratische Legitimation stand auf tönernen Füßen, war er doch eher gezählt als gewählt worden. In Frage stand auch, ob er aus dem Schatten seines Vaters würde heraustreten können. Man konnte täglich in amerikanischen Zeitungen Witze über seine Unfähigkeit zur freien Rede, seine Tollpatschigkeit, seine mangelnde Weltläufigkeit lesen. Dies alles hat sich nach dem 11. September drastisch geändert. Der 11. September hat seiner bis dahin glanzlosen Präsidentschaft einen höheren Sinn verliehen. Seit Bush der zum Letzten entschlossene Kriegsherr ist, wird er in seinem Amt ernst genommen. Bush erhob sein persönliches Bedürfnis, endlich ernst genommen zu werden, zur Maxime seiner Politik: Die Welt sollte Amerika wieder ernst nehmen. In den Augen von Bush war Clinton ein »Weichei«, das dafür verantwortlich war, dass man Amerika in der Welt als Papiertiger verlachte. Die schwache Reaktion Amerikas auf terroristische Anschläge gegen amerikanische Einrichtungen habe die Terroristen geradezu zu weiteren Aktionen provoziert. In einem Interview mit dem amerikanischen Journalisten Bob Woodward (2003, S. 54) sagte Bush:

Die antiseptische Vorstellung, einen Marschflugkörper in das, hm, Zelt von so einem Kerl zu schicken, ist wirklich ein Witz. Ich meine, die Leute fassten das als das impotente Amerika auf ... ein schlappes, wissen Sie, technologisch tüchtiges, aber nicht besonders starkes Land. (...) Da draußen herrscht die Vorstellung von Amerika, (...) dass wir keine Werte haben und dass wir uns, wenn wir angegriffen werden, nicht wehren.

Dem narzisstisch kränkenden Bild vom »impotenten Amerika« wollte Bush ein starkes, militärisch potentes Amerika entgegensetzen. Immer entschlossener übernahm er die Rolle des Retters der amerikanischen Ehre und sah darin die Chance seines Lebens, als bedeutender Präsident in die Geschichte einzugehen. Der 11. September wird zum »gewählten Trauma« (Volkan 1999), das nicht mehr losgelassen werden kann, dem alles geopfert wird. Es gibt keinen anderen Gedanken mehr als Rache und Vergeltung für die erlittene Demütigung. Die Bewusstwerdung des Traumas, das durch passiv erlittene Gewalt entstand, soll durch die aktive Traumatisierung anderer abgewehrt werden. Wenn diese Dynamik die politischen und militärischen Entscheidungen Amerikas bestimmt, gewinnt es nur scheinbar seine souveräne Handlungsfähigkeit zurück, vielmehr bleibt es in einer narzisstischen Kollusion mit dem Feind verstrickt. Bushs Entscheidung, den Irak-Krieg zu führen, ist unbewusst mitgesteuert von seinem kollusiven Interaktionspartner Osama bin Laden. Die unbewusste Beziehungsdynamik zwischen George W. Bush und Osama bin Laden folgt dem Muster einer narzisstischen Kollusion, wie sie aus der Paartherapie bekannt ist (Willi 1975). Es ist die Absicht der Terroristen, die Amerikaner mit Terroranschlägen und Drohungen zu einer militärischen Überreaktion zu verleiten. Sie legen es wo irgend möglich darauf an, Amerika in einen Krieg hineinzuziehen. Indem die Amerikaner gegen den erklärten Willen nahezu aller Regierungen und der Weltöffentlichkeit in einen Krieg gegen den Irak zogen, ihre Verbündeten und Freunde vor den Kopf stießen, die UNO desavouierten und sich nur ihrem narzisstisch begründeten Rachebedürfnis hingaben, tappten sie genau in die von den Terroristen aufgestellte Beziehungs-Falle. Inzwischen bewahrheiten sich die Vorhersagen auf erschreckende Weise: Der Krieg der Amerikaner gegen den Irak hat dem Terrorismus erst richtig Auftrieb verliehen.

Mit dem Krieg in Afghanistan wurden das Taliban-Regime beseitigt und die El Qaida-Kämpfer aus ihren Trainings-Camps verjagt. Der Triumph über diesen Sieg war zwar Balsam auf die gekränkte amerikanische Volksseele, wurde aber geschmälert durch die Ungreifbarkeit der Terroristen – vor allem durch die Tatsache, dass Osama bin Laden entkommen konnte. Die narzisstische Wunde war durch diese militärische Aktion also noch keineswegs geheilt. Bush suchte einen anderen greifbaren Feind und erinnerte sich sogleich an Saddam Hussein. Bin Laden war nicht zu haben, weder »dead« noch »alive«, also musste Saddam Hussein herhalten. Der schien wenigstens geographisch lokalisierbar zu sein und bot sich auch von seinen Charaktereigenschaften vortrefflich für die Rolle des Schurken an. Die Verschiebung von Osama bin Laden auf Saddam Hussein lag auch deshalb nahe, weil Bush hier noch eine familiäre Rechnung zu begleichen hatte: war es doch Saddam Hussein, der einen fehlgeschlagenen Anschlag auf seinen »Dad« geplant hatte.

In seinem Buch *Bush auf der Couch. Wie denkt und fühlt George W. Bush?* hat der amerikanische Psychoanalytiker Justin Frank (2004) zahlreiche Beispiele zusammengetragen, die die narzisstische Störung des amerikanischen Präsidenten, sein paranoides Schwarz-Weiß-Denken und seinen Sadismus belegen. Als Beispiel für seinen Sadismus nennt Frank die demonstrativ zu Schau gestellte Genugtuung von Bush, als er in seiner Funktion als Gouverneur von Texas Todesurteile bestätigte und Gnadengesuche ablehnte.

Das narzisstisch übersteigerte Selbstbild der USA

Bush ist davon überzeugt, dass seine Präsidentschaft Teil eines göttlichen Plans sei. Der Glaube an die göttliche Vorsehung verleiht ihm Handlungsgewissheit und Schicksalsergebenheit. »Wir kennen die Wege der Vorsehung nicht, und doch können wir ihr vertrauen«, verkündete Bush in einer Rede zur Lage der Nation, die er nach den Anschlägen vom 11. September hielt. Der eiserne Frühaufsteher Bush liest allmorgendlich in einem evangelikalen Gebetbuch, bevor er sich als erste Amtshandlung die »Bedrohungsanalyse« der Geheimdienste vorlegen lässt. Der liebe Gott und der böse Terrorismus sind die Quellen seiner Inspiration. Seine biedere Frömmigkeit ist nicht nur eine private Marotte, sondern bestimmt auch seine Politik. Es gehört zu den Ritualen im Weißen Haus, Kabinettssitzungen mit einem Gebet zu eröffnen. Je näher der Irak-Krieg rückte, desto eindringlicher wurde die Gottesrhetorik in Bushs öffentlichen Reden. Bush handelt »in göttlicher Mission«, wie *Der Spiegel* (8/2003) formulierte. Sein Schwarz-Weiß-Denken ist das eines fanatischen Abstinenzlers. Bush lebt die Charaktereigenschaften aus, die vielen trockenen Alkoholikern eigen sind: Selbstdisziplin (strenge Diät, Sport), ein unerschütterlicher Glaube an den lieben Gott und die strikte Einteilung der Welt in Gut und Böse – eine

Spaltung, die ihm Stärke und Kontur verleiht. Bush spricht offen über seine frühere, nun glücklich überwundene Neigung zum Alkohol und zu exzessiven Partys: »Sie wissen ja, dass ich ein Alkoholproblem hatte. Wenn alles so weitergelaufen wäre, säße ich jetzt in einer Bar in Texas, anstatt im Oval Office. Es gibt nur einen einzigen Grund, weshalb ich hier im Oval Office bin und nicht in einer Bar: Ich habe zum Glauben gefunden. Ich habe Gott gefunden« (G. W. Bush zit. n. Der Spiegel 8/2003, S. 92). Zu seinem 40. Geburtstag habe er seine erste Wiedergeburt erlebt und dem Alkohol und der Partyszene abgeschworen. Der Abwehrmechanismus der Spaltung in die absoluten Gegensätze von Gut und Böse, von süchtigem Verfallensein und Selbstdisziplin, von liebem Gott und teuflischem Terrorismus, von der »Koalition der Willigen« und der »Achse des Bösen«, kennzeichnen seine Weltsicht.

Nicht nur die Terroristen, sondern auch die amerikanische Führung ist einem Fanatismus verfallen, der sich durch ein narzisstisch übersteigertes Selbstbild auszeichnet, so als wollte Bush sagen: Amerika ist etwas ganz Besonderes, Ungewöhnliches, Einzigartiges. Es ist *God's own country*. Amerika ist mit einer unermesslichen Machtfülle ausgestattet. Das ist das Einzige, was wirklich zählt. Die Welt soll uns nicht lieben, sondern bewundern oder, noch besser, fürchten. Amerika gibt sich keine Blöße mehr, zeigt keinerlei Gefühl noch Schwäche. Es vertraut nur auf seine eigene Stärke. Amerika ist misstrauisch und blickt selbst auf seine Freunde und treuesten Verbündeten mit Herablassung, gar Verachtung herab. Wer nicht mit uns ist, ist gegen uns. Wer nicht für uns ist, den kaufen wir, wer sich nicht kaufen lässt, den schieben wir als irrelevant zur Seite. Amerika ist jedenfalls auf niemanden angewiesen.

Zur globalen Bedeutung des Terrorismus

Momentan sind es allen voran die Amerikaner, die lernen müssen zu begreifen, wie verwundbar sie sind – auch und gerade als Weltmacht. Amerika erliegt einer kollektiven narzisstischen Grandiositätsphantasie, wenn es annimmt es sei unsterblich, unverwundbar und nicht auf andere Nationen angewiesen. So wie das Individuum seine eigene Sterblichkeit akzeptieren muss, stellt sich auch dem Kollektiv die Aufgabe, seine Endlichkeit und Verletzlichkeit anzuerkennen, um eine realistische Weltsicht zu erlangen. Amerika könnte aus den schrecklichen Ereignissen vom 11. September die Einsicht gewinnen, dass es auf seine Selbstvergottung verzichten muss.

Wir leben in der historischen Phase der Globalisierung, in der sich alle Teile der Welt miteinander verknüpfen. Überall auf der Welt regt sich Widerstand von den Teilen der Weltbevölkerung, die sich benachteiligt und unterdrückt fühlen. Die Mächtigen und Privilegierten der Welt sollten die Solidarität und das Mitgefühl, das Amerika nach den Terror-Anschlägen aus allen Teilen der Welt entgegengebracht wurde, als Chance nutzen, um zu zeigen, dass sie wirklich an einer gerechteren Welt interessiert sind.

Die gegenwärtige weltpolitische Lage ist widersprüchlich zu bewerten: Einerseits hat die Diplomatie versagt. Die Amerikaner haben sich auch vom Einspruch der Weltöffentlichkeit und der UNO nicht abhalten lassen, ihr Trauma vom 11. September in einem Akt narzisstischer Wut abzuwehren, um ihr grandioses Selbstbild zu reparieren. Auf der anderen Seite geben die weltweiten Proteste gegen diesen Krieg Anlass zu der Hoffnung, dass sich in der Welt ein Bewusstsein für die Notwendigkeit entwickelt, die Globalisierung der Weltmärkte zu ergänzen durch eine Globalisierung der Ethik und des menschlichen Mitgefühls.

Literatur

Assmann, A. (1999): Erinnerungsräume. Formen und Wandlungen des kulturellen Gedächtnisses. München (Beck).

Assmann, J. (1992): Das kulturelle Gedächtnis. Schrift, Erinnerung und politische Identität in frühen Hochkulturen. München (Beck).

Assmann, J. (2000): Religion und kulturelles Gedächtnis. Zehn Studien. München (Beck).

Auchter, T., Büttner, C., Schultz-Venrath, U., Wirth, H.-J. (Hg.), (2003): Terror und Trauma vor und nach dem 11. September 2001. Psychoanalytische, psychosoziale und psychohistorische Aspekte. Gießen (Psychosozial-Verlag).

Cierpka, M. (1999): Das geschiedene Familiengefühl in Scheidungsfamilien. In: Schlösser,A., Höhfeld, K. (Hg.), (1999): Trennungen. Gießen (Psychosozial-Verlag), S. 85–100.

Der Spiegel 40/2001.

Der Spiegel 8/2003.

Erikson, E. H. (1950): Kindheit und Gesellschaft. 4. Aufl., Stuttgart 1971 (Klett).

Erikson, E. H. (1959): Identität und Lebenszyklus. Drei Aufsätze. Frankfurt a. M. 1966 (Suhrkamp).

Frank, J. A. (2004): Bush auf der Couch. Wie denkt und fühlt George W. Bush? Gießen (Psychosozial-Verlag).

Freud, S. (1915): Zeitgemäßes über Krieg und Tod. In: GW, Bd. X, S. 323–355.

Fromm, E. (1961): Den Vorrang hat der Mensch! Ein sozialistisches Manifest und Programm. In: GA, Bd. V, S. 19–197.

Fromm, E. (1964): Die Seele des Menschen. Ihre Fähigkeit zum Guten und zum

Bösen. In: GA, Bd. II, S. 159–268.

Grunberger, B. (1984): Von der Reinheit. In: Grunberger, B. (1984): Narziß und Anubis. Die Psychoanalyse jenseits der Triebpsychologie. Bd. 2. München–Wien 1988 (Verlag Internationale Psychoanalyse), S. 111–131.

Grunberger, B., & Dessuant, P. (1997): Narzissmus, Christentum, Antisemitismus. Eine psychoanalytische Untersuchung. Stuttgart 2000 (Klett-Cotta).

Halbwachs, M. (1985a): Das kollektive Gedächtnis. Frankfurt (Fischer).

Halbwachs, M. (1985b): Das Gedächtnis und seine sozialen Bedingungen. Frankfurt (Suhrkamp).

Hole, G. (2004): Fanatismus. Der Drang zum Extrem und seine psychologischen Wurzeln. Überarb. und erw. Neuausg. der Ausg. v. 1995, Gießen (Psychosozial-Verlag).

Kernberg, O. F. (2002): Affekt, Objekt und Übertragung. Aktuelle Entwicklungen der psychoanalytischen Theorie und Technik. Gießen (Psychosozial-Verlag).

Lifton, R. J., Markusen, E. (1992): Die Psychologie des Völkermords. Atomkrieg und Holocaust. Stuttgart (Klett-Cotta).

Niederland, W. G. (1980): Folgen der Verfolgung: Das Überlebenden-Syndrom, Seelenmord. Frankfurt a. M. (Suhrkamp).

Oerter, R. & Noam, G. (1999): Der konstruktivistische Ansatz. In: Oerter, R., v. Hagen, C., Röper, G., Noam, G. (Hg.), (1999): Klinische Entwicklungspsychologie. Ein Lehrbuch. Weinheim (Psychologie Verlags Union), S. 45–78.

Schirra, B. (2001): Die Schüler des Terrors. In: Die Zeit Nr. 51 vom 13.12.2001, S. 15–18.

Stierlin, H. (1978): Delegation und Familie. Beiträge zum Heidelberger familiendynamischen Konzept. Frankfurt a. M. (Suhrkamp).

Theweleit, K. (1977): Männerphantasien. 1. Band. Frauen, Fluten, Körper, Geschichte. Frankfurt a. M. (Roter Stern).

Theweleit, K. (1978): Männerphantasien. 2. Band. Männerkörper. Zur Psychoanalyse des weißen Terrors. Frankfurt a. M. (Roter Stern).

Volkan, V. D. (1999): Das Versagen der Diplomatie. Zur Psychoanalyse nationaler, ethnischer und religiöser Konflikte. Gießen (Psychosozial-Verlag).

Volkan, V. D. (2005): Blindes Vertrauen. Großgruppen und ihre Führer in Krisenzeiten. Gießen (Psychosozial-Verlag).

Welzer, H. (2002): Das Kommunikative Gedächtnis. Eine Theorie der Erinnerung. München (Beck).

Willi, J (1975): Die Zweierbeziehung. (Reinbek: Rowohlt).

Wirth, H.-J. (2002a): Narzissmus und Macht: Zur Psychoanalyse seelischer Störungen in der Politik. Gießen (Psychosozial-Verlag).

Wirth, H.-J (2002b): Die 68er-Generation und das Problem der Gewalt. In: Schlösser, A., Gerlach, A. (Hg.): Gewalt und Zivilisation. Gießen 2002 (Psychosozial-Verlag). S. 355–382.

Woodward, Bob (2003): Bush at war. Amerika im Krieg. München (DVA).

Edvard Munch – Die Ohnmacht vor dem Tode und die Macht der Kunst

Bertram von der Stein und *Celal Odag*

Einleitung

Der Tod, das Ende eines vitalen Organismus, dessen Leib von da an nur noch den Gesetzen des Anorganischen untersteht, ist der Endpunkt einer Entwicklung, die von der Geburt an durch Unverfügbarkeit der Lebenszeit und eine Abfolge von Objektverlusten und Ohnmachtserfahrungen gekennzeichnet ist. Der präödipal angelegte Grundkonflikt zwischen umfassender Versorgtheit, Abhängigkeit, Mangelerleben und Unabhängigkeit wird bei jeder Verlusterfahrung reaktiviert und stellt uns erneut vor die Aufgabe, die narzisstische Kränkung der Sterblichkeit und Begrenztheit zu bewältigen. Freud unterstreicht in seinem Aufsatz *Zeitgemäßes über Krieg und Tod* (1915b), dass sich das Vorbewusste gegen das Faktum des Todes wehrt und das Unbewusste von seiner Unsterblichkeit überzeugt ist. Die innere Auseinandersetzung mit diesem Thema bewegt sich im Grenzbereich primär- und sekundärprozesshaften Denkens. Die Todes- und Ohnmachtüberwindung ist im abendländischen Kulturkreis eine zentrale Aussage des christlichen Glaubens. Auch Kreativität und künstlerisches Schaffen kann als Versuch der Bewältigung menschlicher Ohnmacht gelten, hat nach Müller-Braunschweig (1984, S. 122) »etwas mit Produktion, Wachstum und neuen Sichtweisen zu tun« und setzt Sterben und Tod etwas entgegen. In der Erschaffung des Bildes ist der Künstler mächtig; verlorene Objekte können wieder erstehen.

Regression und Progression konvergieren im schöpferischen Akt, in dem der vergebliche, aber machtvolle Versuch unternommen wird die primärnarzisstische Vollkommenheit wiederherzustellen. Nach Niederland (1976) und Pollock (1978) schöpfen Künstler häufig aus traumatischer Erfahrung. Dies ist sicher auch bei Munch der Fall. Man könnte sein Werk, unter biographischem Aspekt betrachtet, als einen langen Kampf gegen die Ohnmacht vor dem Tode und als rastlose Suche nach dem verlorenen Objekt, letztlich nach der verstorbenen Mutter, verstehen. Unter vielen Selbstzeugnissen ist dieses charakteristisch:

Ich bin schon einmal gestorben, als ich geboren wurde. Die eigentliche Geburt, die man Tod nennt, habe ich noch vor mir (...) Aus meinem verwesten Körper werden Blumen emporwachsen, und ich werde in den Blumen sein (...). Der Tod ist der Anfang zum Leben – er führt zu einer neuen Kristallisation. (Munch zitiert nach Stang 1979, S. 26)

Das Dilemma der psychoanalytischen Künstlerbiographie

Psychoanalytische Künstlerbiographien sind mit Analysen von Patienten nicht unmittelbar vergleichbar; ihre Aussagekraft bleibt beschränkt – insbesondere bei fehlendem persönlichen Kontakt. Will man sich dem Themenkreis Ohnmacht, Macht und Tod in Bezug auf einen Künstler nähern, so erschließt sich dessen innere Welt nur indirekt, im Nachfühlen dessen, was uns alle mit diesen Themen verbindet und was er künstlerisch und verbal geäußert hat – bei vorsichtiger psychoanalytischer Würdigung seiner Biographie. Hierbei ist vor voreiligen Schlüssen zu warnen. Insbesondere können Idealisierung oder Neid des Biographen ein verzerrtes Bild zeichnen, worauf Freud (1910) in seinem Leonardo-Aufsatz hinwies.

Kritisch berücksichtigt werden sollte auch, wie von Kris und Kurz (1929) dargestellt, die Tendenz Künstlerbiographien mit stereotypen Legenden und Klischees zu überfrachten. Hierbei spielen Wunderkindanekdoten, Heroisierung des Künstlers, voraussetzungsloses Autodidaktentum, Klischees von unkonventionellen Lebensformen, Weltflucht, Rückzugstendenzen und sexueller Freiheit, Vorstellungen von Genialität und Wahnsinn eine Rolle. Der Hang der Populärpsychologie, Künstler zu pathologisieren, ihnen generell Psychose, Depression, Sucht und Suizidalität zu unterstellen, sollte kritisch reflektiert werden. Auch bei Munch besteht eine gewisse Gefahr, sich in biographischen Formeln zu verlieren.

Wenn auch die Psychoanalyse auf die Frage nach dem Wesen der Kreativität keine Antwort geben kann, ist es doch sinnvoll die Triebkonflikte und Ichfunktionen einer künstlerischen Persönlichkeit unter Berücksichtigung von Begabung und Fertigkeiten zu betrachten. Sie beeinflussen wesentlich, wie ein Künstler seine Konflikte und Störungen bewältigt und auslebt und welche Formen der Sublimierung er wählt.

Identifizierung mit wichtigen Personen der frühen Entwicklung, die Bewältigung der analen Phase, auf die gerade bei Malern und bildenden Künstlern immer wieder hingewiesen wird, die Befriedigung libidinöser und aggressiver Impulse, der Kontext von Narzissmus, Produktivität und Allmachts- und Zeugungsphantasien, Reparationstendenzen, um abgewehrter

Schuldgefühle, Todeswünsche und traumatischer Verluste Herr zu werden, spielen eine entscheidende Rolle.

Es geht nicht um die strittige Frage, ob seelische Pathologie eine Voraussetzung der Kreativität ist, sondern darum, dass künstlerische Begabung Möglichkeiten eröffnet, Konflikte zu sublimieren. »Wo der eine agiert und der andere zur Symptombildung genötigt ist, kann der Künstler sublimieren« (Kuiper 1984). Dies muss, wie Munchs Biographie zeigt, keineswegs eine vollständige Sublimierung sein.

Ein häufiges, meiner Ansicht nach verkürzendes Argument gegen eine biographische Einordnung von Kunstwerken ist, dass der psychologisierende Betrachter unfähig sei, ein Kunstwerk ästhetisch wahrzunehmen. Wer durch ein Kunstwerk existentiell, bis in seine tiefsten Schichten ergriffen ist, stellt sich die Frage, in welcher Situation sich der Künstler befand, als er sein Werk schuf. Bei allgemeingültigen Aussagen über das Leben, die dem Betrachter eines Kunstwerkes mit hoher Evidenz vermittelt werden, verhilft biographisch-psychoanalytisches Interesse zu vertiefter Erkenntnis. Munch selbst war sich z. B. bei der Gestaltung des *Lebensfrieses* der biographischen Dimension seines Werkes bewusst und hat diese in zahlreichen Selbstzeugnissen formuliert. Deshalb halte ich es zum tieferen Verständnis für gerechtfertigt und notwendig Munchs Werk in Verbindung zu seiner Biographie psychoanalytisch zu betrachten.

Munchs Biographie

Edvard Munch wurde 1863 als zweites von fünf Kindern auf einem Landgut in Norwegen geboren. Der Vater hatte als Militärarzt bis in seine vierziger Jahre ein unstetes Leben geführt und viele Länder bereist. Die Mutter war 20 Jahre jünger als der Vater. Die Familie war materiell schlecht gestellt und lebte pietistischen Wertvorstellungen verpflichtet, isoliert inmitten einer verarmten Arbeiterschaft, in einer Mietskaserne in Norwegens Hauptstadt Oslo, die damals noch Kristiania hieß. Die Mutter, schon bei seiner Geburt an Tuberkulose erkrankt, erlebte Munch als hinfällig und vom Tode umfangen. Ihr Tod 1868 war für den knapp Sechsjährigen ein erstes großes Trauma und wurde ein Hauptthema seiner Kunst. Seitdem nahm die pietistische Religiosität seines Vaters exzessive, an Wahnsinn grenzende Züge an. Begriffe wie ›Hölle‹ und ›ewige Verdammnis‹, die die sündigen Menschen erwarte, beförderten Ängste und Albträume. Für Edvard war der Vater besonders ohnmächtig, da dieser als Arzt nichts gegen die Tuberkulose ausrichten konnte. Munch erkrankte ebenso wie seine ältere Schwester Sophie, nun seine Hauptbezugsperson, an Tuberkulose. Während er die Krankheit überwand, starb die Schwester 1877 mit 15 Jahren daran. Retraumatisiert spürte er heftige Überlebensschuld.

Zwei Jahre später, 1879, begann er auf Wunsch des Vaters ein Ingenieurstudium, das er aber zugunsten der Malerei aufgab. 1881 trat er in die staatliche Zeichenschule in Oslo ein und mietete mit sechs anderen Kunststudenten ein Atelier, in dem er unter Anleitung des Malers Christian Krogh malte. Ab 1883 beteiligte er sich jährlich an den Herbstausstellungen in Oslo. Ab 1884 knüpfte er Kontakte zur Künstler-und Literaten-Boheme. Man propagierte – damals, im provinziellen Oslo ein Skandal – die Gleichberechtigung, freie Liebe und wandte sich gegen das triebfeindliche Christentum. Hier lernte er auch Milly Thaulow kennen, die drei Jahre ältere Frau seines Vetters, zu der er eine Liebesbeziehung aufbaute. Diese »verbotene erste Liebe« währte nur kurz, beschäftigte ihn aber Jahre.

Die Versuche, sich von den Wertvorstellungen des Vaters zu lösen, vergrößerten die Kluft zwischen ihm und seinem Vater, zumal Munch nach dem Tod der Schwester die Existenz eines gütigen Gottes bestritt. An Tabuvorstellungen rüttelnde Bilder wie *Das kranke Kind*, *Der Tag danach* und *Pubertät*, die Krankheit und Sexualität thematisieren, stammen aus dieser Zeit (1884).

Jahre der Orientierung (1886–1889) und der Suche nach einem eigenem Stil folgten. Sie waren geprägt von exzessiver Reisetätigkeit und häufigen Wohnortwechseln. Der Tod des Vaters (1885) in seiner Abwesenheit – ohne Versöhnung – und die Heirat der Malerin Aase Carlsen, für die er heimlich schwärmte, mit einem anderen Mann, führten zu obsessiven Gedanken an unerfüllte Liebe, Trennung und Tod. Auch ein Ausstellungserfolg in Oslo, aufgrund dessen er ein staatliches Stipendium für Studienaufenthalte in Paris 1889–1892 bekam, vertrieb die quälenden Gedanken nicht. Kontakte zu Frauen beschränkten sich auf Bordellbesuche. Er zog sich auch aus der norwegischen Künstlergemeinschaft in Paris zurück an den Stadtrand, nach St. Cloud. Die unbeschwerte Unverbindlichkeit des Impressionismus vermochte Munch nicht anhaltend zu beeindrucken. Sein Weg war ein anderer: Bilder wie *Die Nacht in St. Cloud* und *Melancholie* sind Zeugnisse seiner Depressivität. Eine intensive Beziehung zum dänischen Dichter Emanuel Goldstein, der ebenfalls eine gescheiterte Liebesbeziehung hinter sich hatte, half die unglückliche Liebe und frühere Objektverluste teilweise zu verarbeiten. Beide bezeichneten sich als das Alter Ego des anderen. In langen Diskussionen entwickelten sie pantheistische Vorstellungen – so sei Gott der Urgrund aller Materie – und überwanden ihre atheistischen Vorstellungen. Munch war oft krank und musste, u. a. wegen rheumatischen Fiebers, 1889 in Le Havre ins Krankenhaus. Der internationale Durchbruch gelang ihm 1892 in Berlin, wo er mit »Bilder von Liebe und Tod« einen Ausstellungsskandal auslöste. Presse und Publikum reagierten bei der Eröffnung schockiert; der konservative Berliner Künstlerverein schloss die Ausstellung vorzeitig.

Munch wollte alle Bereiche der menschlichen Existenz in einem gemalten Gedicht vom Leben, der Liebe und dem Tod darstellen. So entstand 1893 der so genannte *Lebensfries*. Zu ihm gehören Bilder wie *Der Schrei, Tod im Krankenzimmer, Vampir, Die tote Mutter, Die Stimme, Madonna (Empfängnis), Die Frau in drei Stadien, Abend auf der Karl Johans Straße, Asche, Das Mädchen und der Tod*.

1895 holten ihn Tod und Liebe erneut ein: Sein Bruder Andreas starb Gerüchten zufolge nach einem Streit mit der Ehefrau. Ein Jahr später verstrickte sich Munch im Berliner Künstlerkreis in eine Dreiecksbeziehung. Er verliebte sich in Dagny Juell, die Frau seines Freundes, des Schriftstellers Stanislaw Przybyszewski, der die erste Monographie über Munchs Werk herausgebracht hatte. Vom inneren Zwiespalt zerrissen schuf er die Bilder *Eifersucht, Anziehung, Loslösung*. Zunehmend trank er zuviel. Die öffentliche Verunglimpfung durch den Psychologen Scharffenberg, der unter Hinweis auf Munchs Familiengeschichte nachzuweisen versuchte, dass Munchs Kunst, z. B. das 1898 entstandene Portrait seiner an Schizophrenie leidenden Schwester Laura, Ausdruck einer Geisteskrankheit sei, trugen zu seiner Dekompensation bei. So folgte 1899 ein erster Sanatoriumsaufenthalt in Norwegen. Ein Jahr später lernte er die wohlhabende Bürgerstochter Tulla Larsen kennen, mit der er sich verlobte. In Verkennung der Realität empfand er sie als Schöpfung seiner Kunst. Mehr und mehr fühlte er sich von ihr verfolgt. Sie unternahm zwei Suizidversuche und quälte ihn – Munch zufolge – mit der falschen Angabe, an Tuberkulose zu leiden, was alte Wunden aufriss. Der Künstler sah sich als Opfer seiner als verwöhnt geschilderten Freundin und weigerte sich, sie zu heiraten. Zahlreiche Trennungen, Versöhnungen und heftige Eifersuchtsszenen gipfelten 1902 in einem Streit, in dem Tulla Larsen ihm einen Finger abschoss. Mit diesem Ereignis, das Munch als Mordversuch ansah, endete die Beziehung.

Die folgenden Jahre (1900–1914) waren geprägt von künstlerischen und finanziellen Erfolgen bei unstetem Leben und zunehmendem Alkoholismus. Es entstehen Bilder wie *Der Lebenstanz*, die erneut Themen wie Liebe, Einsamkeit, Beziehungslosigkeit und Tod berühren, und Männerportraits, z. B. *Konsul Sandberg* (1901). Eine kurze und heftige Affäre mit der englischen Geigerin Eva Moducci schlägt sich in Bildern wie *Salome* (1903) und *Amor und Psyche* (1907) nieder. Das *Selbstbildnis in der Hölle* (1903) und das *Selbstbildnis mit Weinflasche* (1906) deuten auf eine psychische Krise hin. In der Öffentlichkeit galt Munch als verrückt und exzentrisch. Vor allem in Berlin und Paris traten klaustrophobische Ängste, Panikattacken und Alkoholexzesse auf. Dies alles gipfelte in einer Schlägerei in Berlin, nach der Munch mit Ängsten, akustischen Halluzinationen, Entzugserscheinungen und einem fraglichen Schlaganfall mit Halbseitenlähmung in ein Krankenhaus eingeliefert wurde. Es folgte ein einjähriger Aufenthalt 1908/1909 in der psychiatrischen Klinik von Dr. Jakobson in Dänemark. Im entlarvenden Portrait seines Psychiaters (1909) setzte er sich erneut mit den Themen Macht/Ohnmacht und mit seinem Vater auseinander.

Die Jahre 1909/1910, bis zu seinem Tod 1944 lebte Munch überwiegend zurückgezogen in Norwegen. Konsolidierung und Beruhigung traten ein. Nur in größeren Abständen reiste er ins Ausland. Von 1909 bis 1912 entstanden Bildnisse für die Universitätsaula Oslo, Landschaftsbilder wie *Die Sonne* (1912) und Bilder, die immer wieder seine Wanderungen »zwischen Himmel und Hölle« dokumentieren. 1926 starb seine Schwester Laura, die jahrelang an einer schizophrenen Psychose gelitten hatte. Munch wurden zahlreiche öffentliche Ehrungen, vor allem in Deutschland und Norwegen, zuteil, zuletzt an seinem Geburtstag 1933. Schließlich wurden 1937 in Deutschland 82 Werke Munchs als »entartet« bezeichnet und beschlagnahmt. Obwohl er jeglichen Kontakt mit den deutschen Invasoren in Norwegen ablehnte, blieb er unbehelligt. Seine letzten Jahre waren von einem Augenleiden überschattet. Eine Ausstellung 1942 in New York und große Ehrungen zu seinem 80. Geburtstag 1943 sorgten für einen versöhnlichen Ausklang seines Lebens. Im Januar 1944 starb Munch mit 81 Jahren auf seinem Landsitz in Ekely an einer Lungenentzündung. Von seinen Geschwistern hat er am längsten gelebt. Seinen Nachlass vermachte er der Stadt Oslo, die 1963 ein Munch-Museum eröffnete.

Munchs Kampf gegen Ohnmacht und Tod psychoanalytisch betrachtet

Der Verlust seiner Angehörigen in der frühen Kindheit bedeutete für Munch eine schwere lebensgeschichtliche Belastung. Da es bei wiederholten Objektverlusten häufig zu Traumatisierungen kommt und Munchs

Lebensgeschichte eine unablässige Folge von Konfrontationen mit Tod, Krankheit und Objektverlusten darstellt, kann eine kumulative Traumatisierung (Khan 1963) angenommen werden. Betrifft der Objektverlust ein Elternteil, so ist die Reaktion des überlebenden Elternteils auf den Verlust des Partners von großem Einfluss darauf, ob und wie traumatisch ein Kind den Verlust erlebt. Wie Küchenhoff (1991) betont, hängen traumatische Auswirkungen und pathologische Konsequenzen einer familiären Katastrophe zum großen Teil von der elterlichen Reaktion darauf ab. Die Inbrunst der väterlichen Gebetsexzesse führte Munch die menschliche Ohnmacht angesichts tödlicher Erkrankung vor Augen; der plötzliche Tod seiner Schwester schien einen rachedurstigen, selbstsüchtigen und unverständlichen Gott zu offenbaren. Die bedrohlichen religiösen Praktiken des Vaters speisten sich womöglich auch aus dessen unbewältigten Schuldgefühlen und seiner abgewehrten Wut auf die Frau, die ihn mit vier Kindern allein zurück ließ. Auf Munch hatte dies offenbar eine verheerende Wirkung. Er phantasierte, die Sexualität mit dem Vater, die vielen Schwangerschaften hätten die Mutter umgebracht – und daran war auch er selbst durch seine Existenz beteiligt. In der Gestalt der Mutter blieb für Munch – wie in vielen Bildern ablesbar – Sexualität und Tod eine verbundene Einheit. Die Verbindung von Sexualität und Tod in den kindlichen Phantasien über die Urszene hat sich bei Munch traumatisch verfestigt (Bronfen 1998).

Kreativität kann – nach Melanie Klein – einem Schuldgefühl, das Objekt zerstört zu haben, entspringen. Mit der Wiederherstellung des verlorenen Objektes (Lowenfeld, 1941; Niederland, 1976; Pollock 1978; Hirsch, 1999) soll das Subjekt von Leid und Schuldgefühl befreit werden. Dies ist offenbar bei Munch nur unvollkommen gelungen. Seine Schwester Sophie überlebt zu haben führte bei ihm zu Schuldgefühlen und einem auffälligen Hang zur Selbstbestrafung und Autodestruktivität. Durch Alkoholexzesse und destruktive Beziehungen brachte er sich in todesnahe Zustände. Mit dem aktiven Inszenierungsversuch des eigenen Untergangs begegnen wir bei Munch einer Variante des Versuchs Ohnmacht zu überwinden.

In Munchs Werk ist der Tod wie eine Obsession omnipräsent. In seinen von Phobien und Todesangst geprägten Bildern, in wiederholt destruktiven Beziehungen (vor allem zu Frauen), in seiner Angst, von Frauen verschlungen und zerstört zu werden, in selbstschädigendem Verhalten und pessimistischen Lebensvorstellungen und zeitweise radikaler Abkehr von den Wertvorstellungen des Vaters ist Munchs Traumatisierung unschwer zu erkennen.

Die geschilderten Verlusterlebnisse beeinträchtigten Munchs Selbsterleben, hinterließen Wunden und Narben in der Selbstrepräsentanz. Munch konnte sich nach dem Tod der Mutter nicht mit genügender Sicherheit an reale Objekte anlehnen, zumal durch den Tod der Schwester, neun Jahre später, eine Retraumatisierung eintrat. Wie die Tuberkulose, an der er als Kind selbst fast gestorben wäre, zeigt, blieb er stark mit der Mutter identifiziert. Nach deren Tod blieb von der realen Mutter nur eine schemenhafte, in Schwarz gekleidete Gestalt von allumfassender Liebe – ein idealisiertes, bedrohliches, todesnahes, engelhaftes Objekt. Diese Identifikation und die Unfähigkeit des Vaters adäquat zu trauern (stattdessen inszenierte er religiöse Exzesse) verhinderten eine innere Trennung von der Mutter, sodass ein bedrohliches Introjekt zurückblieb und als Fremdkörper noch lange Zeit destruktiv nachwirkte. Wie in *Trauer und Melancholie* (Freud 1917e) dargestellt, gelingt es dem Betroffenen oft nicht sich vom verlorenen Objekt zu trennen, vielmehr wird es internalisiert und die mit ihm ursprünglich verbundene Aggressivität gegen das eigene Selbst gerichtet. Sehr eindrucksvoll demonstriert Munchs *Madonna* diese Vorgänge.

Abb. 1: Edvard Munch, *Madonna* 1894–1895

Hier stellte der Künstler seine unerfüllte Sehnsucht nach dem idealisierten mütterlichen Objekt dar. Gleichzeitig ging es aber auch um seine Angst vor der todesnahen Mutter und vor der eigenen Aggressivität, die durch die Ferne des mütterlichen Objektes ausgelöst worden war. In rauschhaften kreativen Zuständen wurde die frühere symbiotische Einheit wieder errichtet. Die Verbindung von Sexualität und Tod wird besonders in der Darstellung der schwangeren Madonna deutlich. Durch das Madonnenmotiv blieb Munch mit der christlichen Gedankenwelt des Vaters verbunden.

Wahrscheinlich hat Munch als kleines Kind bei fortschreitender Krankheit die blutigen Auswürfe der Mutter miterlebt. In vielen Bildern findet sich die Farbe rot (Heiligenschein der Madonna, roter Himmel) gleichsam als Bindeglied zu der geliebten Mutter, die als sein melancholisches Objekt auch sein Introjekt ist, sodass Separationsversuche fragmentarisch bleiben und er die Trennungsaggression gegen sich selbst wendet. Hirsch (2001) weist auf die Wirkung des Wiederholungszwanges hin: Im Kunstwerk wird das Trauma agierend dargestellt wie in einem sich wiederholenden Albtraum. Weiß man von Munchs Identifikation mit seiner Mutter, so mutet sein Leben an wie der endlose Versuch, einem überhöhten Ich-Ideal gerecht zu werden, und wie die endlose Suche nach einer idealen Mutter, an der die eigene und fremde Realität scheitern musste. Dies mag auch sein wiederholtes Scheitern in Beziehungen zu Frauen erklären. Die erste Liebesbeziehung zu einer etwas älteren, verheirateten Frau mag auch ein vergeblicher Versuch gewesen sein, die tote Mutter wieder zu finden. Seine Neigung, sich projektiv mit Objekten zu identifizieren, Spiegelübertragungen herzustellen und sich, unter Vernachlässigung der Realität, in Partnerinnen eine idealisierte Mutterimago zu schaffen, umschreibt Züge einer narzisstischen Störung.

Die Konfrontation mit realen Menschen, insbesondere die Nähe zu realen Frauen, löste bei Munch heftige Ängste und Fluchttendenzen aus. Liebesbeziehungen hatten für ihn häufig den Charakter einer bedrohlichen, verschlingenden Symbiose. Diese Angst erreichte ihren Höhepunkt in Zusammenhang mit einer als Kastration und Mordversuch erlebten Schussverletzung an seiner linken Hand, die ihm seine Verlobte Tulla Larsen zufügte. Komplizierte Dreiecksbeziehungen lassen auf einen nicht bewältigten ödipalen Konflikt schließen, wiederholen sich und finden in eindrucksvollen Bildern ihren Niederschlag.

Auch im späteren Leben erlebte Munch Trennungen als traumatisch. Nach seinem Zusammenbruch in der zweiten Lebenshälfte vermied er enge-re Kontakte und wandte sich vermehrt seiner inneren Welt und unbelebten

Objekten zu. Die Eindrücke des Umfeldes wurden affektiv aufgeladen und gewannen an Bedeutung, wurden farbiger. Emotionen wurden auf eine Vielzahl von Objekten verschoben, hinzu kam offenbar eine Verstärkung von Introjektions- und Projektionsvorgängen. Eine generelle Überbewertung der inneren auf Kosten der äußeren Realität – wie bei der schizoiden Persönlichkeit beschrieben (Khan 1963) – trat ein. Schwierigkeiten im Rahmen realer Objektbeziehungen konnte Munch durch das Kunstschaffen teilweise kompensieren. Beispielsweise nannte Munch seine Bilder seine »Kinder«. Hierin wird ein bisexueller Aspekt Munchs – auch von ihm selbst geäußert – deutlich, den Lowenfeld (1941) bei vielen Künstlern beschrieben hat, nämlich der Versuch männliche und weibliche Eigenschaften in der ungeschlechtlichen Zeugung von Werken zu kombinieren.

Das künstlerische Schaffen steht offenbar auch bei Munch an der Schwelle von pathologischer Desintegration und kreativer Integration. Bei ihm fällt auf, dass einige Persönlichkeitsbereiche wenig gestört waren: Er setzte seinen Berufswunsch gegen seinen Vater durch, verfolgte konsequent seine künstlerische Ausbildung, sorgte für den Fortschritt seiner Karriere, konnte mit seinen Bildern Gewinne erwirtschaften und fühlte sich in späteren Jahren als Ernährer seiner Familie und Förderer junger Künstler. Offenbar ist es bei Munch zu unterschiedlichen Entwicklungsstufen verschiedener psychischer Strukturen gekommen. Unter starker emotionaler Belastung (Tod der Mutter und Schwester) fand eine Dissoziation statt, wobei sich belastungsfähigere Ich-Funktionen, wie die Fähigkeit zum Malen, erhielten und kompensatorisch weiterentwickelten. Andere Bereiche, wie die Selbstkontrolle, die Fähigkeit zu zwischenmenschlichen Beziehungen und partiell die Realitätskontrolle, blieben defizitär.

Munchs kreatives Ich hält durch integrative und kontrollierende Fähigkeiten den kreativen Prozess in Gang. Es vermag zwischen Es und Ich, Primär- und Sekundärprozessen zu alternieren. Nach Müller-Braunschweig (1974) führen primärprozessartige Vorgänge im kreativen Vorgang kein unkommunizierbares Eigenleben, sondern treten mit der äußeren Realität in Verbindung und tragen so zur Strukturierung und Integration bei. Durch seine Malerei macht Munch Fantasien, Ängste und Ohnmachtsgefühle, die sonst verborgen blieben, kommunizierbar. Fantasien werden nun durch Bearbeitung kontrollierbar; die Vergegenständlichung trägt zur angstfreieren Verarbeitung von Inhalten bei. Mit den Mitteln der kreativen Darstellung wird ferner Trauerarbeit geleistet. Kreativität und Symbolisierung erlauben es, das verlorene Objekt in seiner Getrenntheit vom Subjekt darzustellen, das auf diesem Wege seine Befreiung vom Objekt vorantreibt.

Durch die bildnerische Darstellung können Traumata agierend restituiert und vergegenständlicht werden, um deren destruktive Kraft unbewusst zu neutralisieren.

Im Sinne der *Regression im Dienste des Ich* (Kris 1952) muss eine passagere Rückkehr zu undifferenzierten Formen kein Ausdruck von Krankheit sein, sondern spielt eine entscheidende Rolle beim kreativen Prozess. Dieser ist charakterisiert durch die Öffnung gegenüber frühen Es-nahen Phantasien und dem Zusammenkommen hoch differenzierter Prozesse, die reiferen Stadien entstammen. Munchs Empathiefähigkeit wird in seinen Portraits deutlich.

Der Dissens darüber, ob Kreativität durch psychopathologische Prozesse gehemmt oder gefördert wird, bezieht sich auch auf Munch. Gerade er bietet sich an, ihn im Kontext seiner Störungen zu betrachten. Kritiker behaupten, dass er nach seiner psychiatrischen Behandlung in der zweiten Lebenshälfte an Kreativität verloren habe. So gibt Bocola (1997) eine gängige Meinung vieler Kunstkritiker wieder, wonach der frühe Erfolg Munchs einem Sieg über seine Gegner gleichkomme, aber gleichzeitig die psychischen Grundlagen seiner Auflehnung gegen die konventionelle Ordnung und Sexualmoral untergraben habe. Hiermit habe er das Ziel seines analen Trotzes verloren und nicht mehr die Möglichkeit gehabt, auf das bürgerliche Feindbild seine verleugneten Selbstanteile zu projizieren. Seine Alterskunst sei immer belangloser geworden, seine zahlreichen Selbstbildnisse im Alter seien Ausdruck einer eitlen, von Selbstmitleid erfüllten Haltung gewesen. Somit sei Munch, laut Bocola – Freuds Diktum bestätigend –, am Erfolg gescheitert. Ob man Munchs Alter mit einer einseitig pathologisierenden Haltung näher kommt, wage ich zu bezweifeln. Von kunsthistorischer Seite stünde eine kritische Überprüfung der bisherigen Bewertung seines Alterswerkes an. Immerhin deuten seine Altersbildnisse auch eine versöhnlichere Haltung gegenüber der Unvermeidlichkeit des Todes an. Manche Selbstzeugnisse lassen vermuten, dass Munch nach seinem Zusammenbruch als bedrohlich empfundene Beziehungen – insbesondere zu Frauen – vermied, jedoch zu einer nüchternen Selbstreflexion über seine gravierende Kontaktstörung fähig war.

Diese Schwächen, die ich beibehalten werde, sind ein Teil meiner selbst. Ich möchte meine Krankheit nicht ablehnen, denn meine Kunst schuldet ihr viel. (Munch zitiert nach Ausstellungskatalog Kunsthalle Bielefeld 1980, S. 297)

Die Bedeutung von Munchs Werk für die Psychoanalyse

Munch hatte zu seinem Zeitgenossen Freud, mit dem ihn die intensive Beschäftigung mit dem Tod und die Nutzung der eigenen Existenz als eine Hauptquelle für das eigene Werk verbanden, nie persönlichen Kontakt. Ob er sich systematisch mit Psychoanalyse beschäftigt hat, ist nicht bekannt. Es fällt allerdings auf, dass Munch etwa zur gleichen Zeit, als sich der junge Freud der Erforschung der Psyche zuwandte, einen Bilderzyklus zu kreieren begann, der sich mit dem Seelenleben und seinen Phasen beschäftigte. Bilder wie *Das kranke Kind* (1885/86) oder *Die Pubertät* (1894) brachten ihn ebenso in die Nähe der Psychoanalyse wie seine immer wiederkehrenden Darstellungen der Themen Leben, Liebe und Tod, die für ihn ineinander übergingen. Ähnlich wie für Freud war das Spannungsfeld von Eros und Thanatos für Munch ein zentraler Gegenstandsbereich. Munchs Kunst diente der Abwehr verstörender Momente menschlicher Beziehungen und Ohnmachtserfahrungen. Nach Heller (1993) hatte das Kunstschaffen für Munch eine kathartische und heilende Wirkung.

(...) in der Auslösung meiner Kunst lag ein Drang und der Wunsch danach, dass meine Kunst mir Licht – Dunkelheit und auch Licht für die Menschen bringe (Munch zitiert nach Ausstellungskatalog Kunsthalle Bielefeld 1980, S. 291).

Die wesentlichen Werke Munchs (*Abend auf der Karl Johans Gate, Der Kuß, Verzweiflung, Mondschein, Sternennacht, Tod im Krankenzimmer, Die Stimme, Der Schrei, Madonna, Vampir, Der Tag danach, Trennung und Angst*) entstanden in der Schaffensperiode von 1892 bis 1894. Sie dokumentieren nicht nur seine Entfremdung von der Welt und sich selbst, sondern auch den Versuch einer schmerzhaften Selbstfindung – man könnte sagen: einer Selbstanalyse mit künstlerischen Mitteln. So näherte sich Munch auf seine Weise dem Unbewussten.

Munchs Bilder machen es dem biographisch interessierten Betrachter leicht, einen Zusammenhang zwischen den Bedingungen, unter denen er aufwuchs, und seinem Werk aufzuzeigen. Die frühe, traumatische Konfrontation mit der Ohnmacht vor dem Tode, symbiotische Bindungen an Mutter und Schwester, die zwanghaften religiösen Ideen seines Vaters mögen seine Störung befördert haben. Die Bedeutung von Munchs Kunst für die Psychoanalyse erschöpft sich jedoch nicht in diesem Zusammenhang. Freuds Selbstanalyse hängt eng mit der Freundschaft und intensiven Korrespondenz mit Fliess zusammen. Ebenso geht Munchs spiegelnde Beziehung zu seinem Dichterfreund Goldstein in St. Cloud mit einer Phase der Selbstreflexion einher. Die schonungslose Wahrheitsliebe, mit der er seine bedrängenden Ängste und Begierden offen legte, ist für seine Zeit ungewöhnlich, verstößt gegen gesellschaftliche Konventionen und ist in hohem Maße selbstanalytisch. Sie lässt eine Persönlichkeit erkennen, die bei allen Verwerfungen der Lebensführung und inneren Krisen zeitweise doch fähig war, Abstand zu sich selbst zu gewinnen, wie zahlreiche Selbstzeugnisse belegen.

> Durch meine Kunst habe ich probiert, mir das Leben und seine Bedeutung zu erklären. Dabei wollte ich auch anderen helfen sich mit dem Leben auseinanderzusetzen. (Munch zitiert nach Ausstellungskatalog Kunsthalle Bielefeld 1980 S. 297)

Munchs Werk ist in diesem Sinne ähnlich wie Freuds Psychoanalyse ein spätes Kind der Aufklärung. Für Munch war die Kunst Selbsterfahrung, Mittel der Selbstanalyse und gleichzeitig Selbstheilung. Seinen psychologischen Ansatz formulierte er wie folgt: »Wie Leonardo da Vinci das Innere des menschlichen Körpers studierte und Leichen sezierte, so versuche ich Seelen zu zerlegen« (Munch zitiert nach Stang 1979, S. 111). Offenbar hatte er eine Vorstellung unbewusster Prozesse:

> Es liegt nicht in meiner Absicht, mein Leben genau zu rekonstruieren. Vielmehr möchte ich die verborgenen Kräfte des Lebens aufspüren, sie ordnend und verstärkend herausarbeiten, um in aller Deutlichkeit aufzuzeigen, wie sich diese Kräfte auf den Mechanismus, den man Menschenleben nennt, auch in seinen Konflikten mit anderen Menschenleben auswirken. (Munch 1929 zitiert nach Heller 1993, S. 16)

Munch versteht vor allem in seinen frühen Werken, in Farbe und Form bildnerische Äquivalente seelischer Regungen, Konflikte und elementarer menschlicher Erfahrungen zu schaffen. Viele Bilder haben bezeichnende Namen z. B. *Verzweiflung, Melancholie, Trennung und Angst, Pubertät* etc., die direkt oder indirekt Konflikte aus präödipaler und ödipaler Zeit, aus der psychoanalytischen Entwicklungs-, Objekt- und Selbstpsychologie tangieren und treffend illustrieren. Sie machen allgemeingültige bildhafte Aussagen über die Liebe, den Tod und das Leben schlechthin.

Auch Munchs bekanntestes Werk, *Der Schrei*, demonstriert eindrucksvoll seine Fähigkeit, die Erfahrung von Ohnmacht, Todesangst und Verzweiflung sinnlich zugänglich zu machen und mit wenigen künstlerischen Mitteln zu inszenieren. Der Betrachter meint diese Erfahrung zu sehen, zu hören, zu riechen, mit allen Sinnen wahrzunehmen. Die im Erschrecken angstvoll aufgerissenen Augen, die zum Kopf geführten Hände, der zum Schrei aufgerissene Mund in einem totenkopfartigen, lebendig und zugleich verwest wirkenden Gesicht, das keine individuellen Züge mehr trägt, bilden den Ausgang eines lang gezogenen Schreis, der sich über eine erschreckende, durch eine harte Diagonale zerteilte Landschaft mit einem blutrot und fahlgelb gefärbten Himmel wie ein nicht endendes Echo ausbreitet.

Der Schrei prägt sich rasch ins Bildgedächtnis ein und wurde so zu einem weit über die Malerei und Kunstszene hinaus bekannten Allgemeingut. Die phantastische Szene wurzelt in Munchs realem Leben:

> Ich ging mit zwei Freunden die Straße hinunter. Die Sonne ging unter. Der Himmel verwandelte sich in ein blutiges Rot. Und ich fühlte einen Hauch von Schwermut. Ich blieb stehen, lehnte mich todmüde an das Geländer. Über dem blauschwarzen Fjord und der Stadt hingen Blut und Zungen aus Feuer. Meine Freunde gingen weiter, ich blieb, bebend vor Angst zurück. Und ich fühlte ein großes, endloses Geschrei, das durch die Natur hallte. (Munch zitiert nach Heller 1993, S. 68).

Munchs *Schrei* erscheint wie ein bildgewordenes Introjekt, dem der Maler durch dissoziative Zustände nahe kommen konnte. Er ist somit eine mächtige, allgemeingültige, zum populären Motiv gewordene Äußerung und gleichzeitig ein Versuch die Angst und die Ohnmacht vor dem Tode zu bewältigen. Abb. 2: Edvard Munch, Der Schrei 1893

Literatur

Arnold, M (1986): Edvard Munch. Reinbeck (Rowohlt).

Ausstellungskatalog Kunsthalle Bielefeld (1980): Edvard Munch. Liebe-Angst-Tod. S. 297.

Bocola S. (1997): Die Kunst der Moderne. Zur Struktur und Dynamik ihrer Entwicklung. 2. durchges. u. erg. Aufl., München/New York (Prestel).

Bronfen, E. (1998): Sigmund Freuds Hysterie, Karl Jaspers Nostalgie. Ausdrucksformen des Versehrtseins. In: Rohde-Dachser, C. (Hg.): Verknüpfungen. Psychoanalyse im interdisziplinären Gespräch. S. 69–98 Göttingen (Vandenhoeck & Ruprecht).

Freud, S. (1910): Eine Kindheitserinnerung des Leonardo da Vinci. GW Bd. XII, S. 128–211.

Freud, S. (1915b): Zeitgemäßes über Krieg und Tod. GW. Bd. X. S. 323–385.

Freud, S. (1917e): Trauer und Melancholie. GW Bd. X S. 428–446.

Heller, R. (1993): Edvard Munch. München (Prestel).

Hirsch, M. (1999): Die Wirkung schwerer Verluste auf die zweite Generation. In: Schlösser A. & Höhfeld K.(Hg.): Trennungen. Gießen (Psychosozial-Verlag), S. 125–136.

Hirsch, M. (2001): Trauma und Kreativität . In: Schlösser A. & Gerlach, A. (Hg.): Kreativität und Scheitern. Gießen (Psychosozial-Verlag), S.123–131.

Khan, M. (1960): Die schizoide Persönlichkeit – ihre Affekte und die Methoden ihrer Behandlung. In: Khan, M: Selbsterfahrung in der Therapie. Theorie und Praxis. 3. Aufl. Eschborn (Klotz) 1997.

Khan, M. (1963): Das kumulative Trauma. In: Ders.: Selbsterfahrung in der Therapie. Theorie und Praxis. 3. Aufl. Eschborn (Klotz) 1997.

Kris, E. & Kurz, O.(1929): Die Legende vom Künstler. Frankfurt a. M. (Suhrkamp) 1995.

Kris, E. (1952): Psychoanalytic Explorations in Art. New York: Int. Univ. Press.

Küchenhoff, J. (1991): Eine Krypta im Ich. Zur Identifikation mit früh verstorbenen Angehörigen. Forum Psychoanal. 7, S. 31–46.

Kuiper, P. C. (1984): Die psychoanalytische Biographie der schöpferischen Persönlichkeit. In: Kraft, H. (Hg.): Psychoanalyse, Kunst und Kreativität heute, S. 38–63. Köln: Du Mont.

Lowenfeld, H. (1941): Psychic trauma and productive experience in the artist. Psychoanal. Quart. 10, S. 116–130.

Müller-Braunschweig, H. (1974): Psychopathologie und Kreativität. Psyche 28, S. 600–634.

Müller-Braunschweig, H. (1984): Aspekte einer psychoanalytischen Kreativitätstheorie. In: Kraft, H. (Hg.): Psychoanalyse, Kunst und Kreativität heute, S. 122–137. Köln: Du Mont.

Niederland, W. G. (1976): Psychoanalytische Überlegungen zur künstlerischen Kreativität. In: Ders. (1989): Trauma und Kreativität. Frankfurt a. M.: Nexus

Pollock, G. H. (1978): On siblings, childhood sibling loss and creativity. Annual Psychoanal. 6, S. 217–236.

Przybyszewski, St. (1894): Das Werk des Edvard Munch. Berlin: Fischer.
Stang, R. (1979): Edvard Munch – Der Mensch und der Künstler. Königstein/
Taunus.

Die Macht des Dichters und die Ohnmacht des Analytikers

Kann Michel Houellebecq die individuelle und gesellschaftliche Realität der westlichen Welt zutreffender beschreiben als die Psychoanalyse?

Sieglinde Eva Tömmel

> Im brünstigen Zwielicht der Dämmerung, auf der
> schmalen Furt zwischen Leben und Tod, unter dem
> letzten Funkeln wachender Sterne, über dem Klang
> erhabener, dunkler Gesänge, hob an die Zwiesprache
> gewohnter Plagen und ersehnter Freuden.
> (Naghib Machfuz, Das Lied der Bettler)

Einführung

Die Antwort auf die Frage nach der Macht des Dichters und der Ohnmacht des Analytikers bedeutet, den Unterschied zwischen Entstehung, Funktion und Wirkung von Kunst und Wissenschaft zumindest im Ansatz mit zu berücksichtigen. Die Diskussion hierüber beinhaltet, sich den (wissenschaftlichen) Gesetzen der *Realitätsanpassung* und *Realitätsbewältigung* zu stellen – im Gegensatz zu der Begegnung mit den *phantastischen Möglichkeiten der Fiktion* sowie den *unbegrenzt scheinenden Ausflügen der Phantasie*. Denn die Fiktion ist der Kern aller künstlerischen Beschäftigung und Bemächtigung: In der Kunst siegt die Phantasie über die Realität, die Omnipotenz über die Ohnmacht. Das Realitätsprinzip, das der Leitstern jeder Wissenschaft ist, zwingt dagegen zur Bodenhaftung, zum »Realen« (auch im Sinne der Strukturalisten).

Im Folgenden werde ich am Beispiel des derzeit heftig umstrittenen französischen Romanciers Michel Houellebecq einige Aspekte des Verhältnisses von Macht und Ohnmacht in der Kunst und in der Psychoanalyse diskutieren.

Michel Houellebecq eignet sich deshalb besonders gut für eine solche Auseinandersetzung, weil er, wie schon lange nicht mehr in der modernen

Literatur geschehen, mit einer gnadenlosen Analyse der gegenwärtigen gesellschaftlichen Verhältnisse schockiert: Dies hat ihm vor allem Zulauf der jüngeren Generation eingebracht.

Während die Psychoanalyse von Houellebecq verspottet wird – deren Protagonisten seien an immer denselben sexuell-ödipalen Themen interessiert und nicht in der Lage, sich für ihre Klientel wirklich zu interessieren oder sich gar neuen Verhältnissen zu stellen (vgl. z. B. Houellebecq 1998, 213ff.) – kommen seine Romane ultramodern daher und stürmen innerhalb kürzester Zeit die Intellektuellenstuben. Das ist Grund genug, auf ihn aufmerksam zu werden.

Michel Houellebecq, Daten und Fakten

Michel Houellebecq, 1958 in La Réunion, in der Nähe Madagaskars[1] geborener Lyriker, Essayist und Romancier, hat zunächst mit seinen todtraurigen, den Alltag abbildenden, meist klassisch in Alexandrinern gereimten[2] Gedichten – *Rester vivant et autres textes* (1997), *La poursuite du bonheur* (1997) – wenig Erfolg verbuchen können. Sein früher Essay über Lovecraft (1991), den Schriftsteller des absoluten Grauens, blieb nahezu unbemerkt.

Kultstatus erreichte er hingegen in relativ kurzer Zeit mit seinem Buch *Les Particules elementaires (1998),* deutsch *Elementarteilchen* (1999). Dieses Buch hat nicht nur in der jüngeren Generation einen sehr hohen Bekanntheitsgrad erreicht. In Frankreich erhielt es unmittelbar nach Erscheinen den *Prix Novembre* (1998), zuvor bekam er für seinen 1994 veröffentlichten Roman *Extension du domaine de la lutte*, deutsch: *Ausweitung der Kampfzone*, den renommierten *Prix de Flore*. In kürzester Zeit sind

---

[1] Dass seine Geburt nicht in Frankreich stattfand, ist von Bedeutung für seinen nicht-französischen Familiennamen und die in seinem Roman *Elementarteilchen* geschaffenen zahlreichen Figuren, die nicht französischer, sondern frankophoner Herkunft sind: Algerier, Korsen, Franzosen holländischer (Annabelle) tschechischer (Hubczejak) und polnischer (Djerzinski) Herkunft.

[2] Houellebecqs Gedichte sind meines Erachtens sehr ungeschickt in die deutsche Sprache übersetzt worden; das hat etwas damit zu tun, dass man Alexandriner schwer in eine andere Sprache übersetzen kann, aber mehr noch damit, dass der ursprüngliche Rhythmus, der ins Deutsche zu retten gewesen wäre, zugunsten prosaischer Einfachheit aufgegeben wurde (vgl. z. B. *Suche nach Glück. Gedichte.* Französich-Deutsch. Übertragen von Hinrich Schmidt-Henkel. Reinbek bei Hamburg 2003 (Rowohlt)

seine Bücher in 30 Sprachen übersetzt und allein in Frankreich über eine Million Mal verkauft worden (Quelle: *J'ai lu* 2001). Sein 2001 vor dem 11. September erschienener Roman *Plateforme* brachte ihm wegen des darin beschriebenen, durch islamistischen Terror verursachten Todes zahlreicher Touristen den Ruf eines »Propheten« ein.

»Frankreichs Literatur hat wieder einen großen Namen, eine Affaire, eine Debatte (...) Stillschweigend hat hier ein literarisches Werk den gewohnten Blickwinkel auf das Menschenbild verschoben«, jubelte die FAZ (16.02.1999). Das Staunen über seinen kometengleichen Aufstieg drückt Dominique Noguez so aus: »Comme romancier, on ne l'a pas vu venir« (Noguez 2003, S. 8), und vergleicht ihn mit den großen Schriftstellern Frankreichs, mit Zola, Flaubert, Baudelaire, Balzac (ebd. S. 9). Die New York Times bezeichnete Michel Houellebecq als »die größte literarische Sensation Frankreichs«. Tilman Krause hingegen nennt den Dichter einen »Dreckspatz von Paris« (Krause 2001, S. 27), Stefan Zweifel spricht von »Depressiver Dekadenz« (Zweifel 2001, S. 73). Frauen mögen Houellebecqs Literatur häufig nicht: vor allem wegen seiner »unappetitlichen« Sexszenen, seinem »sexistischen Frauenbild«, seiner »Verkehrung männlicher Schwäche und weiblicher Stärke in männliche Stärke« (Schaub 2001).[3]

Zur Methode der psychoanalytischen Literaturanalyse

Es gibt mindestens zwei Annäherungsweisen an eine kunst- und kulturpsychoanalytische Analyse eines literarischen Werkes: Zum einen die *Analyse des Werkes* selbst, dessen Fabel, inhaltliche Aussage, formal-ästhetische Gestaltung; zum anderen seine *Rezeption durch das Publikum*: Wie wird ein Werk aufgenommen, diskutiert, wie sehr bestimmt es die Feuilletons, wie sehr wird ein Künstler zum *Sprecher der Menschheit* (Sloterdijk 1998)? Worin besteht also die soziale Bedeutung eines Kunstwerkes, eines Romans, eines Bildes?

Beide Seiten zusammen erst ergeben ein genaueres Bild des Gesamtkunstwerkes. Denn Künstler schaffen nicht für sich allein, sie wollen gehört, gesehen und gelesen werden.

Im Folgenden geht es mir ausdrücklich um eine *psychoanalytische Kunst- und Kulturanalyse*, nicht darum, den Dichter Houellebecq – ungefragt – »auf die Couch zu werfen« (Chasseguet-Smirgel 1988, S. 50ff.) Ich

---

[3] Zur Auseinandersetzung mit Houellebecq in Frankreich vgl. den informativen Band von Dominique Noguez (2003): Houellebecq, En fait. Paris (Librairie Arthème Fayard).

halte die letztgenannte Methode, häufig die einzige, die Psychoanalytiker im Umgang mit Kunstwerken praktizieren (Kuhns 1983, Chasseguet-Smirgel 1988, Grubrich-Simitis 2004), unter mehreren Gesichtspunkten für illegitim:

- weil der Künstler, gleichgültig ob in der Gegenwart lebend oder bereits gestorben, nicht, wie einst von Freud für jede lege artis durchgeführte Psychoanalyse gefordert, selbst »ja« oder »nein« zu den Deutungen seiner Literatur sagen kann;[4]

- weil die individuelle, gar pathographische Analyse eines Kunstwerkes nicht die eigentliche Aufgabe der psychoanalytischen Kunst- und Kulturtheorie ist.[5]

Eine psychoanalytische Kunst- und Kulturtheorie, von Freud selbst unverbunden nebeneinander entwickelt und uns als Torso hinterlassen[6], kann nur fruchtbar werden, wenn als deren zentrale Aufgabe gesehen wird, dass diese das besondere Verhältnis von Unbewusstem, Vorbewusstem und Bewusstem durch Kunst anders als der psychoanalytische Prozess aufzuklären in der Lage ist. Die Art und Weise der durch die besondere Begabung des Künstlers und dessen formal-ästhetische Gestaltung des jeweiligen Stoffes hervorgerufene plötzliche Einsicht in bislang unbewusst gebliebene individuelle und/oder gesellschaftliche Zusammenhänge ist der eigentliche Gegenstand psychoanalytischer Kunst- und Kulturtheorie. Hier liegt auch das Gold der Freud'schen Kunsttheorie. Nach der hier vertretenen Auffassung ist es nicht die Aufgabe der Psychoanalytiker den Künstler, sondern das Kunstwerk zu analysieren und vor allem das, was, ausgelöst durch das Kunstwerk, in uns Rezipienten geschieht, warum es und warum es *so* in uns geschieht. Dabei wird die bekannte Einsicht Freuds vorausgesetzt, dass der Künstler zum Unbewussten ein näheres Verhältnis habe als ein »normaler« Mensch.

---

[4] Vgl. Chasseguet-Smirgel 1988; dass Freud selbst sich in seinen Kunst-Interpretationen nicht ganz an seine diesbezüglichen Anweisungen gehalten hat, hat erstens zu Fehlern geführt (vgl. z. B. die Auseinandersetzung um seine Leonardo-Studie in Luzifer Amor) und zweitens zuweilen ein widersprüchliches Beispiel für einige Interpreten der Nachwelt geboten.

[5] Vgl. Kuhns 1989; Tömmel 1986, 1998, 2004; Grubrich-Simitis 2004.

[6] Vgl. dazu ausführlich Kuhns 1989.

Nach der kurzen Darstellung des *manifesten Inhaltes* und des *Symbolgehaltes* werde ich auf meine *Gegenübertragung* während der ersten Lektüre des Romans eingehen.

Von Freud stammt die zentrale Einsicht, dass der Analytiker sich beim Zuhören der Erzählungen des Analysanden in eine besondere Geistesverfassung versetzen kann, in der er einerseits Einwirkungen aus der Objektwelt empfängt, andererseits diese Einwirkungen in inneren Komplexen organisiert, »die nicht durch Denken im eigentlichen Sinne vermittelt worden sind« (Bollas 2001, S. 13). Diese stille Einstellung auf die Einwirkung von außen – auch beim Lesen von Literatur, beim Betrachten von Kunst, beim Hören von Musik – liefert ersten Aufschluss über eine halb unbewusste, halb schon vorbewusste Einwirkung des künstlerischen Fremdobjektes auf das Innere des Lesers, des Betrachters, des Zuhörers. Es ist dies eine gänzlich andere innere Einstellung, als es das aktive Nachdenken über das Empfundene oder Empfangene darstellt, das diesem (zeitlich) in der Kunst- und Kulturanalyse nachgeordnet ist.

Meine Darstellung widmet sich dann der inhaltlichen Herausarbeitung der für Houellebecq zentralen Gegenstandsbereiche unserer Welt, nämlich der Gesellschaft und der Liebe. Darauf folgend versuche ich die Analyse des Offensichtlichen und des Verdrängten bei Houellebecq, also des dem Dichter Bewussten und des (vermuteten) Unbewussten herauszuschälen, das auf das Unbewusste, Vorbewusste und Bewusste des Publikums seine Wirkung entfaltet. Mit einer (immer vorläufigen) Abgleichung mit bereits existierenden Kritiken wird die Subjektivität meiner individuellen Wahrnehmung und Beurteilung in Richtung eines sozialen Diskurses aufgehoben und zu einem Teil einer sozialen Handlung. Denn meine zweifelsohne aus einem subjektiven Kontext formulierte Gegenübertragung wird zum einen relativiert durch den das Subjekt dekonstruierenden Strukturzusammenhang der gegebenen Symbolwelten,[7] zum anderen von der erst im Kontext bestehender gesellschaftlicher und kultureller Strukturen zu verstehenden Meinungsbildung zahlreicher Diskursteilnehmer in den Feuilletons, in veröffentlichten Büchern, in ersten Biographien und in den mehr oder weniger öffentlichen und privaten Debatten über ein in Frage stehendes

---

7 Vgl. de Saussure, Derrida, Deleuze, Foucault und Lacan, Vertreter des französischen Strukturalismus, die aufgezeigt haben, dass es nicht um Einzelteilchen empirisch beobachtbarer Formen von Welt gehen kann, sondern um die Aufdeckung von immer für das Individuum gegebenen Strukturzusammenhängen, deren Erklärungswert höher ist als der der Empiristen und Positivisten.

Kunstwerk. Im Vergleich mit den Urteilen anderer Leser bildet sich mit der Zeit die eigentlich interessante »Debatte« ab, aus der das Werk seinen Wert und seine kulturelle und gesellschaftliche Bedeutung und Wirkung bezieht.

Den Schluss meiner Ausführungen bildet der Versuch einer Beantwortung der im Titel gestellten Frage: Kann Michel Houellebecq die Wirklichkeit der westlichen Welt zutreffender abbilden als die Psychoanalyse das kann?

Meine vorläufige These lautet, dass Michel Houellebecq – neben vielen offensichtlich bewusst angewandten Strategien zum Erfolg seiner Werke, wie auffällig aufdringliche Sexszenen, – ein Schlaglicht wirft auf zentrale Seelenzustände und Entwicklungsgesetzlichkeiten unserer derzeitigen Welt. Zunächst schleichend, beginnt sich beim Lesen seiner unauffällig suggestiven, plakativen, direkten Sprache die eigene Wahrnehmung der Welt zu verändern, bis man plötzlich, unangenehmerweise, die Welt mit seinen, Michel Houellebecqs Augen zu sehen beginnt. Und das ist ein Erlebnis, innerhalb dessen zuvor Verdrängtes einer neuen Sichtweise geöffnet wird, die die Augen für jenen »monströsen Mangel«, den der Dichter beklagt, deutlich macht. Emotionale Verarmung, meist tiefe Spaltung zwischen Sex und Liebe, elend-leere Alltage in Büro und Wissenschaft, intellektuelle Leere, Verlust von normativen Rahmenbedingungen, die das Leben »früher« selbstverständlich erleichterten. Eine tiefe und glaubhafte Trauer und ebenso eine ungeheure Wut des Dichters über den »Selbstmord der westlichen Welt« (Houellebecq 1998, S. 269), in dem auch die Liebe und die Liebenden keine Chance mehr haben, gestaltet und bestimmt sein Werk – trotz strategischer Absichten und absichtsvoller Provokation, die möglicherweise erst hinzu kamen, nach dem die Medien den offensichtlich[8] unsicheren und sehr gehemmten Mann für sich entdeckten. Die Direktheit des Dichters stellt auch die eigentliche »Sensation« dar, von der die Feuilletons überfließen. Denn in einer Literaturwelt, in der seit Jahrzehnten sehr viel Eskapismus betrieben wird, stellt der umfassende Anspruch und der radikale Gegenwartsbezug Houellebecqs eben die Provokation dar, als die sie in den Feuilletons bezeichnet wird.

Das Geniale und das Schreckliche an Michel Houellebecq besteht darin, dass ein großes Publikum solche Zeugnisse, solche Zumutungen versteht und

---

[8]   Siehe die Besprechung einer Videoaufnahme mit Michel Houellebecq in der SZ am 27. Juli 2004

138

aufnimmt (...) In dieser Wirkung kehrt eine vormoderne Aufgabe von Dichtung mit großer Kraft zurück: die Literatur als moralische Anstalt: Das Eintauchen in den Schlamm, in das Verworfene, in die absolute Niedertracht soll reinigend wirken – so wie einst Voltaires Candide und Johann Carl Wezels Belphegor. (Steinfeld 2001, S. 26)

Damit rückt der Dichter wieder in den Rang der »Hellseher und Magier« (Tatarkiewitz 2003), den er im antiken Griechenland selbstverständlich innehatte.

Dass die Psychoanalyse eine ganz andere Aufgabe hat, nämlich nicht »Abbild« der Gesellschaft zu sein, sondern innerhalb einer mehr oder weniger verstehbaren Welt zu deuten und zu interpretieren, die subjektive Verfasstheit der Individuen zu berücksichtigen, ihre Leiden zu mindern und ihre Umgebung, wenn schon kaum ändern zu können, so doch zu lehren, wie man ihr, wenn notwendig, Widerstand entgegensetzen kann, soll bereits hier vorgreifend angemerkt werden. Die Nahtstelle zwischen Houellebecqs rabiater Dichtkunst und der Psychoanalyse ist aber *das individuelle ebenso wie das gesellschaftliche Unbewusste* – denn es ist zu vermuten, dass das, was der Dichter ahnt, weiß und beschreibt, etwas ist, das die Individuen unbewusst erleiden, das die Theorie der Psychoanalyse aber noch nicht adäquat darstellen kann. Vielleicht ist an dieser Stelle bereits deutlich geworden, dass Houellebecqs Arbeiten für Psychoanalytiker von größtem Interesse sein könnten.

Fabel und Symbolgehalt der »Elementarteilchen«

Dieses Buch ist in erster Linie die Geschichte eines Mannes, der während der zweiten Hälfte des zwanzigsten Jahrhunderts gelebt und den größten Teil seines Lebens in Westeuropa verbracht hat – im allgemeinen allein, wenn auch ab und zu im Kontakt mit anderen Menschen. Er hat in einer unseligen Zeit voller Wirren gelebt. Das Land, in dem er zur Welt kam, glitt langsam, aber unvermeidlich in die Wirtschaftszone der halbarmen Länder ab; die Menschen seiner Generation waren häufig vom Elend bedroht und verbrachten darüber hinaus ihr Leben einsam und verbittert. Gefühle wie Liebe, Zärtlichkeit und Brüderlichkeit waren weitgehend verschwunden; in ihren zwischenmenschlichen Beziehungen erwiesen sich seine Zeitgenossen sehr häufig als gleichgültig oder sogar grausam (Houellebecq 1998, S. 7)

Der Erzähler, der diese Zeilen aus der Perspektive des »Lang, lang ist's her ...« beschreibt, wird nicht näher benannt. Er scheint zufrieden, dass das vor etwa

80, 90 Jahren bestehende Leid der Menschen, die es nur noch in der Gestalt einiger weniger, alter, bereits aussterbender Exemplare gibt, überstanden ist.

Der Autor beginnt im Rückblick nun mit der Erzählung des Lebens der beiden Halbbrüder Bruno und Michel, der eine 1956, der andere 1958 geboren.[9] Michel Djerzinski, der Held des Romans, nimmt seinen Abschied aus einem renommierten Institut für Molekularbiologie.

> Der erste Juli 1998 fiel auf einen Mittwoch. Daher war es durchaus logisch, wenn auch ungewöhnlich, daß Djerzinski seine Abschiedsfeier an einem Dienstagabend veranstaltete. Zwischen den Tiefkühltruhen für Embryos stand, ein wenig erdrückt von deren Vielzahl, ein Kühlschrank der Marke Brandt, in dem sich die Champagnerflaschen befanden (...)

> Sie hielten sich in einem weiß gekachelten, klimatisierten Raum im Kellergeschoß auf, der mit einem Plakat deutscher Seen geschmückt war. Niemand hatte sich angeboten, Photos zu machen. Ein bärtiger junger Forscher mit dümmlichem Aussehen (...) verdrückte sich nach wenigen Minuten unter dem Vorwand von Parkproblemen. Unter den Anwesenden breitete sich zunehmend spürbares Unbehagen aus; bald begannen die Ferien. Manche fuhren in ein Landhaus der Familie, andere verbrachten die Ferien im Grünen. Die Worte, die gewechselt wurden, peitschten langsam durch die Luft. Man trennte sich schnell. (Houellebecq 1998, S. 13)

Kälte und menschliche Leere herrschen in diesen Zeilen. Symbol für die kalte und lebensfeindliche Atmosphäre sind die Tiefkühltruhen für Embryos, zwischen denen der Champagner fließen soll. Aber auch da herrscht Mangel: Er ist »zu knapp bemessen« (ebd.).

Um 19.30 Uhr ist alles vorbei. Länger hält es niemanden, auch nicht bei einem Abschiedsfest eines Vorgesetzten, der Jahrzehnte in dem Molekularinstitut gearbeitet hat.

Djerzinski kommt nach Hause: nichts, Leere. Weil er einst das Bedürfnis nach Gesellschaft empfunden hatte, hatte er sich irgendwann einen Kanarienvogel angeschafft.

> An jenem Abend jedoch wurde er von Stille empfangen. Der Vogel war tot. Sein kleiner weißer Körper war schon kalt und lag auf der Seite in den Sandkörnern.

---

[9] Auch wenn Bruno Clément und Michel Djerzinski keine Helden im üblichen Sinne sind, sind sie doch Helden, auch als Anti-Helden oder Negativhelden in dem Sinne, dass sie Hauptfiguren der Handlung sind.

(...) Nach kurzem Zögern legte er den Vogelkadaver in eine Plastiktüte, die er mit einer Bierflasche beschwerte, und warf das Ganze in einen Müllschlucker. Was sollte er sonst tun? Eine Messe lesen?

Er hatte nie erfahren, wohin der Müllschlucker (...) führte. Doch er träumte von gigantischen Mülltonnen, die mit Kaffeefiltern, Ravioli in Soße und abgeschnittenen Geschlechtsorganen gefüllt waren. Riesige Würmer, ebenso groß wie der Vogel und mit Schnäbeln bewaffnet, machten sich über den Kadaver her. Sie rissen ihm die Beine aus, zerfetzten seine Eingeweide und zerstachen seine Augäpfel. Michel richtete sich nachts zitternd auf; es war noch nicht halb zwei. Er schluckte drei Xanax. So endete sein erster Abend der Freiheit. (Ebd., S. 16).

In diesem ersten Kapitel sind in nuce alle Symbole des Romans enthalten: Kälte, Leere, Einsamkeit, sinnloser Tod, Rückschau auf alte Bräuche, die keinen Trost mehr spenden (eine Messe lesen), eine sterbende Gesellschaft, in der auch die Individuen zum einsamen Leben und Tod verurteilt sind; daraus resultierende Angst vor dem sinnlosen Leben, Sterben, vor der Verwesung. Kein Trost, nirgends. Kein Wunder, dass eine neue französische Literaturgeschichte Houellebecqs Stil das Etikett »école du déprimisme« aufgeklebt hat (Grimm 1999, S. 380).

Der Dichter berichtet nun in dem großen ersten Teil seines Romans *Elementarteilchen,* überschrieben mit »Das verlorene Reich«, die Geschichte der Großeltern und der Eltern von Michel und Bruno. Sie lebten in einer Gesellschaft, in der die menschlichen Beziehungen noch nicht so zerstört waren wie sie es jetzt – 100 Jahre später – sind.

Der Vater der Mutter von Michel Djerzinski, 1882 geboren, war ein analphabetischer Korse, die Mutter seiner Mutter stammte aus einer Familie von seit mehreren Generationen in Algerien ansässigen französischen Auswanderern. Beide bekamen 1928 eine Tochter, Janine. Diese Tochter verließ mit 17 Jahren Algerien, »mit einem brillanten Abiturzeugnis in der Tasche und einer Menge einschlägiger sexueller Erfahrungen ausgerüstet, um in Paris Medizin zu studieren« (Houellebecq 1998, S. 28).

Neben zahlreichen anderen Männern lernt sie den Chirurgen Serge Clément kennen, der bereits während seines Medizinstudiums als einer der ersten sah, dass die Amerikanisierung und die Auflösung der traditionellen Ehe die Nachfrage nach »gemachter« Schönheit steil ansteigen lassen würde. Er eröffnete an der Côte d'Azur zwei Schönheitskliniken. 1956 bekommen sie einen Sohn, Bruno, den sie aber aufgrund ihrer Vorstellung, ihr eigenes Leben selbst bestimmt leben zu wollen, gleich nach der Geburt zur Mutter des Vaters bringen.

Janine lernt bald nach der Geburt von Bruno Marc Djerzinski einen mittellosen, aber hoch begabten Kameramann kennen. Sie wird wieder schwanger und 1958 wird Michel Djerzinski geboren. Zunächst wächst Michel bei seinen Eltern auf, aber der Vater ist fast immer abwesend und die Mutter interessiert sich bald für die aus Amerika stammende Bewegung der freien Liebe und der esoterischen Weltgestaltung. Sie war, so der Dichter, eine Vorläuferin der 68er-Bewegung. Als Marc seinen Sohn eines Tages, als dieser etwa zwei Jahre alt ist, schwimmend in Urin und Kot, völlig verängstigt, menschenscheu und bereits Menschen abweisend, in einem Zimmer seines Hauses vorfindet, packt er das Kind und bringt es zu seiner Mutter aufs Land.

Bruno, zunächst in Algerien aufgewachsen, dann in Marseille, wird früh mit dem Tod seiner beiden Großeltern konfrontiert, kommt in ein Internat und wird dort als »Omegatier« (Houellebecq 1998, S. 48ff.) unbeschreiblichen Quälereien seiner Mitschüler ausgesetzt. Irgendwann entrinnt er diesem Internat und studiert Geisteswissenschaften. Michel bleibt zunächst bei seiner Großmutter, lernt im Deutschunterricht Annabelle, ein »schmerzhaft schönes Mädchen« seines Alters kennen und verbringt mit ihr und seiner Großmutter bis zum Abitur ruhige Tage auf dem Land.

Annabelle liebt ihn, sie ist – nach jenen Standards, die in den 60er Jahren für junge Mädchen ihrer Gesellschaftsschicht gelten – davon überzeugt, dass Michel einmal ihr Mann sein wird. Er aber ist nicht in der Lage, diese Liebe zu beantworten. Er ist überhaupt nicht in der Lage, Liebe und aufkeimende Sexualität in irgendeinen Zusammenhang zu bringen.

Brunos Obsession ist die Sexualität; zunächst allerdings in der Form des Voyeurismus und der Masturbation. Erst Jahrzehnte später, auf einer Reise in einen esoterisch angehauchten Nach-68er-Club, findet er seine späte Geliebte, Christiane, die sich seiner in jeder Hinsicht annimmt. Zwar hat er zuvor, in einer »kalten, protestantischen Kirche«, eine Frau, Anna, geheiratet, nachdem sie von ihm schwanger geworden war. Aber der gemeinsame Sohn ist eine Katastrophe für ihn; die Scheidung des Lehrerehepaares folgt bald.

Michel studiert Molekularbiologie. Er hat keinen Kontakt zu Frauen, wenig zu Männern. Annabelle, so schön, dass nur die »ausgebufftesten und brutalsten Männer« sich an ihre Schönheit heranwagen, bekommt später Krebs und bringt sich um. Christiane, deren Tod eingeleitet wird durch eine Rückenmarksverletzung beim Geschlechtsverkehr, stirbt durch einen von ihr selbst herbeigeführten Unfall, weil sie nicht hoffen kann, dass Bruno sie auch im Rollstuhl lieben wird.

Die Unfähigkeit zur aktiven und zur passiven Liebe: Bruno landet nach dem Tod Christianes in der Psychiatrie, aus der er nicht mehr herauskommt, Michel geht in ein fernes Land, erfindet das Klonen von Menschen, damit ein für allemal die Hierarchie der Sexualität und der Schönheit sowie die Kapitalisierung der Schönheit ein Ende haben wird: durch geschlechtsfreie Fortpflanzung werden Sex und Fortpflanzung voneinander getrennt. Da alle gleich schön sind, ist es endlich gelungen, die an der gnadenlosen sexuellen Konkurrenz unendlich leidende Menschheit abzuschaffen. Michels Ende ist unklar: Wahrscheinlich geht auch er ins Wasser – wie einst sein Vater ist er eines Tages einfach verschwunden. Das ist im Jahr 2009. Zwanzig Jahre später findet, durch die Bemühungen des Bewunderers Djerzinskis, Hubczejak, die erste Umsetzung der Arbeiten Michels in die Realität statt. Im Jahr 2080 leben nur noch wenige Menschen der alten Rasse, die meisten Lebenden gehören bereits der neuen Rasse an.

Übertragung und Gegenübertragung.

Übertragung und Gegenübertragung meint im Rahmen der Kunst- und Kulturanalyse das Insgesamt aller Gefühle, Gedanken, Assoziationen, die ein Betrachter von Kunst, ein Leser eines Literaturwerkes, ein Hörer von Musik zunächst und noch *vor* jeder relativierenden intellektuellen kunsthistorischen Reflexion erlebt. Diese ist so verschieden, wie es unterschiedliche Betrachter von Kunst gibt. Eben jene Verschiedenheit und die Debatte hierüber bilden den sozialen Kern der Rezeptionsgeschichte von Kunst und Literatur, Musik, Skulptur und Architektur.

Dass die Reaktion des Publikums eine wertvolle Bestätigung, Resonanz und narzisstische Verstärkung für den Künstler darstellt – vielleicht stellvertretend für früher zu wenig oder zu ärmlich erlebte Spiegelung des Selbst durch das primäre Objekt oder auch durch erlebte Traumatisierung, wie z. B. Bründl in seinem Aufsatz über *Trauma und Überlebenskunst* (1998) sagt, trifft häufig zu, stellt aber nicht die Motivation zu künstlerischer Kreativität dar.

Beim ersten Lesen der Elementarteilchen breitet sich bei mir Abwehr, Entsetzen, Ekel aus. Die Vogelperspektive, aus der der Anfang des Buches formuliert ist, katapultiert mich ins All – weit weg von allem, was Leben ist oder doch zu sein scheint. Der Popcharakter des Romans fasziniert nicht, langweilt eher. Houellebecqs Ausführungen wirken verstörend, provokativ, unangenehm. Erst spät begreife ich, dass das Gedicht zu Anfang des Buches nicht eine ironische Darstellung subjektiv so gefühlter Supermarktrealität, sondern der glückliche Gesang der neuen Rasse ist, die die früheren Menschen abgelöst haben, der *Götter* also, wie es an anderer Stelle heißt. Schilderungen sexueller Szenen; die Verbindung von Sexualität und Gewalt, z. B. in den Internatsszenen, in denen Bruno schrecklich gequält wird (schlimmer als Zögling Törleß in Robert Musils gleichnamigem Roman) oder in den mörderischen Taten des schönen Jungen di Meola, der vom zunächst lustliebenden jungen Mann, der Annabelle verführt und dann verrät, zum schwerkriminellen Mörder, Perversen, Sadisten und schließlich Satanisten mutiert, sind so abstoßend, dass »man das Buch am liebsten aus dem Haus haben möchte, verschenken oder wegwerfen« (Steinfeld 2001, S. 14). Es gibt im Roman keine Gestalt, mit der man sich identifizieren könnte: Christiane ruiniert ihren Körper offenbar ohne zu wissen, warum; ihre Liebe zu Bruno bleibt ein Rätsel. Die Halbbrüder Michel und Bruno sind solch unglückliche Existenzen, dass für sie allenfalls mütterliche Gefühle aufkommen können (stellvertretend für die 68er Schlampe Janine).

Die langen naturkundlichen und naturwissenschaftlichen Ausführungen bleiben in ihrem Stellenwert zunächst unklar, sie sind langweilig, langatmig und möglicherweise konfus – wie »aus wissenschaftlichen Handbüchern abgeschrieben«, findet auch Steinfeld (2001, S. 17).

Allerdings könnte, wo so viel Abwehr spürbar wird, Verdrängung im Spiel sein. Das offen liegende Unbewusste des Dichters provoziert das geschlossene des Lesers. Ist es denn wahr, was der Dichter schildert? Ist es möglich, dass wir in einer Welt leben, die der Dichter so, wie er sie »mit Sätzen wie Messer« (Steinfeld 2001) schildert, wahrnimmt?

Dann fällt Annabelle auf: Wer ist sie, wozu wurde sie entworfen? Was hat der Autor mit ihr gemeint? Überall, wo solche Engel auftreten (schmerzhaft schön, zu schön, liebenswert, tugendhaft, eindeutig, unschuldig bis zu ihrer völlig sinnlosen Verführung und Zerstörung) ist Wunschproduktion im Spiel: So hätte es sein können, sie hätte die Frau von Michel Djerzinski sein können, wie sie selbst es sich von ihrem 12. Lebensjahr an erträumte; sie hätte wohl Michel aus seiner Einsamkeit befreien, sogar erlösen können. Er hätte es dann vielleicht nicht notwendig gehabt, als Wissenschaftler gleich die gesamte Menschheit abzuschaffen. Sie ist jenen (wohl nur) in der Literatur auftretenden Frauen zu vergleichen, die wie Ottilie in Goethes *Wahlverwandtschaften* (1810) Engeln gleich über die

Erde schreiten und realen Frauen nicht sehr ähnlich sind. Sie sind eine Wunschprojektion männlicher Sehnsucht, die gerade darum zu schön und zu begehrenswert sind, sodass nur die »erfahrenen, zynischen, skrupellosen Verführer sich der Herausforderung gewachsen [fühlen]« (Houellebecq 1998, S. 65), sich überhaupt an sie heranwagen. Solche Frauen repräsentieren die andere Seite des Spaltungsvorgangs, der in der Erfahrung mit der mütterlichen »68er Schlampe« Janine begründet ist: die Projektion des idealen Selbst und Selbstobjekts in eine Kunstfigur überirdischer Qualität.

Beim zweiten und erst recht beim dritten Lesen öffnet sich ein neuer Vorhang. Erst jetzt wird die raffinierte Konstruktion des Romans deutlicher: die in fünf Teile aufgegliederte Struktur des Romans, die Vorrede, die drei Hauptteile, deren mittlerer den wichtigsten Teil darstellt, die Nachrede. Die Vorrede zeigt den Zeitbezug des gesamten Werkes; der erste Hauptteil, überschrieben mit »Das verlorene Reich«, handelt von der historischen Vergangenheit der Vorgänger der Hauptfiguren und der kindlichen und jugendlichen Entwicklung der beiden Halbbrüder. Der zweite Teil, überschrieben mit »Die seltsamen Augenblicke«, ist der Leidensgeschichte der erwachsenen Halbbrüder gewidmet, der dritte Teil enthält die Erlösung durch die Erfindungen Djerzinskis, überschrieben mit »Emotionale Unbegrenztheit«.

Die Klage über den Verlust der historischen Vergangenheit Frankreichs, die Klugheit der Abwechslung von Schilderungen individuellen Leids mit harten naturwissenschaftlichen Fakten, während derer man sich erholen kann, die die emotional und sexuell aufgeheizten Szenen vergessen lassen und einer kühlen rationalen Weltsicht Platz machen, immer als Mitvollzug der Denk- und Fühlbewegung des Dichters selbst, nimmt langsam gefangen. Die formale Konstruktion wird deutlicher, die Raffinesse der Kapiteleinteilung, die Spannung, die der Gegenwartsbezug des Literarischen bereithält. Die soziologische Analyse wird ebenso interessant wie die sich erst langsam und allmählich erschließende Emotionalität des Dichters. Das Unglück der Beteiligten wird verstehbar als ein nachvollziehbares Unglück an der Welt, keineswegs nur, wie manche Feuilletonisten meinen, als Ausdruck der Depression des Dichters.

Da wirklich gute moderne Kunst oft erst beim wiederholten Male der Betrachtung ihre Geheimnisse lüftet und bei intensiverer Beschäftigung nicht langweilig, sondern besser, bedeutender, interessanter wird, entstand in mir im Laufe der Zeit der Eindruck, ein beachtliches Stück Gegenwartsliteratur zu lesen – ungewöhnlich in der derzeitigen Literaturlandschaft und vermutlich in der Tradition der großen Naturalisten in der europäischen, insbesondere der französischen Literatur – wie Stendhal, Balzac, Flaubert und vor allem Emile Zola – anzusiedeln. Houellebecq könnte sich in dieser Tradition und deren gleichzeitiger Überwindung zu einem der größten Schriftsteller entwickeln, ähnlich Sartre oder Camus, deren Werke in seinen Romanen vorkommen, vielleicht größer.

Spezielle Bereiche des manifesten Textes

Gesellschaftstheorie[10]

Die Erzählung von Bruno und Michel ist eingebettet in weit ausholende gesellschaftstheoretische und gesellschaftskritische Überlegungen. Vorbild ist zum einen der französische Soziologe Auguste Comte[11] (1798–1857), oft als »Vater der Soziologie« bezeichnet, der in seiner Drei Stadien Lehre die Systematik der Abfolge gesellschaftlicher Entwicklung analysiert hat: Dem magischen Zeitalter folge das religiöse, diesem das wissenschaftliche (oder positive) Zeitalter.

Die Gebundenheit in der Tradition der französischen Literatur widerlegt die Auffassung jener Feuilletonisten, die meinen[12], Houellebecqs Romane seien einfach aufs Papier geschleuderte Wut oder gar nur persönliche Erfahrung.

> Gerade in Frankreich besteht eine lange und bedeutende Tradition, die den *Sittenroman als Gesellschaftsroman* versteht, die im Erotischen das Denken und Handeln der Epoche deutlich macht; von Manon Lescaut und den Liaisons dangereuses bis zu Madame Bovary, Bel ami oder Nana. (Matz 2001, S. 117, *Hervorh. v. mir, S. T.*).

---

[10] Man kann sagen ›Gesellschaftstheorie‹, weil Houellebecq zahlreiche soziologische Quellen anführt. Man kann auch sagen ›Gesellschaftskritik‹, weil dies das eigentliche Anliegen des Dichters zu sein scheint.

[11] Auguste Comte (1798–1857) Erfinder des Wortes Soziologie, französischer Philosoph und in der Geschichte der Soziologie deren eigentlicher Begründer das Dreistadiengesetz entwarf. Gründer des wissenschaftlichen Positivismus. Am Schluss seines Lebens wurde er wahnsinnig, hielt sich für Gott persönlich und saß im Wesentlichen auf einem Thron.

[12] Weil sie, psychoanalytisch gesprochen, zuweilen ihre Gegenübertragung ohne weiterführende und relativierende Reflexion aufs Papier schleudern?

Houellebecq steht in dieser Tradition und transzendiert sie zugleich. Schon Émile Zola (1840–1902), der herausragende Vertreter des französischen Naturalismus, bezog sich explizit auf die positivistische Philosophie und Soziologie Auguste Comtes, auf die Evolutionstheorie Charles Darwins und die Milieutheorie Hippolythe Taines. Insbesondere die Experimentalmedizin Claude Bernhards, auf die sich Houellebecq in seinen Elementarteilchen in einem unübersetzbaren Wortspiel bezieht, führte Émile Zola in seinem Aufsatz Le roman expérimental (1880) zu der Auffassung, der Roman habe in moderner Zeit auch die Aufgabe naturwissenschaftliches Wissen zu vermitteln. Und wie zuvor schon Balzac in seiner Comédie humaine verknüpft auch er damit den Anspruch eine literarische Gesamtdarstellung der Gesellschaft zu leisten.[13]

Dem Anspruch, die individuelle Existenz ausgewählter Personen innerhalb einer sie umgebenden Gesellschaft darzustellen, entspricht Houellebecq bereits in seinem ersten Roman *Ausweitung der Kampfzone* (1994). Der heute alles beherrschende Materialismus hat sich die Körper und die Sexualität subsumiert, und dies in gnadenloser Konsequenz, sodass Marx' Diktum, die kapitalistische Gesellschaft sei eine Ansammlung von Waren (*Kommunistisches Manifest*), ausgeweitet werden muss: Die Körper und die Sexualität der Menschen in unserer Gesellschaft sind nichts anderes als Waren, zunächst wertvoll, aber verderblich und schließlich wegwerfbar. Das emotionale Entsetzen, das hieraus unbewusst resultiert, wird in dem oben zitierten Traum des Helden deutlich.

So wird der derzeit herrschende Kapitalismus in Houellebecqs Romanen nicht analysiert und schon gar nicht bekämpft, sondern vorausgesetzt und – in verzweifelter Modernität, ohne tatsächliche Alternative – als Existenzform erlebt, die nicht nur die Ökonomie, das Berufsleben, die Architektur, den Rassismus und die Werbung bestimmt, sondern darüber hinaus auch alle zwischenmenschlichen, so auch besonders die sexuellen Beziehungen (Houellebecq 2001b: *Die Welt als Supermarkt*).

Da das »alte« Frankreich, katholisch, überschaubar, mit klaren ethischen Anforderungen versehen, untergegangen ist, und es nicht mehr möglich ist, eine gesellschaftstheoretische Utopie zu errichten, wie sie von Marx und Engels, auch von Comte noch formuliert werden konnte, bleibt in den Augen des tieftraurigen und unglücklichen Michel Djerzinski nur die Alternative, die Menschheit selbst abzuschaffen, vor allem ihr Leiden an der Sexualität.

---

[13] Vgl. dazu ausführlich das Kapitel »Literatur und Gesellschaft in der III. Republik«, in: Grimm 1999 S. 280ff.

Gnadenlos beschreibt der Dichter »die Geschichte der Menschheit vom 15. bis zum 20. Jahrhundert als die Geschichte einer Auflösung und eines allmählichen Zerfalls (...)« (Houellebecq 1998, S. 349). Im Gefolge dieser Umwandlung und der langsamen Anerkennung der Bemühungen Hubczejaks, des Anhängers Djerzinskis, geschah es auch, dass Foucault, Lacan, Derrida und Deleuze über Nacht weltweitem Gespött anheim fielen, nachdem man sie jahrelang weit überschätzt hatte. Der Angriff auf die weltbewegenden französischen Strukturalisten zeigt, dass Houellebecq ganz nebenbei seine geisteswissenschaftlichen Zeitgenossen des müßigen Geschwätzes überführt, das letzten Endes keine Rettung für das Elend der menschlichen *Elementarteilchen* zu entwerfen in der Lage war.

Der zentrale Satz des Romans lautet schließlich: »Die Wandlung findet nicht im Geist statt, sondern in den Genen.« (Houellebecq 1998, S. 354). Das gesellschaftstheoretische Credo, gesprochen aus dem Mund der »neuen Rasse«, findet entsprechende Worte:

> Dadurch, daß wir das verwandtschaftliche Band, das uns an die Menschheit fesselte, zerrissen haben, leben wir. (...) allerdings haben wir es auch verstanden, die für sie unüberwindbaren Kräfte des Egoismus, der Grausamkeit und der Wut zu bezwingen; (...) Die Wissenschaft und die Kunst sind weiterhin Bestandteil unserer Gesellschaft; aber die Suche nach dem Wahren und dem Schönen besitzt, da sie nicht mehr so stark durch den Stachel der individuellen Eitelkeit angespornt wird, einen weniger dringlichen Charakter. Auf die Menschen der ehemaligen Rasse wirkt unsere Welt wie ein Paradies. Es kommt im übrigen vor, daß wir uns selbst – wenn auch mit einer Spur von Humor – mit dem Namen »Götter« bezeichnen, der so viele Träume bei ihnen ausgelöst hat. (Houellebecq 1998, S. 356)

Der Angehörige der neuen Rasse, genetisch überprüft und glücklich, fügt hinzu, dass das eigentliche

> (...) Bestreben dieses Buches darin besteht, jene leidgeprüfte, mutige Spezies, die uns geschaffen hat, zu ehren. Jene schmerzgeladene, nichtswürdige Spezies, die sich kaum vom Affen unterschied und dennoch so viele edle Ziele angestrebt hat. Jene gequälte, widersprüchliche, individualistische, streitsüchtige Spezies mit grenzenlosem Egoismus, die manchmal zu Ausbrüchen unerhörter Gewalt fähig war, aber nie aufgehört hat, an die Güte und an die Liebe zu glauben. (...) Dieses Buch ist dem Menschen gewidmet. (Houellebecq 1998, S. 357)

Ist der Roman unter gesellschaftstheoretischen Gesichtspunkten also ein Thesenroman? Ist er ein Plädoyer für eine naturwissenschaftliche Revolution im Sinne Auguste Comtes? Ist er eine durch die individuelle Erfahrung des Dichters motivierte Klage über das Leben als einer unendlich aussichtslosen Veranstaltung?

Sartre hat im *Ekel* (1938) das individuelle Geworfensein des Menschen in die Welt als Grundlage seiner existenzialistischen Philosophie formuliert; Camus hat in dem Roman *Der Fremde* (1942) das Bewusstsein individueller Entfremdung in der Gesellschaft thematisiert. In dieser Tradition französischer Literatur und Philosophie steht auch Houellebecq, aber er ist gesellschaftstheoretisch radikaler. Bei ihm ist das Individuum nicht nur *entfremdet*, wie bei Marx, Camus und Sartre, aber dennoch fähig, seine Individualität trotz seiner Entfremdung gegen die Kräfte der Gesellschaft zu aktivieren und Widerstand zu leisten, d. h. seine Individualität zu bewahren und zum Widerstand zu nutzen, sondern der Materialismus hat sich durch die *Ausweitung der Kampfzone* bis tief in die Seelen und die Körper hineingefressen, sodass auch diese von dem allmächtigen materialistischen Zerstörungsgesetz durch und durch verdorben sind. Ergebnis ist das geschilderte Elend der beiden Halbbrüder, die auf unterschiedliche Weise Variationen über das Grundthema individueller Verzweiflung in einer gottlosen, materialistischen, an Liebe armen Gesellschaft sind. Im Gegensatz zu den Figuren bei Sartre und Camus haben sie weder die Kraft noch die Energie – und daher auch nicht die Wahl –, sich zu empören, zu befreien oder sonst wie von gesellschaftlichen Zumutungen wenigstens individuell und denkerisch zu entfernen: Sie können, der materialistischen Maschinerie und allenfalls noch den Trieben ausgeliefert, nur unendlich ohnmächtig leiden. Der Ausweg ist dann konsequenterweise die Abschaffung des Menschen mit Hilfe eines durch die Fortschritte der Naturwissenschaften möglichen radikalen genetischen Wandels.

Häufig ist in den Rezensionen und Kritiken davon die Rede, dass der letzte Teil der schwächste des Romans sei. Das ist nachvollziehbar, obwohl ich der Auffassung bin, dass Houellebecq nicht an der Ausarbeitung eines tragfähigen Gesellschaftsmodells geklonter Menschen interessiert war. Vielmehr ging es ihm um die Erzeugung eines Schocks durch den Entwurf einer radikalen Möglichkeit, die als solche ihre Wirkung entfaltet. Zentral scheint mir, dass er sein Buch dem Menschen, diesem »gequälten Wesen«, sein Buch widmet. Denn darin liegt Houellebecqs groteske und verzweifelte Liebe zu eben jenen Menschen, die im Roman abgeschafft werden.

Die Liebe ist denn auch – bei näherem Hinschauen und das heißt in diesem Falle beim dritten und vierten Lesen – das zentrale Anliegen und der eigentliche Gegenstand des Romans. In der ergreifend formulierten Widmung an den Menschen, »jene gequälte Spezies, (...) die nie aufgehört hat, an die Liebe zu glauben« (Houellebecq 1998, S. 324), liegt meines Erachtens der eigentliche Schlüssel des Romans.

Die Liebe

> Pourquoi ne pouvons-nous jamais
> Jamais
> Etre aimés?
> (Michel Houellebecq, A la poursuite du bonheur)

Angesichts der geschilderten Fülle von Elend und Tod im manifesten Text ist zu fragen, warum die Suche nach Liebe in Houellebecqs Literatur dennoch einen zentralen Stellenwert einnimmt. Nicht nur in der Psychoanalyse sagt das Abwesende oft mehr aus als das Anwesende, das Nicht-Thematisierte mehr als das Thematisierte, das Latente mehr als das Manifeste. Häufig ist das Explizite lediglich ein Hinweis auf das Implizite.

Wie in seinen Gedichten zeigt sich Houellebecq in einem SZ-Interview vom 24. Juli 2004 als Romantiker: »Und wenn ich die Liebe nicht verstanden habe, was nützt es, den Rest verstanden zu haben?« Dieser Satz erinnert an Paulus Brief an die Korinther: »Wenn ich in der Sprache der Menschen und der Engel redete, und hätte der Liebe nicht, so wäre ich ein dröhnendes Erz und eine lärmende Schelle.«(1 Korinther 12, 31b).

Liebe und Tod, die Sehnsucht nach »ewiger Liebe« und die Unmöglichkeit ihrer Erfüllung sind zentrale Gegenstände der europäischen Literatur von ihren Anfängen an (Bergmann 1999, Wiegmann 2003). Bei Houellebecq ist der Entwicklungs- und Liebesroman in einer bisher noch nicht dagewesenen Form konstruiert: Die Halbbrüder Bruno und Michel sind durch den »monströsen Mangel« an ursprünglich erfahrener Liebe zerschmetterte Individuen, eben *Elementarteilchen* im sie zerstörenden Leben, angesichts der Aussichtslosigkeit, Liebe zu finden. Das ist die eigentliche Aussage des Dichters, die er (vielleicht sekundär?) zu einer Gesellschaftstheorie ausweitet: In einer Gesellschaft wie der unseren gibt es die Liebe nicht mehr. Sie ist durch den alles beherrschenden Materialismus unmöglich geworden. Und es gibt keine Liebe ohne Gott, weil es keine Gesellschaft ohne Gott geben kann. Der Gottesverlust ist das

Zentrum des gesellschaftlichen Mangels, den der Dichter beklagt und der ihn dazu treibt, der Welt »einige kleine Gedichte« zu hinterlassen. Die literarische Bearbeitung der Liebe im abendländischen Kulturkreis beginnt mit den altägyptischen Grabinschriften, setzt sich fort im »Hohen Lied der Liebe«, im *Buch Salomon* des Alten Testamentes und findet von da an seine Fortsetzung in unendlich sich wiederholenden und dennoch immer neuen Dichtungen von der Liebe, die allerdings immer auch ihre Unerreichbarkeit und den Tod kennen. In der klassischen europäischen Literatur wird die Liebe in einer idealen ebenso wie in einer unlebbaren »zeitlosen« Form gefeiert: »Keine der Erzählungen von den großen Liebenden Romeo und Julia, Tristan und Isolde, Dido und Aeneas, Pyramus und Thisbe, Orpheus und Eurydike, Petrarca und Laura, Francesca und Paolo kommen ohne den Tod einer oder beider der Figuren aus.« (T. M. Tömmel 2004)

Auch bei Houellebecq gibt es diesen Zusammenhang von Liebe und Tod, weil der Tod, schon bevor eine Liebe entstehen kann oder während sie gerade in der Entstehung begriffen ist, als der große Trennende das Ende herbeiführt. Auch dieses Elend ist es, das Djerzinski abschaffen möchte. Als wahrhaft prometheische Tat trotzt er den Göttern, indem er Götter entwirft: unsterblich und glücklich, den elenden Erdenbedingungen enthoben.

Exkurs: Michel und Annabelle

Für das Verständnis des Stellenwertes der Liebe in den *Elementarteilchen* soll kurz die kindliche und adoleszente Entwicklung von Annabelle und Michel geschildert werden: Annabelle liebt Michel von ihrem 12. Lebensjahr an. Sie ist sich sicher, dass Michel ihr Mann wird, wie das damals nach Ansicht Houellebecqs allen Mädchen ihrer Generation sicher war:

> Annabelle, die in einer glücklichen Familie geboren war (...) wußte, daß ihr Leben ebenso verlaufen würde. (...) Irgendwo auf der Welt gab es einen Jungen, den sie nicht kannte und der sie auch nicht kannte, aber mit dem sie ihr Leben verbringen würde. Sie würde versuchen, ihn glücklich zu machen, und er würde seinerseits versuchen, sie glücklich zu machen; aber sie wußte nicht, wie er wohl aussehen mochte; das war sehr verwirrend. (Houellebecq 1998, S. 55)

> Sie [Annabelle und Michel, *S. T.*] begannen, sich regelmäßig zu treffen, um ihre Deutschaufgaben gemeinsam zu machen. (...) Immer öfter verbrachten sie ihre schulfreien Donnerstage und ihre Sonntage gemeinsam; (...) »Annabelle, dein

Liebster ...«, verkündete ihr älterer Bruder nach einem Blick aus dem Fenster. Sie errötete; ihre Eltern dagegen vermieden es, sich über sie lustig zu machen. Sie merkte es bald: Sie mochten Michel. (Ebd., S. 56)

Michel war nicht ein Junge wie jeder andere;

er verstand nichts von Fußball und interessierte sich auch nicht für Schlagersänger. (...) Er hatte sich angewöhnt, seine Zeit mit Nachdenken und einsamen Träumereien zu verbringen; nach und nach gewöhnte er sich an die Gegenwart einer Freundin. Sie unternahmen oft Radtouren, fuhren die Straße nach Voulangis hinauf; und dann gingen sie durch Wiesen und Wälder zu einem Hügel, von dem man einen weiten Blick über das Grand Morin-Tal hatte. Sie gingen durchs Gras, lernten sich allmählich kennen. (Ebd., S. 56)

Langsam entwickelt sich ihre Liebe zu Michel:

Sie dachte abends vor dem Einschlafen an Michel; sie freute sich am nächsten Morgen darauf, ihn wiederzusehen. Wenn sie im Unterricht irgend etwas Lustiges oder Interessantes erlebte, dachte sie sofort an den Augenblick, in dem sie es ihm erzählen würde. (Ebd., S.62)

(...) auch wenn das Gefühl, das ihr Leben einhüllte, mehr einer sanften Woge denn einer verzehrenden Leidenschaft glich, ergriff allmählich folgende Gewißheit Besitz von ihrem Denken: Sie war auf Anhieb, ohne sie gesucht, ohne sich wirklich nach ihr gesehnt zu haben, ihrer *großen Liebe* begegnet. Die erste war die richtige, es würde keine andere geben, die Frage brauchte nicht einmal gestellt zu werden. (Ebd., S. 62f.).

Und wie für Houellebecq typisch, der seine Ansichten selbstironisch und distanzierend zugleich stets mit Artikeln gängiger Zeitschriften belegt:

Mademoiselle Age tendre zufolge war dieser Fall durchaus möglich: (...) in gewissen, äußerst seltenen Fällen, die an Wunder grenzten (...) könne es vorkommen [daß die Jugendliebe auch die Liebe für immer sei].

Und es sei das Schönste, was einem auf der Welt passieren könne. (Ebd., S.63)

Dass dennoch kein Glück, sondern nur namenloses Unglück aus dieser ersten Liebe der Annabelle zu Michel (und, in gewissem Sinne, auch umgekehrt) folgte, lag an den gesellschaftlichen Umständen und an der unglücklichen Beziehung Michels zu seiner Mutter Janine.

Nachdem der Dichter eine lange wissenschaftliche Abhandlung über die hormonellen Umstellungen und Wandlungen der Mädchen im Rahmen der Pubertät einlegt, eine Methode, die er wohl vor allem seinem Vorbild Lovecraft verdankt (Houellebecq 1991), beschreibt er Annabelles Schönheit in ihren Jugendjahren:

Wie schon ihre Mutter im gleichen Alter hatte auch Annabelle einen sehr schönen Körper. Doch das Gesicht ihrer Mutter war lediglich ansprechend und gefällig gewesen, mehr nicht. Nichts konnte den schmerzhaften Schock von Annabelles Schönheit voraussehen lassen, und ihre Mutter bekam allmählich Angst. Annabelle hatte die großen blauen Augen und das dichte, glänzende hellblonde Haar sicherlich von ihrem Vater geerbt, dem holländischen Zweig der Familie; aber nur ein unerhörter morphogenetischer Zufall hatte die herzzerreißende Ebenmäßigkeit ihrer Gesichtszüge hervorbringen können. Ohne Schönheit ist ein junges Mädchen unglücklich, (...) es ist gleichsam durchsichtig, kein Blick folgt ihr. (...) Eine extreme Schönheit dagegen, eine Schönheit, die in ungewöhnlichem Maße die übliche, bezaubernde Frische der jungen Mädchen übertrifft, ruft eine übernatürliche Wirkung hervor und scheint unweigerlich eine tragische Entwicklung anzukündigen. (Houellebecq 1998, S. 64f.).

Denn die Wahrheit ist, dass

[n]ur die erfahrenen, zynischen, skrupellosen Verführer (...) sich der Herausforderung gewachsen [fühlen]; und daher fällt im allgemeinen den denkbar unwürdigsten Wesen der Schatz ihrer Unschuld zu, und das ist für sie die erste Stufe eines unaufhaltsamen Niedergangs. (Ebd., S. 65)

Später wird es genau so kommen.

Auch wenn die grundlegenden Faktoren des Sexualverhaltens angeboren sind, spielt der Verlauf der ersten Lebensjahre eine wichtige Rolle für die Mechanismen seiner Auslösung, vor allem bei den Vögeln und den Säugetieren (...) Der Entzug des körperlichen Kontakts mit der Mutter während der Kindheit führt etwa bei der männlichen Ratte zu schweren sexuellen Verhaltensstörungen und insbesondere zu einem gehemmten Paarungsverhalten. Selbst wenn sein Leben davon abgehangen hätte, (und es hing tatsächlich weitgehend davon ab), wäre Michel nicht dazu fähig gewesen, Annabelle zu küssen. (Ebd., S. 66)

Da Michel aus den oben angegebenen Gründen Annabelles Liebe nicht beantworten kann, fällt sie, geschlechtsreif geworden, einem skrupellosen Verführer in die Hände, wird schwanger und treibt ab. Das ist der Anfang ihres traurigen Endes.

Wer meint, Houellebecq habe erst in *Plattform* (2001a) seinen ersten Liebesroman geschrieben, irrt: Ebenso wie in *Plattform* gibt es bereits in den *Elementarteilchen* eine Liebe, die nicht lebbar ist, weil die gesellschaftlichen Umstände, die Grausamkeit des Materialismus (in *Plattform* sind es islamische Attentäter) und das Zusammentreffen ungünstiger Umstände es nicht erlauben. Dennoch sind es die schönsten, zartesten, lyrischsten Stellen im Roman, inhaltlich ebenso wie sprachlich, wenn von Annabelle die Rede ist.[14]

Als Michel und Annabelle sich nach Jahrzehnten wieder treffen, beide ungebunden und unverheiratet, versuchen sie einen Neuanfang. Aber:

> Inmitten des Selbstmords der westlichen Welt war es klar, daß sie keine Chance hatten. (Houellebecq 1998, S. 269)

> Dennoch trafen sie sich weiterhin ein- oder zweimal in der Woche. Annabelle ging zu einem Gynäkologen und begann wieder, die Pille zu nehmen. Michel gelang es, sie zu penetrieren, aber am liebsten war es ihm, wenn er einfach neben ihr schlief und ihr lebendiges Fleisch spürte. (Ebd.)

In einer Szene am Meer

> (...) empfand [er] Mitgefühl für sie und für die großen Liebesreserven, die, wie er spürte, in ihr bebten und die das Leben verdorben hatte; er empfand Mitgefühl, und das war vielleicht die einzige menschliche Empfindung, die sein Herz noch rühren konnte. Ansonsten war sein Körper von einer eisigen Zurückhaltung erfüllt; er konnte wirklich nicht mehr lieben. (Ebd., S. 270)

Trotz mancher schöner Momente, die dennoch auch bekannt waren aus Parfumwerbungen (»gemeinsam die Treppen von Montmartre hinablaufen; oder eng umschlungen auf dem Pont des Arts stehen bleiben, der plötzlich

---

[14] Einer der wenigen Rezensenten, die den Stellenwert der Figur der Annabelle bei Houellebecq gesehen haben, ist Wolfgang Matz (2001), S. 112ff. Seine Arbeit ist gleichzeitig auch eine Widerlegung der empörten feministischen Meinung, in Frankreich ebenso wie in Deutschland weit verbreitet, Houellebecq sei »frauenfeindlich«.

von den Scheinwerfern der Seinedampfer erleuchtet wird, während die Schiffe wenden«) sehen sie in allem »das Ende nahen« (Houellebecq 1998, S. 271). Es naht in der Gestalt einer Krebserkrankung. Für Annabelle bedeutet diese Erkrankung das Ende. Sie nimmt Tabletten.

Der Tod als Trennungsmacht zwischen den Liebenden in der europäischen Literatur ist bei Houellebecq nicht der direkte, unerklärte Begleiter jeder Liebe, sondern eine Folge falschen Tuns in einer liberalen und materialistischen Gesellschaft. Während in den klassischen europäischen Liebesgeschichten der Tod als das natürliche Hindernis einer ewigen Liebe fungiert, empört sich Houellebecq aber prinzipiell gegen den Tod als trennende Macht: Wo Tod ist, ist Elend; wo Sexualität gegeben ist, herrscht gnadenlose Konkurrenz. Unerhörter noch ist des Dichters Behauptung, dass Lust und deren Verabsolutierung der Anfang des Mordens darstellt. Annabelles Zerstörung begann mit dem jugendlich-schönen, aber völlig skrupellosen di Meola, einem Sohn des Esalen-Mitbegründers, einem Guru und ungläubigen Kriminellen. Sie fiel ihm zu, weil er sie in den ersten Monaten, in denen sie geschlechtsreif wurde und sexuelle Lust verspürte, verführte und schwängerte; doch ihr Körper fiel einem Unwürdigen zu, der sie schon vergessen hatte, bevor sie aus einem gemeinsamen Urlaub abgereist war. Mit entsetzlicher Offenheit und Direktheit beschreibt er den Weg dieses Annabelle-Verführers vom lustvollen Genießer über erste satanistische Versuche mit Tötungen von Puertoricaner-Kindern bis zur Tötung einer Frau und dem Aufessen der Augäpfel deren Kindes. Der Hinweis auf de Sade und frühere Jahrhunderte kann nicht trösten, da bekannt ist, dass de Sade kein Einzelfall war und es diese perversesten aller Taten tatsächlich derzeit gibt. Sie haben bisher aber keinen Eingang gefunden in die Belletristik. Und die meisten Menschen könnten nicht leben, ohne diese Tatsachen tagtäglich zu verdrängen.

Der Dichter verdrängt nicht. Er konfrontiert seine Leser gnadenlos auch mit jener mörderischen Lust, die zuweilen als Kunst ausgegeben wird.[15] Soll man sagen, dass die Affekte die Wahrnehmung bestimmen,

---

[15] So nennt Houellebecq als Beispiel für diese Art Grausamkeit die österreichischen »Künstler« in der Gefolgschaft von Otto Mühl, die in den 70er Jahren Tiere schlachteten, sich mit Blut beschmierten und diese Szenen auf Video festhielten (ein auch sonst merkwürdiges, sowohl Exhibitionismus wie auch Voyeurismus bedienendes Verhalten von Sadisten), anschließend als Aktionskunst verkauften und in die Kunstausstellungen gingen. Nicht unähnlich empfinde ich das Verbrechen, menschliche Leichen zu skelettieren und als »Körperwelten« und Kunst auszugeben. Man wundert sich, dass Millionen Menschen sich diese Ausstellungen ansahen (z. B. in München 2002) und dass ein Verbot nicht zu erreichen war.

immer und überall, dass also die Affekte der zwei Hauptfiguren des Romans so gründlich von Zerstörung betroffen sind, dass keine andere Sichtweise mehr möglich scheint? Dass frühe Mutterentbehrung bei Menschen ähnliche Folgen hat wie bei den von Houellebecq zitierten männlichen Ratten, wissen die Psychoanalytiker besser als jede andere Berufsgruppe. In der von dem Dichter beschriebenen materialistischen Gesellschaft gibt es keine Alternative zu den zerstörten Körpern. Die Suizide – von Annabelle, von Christiane, von Michel – finden in dem Moment statt, in dem die Körper als zerstörte erfahren werden und es nichts anderes gibt, wofür sich weiter zu leben lohnt.

Houellebecqs Romane *Elementarteilchen* und *Ausweitung der Kampfzone* sind daher als ein Klagelied über die Unmöglichkeit der Liebe in einer von den Menschen selbst zugrunde gerichteten Welt zu lesen; doch dies erschließt sich nicht beim ersten Lesen seines überaus »artifiziell zusammengestellten Romans« (Steinfeld 2001, S. 126).

> Mit seinen beiden Romanen lässt Houellebecq also zum letzten Mal eine Tradition aufleben, die von Liebe und Sexualität erzählt, um darin zu beschreiben, was Georg Lukacs einst den »Subjektstand der Epoche« genannt hat, also das Verhältnis der Individualität zum gesellschaftlichen Ganzen einer bestimmten Zeit; dass es für den Autor – auch das kein unbekanntes Motiv im bürgerlichen Roman des zwanzigsten Jahrhunderts – tatsächlich das letzte Mal gewesen sein soll, ergibt sich zwingend aus der Diagnose seiner Bücher selbst. Wer nicht nur zwei zeitgenössische Romane liest, sondern weiß, dass auch das Allerneueste nur im großen Strom der Literaturgeschichte Wirklichkeit hat, der erkennt, worin der epochale Anspruch von Michel Houellebecq und auch seine tatsächliche Bedeutung liegen. Er ist der »Überbringer schlechter Botschaften.« (...) Die schlechte Botschaft aber wird umso verstörender, als sie erzählt wird im Medium der traditionellen Gefühlskultur und ohne dass der Autor ausdrücklich Stellung zu beziehen scheint. Houellebecq erzählt von der Verwandlung der Liebe in eine »Kampfzone« und seine Romane sind Trümmerstätten, auf denen die Ruinen der europäischen Liebesdichtung in einer fremden Gegenwart verloren herumstehen. (Matz 2001, S. 119)

Das Verdrängte

Im Verlauf der Lektüre Houellebecqs wird immer deutlicher, dass nicht Houellebecq verdrängt, sondern dass wir es sind, die verdrängen. Die

Verdrängung ist bekanntlich, wie jeder Abwehrmechanismus, eine Ich-Funktion; eben darum haben wir die Kunst so nötig, damit wir manchmal, vielleicht selten, Erkenntnisse haben, die wir sonst nicht hätten. Es lässt sich mit Leichtigkeit formulieren, dass jene tiefe Einsamkeit der beiden Halbbrüder vielleicht eine Entsprechung im Leben des Dichters hat. Es ist möglich, aber durchaus nicht immer der Fall, dass das eigene Leid zum Anlass für dessen künstlerische Gestaltung wird. Es ist auch möglich, dass die Mutterlosigkeit Houellebecqs, über die er nicht gerne spricht, die Vorlage war zu seiner Schilderung jener Janine, später Jane, die die Miturache für das Unglück der beiden Halbbrüder ist. Aber die Romangeschichte wird deshalb nicht weniger ein Panorama unserer heutigen Zeit, in dem die erschreckenden Züge tatsächlicher gesellschaftlicher Pathologie und deren Auswirkungen auf die Individuen zutage treten.

Obwohl Houellebecq mit großer Leichtigkeit zu schreiben scheint, ist kein Wort zufällig, keine Schreibform nicht gewollt: Alles ist sorgfältig konstruiert und geplant. So ist die Sprache, mit der Janine Erwähnung findet, auch durchweg gewollt abwertend: Die Todesszene, in der der nicht zufällig psychotische Bruno seine Zoten lallt, zeigt die Verachtung, die beide Brüder für die gemeinsame Mutter empfinden.

Im ersten Teil des Buches wird die häusliche Szene im 68er-Milieu (wie Houellebecq sie auffasst) beschrieben: Ein mit Drogen zugedröhntes Mädchen sitzt in dem einen Zimmer, ein bärtiger unbekannter Mann lümmelt sich in Janines Schlafzimmer, liegt quer über deren Bett und schnarcht. Marc Djerzinski, zu Besuch bei seiner Frau, geht den jammernden und röchelnden Lauten nach. Nach meiner Auffassung handelt es sich hier um eine das ganze Leben Michels im Roman erklärende Schlüsselszene:

> Im Schlafzimmer (...) herrschte ein entsetzlicher Gestank; die Sonne, die durch die Fenster hineindrang, warf ein grelles Licht auf die schwarzweißen Fliesen. Sein Sohn kroch unbeholfen über die Steinplatten, rutschte ab und zu in einer Pfütze aus Urin oder Exkrementen aus. Er kniff die Augen zusammen und jammerte unablässig. Als er die menschliche Gegenwart spürte, versuchte er, die Flucht zu ergreifen. Marc nahm ihn in die Arme; völlig verängstigt zitterte das kleine Wesen in seinen Händen. (Houellebecq 1998, S. 32)

In diesem Alter, Michel ist zwei Jahre alt, hat sich sein Leben bereits entschieden: Er hat Angst vor Menschen, seinen Vater kennt er nicht, sondern spürt nur dessen »menschliche Gegenwart«, ist zu dieser Zeit bereits menschenängstlich und Menschen vermeidend. Das wird, das kann nicht mehr gut werden: Janine, die gar nicht auftritt, wird in dieser Szene besser geschildert als dies ein langes Kapitel über sie tun würde: Was immer sie war, sie ist gleichgültig gegenüber ihren Kindern.

»Wenn sich innerhalb einer Beziehung die Persönlichkeit entwickeln kann, werden Liebe und Sexualität miteinander verknüpft werden können« (Bergmann 1995). Dies muss nicht immer der Fall sein, eines kann ohne das andere vorkommen, aber die prinzipiell mögliche Verknüpfung von Liebe und Sexus ist dann gewährleistet. Bei Michel und Bruno aber bleibt die Liebe lebenslang von der Sexualität getrennt, die Spaltung wird in den frühesten Jahren manifest.

Was dem Autor der *Elementarteilchen* wahrscheinlich weniger bewusst ist, ist die Ausweitung der persönlichen Erfahrung und der persönlichen Affektlage auf die Beurteilung ganzer Gesellschaftsformationen: Es stimmt, dass es unendlich viel Elend, Leid und die *Benachteiligung der Hässlichen* (Menninghaus 2004) gibt. Aber Michel Houellebecq war noch nicht geboren, als junge Frauen, lange vor den 68ern, aufgrund der gesellschaftlichen Ächtung ihres sexuellen Tuns kein anderes Mittel wussten, als die Empfängnis und Schwangerschaft zu verheimlichen und das hilflos im Wald entbundene Kind anschließend zu töten.[16] Anders gesagt: Vielleicht birgt heutige Art Gesellschaft zu organisieren, mehr Chancen, als der Dichter derzeit sehen kann.

Was schließlich in den bisher erschienenen Romanen noch unbewusster repräsentiert scheint, ist der Männerhass einer ganzen Generation. Bruno und Michel sind das Gegenteil dessen, was früher ein männlicher Held zu sein hatte: armselig, nicht gut aussehend, nicht mutig, tapfer, nicht beschützend, vielmehr eher selbst Schutz heischend, von der mütterlichen Brust abhängig. Emotional völlig vereinsamt und verwahrlost, soll eine hilfreiche Einstellung zu Menschen nur noch die Eigenschaft von Frauen sein. Dieses Männerbild, in Deutschland noch viel ausgeprägter als in Frankreich, stellt die Verkehrung all dessen dar, was jahrtausendelang in der Dichtung und im Lied, in der Skulptur und in der Oper selbstverständlich war: der Mann als Beschützer und Held, als der, der Frau und Kinder in der Außenwelt verteidigte.

In Houellebecqs Romanen ist von diesem abendländischen Helden nichts mehr übrig geblieben: Er ist am Ende. Dies korrespondiert auch mit einer von ihm weitgehend widerspruchslos hingenommenen Zuschreibung von

---

16 So geschehen im Jahr 1958 in meiner Heimatstadt Trier, eines der erschütternden Erlebnisse meiner frühen Jugend.

Kriminalität und Schwäche. Wenn ein Mann aber Stärke zeigt (z. B. der junge di Meola), dann ist er ein Mörder und Ausbeuter, ein Faschist und Missbraucher.

Der Mann als missglückte Natur, als genetisch angelegtes Ungeheuer, als der Verursacher von Krieg und Gewalt, das war ein Thema jenseits der so genannten sexuellen Befreiung der 68er, das nicht mehr den 68ern anzulasten ist, sondern der gesellschaftlichen Entwicklung der nach-68er, der 70er Jahre nämlich, die als »gesunkenes Kulturgut«, wie der passende soziologische Ausdruck hierfür heißt, in breiter Front das häufig schlichte Denken zahlreicher Feministen bestimmte und – über das selbstverständliche Recht auf Gleichberechtigung und Gleichstellung in der Gesellschaft hinaus – damit begann, Männer generell als ein Unglück anzusehen. Sie sollten endlich stricken, sie sollten im Sitzen pinkeln und die wenigen geschlechtsspezifischen Eigenarten, die ihnen noch geblieben waren, ablegen zugunsten einer Übernahme weiblicher Haltungen, was natürlich nicht gelingen kann. Davon handelt Houellebecqs Buch zwar nicht explizit, aber diese Denkweise bestimmt ganz selbstverständlich die Selbsteinschätzung der beiden Halbbrüder. Es ist dieser Selbsthass der beiden Halbbrüder, die Adressierung ihrer Liebessehnsucht an ein sie abwertendes Objekt, die es unmöglich macht, dass sie tatsächlich geliebt werden. Die Reduktion der Liebe auf Sexualität ist tatsächlich eine Gefahr des männlichen Erlebens; aber nur wenn durch die Frauen selbst das Liebesobjekt Mann zerstört wird, wie es derzeit der Fall ist, können Männer sich zwar eine Welt schaffen, »warm und glatt wie eine Frauenbrust«, aber sie werden diese konkret und in Wirklichkeit nicht mehr finden und lieben können.

Die Reduktion auf den Körper, die Zurückschneidung aller Emotionen, die Abschaffung der Helden – das begann natürlich schon früher im 20. Jahrhundert. Die Vaterlosigkeit in den Kriegen, die Demütigung abgewerteter Männer in den verschiedenen europäischen Gewaltexzessen haben freilich für diese Wut gegen Männer gesorgt.

Sehr vereinfacht ließe sich deuten, dass in dem Roman *Elementarteilchen* eine ursprünglich verweigerte Liebe und Nähe dazu geführt hat, Beziehungen zu sexualisieren. Als deutlich wird, dass dies nicht gelingen kann, soll die Menschheit selbst abgeschafft werden. Dies wäre aber eine unfaire Deutung, weil sie die großartige literarische Leistung des Dichters und deren herausragende Stellung im Insgesamt der europäischen Literaturgeschichte nicht einmal im Ansatz berücksichtigen würde. Aus diesem Grund hieß es eingangs, dass einfache pathographische Deutungen weder dem Künstler noch der Kunst gerecht werden können.

Kann Michel Houellebecq also zutreffender als der Psychoanalytiker die Realität der westlichen Welt beschreiben?

Ja und nein: Die Antwort lautet ›ja‹, weil sein offenes Unbewusstes Unerhörtes fühlt, sieht und spürt und das Publikum dazu verführt, das Unerhörte mit ihm zu fühlen und zu sehen. Auch durch seine Leidenswege, sofern es diese gegeben hat, kann sein Blick geschärft worden sein für die problematische und elende Seite der Welt. Aber diese Motivation ist weder ein notwendiger noch ein hinreichender Grund für das Schaffen eines Literatur- oder Kunstwerkes. Bei Houellebecq dürfte das literarische und poetische Talent ebenso wenig mit der psychoanalytischen Theorie zu erklären sein wie bei anderen Künstlern.

Und die Antwort lautet ›nein‹, weil die Psychoanalyse als Theorie und Praxis eine andere Aufgabe hat als die Literatur. Die Psychoanalyse hilft, das Gefühlte im Prozess des *Erinnerns, Wiederholens und Durcharbeitens* zu überprüfen, stabil werden zu lassen, in Besitz zu nehmen – unverlierbar in den tagtäglichen Auseinandersetzungen mit der Welt, in welcher die Stimme des Intellekts immer leise sein wird. In diesem Prozess stellt die Kunst einen unverzichtbaren Anteil unserer Erkenntnis dar, die die Welt des Unbewussten auch da öffnet, wo sie zunächst hermetisch abgeschlossen scheint.

Literatur

Beigbeder, Frédéric (2002): Neununddreißigneunzig, Roman. Deutsch von Brigitte Grosse. Reinbek bei Hamburg (Rowohlt) Französische Originalausgabe: 99 Francs, Paris 2000 (Bernard Grasset).

Bergmann, Martin S. (1994): Eine Geschichte der Liebe, Vom Umgang des Menschen mit einem rätselhaften Gefühl, Aus dem Amerikanischen von Reiner Stach, Frankfurt (Fischer).

Bollas, Christopher (2001): Vortrag bei der DPV München, Unveröffentlichtes Manuskript.

Bründl, Peter (1998): Trauma und Überlebenskunst. In: MAP-Texte 08, S. 45–66 München.

Chasseguet-Smirgel, Janine, (1988): Kunst und schöpferische Persönlichkeit, Anwendungen der Psychoanalyse auf den außertherapeutischen Bereich, München und Wien (Verlag Internationale Psychoanalyse) (Paris 1971).

Goethe, Johann Wolfgang von (1810): Die Wahlverwandtschaften, Hamburger Ausgabe, Zehnte Auflage 1981, München (C. H. Beck).

Grubrich-Simitis, Ilse (2004): Michelangelos Moses und Freuds »Wagstück«; eine Collage, Frankfurt (S. Fischer).

Grimm, Jürgen (Hg) (1999): Französische Literaturgeschichte. 4., überarbeitete und aktualisierte Auflage. Stuttgart, Weimar (J. B. Metzler).

Houellebecq, Michel (1991): H. P. Lovecraft, Contre le monde, contre la vie, Monaco, Éditions du Rocher, (Gegen die Welt, gegen das Leben, H. P. Lovecraft, Köln 2002, Dumont).

Houellebecq, Michel (1994): Extension du domaine de la lutte, Paris (Maurice Nadeau), (Ausweitung der Kampfzone, Reinbek 2000, Rowohlt).

Houellebecq, Michel (1996): Le sens du combat, Paris (Flammarion).

Houellebecq, Michel (1997): Rester vivant et autres textes, Paris (Flammarion)

Houellebecq, Michel (1998): La Poursuite du bonheur, Paris (Flammarion).

Houellebecq, Michel (1998): Les Particules élémentaires, Paris (Flammarion) Elementarteilchen, Reinbek 1999, (Rowohlt).

Houellebecq, Michel (1999): Renaissance, Paris (Flammarion).

Houellebecq, Michel (2000): Suche nach Glück. Gedichte Französisch-Deutsch, Reinbek (Rowohlt).

Houellebecq, Michel (2001a): Plateforme, Paris (Flammarion), (Plattform, 2002, Reinbek, Rowohlt).

Houellebecq, Michel (2001b): Die Welt als Supermarkt. Reinbek (Rowohlt).

Houellebecq, Michel (2004): Lanzarote, Reinbek (Rowohlt) (Lanzarote, 2000, Flammarion).

Krause, Tilman (2001): Der Dreckspatz von Paris In: Steinfeld 2001, S. 27–32.

Kuhns, (1989): Psychoanalyse der Kunst, Frankfurt (Suhrkamp) (Original-ausgabe 1983).

Noguez, Dominique (2003): Houellebecq, en fait. Paris (Librairie Arthème Fayard).

Matz, Wolfgang (2001): Vor der Abschaffung des Menschen, Michel Houellebecqs Asketik der Liebe. In: Steinfeld 2001, S. 112–126.

Schaub, Mirjam (2001): Die Feigheit des Affekts, In: Steinfeld 2001, S. 33–53.

Steinfeld, Thomas (Hg) (2001): Das Phänomen Houellebecq, Köln (Dumont).

Tatarkiewicz, Wladyslaw (2003): Geschichte der sechs Begriffe Kunst, Schönheit, Form, Kreativität, Mimesis, Ästhetisches Erlebnis. Aus dem Polnischen von Friedrich Griese, (polnische Originalausgabe 1976), Frankfurt (Suhrkamp).

Tömmel, Sieglinde Eva (1998a): Einige Gedanken zur psychoanalytischen Kunsttheorie. In: MAP-Texte 08, S. 67–87. München.

Tömmel Sieglinde Eva (1998b): Goethes Wahlverwandtschaften als gesellschaftlich verpflichtendes Kunstwerk, Einige Bemerkungen zur psychoanalytischen Literaturtheorie. In: Luzifer Amor Nr. 22, Zeitschrift für die Geschichte der Psychoanalyse, Tübingen (edition discord).

Tömmel, Sieglinde Eva, (2001): Picasso. In: Schlösser/Gerlach (Hg) Kreativität und Scheitern, Gießen (Psycho-Sozial).

Tömmel Sieglinde Eva (2004): Maligner Narzissmus in Martin Walsers Tod eines Kritikers. In: Eva Jaeggi und Hilde Kronberg-Gödde (Hg.): Zwischen den Zeilen, Literatur psychologisch gesehen. Gießen (Psycho-Sozial).

Tömmel, Tatjana Noemi (2004): Liebe im Briefwechsel von Hannah Arendt und Martin Heidegger, Unveröffentlichte Seminararbeit Berlin.

Wiegmann, Hermann (2003): Abendländische Literaturgeschichte, Die Literatur in Westeuropa von der griechischen und römischen Dichtung der Antike bis zur modernen englischen, französischen, spanischen, italienischen und deutschen Literatur. Würzburg (Königshausen & Neumann).

Zweifel, Stefan (2001): Depressive Dekadenz, In: Steinfeld 2001, S. 73–82.

Macht und Ohnmacht in der analytischen Gruppenpsychotherapie – die Gruppe als Container von Gewalterfahrungen

Mathias Hirsch

Dem Gegensatzpaar Macht und Ohnmacht entspricht ein Gegensatz von Täter und Opfer, in der analytischen Therapie in gewisser Weise auch Analytiker und Patient, denn die therapeutische Beziehung ist von einem hierarchischen Gefälle bestimmt, einer Asymmetrie zwischen dem Patienten, der alles, auch seine Schwäche, zeigen soll, während der Analytiker – allerdings wohlkontrolliert – eine Art Deutungshoheit und damit Macht behält. Inzwischen ist das Konzept der Intersubjektivität der therapeutischen Beziehung längst in den Mainstream der Psychoanalyse eingeflossen bzw. bestimmt ihn sogar; im Sinne der Interaktion schaffen beide Beteiligten das, was als »therapeutisches Drittes« (Ogden 1997) benannt worden ist, eine »Übertragungs-Gegenübertragungs-Matrix« (ebd.), ein »bipersonales Feld« (Ferro 2002). Allerdings darf ein intersubjektives Verständnis nicht zu Ferenczis Versuch der *mutuellen Analyse* führen; die notwendige Asymmetrie beschränkt die Interventionen, das interaktive Mitspielen des Therapeuten, auf das, was dem Patienten nützt. So gesehen ist Abstinenz heute nicht mehr nur als Triebversagung dem Patienten gegenüber zu definieren, sondern vielmehr als Forderung an den Analytiker, nichts einzubringen, was nicht dem Patienten, sondern ihm selbst nützt, zur Befriedigung eigener narzisstischer oder gar sexueller Bedürfnisse dienen soll; kurz, der Analytiker darf nicht zum Täter werden.

In der therapeutischen Gruppe sieht die Situation etwas anders aus: Die Asymmetrie und die Abstinenzforderung im genannten Sinne gilt nur zwischen dem Therapeuten, also dem Gruppenleiter, und den Gruppenmitgliedern. Denn jedes Gruppenmitglied darf und soll alles äußern, in *freier Interaktion,* ohne Vorbehalt und Kontrolle, auch Eigenes, auch eigenes Irrationales und besonders Affektives an den anderen herantragen. Er darf also auch zum »Täter« an einem anderen Gruppenmitglied werden (muss sich allerdings ans Verbale, Nicht-Tätliche halten). Gibt es kein asymmetrisches Gefälle zwischen den an der therapeutischen Auseinandersetzung beteiligten Gruppenmitgliedern, relativieren sich auch die Begriffe Übertragung und Gegenübertragung. Freuds Entdeckung der

Übertragung war ja so bedeutungsvoll, dass sie einer kopernikanischen Wende des Konzepts der Arzt-Patienten-Beziehung gleichkam: Vordem war und ist in der körperlichen Medizin noch immer der Arzt der, der etwas tun soll und immer tun muss – nun allerdings tut der analytische Arzt nichts, außer in jedem Augenblick sein Konzept der therapeutischen Beziehung und was in ihr geschieht einzubringen, also metakommunikativ zu deuten. Die Konstruktionen *Übertragung* und *Gegenübertragung* sind nur historisch aus diesem Beziehungsmodell der Asymmetrie zu verstehen: Übertragung des Patienten auf den – unschuldigen – Analytiker; Gegenübertragung als seine Reaktion auf die Übertragung, die er im Prinzip zu unterdrücken, »niederzukämpfen« habe (Panel 2000), wie es tatsächlich noch in einer Panel-Diskussion der IPA in Nizza 2001 gefordert wurde, trotz der Intervention Paula Heimanns (1950), über 50 Jahre zuvor, die Gegenübertragung sei nichts zu Unterdrückendes, vielmehr ein wertvolles seismografisches Instrument des Verständnisses des Unbewussten des Patienten. Das Vordringen einer intersubjektiven Haltung ist als Beginn einer neuen Ära psychoanalytischen Denkens bezeichnet worden (Chused 1997), aber soweit die Psychoanalyse sich in Gruppen ereignete, musste ein altes Konzept von Übertragung und Gegenübertragung schon immer irrelevant sein, denn ohne Asymmetrie ist das Beziehungsgeschehen immer interaktionell und intersubjektiv, und auch Konzepte des Agierens und Mitagierens (Klüwer 1983, 1995) und eines des Handlungsdialogs (Heisterkamp 2002), des enactments (vgl. I. Hirsch 1996) die jetzt wieder aktuell sind, hatten in der Gruppe immer ihre Bedeutung.

Eine elegante neue Definition von Übertragung und Gegenübertragung gibt Ogden (1997): Die Übertragung ist das Erleben des Patienten des gemeinsam geschaffenen analytischen Dritten, der Übertragungs-Gegenübertragungs-Matrix, die Gegenübertragung das des Analytikers. Dieser letzte Begriff kommt dem vor langer Zeit von Foulkes (1964) entwickelten Konzept des Beziehungsgeflechts der Gruppe, der *Matrix*, nahe, darüber hinaus aber »repräsentiert sie [die Matrix] das Wachstum von Kultur, von Mustern der Kommunikation und des bedeutungsvollen Verstehens, das in der Gruppe etabliert wurde und zu dem alle Gruppenmitglieder beitragen, denn sie haben selbst teil an ihrer Kreation« (Pines 1990, S. 40). An der Erschaffung der Matrix ist natürlich auch der Gruppenleiter beteiligt. Die Entstehung der Matrix ist möglich, wenn die Gruppe sich innerhalb sicherer Grenzen entwickeln kann: Zum einen sind formal gesetzte Grenzen des Gruppen- bzw. Therapievertrags und deren Verteidigung durch den Therapeuten essenziell, sie bilden den äußeren Rahmen, der die

Voraussetzung für die Entwicklung eines Gefühls von Sicherheit für den schwer gestörten Patienten bildet (vgl. M. Hirsch 2004, Kap. 20). Die *Matrix*, als Gruppenkultur verstanden, bedeutet zum anderen aber auch die Errichtung von inneren Grenzen, die die Gruppenkultur definieren, einerseits z. B. die Forderung nach Empathie, taktvollem Verstehen, Respekt vor der Persönlichkeit des anderen, andererseits aber auch die Forderung nach Offenheit, Authentizität, Ehrlichkeit im Sinne von »sich-nichts-vormachen«. Die Introjektion und nachfolgende Identifikation mit dieser Art von durch eine sozusagen nicht moralische Ethik begrenzten Gruppenkultur ist besonders wertvoll für den einerseits durch die Sozialisation in starren autoritären Familienstrukturen geschädigten, andererseits für den durch Grenzüberschreitungen mannigfacher Art traumatisierten Patienten, der über keine gesicherten Grenzen seiner selbst und der anderen verfügt, vielmehr verwirrt ist über die Beziehungsbegriffe von Liebe und Gewalt, ein Opfer der »Sprachverwirrung«, die Ferenczi (1933) als erster so benannt hat. Die Wiedergewinnung der Grenzfunktion ist für den persönlichkeitsgestörten, d. h. meist wohl traumatisierten Patienten besonders wichtig. Überschreitet er Grenzen in der Beziehung zu anderen – direkt sichtbar in der Interaktion der therapeutischen Gruppe –, sind unter Umständen massive Grenzsetzungen notwendig, auch im Falle von selbstdestruktivem Agieren außerhalb der Gruppe wie Selbstbeschädigung und Suchtmittelmissbrauch. Insbesondere ist aber auch das Aufrichten innerer Grenzen notwendig, denn diese Patienten können zu wenig unterscheiden zwischen innen und außen, innerer und äußerer Wirklichkeit, zwischen Selbst und Objekt, letztlich zwischen Täter und Opfer, der Schuld des Täters und eigenen Schuldgefühlen, zwischen eigenen Bedürfnissen und denen des Gegenübers sowie ihrer Legitimität bzw. Missbräuchlichkeit.

Schwerer gestörte Patienten – Borderline-Patienten, traumatisierte Patienten – lassen sich in zwei unterschiedliche Gruppen einordnen: Da ist einmal der nach außen offen aggressive, grenzüberschreitende »Täter«-Typ, der sich eine prekäre Macht verschafft, indem er Schwächere zum Opfer macht. Als Prototyp gilt in diesem Zusammenhang der destruktive männliche Jugendliche, der »Skinhead«, der sein eigenes Opfer-Sein auf andere, von ihm als minderwertig definierte Minderheiten projiziert und dort den eigenen abgespaltenen Selbstanteil bekämpft. Auch solche Täter sind einmal ohnmächtige Opfer gewesen, sie greifen jedoch zu derjenigen Form der Identifikation mit dem Aggressor, der sekundären Identifikation nämlich, die dem Täter Recht gibt im Sinne von: »Mir haben die Prügel nicht geschadet, also prügle auch ich meinen Sohn, damit einmal etwas aus ihm wird …« Dieser Typ folgt dem sadistischen Modus, stets bereit anzu-greifen; er zieht es vor, Täter zu sein, um sich nicht als Opfer fühlen zu müssen, wehrt damit übrigens auch die Scham, Opfer (gewesen) zu sein, ab. Die ande-re Form der Identifikation mit dem Agressor ist die unterwerfende, die Ferenczi (1933) zuerst beschrieben hat, die die Opfer-Identität perpetuiert, auch die damit verbundene Ohnmacht; der Prototyp ist das weibliche In-zestopfer, das die Schuld des Täters in Form eigener massiver Schuldgefühle übernimmt und dem masochistischen Modus folgt (über die *Zwei Arten der Identifikation mit dem Aggressor* vgl. M. Hirsch 1996). Diese Patienten neigen auch zum autistischen Rückzug.

In einer therapeutischen Gruppe können Patienten zusammenkommen, die jeweils die eine oder andere Art der Identifikation gewählt hatten. Es müssen nicht unbedingt erst einmal als Täter oder als Opfer definierte Patienten sein, z. B. solche, die sich sexueller Straftaten schuldig gemacht hatten bzw. solche, die Opfer sexueller Übergriffe in der Familie oder Vergewaltigungen später geworden waren, wie ich es beschrieben habe (M. Hirsch 2003). Das wäre eine Zuspitzung eines allgemeinen Prinzips der Heterogenität der Gruppenzusam-mensetzung. Ganz allgemein bietet eine heterogen zusammengesetzte Gruppe die Möglichkeit der Gegen- bzw. Kreuzidentifikation; im jeweils anderen können die eigenen Täter- bzw. Opferanteile wiedererlebt werden – den Split-ter im Auge des anderen sieht man eher als den Balken im eigenen. Hier kann man Fonagys (Fonagy et al. 2002, S. 244f.) Statement auf die Gruppe bezie-hen: »Wir lernen, uns selbst zu verstehen, indem wir andere verstehen …« Aber man wird erst in der Lage sein, diese erst einmal fremden Anteile als eige-ne zu identifizieren, nachdem man sie im anderen heftig bekämpft, sich als ihr Opfer gefühlt hat bzw. den anderen zum Opfer gemacht hat, verbunden mit nun möglichen Affekten, die in der ursprünglich traumatischen Situation nicht aushaltbar gewesen wären.

Der andere Wirkfaktor der Gruppenpsychotherapie, der wegen der fehlen-den Asymmetrie weit wirkungsvoller ist als in der Einzelsituation, ist die Konfrontation mit dem So-Sein durch die anderen Gruppenmitglieder, die um so deutlichere Worte finden können, als sie im selben Boot sitzen und als Gleichberechtigte im Sinne einer Peer-Group stets gewärtig sein müssen, selbst wiederum auf sich selbst zurückverwiesen zu werden. Sagt z. B. ein Gruppen-mitglied zum anderen mit vollem Affekt: »Ich kann es kaum noch aushalten, wie du redest, noch ein Satz, und ich renne schreiend aus dem Raum!«, so läuft er Gefahr, von einem dritten verwundert angesprochen zu werden: »Ich weiß gar nicht, was dich stört, ich kann ihm ganz gut zuhören«, sodass er nun seiner-seits gezwungen ist, über seine Empfindlichkeit nachzudenken. Vielleicht bekommt er Hilfe von einem vierten, der sagt: »Ich kann dich ganz gut verstehen, eigentlich geht es mir ähnlich, nur würde ich mich längst nicht so darüber aufregen ...« Die Konfrontation erfolgt aber nicht von einem moralischen Standpunkt aus, sie ist innerhalb der analytische Gruppenkultur auf dem Boden der impliziten Authentizitätsforderung möglich; jeder *darf* sich zeigen, wie er ist, muss sich allerdings eine entsprechende Reaktion gefallen lassen. Als eine geschwächte Ich-Funktion dieser Patienten muss man die »schwache Kapazität für reflektive Selbstrepräsentation« (Pines 1990, S. 43) sehen, die durch diese manchmal schmerzliche, manchmal bedrohliche Konfrontation gefördert wird, man kann milder auch von Spiegelung durch die Gruppenmitglieder bzw. die ganze Gruppe sprechen (Pines 1990).

Die beiden genannten Wirkfaktoren, Konfrontation und mannigfaltige Möglichkeiten der Neuidentifikation, sind besonders günstig, um Selbst- und Objektbilder zu korrigieren, insbesondere auch, um die Grenzen zwischen Selbst und Objekt wieder aufzurichten – letztlich, bei traumatisierten Patienten, die Grenzen zwischen Täter und Opfer –, einen größeren Realitätssinn zu entwickeln und die Begriffe von Schuld und Verantwortung des Täters und Schuldgefühl des Opfers neu zu definieren. Gruppenmitglieder können unter Umständen viel wirkungsvoller Grenzen setzen zwischen innen (traumatisches Introjekt) und außen (auslösende Situation). Dazu ein *Fallbeispiel*: Eine 40-jährige Patientin hatte riskiert, eine Beziehung zu einem Mann einzugehen, obwohl sie sich vorgenommen hatte, nie wieder von einem Mann etwas zu wollen. Nach einiger Zeit war sie von ihm verlassen worden und sie setzte diese Verletzung gleich mit der monatelangen Vergewaltigung und Misshandlung, die ihr im Alter von 15 Jahren durch einen sieben Jahre älteren Mann widerfahren war. Jetzt kann sie in der Gruppe nicht aufhören zu klagen, was dieser Mann, der sie unlängst verlassen hat, ihr angetan habe. Ein Teil der Gruppe folgt ihr, fragt nach, begleitet sie in ihrem Schmerz, dann aber sagt ein Gruppenmitglied: »Meinst Du nicht, dass ein solches Verlassenwerden etwas ganz anderes ist als eine Vergewaltigung? Ich meine, ich habe auch unter Trennungen furchtbar gelitten, aber ...« – Die Klagen verstummten, die Patientin war schlagartig wieder auf dem Boden der Realität, die Gruppendiskussion nahm das Thema auf, entfernte sich aber in Richtung allgemeiner Beziehungsprobleme. Das Beispiel mag banal klingen, aber die Begrenzung wirkte wohl besonders dadurch, dass es ein Gruppenmitglied war, das sagen konnte: »Ich habe auch unter Trennungen furchtbar gelitten ...«; das kann ein Therapeut nicht, der durch noch so empathische Deutungen viel eher als Vergewaltiger erlebt würde.

Containing

Traumatisierte Patienten leiden an einem Defizit gelingender Affektregulation. Entweder sind die dem Trauma entsprechenden Affekte dissoziiert und gründlich abgelegt, in keiner Weise zugänglich, oder aber sie gelangen, ausgelöst von dem Trauma entsprechenden Situationen, ungefiltert, eins zu eins, nicht mentalisiert, flashback-artig das Ich überschwemmend an die Oberfläche. Entweder also sind die Grenzen zu starr, im Sinne einer Barriere, oder aber sie fehlen fast ganz oder vollständig. Die Parallelen zwischen der Mutter-Säugling-Beziehung mit ihrer Mentalisierungs- bzw. Symbolisierungsfunktion und der therapeutischen Beziehung sind nahe liegend. Die »*holding-function*« Winnicotts entspricht der haltenden Funktion der therapeutischen Beziehung, die Begleitung und Schutz enthält; für die Gruppentherapie stellt man sich die Gruppengrenzen, auch Gruppenkohäsion genannt, die Gruppenkultur, also die *Matrix*, Halt gebend vor. Bions Begriff (1962) der Container-, also Behälterfunktion der Mutter geht über das »holding« hinaus, dem die Dimension der Metabolisierung von Affektzuständen hinzugefügt wird. Der Container nimmt die zu bedrohlichen Affekte des Kindes, die es nicht auszuhalten vermag, in sich auf, behält sie dort, macht sich sozusagen einen Begriff davon, wozu der Säugling nicht in der Lage ist, und teilt sie ihm in modifizierter Form zu gegebener Zeit mit. Für die Therapie von schweren Störungen ist das Konzept insofern sehr nützlich, als der Therapeut überwältigende Affekte anstelle des Patienten in der Gegenübertragung spürt, bzw. von diesem durch projektive Identifikation gezwungen wird sie zu erleben. Soweit es die wachsende Symbolisierungsfähigkeit des Patienten zulässt, können sie in modifizierter Form nach und nach zurückgegeben werden, solange sie für ihn noch zu bedrohlich sind, werden sie zurückgehalten. Fonagy und Target (2000) sehen im Containing eine Funktion der Mentalisierung, der ersten Symbolisierung. Denn das Kind wird »erst allmählich dessen gewahr, dass es Gefühle und Gedanken hat, und es entwickelt langsam die Fähigkeit, diese zu unterscheiden.« (Fonagy u. Target 2000, S. 965). Und zwar dadurch, dass die Eltern auf die primär repräsentierten, sozusagen unverändert repräsentierten (Körper-)Erfahrungen des Kindes reagieren.

> Wie sie habituell auf die emotionalen Ausdrucksformen des Kindes reagieren und wie sie sich selbst ausdrücken, lenken (sie) die Aufmerksamkeit des Kindes auf seine inneren Erfahrungen, formen sie, geben ihnen Bedeutung, und ermöglichen dem Kind zunehmend, sie auszuhalten und zu gestalten.

Primäre Repräsentationen von Erfahrung organisieren sich in sekundären Repräsentationen dieser mentalen und körperlichen Zustände. (ebd.)

Die erste Symbolisierung geschieht durch die *Modifikation*, die die Mutter, wenn es gut geht, vornimmt, d. h. sie anerkennt zwar die Berechtigung des Affekts, nimmt ihm aber seine allzu bedrohliche Bedeutung und gibt ihm eine veränderte, neue Qualität, die besser verträglich ist. Die Mutter wird das Erleben durch beruhigende Einwirkung, auch mit leiser Ironie verfremdet, »auf geschickte Weise (…) spiegeln und dieses Erleben gleichzeitig mit einem kontrastierenden Affekt verbinden, damit diese Reflexion dem Baby auch hilft.« (Fonagy u. Target 2000, S. 966) Dadurch gibt die Mutter dem Säugling die Möglichkeit, »eine Repräsentation zweiten Grades bzw. eine symbolische Repräsentation der Angst zu erzeugen. Damit beginnt die Symbolisierungsfähigkeit.« Misslingt die Modifikation jedoch, so kann das auf zwei Arten geschehen: Im ersten Fall reagiert die Mutter nach dem Modus psychischer Äquivalenz von Erfahrung und innerer Realität, sie gibt zwar den Affekt des Säuglings zurück, aber in unmodifizierter, nicht-»markierter« (Fonagy et al. 2002) Form, sodass der Säugling nicht erkennen kann, dass es *sein* Affekt war, er versteht ihn als den der Mutter, wodurch die eigene Panik noch traumatisierend verstärkt wird. Im anderen Fall ignoriert die Mutter die Qualität der Äußerung des Kindes bzw. interpretiert sie falsch, verfällt so in einen »Als-ob-Modus«, sodass »eine verzerrte sekundäre Repräsentanz seines primären Emotionszustandes« (Fonagy et al. 2002, S. 202) resultiert, der eigene Affekt also nicht realistisch interpretiert werden kann. Es geht aus diesem Modell der Mentalisierung auch hervor, dass hier Grenzen gesetzt werden, die das Überflutende begrenzen, dass Äquivalenz dementsprechend Grenzenlosigkeit bedeutet, während der Als-ob-Modus starre, falsche Grenzen aufrichtet.

Ähnlich wie Kohut (1977) überzeugt war, dass die Notwendigkeit, auf ein Selbstobjekt immer wieder zurückgreifen zu können, bis ins Erwachsenenalter bzw. das ganze Leben über persistiere, vertreten auch Fonagy und Co-Autoren die Ansicht, dass Affektspiegelung weit über das Säuglingsalter hinaus notwendig sei; bei der

Kontingenzentdeckung handelt es sich vermutlich um einen allgegenwärtigen informationsverarbeitenden Mechanismus, der lebenslang aktiv ist, und empathische affektspiegelnde Gesten sind für die Kommunikation zwischen Erwachsenen ebenso charakteristisch wie für Mutter-Säugling-Interaktionen (Fonagy et al. 2002, S. 206).

In Bezug auf die therapeutische Beziehung meinen die Autoren, dass durch neue entsprechende Erfahrungen traumabedingte »Inseln der psychischen Äquivalenz« bzw. solche des Als-ob-Modus (ebd., S. 207) nach und nach aufgelöst werden können. Das würde dem entsprechen, was man heute in Bezug auf die analytische Traumatherapie (vgl. M. Hirsch 2004) als Notwendigkeit der Wiedergewinnung der Symbolisierungsfähigkeit fordert.

Natürlich wird ein solcher Prozess der Neueinordnung und Symbolisierung von Affekten auch in der Einzel-Psychotherapie stattfinden. Meine These ist jedoch, dass besonders durch die fehlende Asymmetrie zwischen den Gruppenteilnehmern dieser Vorgang besonders effektiv ablaufen wird. Denn durch die ungefilterten Reaktionen der Gruppenmitglieder können alle drei Modi verwendet werden, um auf das Sich-Zeigen eines Patienten in der Gruppe zu antworten, sowohl mit den ursprünglich pathogenen Modi (der Äquivalenz, des Als-ob und mit fehlender Reflexionsfähigkeit) als auch mit dem modifizierenden Modus, der Symbolisierung ermöglicht. Die beiden Akteure – derjenige, der sich zeigt, und der auf ihn Reagierende – sind nicht allein; reagiert ein Gruppenmitglied auf Äußerungen übermäßiger Angst mit ähnlicher Panik, können die anderen Gruppenmitglieder triangulierend eingreifen, eine Differenz hineinbringen, Grenzen setzen, realistische Bilder unrealistischen Affekten entgegensetzen. Wenn die ganze Gruppe undifferenziert als eine Einheit – in einem der nicht adäquaten Modi – reagiert, ist spätestens der Therapeut in *seiner* Container-Funktion (Pines 1990, S. 41) gefordert.

Viel direkter als ein Einzeltherapeut wird die Gruppe gegenüber dem Trauma adäquate Affektäußerungen hervorbringen können, wenn der betreffende Patient noch längst keinen Zugang zu seinen abgespaltenen Affekten hat. Hier lässt sich das lange bekannte *Resonanzphänomen* in der Gruppe einordnen. Oft werden furchtbare traumatische Erlebnisse berichtet, jedoch ohne jede affektive Regung. Dann kann ein erster Schritt der Integration der traumatischen Affekte deren Erleben durch ein *anderes* Gruppenmitglied sein, das das Grauen, die Wut, auch die Scham und den Schmerz anstelle des berichtenden Patienten erlebt und affektiv ausdrückt. Berichtet ein Gruppenmitglied mit tonloser Stimme: »Mein Vater hat mich zwischen dem achten und elften Lebensjahr sexuell missbraucht ...«, wird ein anderes Gruppenmitglied, welches eben gerade *nicht* derart massiv traumatisiert ist, sich jedoch einfühlen kann, stellvertretend entsprechende Affekte äußern, während ein Einzeltherapeut seine Empathie zwar verbal zeigen kann, nicht aber durch den Ausdruck entsprechender Affekte zur Identifikation einladen kann.

Es kommt auch vor, dass die Affektäußerung eines Gruppenmitglieds von einem anderen, das aufgrund eigener Notwendigkeit der Verleugnung zu einer adäquaten Einfühlung nicht fähig ist, umgedeutet wird. Wieder werden andere Gruppenmitglieder, die in diesem Bereich nicht derart abwehren müssen, korrigierend einspringen und die realistische Entsprechung von berichteter Situation und Affekt bestätigen.

Besonders wichtig ist die Anwesenheit der anderen in der Gruppe, die letztlich die Funktion gewissenhaft und neutral urteilender Zeugen wahrnehmen, wenn projektiv-identifikatorische Aufschaukelungsprozesse zwischen den Gruppenmitgliedern entstehen. Diese sind in der Einzeltherapie besonders schwer zu handhaben, gerade weil kein Dritter zugegen ist. Projektive Identifikation beruht wiederum auf einem Mangel an Symbolisierung sowie auf einer Schwächung der Selbst-Objekt-Grenzen. Ihr Ursprung liegt Fonagy und Mitarbeitern zufolge an der nicht markierten, nicht modifizierten affektiven Antwort der Mutter: »Da der Säugling den gespiegelten Affekt der Mutter zuschreibt, wird er seinen eigenen negativen Affekt ›da draußen‹ als zu anderen gehörend erleben und nicht als seinen eigenen.« (Fonagy et al. 2002, S. 201) Treten durch projektive Identifikation hervorgerufene heftige Affekte bei einem Gruppenmitglied auf, kann man sie häufig und für den »Sender« viel überzeugender als in der Einzeltherapie auf diesen zurückführen. Das erwähnte Resonanzphänomen ist durch projektiv-identifikatorische Induktion zu erklären. In einem von mir an anderer Stelle (M. Hirsch 2004, S. 249) berichteten Fallbeispiel erzählt Wendy, eine Patientin, die transgenerational Opfer der von den Eltern durch Nazi-Verfolgung erlittenen Traumata und Heimatlosigkeit geworden war, mit ermüdender Stimmfärbung von ihrer Malerei – bald habe sie kein Geld mehr – neben der Malerei könne sie nur noch an maximal drei Tagen in der Woche jobben – die Malerei sei sehr kraftraubend – daneben könne sie nicht irgendeinen Job übernehmen – sie male nur abstrakt, sehr ernsthaft, idealistisch, sie möchte nichts anderes malen … – Eine andere Patientin, Maike, driftet gedanklich immer mehr ab, sie kann der auf Wendy eingehenden Gruppendiskussion nicht mehr folgen und äußert schließlich: Sie habe Angst ihr Leben nicht hinzukriegen, Existenzangst, eigentlich habe sie keinen Mut zum Selbstmord, sei aber verzweifelt, noch so lange aushalten zu müssen, bis David, ihr Sohn, sie nicht mehr brauche. Alles sei eine Qual, sagt sie unter Tränen. Die Vermutung liegt nahe, dass die Gefühle Maikes und ihre Suizidgedanken genau dem Zustand der Eltern Wendys entsprechen, die vielleicht wegen deren Existenz nicht zum letzten Mittel des Selbstmords gegriffen hatten. Die anschließende

Gruppendiskussion konnte die Reaktion Maikes sowohl auf ihre eigenen Traumata als auch insbesondere auf die transgenerationalen Introjekte Wendys zurückführen.

Schlussbemerkung

Macht und Ohnmacht im Zusammenhang mit Traumatisierung und psychischer Erkrankung sind prekäre Begriffe. Welche Macht nimmt sich ein Täter heraus, der ein ursprünglich in gewisser Weise mächtiges, also lebensfähiges Kind zum Opfer und damit ohnmächtig macht? Welche Ohnmacht perpetuiert ein Opfer irrationalerweise durch unterwerfende Identifikation mit dem Aggressor, gelähmt von irrationalen traumatischen Schuldgefühlen, obwohl es doch eigentlich die Macht über ein selbst gestaltetes Leben übernehmen könnte. Dem Wiederholungszwang sind beide ohnmächtig ausgeliefert, sowohl das Opfer wie der erst einmal als Täter definierte Patient. Die Wiedergewinnung der Macht über das eigene Leben hängt von der Entwicklung realistischerer Repräsentanzen des traumatischen Geschehens ab, ihrer Symbolisierung auf einem höheren Niveau, einhergehend mit der Wiedergewinnung des Zugangs zu den entsprechenden Affekten. Dazu sind das wiederholte partielle affektive Wiedererleben der traumatischen Situation und deren Modifikation durch die gleichzeitige Erfahrung der Differenz zwischen damals und heute, dort und hier, erforderlich. Wenn heute die Befunde der Säuglingsforschung und der Bindungsforschung auf die psychoanalytische Therapie – insbesondere der Therapie traumatisierter bzw. persönlichkeitsgestörter Patienten – angewendet werden können, so wollte ich zeigen, dass besonders für die Gruppenpsychotherapie entsprechende Modelle bereits seit einiger Zeit vorliegen: Die mütterliche Funktion der Gruppe als Ganzes (Pines 1990, S. 41) mit ihrer Grenzen gebenden, haltenden Funktion, die vielfältige Möglichkeit der (Affekt-)Spiegelung durch die anderen Gruppenmitglieder (Pines 1990, S. 35), auch die vielfältigen Möglichkeiten der Identifikation in der Gruppe, wobei sich der Begriff der »transmuting internalisation« (Kohut 1977) durch die vielfältigen lebendigen Beispiele der Gruppenmitglieder besonders auf die analytische Gruppe anwenden lässt (Pines 1990, S. 42). Das traumatische Introjekt kann seine Macht verlieren, wenn eine Neurepräsentation des Traumas und die Wiedergewinnung der Affekte gelingen. Dann kann eine Trauerarbeit erfolgen, die sowohl Lösung aus der Opfer-Identität als auch Individuation – im Sinne der Machtübernahme über ein selbstverantwortetes Leben – bedeutet.

Literatur

Bion, W. R. (1962): Lernen durch Erfahrung. Suhrkamp, Frankfurt a. M. (1990)

Chused, J. F. (1997): Discussion of »Observing, participation, mutual enactment and the new classical models« by Irwin Hirsch, Ph. D. Contemp. Psychoanal. 33, 263–277

Ferenczi, S. (1933): Sprachverwirrung zwischen den Erwachsenen und dem Kind. In: Bausteine der Psychoanalyse, Bd. III. Huber, Bern (1964).

Ferro, A. (2002): Interpretation, Dekonstruktion, Erzählung oder die Beweggründe von Jaques. Psyche – Z. Psychoanal. 56, 1–19.

Fonagy, P.; Target, M. (2000): Mit der Realität spielen. Zur Doppelgesichtigkeit psychischer Realität von Borderline-Patienten. Psyche 55, 961–995.

Fonagy, P.; Gergely, G.; Jurist, E. L.; Target, M. (2002): Affektregulierung, Mentalisierung und die Entwicklung des Selbst. Klett-Cotta, Stuttgart, 2004

Foulkes, S. H. (1964): Therapeutic Group Analysis. George Allan & Unwin, London.

Heimann, P. (1950): Über die Gegenübertragung. Forum Psychoanal. 12, 179–184 (1996).

Heisterkamp (2002): Basales Verstehen. Handlungsdialoge in Psychotherapie und Psychoanalyse. Pfeiffer, Stuttgart.

Hirsch, I. (1996): Observing participation, mutual enactment, and the new classical models. Contemp. Psychoanal. 32, 359–383.

Hirsch, M. (1996): Zwei Arten der Identifikation mit dem Aggressor – nach Ferenczi und nach Anna Freud. Praxis Kinderpsychol. Kinderpsychiat. 45, 198–205.

Hirsch, M. (2003): Täter und Opfer sexueller Gewalt in einer therapeutischen Gruppe – über umwandelnde Gegen- und Kreuzidentifikationen. Gruppenpsychother. Gruppendyn. 39, 169–186.

Hirsch, M. (2004): Psychoanalytische Traumatologie – Das Trauma in der Familie. Schattauer, Stuttgart, New York.

Klüwer, R. (1983): Agieren und Mitagieren. In: Hoffmann, S. O. (Hg.): Deutung und Beziehung. Fischer, Frankfurt a. M.

Klüwer, R. (1995): Agieren und Mitagieren – 10 Jahre später. Z. Psychoanal. Theor. Prax. 10, 45–70.

Kohut, H. (1977): Die Heilung des Selbst. Suhrkamp, Frankfurt a. M., 1979

Ogden, T. H. (1997): Analytische Träumerei und Deutung. Zur Kunst der Psychoanalyse. Springer, Wien, New York, 2001.

Panel (2000): The problems of technique with severely ill patients. Int. J. Psychoanal. 81, 164–165.

Pines, M. (1990): Groupanalytic psychotherapie and the borderline patient. In: Roth, B.; Stone, W. N.; Kibel, H. D. (Ed.): The difficult patient in group. Int. Univers. Press, Madison CT.

Zur Psychoanalyse der Dehumanisierung

Carl Nedelmann

Vorbemerkung

Der Begriff der Dehumanisierung, der Entmenschlichung, stammt aus der Perspektive der Opfer, denn aus der Perspektive der Täter ist die Dehumanisierung menschlich in dem unheilvollen Zusammenwirken von *Todestrieb, Ambivalenz, Narzißmus* (Eissler 1971). Dazu schrieb Eissler:

> So notwendig oder sogar unentbehrlich Aggression, Ambivalenz und Narzißmus einzeln auch sein mögen, wenn sie gemeinsam vorgehen, was sie anscheinend immer getan haben, werden sie zu den apokalyptischen Reitern der Menschheit. (a. a. O., S. 60)

Die Wahl des Bildes lässt das sechste Kapitel der Offenbarung des Johannes anklingen. In einer Marginalie hat Luther die apokalyptischen Reiter die »Plagen« genannt, von denen es heißt, dass sie das Weltende herbeiführen.

Zum Teil stammt die destruktive Aggressivität aus der »Kulturversagung« (Freud 1930a, S. 457). Zum Teil muss umgekehrt die Kultur »alles aufbieten, um den Aggressionstrieben der Menschen Schranken zu setzen« (a. a. O., S. 471), denn, wie Freud schrieb: »Noch in der blindesten Zerstörungswut läßt sich nicht verkennen, daß [die Befriedigung der Aggressionstriebe] mit einem außerordentlich hohen narzißtischen Gewinn verknüpft ist« (a. a. O., S. 480). Die psychoanalytische Delinquenzforschung hat diesen Sachverhalt bestätigt. »Je schrecklicher und demütigender die Zerstörung, desto größer der Triumph« (Eissler 1971, S. 57).

Bei der Untersuchung, wie sich die Identifizierung mit der Ideologie einer Rolle auf das Verhalten auswirkt, fiel Paul Parin auf: »Narzißtische Befriedigungen treten (...) gegenüber den objektbezogenen in den Vordergrund«. Bei der »Transformation des Menschen durch die Macht« ist es »sehr auffallend, wie wenig objektbezogene Befriedigung an solche Rollen geheftet ist« (Parin 1977, S. 85 u. 106).

Die nukleare Gefahr

Wieder einmal, wie in den 80er Jahren, in der Zeit der Friedensbewegung, spitzt sich die nukleare Gefahr zu. Das macht Verleugnung gefährlich. Wie damals wird die Gefahr der nuklearen Vernichtung unterschätzt. Wie damals fehlt es nicht an Wissen, aber das Wissen liegt brach (Nedelmann 1986). Wieder passen in der Weltpolitik die englischen Redewendungen »turning a blind eye« und »turning a deaf ear«, auf deren Spezifität John Steiner 1985 aufmerksam gemacht hat.

»Turning a blind eye« lässt sich nicht richtig übersetzen. Sagt man, »sich blind stellen«, geht verloren, dass der Mensch zwei Augen hat und nur eines sich blind stellt, während das andere sieht. Sagt man, »ein Auge zudrücken«, so schwingt Konspiration oder Verständnis mit, was nicht gemeint ist. »Turning a blind eye« meint, der Realität ein blindes Auge zuwenden. Entsprechend meint »turning a deaf ear«, der Realität oder der inneren Stimme ein taubes Ohr zuwenden. Die Gleichzeitigkeit eines hörenden und eines tauben Ohres und die Gleichzeitigkeit eines sehenden und eines blinden Auges ist bei dieser Darstellung der Verleugnung entscheidend. Sie bezeichnet die Nahtstelle zwischen Verleugnung und Anerkennung der Realität. Freud hat sie als *Die Ichspaltung im Abwehrvorgang* beschrieben. »Man muß zugeben«, urteilte er, »das ist eine sehr geschickte Lösung der Schwierigkeit. Beide streitenden Parteien haben ihr Teil bekommen; der Trieb darf seine Befriedigung behalten, der Realität ist der gebührende Respekt gezollt worden« (Freud 1940e, S. 60). Was Freud hier beschrieb, fußte auf einer Konstellation mit gut gemischten Trieben. Was aber, wenn die Triebe sich entmischen und die destruktive Aggressivität in unverhüllter Nacktheit auftritt? Dann kann von einer geschickten Lösung nicht mehr die Rede sein, zumal eine weitere Ich-Funktion gestört wird. Die Verleugnung, darauf hat Anna Freud hingewiesen, stört sekundär »die Gedächtnisfunktion« (Freud, A. 1965, S. 2223). Doch wir brauchen die Erinnerung, um die Gegenwart richtig wahrnehmen und verstehen zu können.

Gesichert wird die Verleugnung bekanntlich durch Projektionen. Welcher Art die gefährlichste Projektion der Gegenwart ist, geht aus einer 1956 getroffenen Feststellung des englischen Physikers Blackett hervor. Horst Eberhard Richter hat sie oft zitiert: »Wenn einmal eine Nation ihre Sicherheit auf eine absolute Waffe (die Atombombe) stützt, wird es psychologisch notwendig, an einen absoluten Feind zu glauben« (Richter 1980b, S. 174). Inzwischen machen sich nicht nur Nationen mit Hilfe projektiver Identifizierungen zu absoluten Feinden. Es wird für möglich gehalten, dass Terroristen über nukleare Waffen verfügen oder verfügen könnten.

»Wir haben das Recht«, ließ Osama bin Laden 2002 durch seinen Pressesprecher verkünden, »vier Millionen US-Amerikaner zu töten« (Allison 2004, S. 12). Jetzt hat er sich wieder einmal selbst zu Wort gemeldet und dazu bekannt, die Zerstörung des World Trade Centers am 11. September 2001 angeordnet zu haben. »Gott weiß«, sagte er, »daß uns der Angriff auf die beiden Türme erst in den Sinn gekommen war, als uns die Geduld ausrann und wir das Unrecht und die Unbeugsamkeit des amerikanisch-israelischen Bündnisses gegen unser Volk in Palästina und Libanon sahen«. Ihm sei diese Erklärung wichtig, »damit die Amerikaner wissen, wie ›ein weiteres Desaster‹ zu vermeiden ist«. Sie müssen »aufhören, die Sicherheit der Muslime zu bedrohen« (New York Times, 29. Oktober 2004).

Der Krieg, wie er sich aus dem *Kampf der Kulturen* (Huntington 1998) entwickelt hat, trägt auf beiden Seiten Züge eines heiligen Krieges. In der arabisch-muslimischen Welt richtet er sich gegen einen Feind, in dem »Juden, Israel und Amerika in einen Topf geworfen« erscheinen (Friedman 2004). Das »amerikanisch-israelische Bündnis« ist der absolute Feind. Im Irak heißen die US-Soldaten »die Juden« (a. a. O.).

Die USA haben in der ersten Amtszeit von G. W. Bush »Schurkenstaaten« und die »Achse des Bösen« definiert. Mit der Heiligkeit des Ansinnens steht auch das Böse fest, das keine Schonung verdient und Kompromisse verbietet. In der Wiederwahl von Bush haben »values« über »facts« gesiegt. Den »facts« hat die Mehrheit der Wähler ein blindes Auge und ein taubes Ohr zugewandt. Wo aber die Werte über die Tatsachen siegen, tauchen die komplementären Unwerte auf, wie der Teufel dem Heiligsten am nächsten ist. »Voting without the facts« hat Bob Herbert, ein angesehener Kommentator, am 8. November 2004 in der *New York Times* geschrieben und zum Beweis eine Untersuchung herangezogen, die herausfand, dass 70% der Bush-Wähler von einer engen Verbindung zwischen Saddam Hussein und *Al Qaeda* überzeugt sind. Dieses Ergebnis der Meinungsforschung macht auch verständlich, warum Bush kein Nachteil erwuchs, als er in einem der Fernseh-Duelle mit Kerry die Namen von Osama bin Laden und Saddam Hussein durcheinander warf. Es war für ihn dasselbe. Und die Mehrheit seines Wählervolkes folgte ihm.

»Fact« ist, dass die Verschiebung des Krieges vom »Global War on Terror« auf den Krieg gegen Irak und die Gleichsetzung Saddam Husseins mit Osama bin Laden den Terrorismus nicht geschwächt, sondern gestärkt hat und dass Experten nukleare Terror-Attentate durchaus für möglich halten. Terroristen könnten auf dem Time Square in New York oder auf einem anderen »reichen Ziel«, wie es heißt, eine nukleare Bombe zünden. Manche Experten wundern sich, dass es noch nicht geschehen ist.

Zu erinnern ist an Robert Lifton's Begriff des »psychic numbing«, der psychischen Empfindungslosigkeit. Er sah darin

> eine Form des Todes, einen partiellen Tod, der einen vor einer Realität schützt, die zu schwer ins Auge zu fassen und zu chaotisch zu formulieren ist. Der Begriff der psychischen Empfindungslosigkeit beschreibt das Leben vieler Überlebenden von Hiroshima. Aber er beschreibt viel mehr. Das ganze Zeitalter, in dem wir leben, ist eines von ungeheurer Empfindungslosigkeit [vast numbing] und Abstumpfung. (Lifton & Olson 1974, S. 137)

Die Folter

Wieder einmal ist die Folter eine grausame Begleiterscheinung der Kriegsführung. Die Bilder von *Abu Ghraib* sind um die Welt gegangen. Berühmt wurde das Bild von dem an Drähten angeschlossenen, auf einem Hocker stehenden *Mann mit der Kapuze*, vielleicht – zumindest in der arabischen Welt – noch berühmter wurde das Bild von dem nackten, auf dem Boden liegenden *Mann an der Leine*, die von einer US-Soldatin gehalten wird. Beide Bilder sind im Irak Ikonen des Krieges geworden, Zeichen der Demütigung durch das »israelisch-amerikanische Bündnis«, wie nicht nur bin Laden sagt.

Abu Ghraib und *Guantanamo* sind Begriffe geworden, die sich nicht nur auf diese Orte beschränken. Auch anderswo wird gefoltert und auch anderswo dient das Verhör der Folter und nicht umgekehrt. Wen sie trifft, ist beinahe zufällig. Viele Häftlinge, die in Guantanamo einsitzen und laut Donald Rumsfeld »zu den gefährlichsten, am besten gedrillten und heimtückischsten Mördern« gehören (Frankfurter Allgemeine Zeitung, 29. Oktober 2004), sollen durch Zufall hineingeraten sein. Rechtlicher Beistand war ihnen verwehrt. Das allerdings ging dem Obersten Gerichtshof der USA zu weit. Er hat am 28. Juni 2004 das Urteil verkündet, das verbietet, Menschen einfach verschwinden zu lassen.

Zur Beschreibung der Folter greife ich auf ein Märchen zurück, das ich 1986 auf der Tagung der DGPT in Lindau zur »Psychoanalyse von Dehumanisierungsprozessen« vorgetragen habe. Durch Hinweise, die ich bei Thomas Mann (1939, S. 256) und Otto Fenichel (1946, S. 375) fand, war ich darauf aufmerksam geworden. Es trägt den Titel »Der Jude im Dorn« und war früher weit verbreitet. Wilhelm Grimm hatte es in die *Kleine Ausgabe* von 1825 mit 50 von ursprünglich 161 Märchen aufgenommen. Die *Kleine Ausgabe* wurde zum großen Erfolg, der den Ruhm der Grimm'-schen Märchen als *Kinder- und Hausmärchen* begründete. Seit 1945 ist das Märchen vom »Juden im Dorn« nur noch in den vollständigen Ausgaben der Grimm'schen Märchen zu finden. Béla Grunberger und Pierre Dessuant haben ihre psychoanalytische Untersuchung zu *Narzißmus, Christentum, Antisemitismus* mit diesem Märchen eingeleitet (Grunberger & Dessuant 1997, S. 15–18).

Wie oft im Märchen sind auch hier gut und böse reinlich geschieden. Auf der guten Seite steht ein Knecht, der war »reinen Herzens« und »getreu und fleißig« und hatte »ein einfältiges Gemüth«. Er wünschte sich »eine Fiedel, wenn ich die streiche, muß alles tanzen, was sie hört«. Er bekam sie und »war er vorher froh gewesen, dünkte er sich jetzt noch zehnmal froher«, zumal er außerdem noch ein unfehlbar treffsicheres Schießgerät und die Gabe erhalten hatte, dass ihm keiner eine Bitte abschlagen kann. In dieser Weise mit Dummheit und Macht ausgestattet begegnet dem Knecht an einem Dornbusch das Böse in der Gestalt eines Juden. Mir nichts, dir nichts, einfach so, wünscht der Knecht den Juden in den Dornbusch hinein.

Da kroch der Jud' in den Busch und wie er mitten drin stack, zog mein Knecht seine Fiedel und geigte, fing der Jud' an zu tanzen und hatte keine Ruh, sondern sprang immer stärker und höher; der Dorn aber zerstach seine Kleider, daß die Fetzen herum hingen und ritzte und wundete ihn, daß er am ganzen Leibe blutete. ›Gotts willen‹, schrie der Jud', ›laß der Herr sein Geigen seyn, was hab' ich verbrochen?‹ Die Leute hast du genug geschunden, dachte der lustige Knecht, so geschieht dir kein Unrecht, und spielte einen neuen Hüpfauf. Da legte sich der Jud' auf Bitten und Versprechen und wollte ihm Geld geben, wenn er aufhörte, allein das Geld war dem Knecht erst lange nicht genug und trieb ihn immer weiter, bis der Jud' ihm hundert harte Gulden verhieß. Wie mein Knecht das viele Geld sah, sprach er: ›unter dieser Bedingung ja‹, nahm den Beutel und stellte sein Fiedeln ein (und) der Jud' riß sich halb nackicht und armselig aus dem Dornstrauch.

Das Märchen vom »Juden im Dorn« hat literarische Vorläufer in der Form von Possen aus der Zeit des Bauernkrieges oder, etwas später, der Gegenreformation. Vielleicht standen sich am Anfang der Knecht eines Bauern und ein dem Kloster entlaufener Mönch gegenüber, doch tauchte der Böse auch in anderen Gestalten des außerordentlich verbreiteten Erzählstoffes auf. Erst das Grimm'sche Märchen legte sich auf den Juden als Bösen fest. Die Tat des Bösen war jeweils bezeichnet, bis Wilhelm Grimm den Hinweis auf eine begangene Tat 1837 tilgte (Bolte & Polivka 1914). Nun genügte es Jude zu sein, um als böse zu gelten. Weiter musste man nichts getan haben.

Immer gehörte die Folter dazu. Christian Thomasius bezeichnete 1705 in seinem Traktat *De tortura* die Folter als Schmach christlicher Staaten und forderte ihre Abschaffung. »Was ist ungerechter«, fragte er, »was kann der Gerechtigkeit Entfremdeteres gedacht werden, als arme Sterbliche, die noch unüberführt sind, mit so grausamen Strafen zu zerfleischen, welche zu denken ein Gemüt schaudert, dem noch ein leises Gefühl von Menschlichkeit übrig ist?« (Bloch 1961, S. 50). Gerade das aber fehlt in dem Märchen. Nichts verbindet den Knecht mit dem Juden als der Zufall der Begegnung. Doch der Knecht, der – wie gesagt – »reinen Herzens« war, erkannte im Juden sofort den Bösen, für den Mitgefühl überflüssig ist. »Ruhig und vergnügt«, heißt es im Märchen, verließ er die Szene. – »Dass der Mitmensch als Gegenmensch erfahren wurde«, schrieb Jean Améry, »bleibt als gestauter Schrecken im Gefolterten liegen« (Améry 1966, S. 73).

Befehl und Gehorsam

Schlüsselbegriffe zum Verständnis der Dehumanisierung sind ›Befehl‹ und ›Gehorsam‹. Da es Befehle (von »Herren«) gab und Gehorsam (von »Knechten«) erwartet wurde, bekam das sich fügende individuelle Über-Ich die notwendige Entlastung, wenn der ausgeübte Druck genügend hoch war. In welche infame Höhe bei passenden Umständen der Druck eines Befehls getrieben werden kann, zeigt ein Droh-Telegramm, das der türkische Innenminister am 15. September 1915 in die Provinzen schickte:

> Ihnen ist die Mitteilung zugegangen, daß die Regierung gemäß Kabinettsbeschluß beschlossen hat, jedes armenische Leben in der Türkei vollständig zu zerstören. Wer gegen diesen Beschluß und seine Entscheidung opponiert, kann kein offizieller Amtsträger des Reiches bleiben. Der armenischen Existenz muß ein Ende gesetzt werden, wie kriminell die Mittel auch immer sein mögen, und es darf dem Alter, dem Geschlecht oder irgendeinem Gewissensskrupel keinerlei Beachtung geschenkt werden. (zit. n. Nedelmann 1985, S. 31)

Der Befehl wurde ausgeführt. Die Welt hat es gewusst und wenig darauf geachtet, sodass Hitler, als er die Vernichtung der Juden plante, die Frage stellen konnte: »Wer erinnert sich an die Armenier?«

Der Befehl bietet Entlastung. Solche »Entlastung«, schrieb Fritz Redl in seiner Betrachtung zum *Überich in Uniform,* »ist nicht logisch, aber sie ist psychologisch gesehen real. Und es ist an der Zeit, uns daran zu erinnern, dass psychologische Realitäten, so verrückt sie klingen, so real und fatal sind, wie die Realitäten unserer materiellen Welt« (Redl 1971, S. 45).

Schwer zu denken, aber real und fatal ist die Produzierbarkeit des von Verantwortung freien, auf Befehl und Gehorsam ausgerichteten Über-Ichs, wobei der Befehl auch eine heilige Überzeugung sein kann. Heiligkeit meint, dass die Überzeugung keines Beweises bedarf. Das private Über-Ich, schrieb Redl, gehe derweil schlafen (a. a. O.). Es zieht sich in die Rolle des kaum noch teilnehmenden Beobachters zurück. Dann haben Gewissen und Empfinden keinen Einfluss mehr.

Der Terrorismus

›Dehumanisierung‹ meint nicht nur den drastischen Exzess oder die in kalter Abwendung begangene Einzeltat, sondern auch bestimmte gesellschaftliche Prozesse, in denen das menschliche Wohlergehen der Gleichgültigkeit verfällt und destruktiven Zielen geopfert wird. Im Fall internationaler Konflikte ist Dehumanisierung ansteckend. Ein prominenter Beweis für die Richtigkeit dieser These ist die Kriegsführung der Alliierten im Zweiten Weltkrieg. Statt sich auf kriegswichtige Ziele zu konzentrieren, wurden Städte zerbombt. Die destruktive Aggressivität, die von Deutschland ausging, machte auch die Gegenseite blind und fiel auf Deutschland zurück.

Heute ist der »nukleare Terrorismus« die größte Gefahr. Graham Allison, ein in Theorie und Praxis ausgewiesener Experte allerersten Ranges, hat sie die *ultimate preventable catastrophy* (Allison 2004) genannt. Sein darüber in vorbildlicher Allgemeinverständlichkeit geschriebenes, kürzlich erschienenes Buch ist auf das technisch Machbare gerichtet. Er entwickelt ein ganzes Szenario, was geschehen muss, um die äußerste, verhinderbare Katastrophe abzuwenden. Er erinnert an die fast vergessenen Bilder und Beschreibungen von Hiroshima und Nagasaki. Er zeigt die Lücken im Sicherheitssystem. Er beschreibt die Achtlosigkeit im Umgang mit nuklearem Material. Er beklagt die Überheblichkeit der USA und ihre Rücksichtslosigkeit gegenüber den internationalen Beziehungen. Er fordert von den USA, den Beschluss zurückzunehmen »mini nukes« zu produzieren und dem Arsenal der nuklearen Waffen hinzuzufügen. Er rät dringend, der Vernunft mehr zu trauen als den Waffen, und zeigt Wege, wie es bei aller gegebenen Zerrissenheit möglich sein könnte, paranoid-schizoide Positionen aufzugeben, aus den Wahngebilden herauszutreten und zu versuchen, sich einig zu werden.

Wie anders könnte heute die Welt aussehen, wenn die Anfang der 90er Jahre unternommenen Schritte, Frieden zwischen Israel und Palästina zu schaffen, konsequent weiterverfolgt worden wären. Dieser Frieden könnte Strahlkraft für die Wiederannäherung der Kulturen gewinnen. Stattdessen sind Israel und Palästina in einen Konflikt geraten, der sich zu einer Katastrophe entwickelt hat. Der israelische Psychoanalytiker Emanuel Berman sagte zur israelisch-palästinensischen Situation: »Wenn wir uns zu sehr mit der einen Seite identifizieren und die Erfahrungen der anderen Seite negieren, dann sind wir ein Teil des Problems und nicht seine Lösung« (Silverman & Prager 2004, S. 1267). Zbigniew Brzezinski, unter Carter nationaler Sicherheitsberater, stellte am 25. Oktober 2004 in der *New York Times* fest: »Ohne Fortschritt in der israelisch-palästinensischen Frage wird jede Nachkriegsregierung im Irak gegen die Vereinigten Staaten und gegen Israel sein.«

Es fehlt nicht an brauchbaren Lösungsvorschlägen. So haben Ami Ayalon, ein früherer israelischer General und Geheimdienstchef, und Sari Nusseibeh, ein palästinensischer Philosoph, 2002 gemeinsam ihr *Statement of Principles* herausgegeben. Beide sind auch sonst hervorgetreten. Ayalon hat zusammen mit seinen drei Vorgängern in der Leitung des Geheimdienstes im Herbst 2003 mit der Ansicht Aufmerksamkeit erregt, dass Israel in eine Katastrophe steuert. Nusseibeh hat 1980 in den wichtigsten Städten Israels Vorträge gehalten und dafür plädiert den Palästinensern in Israel gleiche Rechte zu geben. Dafür wurde er von seinen eigenen Studenten verprügelt. Für beide Autoren gehörte Mut zu dem Schritt, das *Statement of Principles* zu veröffentlichen, das in fünf Grundsätzen einen Weg zum Frieden vorschlägt, mit zwei Staaten, für zwei Völker, in den Grenzen von 1967 und das alles auf einer einzigen DinA4-Seite, denn, so Ayalon, mehr als eine Seite liest keiner.

Israels Politik hielt nicht an dem schon einmal in Verhandlungen erreichten Fortschritt fest, sondern beantwortet den Aufstand der Palästinenser mit brutaler Gegengewalt. Solche, den Friedensprozess schädigende Politik ließ sich innenpolitisch infolge der palästinensischen Selbstmordattentate durchsetzen, die auch psychisch eine verheerende Wirkung entfalten, wie ich es am Morgen des 22. Februar 2004 erlebt habe. Ich saß ich in einem Garten in der German Colony, einem ruhigen, zentrumsnahen Stadtteil von Jerusalem, und genoss die Morgensonne des gerade beginnenden Frühlings, als ein dumpf widerwärtiger Knall die Stille zerriss und ich Ohrenzeuge eines Selbstmordattentats in nächster Nähe wurde. Plötzlich veränderte sich die Welt. Was ich empfand, ließ sich in die Worte bringen, die ich zwei Tage später in der englischen Ausgabe der liberalen israelischen Tageszeitung *Ha'aretz* las, die sehr kritisch mit der Politik Israels verfährt. Yoel Marcus, ein kluger und besonnener Kommentator, schrieb, jedes Mal verschließe er sich gegen palästinensisches Leid, wenn in einem Selbstmordattentat Bürger hingeschlachtet werden und jedes Mal brauche er eine Weile, bis er wieder zu Vernunft kommt.

Dem Terror nah zu sein führt zur Anerkennung seiner Existenz. Wie sich die Terrorpräsenz auswirkt, hat der israelische Psychoanalytiker Yoram Hazan, in dessen Garten ich an jenem 22. Februar saß, beschrieben und ist dabei zu folgender Feststellung gekommen:

> Wenn wir zum einen die Illusion aufgeben, daß das Böse nicht existiert, ist es möglich, das Ideal unseres Menschenbildes bescheidener ausfallen zu lassen. Das meint, vom Terror berührt zu werden, muß nicht zum Bruch des Urvertrauens in die menschliche Natur und nicht zu einer total ergreifenden Überraschung wie nach dem 11. September führen. Zum anderen und in Fortführung dieses Gedankens sehen wir, daß die Linie zwischen denen, die vom Terror direkt betroffen, und denen, die nicht direkt betroffen wurden, dünner ist, als wir es gern glauben. (Hazan 2003, S. 264)

Literatur

Allison, G. (2004): Nuclear terrorism. The ultimate preventable catastrophe. Henry Holt and Company, New York.

Améry J. (1966): Jenseits von Schuld und Sühne. Bewältigungsversuche eines Überwältigten. Klett-Cotta, Stuttgart, 1977.

Ayalon A.; Nusseibeh S. (2002): Statement of Principles. The Peoples' Voice, 27. Juli 2002.

Bloch, E. (1961): Christian Thomasius, ein deutscher Gelehrter ohne Misere. Suhrkamp, Frankfurt a. M., 1967.

Bolte J.; Polivka G. (1914): Anmerkungen zu den Kinder- und Haumärchen der Brüder Grimm Bd. 2. Olms, Hildesheim, 1963.

Eissler K. R. (1971): Todestrieb, Ambivalenz, Narzißmus. Kindler, München, 1980.

Fenichel O. (1946): Elemente einer psychoanalytischen Theorie des Antisemitismus. In: Ders. Aufsätze Bd. 2. Walter, Olten, 1981, 373–389.

Freud, A. (1965): Wege und Irrwege in der Kinderentwicklung. Bd. 8 von: Die Schriften der Anna Freud. 10 Bnd., München (Kindler).

Freud S. (1930a): Das Unbehagen in der Kultur. GW XIV, 419–506.

Freud S (1940e [1938]): Die Ichspaltung im Abwehrvorgang. GW VII, 57–62.

Friedman T. L. (2004): Jews, Israel and America. New York Times, 24. Oktober

Grunberger B., Dessuant P. (1997) Narzißmus, Christentum, Antisemitismus. Eine psychoanalytische Untersuchung. Klett-Cotta, Stuttgart, 2000.

Hazan Y. (2003): Anpassung an Terror – ein Widerspruch in sich. Forum Psychoanal 2004, 259–265.

Huntington S. P. (1998): Kampf der Kulturen. Die Neugestaltung der Weltpolitik im 21. Jahrhundert. München (Goldmann). Original (1996): The Clash of Civilizations and the Remaking of World Order. Simon & Schuster, New York

Lifton R. J.; Olson E. (1974): Living and dying. Wildwood House, London.

Mann T. (1939): Bruder Hitler. In: Ders. An die gesittete Welt. Politische Schriften und Reden im Exil. Fischer, Frankfurt 1986, 253–260.

Marcus, Y. (2004): Let's not cut off our nose. Ha'aretz, English edition, 24. Februar 2004, http://www.haaretzdaily.com/.

Nedelmann C. (1985): In eigener Sache. Bericht über eine Internationale Konferenz zum Thema Völkermord. psychosozial 26: 18–38.

Nedelmann C. (1986): Wissen brach liegen lassen oder brauchen. Verleugnung und Projektion der destruktiven Aggressivität. In: Lindström G. (Hg.): Bewaffnung des Weltraums. Ursachen – Gefahren – Folgen. Dietrich Reimer Verlag, Berlin, Hamburg, 17–37.

Parin P. (1977): Das Ich und die Anpassungsmechanismen. In: Ders. Der Widerspruch im Subjekt. Ethnopsychoanalytische Studien. Syndikat, Frankfurt a. M., 1978, 78–111.

Redl F. (1971): Das Überich in Uniform. psychosozial 15, 1982, 43–51.

Richter H. E. (1980b): Sind wir zum Frieden fähig? In Ders., Sich der Krise stellen. Reden, Aufsätze, Interviews. Rowohlt, Reinbek, 1981, 170–182.

Silverman H.; Prager J. (2004): The Middle East crisis: Psychoanalytic reflections. Int. J. Psychoanal, 85: 1265–8.

Steiner J. (1985): Turning a blind eye: the cover up for Oedipus. Int. Rev. Psychoanal: 12, 161–172.

»Diagnose als Todesurteil«

Über den Beitrag des Deutschen Instituts für Psychologische Forschung und Psychotherapie (DIPFP) zum NS-Vernichtungswerk

Roland Knebusch

Einleitung

Sollte man sich noch einmal mit dem Verhalten der arisierten, reichsdeutschen Psychoanalytiker am DIPFP in Berlin auseinandersetzen? Ist nicht schon alles gesagt? Ist nicht in dem späten, aber doch gründlichen Aufarbeitungsprozess, der vor über 20 Jahren begann (z. B. Lohmann & Rosenkötter 1982, Cocks 1983, Brecht et al. 1985, Lockot 1985 u. 1993, Friedrich 1987), alles Wesentliche untersucht und in einer großen Debatte (in der Zeitschrift *Psyche* ab 1979) diskutiert worden?

Bis heute werden manche Themen immer wieder behandelt, so die mangelnde Solidarität mit den jüdischen Kollegen und Lehrern, die Deformation der psychoanalytischen Lehre und Praxis und der willige Prozess der Selbstgleichschaltung. Es fällt jedoch auf, dass niemand die Frage nach einer möglichen Verstrickung und Beteiligung am NS-Vernichtungswerk stellt. Allenfalls werden Einzelfragen behandelt, z. B. ob in Gutachten Grenzen nicht eingehalten und Menschen dadurch dem Regime preisgegeben wurden. Dabei fehlt – sicher nicht zu Unrecht – selten der Hinweis, dass viele Patienten auch geschützt wurden.

Ominöses klingt an, wenn aus einem Brief des emigrierten Psychoanalytikers Bernhard Kamm zitiert wird: »Wer kann in einer solchen Umwelt beweisen, dass Gedanken nicht zu Taten führen? (...) und Mord, sogar Vatermord und Selbstmord sind die Folgen!« (Faksimile bei Brecht et al. 1985) Aber die Spur wird nicht verfolgt. Ein Beispiel dafür ist Cocks (1983), dem wir Arbeiten über die so genannte Professionalisierung der Psychotherapie in der NS-Zeit verdanken. Die Einseitigkeit seiner Darstellung, die den Kontrollaspekt, der mit der Professionalisierung verbunden ist, nicht untersucht, soll hier nicht diskutiert werden. Zum vorliegenden Thema jedoch schreibt er: »Und wir wissen nicht das Schlimmste, das in manchen Fällen geschehen sein mag, und werden es wahrscheinlich nie erfahren.« Er fährt fort: »Es gibt noch eine andere beunruhigende Frage:

In welchem Maß *diente* die organisierte Psychotherapie den Zielen und Programmen des nationalsozialistischen Regimes?« Jedoch folgt sogleich die Beruhigung:

> Den Psychotherapeuten des Göring-Instituts blieb es (…) erspart, an den bedrückenden Aufgaben jener akademischen Psychologen und traditionellen Psychiater mitzuwirken, die für die generelle typologische Bestimmung bzw. den biologischen Schutz der Rasse verantwortlich waren. (Cocks 1983, S. 1092f.)

War das wirklich so? – Meine These lautet, dass Psychotherapeuten genau dieses Mitwirken nicht erspart blieb. Mit generellen typologischen Bestimmungen haben sich die prominentesten reichsdeutschen Psychoanalytiker an dem »biologischen Schutz der Rasse« beteiligt.

Wenn diese Beteiligung tatsächlich festgestellt werden müsste, dann ginge das weit über Konzessionen an den NS-Geist hinaus, bei denen z. B. Tüchtigkeit oder eine kämpferische Lebenseinstellung zu einem psychoanalytischen Therapieziel erhoben wird. Dann hätten die reichsdeutschen Psychoanalytiker direkt dem Endziel des NS-Regimes gedient, nämlich seinem Vernichtungswerk. Erstaunlicherweise gibt es für diesen Verdacht ein Beweisstück, das nicht lange gesucht und Aufsehen erregend enthüllt werden braucht. Es wurde im *Zentralblatt für Psychotherapie* im Jahre 1940 allen zugänglich veröffentlicht (Schultz 1940). Es wurde in der Folgezeit gelegentlich zitiert, aber offensichtlich nicht gelesen.

Wenn hier Enthüllung notwendig ist, so ist es die Enthüllung des Blicks. Es verhält sich dabei ähnlich wie mit dem Brief in E. A. Poes Geschichte »The Purloined Letter«, der offen daliegt und gerade deswegen nicht gelesen wird. Im vorliegenden Fall dürfte jedoch nicht das Offenliegen des Beweisstücks der Grund für das Übersehen sein, sondern Widerstand und Abwehr gegen schmerzhafte Erkenntnis und Anerkennung von Schuld. Dies allerdings müsste Gegenstand weiterführender Untersuchungen sein und soll hier nicht näher behandelt werden.

Das Diagnose-Schema des DIPFP

Am 21. und 28. Februar 1940 stellte der stellvertretende Institutsleiter des DIPFP, J. H. Schultz, auf einer Versammlung der Institutsmitglieder und Ausbildungskandidaten das Ergebnis einer langjährigen Kommissionsarbeit des Instituts vor. Es handelt sich um ein Diagnose-Schema, einen Katalog zur diagnostischen Kennzeichnung von Patienten. Schultz spricht von einem

»Ordnungsschema, ... notwendigerweise uneinheitlich und nur zu praktischen Zwecken empfohlen.« Im internen Gebrauch soll dieses Schema eine
Basis für wissenschaftliche Dokumentation und Erfolgskontrolle sein. Es
soll zudem deutlich machen, ob ein Patient behandelbar ist oder nicht.
Schließlich dient das Schema auch der »Ermöglichung gemeinsamer Arbeit
mit Pädagogen, Ärzten, Behörden, Gerichtsstellen usw.« Die Arbeit wird
im Anschluss an ihre Vorstellung während der Versammlung im Zentralblatt für Psychotherapie 12 (1940), Heft 2/3, S. 97–161 veröffentlicht.

Als Autor der Arbeit wird eine Kommission präsentiert, der zwölf Insti-
tutsmitglieder von Rang und Namen angehören. Sind die freudianischen
Psychoanalytiker unter den Vollmitgliedern des Instituts zahlenmäßig eine
Minderheit, so stellen sie in der Kommission mit fünf Analytikern doch die
größte Gruppe dar. Es handelt sich um Felix Boehm, Werner Kemper, Carl
Müller-Braunschweig, John Rittmeister und Harald Schultz-Hencke. Hinzu
kommen vier Therapeuten jungianischer Herkunft (v. Hattingberg, Heyer,
Kranefeld, Achelis), zwei Adlerianer (Göring, Herzog) und schließlich als
Indifferenter der stellvertretende Institutsleiter J. H. Schultz.

Der ausführliche Text umfasst 65 Seiten und beginnt mit einer breiten
Einleitung von zehn Seiten. Es folgt ein Teil A, der die Krankheiten
darstellt, die der Psychotherapie unzugänglich seien, und ein Teil B, der
die der Psychotherapie zugänglichen Erkrankungen behandelt. Beide Teile
umfassen jeweils rund fünfundzwanzig Seiten. Am Schluss folgt noch eine
Übersicht mit Bemerkungen auf vier Seiten. Das Schema ist stark psychiatrisch ausgerichtet und wird auch so präsentiert. Die Erörterung der
Neurosen beschränkt sich auf den Platz von fünf Seiten.

Lockot (1985) spricht von einem »rein phänomenologischen« Diagnose-
Schema. Das verdeckt, dass schwerwiegende ätiologische Zuschreibungen
gemacht werden. Und wenn Phänomene beschrieben werden, so geschieht
dies in einer pragmatischen Perspektive und mit einer Diktion, welche die
Grenze zum Anekdotischen und Geschwätzigen vielfach überschreitet.

Im Folgenden werde ich nicht das ganze Diagnose-Schema, sondern
nur die Analyse eines möglichen Zusammenhangs mit dem Vernichtungswerk des NS-Regimes untersuchen und zu diesem Zweck eine bedeutsame diagnostische Kategorie vorstellen, die so genannte »erblich degenerative Psychopathie«.

Die »erblich degenerative Psychopathie«

Die Auseinandersetzung mit dem so bezeichneten Krankheitsbild wird dadurch gerechtfertigt, dass Schultz dieses wie keine andere Störung mit besonderem Eifer herausstellt. Im Teil A nimmt die Erörterung dieser Diagnosekategorie allein dreieinhalb Seiten ein. Im Teil B nimmt Schultz die Besprechung erneut auf, um dann im Schlussteil noch einmal die besondere Wichtigkeit zu betonen.

Nachdem Schultz unter der Rubrik ›Schwachsinn‹ die »primitiven Idioten« im Stil eines Gruselkabinetts vorgestellt hat, baut er mit Hilfe der »erblich degenerativen Psychopathie« eine Art Drohkulisse auf. Der Text liest sich folgendermaßen:

> Was für uns so ungeheuer wichtig und für die von der psychologisch-pädagogischen Seite kommenden Menschen so schwer ist, ist folgendes: So festgelegt wie diese primitiven Idioten in ihren untertierischen Reaktionen (sie grunzen, schmatzen, lassen Kot und Urin unter sich), so festgelegt sind auch bestimmte Formen allgemeiner psychischer Degeneration. Diese Menschen nennen wir in unserem Arbeitskreis Psychopathen. Das sind die *erblich degenerativen*, die erblich entarteten *Psychopathen*. Wir dürfen diese als seelische erbliche Mißbildung bezeichnen und sind ihnen gegenüber im eigentlichen Sinne psychotherapeutisch völlig machtlos. Das dürfen wir gerade in unserem Arbeitskreis mit voller Sicherheit sagen. (Schultz 1940, S. 113)

Und in immer neuen Wiederholungen und Unterstreichungen fährt er fort:

> Es sind hier eben wirklich Entartungsmißbildungen der Persönlichkeit. Wie der Idiot durch seine Gehirn- und Körpermißbildung festgelegt ist, so sind diese erblich-degenerativen Psychopathien festgelegt. (Ebd., S. 114)

> Wir sind übereinstimmend der Ansicht, dass es auch eine *hysterische Psychopathie*, eine *Entartungshysterie* gibt, die völlig unheilbar ist, die niemals eine hysterische Reaktion im einzelnen, sondern immer eine hysterische Umwandlung der ganzen Persönlichkeit bedeutet. Das ist als »hysterischer Charakter« in der Psychotherapie, als »degenerative Hysterie« in der Psychiatrie viel bearbeitet worden. (Ebd., S. 114)

> (...) es gibt ganz zweifellos diesen erblich-degenerativen, psychopathischen, unheilbaren hysterischen Typ. Meistens scheint es sich hier um eine sehr durchschlagende

Vererbung zu handeln. Die wenigen Fälle, wo ich dies Todesurteil in Form einer Diagnose gestellt habe, zeigten das deutlich; Sie wissen, dass im neuen Scheidungsrecht in Deutschland mit Recht diese Form der Hysterie als Scheidungsgrund gilt; denn es kann keinem Mann zugemutet werden, mit einer solchen Bestie zu leben. (Ebd., S. 115)

Es handelt sich um Menschen, die genau wie die ganz großen Fälle der Idiotie und des schweren Schwachsinns einfach den erblichen Mißeinflüssen ihrer Sippe ausgeliefert sind, (...) (Ebd., S. 132)

So geht es weiter in einer eifernden-geifernden Sprache, die mit apodiktischer Gewissheit festlegt, dass die Krankheitsursache eine »ausgesprochene, (...) sehr stark durchschlagende Vererbung« ist. Insgesamt wird in dem Artikel im Zusammenhang mit Psychopathie das Wort ›erblich‹ 15-mal und das Wort ›degenerativ‹ 13-mal gebraucht. Es kommt mir so vor, als ob dem Leser diese Charakterisierungen eingehämmert werden sollen.

In Anlehnung an den seinerzeit renommierten Psychiater Kurt Schneider stellen die Autoren sechs Unterformen der erblich degenerativen Psychopathie dar. Als besonders gefährlich werden die »degenerativ-hysterischen Psychopathen« herausgestellt, offenbar überwiegend Frauen. »So werden diese Männer sehr häufig Opfer derartiger armer kranker, aber sozial äußerst gefährlicher Persönlichkeiten.« – Bestien, wie wir weiter oben gelernt haben. Es würde zu weit führen, auf die Beschreibung der einzelnen Unterformen einzugehen.

»Grundlegend wichtig« heißt es weiter, sei die Abgrenzung der »neurotischen Persönlichkeit von der erblich-degenerativen Psychopathie, wobei »das äußere Bild bis in die Einzelheiten verwandt, ja ähnlich und übereinstimmend sein kann.« Wie dann die Abgrenzung geschieht, wird nicht ausgeführt. Die Grenzen werden eher verwischt durch den Hinweis: »Die neurotische Persönlichkeit ist in ihrem Kern ebenfalls erblich gegeben und ebenfalls in ausgesprochenen Fällen nicht veränderlich.« (Ebd., S. 133) Ansonsten ist die »neurotische Persönlichkeit« jedoch therapeutisch angehbar und eine Besserung möglich.

Schwachform »konstitutionelle Nervosität«

Die Grauzone der Beliebigkeit des Übergangs zwischen Bestien und annehmbaren Psychotherapiepatienten wird hier in den Rang einer eigenen Diagnosekategorie erhoben.

189

Damit wenden wir uns zur *konstitutionellen Nervosität*. (...) Nach meiner Ansicht erscheinen uns als konstitutionell nervös solche Menschen, bei denen die erblichen Negativ-Potenzen vollkommend widersprechend und auseinanderspringend sind, so dass sie sich nicht zu einem geschlossenen Bilde einer Psychopathie haben zusammenfügen können, sondern nun scheinbar wie ein Mosaik sich nebeneinander gelegt haben. (Ebd., S. 117)

Spontan entwickle sich, so Schultz, aus diesem »Musterbuch der Psychopathien« nicht das geschlossene Bild der erblich degenerativen Psychopathie, aber man könne, wenn man es darauf anlege, »mit der Zeit auf asthenischwillenlose Psychopathen herüberzüchten.« Auf jeden Fall handle es sich um »ein sehr umfassendes und zahlenmäßig ungeheuer verbreitetes Gebiet« (ebd.).

Da Schultz in die Ich-Form fällt und auf eigene Arbeiten hinweist, scheint es sich bei dieser Diagnosekategorie um eine eigene Schöpfung von ihm zu handeln, die allerdings von der Kommission ohne Einschränkung und Widerspruch übernommen wurde.

Anmerkungen und Bewertungen

Um den Text besser einschätzen zu können, sollen hier einige weitere Beobachtungen zum Inhalt und zur Art des Vortrages gemacht werden.

Auffällige Merkmale der Präsentation sind einlullende Allgemeinplätze, die die Lektüre mühselig und quälend machen, aufgeregte Beschwörungen und Superlativformen und schließlich die offene Formulierung von Gewalt. Schultz beginnt die Einleitung in Pseudo-Goethe'schem Stil:

Alles Leben und jedes Kunstwerk ist einheitlich, ganz, in sich gefügt, in sich gesetzhaft, nur durch sich selbst bedingt, ist ein Einheitliches und damit auch immer in größere und größte Zusammenhänge eingebaut, in sich, nach innen, in jeder Bedeutung dieses vielsagenden Wortes, und nach außen, gleichfalls in allen Bedeutungen. (Schultz 1940, S. 97)

Der Leser wird mit diesen schwammigen Worten auf Ganzheit und Zusammenhang eingestimmt und darüber hinweggetäuscht, dass es nicht um Integration sondern um Aussonderung gehen wird. Danach werden im Text gleichsam zwei Schichten aufgetan, die zu zwei unterschiedlichen Lesarten einladen.

Über lange Stecken kann die Arbeit wie ein heute üblicher Aufruf zu einer modern anmutenden Erfolgsforschung gelesen werden. So sei es unbedingt nötig, dass die Psychotherapeuten zur Etablierung ihres Faches sorgfältige Dokumentationen anfertigen. Kategorien, die Vergleichbarkeit herstellen, seien eine Vorraussetzung. Zahlen über Erfolge müssten vorgelegt werden. Für all diese Arbeit sei das Diagnose-Schema unerlässlich. Geschehe dies nicht, sei das Fach in seiner Existenz bedroht.

Doch in einer anderen Schicht des Textes wird eine viel beunruhigendere Gefahr beschworen und in alarmierender Weise in Szene gesetzt, und zwar die Gefahr, die vom Patienten selbst drohe. Dies sei eine »ungeheure Gefahr«! Schultz spitzt sie zu einer tödlichen Bedrohung zu. »(...) rein leiblich durch Bedrohung, Überfall usw. – Sie wissen, dass wir fast jedes Jahr einen Kollegen durch tätlichen Angriff verlieren (...)« (Ebd., S. 101). Von Bestienwar bereits die Rede. Da wundert es dann nicht, dass die Poliklinik des Instituts als »Waffenschmiede« deklariert wird. Dieser Ausdruck gewinnt entsprechend der zwei Ebenen des Textes einen Doppelsinn: Hergestellt wird zum einen Rüstzeug für Forschung und Lehre, zum anderen aber Waffen für den Kampf gegen den Patienten.

»Daß es manchmal Metallsplitter gibt und manchmal Hämmern klingt, mag wohl manchem von Ihnen etwas störend sein und Ihnen gegen Ihren von mir durchaus geachteten Stil gehen, aber es ist notwendig. Wir brauchen das ganz dringend.«(Ebd., S. 99) Offenbar müssen die weichen Gemüter, denen Bedenken kommen könnten, eingestimmt werden. Wer denkt da nicht an den Spruch: Wo gehobelt wird, da fallen Späne! Die tiefere Schicht des Textes, in der es um Vernichtung geht, liegt jetzt unverhüllt da. Dies zeigt die berüchtigte Passage, die jahrzehntelang überlesen wurde, in aller Offenheit:

> Wenn ich persönlich zum zweitenmal heute abend auf die Seite von *Hoche* treten muss, was mir sonst nicht naheliegt, dann, indem ich an die »*Vernichtung von lebensunwertem Leben*« erinnere und der Hoffnung Ausdruck geben darf, dass die Idiotenanstalten sich bald in diesem Sinne umgestalten und leeren werden. (Ebd., S.113)

Der angesprochene Psychiater Hoche hatte den herausgehobenen Schlüsselbegriff mit seiner Schrift *Die Freigabe der Vernichtung lebensunwerten Lebens. Ihr Maß und ihre Form* (Binding & Hoche 1920) zwanzig Jahre zuvor geprägt. Das persönliche Bekenntnis von Schultz zum Krankenmord gewinnt dabei eine doppelte Funktion. Es macht einmal die Institutsangehörigen und Ausbildungskandidaten zu Mitwissern – was an die typische NS-Taktik erinnert, auf diese Weise den Weg zur Mittäterschaft zu bahnen – und es deutet an, wie mit den erblich degenerativen Psychopathen zu verfahren sei.

Die Wendung »wo ich dieses Todesurteil in Form einer Diagnose gestellt habe« hat damit einen durchaus nicht-metaphorischen Charakter. Es muss nicht näher erläutert werden und war auch seinerzeit klar, dass die Klassifikation »erblich-degenerativ« eine tödliche Gefährdung nach sich zog, so, wie auch das Attribut »jüdisch-bolschewistisch« zu einem Todesurteil geworden war. Die Art der rassehygienischen Konsequenzen wird weiter unten behandelt.

Bemerkenswert ist, dass für eine so schwerwiegende Diagnose außer vagen, dürftigen Beschreibungen überhaupt keine Bestimmungskriterien angegeben werden. So wird als »besonders wichtiges Merkmal« für die hysterische Unterform aufgeführt:

> (...) leben außerhalb des zeitlichen Zusammenhangs, (...) immer nur im Querschnitt, (...) wirken immer nur auf die Umwelt, (...) mehr in anderen als in sich selbst leben, (...) sich völlig im Querschnitt verbrauchen, immer nur Augenblickswirkung, Augenblicksgeltung haben wollen. Es baut sich nichts auf (...) leer.

Eine derartige Pauschal- und Blankobezeichnung bietet sich als ideale Maßnahme- und Willkürkategorie an. Jedermann kann damit jederzeit stigmatisiert werden, denn es gibt weder Beweise noch Gegenbeweise.

Ist dies schon uferlos, so können letzte noch bestehende Grenzen weggeschwemmt werden, wenn das »zahlenmäßig ungeheuer verbreitete Gebiet der konstitutionellen Nervosität« mit seinen »erblichen Negativ-Potenzen« auch noch zum rassehygienischen Anwendungsfall gemacht wird. Ein neues Betätigungsfeld zwecks Ausmerze unerwünschter Anlagen und Reinigung des bedrohten Volkskörpers tut sich auf.

Was die Erblichkeit oder Degeneration als Krankheitsursache angeht, wird nicht einmal der Versuch gemacht, diese Behauptung zu belegen. Empirisch eine Schimäre wird die Fiktion mit umso stärkeren Worten als unbezweifelbare Realität vorgestellt: »ganz zweifellos«, »meistens scheint es sich hier um eine sehr stark durchschlagende Vererbung zu handeln«, »ausgesprochen erblich« usw. Entsprechend der Annahme einer unwandelbaren Erblichkeit erfolgt die Einordnung im Diagnose-Schema unter Rubrik A, d. h.: »(...) nur im gewissen Maß besserungsfähig, im wesentlichen unheilbar (...)«. Und damit es keine Missverständnisse über die Zuordnung gibt, wird noch einmal klargestellt: »Es handelt sich um

Menschen, die genau wie die ganz großen Fälle der Idiotie und des schweren Schwachsinns einfach den erblichen Misseinflüssen ihrer Sippe ausgeliefert sind (...)«. (Ebd., S. 132)

Welche Maßnahmen gegen diese Misseinflüsse zu treffen sind, erläutert im gleichen Heft des Zentralblatts für Psychotherapie, in dem das Diagnose-Schema vorgestellt wird, der Psychiater Luxenburger: »Die Bekämpfung der kranken Anlage (...) ist einzig und allein Sache der Rassenhygiene. Sie kann lediglich durch Maßnahmen der Auslese und Ausmerze erfolgen, durch Verhütung der Entstehung, zumindestens aber der Weitergabe entarteter Anlagen.« (Luxenburger 1938, S. 198) Alle Institutsmitglieder und Ausbildungskandidaten wissen das. Luxenburger lehrte am Berliner DIPFP das Fach »Psychiatrische Erblehre«.

Ebenfalls allseits bekannt ist 1940, welche einschneidenden Folgen die Bekämpfung einer angeblich kranken Anlage für ihren Träger hat (Gütt et al. 1934). Über 300 000 Zwangssterilisationen mit hunderten von Todesfällen sind zu dieser Zeit vorgenommen worden. Kriegsbedingt kam es zu einem vorläufigen Stopp. Aber das Regime hatte seinen Willen zur Ausweitung der Zwangsmaßnahmen bereits 1935 in aller Öffentlichkeit mit der Sterilisierung der so genannten Rheinlandbastarde, die durch das Gesetz nicht gedeckt war, unter Beweis gestellt. Darüber hinaus hätte der kriegsbedingte Stopp jederzeit aufgehoben werden können, wenn es die Lage gestattete.

Bekannt ist 1940 auch, dass die Träger einer erblich-degenerativen Anlage, was Leib und Leben angeht, rechtlos gestellt sind. So drohte ihnen das Gesetz zum Schutz der Erbgesundheit des Deutschen Volkes (Ehegesundheitsgesetz) vom 18.10.1935 ein Eheverbot (§1, Abs. c) und – bei Nichtanzeige der Anlage – eine Zwangsauflösung der Ehe an (§3, Abs. 1). Schultz bezieht sich in seinem Vortrag zustimmend auf dieses Gesetz (Gütt et al. 1936). Bei Konflikten mit den NS-Autoritäten wird eine diagnostizierte erbliche Degeneration zu einer schweren Hypothek. Diese kann z. B. Strafverschärfung oder KZ-Einweisung nach einer Strafverbüßung zur Folge haben. Eine weitere Konsequenz ist eine Stigmatisierung der Nachkommen bei Feststellung dieser Diagnose in der Schwangerschaft.

Während Schultz seinen Vortrag in Berlin hält, ist die Vernichtung ohne Maß und ohne Form gerade Realität geworden. Die Krankenmorde begannen vier Wochen zuvor am 18.01.1940 in Grafeneck im Württembergischen. Weiß Schultz dies durch Hinweise des Ministerialrats im Reichsinnenministerium und Leiters der dortigen Gesundheitsunterabteilung IV/C Dr. med. Herbert Linden? Linden ist der Dienstherr des Berliner DIPFP und hat die

Mordanstalt Grafeneck ausgesucht. Jedes einzelne Opfer der ersten Vergasung wählte er als Obergutachter mit seinem entscheidenden Kreuzchen für den Erstickungstod in der Gaskammer aus. Im Frühjahr 1940 schaut er sich durch ein Guckloch in der Gaskammer das Sterben von vierzig seiner Opfer an (Klee 1985). In dem halben Jahr seiner Tätigkeit als Obergutachter aller Euthanasiefälle, von Januar bis Juni 1940, wird Linden zusammen mit Dr. med. Heyde laut der so genannten Hartheimer Statistik 8765 Kranke per Kreuzchenschreiben in den Tod schicken (Klee1985). Die Zuhörer des Vortrags in Berlin wissen dies nicht. Sie wurden nur in Kenntnis gesetzt, dass die erblich degenerativen Psychopathen den »grunzenden Idioten« gleichzustellen sind. Sie kennen auch nicht die massenmörderische Tätigkeit von Linden. Aber für das heutige Verständnis der Zusammenhänge ist es unerlässlich, zur Kenntnis zu nehmen, um wen es sich bei dem Dienstherrn des DIPFP gehandelt hat, und was es heißt, wenn die Vorstellung eines Diagnosekatalogs mit einem Hinweis auf die Ermordung von Kranken verknüpft wird.

Der Befund

Wir kommen nicht umhin, feststellen zu müssen: Im Februar 1940 haben die namhaften reichsdeutschen Psychoanalytiker des DIPFP in Berlin zusammen mit anderen Kollegen des Instituts eine Persönlichkeitsstörung, die »erblich degenerative Psychopathie«, in den offiziellen Diagnose-Katalog des Instituts aufgenommen und der Öffentlichkeit vorgestellt. Damit wurde eine Leib und Seele bedrohende Form der Stigmatisierung von Patienten etabliert. In typisch totalitärer NS-Weise wurde eine vag-fluide Feindbestimmung vorgenommen, denn es handelte sich um eine diffuse, pauschalisierende Kategorie ohne klare Bestimmungskriterien. Die Definition einer weiteren Krankheit, der »konstitutionellen Nervosität« als ein Mosaik erblicher Negativpotenzen, erlaubte neue Möglichkeiten für die Umsetzung des rassehygienischen Furors. So wurde den Willkürmaßnahmen des Regimes Tür und Tor geöffnet. Diese Maßnahmen waren schon 1940 als Teil eines großen Vernichtungswerks erkennbar, wenn auch der tatsächliche Beginn der Krankenmorde zu jenem Zeitpunkt nur Eingeweihten bekannt war. Zu diesen gehörte mit nicht geringer Wahrscheinlichkeit der damals Vortragende des »Diagnose-Schemas«.

Diskussion möglicher Entlastungsargumente

Zu diesem Befund sollen mögliche Entlastungsargumente untersucht werden.

a) Die erblich degenerative Psychopathie als Diagnosekategorie hatte keinen Neuigkeitswert. Davon war seit Jahrzehnten in der Psychiatrie in so redundanter Weise die Rede, dass 1940 nicht mit zusätzlich negativen Auswirkungen zu rechnen war.

Nur der erste Teil dieser Behauptung ist richtig. Die offizielle Lehrmeinung der Psychiatrie zur Psychopathiefrage war vor 1940 eine andere. Sie wurde von Kurt Schneider, dem damaligen Direktor des Kaiser-Wilhelm-Instituts für Psychiatrie in München, geprägt. Er besaß mit seinen Arbeiten zu diesem Thema bislang unangefochten die wissenschaftliche Autorität. In seiner Monographie zu diesem Thema, die von 1923 bis 1950 in neun Auflagen erschien, ohne dass Anpassungen an den wechselnden Zeitgeist notwendig waren, hatte er klar dargelegt, dass weder Erblichkeit noch Degeneration als Ursache gesichert sind. »Nichts weniger nichtssagend als die Bezeichnung Krankheit oder krankhaft ist für die psychopathischen Persönlichkeiten das Schlagwort Degeneration oder Entartung« (Schneider 1944, S. 9). Kurt Schneider betonte immer, dass mit dem Psychopathiebegriff sehr vorsichtig umgegangen werden müsse. Dieser dürfe keinesfalls als soziale Wertkategorie benutzt werden. Sonst »gleitet man in einen soziologischen, ja politischen Psychopathenbegriff ab, der jedenfalls mit dem unseren nichts mehr zu tun hat.« (Ebd., S. 4). Schneider lehnte unmissverständlich Schlag- und Totschlagworte im Zusammenhang mit dem Psychopathiebegriff ab. Entsprechend gibt es den Begriff »erblich degenerative Psychopathie« in der offiziellen Diagnose-Tabelle des *Deutschen Vereins für Psychiatrie* von 1933 und später, also in der NS-Zeit, nicht. Stattdessen gilt der Schneider'sche Begriff »Psychopathische Persönlichkeiten«, der sich als Punkt 16 in dieser Tabelle findet. Dies ist von großer Wichtigkeit. So ist diese Diagnose-Tabelle dem offiziellen Kommentar zum Gesetz zur Verhütung des erbkranken Nachwuchses (GzVeN) angefügt (Gütt et al. 1934), sicher zum Missvergnügen der radikalen Erb-Psychiater. Denn die Durchführung der Zwangssterilisationen ist diagnosegebunden auf den Katalog der offiziellen Erbkrankheiten eingeengt. Psychopathische Persönlichkeiten gehören auf Grund der Lehrmeinung Kurt Schneiders nicht zu diesem Katalog.

Das Diagnose-Schema des DIPFP bezog also in einem wissenschaftlichen Streit Position. Das DIPFP tat dies in seiner Eigenschaft als ein

NS-Forschungsinstitut. Dies hatte eine erhebliche politische Bedeutung. Wenn selbst die Psychotherapeuten und Psychoanalytiker bei Persönlichkeitsstörungen die erblich degenerative Verursachung und eine vermeintliche Unwandelbarkeit als Erbkrankheit anerkennen, dann verliert die »Barriere« Kurt Schneider eine wichtige Unterstützung und ein Dammbruch wird möglich.

Es ist noch festzustellen, dass Schultz zwar Kurt Schneider ausgiebig erwähnt – meist in einem devot klingenden Ton – den klaren Dissens in der Sache aber verschweigt. Indem er glauben macht, dass man im Prinzip einer Meinung sei, verfälscht er die Gegenposition von Kurt Schneider. Dies ist eine Manipulation, die den Verdacht stärkt, dass Schultz politische Ziele bewusst verfolgte.

b) Den Kommissionsmitgliedern war die Tragweite ihrer Position im Streit um den Psychopathiebegriff nicht bekannt.

Davon kann keine Rede sein. Die Auseinandersetzung um die Diagnosekategorie Psychopathie wurde ausführlich in Wort und Schrift geführt. So wurde im Zusammenhang mit der »Asozialenfrage« immer wieder heftig beklagt, dass die Psychopathie als Erbkrankheit nicht Eingang in den Sterilisationskatalog des GzVeN gefunden habe, so z. B. von Carl Schneider (Heidelberg), der vorschlug, Psychopathie über eine Art Ähnlichkeit mit dem moralischen Schwachsinn als Form des erblichen Schwachsinns einzubeziehen (Schneider, C. 1939). Zu beachten ist, dass der Asozialenbegriff in der NS-Zeit ganz allgemein für die Bekämpfung unerwünschter Menschen benutzt wurde. Er war bereits als uferloser Begriff angelegt.

c) Das Konzept der Psychopathie ist psychiatrisch geprägt. Möglicherweise haben sich die Psychoanalytiker dafür nicht zuständig gefühlt und die Auffassungen radikaler Psychiater einfach unkritisch übernommen.

Die Beschäftigung mit Persönlichkeitsstörungen ist jedoch – überflüssig zu betonen – ein zentrales Thema der Psychoanalyse. Insofern waren die Psychoanalytiker durchaus gefragt. Schultz weist ja auch darauf hin, dass die hysterische Unterform der erblich degenerativen Psychopathie als hysterischer Charakter in der Psychotherapie viel bearbeitet worden sei.

Gleichwohl hätte die psychiatrische Begriffsprägung »Psychopathie« den Analytikern erlaubt, sich für nichtzuständig zu erklären, auf die

Andersartigkeit ihrer Konzepte von Persönlichkeit und Charakter zu verweisen und sich von dem üblen Definitionsgeschäft fernzuhalten. Sie haben stattdessen mit der Ausgrenzung von Menschen ein ärztliches und psychoanalytisches Essential verletzt. Dazu sei als integrer Psychoanalytiker August Aichhorn zitiert, der in Wien nach 1938 als Mitglied des DIPFP weiter praktizierte und dem trotzdem niemand den Vorwurf des Paktierens mit dem NS-Regime machen kann. Aichhorn schrieb, was damals und heute Gültigkeit hat:

> Wir dürfen uns selbstverständlich nicht der Auffassung anschließen, für die der Dissoziale an sich der Verneinende, der Schädling ist, der zu seinem eigenen und zum Besten der Gesellschaft ausgemerzt gehörte, und um den man sich annimmt, damit die Gesellschaft vor ihm geschützt wird, der an sich nicht mehr interessiert, dessen Anforderungen als Mensch an das Leben nicht mehr beachtet zu werden brauchen, mit dem die Gesellschaft im allgemeinen fertig ist. (Aichhorn 1925, S.19)

d) Das Diagnose-Schema ist im Wesentlichen eine theoretische Angelegenheit und wurde praktisch nicht umgesetzt. Es blieb deswegen unbeachtet.

Es stimmt zwar, dass infolge des Kriegsverlaufs die Verwirklichung der geplanten, noch radikaleren »Volkstumspflege« auf die Zeit nach dem erhofften Sieg verschoben wurde, aber die Weichen dazu wurden gestellt. Dabei hatte das Diagnoseschema des Instituts eine durchaus praktische Bedeutung. Die Psychoanalytiker baten eifrig selbst um Beachtung ihres Schemas. Boehm wies in zwei Arbeiten (Boehm 1939 u. 1941) ausdrücklich auf den grossen Wert des Diagnose-Schemas hin, in der ersten Arbeit von 1939 dreifach, in der Arbeit von 1941 zweifach, beispielsweise mit den Worten: »Besonders wichtig scheint mir auch, dass wir uns mehr und mehr und mehr an das von einer Kommission in langen Bemühungen ausgearbeitete und von Herrn Schultz publizierte Diagnoseschema gewöhnen.« (Boehm 1941, S. 24) In dieser Arbeit findet sich eine Tabelle, die ausweist, dass im Institut die Diagnose »paranoide« und »hysterische Psychopathie« als Unterformen der erblich degenerativen Psychopathie praktisch sehr wohl vergeben wurde. Das geschah zwar selten, stellt aber unter Beweis, dass man keineswegs von dieser Diagnosekategorie abrückte. Die tatsächlichen Zahlen der Anwendung innerhalb des Instituts sind sekundär, liegt doch die eigentlich zu fürchtende Auswirkung außerhalb der Institutsmauern. Von einem Abrücken kann auch in der Nachkriegszeit nicht gesprochen werden. Die Schüler von Boehm druckten die genannten Aufsätze 1978 unverändert wieder ab. Die Brisanz der seinerzeit eingeführten Diagnosekategorien war dem Anschein nach vergessen.

e) Der Text ist aus dem Zusammenhang gerissen und wurde aus der heutigen Perspektive einseitig interpretiert.

Es ist heutzutage eine mühselige Rekonstruktionsarbeit zu leisten, um die damaligen Zusammenhänge aufzuklären. Dazu stehen uns allerdings andere Quellen zur Verfügung als den Zeitgenossen von 1940. Aber was es heißt, mit einer ausgrenzenden Kategorie behaftet zu werden, sei es bolschewistisch, jüdisch oder erbkrank und degeneriert, das war damals jedem bewusst, vermutlich besser als heute. Hier liegt zudem noch der Umstand vor, dass bei der Präsentation des Diagnose-Schemas auf dessen Zusammenhang mit Vernichtung ausdrücklich hingewiesen wurde. Für interpretatorische Relativierungen gibt es da keinen Spielraum.

Nimmt man die Diktion von Aichhorn zu Hilfe, haben die Psychoanalytiker der Diagnose-Kommission mit ihrem Schema unmissverständlich kundgetan, dass sie mit einer Gruppe von Menschen fertig waren und dass deren Anforderungen an das Leben nicht mehr zu beachten waren. Bei Schultz heißt dies: »(...) wohl nicht ausreichend, um ihre Existenz in tieferem Sinn zu bejahen« (Schultz 1940, S. 115).

f) Das Diagnose-Schema ist eine Art Steckenpferd des Nichtanalytikers Schultz gewesen. Die Analytiker des Instituts waren mehr oder weniger unbeteiligt.

Wie bereits erörtert handelt es sich bei dem Diagnose-Schema um eine Kommissionsarbeit, die in jahrelanger Bemühung gemeinsam erstellt wurde. Diese Arbeit wurde namentlich von den führenden Analytikern des Instituts Boehm, Kemper, Müller-Braunschweig, Rittmeister und Schultz-Hencke mitgetragen. Keiner rückte je davon ab, auch nicht nach der Präsentation von Schultz im Februar 1940, die jeden schockieren musste.

Bei Kemper findet sich eine offene Identifikation mit rassehygienischem Denken und entsprechender Ausgrenzung von Patienten. Er schrieb über die Aufgabe des Psychotherapeuten: »Insbesondere wird er den Typus des erbbiologisch Minderwertigen rechtzeitig erkennen und auszuschalten haben. Gerade hier erwachsen dem verantwortungsbewussten Arzt wieder menschlich schwierigste Entscheidungen« (Kemper 1942, S. 88).

Die Gegenüberstellung der Äußerungen von Aichhorn und Kemper zeigt, auf welche abschüssige Bahn sich die Berliner Analytiker des DIPFP begeben haben.

Schlussbemerkungen

Das Diagnose-Schema und seine Erläuterung im Vortrag und in der Publikation von Schultz sprechen eine unmissverständliche Sprache, die wenig Spielraum für relativierende Interpretationen lässt. Leider haben auch entlastende Argumente keinen Bestand. Ich habe mich bemüht, die Tatsachen möglichst klar mitzuteilen. Es ist illusorisch zu glauben, man könne dies ohne moralische Wertungen tun, sind doch Grundfragen des Humanen berührt. Die Psychoanalyse ist auf dieser Ebene keineswegs tendenzlos. Heutige Analytiker müssen sich mit der Tatsache vertraut machen, dass sich die führenden Analytiker des DIPFP bewusst und willentlich an der mit Vernichtung bedrohten Ausgrenzung von Menschen beteiligt haben. Freigabe zur Vernichtung umfasst hier nicht allein Mord, sondern ein Spektrum von Zerstörung von Lebenschancen, Bindungen, Hoffnungen bis hin zu körperlicher Verletzung und Tod. Das physische Morden haben andere gemacht. Analytiker standen nicht mit rauchender Pistole an der Grube. Aber sie haben dieses Vernichtungswerk in Worten und Gedanken gefördert. Es offen herbeigewünscht zu haben, blieb Schultz vorbehalten.

In welchem Umfang Menschen tatsächlich durch die Ausgrenzungsarbeit der Psychoanalytiker Schaden genommen haben, ist hier nicht behandelt worden. Es sollte erst einmal festgestellt werden, dass die Analytiker sich in dieser Frage angedient haben. Sie haben sich mit ihrem Kategorisierungsvorschlag für Menschen am NS-Vernichtungswerk beteiligt.

Besonders schmerzt es, in diesem Zusammenhang den Namen von John Rittmeister zu lesen. Hat er nicht gewagt, seine Dissidenz zu zeigen? Das wird wohl niemand mehr erfahren. Es sei angemerkt, dass ein ähnlicher Schatten auf einen der herausragenden Führer des Widerstandes, auf Henning v. Treskow, fällt. Eine Studie von Gerlach (Gerlach, 1998) dokumentiert Hinweise, dass sich v. Treskow an der Vernichtung von weißrussischen Dorfbewohnern als so genannte Partisanen beteiligte. Die dadurch ausgelöste Irritation konnte bis heute nicht aufgelöst werden.

Wären die geschilderten Grenzüberschreitungen der führenden Psychoanalytiker des DIPFP im Jahre 1949 erinnerlich und bekannt gewesen, so hätte sich wohl kaum ein Mitscherlich mit Schultz-Hencke in den

Vorstand der DGPT gesetzt. Ja, zu der Gründung dieser Gesellschaft, die bekanntermaßen von ihren Mitgliedern verlangte, dass diese nach den Richtlinien des DIPFP ausgebildet wurden (Lockot, 1994), wäre es möglicherweise nicht gekommen. Gleichermaßen ist fraglich, ob es bei Kenntnis dieser Dinge 1951 in Amsterdam zu einer internationalen Anerkennung der DPV mit ihrem Vorsitzenden Müller-Braunschweig durch die IPV gekommen wäre.

Vielleicht ist dies mit ein Grund dafür, dass bis heute die Tatsachen, die als »offener Brief« zu Tage liegen, nicht zur Kenntnis genommen wurden. Das Berliner DIPFP in einem anderen Licht zu sehen, stellt die eigene Identität und die eigene Rolle in Frage, wurden doch die Analytiker dieses Instituts nach dem Kriege zu den Neugründern der Psychoanalyse und mehrheitlich zur Elterngeneration der jungen Analytiker der Nachkriegszeit.

Was hat die führenden Analytiker des DIPFP dazu gebracht, sich in der beschriebenen Weise am NS-Vernichtungswerk zu beteiligen? Warum haben sie die Haltung verlassen, die Aichhorn so einfach und so bewegend beschrieben hat? Gab es für dieses außerordentlich privilegierte Institut von Seiten des NS-Dienstherren einen verdeckten Auftrag, eine Art *hidden agenda*, die zu erfüllen war? Ein Anpassungszwang ist nicht erkennbar. Eine Dienstwilligkeit, die ohne Not ausgeübt wurde, ist eher wahrscheinlich. Wollte man auf diese Weise Einfluss und Macht erwerben und erhalten? Dass Macht stark im Spiel war, zeigen die Rivalitäten, Gruppenkämpfe und Organisationsbildungen, die in der Nachkriegszeit hervorbrechen.

Das sind viele offene und beunruhigende Fragen, die nur in weiterführenden Untersuchungen beantwortet werden können. Ein Ergebnis dürfte dabei feststehen. Das Abgleiten in die Unmenschlichkeit geschieht leicht und rasch. Davon können sich auch die Analytiker nicht ausnehmen, davor sind auch sie nicht geschützt.

Literatur

Aichhorn, A. (1925): Über Fürsorgeerziehung. Blätter für das Wohlfahrtswesen 17, 12–17, zit. nach Göllner, R. (2003): Psychoanalytisch-pädagogische Praxis ohne Ideologie vom »Schädling«. Zur Geschichte der Wiener Psychoanalytischen Vereinigung I, 1938–1949. Tübingen (edition diskord), S. 8–36.

Binding, K. & Hoche, A.(1920): Die Freigabe der Vernichtung lebensunwerten Lebens. Ihr Maß und ihre Form. Leipzig (Dietrichs).

Boehm, F. (1939): Poliklinische Erfahrungen. Zentralblatt für Psychotherapie XII/2–3, 65–87.

Boehm, F. (1941): Erhebung und Bearbeitung von Katamnesen. Zentralblatt für Psychotherapie XIV/1–2, 17–25.

Brecht, K.; Friedrich, V.; Hermanns, L. M.; Kaminer, I. K. & Juelich, D. H. (Hg.) (1985): »Hier geht das Leben auf eine sehr merkwürdige Weise weiter ...« Zur Geschichte der Psychoanalyse in Deutschland. Hamburg (Michael Kellner).

Cocks, G. C. (1983): Psychoanalyse, Psychotherapie und Nationalsozialismus. Psyche, 37, 1057–1106.

Friedrich, F. (1987): Psychoanalyse im Nationalsozialismus. Vom Widerspruch zur Gleichschaltung. Jahrbuch der Psychoanalyse. Tübingen (frommann-holzboog), S. 207–233.

Gerlach, C. (1999): Kalkulierte Morde. Die deutsche Wirtschafts- und Vernichtungspolitik in Weißrussland 1941 bis 1944. Hamburg (Hamburger Edition).

Gütt, A.; Rüdin, E. & Ruttke, F. (1934): Gesetz zur Verhütung erbkranken Nachwuchses vom 14. Juli 1933,Kommentar. München (J. F. Lehmanns).

Gütt, A.; Linden, H. & Massfelder, F. (1936): Blutschutz- und Ehegesundheitsgesetz, Kommentar. München (J. F. Lehmanns).

Kemper, W. (1942): Die Störungen der Liebesfähigkeit beim Weibe. Zur Klinik, Biologie und Psychologie der Geschlechtsfunktion und des Orgasmus. Leipzig (Thieme), zit. n. Friedrich 1987, S. 217.

Klee, E. (1985): »Euthanasie« im NS-Staat. Die »Vernichtung lebensunwerten Lebens«. Frankfurt a. M. (Fischer).

Klee, E. (Hrsg.) (1985): Dokumente zur »Euthanasie«. Frankfurt a. M. (Fischer). S. 233.

Lohmann, H.-M. & Rosenkötter, L. (1982): Psychoanalyse in Hitlerdeutschland. Wie war es wirklich? Psyche 38, 961–988.

Luxemburger, H. (1938): Psychiatrische Erblehre. München (Lehmanns).

Schneider, C. (1939): Behandlung und Verhütung der Geisteskrankheiten. Allgemeine Erfahrungen, Grundsätze, Technik, Biologie. Berlin (Springer).

Schneider, K. (1944): Die Psychopathischen Persönlichkeiten. Wien (Deuticke).

Schultz, J. H. (1940): Vorschlag eines Diagnoseschemas. Zentralblatt für Psychotherapie, 12, Heft 2/3, 97–161.

Das Erbe der Ohnmacht

Uwe Langendorf

Abwehr

Der Träger des Friedenspreises des deutschen Buchhandels, Peter Esterhazy, sagte in seiner Dankesrede am 10. Oktober 2004 in der Frankfurter
Paulskirche:

> Ohne Vergessen gibt es keine Erinnerung. Wir können nur erinnern, wenn wir
> vergessen können. Etwas kollektiv zu wissen und zur Kenntnis zu nehmen,
> macht das persönliche Vergessen möglich. (Esterhazy 2004, S. 16)

Wenn ich mich mit den Folgen der Traumatisierungen beschäftige, die
Flucht und Vertreibung der ostdeutschen Bevölkerung am Ende des Zweiten Weltkrieges ausgelöst haben, so versuche ich damit ein Versäumnis
nachzuholen. Es dürfte unbestritten sein, dass so schwere Erschütterungen,
wie sie Heimatverlust und Lebensbedrohung darstellen, zu nachhaltigen
Traumatisierungen führen. Sonderbarerweise gibt es zu diesem Problem-
kreis kaum Untersuchungen von psychoanalytischen Autoren, obwohl
unter den Psychotherapiepatienten Deutschlands ein großer Teil von
Betroffenen oder deren Nachkommen zu finden sein müsste. Dies ist schon
statistisch zu erwarten unter der Annahme einer gleichmäßigen Verteilung
unter der Bevölkerung. Kogelfranz (1985, S. 11) gibt die Zahl der in
Deutschland neu angesiedelten Flüchtlinge mit über 14 Millionen an, nach
Nasner-Maas (2003, S. 7) betrug der Flüchtlingsanteil in Niedersachsen
1950 27%. Ich kenne keine Untersuchung, die den prozentualen Anteil
von Vertriebenen und deren Nachkommen an der Gesamtzahl der Psychotherapiepatienten ermittelt hätte.

Es ist schwer, eine theoretische Begründung für die »Abstinenz« der
psychoanalytischen Forschung zu diesem Fragenkomplex anzugeben.
Man wird kaum davon ausgehen, dass Flucht und Vertreibung als gene-
tischer Faktor der frühen Kindheit oder der Familiengeschichte keine
nennenswerte Rolle spielt. Eher schon könnte ins Gewicht fallen, dass
die traditionelle Psychoanalyse so genannten kollektiven Faktoren wenig
Beachtung schenkte und sich auf die persönliche Geschichte zu
beschränken suchte. Zwischen dem individuellen und dem kollektiven

Schicksal wurde eine Trennwand aufgerichtet, die nach meinem Verständnis künstlich ist. So konnte etwa ein früher Vaterverlust im Zusammenhang mit dem ödipalen Konflikt gedeutet werden, ohne indessen die Umstände dieses Verlustes – im Krieg gefallen, auf der Flucht umgekommen, in Gefangenschaft verblieben – als bedeutsam anzusehen, obwohl die Fantasien des Kindes sowohl durch den Umgang der Familie mit dem Verlust als auch durch die öffentliche Meinung beeinflusst sein konnten. Ermann (2004, S. 226) macht die Sprachlosigkeit der Kriegsgeneration für das Verschweigen verantwortlich, die er auf die kriegsbedingte Traumatisierung und den daraus resultierenden abgewehrten Hass zurückführt.

Nasner-Maas führt an, »dass das Flüchtlingsproblem in der Nachkriegszeit zum Anliegen ultrakonservativer Kreise geworden war, zu denen begreiflicherweise für viele Andersgesinnte erhebliche Berührungsängste bestanden und bestehen« (Nasner-Maas 2003, S. 6).

Auch Eckstaedt (1999, S. 137) schreibt über den Widerstand der analytischen Lehrer und Kollegen gegen die Einbeziehung der historischen Perspektive in Bezug auf die Auswirkungen des Zweiten Weltkrieges und der Naziideologie.

Ich habe den Eindruck, dass für das Ausblenden der kollektiven Traumatisierung durch Krieg und Vertreibung weniger theoretische Überzeugungen ausschlaggebend waren, sondern Verleugnungen aus unbewussten Motiven. Ich denke vor allem an die unvermeidlichen Schuldgefühle angesichts des unermesslichen Leides, das durch den deutschen Eroberungskrieg und die Vernichtungsprogramme unter der nationalsozialistischen Diktatur hervorgerufen worden ist. Es scheint auch die Furcht vorzuherrschen, jede Schilderung des Leides der deutschen Vertriebenen könnte als Relativierung oder Abschwächung der Leiden der Holocaustopfer missverstanden werden. Auch Ermann hält es für geboten darauf hinzuweisen, dass »das Verständnis für das Schicksal der Kinder (...) die als nichtjüdische Deutsche im Zweiten Weltkrieg geboren wurden (...) in keiner Weise die Gräuel des Nazi-Terrors gegen die jüdische Bevölkerung (...) schmälern« dürfe (Ermann 2004, S. 238).

Ich habe die partielle Ausblendung der Bedeutung des Vertreibungstraumas an mir selbst entdeckt. Etwa ein Drittel meiner Berliner Patienten stammt aus betroffenen Familien. Obwohl mir diese Schicksale im Einzelnen bekannt waren und ich sie im Zusammenhang der individuellen Geschichte einzubeziehen versuchte, habe ich erst vor wenigen Jahren die kollektive Dimension dieser Traumatisierung erfasst.

Ich möchte einen weiteren Gesichtspunkt hinzufügen. Vielleicht spielt bei dem »Darüberhinwegsehen«(ebd., S. 226) eine generelle Einfühlungsverweigerung eine Rolle. Die Vorstellung extrem traumatischer Situationen löst erhebliche Angst und Grauen aus – vor allem, wenn Nahestehende, Identifikationsobjekte einbezogen sind – und ist nur in begrenztem Maße auszuhalten. Grubrich-Simitis spricht – im Zusammenhang mit dem Holocaust – von »Ängsten, die wir erleben, wenn wir mit den Nachwirkungen der Lagerhaft in der Innenwelt von Überlebenden und ihren Kindern konfrontiert werden, Ängste von einem Ausmaß, dass sie selbst Psychoanalytiker zu Einfühlungsverweigerung und Verharmlosung nötigen können (Grubrich-Simitis 1979, S. 992). Ich habe bei meinen Bemühungen, mich über die historischen Hintergründe der Vertreibung zu informieren, an mir selbst wiederholt Tendenzen festgestellt, mich der emotionalen Bedeutung der geschilderten Vorgänge zu entziehen.

Freud schrieb in *Das Unbehagen in der Kultur*:

> Wir mögen noch so sehr vor gewissen Situationen zurückschrecken, der des antiken Galeerensklaven, des Bauern im 30jährigen Krieg, des Opfers der heiligen Inquisition, des Juden, der den Pogrom erwartet, es ist uns doch unmöglich, uns in diese Personen einzufühlen, die Veränderungen zu erraten, die ursprüngliche Stumpfheit, allmähliche Abstumpfung, Einstellung der Erwartungen, gröbere und feinere Weisen der Narkotisierung in der Empfänglichkeit für Lust- und Unlustempfindungen herbeigeführt haben. Im Falle äußerster Leidmöglichkeit werden auch bestimmte seelische Schutzvorrichtungen in Tätigkeit versetzt. Es scheint mir unfruchtbar, diese Seite des Problems weiterzuverfolgen. (Freud 1930, S. 448)

Geschichte

Wir müssen davon ausgehen, dass die Flucht und Vertreibung der etwa 12–14 Millionen Deutschen aus den Ostgebieten eine solche Extremtraumatisierung bedeutete. Wie aber das Leiden der Vertriebenen mit der kollektiven deutschen Schuld unlösbar verflochten ist, zeigt etwa das Beispiel Polen:

Dieses Land wurde von den Deutschen im Zweiten Weltkrieg zerschlagen und zerstört, die Führungsschicht vernichtet, große Teile der Bevölkerung deportiert oder interniert. Schon eine Woche vor Kriegsbeginn, am 23.08.1939 wurde Polen in einem Geheimabkommen zwischen Deutschland und der Sowjetunion geteilt. In beiden Teilen fanden nach der Okkupation umfangreiche Deportationen statt. Das westliche Polen wurde aufgeteilt in die Gebiete Westpreußen-Danzig und Warthegau, die »germanisiert« werden sollten, und das »Generalgouvernement«, in das große Teile der polnischen Bevölkerung zwangsweise umgesiedelt wurden. Die vertriebenen Polen wurden durch deutsche Siedler ersetzt, die im Zuge der großen »Flurbereinigung« der Diktatoren aus andern Gebieten wie Bessarabien, Baltikum, Jugoslawien usw. ausgesiedelt waren. Himmler plante, etwa 20 Millionen Polen zu liquidieren und den Rest auf einen Sklavenstatus zu reduzieren. Die neu angesiedelten Deutschen sollten als »Wehrdörfer« einen germanischen Wall gegenüber den Ostvölkern darstellen. Tatsächlich wurde etwa ein Viertel der polnischen Bevölkerung während der deutschen Besatzung liquidiert (Kogelfranz 1985, S. 9). Diese Daten geben nur einen kleinen Teil des tatsächlichen sowie des seinerzeit noch geplanten Eroberungs- und Vernichtungsprogramms der nationalsozialistischen Führung wider. Das deutsche Vorgehen musste bei den betroffenen Völkern schwersten Hass und Rachewünsche, bei den Deutschen selbst hingegen Angst vor Vergeltung und Schuldgefühle hervorrufen. G. Hauptmann schrieb schon im Dezember 1939 in sein Tagebuch:

> Nach dem Aufwachen drücken die Schrecken des Krieges auf meine Brust: Polen. Wieviel Hass hat er dort entfesselt. Wie ungeheuer wird der Deutsche dort gehasst. Wir haben Polen vernichtet, zur Hälfte den Russen ausgeliefert, alle Rachegeister darin gegen uns aufgerufen für ein Jahrhundert. (Naimark 2004, S. 160)

Verstrickung mit NS

Es wird wohl kaum ein Vertriebenenschicksal geben, bei dem man nicht früher oder später mit dem Problem der Verstrickung in die Ideologie und die Vernichtungsprogramme der NS konfrontiert wird. Mal ist die Familie auf der Täterseite, mal auf der Opferseite mit dem Hitlerfeldzug, der Diktatur oder dem Holocaust in Verbindung gekommen. Neben den äußeren Abhängigkeiten – vom erzwungenen Kompromiss und Verfolgungsdruck bis zu überzeugter Parteinahme und Komplizenschaft – muss auch die innerpsychische Repräsentanz der nationalsozialistischen Diktatur in Betracht gezogen werden, die durch Propaganda, Erziehungs- und Überwachungssystem, durch permanente Ängstigung und subtile Verführung zur Bildung einer »tyrannischen Instanz« führen musste (Amigorena 1979,

S. 610). Den dem Einfluss der Diktatur Unterworfenen dürfte es selten möglich gewesen sein, ihr Über-Ich von Kompromissbildung und partieller Korruption freizuhalten. Nicht zuletzt bildete die propagierte Selbstidealisierung als Angehörige einer höherwertigen »Herrenrasse« eine narzisstische Kompensation für die beschämende Unterwerfung unter ein korrumpierendes System. Die Idealisierung von Stärke und Macht und die Verachtung des Schwachen, die ein Kernstück der nationalsozialistischen Ideologie war, musste sich nach dem »Zusammenbruch« gegen die Besiegten richten, die sich nun selbst auf der Seite der Schwachen, Verachteten und Verfolgten wieder fanden. Die Mechanismen der sadomasochistischen innerpsychischen Diktatur wurden offensichtlich auch nach dem Ende der Parteiherrschaft der NSDAP in den Familien weitergegeben und in Strukturanteilen abgelagert. Diese Relikte werden aktiviert, wenn im Laufe des analytischen Prozesses das Vertreibungstrauma berührt wird. Teils abgewehrt und projiziert, teils offen und bewusst kommen dann Schuld- und Schamgefühle in die Therapie, die sich auch in der Übertragung äußern und mit denen man sich als Therapeut auseinandersetzen muss.

Vertreibungsfolgen

Zunächst will ich die historische Entwicklung weiter verfolgen: Das Näherrücken der Front muss die Bevölkerung der deutschen Ostgebiete mit ohnmächtiger Angst vor der Rache des Feindes erfüllt haben. Sicherlich war ein Teil der Deutschen mit der NS-Ideologie identifiziert, andererseits dürfte bei vielen ein Unrechtsbewusstsein entstanden sein oder ein Gedanke wie: »Wenn die sich einmal dafür rächen, was wir ihnen angetan haben, dann gnade uns Gott«. Dennoch konnten die Menschen vor der Bedrohung nicht ausweichen. Denn die Flucht wurde durch die NS-Führung behindert und erfolgte zu spät, chaotisch und unter mörderischen Bedingungen (Franzen 2002, S. 84). Die vielen zurückgebliebenen Deutschen, die von der Roten Armee überrollt wurden, gerieten in die Zange. Nach den Plänen der Alliierten sollten sie vollständig aus den Ostgebieten vertrieben werden und die so genannten »wilden Vertreibungen« setzten mit größter Brutalität ein. Gleichzeitig wurde das Weggehen durch verschiedene Hindernisse blockiert, sodass die Deutschen den Schikanen hilflos ausgeliefert waren. Dies hatte durchaus Methode, denn Stalin hatte die Losung ausgegeben: »Dass man die Deutschen einfach nimmt und rauswirft, so einfach ist die Sache nicht. Besser ist es, man bringt sie in eine Lage, in der sie von selbst gehen.« (Spiegel 2002, 15, S. 64)

Bei den sadistischen Gewalttaten gegenüber den Deutschen – vorwiegend wehrlosen Frauen, Kindern, Alten – kamen sicherlich Hass und Rachewünsche der vorher unterdrückten Völker gegenüber »den Deutschen« zum Ausdruck. Andererseits gibt es Hinweise darauf, dass der Hass von der politischen Führung gezielt angestachelt und instrumentalisiert wurde. So sagte General Tschernjachowski in einem Tagesbefehl an die dritte Weißrussische Front beim Sturm auf Königsberg:

> Nun stehen wir vor der Höhle, aus der heraus die faschistischen Angreifer uns überfallen haben (...) Gnade gibt es nicht, wie es auch für uns keine Gnade gegeben hat. Das Land der Faschisten muss zur Wüste werden, wie unser Land, das sie zur Wüste gemacht haben. Die Faschisten müssen sterben, wie auch unsere Soldaten gestorben sind. (Kogelfranz 1985, S. 18f.)

In Polen kam hinzu, dass ein großer Teil der polnischen Bevölkerung aus den Ostgebieten, die an die Sowjetunion fielen, ebenfalls vertrieben und in den Westen evakuiert worden waren und diese Deportationsopfer nun mehr oder weniger gewaltsam die Besitztümer der verbliebenen Deutschen für sich beanspruchten.

Die verbliebenen oder auch nach anfänglicher Flucht zurückgekehrten Deutschen wurden in einen rechtlosen Zustand versetzt. Zum Beispiel wurden in den tschechoslowakischen »Benesdekreten« entschädigungslose Enteignung, wirtschaftliche Ausschaltung und zahlreiche diskriminierende Strafmaßnahmen gegen die Sudetendeutschen verfügt (Franzen 2002, S. 205). Die Betroffenen verloren alle politischen Rechte und jeden rechtlichen Schutz und waren willkürlicher Gewalt, Beraubung und gezielter Demütigung ausgesetzt, wozu die massenhafte systematische Vergewaltigung der Frauen gehörte. Die Opfer waren somit gezwungen, sich bedingungslos zu unterwerfen und bei ihrer eigenen Entmenschlichung zu kooperieren, vor allem in den zahlreichen Internierungslagern, wozu auch die von der SS eingerichteten Konzentrationslager genutzt wurden. Schließlich erfolgte die Abschiebung unter inhumanen, oft mörderischen Bedingungen. In den Aufnahmeländern angekommen wurden die »Flüchtlinge« von den Einheimischen größtenteils mit Ablehnung und Verachtung empfangen und hatten fast allen Besitz und sozialen Status verloren (Kogelfranz 1985, S. 32ff.). Diese Entwertung setzte sich oft jahrelang fort, bis eine oberflächliche Eingliederung gelungen war.

Es gab somit mehrere traumatisierende Faktoren. Dazu gehören der Verlust des gesamten Besitzes und der Heimat, dann die vielfache Gewalt, die Schutzlosigkeit und die erzwungene Unterwerfung, schließlich die massive Demütigung, die sich nach der Vertreibung in der Diskriminierung als Flüchtling fortsetzte. Neben dem materiellen und immateriellen Verlust stand die vielgestaltige narzisstische Kränkung und über allem die völlige Ohnmacht. Die seelischen Folgen waren schwere narzisstische Verletzung, Depression, Überlebensschuld und schließlich tiefe Scham. Um das Ausmaß der multiplen Traumatisierung zu erfassen, muss bedacht werden, dass es sich bei den Vertriebenen größtenteils um gespaltene Familien handelte, um Frauen, Mütter mit Kindern, Alte, während die Männer an der Front, gefallen oder in Gefangenschaft waren. Die betroffenen Frauen waren zumeist auf sich gestellt, von ihren Männern getrennt sowie die Kinder von ihren Vätern. Fanden die Familien sich in der neuen Heimat schließlich zusammen, so waren die Frauen durch Flucht und Vertreibung traumatisiert, die Männer von den Demütigungen und Entbehrungen des Krieges und der Gefangenschaft.

Man sollte erwarten, dass die kumulative Traumatisierung sich in schweren psychischen Störungen auswirken würde. Bei oberflächlicher Betrachtung schien dies aber nicht der Fall zu sein. Im Gegenteil konnte man den Eindruck haben, dass die Vertriebenen sich nach den ersten Anlaufschwierigkeiten reibungslos in die neue Gesellschaft einfügten und gut funktionierten. Das Gleiche ließ sich von den Kindern sagen, die sich nach dem Ausgleich einiger Entwicklungsdefizite von andern Kindern nicht unterschieden, in der Leistung eher etwas vorne lagen (Hirsch 2004, S. 229). Dieses Funktionieren gelang den Vertriebenen aber vielfach um den Preis einer inneren Erstarrung und weitgehender Abspaltung der Vergangenheit. Es entspricht den allgemeinen Erfahrungen der Extremtraumatologie, dass zunächst alle seelischen Kräfte auf die vordergründige Anpassung gerichtet werden und so eine scheinbare Wiederherstellung erreicht wird, während die posttraumatischen Folgezustände und Störungen oft nach längerem Intervall, dann aber nachhaltig auftreten und sich auch auf die nächste Generation übertragen. Nasner-Maas schreibt hierzu:

> Bei diesem Prozess handelt es sich aber durchaus nicht um eine endgültige und gelungene emotionale Bewältigung des Zurückliegenden, sondern um eine psychophysische Notmaßnahme. Um den hohen Anforderungen der Außenwelt nachkommen zu können, werden Kräfte schonungslos freigesetzt und Gefühle einer starken Kontrolle unterzogen. Angst, Schmerz und Depression kehren zu einem Zeitpunkt wieder, wenn die äußere Situation sich beruhigt und etabliert hat. (Nasner-Maas 2003, S. 11f.)

Daher war es den Vertriebenen in aller Regel nicht möglich um das Verlorene zu trauern. Sie waren in pathologischer Trauer befangen, Dauertrauernde (Volkan 2002, S. 188). So konnten sie die notwendige Empathie für ihre Kinder zum großen Teil nicht aufbringen und mussten sie parentifizieren und als narzisstische Selbstobjekte besetzen. Die traumatischen, vor allem die beschämenden Erinnerungen mussten in der Gruft von Familiengeheimnissen begraben werden. Ich vermute, dass die extrem traumatisierenden Geschehnisse der bewussten Erinnerung auch gar nicht zugänglich waren, da sie aus dem narrativen Gedächtnis ausgeschlossen, in einem traumatischen Gedächtnis gespeichert und versiegelt, als Introjekte konserviert waren (Henningsen 2003, S. 98). Diese konnten sich nur indirekt mitteilen, teils durch Somatisierung, teils durch Inszenierungen und Delegationen, wenn die Eltern z. B. Gefühle von Verlassenwerden oder Beschämung bei den Kindern induzierten. So ist für die Entwicklung dieser Kinder in der Regel eine kumulative Traumatisierung anzunehmen (M. Khan, zit. n. Grubrich-Simitis 1979, S. 1006). Wenn zum Teil die Kinder stärker belastet erscheinen als die eigentlich betroffenen Eltern, dann kann das auch damit zusammenhängen, dass diese Kinder für die Eltern eine wichtige narzisstische Kompensation darstellten und damit den Eltern ein unauffälliges Funktionieren ermöglichten. Eventuell erkrankten die Kinder dann, wenn ihre narzisstische Bedeutung für die Eltern – z. B. in der Rolle von »Ersatzkindern« – wegfiel oder zurücktrat.

Als Beispiel zitiere ich die Geschichte von Herrn D. Sein Vater, aus Ostpreußen stammend, hatte den Krieg über bei der Waffen-SS an der Ostfront gedient. Weder über den Verlust seiner Heimat noch über seine Kriegserlebnisse hat er je gesprochen. Sein Leben schien mit der Gefangennahme durch die Russen begonnen zu haben. Er musste über eine Brücke und der russische Wachsoldat sagte zu ihm: »Kamerad, wirf deine Jacke ins Wasser«, was er auch tat, um nicht als SS-Mann erkannt zu werden. So schien er mit der Jacke die ganze Vergangenheit über Bord geworfen zu haben. Jedoch verfiel er dem Sohn gegenüber in verachtendes und sadistisches Verhalten. Beispielsweise hatte der Fünfjährige schönes altes Besteck gesammelt und der Vater zwang ihn, ohne jede Begründung, seine Schätze selbst in einen Gully zu werfen. Die Mutter pflegte den kleinen Jungen mit einem Strick an einem Baum im Garten anzubinden, um sein Weglaufen zu verhindern, und symbolisierte so seine Bedeutung als abhängiges Objekt. Über die spätere Symptomatik des Jungen wird weiter unten berichtet. Von andern Eltern sind ähnlich uneinfühlsame Verhaltensweisen und z. T. extreme Strafrituale bekannt geworden. So ließ eine Vertriebenenmutter ihren Sohn zur Strafe aufrecht auf einem scharfkantigen Holzscheit knien und schlug ihn jedes Mal mit dem Stock auf den Hintern, wenn er sich nach vorne beugte, um sich abzustützen.

Der Vater von Herrn F. hat die Flucht mit seinem Sohn regelrecht nachinszeniert. Die Familie lebte längere Zeit in einem Flüchtlingslager in Westdeutschland. Herr F.s Vater war angeblich wegen Vergehen an einem anderen Kind kurz in Haft gekommen, die Mutter wollte sich von ihm trennen. Er entführte den Jungen und floh mit ihm nach Berlin, wo er in einer Gartenlaube Unterschlupf fand und den Jungen, als dieser ihm davonlief, brutal verprügelte.

Die Reaktion der Kinder auf sadistische Strafen kann nicht isoliert betrachtet werden. Gerade in Vertriebenenfamilien scheinen die Kinder durch schwere Schuldgefühle und Loyalitätsforderungen an die traumatisierten Eltern gebunden. Daher kommt es vermehrt zur Identifikation mit dem Angreifer oder aber – was für den Mechanismus der traumatischen Reaktion noch wichtiger sein dürfte – zur Identifikation mit dem negativen Bild, das sich der Angreifer, hier der strafende Elternteil, von dem Opfer macht. So lassen sich starke Züge von Selbsthass und masochistische Selbstbestrafungstendenzen bei den Kindern finden.

Entgegen dem ersten Anschein habe ich insgesamt den Eindruck, dass die Kinder der Vertriebenen unter der Belastung des familiären Erbes schwer tragen. Dass sie meist nur wenig über die Vertreibungserlebnisse der Eltern wissen und auch nicht fantasieren können, spricht für ein Familientabu. Es fragt sich, ob nicht gerade im Verschweigen ein traumatisches Introjekt auf die Folgegeneration übertragen wird und sich im Sinn einer Krypta (Küchenhoff 1991, S. 35) implantiert.

Ich möchte nicht die These eines »Vertriebenensyndroms« aufstellen, aber einige Beobachtungen legen es doch nahe, von einer transgenerationellen Pathologie auszugehen: Das sehe ich vielfach in einer Bindungsvermeidung, teils an Personen, sodass Partnerschaften wiederholt nach kurzer Zeit aufgegeben werden, teils an Orten, die nie zur Heimat werden. Ein Gefühl von mangelnder Verwurzelung wird häufig beschrieben. Man fühlt sich überall und nirgends zu Hause und vermeidet, sich heimisch zu fühlen. Ich habe hierfür den Begriff der »gefrorenen Flucht« vorgeschlagen (Langendorf 2004, S. 215). Manchmal verbindet sich diese Vermeidung mit einer Katastrophenerwartung. So erklärte mir ein Patient, Herr J., er rechne immer mit dem Atomkrieg oder der großen Umweltkatastrophe, und daher sei es für ihn von Vorteil, jederzeit mit »leichtem Gepäck« fliehen zu können.

Schon jetzt wird die Umwelt oder Gesellschaft als zerfallen und verdorben erlebt. Dies führt zu einer unruhigen, beständigen Suche nach einem heilen Zufluchtsort. Herr D. setzte als Erwachsener seine ganze Hoffnung darauf, irgendwo auf der Welt einen sicheren Platz zu entdecken. Er unternahm mehrere Weltreisen, meist in den Süden, ohne diese Bleibe jemals zu finden. Das erträumte Paradies, wie es Gauguin gemalt haben könnte, verwandelte sich in seinen Fantasien stets binnen kurzer Zeit in einen Höllenbereich, aus dem er verzweifelt und vergeblich würde zurückkehren wollen.

Ein weiteres Merkmal scheint mir die Atmosphäre von Vergeblichkeit, Enttäuschung und Hoffnungslosigkeit, die die therapeutische Atmosphäre durchziehen kann. Jede therapeutische Bemühung scheint dann sinnlos; ich hatte oft gegen eine lähmende Resignation in meiner Gegenübertragung anzukämpfen. Herr D. sagte mehrmals zu mir: «Helfen können Sie mir ja doch nicht, außer Sie geben mir einen guten Reisetipp. Sie glauben ja selber nicht mehr an Ihren Beruf. Am liebsten würden Sie ebenfalls auswandern, Sie haben nur nicht den Mut dazu».

Ich erkannte in diesen Fluchten eine Abwehr gegen schwere narzisstische Wut. Herr D. litt unter Anfällen von rasendem Hass bei kleinsten Anlässen. Fuhr ein Radfahrer über seinen Weg, stand jemand vor ihm an der Kasse, las jemand in der U-Bahn Zeitung, so konnte er von mörderischen Impulsen überschwemmt werden. Herr J. wurde vom Anblick gut gekleideter Leute in dem Straßencafe neben meiner Praxis zu extremer Wut provoziert. Er glaubte sich angestarrt, verhöhnt, fantasierte, mit dem MG hineinzuhalten, Gebäude in die Luft zu jagen.

Diese mörderische Wut ließ sich wiederum verstehen als Abwehr von vernichtender Scham. Der als Kind von seinem Vater entführte Herr F. litt später unter durchdringenden Schamgefühlen und lebte in ständiger Flucht. So konnte er kein Geschäft, kein öffentliches Gebäude betreten, in dem er sich einmal beschämt gefühlt hatte, sodass sich sein Lebenskreis immer mehr einengte. Herr D., der Weltreisende, wurde von Selbsthass und Scham überwältigt, wenn er sein Spiegelbild in einer Schaufensterscheibe sah: Dieser Penner, er könnte ihn umbringen.

Ich halte für denkbar, dass die schwere Scham, die mit allen Mitteln abgewehrt werden muss, mit dem abgespaltenen Schamkomplex der Eltern zusammenhängt, der aus dem Vertreibungstrauma resultiert. Jene Scham, die die Eltern nicht bewältigen konnten, wurde, so vermute ich, als Introjekt an die nächste Generation weitergegeben. Dies manifestiert sich schließlich in der Übertragung und wird in meiner Gegenübertragung spürbar, wenn ich mich als hoffnungslos unfähiger und erfolgloser Therapeut glaube schämen zu müssen.

»Heimatvertreibung«

Ich vermute, dass die Entwicklung bei Vertriebenenkindern besonders belastet ist durch eine Störung der Trennungsfähigkeit. Nehmen wir den Begriff ›Heimatvertreibung‹. Jeder Mensch erfährt in seinem Leben eine Reihe von Heimatvertreibungen, indem er – teils aus eigenem Antrieb, teils durch die Umwelt genötigt – heimatliche Bindungen aufgeben muss. Diese Trennungen sind oft schmerzhaft, aber für die Entwicklung notwendig. Der Mythos der Vertreibung aus dem Paradies macht anschaulich, wie erst durch die Trennung das Verlorene zum Paradies wird, sei es als goldene Kindheit, schöne Jugendzeit, die nicht wiederkehrt oder als »gute alte Zeit«. Das Vertriebenenkind kann die notwendigen Trennungsschritte nicht unbefangen vornehmen, weil jede Trennung mit der realen und nicht symbolisierbaren Vertreibung, also dem Vertreibungstrauma der Eltern kontaminiert ist. Es gerät in das Dilemma: Entweder verbleibt es aus Loyalität in enger Bindung an die Eltern, denen es das Verlorene ersetzen muss, und gibt sich dabei selbst auf oder es trennt sich, erneuert damit das Vertreibungstrauma für die Eltern und wird selbst zum Täter. Die Ablösung wird zusätzlich erschwert durch die nicht einlösbare Schuld, wenn die Eltern glauben, nur dem Kind zuliebe weiter gelebt zu haben, anstatt sich umzubringen.

Erbe der Scham

Es bedeutet für das Kind auch eine besondere Belastung, wenn es die Demütigung der Eltern unmittelbar miterlebt hat oder wenn es selbst die Scham der Eltern repräsentiert. Dies ist z. B. der Fall, wenn das Kind bei der Vergewaltigung der Mutter zugegen war oder aber wenn es selbst durch Vergewaltigung gezeugt worden ist.

Frau B. wurde zweijährig zusammen mit ihrer Mutter in einem polnischen Lager interniert. Die Mutter musste neben der Zwangsarbeit und den Schikanen häufige Vergewaltigung durch russische Soldaten ertragen, und das in Gegenwart des Kindes. Die Patientin hat an diese nächtlichen Vorfälle keine eigene Erinnerung, weil sie immer »fest geschlafen« habe. Einmal habe die Mutter – wie sie später erzählt – das Bajonett des Vergewaltigers gefasst und den Impuls gehabt, den Mann zu erstechen. Allein der Gedanke an die Folgen für ihre Tochter habe sie davon abgehalten, sodass sie die Vergewaltigung ohne Gegenwehr über sich ergehen ließ. Die Amnesie des Kindes für die schwer traumatisierenden Situationen dürfte mit der Abspaltung des »traumatischen Gedächtnisses« zusammenhängen. Die weitergehende Abspaltung zeigte sich darin, dass die reale Lebensgefährdung für Mutter und Kind während der Lagerhaft – z. B. durch einen Messerangriff eines russischen Soldaten – der Patientin auch in der Rückerinnerung in der Therapie nicht vorstellbar war. Ich bin andererseits ziemlich sicher, dass Frau B.s lebenslange Selbstunsicherheit und Abhängigkeit mit der schweren Hypothek zu tun hat, ihr Leben der Mutter zu verdanken, die ihr zuliebe die Last der Scham auf sich genommen hat.

Den zweiten Aspekt, die Problematik des Vergewaltigungskindes, möchte ich an einem Fall ausführlicher darstellen.

Einer betroffenen Patientin, Frau N., verdanke ich den Hinweis auf das kollektive Tabu, das die Vergewaltigungskinder umgibt. Wenn man davon ausgeht, dass – wie die Berichte nahe legen – während der Besatzungszeit sehr viele Frauen oft mehrfach vergewaltigt wurden, so müssten, auch wenn es viele Abtreibungen und auch viele Selbstmorde unter den Frauen gegeben hat, eine gewisse Zahl von Kindern aus diesen Vergewaltigungen hervorgegangen sein. Wie die betroffenen Frauen und Familien damit umgegangen sind und welche Entwicklung die betreffenden Kinder genommen haben, darüber ist wenig bekannt und es wird offensichtlich auch nicht danach gefragt.

Frau N.s Familie stammte von einer deutschen Minderheit in einem Nachbarland und war als Vertriebene in einem kleinen westdeutschen Dorf sehr verarmt untergekommen. Eine früh verstorbene Schwester wurde von den Eltern wie ein Engel verehrt und zugleich mit einem Geheimnis umgeben. Erst während der Therapie fand die Patientin heraus, dass dieses Kind lange vor ihrer Geburt auf einer früheren Flucht umgekommen war. Die Patientin nun, nach der Vertreibung in Westdeutschland geboren, bekam den Namen der toten Schwester und sollte für die Familie dieses Kind ersetzen. Sie wäre selbst als Baby beinahe gestorben und entwickelte sich zu einem strahlenden Kind mit schwerem Schicksal. Als Flüchtlingskind verachtet und von der Dorfjugend verspottet und angegriffen, von Vater und Großmutter vergöttert, von der Mutter ambivalent beobachtet und gehasst, machte sie sich früh selbständig, setzte sich beruflich und persönlich durch, aber ohne sich recht binden zu können. Zwei Schwangerschaften brach sie ab, für die erste war sie zu jung, für die zweite zu alt. Die Entdeckung, für die Eltern Ersatzkind gewesen zu sein, stellte für sie eine schwere Kränkung dar und die Auseinandersetzung damit nahm einen großen Teil der Therapie in Anspruch.

Schließlich hatte Frau N. einen Traum: Sie sitzt mit Mutter und Großmutter in einem Cafégarten des Dorfes, nebenan wird gegraben, dann kommt die Großmutter und bringt ihr das Ausgegrabene zum Geschenk: eine nackte, mit Stricken gefesselte lebendige Gans.

Der Traum erinnerte die Patientin an ihr Lieblingsmärchen: *Das kleine Mädchen mit den Schwefelhölzchen* (Andersen 1976). Im Übrigen empfand sie ein unheimliches Grauen vor dem Traum, das sich auf mich übertrug. Nun endlich begann sie in den alten Briefen und Unterlagen nachzuforschen und musste entdecken, was sie eigentlich schon lange hätte wissen können: dass ihr Vater nicht ihr Erzeuger sein konnte. Denn zu jenem Zeitpunkt hatte sich der Vater in Kriegsgefangenschaft im Westen befunden, während die Mutter im Osten in einem russischen Offierscasino Zwangsarbeit verrichtete. Möglicherweise war einer der Offiziere der Vater des Kindes. Die Familie hatte eine völlig unglaubhafte Version entwickelt, um diese Tatsache zu vertuschen und die Vaterschaft des Ehemannes zu begründen.

Mit diesem Wissen, das sie nicht länger verleugnen konnte, kam Frau N. in eine Identitätskrise und einen schweren Schamkonflikt. Als »Russenbalg« und damit zur einen Hälfte Teil eines feindlichen und verachteten Volkes wurde ihr schwer erträglich, vor andern ihr Gesicht zu zeigen. Sie glaubte, sich verstecken zu müssen. Vor allem war es der frühe Blick der Mutter auf sie als lebendes Zeugnis ihrer Schande, was in der Patientin tiefe Beschämung auslöste. »Alle haben es gewusst, nur ich nicht.« Die ständige Beschimpfung der Mutter, »Du elende Kröte!«, bekam nun einen tieferen Sinn. Alle schönen und strahlenden Erinnerungen, vor allem aber das gute Selbstbild der Patientin wurden von der Scham in Frage gestellt und zerstört. So war auch die Therapie zum Schauplatz der Demütigung geworden und ich zum Angreifer, weil ich ja die Gans »ausgegraben« hatte, denn ohne meine Unterstützung hätte sie nie den Mut fassen können, die Wahrheit über ihre Herkunft aufzuspüren.

Nun bekamen auch die beiden Abtreibungen und ihre Kinderlosigkeit, bisher ein Tabu in der Therapie, eine Bedeutung: Sie erschienen Frau N. als nachträgliche Unterwerfung unter ein Selbst-Vernichtungsgebot: »Uns Vergewaltigungsrussenkinder hätte es nicht geben dürfen. Wir sind Denkmäler der Schande unserer Mütter und unseres Volkes. Wir sollten ausgelöscht werden. Wir werden versteckt und verleugnet. Wir müssen verhindern, dass wir uns weiter fortpflanzen, und ich habe selbst dafür gesorgt.«

Sie legte nun ihre ganze von der Mutter übernommene Selbstverachtung projektiv in mich hinein, wie wenn ich sie, wegen der Schande und aus Rassendünkel, heimlich verachtete, und das wiederum brachte sie dazu, mich dafür zu verachten.

Es gelang dieser Patientin nur schwer sich mit ihrer gespaltenen Identität auszusöhnen. In einem späteren Traum sitzt sie nackt und von Wasser überspült in einer Höhle, wagt sich endlich ins Freie, in die Sonne, wo Kinder um sie herum spielen und schließlich zwei leuchtende Löwen erscheinen.

Verstecke spielten in ihren Träumen eine große Rolle. Das Heraustreten ins Tageslicht könnte mit der Überwindung von Schamangst zu tun gehabt haben. Die beiden Löwen inmitten der spielenden Kinder brachte sie mit dem Leben in Verbindung, aber ebenso mit dem Tod und der Scham, und zwar über die Assoziation: Das sind Schamanentiere: Schamanen, Scham-Ahnen. Todesbegleiter. Grabsteintiere.

Erbe der Ohnmacht

Ich komme zu der Hypothese, dass als unbewusstes »Erbe der Ohnmacht der Eltern« ein Introjekt bewahrt wird, das aus der unerledigten und unerträglichen Schande entstanden ist und auf fortwährender Flucht vor der Scham, auf Vertreibung und Auslöschung besteht. Ein Introjekt, das im tiefsten Sinn auf Selbstvernichtung aus ist, und dessen Abwehr seelische Kräfte in großem Maße in Anspruch nimmt.

Abschließend will ich auch zur Frage der Bewältigung und therapeutischen Aufarbeitung des Vertreibungstraumas Stellung nehmen. Mir scheint, dass dies im individuellen Bereich und mithilfe der Therapie nur in begrenztem Maße möglich ist. Die Aufarbeitung ist eben gleichzeitig eine Aufgabe der ganzen Gesellschaft, die nur durch gemeinsame Bemühung von allen Seiten gelingen kann. Die deutsche Gesellschaft allein wird dies nicht bewältigen können, es müsste die Verständigung und Zusammenarbeit mit den betroffenen Nachbarn, mit Polen, Tschechen, Russen u. a., hinzukommen. Hierauf lässt sich der eingangs zitierte Satz von Esterhazy beziehen: »Etwas kollektiv zu wissen und zur Kenntnis zu nehmen, macht das persönliche Vergessen möglich.« Es ist ein positives Zeichen, dass es ehemaligen Vertriebenen gelungen ist Kontakte zu polnischen, russischen, tschechischen Wissenschaftlern aufzunehmen, die ihrerseits die Geschichte der Vertreibung erforschen und dabei die Scham über die Handlungsweise des eigenen Volkes nicht verleugnen. Solche Versuche sind umso notwendiger, als die direkten Zeitzeugen immer weniger werden. Daher ist es auch wichtig die Geschichten zu sammeln, bevor sie verloren gehen. Die Zeit – fast 60 Jahre – verwischt die Spuren, aber tilgt die Folgen nicht.

Abschließend sei eine kurze Erzählung von Franz Kafka angeführt:

Prometheus.

Die Sage versucht das Unerklärliche zu erklären; da sie aus einem Wahrheitsgrund kommt, muß sie wieder im Unerklärlichen enden.
Von Prometheus berichten vier Sagen: Nach der ersten wurde er weil er die Götter an die Menschen verraten hatte am Kaukasus festgeschmiedet und die Götter schickten Adler, die von seiner immer nachwachsenden Leber fraßen.
Nach der zweiten drückte sich Prometheus im Schmerz vor den zuhackenden Schnäbeln immer tiefer in den Felsen bis er mit ihm eins wurde.
Nach der dritten wurde in den Jahrtausenden sein Verrat vergessen, die Götter vergaßen, die Adler, er selbst.
Nach der vierten wurde man des grundlos Gewordenen müde. Die Götter wurden müde, die Adler. Die Wunde schloß sich müde.
Blieb das unerklärliche Felsgebirge.
(Kafka 1994, S. 136)

Literatur

Amigorena, H.; Vignar, M. (1979): Zwischen Außen und Innen. Die tyrannische Instanz. Psyche 33/7, S. 610–619.

Andersen, H. C. (1976): Märchen und Historien Bd. I. Bayreuth (Gondrom).

Eckstaedt, A. (1999): Ein Vertriebenenschicksal in der dritten Generation. In: Schlösser, A.-M.; Höhfeld, K.: Trennungen. Gießen (Psychosozial), S.137–153.

Ermann, M. (2004):Wir Kriegskinder. Forum der Psychoanalyse 20/2, S. 226–239.

Esterhazy, P. (2004): Dankesrede zum Friedenspreis des deutschen Buchhandels. Süddeutsche Zeitung (SZ) 11.10.2004.

Franzen, K. E. (2002): Die Vertriebenen. München (Ullstein).

Freud, S. (1930): Das Unbehagen in der Kultur. GW IX, S. S. 419–506.

Grubrich-Simitis, J. (1979): Extremtraumatisierung als kumulatives Trauma. Psyche 33/11, S. 991–1023.

Henningsen, F. (2003): Traumatisierte Flüchtlinge und der Prozess der Begutachtung. Psyche 57/2, S. 97–120.

Hirsch, H. (2004): Schweres Gepäck. Flucht und Vertreibung als Lebensthema. Hamburg (Körber).

Kafka, F. (1994): Poseidon und andere kurze Prosa. Frankfurt a. M. (Fischer).

Kogelfranz, S. (1985): Die Vertriebenen. Spiegelbuch. Hamburg (Rowohlt).

Küchenhoff, J.(1991): Eine Krypta im Ich. Forum der Psychoanalyse 7, 31–46.

Langendorf, U.(2004): Heimatvertreibung – das stumme Trauma. Spätfolgen von Vertreibung in der zweiten Generation. Z. f. Analytische Psychologie 35/2, S. 206–223.

Naimark, M. (2004): Flammender Haß. Ethnische Säuberungen im 20.Jahrhundert. München (Beck).

Nasner-Maas, E.-M. (2003): Migration. In: Ders.: Psychoanalytische Variationen I Bremen Psychoanalytisches Institut Bremen), S. 6–23.

Spiegel, Der: Die Flucht. 2002/15.

Volkan, V. (2002): Nach der Vertreibung: Eine Flüchtlingsfamilie von innen betrachtet. In: Schlösser, A.-M., Gerlach, A. (Hg): Gewalt und Zivilisation. Gießen (Psychosozial), S. 183–212.

Analyse als potenzielles Trauma-Objekt: Ohnmacht als intersubjektiv geteilte Ausgangssituation des analytischen Prozesses

Klaus Grabska

Im Folgenden gehe ich davon aus, dass das psychoanalytische Setting notwendigerweise eine potenziell traumatische Situation ist und dass der analytische Prozess aus ihrer Bewältigung entspringt. In einem ähnlichen Sinne schreibt Symmington:

> Die Psychoanalyse selbst ist eine traumatische Situation, (...) Die Analyse ist, wenn sie gelingt, ein Beispiel für eine traumatische Situation, die darauf ausgerichtet ist, jemanden aus dem narzißtischen Zustand herauszuholen. (Symmington 1999, S. 105)

Bekanntlich hat die psychoanalytische Behandlung zur Bedingung, dass der Analytiker und der Analysand sich im Rahmen des analytischen Settings in ihre Positionen begeben und ihre Rollen einnehmen. Dies ist nicht nur eine äußere Bewegung, sondern ein innerer Prozess, der immer wieder in Frage stehen kann. Die analytische Beziehung gründet dabei in einer tiefgehenden Versagung, die auf unterschiedliche Weise und in unterschiedlicher Ausprägung sowohl den Analysanden als auch den Analytiker trifft. Das Gemeinsame dieser Versagung besteht im Verlust des Gegenübers, was sich in einem Gefühl extremen Ausgeliefertseins niederschlagen kann. Dadurch werden beide Protagonisten mit einer basalen Objektabhängigkeit des seelischen Funktionierens ihres Ichs und der emotionalen Objektbedürftigkeit des Selbst konfrontiert. Kurz gesagt: Der Patient braucht den Analytiker, um Analysand werden zu können; der Analytiker braucht den Analysanden, um Analytiker bleiben zu können. Ogden drückt es wie folgt aus: »There is no such thing as an analysand apart from the relationship with the analyst, and no such thing as an analyst apart from the relationship with the analysand« (Ogden 1994, S. 63).

In dieser wechselseitigen Abhängigkeitskonstellation ist der Keim dazu angelegt, dass jeder der beiden Protagonisten den anderen als vermeintlichen Verursacher eigener emotionaler Ohnmacht und damit als potenzielles Trauma-Objekt (Green 1979) erleben kann. Übertragung und

Gegenübertragung können dann als unbewusste Versuche der analytischen Dyade (Ogden 1994) verstanden werden, die latente Traumadrohung der Objektlosigkeit und des Selbstverlustes auf kreative Weise zu bewältigen, indem durch sie ein gemeinsamer Möglichkeitsraum im Sinne Winnicotts (1979) entworfen und ›analytische Objekte‹ im Sinne Bions (1992) erzeugt werden können.

Die Spur des Traumas in der analytischen Situation ist vielleicht am ehesten in der Initialphase einer Analyse zu beobachten, wenn noch in Frage steht, ob es wirklich zu einem analytischen Prozess kommen wird. Analytiker kennen die Erfahrung, dass ein Analysand zu Beginn einer Analyse ein großes Problem damit hat, sich auf die Couch zu legen und sich damit in seine analytische Position hineinzubegeben. Analysanden ahnen, dass mit dem Wechsel vom Sitzen in die analytische Couch-Position, wo sie der Möglichkeit des Sichtkontakts und des Handelns beraubt werden, möglicherweise etwas Traumatisches passiert. Im Folgenden zeige ich anhand der Analyse von Frau R., in welcher Weise diese Patientin die analytische Situation von Beginn an als eine Situation von Ausgeliefertsein und damit als etwas Traumatisierendes erlebte.

Frau R. war eine Studentin Anfang 20, die nach einer mehrmonatigen stationären Psychotherapie in einem Zustand emotionaler Instabilität zu mir kam, der auf eine tiefer gehende dissoziative Borderline-Identitätsstörung hinwies. Sie litt daran, im Studium zu versagen und konnte es nicht ertragen, von sich selbst enttäuscht zu sein, weswegen sie die eigenen abwertenden Gedanken in andere hineinprojizierte und dort zu kontrollieren versuchte. Diese projektiv-identifikatorische Abwehr war ihr vollkommen unbewusst. Aus ihrer Sicht litt sie darunter, dass andere Menschen unberechtigter Weise schlecht über sie dächten, ohne dass sie selbst etwas damit zu tun hätte. Sie begann die erste Stunde nach einem mehrere Minuten dauernden Initialschweigen damit, dass sie einen grundlegenden Objektverlust thematisierte:

> »Oh Gott! Es ist gewöhnungsbedürftig. Ich sehe Sie gar nicht. Ich liege hier und weiß gar nicht, woran ich mich festhalten kann. Ich fühle mich beobachtet und so, als ob ich gar keinen Einfluss habe. Ich sehe meinen Radius hier, aber ich sehe Sie nicht. Hier ist so ein Ungleichgewicht, eine Asymmetrie«.

Frau R. war spürbar in einem aufgeregten panischen Zustand. Ich erlebte auch mich unter einem diffusen Druck, etwas zu tun. Im Weiteren sprach sie unter starkem Weinen davon, dass sie einen richtigen Hass auf sich hätte und sich selbst vorwerfen würde, Schuld an ihrer Situation zu sein. Ich war einerseits erstaunt, wie klar sie ihre Problematik darstellen konnte, andererseits hatte ich den Eindruck, an einer Flucht nach vorn teilzunehmen, mit der sie die Asymmetrie zwischen sich und mir ausgleichen und damit verbundene Gefühle vermeiden wollte. Ihre Abwehrhaltung erschöpfte sie. Die Stunde endete so:

Frau R.: »Ich bin so ausgelaugt. Ich glaube, dass sich bei mir die Stachel aufrichten: Muss denn alles bei mir durchanalysiert werden?! Also, ich glaube, ich möchte es eher so haben: Eher so außen vor stehen, sich nicht hineinbegeben, aber von außen beobachten und klug nachfragen, aber sich selbst nicht so hineinfühlen. Und dann ist da noch so ein Gefühl, letztendlich muss ich alles alleine machen. Eigentlich könnte ich jetzt schreiend wegrennen. Aber ich tue gar nichts. Ich müsste etwas tun, aber ich bin gelähmt. Mein erster Impuls ist zu heulen. Das will ich dann gar nicht. Dann ist mein zweiter Impuls wegzulaufen. Ich kann das Heulen nicht haben. Ich habe eigentlich immer nur geheult, wenn ich wütend war. Auch wenn ich hier jetzt heule, bin ich eigentlich vor allem wütend.«

Ich: »Was könnte Sie hier wütend machen? Die Asymmetrie zwischen Ihnen und mir?«

Frau R.: »Ja, ich bin wütend. Ich glaube, ich bin primär wütend auf mich, dass ich das hier brauche, obwohl es mir nichts bringt. Und ich bin wütend auf hier, weil es nichts bringt und weil ich doch kommen muss. So geht es hin und her.«

Hier zeigt sich, wie Frau R. die analytische Situation von der ersten Stunde an als Depotenzierung und narzisstische Kränkung erlebte, mit einer starken Wut in Kontakt kam und sich von Fragmentierung bedroht fühlte. Sie beendete die Stunde in einem sehr erregten Zustand. Ich bekam Angst, dass sie die analytische Situation nicht vertragen und auf Dauer überstehen könnte. In der zweiten Stunde beschrieb sie ein dissoziiertes Zustandsbild. Sie versuchte, ihr wütendes Selbst von sich abzuspalten, um in der analytischen Situation frei davon bleiben zu können. Sie fühlte sich »total benebelt« und meinte drei Kilometer neben sich zu stehen und in ein Auto laufen zu können. Ich fragte, ob das mit der Situation in der Analyse zu tun haben könnte. Sie antwortete, dass sie es als eine Art Vakuum empfände, wenn sie ins Leere reden und von der Gegen-Seite nichts kommen würde. Sie spürte, dass sie wütend wurde, weil sie sich von mir hilflos gemacht erlebte. Sie fuhr fort:

»Es ist eine Situation, die ich nicht kenne, wo ich keine Erfahrung habe, wo die Fassade bröckelt. Gestern wäre ich gern dem Impuls gefolgt, mich aufzusetzen. Wer ist schon so blöd, sich dem auszusetzen, gegen das er ankämpfen will? Eigentlich, vom Prinzip her, ist es die übelste Situation, die man sich denken kann: Ich liege hilflos da und alles, was an Bedrohlichem kommen kann, kann von hinten kommen. Auch wenn ich rational nicht glaube, dass da etwas kommt, so fühlt es sich dennoch so bedrohlich an. Ich weiß nicht, was Sie denken. Sie beobachten mich. Es ist, als ob Sie es aus mir raussaugen. Sie spinnen sich dann irgendwelche Theorien zu Recht, aber ich bekomme davon nichts mit. Es reicht ja schon, dass Sie sich Gedanken in Ihrem Kopf zu mir machen. Es ist mir unheimlich, wenn sich andere Menschen ein Bild von mir machen. Es wird ja nie so, wie ich es haben will.«

Auch während und nach der zweiten Stunde blieb eine starke Verunsicherung in mir bestehen. Frau R. blieb in einem Zustand gereizter und erregter Angespanntheit. Eine Seite in mir sagte, ich solle es sein lassen, mit ihr eine Analyse zu machen. Sie sei nicht die Richtige für eine Analyse, ich vielleicht nicht der Richtige für sie. Eine andere Seite hielt stark dagegen und meinte, gerade für Frau R. könnte nichts anderes als eine Analyse eine wirkliche Veränderung ermöglichen. Ich erlebte mich gespalten und ohnmächtig, mich für die eine oder andere Seite entscheiden zu können. In gewisser Weise fühlte ich mich von Frau R. abhängig, es lag an ihr, in welche Richtung die Reise gehen würde. Ich bekam Angst, dass sie die Analyse abbrechen und wegbleiben könnte, aber ich bekam auch Angst, sie könnte die Analyse weiter machen und ich ihr nicht gewachsen sein. Nun war ich es, der ein Ausgeliefertsein, sowohl Frau R. als auch meinen eigenen Versagensängsten und Selbstverurteilungstendenzen gegenüber, empfand. In die nächsten Stunden kam sie mal wenige, mal viele Minuten zu spät, war reizbar erregt, sprunghaft und stellte viele direkte Fragen, von denen sie wusste, dass ich sie so nicht beantworten konnte, ohne meine analytische Position aufzugeben. Einerseits wurde sie wütend auf mich, weil sie sich zurückgewiesen erlebte, und entwertete mich, andererseits erkannte sie an, dass man sich in meiner Haltung ihr gegenüber auf mich verlassen konnte. Bei allen Angriffen ihrerseits sah ich darin einen Hinweis auf eine Anerkennung meiner Position als Analytiker. Zugleich fühlte ich mich in die Enge getrieben und ihren entwertenden Verurteilungen ausgeliefert. Für Frau R.

verdichtete sich die analytische Situation sehr schnell zu einem Arrangement, das nur dazu geschaffen war, dass ich in die Position gelangen konnte, sie demütigen und entwerten zu können, während sie sich auf der Couch in die Position begeben musste, sich mir ohnmächtig und hilflos auszuliefern. Von ihrer Übertragung und meiner Gegenübertragung her schienen wir in einer konkordanten Bewegung zu sein. Jeder erlebte den anderen als potenziell traumatisierendes Objekt, von dem sein eigenes Schicksal abhing, und beide erlebten wir die analytische Situation als potenziell depotenzierend und traumatisierend. Frau R. befürchtete als Analysandin, ich befürchtete als Analytiker zu versagen. Jeder von uns befürchtete, von sich selbst enttäuscht zu sein. Ich glaube, dass

a. diese latente Übereinstimmung zwischen Frau R. und mir in ihrer Übertragung und meiner Gegenübertragung und

b. meine Möglichkeit, meine Verunsicherung doch ausreichend gut auszuhalten, und

c. ihre Möglichkeit, ihr emotionales Erleben doch genügend gut mitzuteilen,

letztlich eine Basis dafür bildeten, dass Frau R. zur neunten Stunde einen Traum mitbrachte, in dem sich ausdrückte, dass sich gegen alle Widrigkeiten ein analytischer Prozess zu entwickeln begonnen hatte. Sie träumte von einem sie verfolgenden Psychopathen, mit dem sie in einem Zimmer war. Er kam ihr näher. Seine Unberechenbarkeit und die Angst vernichtet zu werden bedrohte sie. Frau R. verband den geträumten Psychopathen mit ihrem Erleben der Beziehung zu mir in der analytischen Situation. Sie sagte:

»Das erste, was ich dachte, als ich aufwachte, war, dass der Mann eine Ähnlichkeit mit Ihnen hatte. Eine Parallele ist: Alles, was von Ihnen kommt, das weiß ich nicht. Die Ungewissheit ist dieselbe. Das ist schon unheimlich. Ich kann Ihre Reaktionen auch nicht beeinflussen und habe keine Ahnung, was sich in ihrem Kopf abspielt. Als ob eine Gefahr davon ausgehen würde, was Sie aus dem machen, was ich sage. Irgendwie bin ich Ihnen ausgeliefert. Als krasse Version: Sie basteln sich etwas über mich im Kopf, was falsch ist und womit sie mich vernichten könnten. Das wäre der schlimmste Fall, dass die Sachen nicht verbessert werden, die im Argen liegen, sondern die Sachen, bei denen ich Halt finde, beschädigt werden. Es gibt ja sicher noch schlimmere Zustände, als wie ich mich gerade fühle«.

Auf kreative Weise schuf Frau R. mit dem Traum vom Psychopathen eine symbolisch verdichtete Repräsentanz für die innerseelische paranoide Angstsituation, die wir implizit mit- und gegeneinander teilten. Zugleich erträumte sie sich in demselben Traum eine Art dritte Position, indem sie sich als jemand träumte, der das Traumerleben, von einem Psychopathen verfolgt zu werden, wie einen Videofilm anhalten und damit unter eigene Kontrolle bringen konnte. Sie brachte diese Kontrollmöglichkeit mit der Erfahrung des Stundenrahmens in Zusammenhang: »das Band abspielen und anhalten erinnert mich an die Stunden hier, dass die immer 50 Minuten dauern und dann zu Ende sind«. Frau R. hatte begonnen, mich in einem Aspekt meiner Rahmen gebenden Funktion zu introjizieren. Sie schuf sich damit eine Mikrostruktur, die ihr half, einen schwer erträglichen Aspekt ihrer seelischen Realität in sich halten und repräsentieren zu können. Man kann sagen, dass sie die analytische Situation in einem ersten erkennbaren Ansatz als einen inneren Möglichkeitsraum ausgebildet hatte.

Ich möchte an dieser Stelle die Schilderung der Initialphase der Analyse von Frau R. beenden und mich einer anderen Konstellation zuwenden, die Therapeuten nicht selten in der analytischen Praxis begegnet. Manchmal dauert es Jahre, bis sich ein Patient – vermittels einer Psychotherapie – an die Möglichkeit einer Analyse und des Liegens auf der Couch heranarbeitet. Ich möchte den Weg von Herrn L. und mir beschreiben, den wir brauchten, um die Angst vor der Analyse als einem potenziellen Trauma-Objekt abzubauen und uns auf ein analytisches Setting miteinander einzulassen.

Herr L. kam etwa 30-jährig mit einer für einen Borderline-Patienten typischen Kontakt- und Beziehungsproblematik, in der sich seine Selbstkonflikte ausdrückten, zu mir in eine analytische Gruppenpsychotherapie. Er nahm daran passiv und rezeptiv teil. Seine Zurückhaltung war schwer aushaltbar und provozierend. Er vermittelte allen ein starkes Ohnmachtsgefühl und litt wohl selbst darunter. Gemeinsam in der Gruppe war es letztendlich möglich diesen Zustand auszuhalten. Ich glaube, dass es für ihn eine wichtige Erfahrung war, sein Selbst gegen den Druck behaupten zu können so zu sein, wie andere sich ihn wünschen oder ihn haben wollen. Aber solche Vermutungen waren nicht als etwas für ihn Bedeutungsvolles kommunizierbar. Stattdessen begann er an seinem Arbeitsplatz einen heftigen Auseinandersetzungsprozess mit seiner Chefin, von der er sich depotenziert und verfolgt fühlte. Auch wenn er weiterhin weitgehend passiv zurückhaltend blieb, gewann er in diesem Konflikt sowohl die Unterstützung der Therapiegruppe als auch einer Arbeitskollegin, mit der er eine Partnerschaft einging und die zu seiner Verbündeten im Kampf mit der Chefin wurde. Er konnte die Gruppentherapie nach über drei Jahren mit einer für ihn befriedigenden Lösung des konkreten Konfliktes mit seiner Chefin verlassen.

Zwei Jahre später kam er erneut zu mir und wollte seine Psychotherapie weiterführen. Für ihn war klar, dass er eine Einzeltherapie machen wollte und dass es keine Analyse sein konnte, da die Liegeposition für ihn ein Unding war. Wir vereinbarten, mit einer Stunde pro Woche im Sitzen zu beginnen. Einerseits arbeiteten wir inhaltlich an seinen manifesten Problemen, die er in der Arbeit und in der Partnerschaft erlebte. Andererseits war unsere Beziehung von Anfang an durch seine Schwierigkeiten mit dem therapeutischen Rahmen belastet. Es fiel ihm schwer pünktlich zu kommen. Mal kam er nur zwei Minuten, in der Regel 5–10 Minuten, manchmal sogar 25 Minuten zu spät. Hin und wieder kam er gar nicht. Bisweilen arrangierte er seinen Urlaub so, dass sich längere Unterbrechungszeiten in der Therapie ergaben. Das Ansprechen dieses Mangels an Zuverlässigkeit als Symptom für etwas, das mit ihm selbst oder mit unserer Beziehung zu tun haben könnte, war in dieser Phase absolut unergiebig. Im Stillen machte ich ihn für meine Frustration verantwortlich. Ich ärgerte mich über ihn und es kam vor, dass ich ihn als jemanden abschrieb, mit dem es sich lohnen würde therapeutisch zu arbeiten. Manchmal begann ich sogar mich darauf zu freuen, durch seine Verspätungen noch ein bisschen mehr Zeit für mich zu haben. Zu meinem Erschrecken merkte ich, dass ich mich emotional in einem Mitagieren befand. Einerseits machte ich mir Vorwürfe kein guter Therapeut und Analytiker zu sein. Andererseits fühlte ich mich ohnmächtig, die Situation ändern zu können. Einerseits wusste ich, dass die Technik der Gegenübertragungsanalyse es ermöglicht, das Mitagieren als Re-Inszenierung oder Enactment zu betrachten, auf diese Weise die zwischen Patient und Analytiker aktualisierte Objektbeziehung ansatzweise zu verstehen und dieses Verständnis mittels deutenden Worten dem Patienten zu vermitteln. Andererseits wusste ich, dass Herr L. nicht so weit war, von mir deutende Worte, die sich auf ihn in unserer Beziehung bezogen, auf- oder annehmen zu können.

Hatte ich den Zustand von Ohnmacht während der Gruppentherapie mehr äußerlich abgegrenzt, als ein Problem zwischen Herrn L., den anderen und mir empfunden, erlebte ich die Ohnmacht in der Einzeltherapie nun stärker innerlich, als ein Problem von mir selbst. Mit dem Gewahrwerden meiner persönlichen Ohnmacht entwickelte ich zugleich ein vorbewusstes Gespür dafür,

a. wie abhängig ich von meinem Patienten, seiner psychischen Ich-Organisation und seinen emotionalen Verarbeitungsmöglichkeiten war und

b. wie stark dadurch meine Bedürftigkeit nach einem Patienten angesprochen wurde, der seelisch und emotional zu meiner Ich-Organisation und zu meinen Verarbeitungsmöglichkeiten so passt, dass ich meine analytisch-therapeutische Funktion genügend gut wahrnehmen kann.

Mit der Wahrnehmung meiner Ohnmacht stellte sich auch eine Wahrnehmung meiner Objektabhängigkeit vom Patienten ein. Und mit der Anerkennung dieser Objektabhängigkeit änderte sich meine persönliche Haltung. Ich konnte meine Ohnmachtsgefühle trotz des inneren Drucks, mich ihrer zu entledigen, in mir halten. Zwar konnte ich Herrn L. immer noch nicht mit Deutungen erreichen, aber es war mir möglich, meine Haltung wiederholt in Worte zu fassen und ihn damit anzusprechen. Ich wollte ihm die Botschaft vermitteln: ›Auf direktem Wege können weder Sie noch ich an Ihrem Zuspätkommen etwas ändern; weder Sie noch ich können unmittelbar wissen, wieso Sie zu spät kommen; es geht gar nicht anders, als dass wir es erstmal nicht verstehen.‹ Mit dieser Haltung entspannte sich die therapeutische Beziehung. Im Weiteren gerieten Herr L. und ich immer wieder in ein ›Enactment‹, aus dem wir uns herausarbeiten mussten. Ich fand dabei heraus, dass ich selbst immer dann zum Mitagieren neigte, wenn ich unbemerkt in eine innere Situation geriet, die von Ohnmacht, emotionaler Abhängigkeit und Bedürftigkeit nach einem Objekt geprägt war, das mich daraus befreien sollte. Herr L. seinerseits fand für sich heraus, dass er in mir primär jemanden suchte, den er zur emotionalen Entlastung von seinen Spannungszuständen und zur Bestätigung seiner Sicht- und Erlebnisweisen brauchte, und dass er Enttäuschungen ausagierte, indem er sich emotional von mir zurückzog. Herr L. begann anzuerkennen, dass er mich emotional brauchte, und konnte ansatzweise davon sprechen, dass er sich für diese Bedürftigkeit schämte und minderwertig fühlte.

Im Rahmen des geschilderten Prozesses erhöhten wir die Stundenfrequenz eineinhalb Jahre nach Therapiebeginn erst auf zwei Stunden und nach einem weiteren Jahr auf drei Stunden wöchentlich. Nach weiteren drei Monaten regte ich in einer Stunde an zu überlegen, ob er sich auf die

Couch legen wolle. Er sagte, dass er sich fürchtete, mich nicht mehr sehen und die Situation nicht mehr kontrollieren zu können und mir ausgeliefert zu sein. Nach dieser Antwort kam die Stunde zum Stillstand. Er wusste nichts mehr zu sagen. Ich wusste nichts zu sagen und wollte ihn auch in seiner Entscheidungsfindung nicht beeinflussen. Wir schwiegen die ganze Stunde. Ein starker Druck war spürbar und ich erlebte mich enorm angestrengt. In der nächsten Stunde sprach er davon, dass er mich traurig, enttäuscht und ärgerlich wahrgenommen hätte und dass ihm das Leid täte. Er fragte mich, ob er etwas falsch machen würde. Ich sprach seine Schuldgefühle an, mich für ihn spürbar belastet zu haben, und äußerte Verständnis dafür, dass er sich mit der Schweigemauer vor dem Druck schützen wollte, sich vielleicht meinetwegen auf die Couch legen zu müssen. Er kam stärker mit sich selbst in Kontakt und erzählte, dass bei der Idee, sich auf die Couch zu legen, eine intensive Traurigkeit und Hoffnungslosigkeit in ihm hochgekommen sei, die er diffus als bedrohliche Gefühle aus seiner Kindheit wieder erkannt hatte und die ihm große Angst machten. Ich verstand diese Gefühle als die gleichen, die ich – phasenweise wiederholt – ihm gegenüber empfunden hatte, wenn mir Zweifel kamen, ob überhaupt eine emotional und persönlich bedeutsame Verständigung möglich werden würde. In die nächste Stunde kam Herr L. mit der Entscheidung, sich auf die Couch zu legen, was er die nachfolgende Stunde auch tat.

Nach einer kurzen Phase, in der noch einmal Gefühle von Ohnmacht, Ausgeliefertsein und Misstrauen zusammen mit vorübergehenden hypochondrischen Ängsten eine Rolle spielten, machten er und ich die interessante Erfahrung, dass er durchaus jemand ist, der ein emotionales Innenleben wahrnehmen, der träumen und der auf eine persönliche Weise davon erzählen kann. Er wirkte wie verwandelt. Aber auch mich erlebte er wie einen anderen. Er erzählte, dass ich vorher für ihn jemand gewesen wäre, der gefährliche, ihn verurteilende und ihn entwertende Gedanken über ihn haben konnte. Deswegen konnte er mir nur das Notwendigste von sich sagen, musste mich im Blick behalten und mich kontrollieren. Dafür brauchte er die Position des Gegenübersitzens. Sie schützte ihn vor seiner Angst, sich in verfolgender Weise von mir beobachtet und manipuliert zu erleben. Im Rückblick wurde mir klar, dass wir über die ganzen Jahre hinweg diese paranoide Übertragung bearbeitet hatten und dass die Bearbeitung der Übertragung über längere Phasen implizit geschehen war und vielleicht geschehen musste, da er vorher nicht fähig war, sein Misstrauen und seine Ängste mir gegenüber wirklich zu empfinden und auszudrücken.

In diesem Sinne war die analytische Arbeit in der Psychotherapie von Herrn L. mit dem vergleichbar, was der englische Analytiker Denis Carpy (1989) als die *Veränderungswirkung des Tolerierens der Gegenübertragung* beschreibt. Er sagt, dass das Tolerieren der Gegenübertragung an sich schon verändernd wirken kann und dass damit notwendig ein Mit-Agieren des Analytikers verbunden ist. Er legt überzeugend dar, dass wir gerade mit Patienten, die keine bewusste Empfindung dafür haben können, dass sie projizieren und was sie an Affektzuständen projizieren, kaum deutend arbeiten können. Der Analytiker, der in solchen Fällen deutet, versucht über in ihn projizierte Gefühle des Patienten zu sprechen, die der Patient selbst gar nicht fühlen kann. – In dieser Beschreibung erkannte ich mich wieder. Mir wurde nachträglich klar, dass ich als zeitweilig interpretationsaktiver und von den Früchten dieser Arbeit enttäuschter Analytiker aus zwei Gründen erstmal mitagiert hatte:

erstens, um selbst in die Wut, Verzweiflung und Hoffnungslosigkeit zu kommen, die Herrn L. beherrschte, ohne dass er fähig war sie fühlen zu können, und die er deswegen projektiv externalisierte, als auch

zweitens, um in emotionalen Kontakt mit dem Kind zu kommen, das Herr L. einmal gewesen war, das verzweifelt versucht hatte, von der Mutter in seiner eigenen Emotionalität und Persönlichkeit wahrgenommen zu werden, und dabei immer wieder gescheitert war.

Auf einer interaktiven Ebene war es wichtig, dass Herr L. mitbekam, wie ich mit der affektiven Situation zwischen uns innerlich zu kämpfen hatte, darin sowohl scheiterte als auch sie bewältigte. So erhielt er prozedural eine Bestätigung, dass seine Projektionen bei mir angekommen waren, ohne dass sie mein Funktionieren als Analytiker grundlegend oder andauernd außer Kraft gesetzt hätten. Erst diese Objekterfahrung machte mich als Analytiker für den Patienten geeignet und attraktiv zur Re-Introjektion als ein durch die Verarbeitung der Projektionen des Patienten verändertes Objekt, das fähig ist, die eigene Objektbedürftigkeit anzuerkennen und die Abhängigkeit des eigenen psychischen Funktionierens vom anderen zu tolerieren.

Herr L. und ich haben in einem drei Jahre dauernden therapeutischen Prozess auf eine letztlich analytische Weise die Voraussetzungen dafür geschaffen, dass Herrn L. eine innere Veränderung möglich war, die sich im Positionswechsel vom Sitzen zum Liegen manifestierte. Er erlebte sich fähig, mit mir eine analytische Beziehung einzugehen und die Position eines Analysanden einzunehmen. Während er lag, wurde ich für ihn jemand, von dem er sich gehört und verstanden fühlte, und er erlebte sich selbst zunehmend als jemand, der emotional und bedeutungsvoll von sich sprechen und über sich nachdenken konnte. Auf der Basis der vorangegangenen Arbeit mit mir gelang es ihm sich ein inneres Gegenüber schaffen, das er in seinem Leben bisher vermisst hatte und das ich nun für ihn als ein anderes Objekt in einer gemeinsam erzeugten analytischen Situation repräsentierte. Komplementär dazu, dass er mich und sich selbst anders wahrnahm, nahm auch ich mich selbst und ihn anders war. In der Liegeposition wurde Herr L. jemand für mich, der mich mit den emotional bedeutungsvollen Mitteilungen und Gedanken über sich selbst versorgte, die ich als Analytiker brauchte, um sein Analytiker sein zu können. Und ich konnte mich selbst zunehmend als jemanden erleben, der ihm etwas persönlich Bedeutungsvolles sagen konnte, das er verstand und von dem er Gebrauch machte.

Mit der Schilderung der Beispiele von Frau R. und Herrn L. habe ich versucht, meine These von der Analyse als einer potenziell traumatischen Situation nachvollziehbar zu machen. Abschließen möchte ich mit einer Anekdote aus dem Bereich des kulturellen Lebens. Sie beinhaltet eine gewisse Validierung meiner These. Der französische Fernsehspielfilm *Marie und Freud* (Frankreich 2004) von Benoît Jacquot thematisiert die persönliche Beziehung zwischen Marie Bonaparte und ihrem Analytiker Sigmund Freud. Die bekannte Schauspielerin Catherine Deneuve übernahm die Rolle der Marie Bonaparte. Auf die Frage eines Interviewers, wo besondere Probleme bei den Dreharbeiten gelegen hätten, antwortete sie: »Man muss auf einer Couch liegen, also in einer Position extremen Ausgeliefertseins«.

Literatur

Bion, W. R. (1992): Elemente der Psychoanalyse. Frankfurt a. M. (Suhrkamp).

Carpy, D. V. (1989): Tolerating the Countertransference: A Mutative Process. In: Int. J. Psycho-Anal. 70: 287–294.

Green, A. (1979): Angst und Narzissmus. In: Green, A. (2004): Die tote Mutter. Psychoanalytische Studien zu Lebensnarzissmus und Todesnarzissmus. Gießen (Psychosozial-Verlag).

Ogden, Th. H. (1994): Subjects of Analysis. Northvale, NJ. (Aronson).

Symmington, N. (1999): Narzissmus. Neue Erkenntnisse zur Überwindung psychischer Störungen. Gießen (Psychosozial-Verlag).

Winnicott, D. W. (1979): Vom Spiel zur Kreativität. 2. Aufl., Stuttgart (Klett-Cotta).

Zwischen Skylla und Charybdis, oder: Die Angst, schwere Fehler zu machen

Ingrid Baumert

Einleitung

Mit dem Titel ›Zwischen Skylla und Charybdis‹ greife ich auf eines der Abenteuer zurück, die Odysseus auf seiner zehnjährigen Seefahrt, die ihn wieder nach Hause führen sollte, erlebt hat (Homer; Übersetzung nach J. H. Voß 1781). Odysseus musste auf seiner Irrfahrt die Meerenge von Messina bezwingen. Auf der einen Seite der engen Felsenschlucht war Skylla, ein gräuliches Ungeheuer mit zwölf abscheulichen Klauen und sechs Hälsen von unglaublicher Länge, an deren Enden sich jeweils ein Kopf befand. Sie fraß alles, was in ihre Nähe kam. Auf der anderen Seite der Schlucht lauerte unter dem Felsen Charybdis: Wer in ihre Nähe geriet, wurde von einem unwiderstehlichen Sog und Strudel eingesaugt und in die Tiefe gerissen. Die Göttin Kirke, die Odysseus bei dieser Etappe hilfreich und schützend zur Seite stand, riet ihm, dicht an Skyllas Felsen zu segeln und ihr sechs Gefährten zu opfern. Das sei im Vergleich das kleinere Opfer, da auf der anderen Seite alle und alles in den Strudel gerissen würde. Auf die Frage von Odysseus, ob er nicht Skylla bestrafen und bekämpfen könne, erwiderte wiederum die Göttin Kirke, dass das Scheusal unüberwindlich und unsterblich sei. Entfliehen sei die einzige Rettung.

Diese Geschichte soll mir im Folgenden als Metapher für Engpässe dienen, in die Psychoanalytiker mit Analysanden auf der analytischen Reise geraten können.

Ich glaube, dass Dilemmata oder Engpässe dann auftreten, wenn unbewusste Introjekte im Spiel sind und wir mit unserem, in langer analytischer Tradition gelernten Instrument der Übertragungsdeutung nicht mehr weiter kommen, sondern unbemerkt das Falsche »füttern«: z. B. wenn wir es bei ständig wiederholtem Klagen, Jammern und entwertenden Gedanken nicht mit dem Selbst des Patienten, sondern mit einem negativen Introjekt zu tun haben, das die Verbindung zwischen Analytikerin und Patientin unterbricht und blockiert. Mit diesem Phänomen will ich mich im Folgenden beschäftigen.

Welches sind auf unserer Reise die guten Begleiter, vergleichbar mit den wechselnden Begleitern, Beschützern und Sehern, die Odysseus weiter halfen? Symbolisieren die Götter die Vielfalt und Plastizität unserer inneren seelischen Verfassung? Diese ist aber auch abhängig davon, welch guter Geist an unserer Seite steht. Die analytischen Kollegen bilden einen besonderen Bezugspunkt der Begleitung. Wir sind aufeinander angewiesen und suchen den Austausch, da die Situation im Behandlungszimmer recht einsam sein kann. In Bezug auf die »psychoanalytic community« kann man sich auch schon einmal von allen guten Geistern verlassen fühlen, besonders dann, wenn während der Behandlung eines Patienten das Gefühl aufkommt, dass sie das eigene Tun als »unanalytisch« beurteilen würde. So schiffen wir durch manche Enge, auf der einen Seite etwa der destruktive Sog, der von dem Patienten ausgeht, auf der anderen Seite die beißende Skylla, die das Tun und Handeln bewertet und mit dem Urteil »nicht analytisch« erledigen kann. Hier ist nicht nur ein innerer Konflikt gemeint, sondern ein Urteil – »nicht analytisch« – das die Skylla der analytischen Gemeinschaft tatsächlich fällt. Nach welchen Kriterien aber beurteilt sie, was »analytisch« ist und was nicht?

Kann man sich heute vorstellen, dass Freuds Kriterium in dieser Frage seine Technik war? – Wohl kaum. Er aber war Pionier, während wir eingebettet sind in einer langen Tradition, die zu Loyalität verpflichtet, die aber auch Kreativität lähmen kann. Eine DPV-Kollegin bemerkte vor kurzem in einer wissenschaftlichen Veranstaltung, in der Theorie könne sie wandern und Perspektiven wechseln, aber in der Praxis fehle ihr die Idee, da gehe das nicht. Ein anderer Kollege sagte im Rahmen einer Fallvorstellung, ihn interessiere nicht, wie die therapeutische Handlung wirke, sondern ob sie analytisch sei. Eine dritte Kollegin erzählte mir aus ihrer Intervisionsgruppe, dass ein Kollege ihr auf eine spezielle therapeutische Intervention hin erwidert habe: »Ich glaube, dass sie wirksam ist, aber damit könntest du nicht öffentlich vor der analytischen Gemeinschaft bestehen.« – Was für eine Verdrehung ist da geschehen, dass ein Handeln, eine technische Intervention, ein technisches Setting, wie die Stundenfrequenz und die physische Positionierung, darüber entscheiden, was psychoanalytisch ist?

Der kleinste gemeinsame Nenner, durch den sich »die Psychoanalyse« definiert, ist die Anerkennung des Unbewussten und des Perspektivenwechsels. Das wichtigste Handwerkszeug des Analytikers, die Übertragungsdeutung, steht in deren Dienst und muss seine Nützlichkeit immer wieder neu unter Beweis stellen. Bezogen auf den kleinsten gemeinsamen Nenner müsste jedes Setting, jedes Werkzeug seine Wirksamkeit, Unbewusstes zu erkennen und zu benennen, erst beweisen.

Mit dem von mir intuitiv ausgesprochenen Satz: »Das sind Sie nicht selbst«, begann für mich eine Reise »zwischen Skylla und Charybdis«. Ich sagte das vor fünf Jahren zu einer Patientin: »Das sind Sie nicht selbst, die Intonation ist falsch, da ist eine fremde Störquelle wirksam.« Vor mir saß eine Frau, die mit einem panischen, abgehetzten Stakkato in der Stimme auf sich selbst losging und extreme Forderungen aufstellte, was sie alles auf einmal zu leisten habe. Ich vermutete eine »Störquelle«, von der die Patientin in ihrem Inneren angegriffen und quasi »überfallen« worden war. Es wirkte nur im ersten Moment so, als habe ich es mit der Patientin selbst zu tun. – Woran meinte ich diese Störquelle zu erkennen? In Bezug auf meine Patientin empfand ich alles wie in einem »schwarzen Loch« in eine Singularität kollabiert: Raum und Zeit als ordnende Konstanten, die Sinne, die Wahrnehmung und das Denken waren zusammengefallen. Das Ergebnis war eine Enge, in der die Patientin »besinnungslos« nur noch eines denken konnte - es müsse »alles auf einmal« geschehen. Stress, Angst und Panik waren die Folge. Ihr Gefühl, von etwas »überfallen« zu werden – oft »wie aus heiterem Himmel« – machte mich darauf aufmerksam, dass etwas außerhalb der Selbstregulation der Patientin stattfand, auf das diese nach ihrem Erleben keinen Einfluss hatte. Sie musste es erleiden. Oftmals gesellte sich zu diesem Erleiden eine Selbstkritik, die die Patientin mit dem Vorwurf des Versagens angriff. Auch diese »Selbstkritik«, bemerkte ich, war falsch intoniert, sie verschärfte den zuvor beschriebenen Zustand der Enge und Ausweglosigkeit und »versagte« ihr ein Verstehen und Anerkennen. Ich wiederholte: »Das sind Sie nicht selbst; die destruktive Störquelle setzt noch eins darauf, und raubt Ihnen alles: Raum, Zeit, Ihre Sinne, Ihre Wahrnehmung, Ihr Denken.« Gesunde Selbstkritik dagegen eröffne Räume und andere Möglichkeiten. Ich war über die Wirkung meiner Sätze auf die Patientin verblüfft: Sie gaben ihr den Raum wieder, sie schaltete ihre Sinne etc. ein, ihr Selbst war wieder funktionsfähig, die Attacke war »wie ein Spuk« vorbei.

Das war mein Ausgangspunkt dafür, auf »Intonationen« zu hören, die Stör- und Angriffsquellen verrieten. Intonationen bestimmen die Tonlage, die Abfolge (Melodie), die Geschwindigkeit dessen, was erzählt wird; schrilles Stakkato, Perpetuierungen oder Auslassungen, Erloschenheit, Weinen, Jaulen oder schrilles Lachen etwa ließen mich vermuten, dass ich nicht nur mit »einer Person« spreche, sondern mit einer Person und einem Introjekt, das sich in Widerspruch zu ihr befand. Und ich hörte die Intonation wie eine zweite Sprache, die es zu verstehen galt: »Man muss ›zweisprachig‹ sein, um die Auflösung des Widerspruchs überhaupt in Angriff nehmen zu können.« (Stern 1992, S. 11) Ich begann also, vermehrt auf die Sprache des Angriffes und der damit verbundenen Drohungen zu hören. Es blieb jedoch nicht nur bei verblüffend leichten Auflösungen. Es schien, als ob sich diese »angreifende Kraft« in unterschiedlichen Gewändern drohend aufbaute und enormen Druck auf die Patientin, mich und die Behandlung ausübte. Ich blieb jedoch dabei, dass dieses nicht die Patientin selbst sei, sondern destruktive Angriffe auf das Selbst der Patientin, die ihr Leben und ihre Entwicklung um jeden Preis verhindern wollen.

Ich habe damals begonnen, die Wirksamkeit von Introjekten bzw. Introjektionen nicht als einen Abwehrvorgang zu verstehen, sondern als einen Angriff auf das seelische Leben der Patientin. Mit diesem Wechsel der Perspektive von der Abwehr zum Angriff werde ich mich im Folgenden auseinander setzen.

Introjektionen und die Existenz traumatisierender Introjekte

In den verschiedenen psychoanalytischen Konzepten sind ›Introjektion‹ und ›Introjekt‹ Begriffe, die nicht genau definiert wurden. Nichtsdestoweniger versteht man sie in allen psychoanalytischen Theorien als wesentlichen Bestandteil des seelischen Lebens.

›Introjektion‹ beschreibt allgemein den Vorgang der Aufnahme äußerer Vorgänge nach innen sowie der anschließenden Assimilation, die Veränderung und Entwicklung des Selbst bedeutet – etwa durch die Bildung von Repräsentanzen oder innerer Objekte. Entsprechendes gilt für Bezeichnungen wie Internalisierung, Inkorporation, Implantation. Diese Begriffe sind nicht trennscharf voneinander unterschieden. Sie beschreiben allesamt Aufnahme und Verinnerlichung als allgemeingültigen Vorgang in der menschlichen Entwicklung. Die Unterscheidung liegt dann aber in der Art und Weise und dem Ergebnis des Internalisierungsprozesses. Die Assimilation gestaltet sich um so schwieriger, je fremder, feindlicher oder gewaltsamer das Aufgenommene (Eingedrungene) ist und um so besser, je Ich- und Kind-gerechter, also abgestimmter es ist. Introjekte wären in diesem Kontext umassimilierte innere Objekte. Ein despotisches, verfolgendes Über-Ich etwa wäre solch ein Introjekt, das eine Dauerspannung zum Ich erzeugt, das Ich schwächt und angreift.

Die klassische Psychoanalyse behandelte den Vorgang der Introjektion innerhalb der Instanzenlehre, die Freud 1914 in der *Einführung des Narzißmus* erstmalig eindrucksvoll beschrieb:

Es wäre nicht zu verwundern, wenn wir eine besondere psychische Instanz auffinden sollten, welche (...) das aktuelle Ich unausgesetzt beobachtet und am Ideal mißt (...). Die Anerkennung dieser Instanz ermöglicht uns das Verständnis des sogenannten Beobachtungswahns. (...) Die Kranken klagen dann darüber, daß man alle ihre Gedanken kennt, ihre Handlungen beobachtet und beaufsichtigt; sie werden vom Walten dieser Instanz durch Stimmen informiert (...). Diese Klage hat recht, sie beschreibt die Wahrheit; eine solche Macht, die alle unsere Absichten beobachtet, erfährt und kritisiert, besteht wirklich, und zwar bei uns allen im normalen Leben. (Freud 1914/1975, S. 62).

Dieser Instanz galt lange Zeit kein therapeutisches Interesse. Als Ziel galt vielmehr: »Wo Es war, soll Ich werden«. Dass das Über-Ich Urheber aller Neurosen sei, wurde später von Anna Freud (1936) formuliert. Sie befand die therapeutische Notwendigkeit der »Zertrümmerung« des Über-Ich (Freud, A. 1936, S. 44). Sigmund Freud hatte allerdings eine tiefe Skepsis in Bezug auf die therapeutische Beeinflussbarkeit des strengen Über-Ich. Es bestehe, so stellte er fest, im Über-Ich ein unbewusstes Schuldgefühl, das durch Krankheit, Leiden, soziales Elend und Unglück beschwichtigt werden könne. Dessen Intensität sei am Widerstand des Über-Ichs gegen die Behandlung ablesbar. Dieser Widerstand sei der zuletzt erkannte, dunkelste, aber nicht immer der schwächste; er widersetze sich jedem Erfolg. Der Therapeut könne oft keine »Gegenkraft von gleicher Größenordnung« entgegenstellen und »beuge sich vor der Übermacht der Gewalten« (Freud 1926, S. 298; 1937, S. 383).

Als erster hatte Ferenczi (1909) das Introjektionskonzept eingeführt. Er machte ausdrücklich auf die implantierende Aktivität der Mächtigen den Schwachen gegenüber aufmerksam.

Cremerius (1990) und Wurmser (1987) bewegen sich in der Nomenklatur der Instanzenlehre und führten die Diagnose der »Über-Ich-Pathologie« ein.

Cremerius spricht von einem pathologischen Über-Ich, »wenn eine Dauerspannung zwischen dem Ich und den Ansprüchen des Gewissens besteht, die so stark ist, dass das Über-Ich als gesonderte Struktur in Erscheinung tritt und das Ich vor ihm kapituliert« (Cremerius 1990, S. 89). Wenn dies der Fall ist, treten die Über-Ich Forderungen zu früh und zu brutal – oft mit Drohungen – auf und zwingen das junge Individuum, sich zu unterwerfen.

Wurmser schildert eindrucksvoll schwere Kämpfe gegen destruktive Über-Ich-Introjekte, in denen der Patient recht- und schutzlos einer Zerstörungsmaschinerie ausgeliefert ist. In seiner bildhaften Sprache bezeichnet

Wurmser diese zerstörerische Kraft u. a. als »unbarmherzige[n] Zwerg« oder als »die zwingende Macht des Dämon« (Wurmser 1987, S. 155, 258). Ich kann die Thematik hier nicht durch alle Theoriestränge verfolgen. Es soll aber festgehalten werden, dass alle – ob Objektbeziehungstheoretiker, »Kleinianer« oder Selbstpsychologen – dieses Konzept aufgenommen haben. Man kann es so weit zusammenfassen: Die Introjektion wird wiederholt als das Eindringen von etwas Fremden in das Ich/Selbst bezeichnet und das Introjekt wird mit einem Virus verglichen (Hirsch 1997, S. 99ff.). Es zwinge den Organismus, fremdes Material zu produzieren. Seiner Funktion entsprechend wird das Introjekt auch als »innere Mafia« beschrieben, die eine gewaltsame Herrschaft im Patienten errichtet habe (Rosenfeld 1997; Kernberg 1997; Holderegger 1993; Sandler 1999 ; Winnicott 1984; Wolf 1982).

Die Umsetzung der Theorie über traumatisierende Introjekte in die Behandlungstechnik

»Man sollte annehmen, dass eine so klar formulierte Theorie unmittelbare Wirkungen auf die Praxis der Therapie hätte haben müssen. Sie sind aber ausgeblieben.« (Cremerius 1990, S. 100). Cremerius hat sich ausdrücklich und ausführlich den technischen Schwierigkeiten bei der Behandlung von Über-Ich-Pathologien zugewandt. Mehr als sonst müsse der Analytiker auf diesem Feld Pionier sein und den Mut zum Experiment haben. Möglicherweise sei die Psychoanalyse schlecht ausgerüstet, weil sie selbst ein überstrenges Über-Ich vertritt. Meines Erachtens demonstriert Cremerius fast im gleichen Abschnitt eine Befangenheit der Psychoanalyse, wenn er apodiktisch fordert, wie die Analyse solcher Pathologien durchgeführt werden solle – nämlich *ausschließlich* in der Übertragung (Cremerius 1990, S. 133f.). Unabhängig von der inhaltlichen Relevanz dieser Forderung liegt in jedem idealtypischen Anspruch ein Widerspruch zur Freiheit der Möglichkeiten und des Experimentierens.

In den in der Literatur beschriebenen Behandlungssituationen scheint es so, als ob nur der Patient selbst anwesend sei. Der Gesichtspunkt des Angriffes, der ja in den Metaphern »Virus« und »Mafia« enthalten ist, und den zahlreiche Autoren hervorheben, entzieht sich offensichtlich dem Bewusstsein. Da die Behandlungssituation möglicherweise dazu verführt, das Introjekt als Redner zu vergessen, werden die unterschiedlichen Sprachen bzw. Intonationen den Intentionen des Selbst zugeschrieben. Es fehlt der Schritt, das Selbst von seinen Introjekten zu unterscheiden und es entsprechend unterschiedlich zu behandeln. Drei Erklärungstheorien werden weitgehend übereinstimmend verwendet, um das klinische Phänomen der Auswirkung von Introjekten verstehen zu können:

1. Die Introjektion des Destruktiven wird als eine dem Ich oder Selbst zugeschriebene Abwehroperation begriffen; oft wird in diesem Zusammenhang auch die Schutzmetapher verwendet.

2. Die Destruktivität wird der Macht des Todestriebes zugeschrieben.

3. Neid wird als eine Hauptquelle der Zerstörung angeführt.

Alle drei Erklärungsmuster verstehen damit das Selbst als Quelle der Zerstörung und die Intentionalität wird dem Selbst/Ich zugeschrieben.

Meines Erachtens schränken die Erklärungsmodelle der Abwehroperationen und des Todestriebes nicht nur andere Möglichkeiten ein, sondern vernachlässigen auch zwei wichtige Merkmale der traumatisierenden Situation, in der die Introjektion erfolgt:

1. In der traumatisierenden Situation sind Ich und Selbst ausgeschaltet, überwältigt bzw. sowieso schwach und hilflos, d. h. der Intentionalität beraubt.

2. In jeder traumatisierenden Situation sind Drohungen enthalten. Die Drohungen richten sich gegen das Leben, gegen die Wahrnehmung und das eigenständige Denken des Patienten. Sie errichten ein Tabu gegen das Sehen, Erkennen und Benennen. Sie sind die unsichtbare Macht, die den Patienten mit dem Introjekt verklammert und zur Unterwerfung zwingt.

Meine Hypothese lautet daher: Traumatisierende Ereignisse, die in roher und nicht zu bewältigender Form in den Patienten eingedrungen sind, besitzen weiterhin die Eigenschaften der Bedrohung, Gewalt, Verführung, Perversion und des Verbots, die Verletzung zu sehen, zu erkennen und sie zu benennen. Traumatisierende Ereignisse werden im Patienten als verselbständigte Introjekte (Fremdkörper, Viren) wirksam und greifen ihn weiterhin an. Dem Patienten und der Außenwelt erscheinen sie wie Bestandteile seiner Persönlichkeit. Es scheint, als entstünde der Impuls bzw. die Intentionalität im Patienten selbst. Die Intentionalität geht jedoch vielmehr von den Introjekten aus, die wie Fremdkörper in dem Patienten weiterhin in roher Form angreifend tätig sind. Wie zur Zeit der ursprünglichen Traumatisierung ist der Patient auch jetzt nicht in der Lage, sich selbst von den bedrohlichen Ereignissen zu trennen oder vor ihnen zu schützen. Er ist ihnen weiterhin auf dieselbe Weise ausgeliefert, zum einen durch ihr überfallartiges Auftreten, zum andern durch Drohungen, die der Patient (u. a. auch der Analytiker) nicht erkennt, sondern sie als eigene Angst erlebt. Eine wichtige Komponente der angreifenden, traumatisierenden Ereignisse ist, dass sie nicht erkannt und benannt werden dürfen, sondern verleugnet werden (Zepf 2001). Die stumme Drohung ist die Macht, durch die der Fremdkörper implantiert bleiben kann. Bei jedem Versuch der Loslösung entstehen unbewusste drohende Angriffe, die zur Unterwerfung zwingen. Der Patient erlebt subjektiv »nur« Angst und Panik und scheint sich an die psychopathologische Struktur zu klammern. Die Abwehr des Patienten ist in diesem Moment durch die Angriffe maligner Introjekte zerstört.

Die frühzeitige Trennung des Selbst vom destruktiven Introjekt: Behandlungserfahrungen

Im folgenden Abschnitt will ich mich damit auseinandersetzen, welche Konsequenzen meine klinischen Beobachtungen, Überlegungen und theoretischen Annahmen für mein psychotherapeutisches Vorgehen haben und welche technischen Implikationen daraus folgen. Um den Dreh- und Angelpunkt etwas genauer erläutern zu können, habe ich als erstes eine Fallvignette von Christopher Bollas (1997) ausgewählt. Dann zeige ich an einer ähnlichen eigenen Fallvignette die Unterscheidung. In der anschließenden Diskussion meines technischen Vorgehens ziehe ich zum Vergleich und als Bezugsrahmen die empirisch fundierte Theorie der Technik von Joseph Weiss (1993) hinzu.[1]

Bollas beschreibt eine spezifische Introjektion, die er *extraktive Introjektion* nennt, (Bollas 1997, S. 169). ›Extraktive Introjektion‹ bedeutet, dass jemand einem anderen Menschen über einen Zeitraum hinweg ein Element seines individuellen seelischen Lebens stiehlt. Bollas beschreibt den Vorgang eines gewaltsamen Raubzuges, dem ein Individuum hilflos

---

[1] auf Anregung von Dipl.-Päd. Jutta Kahl-Popp, JRI Kiel

unterworfen ist, und nennt diesen Vorgang dann aber übergangslos einen *Abwehrmechanismus* – und zwar aus der Perspektive dessen, der die extraktive Introjektion erlitten hatte (Bollas 1997, S. 174). Der ursprünglich und gerade noch beschriebene angreifende Akt verschwindet übergangslos aus dem Verstehen des psychodynamischen Wechselspieles und entzieht sich so dem Bewusstsein.

In einer Fallvignette stellt Bollas zur Veranschaulichung einen typischen Verlauf der Behandlung eines manisch-depressiven Kranken vor; die beschriebene Sequenz war nach 300 Stunden Behandlung unverändert und wiederholt aufgetreten: In einer Montagstunde öffne der Patient sich, er spreche auf differenzierte Weise von sich selbst, lasse Deutungen des Psychoanalytikers zu, er schiene tatsächlichen analytischen Gebrauch zu machen. Aber regelmäßig werde dieses in den nachfolgenden Stunden von dem Patienten wieder revidiert und zerlegt. Im Analytiker entstand heftiger Ärger. An dieser Stelle, die Bollas uns vorstellt, entschied er sich, von dem üblichen, deutenden analytischen Vorgehen abzuweichen. Er versuchte stattdessen dem Patienten zu beschreiben, wie es ihm, dem Analytiker, mit dem Patienten ginge und sagte:

> Genau in dem Augenblick, wenn ich meine, ich hätte Sie verstanden und uns beiden sei etwas über Sie klargeworden, *da verschwinden Sie.* (...) Sie erzählen mir von sich, und ich bin gerade dabei, es zu verdauen und es mir zu merken, um Sie besser verstehen zu können. Doch *da – rums! – treten Sie auf den Plan* und sagen mir, dass das, was ich da verdaut und in mir gespeichert habe, überhaupt nicht von Ihnen kam. Das Problem für mich ist, wie ich mit der Verzweiflung leben soll, die mich packt, wenn Sie so verschwinden. (Bollas 1997, S. 233, *Hervorh. v. mir, I. B.*)

Bollas beschreibt sehr eindrucksvoll zwei unterschiedliche seelische Zustände, die er erleiden muss. Aber beide stehen in seiner Mitteilung wie gespalten nebeneinander: »da verschwinden Sie« – »rums! – treten Sie auf den Plan«. Es entzieht sich meiner Mutmaßung nach dem Bewusstsein, dass ein unbewusster Angriff stattfindet, den nicht nur der Psychoanalytiker erleiden muss, sondern auch der Patient. Die Lücke, die sich zwischen den beiden Aussagen auftut – da verschwinden Sie, treten Sie auf den Plan –, ist der Dreh- und Angelpunkt, der zeigt, wie sich etwas dem Bewusstsein entzieht, wenn der Psychoanalytiker dabei bleibt, dass diese seelische Veränderung nur einen Abwehrvorgang beschreibt.

Zum Vergleich möchte ich nun eine eigene Fallvignette vorstellen. Es handelt sich ebenfalls um eine Patientin mit manisch-depressiver Erkrankung, gepaart mit einem schweren Misshandlungssyndrom seit frühester Kindheit. Die Sequenz, die ich näher ausführe, stammt aus der 160. Stunde, nach ca. eineinhalb Jahren analytischer Behandlung.

Auf eine gute Stunde – die Patientin hatte einen Traum mitgebracht, sprach in differenzierter Weise über sich, stellte verschiedene Verbindungen her – so auch zu mir –, folgte eine andere: Die Patientin eröffnete die Stunde sehr laut mit einer Frage nach der letzten Stunde. Sie hätte sie nicht verstanden und den Eindruck, dass ich nicht zufrieden mit ihr sei. Sie wollte alles noch einmal erklärt haben. Der Intonation ihrer Stimme und der angespannten Atmosphäre entnahm ich, dass jemand anderes mit mir sprach als in der vorangegangenen Stunde, jemand, der die Verbindungen, die in der vorherigen Stunde geknüpft worden waren, wieder in Frage stellte und quasi »zerstückelte«. Ich versuchte zunächst herauszufinden, woran sie es fest mache, dass ich nicht zufrieden sei mit ihr, was jedoch von der Patientin nicht aufgegriffen wurde. Sie fuhr fort in dem gehetzten Tonfall zu sprechen, wie ich fühlte, »über mich hinweg«. Ich sagte ihr dann noch, dass ich in der letzten Stunde den Eindruck hatte, sie hätte verstanden, und schwieg daraufhin die ganze Stunde über. Die Patientin schwieg nach einer ganzen Weile auch, ihr Körper und ihre Atmung beruhigten sich. In der darauf folgenden Stunde war die Patientin wieder in einem »anderen Fluss«. Ich konnte nun mit ihr erörtern, wieso ich geschwiegen hatte. Es war meine Absicht, es ihr zu erklären. Schon zu Beginn der Behandlung hatte ich sie auf innerlich Angreifendes aufmerksam gemacht. Sie erwiderte erstaunt: »Ach, so machen Sie das, Sie sprechen einfach nicht mit *dem*!« Dann erzählte sie mir, was sie nach der Stunde, in der ich geschwiegen hatte, erlebt hatte. Zu Hause habe sie zu sich selbst gesagt: »So, ab jetzt esse ich nur noch, wenn ich Hunger habe und was mir schmeckt. Ich werde satt, ich esse langsamer und genüsslicher. Der Durchfall, den ich seit zwei Jahren habe, war schlagartig weg.« Ich verstand die auch für mich erstaunliche Auswirkung, dass durch meine Intervention des Schweigens gegen das Argumentationen unzugängliche und räuberische Introjekt dem Selbst der Patientin ein Raum der möglichen Selbstregulation eröffnet worden war.

Wenn ich die Stimme destruktiver Introjekte nicht als Abwehr auffasse, sondern als einen speziellen Angriff auf die Gesundheit, das Denken, die Wahrnehmung, die Intentionen, die zwischenmenschlichen Verbindungen – auch die Verbindung zur Psychotherapeutin –, muss ich mit diesen anders umgehen als mit dem Selbst, das diesen Angriff erleidet. Der Patient ist nicht allein im Behandlungszimmer, sondern ist von verschiedenen »evozierten Begleitern« umringt, geleitet, gedrosselt, bedroht (Stern 1992).

Das Komplizierte ist natürlich, dass sich diese im und durch den Patienten artikulieren, so, als sei er es selbst. Eine weitere Schwierigkeit besteht darin, Indizien, Signifikanten aufzuzeigen, an denen die Angriffe zu erkennen sind. Weiter oben verwies ich bereits auf die verschiedenen Intonationen und die verschiedenen Auswirkungen, an denen Angriffe erkannt werden können. Dass das, was unbewusst wirkt, droht, erpresst, verführt etc., nicht direkt zu sehen, sondern an seinen Wirkungen ablesbar ist, hatte Freud bereits als Anzeichen für die Existenz des Unbewussten beschrieben (Freud 1912, S. 29). Wenn der dreidimensionale Raum zusammenstürzt, Denken, Wahrnehmen, Sinne ausgeschaltet sind, der Repräsentationsraum für Erfahrungen verloren geht, sind diese Angriffe tätig bzw. tätig gewesen.

Ein weiteres Fallbeispiel soll die Umsetzung meiner Überlegungen zeigen. Bei dem Patienten handelt es sich hier um einen 24-jährigen Studenten, der neben einer Vielzahl von psychosomatischen Beschwerden (seit früher Jugend »colon eritabile«) unter Arbeits- und Konzentrationsstörungen litt. Dadurch hatte er, wie er sagte, viel Zeit »vergeudet« und beschuldigte sich »faul« zu sein. Er beschrieb seine Störung folgendermaßen: »Ich habe vor, mich an eine Arbeit zu setzen, aber dann geht es plötzlich nicht, Gedanken kommen, die mir aufzählen, was ich alles zu tun habe, du musst dies, du musst das. Ich werde unruhig, mache sinnlose Handlungen oder erstarre und sitze rum und bin zu nichts fähig, manchmal kommen Schmerzen auf; ... So vergehen Tage ... Wenn ich es mal geschafft habe, an dem Schreibtisch zu sitzen, zu lesen oder zu schreiben, fängt plötzlich ein Druck an im Kopf, Gedanken kreisen im Kopf, ich soll besonders gut sein und alles perfekt machen. Alles, was ich bisher geschrieben habe, ist nicht gut genug, reicht nicht. Ich werde hektisch, lese dies und das, werde immer konfuser, kann gar nichts mehr aufnehmen.« Ich verstehe ihn so, dass er in beiden Situationen in seiner Verbindung mit seinen ursprünglichen Intentionen und Zielen gestört und lahm gelegt wird. In diesem Fall griffen die Introjekte als Gedanken an, die eine Drohkulisse bildeten: »Du musst, es reicht nicht, du versagst« etc.). Die »Denkattacken«, wie sie der Patient nannte, haben besondere Eigenschaften, an denen sie zu erkennen sind: Sie überhäufen den Betroffenen mit einem Zuviel – »alles auf einmal« –, sie drohen in die Zukunft und mit der Zukunft und beeinträchtigen so bereits die Gegenwart. Sie drohen mit dem Versagen, dem Sich-lächerlich-Machen etc. Das alles erläuterte ich dem Patienten und erarbeitete mit ihm Strategien einer möglichen Abwehr, diese Gedanken rechtzeitig zu erkennen, sie zu stoppen und sich selbst zu schützen. Schon dadurch, dass der

Patient erkennen konnte, dass diese Gedanken Angriffe auf seinen Verstand, seine Sinne und seine Vorhaben sind, war es ihm möglich seinen »Denkraum« zu schützen. Gedanken können, wie Viren und Würmer in der Computerwelt, destruktiv sein und »dürfen daher nicht gedacht werden«.

Der Patient kam in der ersten Zeit regelmäßig zu spät, sogar bis zu zwanzig Minuten, obwohl ich den Eindruck hatte, dass er die Stunden dringend brauchte. Es war ihm sichtlich unangenehm zu spät zu kommen. Beschriebe man dieses Verhalten aus der Perspektive der Abwehr, stünde wohl die Angst des Patienten im Vordergrund, z. B. die Angst vor Neuem oder vor Nähe; auf der Übertragungsebene etwa wäre das die Angst sich mir auszuliefern. Die Perspektive der Angriffsseite legt hingegen den Blick frei auf etwas Drittes, das sich einmischt und den Patienten hindert, die volle Zeit auszuschöpfen. Als ich das Zu-spät-Kommen ansprach, erzählte er mir, dass er rechtzeitig mit dem Fahrrad los fahre, unterwegs aber von Schmerzattacken überwältigt werde. Er würde sich vor Schmerz krümmen und könne so nicht weiter fahren. In seinem Kopf sei ein Gezeter von Stimmen. Ich interpretierte diese Schmerzattacke als einen Angriff auf seine Intention zur Therapie zu wollen.

Eine weitere Schutzmaßnahme, die ich ihm vorschlug, lag in der Handhabung der Zeit: »Nehmen Sie die Zeit an Ihre Seite, sonst wird die Zeit zu Ihrem Angreifer.« Der Patient definierte ab jetzt das Arbeitspensum nach einem Zeitlimit, das er sich setzte; so kam er in die Lage, Erfahrungen zu machen, wie viel Zeit er für etwas Bestimmtes brauchte. Er machte auch genauere Erfahrungen mit den angreifenden Introjekten: »Ich habe es geschafft, die Zeit an meine Seite zu kriegen, es ging alles ohne Druck. Aber dann ging das Gezeter wieder los: Du verschwendest deine Zeit, es wird sowieso nichts.« Er erzählte, wie diese Stimmen ihn immer wieder in eine schmerzhafte Verkrampfung und Erstarrung treiben konnten, dann stehe er nur gekrümmt mit dem Rücken zur Wand. Von der hoffnungslosen anfänglichen Aussage: »Mein eigenes Subjekt, das hatte ich erkannt, bringt nur Ärger, zerstört die Harmonie der anderen ... ich wollte nur noch abwarten, bis alles vorbei ist«, kam er in der zehnten Stunde zu der Aussage: »Ich will mehr Einfluss haben«. Wichtige supportive Maßnahmen gegen die Angriffe der Introjekte waren die notwendigen Wiederholungen («es muss tausendmal wiederholt werden«), das Erkennen, das Stoppen, das Verwerfen, das Schließen (der Patient machte z. B. die Erfahrung, dass das Schließen seiner Hände den Schmerz auflösen konnte). Gleichzeitig fokussierte ich auf verbindende und schützende

Maßnahmen für das Selbst des Patienten, wie z. B. sich mit der Zeit, den Erfahrungen, den Sinnen verbinden. Bei dieser ersten »Bergungsaktion« betrachtete ich nur das Was und das Wie. Das Warum wurde zu diesem Zeitpunkt noch nicht untersucht. Übrigens verschwanden in dieser Etappe bereits einige Symptome (der Reizdarm, die Krämpfe) dauerhaft. Erst als der Patient sich sicherer fühlte, konnte er auf Ursachenforschung gehen. Ich dachte: Mit einem Ertrinkenden würde ich auch nicht die Ursachen seines Unglückes diskutieren, sondern erst wenn er im Trockenen ist. Dieser Patient wurde von seinen Eltern schon sehr früh als »Selbstläufer« bezeichnet, was Ansporn sein sollte, von ihm aber vor allem als Druck empfunden wurde, ein »Selbstläufer« sein zu müssen. Er fühlte sich sich selbst überlassen, einsam, ungeliebt und vermisste in grundlegenden Dingen Beistand und Interesse. Er stand unter dem Zwang, immer sofort und ohne Mühe gut sein zu müssen, so dass sich in ihm gleichzeitig die Überzeugung einpflanzte, es sei lächerlich, wenn er nur einfach war.

Diskussion

Mir ist bewusst, dass das vorliegende klinische Material zur Validierung meiner Hypothesen bei weitem nicht ausreicht. Aus diesem Grund erscheint es mir hilfreich und sinnvoll, eine empirisch gut fundierte Theorie der Technik, wie sie Joseph Weiss (1993) entwickelt hat, als Folie und Bezugsrahmen hinzuzuziehen.[2] Sie wurde unabhängig von Persönlichkeitstheorien fallspezifisch entwickelt. Ich stelle Weiss' empirisch validierten Grundannahmen kurz vor:

1. Psychopathologie folgt aus unbewussten pathogenen Überzeugungen (»pathogenic beliefs«). Diese sind in der Kindheit begründet und stammen aus traumatischen Erfahrungen mit den Eltern. Sie sind zwingend, grausam und drohen mit Gefahren, wenn der Patient versucht, ein »normales« Ziel zu verfolgen. Die pathogenen Überzeugungen hemmen Funktionen, beschädigen den Selbstwert, verhindern das Verfolgen von Zielen, sie korrumpieren das kausale Denken.

2. Der Patient testet den Therapeuten unbewusst von Anfang an und während der ganzen Therapiedauer, ob dieser in der Lage ist, die pathogenen Überzeugungen zu widerlegen. Besteht der Therapeut die

---

2 auf Anregung von Dipl.-Päd. Jutta Kahl-Popp, JRI Kiel

Tests, entwickelt der Patient Mut, die pathogenen Überzeugungen noch rigoroser zu testen. Die heftigsten Tests zielen darauf, den Therapeuten zu zerstören, z. B. durch Selbstmorddrohungen, durch den Druck in der Feststellung, die Therapie sei ineffektiv, den Druck Fehler zu machen u. Ä. Der Patient benimmt sich so, als sei er ein Elternteil.

3. Der Therapeut ist nicht neutral. Therapeut und Patient haben dasselbe Ziel. Der Therapeut hilft dem Patienten, die pathogenen Überzeugungen und die daraus folgenden Drohungen zu widerlegen, damit der Patient seinen Zielen folgen kann.

4. Die Technik des Therapeuten umfasst eine weite Palette von möglichen Interventionen. Die überlieferte Alternative, aufdeckend versus supportiv, ist damit überwunden. Keine Gruppe von technischen Regeln ist weit genug, um die verschiedenen pathogenen Überzeugungen, unter denen ein Patient leidet, zu erfassen und zu widerlegen.

5. Gute Interventionen sind nicht neutral: Sie verringern Angst, bringen ein größeres Gefühl der Sicherheit und Erweitern die Möglichkeiten sich selbst zu schützen; sie begünstigen die Entwicklung von Stärke und größeren Perspektiven (Weiss 1993, S. 113ff.).

Diesen Aussagen von Weiss möchte ich mich anschließen. Das, was Weiss als unbewusste pathogene Überzeugungen benennt, die traumatischen Beziehungen zu den Eltern entstammen, bezeichne ich als destruktive Introjekte, die unbewusst das Leben bedrohen. Wie Weiss es postuliert, befinde ich mich parteiisch an der Seite des Patienten im Kampf gegen destruktive Introjekte. Ziel ist, diese zu erkennen, sie zu verwerfen und gemeinsam mit dem Patienten für dessen Verbindung mit seinen Intentionen, seinen Sinnen etc. und für seinen Schutz zu sorgen. Eine Abgrenzung meiner Position gegenüber Weiss betrifft die Akzentuierung der Bedeutung des unbewussten Testens durch den Patienten. Je besser der Therapeut die Tests bestehe, umso heftiger könnten diese Tests ausfallen, ist die Hypothese von Weiss. Ich gebe dieser Perspektive des unbewussten Testens bzw. Beobachtens durch den Patienten ebenso Raum und Bedeutung, aber eher so wie die Freud'sche Metapher es beschreibt: »Bei allen Kranken hielt sich im Winkel ihrer Seele eine normale Person verborgen, die den Krankheitsspuk wie ein unbeteiligter Beobachter an sich vorüber ziehen ließ« (Freud 1938, S. 93). Im »Krankheitsspuk« ist nach meinem Dafürhalten der Angriff wirksam. Ich glaube aber, dass der Patient nicht nur unbeteiligter Beobachter ist, sondern auch ein angst- und hoffnungsvoll den Psychotherapeuten prüfender Beobachter. Die ausschließliche Perspektive des Testens lässt – wie ich glaube – außer Acht, dass der Patient oft überfallartig und plötzlich in seiner Entwicklung zurückgeworfen, von seinen Intentionen getrennt oder lahm gelegt wird. Die Angriffe auf die Behandlung folgen oft nach dem Auftreten einer Besserung. Ich verstehe diese Angriffe eher aus der Perspektive der introjizierten Kräfte, die eine Selbstwerdung verhindern wollen und somit den Patienten und auch den Therapeuten überwältigen können. Ein despotisches Regime oder die Mafia etwa würden jede nach Freiheit strebende Intention eines ihrer Mitglieder mit aller Macht unterbinden – Drohungen sind hierfür eines der häufigsten Mittel. Personen wie Psychoanalytiker, die aufdecken, widerlegen, das Unrechtssystem sichtbar machen und außer Kraft setzen wollen, werden mit ähnlichen Drohungen konfrontiert. Der Patient testet auch mit den heftigsten Angriffen nur, inwieweit er Hoffnung auf eine Überwindung haben kann, aber im Moment des Angriffs ist er überfallen und jeglicher Intention beraubt.

Die Analytikerin zwischen Skylla und Charybdis ist in einer gefährlichen Situation: Das Angreifende im seelischen und mentalen Bereich eines Patienten zu sehen und es von dem Selbst des Patienten zu trennen (»Das sind Sie nicht selbst«), wird von Psychoanalytikern meist nicht befürwortet. Ich hoffe jedoch aufgezeigt zu haben, dass die Identifizierung und Benennung der Angriffsseite etwas Unbewusstes identifiziert und benennt.

Literatur

Baumert, I. (2002): Angst folgt auf Drohungen – das Unbewusste der Drohungen, deren Verkleidungen und Auswirkungen. In: Schlösser, A.-M. & Gerlach, A. (Hg.): Gewalt und Zivilisation. Gießen (Psychosozial-Verlag), S. 59–72.

Baumert, I. (2003): Wo Abwehr ist, ist auch Angriff. Nicht veröffentlichter Vortrag.

Bollas, C. (1997): Der Schatten des Objekts. Das ungedachte Bekannte. Zur Psychoanalyse der frühen Entwicklung. Stuttgart (Klett-Cotta).

Cremerius, J. (1990): Vom Handwerk des Psychoanalytikers: Das Werkzeug der psychoanalytischen Technik. Stuttgart (frommann-holzboog), Bd. 1.

Ferenczi, S. (1909): Introjektion und Übertragung. In: Schriften zur Psychoanalyse. Bd. I Frankfurt/Main 1970 (Fischer).

Ferenczi, S. (1933): Sprachverwirrung zwischen den Erwachsenen und dem Kind. In: Schriften zur Psychoanalyse. Bd. II Frankfurt/Main 1972 (Fischer).

Freud, A. (1936): Das Ich und die Abwehrmechanismen. München (Fischer 1984).

Freud, S. (1912): Einige Bemerkungen über den Begriff des Unbewussten in der Psychoanalyse. Studienausgabe Bd. 3, Frankfurt/Main (Fischer 1975), S. 25–36.

(1914): Zur Einführung des Narzissmus. Studienausgabe, Bd. 3, S. 37–68.

(1923): Das Ich und das Es. Studienausgabe Bd. 3, S. 273–330.

(1926): Hemmung, Symptom und Angst. Studienausgabe Bd. 6, Frankfurt/Main (Fischer 1971), S. 227–310.

(1933): Neue Folge der Vorlesungen der Einführung in die Psychoanalyse. Studienausgabe Bd. 1, Frankfurt/Main (Fischer 1969), S. 448–610.

(1937): Die endliche und die unendliche Analyse. Studienausgabe/Ergänzungsband, Frankfurt/Main (Fischer 1975), S. 351–392.

(1938): Abriss der Psychoanalyse. Frankfurt/Main (Fischer 2001).

Hirsch, M. (1997): Schuld und Schuldgefühl. Zur Psychoanalyse von Trauma und Introjekt. Göttingen (Vandenhoeck & Ruprecht).

Holderegger, H. (1993): Der Umgang mit dem Trauma. Stuttgart (Klett-Cotta).

Homer: Odyssee 12. Gesang. Übersetzung nach J. H. Voß 1781.

Kernberg, O. F. (1997): Wut und Haß. Über die Bedeutung von Aggression bei Persönlichkeitsstörungen und sexuellen Perversionen. Stuttgart (Klett-Cotta).

Klein, M. (1983): Zur Theorie von Angst und Schuldgefühl. In: Das Seelenleben des Kleinkindes und andere Beiträge zur Psychoanalyse. Stuttgart (Klett-Cotta).

Rosenfeld, H. (1997): Sackgassen und Deutungen. Therapeutische und antitherapeutische Faktoren bei der psychoanalytischen Behandlung von psychotischen, Borderline- und neurotischen Patienten. Stuttgart (Verlag Internationale Psychoanalyse).

Sandler, J. & Sandler, A.-M. (1999): Innere Objektbeziehungen. Entstehung und Struktur. Stuttgart (Klett-Cotta).

Stern, D. N. (1992): Die Lebenserfahrung des Säuglings. Stuttgart (Klett-Cotta)

Weiss, J. (1993): How Psychotherapy Works – Process And Technique. New York (The Guilford Press).

Winnicott. D. W. (1984): Reifungsprozesse und fördernde Umwelt. Studien zur Theorie der emotionalen Entwicklung. Frankfurt/Main (Fischer).

Wolf, E. S. (1982): Zur Entwicklungslinie der Selbstobjektbeziehungen. In: Psychoanalyse 2 u. 3, S. 222–237.

Wurmser, L. (1987): Flucht vor dem Gewissen. Analyse von Über-Ich und Abwehr schwerer Neurosen. Berlin-Heidelberg (Springer).

Zepf, S. (2001): Trauma, Reizschutz und traumatische Neurose. Versuch einer Klärung der Konzepte Freuds. In: Forum der Psychoanalyse 17, S. 332–349.

Gevatter Tod: Gefahren einer gemeinsamen Abwehr von Ohnmachtserfahrungen in der Psychotherapie

Thomas Abel

Dem Thema ›Macht und Ohnmacht‹ soll hier auf eher assoziativem Wege nachgegangen werden. Der Vorstellung eines Märchens zum genannten Themenkomplex folgen einige Einfälle sowie persönliche und berufliche Erfahrungen. Das Märchen »Der Gevatter Tod« widmet sich dem Schicksal eines Arztes und seinem Konflikt zwischen Macht und Ohnmacht. Es schlägt eine Lösung dieses Konfliktes vor, die genauso interessant wie beängstigend ist.

Die Brüder Grimm hörten das Märchen von der Schwester ihres Schulkameraden von Schwertzell und nahmen es unter Nummer 44 in Band 1 des Erstdrucks ihrer Märchensammlung von 1812 auf. Durch den Einfluss der Restauration nach dem Wiener Kongress von 1815 nahm Wilhelm Grimm einige Veränderungen an den gesammelten Märchen vor. Insbesondere wurden böse Mutterfiguren in Stiefmütter verwandelt und gerechte Strafen für Verfehlungen verschärft (Dettmering 1999). So wurden auch am Märchen »Der Gevatter Tod« Änderungen vorgenommen. Ich gebe es hier jedoch in der Erstfassung von 1812 wieder:

»Es war einmal ein alter Mann, der hatte schon zwölf Kinder, wie das dreizehnte geboren wurde, wußte er sich nicht mehr zu helfen, und lief in seiner Noth hinaus in den Wald. Da begegnete ihm der liebe Gott und sagte: ›Du dauerst mich, armer Mann, ich will dir dein Kind aus der Taufe heben und für es sorgen, da wird es glücklich auf Erden.‹ Der Mann antwortete: ›Ich will dich nicht zum Gevatter, du giebst den Reichen und läßt die Armen hungern‹; damit ließ er ihn stehen und ging weiter. Bald darauf begegnete ihm der Tod, der sprach gleichfalls zu ihm: ›Ich will dein Gevattersmann werden, und dein Kind heben; wenn es mich zum Freund hat, da kanns ihm nicht fehlen, ich will es zu einem Doctor machen.‹ Der Mann sagte: ›Das bin ich zufrieden, du machst keinen Unterschied und holst den Reichen wie den Armen; morgen ist Sonntag, da wird das Kind getauft, stell dich zur rechten Zeit ein.‹ Am andern Morgen kam der Tod und hielt das Kind über die Taufe. Nachdem es groß geworden war, kam er einmal

wieder, und nahm seinen Paten mit in den Wald; da sprach er zu ihm: ›Jetzt sollst du ein Doctor werden; du brauchst nur Acht zu geben, wenn du zu einem Kranken gerufen wirst und du siehst mich zu seinem Haupte stehen, so hats nichts zu sagen, laß ihn dann an dieser Flasche riechen und salb ihm die Füße damit, so wird er bald wieder gesund seyn; steh ich aber zu den Füßen, dann ists aus, dann will ich ihn haben, und untersteh dich nicht eine Cur anzufangen.‹ Damit gab der Tod ihm die Flasche, und er ward ein berühmter Doctor; er braucht nur den Kranken zu sehen, so sagt er schon voraus ob er wieder gesund werde oder sterben müsse. Einmal ward er zum König gerufen, der an einer schweren Krankheit darnieder lag; wie der Doctor eintrat, sah er den Tod zu den Füßen des Königs stehen, und da konnte seine Flasche nichts mehr helfen. Doch fiel ihm ein, er wollte den Tod betrügen, packte also den König an, und legte ihn verkehrt, so daß der Tod an seinem Haupte zu stehen kam; es glückte und der König wurde gesund. Wie der Doctor aber wieder zu Haus war, kam der Tod zu ihm, machte ihm böse grimmige Gesichter und sagte: ›Wenn du dich noch einmal unterstehst mich zu betrügen, so dreh ich dir den Hals um.‹ Bald darnach ward des Königs schöne Tochter krank, niemand auf der Welt konnte ihr helfen, der König weinte Tag und Nacht, endlich ließ er bekannt machen, wer sie curiren könne, der solle sie zur Belohnung haben. Da kam der Doctor und sah den Tod zu den Füßen der Prinzessin stehen, doch weil er vor ihrer Schönheit ganz in Erstaunen war, vergaß er alle Warnung, drehte sie herum und ließ sie an der heilenden Flasche riechen und salbte ihr die Fußsohlen daraus. Kaum war er wieder zu Haus, da stand der Tod mit einem entsetzlichen Gesicht vor ihm, packte ihn, und trug ihn in eine unterirdische Höhle, worin viel tausend Lichter brannten. ›Siehst du, sagte der Tod, das sind alle Lebende, und hier das Licht, das nur noch ein wenig brennt und gleich auslöschen will, das ist dein Leben; hüt' dich!‹«

Eugen Drewermann (1992) hat sehr anregende Assoziationen zu diesem Märchen angestellt. Er sieht es als eines der sozial- und religionskritischsten Märchen, vor allem, weil darin das Angebot des lieben Gottes, Gevatter des Kindes zu werden, abgelehnt wird.

In Bezug auf das Grimm'sche Märchen möchte ich vor allem der Frage nachgehen, was es dem Leser über die Dynamik der inneren Objektbeziehungen seines Protagonisten enthüllen kann. Zunächst einmal ist der Arzt das 13. Kind armer Leute. Von Anbeginn an schwebt also ein Unglück über dem Kind, für das eigentlich kein Platz und keine Nahrung mehr vorhanden ist. Kaum geboren, wird das Kind damit konfrontiert, dass die

Welt nicht nur gütig und gabenreich ist, sondern unter Umständen auch versagend und unbarmherzig. Die Mutter des Kindes wird im Märchen überhaupt nicht erwähnt. Auch dies spricht dafür, dass es in eine Atmosphäre mangelnder Mütterlichkeit und Geborgenheit hinein geboren wird. Bereits hier macht das Kind eine Ohnmachtserfahrung, denn es kann sich seine Eltern und das, was sie ihm geben können, nicht aussuchen, sondern ist dem machtlos ausgeliefert. Welche Auswege gibt es aus dieser Ohnmachtserfahrung? Das Märchen beschreibt zunächst, wie der liebe Gott sich als Gevatter des Kindes anbietet. Religiöse Eltern können ihren Kindern per Identifizierung einen Gottesglauben vermitteln, der ihnen bei der Bewältigung früher und später hinzukommender Ohnmachtserfahrungen hilft. Rademacher (2004) hat beschrieben, was wir heute über die reale Lebensgeschichte von Jesus wissen. Danach war er im Grunde bis zu seiner Kreuzigung ein eher unbekannter Prediger mit einer recht kleinen Anhängerschaft. Was ihn überhaupt erst bekannt und das Christentum später zu einer Weltreligion machte war das Verschwinden seines Leichnams. Es vermittelte den Menschen die Hoffnung auf eine Auferstehung, auf ein Weiterleben nach dem Tod, also auf die Überwindung der zentralsten Ohnmachtserfahrung des Menschen, dem unausweichlichen Sterben.

In Grimms Märchen hat der Vater des Protagonisten jedoch selbst den Glauben an Gott verloren. Er kann seinem Kind diesen Ausweg aus dem Macht-Ohnmacht-Konflikt nicht vermitteln. Stattdessen wählt er den Tod als Gevattersmann aus. Der Tod ist die zentralste Ohnmachtserfahrung überhaupt und beschäftigt die Menschheit schon seit Jahrtausenden in Mythen und Ritualen. Niemand kann ihm letztlich ausweichen, niemand weiß, wann er ihm begegnet. Darüber hinaus steht der Tod in Grimms Märchen aber auch symbolisch für die vielen kleinen Tode, die man im Leben stirbt, für Verluste geliebter Menschen, körperlicher Funktionen oder äußerlich benötigter Lebensbedingungen, denen man ohnmächtig ausgeliefert ist. Für mich persönlich war beispielsweise der Verlust meines Augenlichts mit 19 Jahren eine Ohnmachtserfahrung. Für andere steht an dieser Stelle vielleicht der Verlust von Jugendlichkeit, Kraft oder Schönheit durch das Altern. All diesen Erfahrungen sind Menschen machtlos ausgesetzt. Insofern symbolisiert der Tod im vorliegenden Märchen eine letztlich gnadenlose und mit keinem Gerechtigkeitsmaß greifbare Seite der Natur. Auf der inneren Bühne verkörpert der Tod ganz allgemein die Erfahrung von Ohnmacht, der jeder Mensch hin und wieder ausgesetzt ist, ob er nun innerlich oder äußerlich arm oder reich ist. Gleichzeitig regt der Tod eine erstaunliche Entwicklung an: Aus dem Sohn armer Leute wird im Märchen ein berühmter Arzt. Alfred Adler hat in diesem Zusammenhang auf die entwicklungsstimulierende Wirkung von Ohnmachtserfahrungen hingewiesen (Adler 1912a), zu denen wir auf unsere ganz eigene Weise unbewusst Stellung nehmen. Auch Freud hat sich in seinen *Vorlesungen zur Einführung in die Psychoanalyse* mit den Begriffen Not und Versagung befasst:

> Die Macht aber, welche der Menschheit eine solche Entwicklung aufgenötigt hat und ihren Druck nach der gleichen Richtung heute ebenso aufrechthält, kennen wir; es ist wiederum die Versagung der Realität, oder wenn wir ihr ihren richtigen großen Namen geben, die Not des Lebens (...) Sie ist eine strenge Erzieherin gewesen und hat viel aus uns gemacht. (...) Diese Würdigung der Lebensnot als des Motors der Entwicklung braucht uns übrigens nicht gegen die Bedeutung von ›inneren Entwicklungstendenzen‹ einzunehmen (...). (Freud 1916, S. 368)

Um es wiederum mit dem Beispiel meiner zentralsten Ohnmachtserfahrung zu illustrieren: Einige meiner Fähigkeiten, über die ich heute verfüge, hätte ich vermutlich nicht erworben, wenn ich nicht erblindet wäre. Das Programmieren von Computern habe ich nur deshalb erlernt, um mir die ersten Generationen von Computern per synthetischer Sprachausgabe überhaupt zugänglich zu machen. Hätte ich am Monitor lesen können, wäre das nicht erforderlich und auch nicht mein Ziel gewesen.

Auf der inneren Bühne sind die Bemühungen des Arztes um seine Patienten gleichzeitig natürlich wiederholte Reparaturversuche an kranken, schwachen, verletzten oder überforderten Elternobjekten. Der König symbolisiert dabei den Vater. Dieser wird am Anfang des Märchens als »alter Mann« eingeführt, der sich nicht mehr zu helfen weiß. ›Alt‹ dürfte hier also nicht für weise, sondern für schwach und überfordert stehen. Besonders die Heilung der Prinzessin wird für den Arzt zu einer existenziellen Frage: Er verliebt sich nicht etwa in irgendeine schöne Königstochter, die ihm auf irgendeinem Ball begegnet, sondern ausgerechnet in seine Patientin, in eine schwer kranke und schwache Frau. Ihr Zustand gäbe eigentlich Anlass, Tag und Nacht zu weinen. Sie repräsentiert also ein konflikthaft besetztes Objekt, das dringend reparaturbedürftig ist, und zwar das Mutterobjekt. Die Mutter wird im Märchen überhaupt nicht erwähnt. Das Mutterobjekt muss also unbedingt gestärkt und zu einer klaren, kraftvollen Repräsentanz werden, damit der Arzt sich selbst mit der Fürsorge begegnen kann, die er als Kind vermisst hat und die er nun

als Erwachsener seinen Patienten in altruistischer Wunschabtretung entgegen-
bringt. In einer Analyse könnte er diese Dynamik in der Übertragungsbeziehung inszenieren. Eine »Heilung« des inneren Mutterobjektes könnte durch
eine Reinternalisierung fürsorglicher und kraftvoller Beziehungserfahrungen
mit der Analytikerin oder dem Analytiker erfolgen.

Für das Märchen vom Gevatter Tod ist das aber noch nicht die Lösung
des Konfliktes. Auch ein starkes, fürsorgliches und ambivalent besetztes
Mutterobjekt kann einen Menschen nicht vor allen Unwägbarkeiten des
Lebens behüten, auch wenn sich diese Phantasie in den zahlreichen
Mutterkulten widerspiegeln mag, wie etwa der Marienverehrung. Die
Lösung, die ein Märchen vorschlägt, steht an seinem Ende. Dort werden
die Leser aber mit dem beängstigendsten Bild des ganzen Märchens
konfrontiert. Der Held muss sich in die Höhle des Todes begeben. Die
Höhle als ein Innenraum symbolisiert das Innere des Arztes, seine innere
Auseinandersetzung mit Ohnmacht. Darin wird er zu seinem großen
Schrecken mit den unterschiedlich stark flackernden Lebenslichtern von
Menschen konfrontiert, d. h. mit der Seite ihrer unabänderlichen Schick-
salhaftigkeit. Er wird mit einer Warnung entlassen: »Hüte dich!« So
beängstigend eine innere Konfrontation mit Ohnmachtserfahrungen also
auch sein mag, sie wird für möglich und aushaltbar gehalten. Interessan-
terweise ist die spätere Fassung des Märchens genau an dieser Stelle abge-
ändert: Der Arzt stirbt in der Höhle. Drewermann (1992) benutzt eben
diese spätere Fassung des Märchens als Grundlage seiner Interpretation.
Er kommt deshalb auch zu der Schlussfolgerung, das Märchen enthalte keine
Lösung für den skizzierten Konflikt. Eine innere Auseinandersetzung mit
zentralen Ohnmachtserfahrungen scheint hier unmöglich und nicht zu bewältigen zu sein. Einen Besuch in der Höhle sollte man also unbedingt vermeiden.
Nicht so die Erstfassung: Sie entlässt den Leser mit einer großen Unklarheit.
Wie geht es nach der Warnung des Todes weiter? Erlischt das Lebenslicht des
Arztes wirklich? Vielleicht entlässt der Tod sein Patenkind aber doch noch
einmal aus seinen Fängen. Vielleicht heiratet der Arzt die Prinzessin und
genießt die Macht, die ihm das Königsein vermittelt, vielleicht bleibt er aber
auch ein Arzt. Vieles ist in der Phantasie vorstellbar, aber nichts ist sicher. Das
Märchen lässt den Leser mit einem beträchtlichen Ausmaß an Unsicherheit
oder Ohnmacht zurück. Die spätere Fassung gleicht hingegen in erleichtern-
der Weise anderen Märchen: Zum Schluss herrscht Klarheit, der Arzt ist tot.
Vielleicht hat Wilhelm Grimm diese Änderung nicht nur aus politischen Gründen eingefügt, sondern auch deshalb, weil ihm die Unsicherheit am Ende der
Erstfassung unzumutbar erschien.

Ärzte oder Psychotherapeuten sehen des Öfteren den Tod an den Häuptern oder den Füßen ihrer Patienten stehen. Durch ihr Wissen und ihre Erfahrung sind sie der Versuchung ausgesetzt Allmachtsphantasien zu hegen, bei denen das Bedürfnis eigene Elternintrojekte zu kurieren eine große Rolle spielt. Vielleicht bemühen sich viele Behandler regelmäßig den Patienten so zu drehen, dass der Tod ihn nicht zu fassen bekommt. Der Tod wird ihnen also immer wieder einmal böse Gesichter machen oder er wird sie in seine Höhle mit hinab reißen. Da dies eine sehr beängstigende Angelegenheit ist, haben nicht nur Patienten, sondern auch Ärzte und Psychotherapeuten zahlreiche Abwehrmethoden entwickelt, um der Ohnmachtserfahrung zu entgehen.

Zwei Methoden möchte ich näher vorstellen. Eine Variante ist, Ohnmachtsgefühle zu verleugnen, indem als Abwehr Allmachtsphantasien entwickelt werden. Hierzu sollen zwei Beispiele angeführt werden, die in ihrer Art sehr extrem sind, das Gesagte dafür aber gut veranschaulichen. Erstes Beispiel ist die von Günter Ammon gegründete *Deutsche Akademie für Psychoanalyse* (DAP), die mehrere staatlich anerkannte Ausbildungsinstitute sowie eine kassenfinanzierte Klinik betreibt. Dort wird in Vorträgen von Krebspatienten berichtet, die die Organmedizin bereits dem Tode geweiht hatte, die aber vermittels Psychotherapie vollständig geheilt worden seien. Gleiches gilt für andere körperliche Erkrankungen, wie etwa *Colitis ulcerosa*. Gründervater Ammon verstand sich selbst als jemand, der Schizophrenie zu heilen verstehe, ebenso seine Witwe und seine heute aktiven Nachfolger. Bleibt dennoch ein Behandlungserfolg aus, wird die Ursache ausschließlich dem Patienten angelastet, der eben noch nicht lange oder inbrünstig genug Psychotherapie betrieben habe. Dadurch kommen dort extrem lange Behandlungszeiten zustande. Ausbildungskandidaten wird bis heute Allmacht als realisierbar vermittelt. Dadurch wird ihnen der Gang in die beängstigende Höhle des Todes erspart, was die Anziehungskraft erklärt, die die DAP bis heute auf viele junge Kollegen und Patienten ausübt, obwohl sie vom Berliner Senat längst als »Psychokult« eingestuft wurde. Das zweite Beispiel entstammt der Verhaltenstherapie. Dietmar G. Luchmann beschreibt unter anderem unter der Internetadresse *http://www.psychoanalyse.info* (November 2004) Psychoanalyse als etwas äußerst Langwieriges und Erfolgloses. Hingegen offeriert er selbst, eine ganze Liste von psychischen Erkrankungen in einem Block von acht Sitzungen heilen zu können. Im »Langwierigen« der Psychoanalyse wird hier die Erfahrung entwertet und verleugnet, dass wir vielen unserer Patienten nicht schnell (genug) oder in einigen Bereichen auch gar nicht helfen können.

Jenseits dieser extremen Beispiele für therapeutische Größenphantasien stellt sich für jeden Behandler immer wieder die Frage, ob er ganz frei ist von Allmachts- und Heilungsphantasien in Bezug auf schwere Krankheiten. Es ließe sich auch weiter danach fragen, was sich in der aktuell geführten Diskussion über immer effektivere Kurzzeittherapien – auch im Bereich tiefenpsychologisch fundierter Psychotherapie – ausdrückt.

Eine andere Alternative der Abwehr des Macht-Ohnmacht-Konfliktes besteht darin, Patienten als nicht behandelbar, nicht heilbar oder chronisch krank zu definieren. Es besteht die Gefahr, dass dann alle narzisstischen und libidinösen Wünsche von der Arbeit und den Patienten zurückgezogen werden, damit aber auch jedes menschliche Engagement und jede Hoffnung. In der Geschichtenlogik des Märchens wäre dies der Fall, wenn der Arzt sich weder von der Erkrankung des Königs noch von der der Prinzessin innerlich berühren ließe, um in keinerlei Konflikte mit dem Tod als Symbol der Ohnmacht zu geraten. Auf einer so genannten »Chronikerstation« einer psychiatrischen Klinik erlebte ich am Beginn meiner Berufslaufbahn beispielsweise, wie Schizophrene eher verwaltet als behandelt wurden, nachdem alle Behandlungsversuche erfolglos geblieben waren. Sie wurden mit Nahrung und Medikamenten versorgt. Die Hoffnung ihnen helfen zu können hatte man aber aufgegeben.

Zwischen diesen beiden Extrempolen – Allmachtsphantasien und ohnmächtige Resignation – müssen Behandler sich immer wieder neu verorten, in jeder Beziehung zu einem Patienten und in jedem Abschnitt der Analyse. Ich halte das für eine der schwierigsten Herausforderungen, gerade angesichts der Wucht der Gegenübertragungsgefühle, die das Ohnmachtserleben eines Patienten in einem selbst auslöst. In einer sehr ehrlichen und mutigen Arbeit beschreibt Hosemann, welche Gegenübertragungsphantasien und -gefühle ein Patient mit einer Gehbehinderung in ihm auslöste, der das erste Mal in seine Praxis kam (Hosemann 1993). Schnell sah er sich mit Ängsten vor eigener körperlicher Beschädigung und Ohnmacht konfrontiert, denen er sich jedoch auszusetzen wagte.

Abschließend soll das Gesagte an einer kurzen Fallvignette illustriert werden. Eine 65-jährige Frau, die beruflich Parfüms verkauft, suchte mich in einer depressiven Krise auf, nachdem sie sich von ihrem Partner getrennt hatte, einem 45-jährigen Studenten. Sie hat mehrere körperliche Erkrankungen, u. a. schweres progredientes Rheuma, Arthritis, Wirbelsäulenerkrankungen. Sie bekommt deshalb seit Mitte der 90er Jahre eine niedrige Erwerbsunfähigkeitsrente, von der sie lebt, da sie sonst keinerlei Altersvorsorge betrieben hat. Sie arbeitet oft trotz starker Schmerzen als Parfümverkäuferin, um ihren gewohnten großzügigen Lebensstil nicht ändern zu müssen. Auf die Frage, wie ihr Leben mit 70 aussehen solle, antwortete sie, sie wolle dann eine interessante Arbeit machen und eine erfüllte Partnerschaft mit einem deutlich jüngeren Mann haben. Zu den Stunden erschien sie verführerisch nach Parfüm duftend und bemühte sich, wie eine Frau Mitte der Dreißiger zu wirken. Darin inszenierte sie unbewusst ihre Verleugnung der Folgen ihrer progredienten Krankheiten und des Älterwerdens sowie der damit verbundenen Abhängigkeit und Ohnmacht. Diese abgewehrte Seite agierte sie zunächst durch Zufrühkommen aus. Es erwies sich, dass sie immer, wenn sie irgendwo einen Termin hatte, sehr viel früher aufbrach als nötig, weil sie nie erleben wollte, dass ihr die Zeit knapp würde. Hierin drückte sie letztlich ihre Angst davor aus, dass die Lebenszeit immer knapper werden könnte. Zu Beginn der Sitzungen sprach sie dann oft sehr ausgiebig und affektisoliert über neue körperliche Krankheiten, Schmerzen und deswegen nötige Arztbesuche. Diese Schilderungen empfand ich meist als kaum erträglich, vor allem wegen der darin spürbaren Rat- und Hilflosigkeit der Patientin und ihrer Ärzte. Fragen oder Anmerkungen zu ihren Schilderungen wehrte die Patientin ab. Sie versuchte also sich ihrer Ohnmachtsgefühle projektiv zu entledigen. Stattdessen lud sie mich nach Abschluss der Thematik ›Arztbesuche‹ ein, mit ihr über andere Themen zu sprechen, etwa ödipale Konflikte. In ihrer Partnerschaft zu einem 20 Jahre jüngeren Mann, der genauso alt ist wie ihr Sohn, hat sie unbewusst ihre ödipale Problematik inszeniert. Ihr Partner war jedoch mit 45 immer noch Student, also jemand, mit dem sie sich in ihrer Verleugnung von Zeit und Altern verbünden konnte. Die Trennung von ihm bedeutete nicht nur einen ödipalen Verlust, sondern auch einen Abschied von der gemeinsamen Abwehr von Ohnmacht. Indem die Patientin mich mit ihren starken Ohnmachtsgefühlen projektiv identifizierte, stellte sie mich vor die Frage, ob ich mich mit ihr darauf einließe oder ob sie auch mich zu einer gemeinsamen Verleugnung verführen könne. Eine andere Möglichkeit der gemeinsamen Abwehr von Ohnmachtsgefühlen hätte darin bestanden, ihre körperlichen Erkrankungen als psychosomatische zu interpretieren, als seien sie heilbar, wenn man nur die psychischen Ursachen erkenne und bearbeite. In dieser Therapie kam es der Patientin zugute, dass ich durch meine Erblindung im Umgang mit Ohnmachtsgefühlen einige Erfahrung mitbrachte.

Anstatt Ohnmachtsgefühle in der Gegenübertragung abzuwehren, sollte es dem Behandler gelingen, sie im Sinne des Containing (Bion 1962) zu *halten* und allmählich mit dem Patienten darüber ins Gespräch zu kommen. Die beiden beschriebenen Varianten der Abwehr scheinen Therapeuten jedoch immer wieder dazu einzuladen, sich mit ihren Patienten gegen deren schwer erträgliche Ohnmachtsgefühle zu verbünden. Der Schluss des Märchens, sein Lösungsvorschlag, ist hier eine Mahnung. Es sind die Worte des Gevatters Tod, der zu seinem Patenkind, dem Arzt, sagt: »Hüte dich!«

Literatur

Adler, A. (1912a): Über den nervösen Charakter: Grundzüge einer vergleichenden Individualpsychologie und Psychotherapie. Göttingen (Vandenhoeck & Ruprecht 1997).

Bion, W. (1962): Lernen durch Erfahrung. Frankfurt a. M. 1990 (Suhrkamp).

Dettmering, P. (Hrsg.) (1999): Kinder- und Hausmärchen der Brüder Grimm. Erstdruckfassung 1812–1815. Eschborn (Dietmar Klotz).

Drewermann, E. (1992): Der Herr Gevatter. Der Gevatter Tod. Fundevogel. Olten und Freiburg im Breisgau (Walter-Verlag).

Freud, S. (1916): Gesichtspunkte der Entwicklung und Regression. Ätiologie. XXII Vorlesung zur Einführung in die Psychoanalyse. Gesammelte Werke Bd. 11, Fischer Frankfurt a. M. (Taschenbuch Verlag 1999).

Hosemann, E. (1993): Gegenübertragungsprobleme bei der Psychoanalytischen Behandlung sichtbar körperlich behinderter Patienten. In: Streeck, U. (Hg.) Das Fremde in der Psychoanalyse. München (Verlag J. Pfeifer).

Rademacher, C. (2004): Wer war Jesus? GEO Das Reportage-Magazin 01/2004, S. 136–162. Hamburg (Gruner + Jahr AG).

Die Macht-, Angst- und Ohnmachtsaspekte in Beziehungen und Analysen

Jan Ponesicky

Fragen

Wie geschieht die Macht? Was ist das Wesen der Macht? Wie kann man diesbezügliche soziologische und psychologische Auffassungen auf einen Nenner bringen? Geht es in jeder Beziehung auch um Macht und Einfluss?

Nach Niklas Luhmann (2003) bewirkt die Macht die Selektion des Verhaltens des Gegenübers. Je größer seine Selektionsmöglichkeit ist, d. h. je breiter sein Verhaltensrepertoire, desto mehr Macht muss man ausüben, um ein bestimmtes Verhalten bei ihm zu erreichen. Dort, wo die Macht nicht ausreicht, beginnt die Gewalt.

Luhmann bemängelt, dass sich die Psychologen nicht ausreichend damit beschäftigt hätten, um was man in Beziehungen kämpft und mit welchen psychologischen Mitteln man es tut. Psychoanalytiker könnte zusätzlich noch die unbewusste Motivation interessieren, wie man die Machtposition gewinnt oder wie man in die unterlegene Position gerät. Wie sehen die verschiedenen Formen und weitere Schicksale des diesbezüglichen Kampfes aus? Dauert die Auseinandersetzung offen oder unterschwellig weiter an? Wird explizit oder nonverbal weiter verhandelt? Welche Bedeutungen, Interaktionen oder Themen werden zugelassen? Wer behauptet sich und wer fügt sich? Wird in Therapien über die gegenseitige Einflussnahme gesprochen? Wie sehen die Kompromisse, Waffenstillstände oder Friedensabkommen aus? Handelt es sich dabei um Vermeidung oder Verschleierung der Meinungsdifferenzen, d. h. um beiderseitigen Widerstand?

Auch in der psychoanalytischen Interaktion wechseln ständig – meist nonverbal – die Zeichen der Zustimmung und der Kritik des Therapeuten, je nachdem, wie die Welt des Klienten zu der eigenen Denk- und Gefühlsidentität passt. Zu dem letzten Begriff meint Rainer Krause (1998), dass z. B. der dominante Affekt des Analytikers darüber entscheidet, wie er interpretiert und durch seine Stimmungslage in der Fähigkeit, sich in die andersartige Gefühlswelt des Patienten einzufühlen, limitiert wird.

Worum wird gekämpft oder wozu braucht man die Macht? – Bei der Antwort auf diese erste Frage geht es um Selbstbehauptung im weitesten Sinne. Sie hat zwei Aspekte: Beabsichtigt sind einerseits die Befriedigung eigener Bedürfnisse, das Beharren auf der eigenen Selbstauffassung und Lebensführung, die Aufrechterhaltung der eigenen Wahrnehmungs- und Denkidentität. Dazu gehört andererseits das Streben, die Kontrolle über den Beziehungsablauf zu behalten, mehr Macht als das Gegenüber zu gewinnen, damit man sich selbst nicht hilflos, ohnmächtig oder ausgeliefert erlebt. Das ist die wichtige Kehrseite: Ängste, Unsicherheiten, Scham- und Schuldgefühle sowie Retraumatisierungen müssen mit aller Macht ausgeschlossen werden.

Diese beiden Aspekte der Selbstbehauptung zeigen sich bereits auf der Ebene angeborener Motivationen und Ängste, als Verteidigung des eigenen Territoriums oder als Angst vor dem Unbekannten, dem Fremden, als Xenophobie. Das individuelle Überleben wird gesichert durch das Übergewicht des emotionell Positiven. Gekämpft wird also um das Gute, das muss herein, und gegen das Schlechte, das muss heraus: projiziert, abgespalten, später verdrängt. Dieses früheste Coping – später der Hintergrund vieler Abwehrmechanismen und Ich-Funktionen – wird auf reiferen Entwicklungsstufen fortgesetzt: Dann geht es um die Aufrechterhaltung der eigenen Selbstauffassung, um die Verteidigung der eigenen Grenze, Identität, um Selbstachtung und Selbstverwirklichung, um die Angst das alles zu verlieren, z. B. infolge einer traumatisierenden Penetration oder Abwertung.

Die zweite Frage lautet: Mit welchen Mitteln gewinnt man die Macht oder mit welchen Mitteln wendet man eine potentielle Ohnmacht ab. Möglicherweise beeinflusst auch die Art der Bedrohung und der Angst die Strategie der Machtausübung.

Das wäre die *erste These*. Die *zweite These* lautet: So wie mit einem umgegangen worden ist, geht man meist auch mit sich selbst und mit den anderen um – das betrifft auch die Machtausübung.

In meiner *dritten These* gehe ich davon aus, dass derjenige Macht hat, der dem anderen etwas geben oder nehmen kann. Gegenüber einem frühgestörten Patienten wäre dann derjenige mächtig, der über seine Stabilität verfügen (sie unterstützen oder untergraben) kann, und gegenüber einem Neurotiker wäre jemand mächtig, der entscheidenden Einfluss auf seine Beziehungen hat (versprechen, verführen und fallenlassen).

Die Macht und Ohnmacht des frühgestörten Patienten

Alle Ängste sind in der letzten Instanz physische oder psychische Vernichtungsängste, die durch äußere oder innere Situationen hervorgerufen werden. Auf diesem Hintergrund kann man sowohl alle Vorstellungen über den Ursprung der Angst, als auch über deren Dynamik systematisieren. In Anlehnung an die erste Freud'sche Angsttheorie entwerfe ich folgendes Szenario: Unter dem Ansturm der Es- oder Über-Ich-Impulse, aktiviert durch eine äußerst aufwühlende auslösende Situation, könnte die Selbstkohärenz, Selbstabgrenzung oder Ich-Steuerung verloren gehen und die organisierende Wahrnehmungsfähigkeit sowie die innere Verarbeitungskapazität dekompensieren. Auf diese Weise beschreiben lassen sich die Ängste vor Fragmentierung, vor Verlust der Abgrenzung und Auflösung des Selbst in der Psychose, genauso wie die Geburts- und Todesangst oder die Angst vor der strukturellen Beschädigung in Folge psychischer Traumatisierung. Eine gewisse Ähnlichkeit stellen die existenziellen Ängste in einer Mobbingsituation dar, in der die Selbstwertgefühle und Persönlichkeitsrechte des Opfers in Frage gestellt werden.

Man kann nun schlussfolgern, dass gerade die frühgestörten Patienten mit noch instabiler Persönlichkeitsstruktur unter Selbstverlustängsten leiden. Bei ihnen dient das Machtstreben der eigenen Stabilisierung, der Bestätigung der eigenen »Strukturidentität« – in Abhebung von Wahrnehmungs- und Denkidentität. Das Machtstreben von Menschen mit niedrigem Strukturniveau (Kernberg 1981) wird von ihrer Umgebung meist nicht toleriert, zumal sie sich massiver Manipulation ausgesetzt sieht. Der Strukturschwache benutzt einen anderen Menschen nicht nur als bedürfnisbefriedigendes Selbstobjekt, sondern gleichzeitig als stabilisierendes Teilobjekt. Die Entwicklung der Persönlichkeitsstruktur ist in einem früheren Stadium stecken geblieben, wichtige Beziehungserfahrungen fehlen, deshalb wird der andere sofort in Anspruch genommen. Als eine Folge der manipulativen Praxis büßt die Sprache z. T. ihren symbolischen Kommunikationscharakter ein und nähert sich dadurch der asymbolischen Handlung. Sie wird verbunden mit Druck, körperlicher Drohung oder sogar mit Traumatisierung.

Welche psychologischen Mittel verwendet der frühgestörte Täter, um seine typische Teilobjektbeziehung zu sichern, und umgekehrt: Wie kann sich das Opfer eines frühgestörten Täters schützen; wie kann es ihn seinerseits manipulieren oder sogar hilflos machen?

Die Abwehr bei frühgestörten Patienten ist interpersoneller Natur, das Gegenüber wird – zur Sicherung der eigenen Stabilität – entweder als gut oder als schlecht dargestellt, aufgewertet oder abgewertet. Das Idealisierungsangebot oder die projektive Identifikation des Bösen und Abgewehrten übt eine starke Wirkung aus.

Die bedürfnisbefriedigende Teilobjektbeziehung bedeutet gleichzeitig Austauschbarkeit. Möchte das Gegenüber die Beziehung aufrechterhalten, ist es zu komplementärem Verhalten gezwungen. Die Drohung des Beziehungsabbruches oder die traumatische Penetration induzieren Angst vor dem Verlust der Abgrenzung, der eigenen Individualität und Identität. Das Opfer spürt, dass der Täter so handeln muss, damit er nicht dekompensiert, spürt die eigene Ohnmacht, weil es keine andere Wahl hat, als sich das gefallen zu lassen oder sich zu trennen. Das Opfer spürt nur selten die eigene Macht, nämlich das der Täter von seinem passenden Verhalten abhängig ist. Der Unterschied zwischen der Macht des Täters und der Macht des Opfers liegt darin, dass der Täter dem Opfer ein komplementäres, seinem Ich fremdes Beziehungsverhalten aufzwingt, wogegen das Opfer nur die Macht hat, das Ich-syntone Verhalten des Täters durch die eigene Mittäterschaft zu perpetuieren und dadurch die Beziehung aufrecht zu halten oder sich zu trennen, was gefährlich werden kann.

Die Persönlichkeitsstruktur des Frühgestörten ist noch interpersoneller Natur und daher sehr anfällig – umso mehr muss er über den anderen totale Kontrolle und Macht haben.

Die Macht und Ohnmacht des Borderline-Charkaktertypus und des Narzissten

Wenn ein Mensch mit Borderline-Syndrom in einem Konflikt der Sieger sein will oder meint siegen zu müssen, um seelisch zu überleben, weil die einzige andere Alternative heißt alles zu verlieren, wenn diese Alternativen mit Sein oder Nicht-Sein verknüpft sind, dann wird das Gegenüber alles daran setzen, der Täter zu werden, damit es nicht in die Opferrolle gerät. – Das lässt sich nicht nur in einem Borderline-Milieu beobachten, das passiert auch dem gesunden Therapeuten, auf dem Wege projektiver Identifikation. Andererseits droht die Struktur der Borderline-Patienten durch Zuwendung – in der Therapie durch Nähe und in Regression führende Deutungen – zu dekompensieren. Er zieht die Sprache der Stärke vor, die stabilisiert seine Struktur – die Angst vor dem Stärkeren ist ihm vertraut, dort ist er sogar bereit sich unterzuordnen – als die zweitbeste Möglichkeit nach dem Sieg.

Auf eine ähnliche Art und Weise hat der Narzisst bei seiner Selbstwertregulation nur zwei extreme Möglichkeiten: entweder wertvoll oder wertlos zu werden. Aufwertung geschieht häufig auf Kosten der Abwertung anderer; Macht soll jedwede Kritik im Keim ersticken. Der andere soll als bedürfnisbefriedigende Verlängerung der eigenen Person dienen, insofern wird er emotionell nicht als ein Individuum mit eigenen Wünschen und Rechten wahrgenommen. Hier besteht für den kooperativen Therapeuten, der sich dem Patienten zur Verfügung stellt, die Gefahr mitzuagieren und dadurch den narzisstischen Beziehungsmodus zu verstärken.

Außer den zwei allgemein bekannten Extremen – dem des Kampfes um die dominante Gestaltung der beiderseitigen Beziehung und dem der einseitigen Etablierung einer narzisstischen Konstellation – kommt es gerade in der Psychotherapie häufig zu einem Waffenstillstand. Der wird oft nonverbal ausgehandelt und hat verschiedene Formen.

Therapeut und Patient können sich beispielsweise darauf einigen, dass niemand abgewertet oder aufgewertet wird, und das Thema auf Eis legen. Die narzisstische Thematik wird auch dann ausgeklammert, wenn durch eine bestimmte Interaktion (Kollusion) beide Seiten ihre Bedürfnisse erfüllen. So erzählte eine junge Kollegin während einer Supervision, wie sie von ihrer Patientin immer mehr in Anspruch genommen wurde, ohne Rücksicht auf ihre Privatsphäre: Sie rief sie jederzeit an, mal kam sie, mal wieder nicht, ohne sich zu entschuldigen. Auf der anderen Seite sei sie so dankbar gewesen und habe beteuert, dass die Beschwerden viel weniger würden, seit sie die Therapie begonnen hätte. Die Therapeutin duldete es, weil sie aufgrund ihrer Persönlichkeitsstruktur direkte Auseinandersetzungen zu meiden pflegte; Harmonie und Dankbarkeit waren für sie von hohem Stellenwert.

Ohnmacht empfindet der Narzisst durch die Kündigung der Bewunderung, durch Trennung oder Demonstration der Macht mit gleichzeitiger Verfügung über sein Scheitern. Noch mehr gerät er in die Krise, wenn aus dem Selbstobjekt – was immer eine Wunschphantasie ist – ein reales lebendiges Objekt wird, d. h. ein Mensch, der sich seiner Verletzlichkeit und seiner Rechte bewusst wird. Das Problem kommt auch in Analysen vor, wenn der Therapeut aufhört (nur) ein Spiegel zu sein und sein natürliches Selbstwertgefühl und seine Selbstachtung in dem therapeutischen Austausch interaktionell »selektiv authentisch und dosiert« (Heigl & Heigl-Evers, 1997) einfließen lässt.

Die Macht und Ohnmacht des Neurotikers

In der zweiten Angsttheorie ist es nicht die Stärke der Impulse bzw. die

Schwäche der Ich-Selbst-Struktur, die zu deren Dekompensation führt, sondern die Verbindung der Impulse mit Trennungsdrohungen, Schuldzuweisungen, mit Angst- und Schamgefühlen. Diese Verbindung weckt Erinnerungen an die kindliche Situation, die nicht ertragen werden konnte. Damals gab man dem schwachen Selbst sozusagen die Chance, die Dekompensation zu vermeiden, wenn es die vernichtende Angst in der bedrohlichen Situation mit den verbotenen, verpönten Impulsen verbunden und infolgedessen diese verdrängt hat – d. h. ein Teil des Lebens wird zugunsten der Harmonie nicht gelebt. Die Trennung oder auch die Strafen der Eltern bargen in sich die Möglichkeit des Nicht-Überlebens, was mithilfe einer phobischen Verschiebung auf Impulse und die dazu gehörigen Gefühle gemieden wurde. Es bleibt die Angst vor der Reinszenierung der ursprünglichen kindlichen Situation. Im Unterschied zur Struktur (Strukturstörungen, Strukturmotivationen, Strukturerhaltung, s. o.) geht es hier vielmehr um die Funktion, Funktionsstörungen in der Beziehung zur Umwelt, um die Mitmenschlichkeit an sich, wo sowohl Sicherheit als auch Abenteuer gelebt werden (Mitchell 2002). Es handelt sich also um soziale Motivationen, d. h. um die Abstimmung der individuellen und sozialen (beziehungsmäßigen, familiären usw.) Interessen ohne schwerwiegende Konflikte, Frustrationen oder Trennungen.

Auch der Neurotiker übt Macht auf die Art und Weise aus, wie man ihn früher manipuliert hat. Dabei liegt ihm nichts daran, das Gegenüber – oder die Beziehung zu ihm – einzuverleiben und die Individualität des anderen zu negieren, sondern im Gegenteil bemüht er sich darum, eine bestimmte Beziehung auf seine Weise zu etablieren, ihn dazu zu verführen, freilich mit der Möglichkeit, ihn wieder fallen zu lassen. Das Gegenüber wird in die regressive Wunschposition gelockt und es wird mittels Versprechungen und Drohungen mit ihm gespielt. Dadurch soll eine bestimmte Art der gegenseitigen Bezogenheit erreicht werden.

Fragt man nun wieder nach Mitteln und Wegen, der Macht des Neurotikers zu entkommen, so lässt sich wieder jeder Strategie des Machterwerbs eine entsprechende Empfindlichkeit und Ohnmacht zuordnen. So beherrscht man den Depressiven durch Zuwendung, Erweckung der Hoffnung auf liebevolle Beziehung, im Wechsel mit Demütigungen und Trennungsdrohungen. Den zwanghaften Patienten, der vor allem für sein seelisches Gleichgewicht feste Ordnung benötigt, beherrscht man durch autoritäres Gehabe. Man erweckt Angst vor Willkür, bietet gleichzeitig Schutz dagegen und gelegentlich auch die Befriedigung der verbotenen Impulse. So duckt sich ein Hauptmann oder Beamter vor dem Vorgesetzten, der gleichzeitig die Misshandlungen anderer Untergeordneter duldet. Macht über den Hysteriker gewinnt man, z. B. durch Versprechungen, nur dann, wenn man über deren Erfolg oder Scheitern verfügt.

Der betroffene Neurotiker versucht natürlich auch seine mühsam erreichte Homöostase zu retten, d. h. sich nicht mit den abgewehrten, beunruhigenden Selbstanteilen konfrontieren zu lassen. Er ist bemüht – und das betrifft alle Persönlichkeitsstrukturen – »den Spieß umzudrehen« und glaubt, er schützt sich am besten, wenn er sich auf der anderen Seite der Barrikade befindet: So könne sich die neurosogene Situation nicht wiederholen.

Ein Mensch mit einer depressiven Grundstruktur tut in einer Beziehung alles (d. h. benutzt seine Macht) um akzeptiert, gemocht zu werden und um eine Ablehnung, Liebesentzug zu verhindern. Dem Zwangsneurotiker geht es darum seine analen, sadistischen und dominierenden Tendenzen unter dem Mantel der Kontrolle und Ordnung zu realisieren; gleichzeitig verhindert er dadurch in seinem Umfeld Spontaneität und muss nicht befürchten, dass er emotionell außer Kontrolle gerät. Der Hysteriker sichert seine Beziehung durch Eindruck und emotionelle Manipulation, durch die Steigerung der eigenen Attraktivität, des Imponiergehabes. Seine Befürchtung ist, dass er in der Konkurrenzsituation seinen Einfluss verliert oder sogar kastriert wird. Hier ist zu betonten, dass nicht nur Männlichkeit, sondern auch die Weiblichkeit kastriert werden kann, und: Beide Geschlechter beneiden – oder, im günstigen Falle: schätzen – die Vorteile des anderen Genders.

Machtausübung zwischen den Geschlechtern

Quer durch alle Entwicklungsstörungen und neurotischen Strukturen zeichnet sich das Bemühen beider Geschlechter ab, die gegenseitige Beziehung mit verschiedenen Machtmitteln unter Kontrolle zu halten, damit keine Schwachstellen entlarvt und gegen die eigene Person ausgenutzt werden. Es geht um die Stärkung der eigenen Position, die lebensgeschichtlich auf die Beziehungserfahrung mit der Mutter zurückzuführen ist. In der Konkurrenz – wer steht der Mutter näher – die den Hintergrund des Streites der feministischen oder maskulinen Gender-Theorien nach Rohde-Dachser (1989) bildet – haben die Töchter und die Söhne meiner Meinung nach etwa gleichwertige Vor- und Nachteile: Die Frau genießt durch die gegenseitige Identifizierung mit der Mutter ihre ungebrochene weibliche Identität, die Männer ihre ungebrochene sichere Beziehung zur Mutter – auch nach der ödipalen Phase, ja sogar verstärkt durch den erotischen Anteil.

Spiegelbildlich ist es mit den Ängsten: Bei den Männern, die einst während der symbiotischen Phase mit der Mutter identifiziert waren, geht es um den Männlichkeitsbeweis bzw. um die Angst vor Verweiblichung. Deshalb wollen sie vor allem herrschen. Bei den Frauen, die sich in der ödipalen Phase zum Vater gewendet haben und trotzdem die Zuwendung der Mutter nicht missen wollen, geht es um die Sicherung beider Elternbeziehungen; dadurch hat die Beziehung ihre selbstverständliche Jungfräulichkeit eingebüßt und wird deshalb wichtiger. Es werden mannigfaltige, mitunter raffinierte Strategien entwickelt, der Partner wird umgarnt oder emotionell unter Druck gesetzt und die Beziehung auf diese Art und Weise gesichert.

Das Machtmittel der Frau heißt: sich öffnen und sich wieder verschließen, dem Mann seine Männlichkeit oder sein Versagen erleben lassen. Der Mann manipuliert die Frau wiederum durch die Aufkündigung der (emotionellen) Kommunikation bis zur traumatischen Überschreitung des in Beziehungen noch Erträglichen (Ponesicky 2003).

Machtausübung in der Therapie

Allgemein geht es bei der Machtausübung um das Hervorrufen gewünschter Reaktionen. Beide Partner wollen einerseits ihre Selbst- und Weltauffassung durchsetzen und andererseits auch ein neues duales System herstellen, mit der dazugehörigen Tendenz zur Kongruenz. Aus dieser Perspektive kann man sehr gut die Dynamik des Widerstandes und Gegenwiderstandes beschreiben.

Viele Autoren beschränken sich darauf, dass sie die Auseinandersetzungen um die unterschiedlichen Bedeutungen dessen beschreiben, was der Patient in die Analyse bringt, was er zeigt, erzählt, wie er sich verhält. Hier besteht der Widerstand und Gegenwiderstand darin, dass man sich auf eine Bedeutung nicht einigen kann oder sich auf eine solche Bedeutung einigt, die vorwiegend die Aufgabe hat, eine für beide gefährliche Bedeutung zu verschleiern.

Wie schon am Anfang erwähnt gibt es erheblich mehr, um was man mithilfe der Macht und des Einflusses kämpft (nicht nur Meinungs- und Bedeutungsunterschiede), beispielsweise: Wie werden Nähe und Distanz etabliert, das Professionelle und das Persönliche geregelt, wer zeigt mehr Interesse füreinander, wer entscheidet über das richtige Verhalten beider Teilnehmer, wer investiert mehr Arbeit, wer ist für den Verlauf und Ausgang der Therapie verantwortlich? Wenn derjenige mehr Macht hat, der etwas Wichtiges geben oder nehmen, verweigern kann, wie sieht es in dieser Hinsicht zwischen dem Patienten und dem Therapeuten aus? Ich denke, dass beide –

wie in jeder Beziehung – auf das Gleichgewicht genau achten.

Das Problem liegt darin, dass oft beide Teilnehmer denken, dass der Therapeut der Gebende ist, wofür er als Gegenleistung Geld bekommt. Ein entsprechendes Honorar ist natürlich wichtig; ich nehme aber doch an, dass ungeachtet dessen beide darauf achten, wie viel sie geben, und was sie dafür bekommen. Auch hier kann es zu vielen Missverständnissen, also zum Widerstand und zur Stagnation kommen. Der Patient möchte z. B. mehr Zuwendung, mehr Zeit, private Beziehung, hilfreiche Ratschläge und rasche Beseitigung der Symptome. Der Therapeut meint, das sind zu hohe Ansprüche, noch dazu auf dem Hintergrund der Tatsache, dass der Patient nicht genug Mühe investiert, sich nicht offen anvertraut und sich nicht genügend bemüht, seine Hemmungen und Ängste zu überwinden. Abgesehen davon fühlt sich der Analytiker vielleicht nicht genug geachtet, seine Arbeit wird kaum gesehen und gewürdigt. Der Widerstand kann die Form des Kampfes annehmen, der Patient streikt, schweigt, kastriert den Therapeuten in seinem beruflichen Ehrgeiz, die entstandene Ohnmacht soll ihn zum Einlenken bringen. Der Therapeut versucht das Gleiche mithilfe seiner fachlichen Überlegenheit. Er ist bereit, mehr Zuwendung zu geben, wenn er mehr (Be-) achtung bekommt. Das erweist ihm allerdings der Patient erst dann, wenn er vorher die gewünschte Aufmerksamkeit erhält. Es kann eine anale Lust am Besiegen des anderen Überhand nehmen.

Machtkampf und Ohnmacht stellen sich oft dann ein, wenn die Lebens- und Therapieauffassungen so differieren, dass kein gemeinsames Verständnis entsteht. Der Patient bemüht sich vergeblich um die Einfühlung des Therapeuten, wenn dieser in sich selbst keinen genügenden Raum für die Problematik des Patienten findet oder sich selbst blockiert. (Es kommt sogar vor, dass er den Therapeuten auf eine falsche Spur bringt und testet, ob er sich blenden lässt.) Der daraus resultierende Widerstand des Patienten entsteht auch dann, wenn der Therapeut nicht seine psycho-soziale Lage berücksichtigt, z. B. die Tatsache, dass die Umsetzung der gewonnenen Einsichten den Patienten aufgrund der etablierten Rollen anderer Familienmitglieder in eine unlösbare Krise katapultieren würde. Denn eigentlich liegt dem Erfolg der psychoanalytischen Therapie die Übertragbarkeit der neuen Beziehungserfahrungen auf andere Menschen zugrunde (Ponesicky 2004).

Kooperation

Eine positive Alternative der unausgesprochenen, weil oft unbewussten

Kämpfe darum, wer was von dem anderen will, wäre ein fruchtbarer Austausch. Wenn zwei oder mehrere Menschen gemeinsam etwas erreichen wollen, ist eine Kompromisslösung nötig, die Toleranz und Einfühlung in die Position des anderen voraussetzt – was weit schwieriger zu erreichen ist, als wenn einer entscheidet und der andere sich fügt. Im Unterschied zu Kant'-schen allgemeingültigen Imperativen handelt es sich um eine dialogische und individuelle Ethik.

In einer Paarbeziehung erfordert eine gleichberechtigte und emotionell lebendige partnerschaftliche Beziehung ständige Arbeit, z. B. die Berücksichtigung der Individualität, der Andersartigkeit, der geschlechtlichen Befindlichkeit des jeweiligen anderen. Die Resignation gegenüber dieser lebenslangen Aufgabe, bei der es auch um Machtgleichgewicht und um Verzicht geht, kann zu einer einfachen regressiven Lösung und Einigung führen, z. B. mit Absprachen, wer was entscheidet, wer sich wann anpasst. In der Analyse hängt die psychotherapeutische Veränderung davon ab, ob der Therapeut bereit ist mit dem Patienten immer wieder neu zu verhandeln, wie was von beiden verstanden und empfunden wird. Eine wichtige Frage lautet, ob eine Krise des Selbstverständnisses von beiden Seiten zugelassen und gemeinsam überwunden werden muss. Dabei geht es nicht nur um die Erweiterung des eigenen Erlebens um die Sicht des anderen, sondern auch um die Auseinandersetzung mit den unbewussten Aspekten der eigenen Person, die in der Interaktion berührt wurden. Beides lockert die bisherige Beziehungsstruktur auf und ermöglicht eine neue Erfahrung, eine authentische Begegnung. Auf diesem Hintergrund wäre der Kampf um Macht und Einfluss nur die zweitbeste Lösung in Bezug auf die eingangs erwähnte Selbstbehauptung, nämlich das regressive Ersatzstreben, dem anderen etwas aufzuzwingen oder abzuringen, wenn das, was man braucht, nicht freiwillig durch Kooperation zustande kommt. Macht, die dazu dient, den Status quo zu zementieren – sowohl intrapsychisch als auch interpersonell – führt zur Stagnation und verhindert eine gesunde Entwicklung.

Literatur

Heigl-Evers, A.; Heigl, F.; Ott, J.; Rüger, U. (1997): Lehrbuch der Psychotherapie. Ulm (Fischer).

Kernberg, O. (1981): Objektbeziehungen und Praxis der Psychoanalyse. Stuttgart (Klett-Cotta).

Krause, R. (1998): Allgemeine psychoanalytische Krankheitslehre. Stuttgart

(Kohlhammer).

Luhmann, N. (2003): Macht. 3. Auflage. Stuttgart (Lucius & Lucius).

Mitchell, S. A. (2202): Can love last?. New York (W.W. Norton & Company). Dt: (2004): Kann denn Liebe ewig sein. Gießen (Psychosozial-Verlag).

Ponesicky, J. (2003): Fenomen zenstvi a muzstvi. (Das Phänomen der Weiblichkeit und der Männlichkeit). Praha (Triton).

Ponesicky, J. (2004): Neurosy, psychosomatická onemocneni a psychotherapie. Praha (Triton).

Rohde-Dachser, Ch. (1989): Unbewusste Phantasie und Mythenbildung in psychoanalytischen Theorien über die Differenz der Geschlechter. In: Psyche 43, S. 193–218.

Macht als produktive Disziplin – die Bedeutung des Machtbegriffs von Luhmann und Foucault für die Psychoanalyse

Ilka Quindeau

Die Theorien von Niklas Luhmann und Michel Foucault stellen nach wie vor eine Herausforderung für psychoanalytisches Denken dar. Auf den ersten Blick scheinen insbesondere die Konzeptionen vom Subjekt solch unüberbrückbare Differenzen aufzuweisen, dass eine nähere Beschäftigung wenig lohnend erscheint. Die kritischen Anfragen an die Psychoanalyse verhallen so weitgehend ungehört und finden keine Aufnahme in die psychoanalytische Theoriebildung. Doch so sehr diese Theorien zunächst auch unvereinbar mit psychoanalytischem Denken erscheinen, bieten sie die hervorragende Gelegenheit, die analytische Situation, die Inszenierungen von Übertragung und Gegenübertragung, einmal aus ungewohnter Perspektive zu betrachten und vielleicht zu neuen Einsichten über diesen Prozess zu kommen. Diesen ungewohnten, fremden Blick möchte ich am Beispiel des Begriffs der Macht vorstellen.

Im psychoanalytischen Diskurs wird zumeist ein alltagssprachlicher Machtbegriff verwendet, der im Wesentlichen eine negative Konnotation besitzt und synonym für Unterdrückung, Gewalt und Zwang steht. Demgegenüber scheint – im Anschluss an soziologische Theorien – eine Unterscheidung sinnvoll, die Macht und Gewalt oder Zwang voneinander differenziert. Gewalt und Zwang wären demnach soziale Phänomene, die gerade durch den Verlust von Macht gekennzeichnet sind. Was kann nun als Macht bezeichnet werden?

Zur Klärung des Machtbegriffs werde ich zunächst das klassische, juridische Verständnis von Macht vorstellen, das Macht als soziales Handeln, als Verhältnis von Machthabern und Machtunterdrückten konzipiert. Daran schließen sich Theorien von Luhmann und Foucault an, die die elaboriertesten Machttheorien in der Soziologie vorgelegt haben. In diesen Theorien wird das Konzept der Macht von den beteiligten Personen gelöst und danach gefragt, wie Macht als soziales Phänomen unabhängig von den Absichten der einzelnen Akteure entsteht. Diese nichtpersonalen Machtkonzeptionen halte ich – nur scheinbar paradox – für besonders konstruktiv im Hinblick auf das Verständnis des psychoanalytischen

Prozesses. Sie öffnen den Blick für die unsichtbaren, verborgenen Strukturen und Mechanismen der Macht, die sich dem handelnden Subjekt entziehen und zugleich das Handeln, die bewussten und unbewussten Intentionen von Grund auf beeinflussen. Damit machen einen diese Theorien aufmerksam auf die konstitutive, unhintergehbare gesellschaftliche Strukturiertheit der analytischen Beziehung. Mit anderen Worten: Gesellschaftliche Strukturen bilden nicht nur den Rahmen, innerhalb dessen sich die analytische Beziehung mit ihrem spezifischen Eigensinn entfalten kann, sondern auch dieser Eigensinn, das genuin Psychoanalytische, die Arbeit mit dem Unbewussten, ist zutiefst von gesellschaftlichen Strukturen durchdrungen. Das mag vielleicht als Binsenweisheit erscheinen, ist es aber keineswegs. Denn immer wieder erscheinen die psychische und die materielle Realität im psychoanalytischen Diskurs als Gegensatzpaar, das zwei verschiedene Dimensionen menschlicher Existenz bezeichnet, die mehr oder weniger nebeneinander bestehen und gerade nicht von Grund auf aufeinander bezogen sind. Mit den Theorien von Luhmann und Foucault gelingt es hingegen, eine Vorstellung gerade der unsichtbaren Machtstrukturen zu gewinnen, die sich im psychoanalytischen Prozess – gleichsam hinter dem Rücken der Akteure – niederschlagen. In ihrer Bewusstmachung und Reflexion sehe ich eine wesentliche Aufgabe der analytischen Arbeit, damit die Macht nicht in Repression umschlägt, sondern im Gegenteil zu einer Ermächtigung des Patienten und der Patientin beiträgt.

Zur Kritik am klassischen, juridischen Machtbegriff

Der juridische Machtbegriff hat das Alltagsverständnis von Macht am meisten beeinflusst; er bezeichnet ein Verhältnis von Machthabern und -unterdrückten, von Mächtigen und Ohnmächtigen. Macht gilt zumeist als Eigenschaft, als Ressource, über die Einzelne oder bestimmte Gruppen verfügen und andere nicht. Das Phänomen der Macht ist somit an soziale Akteure – an individuelle oder kollektive Akteure – gekoppelt.

In der Soziologie wurde die juridische Auffassung von Macht als Kontrolle insbesondere durch Max Weber prominent: »Macht bedeutet jede Chance, innerhalb einer sozialen Beziehung den eigenen Willen auch gegen Widerstreben durchzusetzen, gleichviel, worauf diese Chance beruht« (Weber 1922, S. 38). Eine Machtbeziehung ist nach Weber nicht durch die freiwillige Zustimmung des Machtunterworfenen, sondern durch Drohung, Nötigung, Täuschung usw. gekennzeichnet. Bei dieser Machtkonzeption geht es nun nicht nur darum, dass ein Akteur A sich mit seiner Machtposition, etwa bei Verteilungsfragen, größere Vorteile gegen-über Akteur B sichert. Entscheidend ist vielmehr, dass Akteur A auf bestimmte Weise für das Zustandekommen der Einwilligung von Akteur B zu dieser Verteilung verantwortlich ist: Die Machtposition des Akteurs A ermöglicht die Kontrolle über Akteur B.

Wenn man diese Überlegung auf Prozesse in der analytischen Beziehung überträgt, lassen sich in der Interaktion zwischen AnalytikerIn und PatientIn eine Reihe dieser Kontrollmomente ausfindig machen. Besonders offensichtlich betrifft dies Fragen des so genannten Rahmens der analytischen Behandlung. Wie etwa das ichpsychologische Konzept des Arbeitsbündnisses von Greenson (1967) vorsieht, sind solche Fragen nicht Gegenstand der analytischen Arbeit. Der Rahmen gilt vielmehr als deren Voraussetzung, er wird von der AnalytikerIn gesetzt und nicht als Teil des Prozesses ausgehandelt. Auf diese Weise gehen nach meiner Einschätzung unbemerkt – oder zumindest unausgesprochen – Momente der Kontrolle in die analytische Beziehung ein. Daran entzünden sich dann nicht selten Konflikte, wie etwa Auseinandersetzungen um Ausfallstunden, Ferienregelungen, Terminvergabe etc. Meines Erachtens ist es von zentraler Bedeutung, diese Konflikte nicht nur auf der Ebene psychischer Realität bzw. als Manifestation von Übertragung und Gegenübertragung zu betrachten, sondern auch die faktisch ungleich verteilte Macht mitzureflektieren und gemeinsam mit dem Patienten oder der Patientin nach ihrer Bedeutung für den analytischen Prozess zu fragen. Machtdimensionen in der analytischen Beziehung finden sich nicht nur beim so genannten Rahmen, sondern eben-so in der Übertragung. So lassen sich spezifische Beziehungsfiguren von Übertragung und Gegenübertragung anführen, in denen sich Machtkämp-fe zwischen AnalytikerIn und AnalysandIn inszenieren, hartnäckiges Schweigen ebenso wie pausenloses Reden können etwa solche anal gepräg-ten Ausdrucksgestalten sein.

Das klassische, juridische Machtkonzept, das Macht als Beziehung von Herrschern und Beherrschten betrachtet, erscheint insgesamt jedoch verkürzt und somit wenig angemessen zur Beschreibung der Machtdi-mension in der analytischen Beziehung. Problematisch ist insbesondere die Vorstellung eines »Widerstrebens« in der Weber'schen Definition (der eigene Wille wird gegen das Widerstreben des anderen durchgesetzt), da dies voraussetzt, dass die Akteure auf beiden Seiten, die Machthaber sowie die Machtunterworfenen, jeweils gegenseitig über die Ziele und Absich-ten des anderen informiert sind. Dass diese Voraussetzung gerade im Fall von Machtverhältnissen nicht haltbar ist, lässt sich beispielsweise anhand des Problems der doppelten Kontingenz zeigen, das ich später im Rahmen der systemtheoretischen Machtkonzeption ausführen werde. Mit Foucault (1974) kann darüber hinaus gegen Webers Definition argumentiert werden, dass der Wille des einen und das Widerstreben des anderen nicht die Voraussetzung von Machtverhältnissen darstellt, wie Weber dies annimmt, sondern vielmehr als Produkt von Macht erscheint, das heißt: die Macht formt den Willen und damit auch das Widerstreben.

Aus psychoanalytischer Perspektive stellt sich die Frage des eigenen Willens noch einmal problematischer und komplexer dar, da die unbewussten Absichten und Wünsche miteinbezogen werden müssen. Das Konzept des Willens kann somit nicht auf das reduziert werden, was ein Akteur dafür hält. So ist für einen Akteur nicht nur der Wille des anderen kaum zureichend feststellbar, sondern auch die eigenen Absichten sind dem Bewusstsein nur teilweise zugänglich. Für die empirische Überprüfung – gerade auch im Falle der analytischen Beziehung – stellt sich schließlich bei Webers Definition auch die Frage, wie Macht im Falle eines erfolglosen Widerstrebens des Machtunterworfenen verifiziert werden kann. Wie kann ein solches erfolgloses Widerstreben ausfindig gemacht werden, zumal ein vollständig unterbliebenes Widerstreben – etwa im Falle seiner antizipierten Aussichtslosigkeit – geradezu als Merkmal immenser Machtfülle verstanden werden kann? Auch diese Situation ist aus der alltäglichen analytischen Arbeit bekannt; so etwa wenn PatientInnen gegen die Rahmenbedingungen gar nicht erst aufbegehren, sondern sich ihnen stumm unterwerfen und erst im Fortgang der Analyse ihren Groll darüber spüren und thematisieren. Oder umgekehrt kann die Machtposition auch auf Seiten der Patienten liegen: Da zeigt sich die Macht, die Kontrolle, die der Patient oder die Patientin ausübt, etwa am unbewussten Mitagieren der AnalytikerIn. Dieses ist häufig nicht gleich als solches erkennbar – in solchen Fällen ist kein Widerstreben spürbar, sondern erweist sich manchmal erst längere Zeit später als Agieren. Eine offene Frage wäre in diesem Zusammenhang auch, ob über das Agieren hinaus nicht auch allgemein die Gegenübertragung als Ausdruck der Macht der PatientIn verstanden werden kann.

Das problematische Konzept des Widerstrebens verdeutlicht folgende Paradoxie, die als wesentliches Merkmal von Macht gelten kann: Je perfekter die Macht, desto weniger ist sie zu verifizieren, ausfindig zu machen. Und umgekehrt gilt: Je ohnmächtiger die Macht (d. h. je größer der Spielraum möglichen Widerstrebens), desto eher ist sie zu verifizieren. Das zentrale Merkmal der Macht liegt damit in ihrer Verdecktheit, je weniger sie zu spüren ist, desto wirksamer ist sie (Foucault 1977, 1978b).

Zur Machtkonzeption Luhmanns

Die Beschränkungen und Aporien des Weber'schen Machtbegriffs vermeidet die Machttheorie von Niklas Luhmann (1975), die wohl nach wie vor als die elaborierteste soziologische Machttheorie gilt. Ich beziehe mich mit meinen Überlegungen auf eine Theorie, die vor der so genannte »autopoietischen Wende« konzipiert wurde, bei der Luhmann mit seinem Werk *Soziale Systeme* (1984) seine Theorie bekanntlich in wesentlichen Teilen umstrukturierte. Der Bezug auf die frühere Theorie scheint mir jedoch gerade im Fall der Machtkonzeption von Vorteil, da sie den omnipräsenten Charakter der Macht betont, während die Macht in späteren Werken als funktionsspezifisches Medium für das politische System betrachtet wird.

Luhmanns Machttheorie stellt eine Abkehr von den klassischen, kausalen Machtkonzeptionen dar, die Macht als das Bewirken von Wirkungen auffassen. Es geht also weder um Absichten und Ziele von Akteuren oder den Machtcharakter von Systemen, sondern umgekehrt um den Systemcharakter der Macht. Einen wesentlichen Vorzug dieser Machttheorie gegenüber anderen Konzeptualisierungen sehe ich darin, dass Luhmann die Macht in den Kontext gesellschaftlicher Systeme stellt und sie nicht nur als eine Form sozialen Handelns begreift.

Macht wird konzipiert als symbolisch generalisiertes Medium der Kommunikation. Die Funktion dieser Medien – neben Macht sind dies Liebe, Geld und Wahrheit – liegt zum einen in der Strukturierung von Kommunikationsprozessen und zum anderen in der Ausdifferenzierung und Bildung sozialer Systeme. Macht entsteht demnach auf der Grundlage sozialer Systeme und differenziert diese zugleich weiter aus. Luhmann geht von dem paradoxen Theorem der Unwahrscheinlichkeit von Kommunikation aus, das heißt, dass etwas Unwahrscheinliches dennoch wahrscheinlich ist. Diese Einsicht, die aus der Alltagskommunikation stammt, welche bei weitem weniger komplex ist als die Kommunikation in der analytischen Beziehung, gilt meines Erachtens erst recht für die Analyse, in der es oft genug überraschend ist, wie sich aus zunächst undurchschaubaren Interaktionsprozessen gelingende Kommunikation entwickelt. Nach Luhmann beziehen sich die einzelnen Aspekte dieser Unwahrscheinlichkeit auf die Erreichbarkeit der Adressaten, die Verstehbarkeit durch die Adressaten und den Erfolg der Kommunikation (Luhmann 1984). Die symbolisch generalisierten Kommunikationsmedien sind in gewisser Weise Erfolgsmedien, die bestimmte unbestimmte Kommunikationen ermöglichen. Ein zentrales Problem der Kommunikation stellt die »doppelte Kontingenz«

dar. Darunter wird die konstitutive und auf Dauer gestellte wechselseitige Unbestimmtheit und Unbestimmbarkeit der Beziehungen zwischen Systemen verstanden. Ich möchte diesen komplexen Sachverhalt gern kurz an einem Schaubild verdeutlichen.

	Präferenzordnung		
	Handlungsalternative A	Handlungsalternative D	
Alter	Handlungsalternative B	Handlungsalternative C	Ego
	Handlungsalternative C	Handlungsalternative B	
	Handlungsalternative D	Handlungsalternative A	

Ego und Alter stellen jeweils soziale oder psychische Systeme dar, es sind keine Personen, sondern abstrakte Bezugseinheiten bei der Formung von Erwartungen. Beiden Seiten stehen jeweils eine unbestimmte Menge an Handlungsoptionen zur Verfügung, keine Seite weiß jedoch, was die andere tut oder erwartet (doppelte Kontingenz). Die Frage im Falle der Macht ist nun, wie kann Alter Ego dazu bringen, sich für eine bestimmte Handlungsoption zu entscheiden. In systemtheoretischer Terminologie geht es um die Frage nach der Übertragung von Selektionsentscheidungen, die durch die generalisierten Kommunikationsmedien gesteuert wird. Die Macht liegt jeweils darin, den Selektionsspielraum des anderen einzuschränken. Machtunterlegen ist dabei der Partner mit dem dringlicheren Vermeidungsbedürfnis, derjenige, der eine seiner Handlungsoptionen unbedingt vermeiden möchte. Je größer dabei dessen potenzieller Handlungsspielraum einmal war, desto größer ist die Macht des anderen. Dies unterscheidet Macht auch von Zwang, der im Grenzfall in physische Gewalt übergeht, denn im Fall von Zwang liegt kein Handlungsspielraum mehr vor und die Selektions- und Entscheidungslast geht auf denjenigen über, der den Zwang ausübt. Im Unterschied dazu bringt im Falle der Macht der eine – alter – den anderen – ego – dazu, eine bestimmte Selektionsentscheidung zu treffen, eine bestimmte Handlungsoption anzunehmen. Das Handeln Alters wird zur Prämisse des Handelns von Ego. Es geht dabei keineswegs um das konkrete Bewirken bestimmter Wirkungen (etwa Alter legt das konkrete Verhalten Egos fest), als vielmehr um die Funktion eines Kommunikationsmediums, den Selektionsspielraum des Partners zu beschränken: Von besonderer Bedeutung ist dabei – und hier zeigt sich der zentrale Unterschied zum Machtkonzept Max Webers, dass die Wirkung der Macht Alters nicht gegen den Widerstand Egos ausgeübt wird, sondern sich vielmehr unabhängig von dessen Willen vollzieht: »Faktisch macht (...) die Existenz eines Machtgefälles und einer antizipierbaren Machtentscheidung es für den Unterworfenen gerade sinnlos, überhaupt einen Willen zu bilden.« (Luhmann 1975, S. 11) Diese Aussage verdeutlicht noch einmal aus anderer Perspektive, dass es keinen »freien« oder »autonomen« Willen geben kann, sondern bereits die Bildung des Willens der Machtbeziehung unterworfen ist. Die Funktion der Macht besteht demnach darin, unabhängig vom Willen des Machtunterworfenen mögliche Wirkungsketten (von Handlungen) sicherzustellen. Die Macht Alters stellt dabei nicht die Ursache des Handelns von Ego dar, ihre Funktion lässt sich vielmehr mit der eines Katalysators vergleichen. Katalysatoren verändern, beschleunigen oder verlangsamen, den Eintritt von Ereignissen, ohne sich dabei selbst zu verändern. Analog lässt sich Macht als Chance verstehen, »die Wahrscheinlichkeit des Zustandekommens unwahrscheinlicher Selektionszusammenhänge zu steigern.« (Luhmann 1975, S. 12) Pointiert, alltagssprachlich formuliert bedeutet dies, dass mithilfe des Konzepts der Macht Handlungen erklärt werden können, die auf andere Weise nur schwer begründbar wären.

Was bedeutet dies nun für die Analyse? Mit der Unterscheidung der Macht vom Zwang beleuchtet Luhmann gerade die subtilen Ausdrucksformen der Macht, die sich dadurch auszeichnen, dass man sie nicht spürt. Es geht also um eine unmerkliche Einengung des Handlungsspielraums, wie wir sie AnalytikerInnen etwa aus dem unbewussten Mitagieren oder der Gegenübertragung bekannt ist. Charakteristisch an diesen Prozessen ist das Moment der Nachträglichkeit, d. h. das Mitagieren konstituiert sich nicht zum Zeitpunkt der Behandlung, sondern erst im Nachhinein, zu einem späteren Zeitpunkt, wenn es als solches bewusst und der Reflexion zugänglich wird. Auf der Ebene des subjektiven Erlebens wird ein solches Mitagieren manchmal als Zwang beschrieben (bspw. in Form des Eindrucks der AnalytikerIn, die PatientIn habe sie dazu gebracht, viel zu reden, nichts zu sagen, Termine zu verlegen etc.). Doch es erscheint mir sinnvoller, dies nicht als Zwang zu begreifen, der Intentionalität auf der einen Seite und Widerstreben auf der anderen Seite voraussetzen würde, sondern als Ausdruck der Macht, der beiden Beteiligten nicht spürbar wird. Während Zwang der handelnden Person die Handlungsentscheidung abnimmt, bleibt bei den nicht willentlichen, unbewussten Interaktionen im analytischen Prozess, den Inszenierungen von Übertragung und Gegenübertragung bei beiden Partnern die Illusion einer selbst gewählten Handlungsentscheidung bestehen. Erst die Reflexion dieser Inszenierung, ihr Bewusstwerden, enthüllt ihren Machtcharakter und hebt ihn damit zugleich auf; der eingeschränkte Handlungsspielraum wird auf diese Weise wieder erweitert.

So lässt sich festhalten, dass die Positionen von Machthabern und Machtunterlegenen im analytischen Prozess ständig wechseln, sie sind nicht an die Personen oder ihre soziale Rolle gebunden, weder ist der Patient oder die Patientin noch der Analytiker oder die Analytikerin mächtig oder unterlegen. Die Machtposition ergibt sich vielmehr aus der jeweiligen Interaktion. Darüber hinaus besteht jedoch eine bedeutsame Differenz zwischen AnalytikerIn und PatientIn. Luhmann weist darauf hin, dass derjenige machtunterlegen ist, der das dringlichere Vermeidungsbedürfnis hat. Wenngleich dies AnalytikerIn und PatientIn in der Interaktion prinzipiell gleichermaßen betreffen kann, ist doch davon auszugehen, dass sich eine Persönlichkeit, die sich einer neurotischen Konfliktverarbeitung mit rigiden Abwehrstrukturen bedient (PatientIn), durch ein größeres Vermeidungsbedürfnis auszeichnet als eine reifere Persönlichkeit (AnalytikerIn). Die Flexibilisierung der Abwehr mildert dieses Vermeidungsbedürfnis und kann insofern auch als Form der Ermächtigung der PatientIn betrachtet werden, die Handlungsspielräume eröffnet und somit aus der machtunterlegenen Position herausführt. Dies wäre ein Beispiel für den konstruktiven Charakter der Macht als Katalysator, der Veränderungen anstößt.

Zur Machtkonzeption Foucaults

Den produktiven Charakter der Macht betont Michel Foucault in seiner Machttheorie, die viele Übereinstimmungen mit Luhmanns Theorie aufweist, wenn auch mit einer deutlich anderen Akzentsetzung. Wesentlich ist die gemeinsame Vorstellung, dass Macht primär keine Beziehungsform zwischen sozialen Akteuren, sondern zwischen sozialen Systemen darstellt. Macht ist für Foucault ein Entwicklungs- und Integrationsprinzip unserer Gesellschaft, ein selbstproduktives, sich permanent vermehrendes Gut (Fink-Eitel 1980, S. 75). Macht und die Analysen von Machtpraktiken stellen das zentrale Thema seines Werkes dar. Interessant ist dabei besonders der Zusammenhang von Macht und Wissen, der sich pointiert in Anlehnung an Nietzsche folgendermaßen formulieren lässt: Der Wille zum Wissen ist ein Wille zur Macht.

Foucault unterscheidet drei Machttypen, sie beschreiben zum einen die sozialgeschichtliche Entwicklung von Macht, können aber zum anderen auch als verschiedene Aspekte innerhalb eines Machtsystems synchron aufeinander bezogen sein (Fink-Eitel 1980, 1989).

Der erste Machttyp wird als *repressive Exklusion* bezeichnet, das meint Machtausübung durch Ausschließung. Krasseste Form ist die physische Vernichtung, andere Formen sind beispielsweise die Aussetzung, wie dies mit Leprakranken im Mittelalter erfolgte, oder später die Internierung wie bei den Pestkranken, die man in eigens eingerichteten Hospitalen unterbrachte und somit besser kontrollieren konnte; das Machtmodell der Peststadt half, ein differenziertes Organisations- und Kontrollwissen zu erwerben; ähnlich wurde dies dann auch mit Geisteskranken praktiziert (Foucault 1976a, 1976b, 1978a).

Der zweite Machttyp ist die *innere Einschließung der normativen Integration*, eine Transformation der effektivsten Methode des ersten Machttyps. Es geht dabei nicht mehr nur um bloße Aus- oder Einschließung, sondern um eine bestimmte, auf den zuerst Ausgesonderten selbst bezogene Integration (Fink-Eitel, 1989). Er sollte durch Erziehung oder Behandlung umgeformt und damit in die Gesellschaft reintegriert werden (Foucault 1973). Als Beispiel lassen sich wiederum die Geisteskranken nennen, die im 19. Jahrhundert nicht mehr nur interniert, sondern auch medizinisch behandelt wurden. Die situationsgebundene Beschränktheit äußerer Gewalt des ersten Machttyps, die die unmittelbare Präsenz eines Machtapparats fordert, wird beim zweiten Machttyp abgelöst von der Allgemeinheit von Normen, die verinnerlicht werden und das Verhalten der Einzelnen reglementieren. Der Adressat dieser Macht ist nicht mehr der Körper wie beim ersten Machttyp, sondern das Bewusstsein oder die Seele der Einzelnen. Es geht dabei nicht mehr um die Asymmetrie repressiver Herrschaft, sondern – ähnlich wie bei Hannah Arendt (1967) – um die Gegenseitigkeit von Konsens, um die Anerkennung und Verinnerlichung von Normen.

Den dritten Machttyp nennt Foucault die *strategische Integration* oder *produktive Disziplin*. Diese neue machttheoretische Einsicht besagt, dass Macht nicht nur Repression im Sinne von Ausschließung ist und nicht nur unterdrückende Auswirkungen hat. Bereits im zweiten Machttyp ist der produktive Zweck der sozialen Integration angedeutet, den Foucault mit dem dritten Machttyp weiter ausformuliert. Die moralische Normativität als Ordnungsprinzip des zweiten Machttyps wird jedoch durch das Kriterium der Normalität ersetzt. Die Machttechniken bestehen in Zerlegung, Spezifizierung, Durchdringung und Durchleuchtung der Individuen. Technik ersetzt die Gewalt des ersten und die Norm des zweiten Machttyps, die Technik zur Formierung der Körper (gegenwärtig bspw. erkennbar an neueren Entwicklungen der Gentechnologie oder der Reproduktionsmedizin) mit dem Ziel der Normalisierung. Macht als produktive Disziplin ist als Durchdringung anzusehen, nicht mehr als Überschreitung in ein vermeintliches Äußeres, Anderes, sondern als innere Überschreitung, als produktiver Übergriff der Macht (Fink-Eitel 1980, S. 50). Diese Macht zielt auf die Körper und deren produktive Fähigkeiten, die Arbeitskraft und die Sexualität. Diese Form der produktiven Macht bildet nicht nur die Körper, sondern auch das Subjekt. Für Foucault vollzieht sich die Entstehung des Subjekts, die Subjektivität als Unterwerfung unter die Macht; das Subjekt ist somit im ursprünglichen Wortsinn ein unterworfenes (Foucault 1976a, 1977). Der Prozess der Subjektivation (»assujettissement«) verläuft zentral durch den Körper. Auf diese Weise bleibt die Macht den Einzelnen nicht äußerlich, sondern durchdringt sie, greift in den Prozess ihrer Bildung ein. Foucault versteht die Wirkungsweise der Macht im Wesentlichen als solch eine überschreitende Durchdringung, nicht etwa als Subsumption, Repression oder Herrschaft. Damit entfällt auch die Vorstellung einer grundlegenden Dualität von Machthabern und Machtunterworfenen.

Als Beispiel für die produktive Wirkung der Macht lässt sich das Gefängnis als totale Institution nennen (Foucault 1977). Die Häftlinge werden im Gefängnis nicht durch eine äußere Machtbeziehung reglementiert, sondern der Häftling wird geformt. Er wird als Häftling erst hervorgebracht durch verschiedene diskursive und nichtdiskursive Praktiken der Institution. Als diskursive Praktik zur Erzeugung des Häftlings lässt sich das Gerichtsverfahren nennen, ein Diskurs verändert die Identität des Angeklagten von einem bisher freien Menschen zum Häftling. Wesentlich an dem Beispiel ist, dass die Identität durch die Macht des Diskurses gebildet wird, sie wird nicht erzwungen. Nichtdiskursive Praktiken in diesem Beispiel wären etwa die spezielle Kleidung der Gefängnisinsassen, die Ersetzung seines Namens durch eine Nummer etc., das heißt, die »Identität« als Häftling wird ebenso nicht-diskursiv konstituiert. Eine ähnliche Formung der Identität beschreibt Foucault auch für psychisch Kranke, für Insassen psychiatrischer Anstalten. Dort wird der Übergriff auf den Körper noch sichtbarer durch nichtdiskursive Praktiken wie die Medikation, die Psychopharmaka, welche die Stoffwechselprozesse im Gehirn wesentlich beeinflussen und somit den Körper der psychisch Kranken formen. Wenn Foucault die Macht als Reglementierungsprinzip beschreibt, das die Subjekte bis in den Körper hinein formt, ist dabei zu beachten, dass diese »Formung« nicht gleichbedeutend ist mit Determinierung oder Verursachung. An diesem Punkt kommt es häufig zu Missverständnissen; die Formung durch diskursive Praktiken ist im Sinne einer Formgebung zu verstehen und meint etwas Ähnliches wie die Unterscheidung von Medium und Form in der Systemtheorie. Auch dort ermöglicht die Macht als generalisiertes Kommunikationsmedium die Ausbildung fester Koppelungen von Handlungsoptionen: Die Handlung von Alter wird zur Prämisse der Handlung von Ego; die Macht formt die einzelnen Optionen zu Handlungsketten. Bei Foucault bezieht sich die Formung allerdings nicht auf Handlungsketten, sondern auf die gesamte Person, die sie bis ins Innerste durchdringt.

Psychoanalyse als produktive Disziplin?

Die klassischen Theorien (vgl. etwa Weber 1922) betrachten Macht im wesentlichen als eine Form sozialen Handelns; sie folgen dabei einem kausalen Modell von Macht, das Macht als Bewirken von Wirkungen auffasst. Auf dieser Ebene wird m. E. auch diskutiert, wenn es in der Psychoanalyse um Machtfragen geht; fokussiert wird die Ebene der Beziehung, der Interaktion, und d. h. die Ebene des sozialen Handelns. Dies findet sich in unterschiedlichen Varianten: Mal wird der Position des Analytikers die Macht zugeschrieben, häufig etwa in der Psychoanalyse-kritischen Version, wenn von der Abhängigkeit des Patienten vom Analytiker gesprochen wird, die manchmal sogar bis zum Hörigkeitsverhältnis stilisiert wird (vgl. Pohlen 1995). Und mal in der umgekehrten Richtung, in der die analytische Beziehung als radikale Umkehr des traditionellen Arzt-Patient-Verhältnisses gefeiert wird und die Macht allein dem Patienten oder der Patientin zukommt (Lorenzer 1984).

Dieses Modell von Macht als Form sozialen Handelns überschreitet nun Niklas Luhmann mit seiner systemtheoretischen Konzeption von Macht. Dort wird die Entstehung von Macht vom Kontext sozialen Handelns und seiner Akteure abgelöst und in einen gesellschaftstheoretischen Rahmen eingebettet. Macht wird verstanden als Code, als Medium der Kommunikation. Auf dieser gesellschaftstheoretischen Ebene – wenn auch in anderer Weise begründet und auf weit geringerem Abstraktionsniveau – siedelt auch Michel Foucault sein Konzept der Macht an, der die Macht als omnipräsentes gesellschaftliches Ordnungsprinzip beschreibt. Nun stellt sich die Frage, ob solch eine gesellschaftstheoretische Konzeption von Macht nicht zu abstrakt ist, um den psychoanalytischen Prozess zu reflektieren. Meiner Meinung nach verstellt jedoch das juridische Machtkonzept der klassischen Machttheorien, das von Machthabern und Machtunterworfenen ausgeht, den Blick auf die Strukturen und gesellschaftlichen

Dispositive, die die Machtverhältnisse begründen. Die Pointe der Anwendung der Machtkonzepte von Foucault und Luhmann auf die analytische Beziehung liegt nun darin, dass sie die Aporien vermeiden, in die sich die Diskussionen über Macht in der Psychoanalyse immer wieder verfangen. Das juridische Machtkonzept greift zu kurz; denn wie die klinische Erfahrung zeigt, wechseln die Machtpositionen im analytischen Prozess beständig und lassen sich dauerhaft weder der AnalytikerIn noch der PatientIn zuschreiben.

Luhmanns Machtbegriff verweist auf den ubiquitären Charakter der Macht. Als universelles Kommunikationsmedium findet sie sich in jeder sozialen Kommunikation; Macht ermöglicht Kommunikation. In diesem Sinne spielt Macht auch in der analytischen Beziehung eine konstitutive Rolle und ist nicht etwas, was den analytischen Prozess hindert oder stört. Bei Luhmann wird Macht konzipiert als unmerkliche Einengung des Handlungsspielraums; die Frage wäre, ob sich etwa Übertragungsprozesse angemessen mit diesem Machtkonzept beschreiben ließen? Die Übertragung provoziert eine bestimmte Form der Gegenübertragung; sie bringt mich als Analytikerin dazu, mich in bestimmter Weise zu verhalten, etwas zu denken, zu empfinden etc. Das alles geschieht ohne Zwang, aber dennoch in gewisser Weise zwingend. Die Mechanismen der Macht sind weder intentional noch sichtbar. Erst das Bewusstmachen, die Reflexion der Übertragung und Gegenübertragung macht deutlich, dass es sich überhaupt um eine machtbestimmte Interaktion gehandelt hat, dass Selektionsentscheidungen eingeschränkt waren. Und: In dem Moment, in dem die Übertragungsfigur zutreffend gedeutet und reflektiert wird, verliert sie auch ihren Machtcharakter.

Luhmann konzipiert in seiner Theorie jedoch keine Machtverhältnisse zwischen Personen, sondern zwischen Systemen. So lässt sich ein Machtverhältnis auch innerhalb einer Person denken. Die PatientIn ist somit nicht nur in der Machtposition gegenüber der AnalytikerIn, sondern durch die Übertragung ebenso in ihren Selektionsentscheidungen eingeschränkt, d. h. zugleich auch machtunterlegen. Analog gilt diese Einschränkung auch für die neurotische Struktur, die Handlungsoptionen begrenzt.

Ich sehe in dieser Loslösung des Machtbegriffs von Personen und ihren Intentionen sowie in der Differenzierungsmöglichkeit der Macht in unterschiedliche Systeme einen wichtigen Anknüpfungspunkt für analytisches Denken, der es ermöglicht, die komplexen und hoch differenzierten Prozesse von Übertragung und Gegenübertragung in einer angemesseneren Form zu beschreiben als mit dem klassischen juridischen Machtkonzept von Machthabern und Machtunterdrückten.

Ähnliches gilt auch für das Machtkonzept von Foucault, relevant in diesem Zusammenhang erscheint insbesondere der dritte Machttyp – Macht als produktive Disziplin. Das Subjekt, seine Identität wird durch diskursive Macht gebildet. Als solch ein subjekt- und identitätsbildender Diskurs lässt sich auch der psychoanalytische Prozess betrachten. Dabei unterliegen beide Seiten – die AnalytikerIn ebenso wie die AnalysandIn – derselben Macht, demselben Ordnungsprinzip, das sie in ihren Verhaltens- und Erlebensmöglichkeiten gleichermaßen reglementiert und ihre Identität hervorbringt. Foucaults Machtkonzept macht darauf aufmerksam, dass gesellschaftliche Strukturen und Dispositive nicht nur den Rahmen bilden, in dem die Analyse stattfindet, sondern den analytischen Prozess selbst konstituieren und strukturieren. Diese gesellschaftstheoretische Perspektive verdeutlicht, wie sehr auch die analytische Beziehung von Machtstrukturen bestimmt ist, und zwar unabhängig vom Verhalten der Einzelnen, gleichgültig, ob die traditionelle Arztrolle des Spezialisten oder Experten präferiert oder eine partnerschaftliche Rolle vorgezogen wird, die dem Patienten die Führung überlässt.

So lässt sich fragen, ob die analytische Beziehung wirklich zutreffend als »radikale Umkehrung des Arzt-Patient-Verhältnisses« (Lorenzer 1984) beschrieben werden kann. Wenngleich die analytische Beziehung in der Regel nicht dem Schema einer traditionellen Arzt-Patient-Beziehung folgt, in der einer Bescheid weiß und der andere sich unterwirft, trifft jedoch auch die Umkehrung nicht wirklich zu, denn sie übersieht die Wirkmächtigkeit der gesellschaftlichen Muster der Identitätserzeugung. Die Macht entsteht nicht durch das Handeln der Beteiligten, sondern aus der gesellschaftlichen Struktur, die die analytische Beziehung formt, den analytischen Diskurs erst hervorbringt. Die analytische Beziehung bietet die Möglichkeit, die unsichtbaren Wirkungsweisen der Macht sichtbar und zugänglich zu machen und eröffnet einen Raum, in dem AnalytikerIn und PatientIn sie gemeinsam reflektieren können.

Literatur

Arendt, Hanna (1967): Vita Activa oder vom tätigen Leben. München: Piper 1981.

Fink-Eitel, Hinrich (1980): Michel Foucaults Analytik der Macht. In Friedrich A. Kittler (Hg.), Austreibung des Geistes aus den Geisteswissenschaften (S. 38–78). Paderborn: Schöningh.

Fink-Eitel, Hinrich (1992): Foucault zur Einführung. 2. Aufl., Hamburg: Junius.

Foucault, Michel (1974): Die Ordnung des Diskurses. München: Hanser.

Foucault, Michel (1976a): Überwachen und Strafen. Die Geburt des Gefängnisses. Frankfurt a. M.: Suhrkamp.

Foucault, Michel (1976b): Die Geburt der Klinik. Frankfurt am Main: Ullstein.

Foucault, Michel (1977): Sexualität und Wahrheit. Bd. 1: Der Wille zum Wissen. Frankfurt a. M.: Suhrkamp.

Foucault, Michel (1978a): Wahnsinn und Gesellschaft. Eine Geschichte des Wahns im Zeitalter der Vernunft. 3. Aufl., Frankfurt a. M.: Suhrkamp.

Foucault, Michel (1978b): Dispositive der Macht. Über Sexualität, Wissen und Wahrheit. Berlin: Merve.

Greenson, Ralph (1967): Technik und Praxis in der Psychoanalyse. Stuttgart: Klett-Cotta.

Lorenzer, Alfred (1984): Intimität und soziales Leid. Archäologie der Psychoanalyse. Frankfurt a. M.: Fischer.

Luhmann, Niklas (1984): Soziale Systeme. Grundriß einer allgemeinen Theorie. Frankfurt a. M.: Suhrkamp.

Luhmann, Niklas (1975): Macht. Stuttgart: Enke 1988.

Pohlen, Manfred (1995): Psychoanalyse – das Ende einer Deutungsmacht. Reinbek b. Hamburg (Rowohlt).

Weber, Max (1922): Wirtschaft und Gesellschaft. Grundriß der verstehenden Soziologie. Tübingen: Mohr (1972).

Wie könn(t)en Verletzungen im psychoanalytischen Raum heilen?

Peter Canzler

Wie *können* Verletzungen im analytischen Raum heilen oder wie *könnten* sie es? Die erste Fragestellung lässt mögliche Antworten vermuten, die zweite deutet durch den Irrealis eher das Mögliche oder Unmögliche an. Das Thema der Verletzungen ist in der therapeutischen Arbeit allgegenwärtig, sowohl als Folge der Vergangenheit wie in ihren Auswirkungen und Neuinszenierungen in der analytischen Gegenwart. Meine Aufmerksamkeit in dieser Richtung wurde besonders durch die Wiederaufnahme früherer Analysen eigener Patienten und der Patienten von Kollegen geweckt. Dabei stellte ich fest, dass der zeitliche Abstand oder der Wechsel des Analytikers es oft erleichtert, verbliebene Verletzungen besser wahrzunehmen und sie möglicherweise aus ihrer pathogenen Wirkung zu befreien. Früher beschäftigte mich beim Analysieren viele Jahre meines Berufslebens die Frage nach ›richtig‹ und ›falsch‹, sie fungierte als wichtiger Motor, mir gute Lehrer zu suchen und meine Patienten und Kollegen mit den Jahren ebenfalls zu solchen werden zu lassen. Die Beantwortung der Frage nach ›richtig‹ und ›falsch‹ wurde dabei aber nicht einfacher, durch berufliches Wirken auch jenseits des psychoanalytischen Terrains eher noch komplizierter. Heute bleibt mir nur noch die sich vorsichtig einer Antwort annähernde Frage, was in der Psychoanalyse für die Entwicklung eines Menschen förderlich ist und was nicht, wobei sich Therapeuten – als zwar Beteiligte, aber Außenstehende – immer wieder täuschen können.

Auf diesem wankenden, unsicheren Boden der psychoanalytischen Technik (das griechische *techné* meint ›handwerkliche Kunst‹) gibt es für mich dennoch einen verlässlichen Orientierungspunkt; er betrifft den Umgang mit und die Heilung von Verletzungen. Keinem Arzt käme es in den Sinn alte Wunden nicht zu behandeln oder sie durch neue noch zu vertiefen – wenngleich die Organmedizin um das therapeutische Setzen neuer Wunden oft nicht herumkommt. Im Seelischen ist es viel komplizierter: Seelische Verletzungen können die Abwehrlage und sogar die Persönlichkeitsstruktur völlig verändern und damit zu einer pathologischen Wundheilung führen, mit der sich Patienten im Leben leidend und unglücklich einrichten. Sie daraus zu befreien ist ein schwieriges therapeutisches Unterfangen, von dessen Schwierigkeiten wie auch Möglichkeiten das Folgende handelt.

Tödliche Verletzungen

Beginnen möchte ich mit der Geschichte einer komplizierten Freundschaft zweier Männer, deren letzte Begegnung tödliche Verletzungen für den einen mit sich brachte. Nach vielen Jahren höchst fruchtbarer, beruflicher Zusammenarbeit und intensiver Freundschaft besuchte der jüngere den älteren Freund zu Hause, um mit ihm – wie gewohnt – über eine wissenschaftliche Veröffentlichung Meinungen auszutauschen. Der Jüngere hatte sich in den letzten Jahren intensiv in neue Forschungsgebiete gewagt, die der Ältere mit vielen seiner Mitarbeiter als Fehlentwicklung ablehnte. Er wollte ihn stattdessen zum Präsidenten der gemeinsamen wissenschaftlichen Gesellschaft machen, um ihn – wie er dachte – so wieder zur Vernunft zu bringen. Die Positionen waren weitgehend unvereinbar und verhärteten sich in dem Gespräch, als der Ältere seinen Freund aufforderte, ein Jahr lang nichts mehr zu publizieren und auch seinen geplanten Vortrag auf dem kurz bevorstehenden internationalen Kongress nicht zu halten. Ganz zu schweigen davon, dass er diese Demütigung nicht einfach hinzunehmen gedachte, konnte und wollte der Jüngere auf die Veröffentlichung und Diskussion seiner wichtigen Forschungsergebnisse auch nicht verzichten. Hierfür hätte er sich so brennend gerne der Unterstützung des älteren Freundes versichert. In der enttäuschenden Aussichtslosigkeit einer Einigung drehte sich der Ältere brüsk zur Tür und verließ wortlos das Zimmer. Danach sahen sie sich nicht wieder, denn der Jüngere starb ein Dreivierteljahr später, im Mai 1933.

Bei den beiden Männern handelte es sich um Sandor Ferenczi und Sigmund Freud. Ferenczi hatte sich in seinen letzten Lebensjahren ganz dem Studium der Traumatogenese psychischer Erkrankungen gewidmet und neue, teils waghalsige therapeutische Wege zu deren Heilung erforscht und entwickelt. Er geriet dadurch nicht nur in Gegensatz zu Freud, sondern wurde auch immer mehr vom Hauptstrom der damaligen Psychoanalyse isoliert. Die sich für Ferenczi aus seinen Abweichungen ergebenden Verletzungen waren also mehrfach, die letzte musste er glücklicherweise nicht mehr miterleben: In seiner offiziellen Freud-Biografie beschrieb ihn Jones (1987) als an einer Geisteskrankheit leidend und daran verstorben und erledigte ihn auf diese Weise noch nachträglich geistig und seelisch. Das wurde und blieb ein Trauma für die Psychoanalyse bis heute und zeigt sich symptomatisch auch darin, dass die schon in den 60er Jahren von Michael Balint geplante Veröffentlichung von Ferenczis Klinischem Tagebuch (Ferenczi 1999) aus seinen letzten beiden Lebensjahren bis in die 80er warten musste und der dazu gehörige Freud-Ferenczi-Briefwechsel auf Französisch erst 1997 erschien und in deutscher Fassung immer noch auf sich warten lässt.

Trotz der für Freud schmerzlichen und inakzeptablen Abweichungen von Ferenczi würdigt er ihn in einem Nachruf (Freud 1933) als einen der wichtigsten Vertreter der psychoanalytischen Bewegung und räumt ein, er habe alle Analytiker zu seinen Schülern gemacht. Ausgeklammert blieben dabei für ihn seine letzten Schaffensjahre, wie sie sich in den Vorträgen und Fragmenten (Ferenczi 1964), aber vor allem auch im *Klinischen Tagebuch* widerspiegeln. Ferenczi schrieb es regelmäßig von Anfang 1932 bis zur letzten Begegnung mit Freud, Ende August 1932 in Wien, vor dem Wiesbadener Kongress, danach enthält es nur noch vier Einträge. Dies verdeutlicht sowohl die traumatogene Wirkung des Treffens mit Freud wie auch Ferenczis sich dann verschlimmernde perniziöse Anämie, an der er schließlich verstarb. Die Tagebucheinträge enthalten sporadische Notizen zu Patientenbehandlungen, Selbstanalyse, Behandlungsfragen und theoretische Überlegungen. Grob vereinfacht lassen sich drei große Themenkreise aufzeigen: mutuelle Analyse, Freud-Ferenczi-Kontroverse und Traumatheorie mit Behandlungsfolgen. Diesen dritten Schwerpunkt möchte ich kurz skizzieren.

Ferenczis Traumatheorie und Therapie

In seinen letzten Lebensjahren kam Ferenczi aufgrund intensiver klinischer Forschungen zu einer differenzierten psychoanalytischen Traumatheorie, deren Kernaussage lautet: Treffen Gewalteinwirkungen von außen als verletzende Überwältigungen auf ein Individuum, dem die zur Verarbeitung nötigen Gegenbesetzungen fehlen, finden erhebliche Beschädigungen und Zerstörungen der Persönlichkeit statt, sowohl hinsichtlich seiner Struktur als auch seiner Ich-Funktionen. Mit ›fehlenden Gegenbesetzungen‹ meinte Ferenczi neben ihrer intrapsychischen Bedeutung auch fehlende elterliche Fürsorge und Schutz, um erlittene Verletzungen und Wunden ausheilen lassen zu können. Dazu bedürfe es einer »seelischen Bandage«. Wenn diese fehle, komme es in der Persönlichkeit des Opfers zu Zerstörungen, die er – noch genauer in ihren Bezügen zu Gewalt und Katastrophen – in Begriffe wie »Zertrümmerung«, »Zerschmetterung« und »Zersplitterung des Selbst« differenziert (Ferenczi 1999, S. 81). Die sich daraus ergebenden Spaltungen wären dann schon sekundär bearbeitete Folgen von Heilungsversuchen eines primären Zusammenbruchs in der Persönlichkeit. Ferenczi ist weiterhin der Ansicht, dass in Momenten großer Not, der das psychische System nicht gewachsen ist, archaische psychische Kräfte erwachen, die die gestörte Situation zu bewältigen suchen. Wenn das psychische System versage, beginne der Organismus zu denken. Es komme dann zur Mobilisierung primärer narzisstischer Kräfte mit omnipotentem Triumph und Rachegefühlen gegenüber dem Gewalttäter und der dazugehörigen Phantasie, dem eigenen, nun toten, gefühllosen Körper könne kein Leid mehr zugefügt werden. Hier diagnostiziert Ferenczi einfühlsam Gefühllosigkeit als Hinweis auf getötete Selbstanteile. Sein Konzept der toten Selbstanteile finden wir weiterentwickelt bei André Green und seiner Metapher der »toten Mutter« (Green 2003) und dem Konzept der Krypte bei Maria Torok (Abraham & Torok 1984). Diese pathologischen Bewältigungs- und Überlebensversuche seien vorwiegend autoplastisch und wiederholten sich dann selbst bei geringfügigen Verletzungen (Rückzug in den Narzissmus). Ferenczi spricht weiterhin von einem noch auf neuropsychischem Wege eingeleiteten komplizierten inneren Vorgang. Dabei gehe die Regression auf psychische Urkräfte mit einer *Substanzveränderung* einher. Hier wie auch an anderen Stellen nimmt Ferenczi die heute bei traumatischen Einwirkungen nachgewiesenen physiologischen Veränderungen im Stammhirn vorweg. Das vollkommene Aufgeben alloplastischer Bewältigung des Traumas und Einsetzen der inneren Anpassung werde als Erlösung und Befreiung erlebt. Man versöhne sich mit der Zerstörung des Ichs, d. h. der Tod werde zur Anpassungsform. Dabei komme es zum Sich-Einordnen in eine größere, universale Gleichgewichtslage und zum Aufgeben der Selbsterhaltung des Subjekts. Unter dem aufgezwungenen fremden Willen und den aufgedrängten Urteilen werde dann jede Eigenleistung eingestellt. Dabei bliebe es solange, bis das Lautwerden des Protestes möglich werde – und genau das sei in der analytischen Wiederbelebung erforderlich.

Durch den Schock der traumatischen Einwirkungen komme es zu Betäubung und Hilflosigkeit sowie beschämender Unfähigkeit seinen eigenen Willen zu gebrauchen. Dies könne zu stumpfsinnigem Verharren in diesem Zustand führen, wahrscheinlich als tiefer Ausdruck dafür, (so) nicht mehr leben zu wollen. Hinzu komme die Identifikation des Opfers mit dem Aggressor, die Ferenczi als erster beschrieb, vor allem mit dessen nicht anerkannten Schuld- und Schamgefühlen. Die Folge sei ein künstliches Doppelleben bei vollständiger Verdrängung der eigenen Tendenzen und Gefühle. Durch die so erfolgte Zerrüttung der Individualität zerfalle die Person in folgende Fragmente:

1. der vernünftige, aktionsfähige Teil (angepasst und sublimiert, entfremdet im Sinne eines falschen Selbst)

2. der introjizierte Täter mit Schuld- und Schamgefühlen (bewirkt Verlust von Spontaneität und eigenem Willen)

3. das im Unbewussten leidende, getötete eigentliche Kind mit der Asche früherer seelischer Leiden als inhalts- und bewusstlose Affektmasse, von der das wache Ich nichts weiß

4. ein lebenserhaltender Teil, der die Rolle eines Schutzengels oder omnipotenten Helfers spielt, wunscherfüllende Halluzinationen und Trostphantasien produziert und das Bewusstsein narkotisiert

5. der seelenlose, tote Teil der Persönlichkeit und der seelenlos gewordene Körper, dessen Verstümmelung nicht mehr empfunden, sondern – wie die eines fremden Wesens – von außen neutral betrachtet wird

Mit diesen Fragmenten habe man es nun in jeder psychoanalytischen Behandlung von traumatisierten Patienten zu tun, zu deren Behandlung Ferenczi für die damalige Zeit revolutionäre und vielleicht auch heute noch ungewöhnliche Neuerungen und Veränderungen in die psychoanalytische Behandlungstechnik einführte. Er hinterließ der Nachwelt leider nicht wie Freud spezifische Schriften dazu, sodass man sich die Mühe machen muss, sie aus dem *Klinischen Tagebuch*, den Fragmenten und seinen letzten Artikeln zusammenzutragen. Im Folgenden werden kurz die wesentlichen Punkte dieser Ernte skizziert.

Im analytischen Prozess reinszenieren sich frühere Traumatisierungen unweigerlich und oft vorbewusst. Dabei finden Retraumatisierungen mit und durch den Analytiker statt. Ferenczi sagt, der Analytiker werde zwangsläufig schuldig, indem er meist unbewusst erneut verletze. Diese unvermeidbaren traumatischen Wiederholungen müssten intellektuell sowie emotional erkannt und angenommen werden. Dazu müssen Patient und Analytiker an die traumatische Wirklichkeit glauben und zwar die gegenwärtige, vorläufig nicht in die Vergangenheit versetzte Wirklichkeit. Die dabei oft auftretende Lähmung der Denkarbeit des Patienten im Trauma könne gelöst werden, indem man an seine vagen und schwachen Erinnerungsbilder und deren Fragmente anknüpfe und ihn auch mit Fragen zum Denken und Fühlen anrege. Dies sei die Umkehrung des Traumatisierungsweges. Statt, wie in der Vergangenheit, die Auswirkungen eines Traumas zu verleugnen (»es ist ja gar nichts!«), sei es angebracht, diese anzuerkennen. Man solle versuchen den aufgegebenen Geist taktvoll und doch energisch wieder zu beleben und das abgestorbene, gespaltene Fragment langsam zur Einsicht bringen, dass es doch nicht gestorben sei. Zugleich müsse der Patient so viel Mitgefühl erfahren, dass es sich lohne, wieder zu leben. Über intellektuelles Verständnis hinaus könne der Analytiker mit Hilfe seiner eigenen traumatischen Komplexe die Traumatisierungen seines Patienten heilsam mitbegleiten. Dabei müsse die Wirklichkeit der Gefahr und Nähe des Todes respektive des Sich-Selbstaufgebens zugegeben werden. Keinesfalls dürfe das Trauma als eine Lappalie behandelt werden. Im Gegenteil habe der Analytiker dafür zu sorgen, dass die alten Schmerzen aus der Erinnerung in der lebendigen Gegenwart mit aller Unlust erlebt und ertragen werden. Es genüge nicht traumatische Quantitäten abzureagieren, die jetzige Situation müsse vom damals eigentlich Traumatischen verschieden sein, um einen anderen, günstigen Ausgang zu ermöglichen. Erst danach wären eine Versöhnungsperiode und schließlich eine Verabschiedung möglich, mit dem Gefühl des Erlöstseins von der traumatischen Fixierung, d. h. von Emotionen zwanghafter Natur hinsichtlich Lieben und Hassen. Der traumatisch orientierte Charakter höre dann auf und die natürlichen Anlagen der Persönlichkeit könnten sich entfalten. Der als Basis der Persönlichkeit unerlässliche Narzissmus bedürfe der Gegenliebe des Analytikers, sonst neige das Individuum dazu zu explodieren, sich im Universum aufzulösen, vielleicht zu sterben. – Diese Einschätzung gemahnt an die tragische Auswirkung von Freuds fehlender Gegenliebe zu Ferenczi. – Hemmnisse dabei seien häufiger die Stumpfheit des Analytikers, sein Mangel an Mitgefühl und Mitleid, Zeichen seines emotionalen Todes, die Ferenczi bei sich selbst auf tiefe Infantiltraumata zurückführte. Vom Analytiker wird volle Aufrichtigkeit hinsichtlich seiner Unlustgefühle und analytische Aufklärung seiner erstarrten Autorität und darin versteckter Feindseligkeit verlangt. Zum Umgang mit Fehlern sagt Ferenczi lapidar: 1. Begehen, 2. Bekennen, 3. Korrigieren. Der Analytiker müsse zum ersten Mal eine Autorität sein, die Fehler bekennt, besonders die Hypokrisie. Ebenfalls müsse eingestanden werden, dass therapeutische Hilfe sehr beschränkt sei.

Der Patient brauche reales Interesse, wirkliches Helfenwollen, eine alles bezwingende Liebe zu jedem Einzelnen, die das Leben erst als lebenswert erscheinen lässt und einen Gegensatz zur traumatischen Situation bildet. Durch die Beendigung der Selbstspaltungsvorgänge müssten die Patienten zu jener Einheitlichkeit des Erlebnisses zurückgeführt werden, die vor dem Trauma da war, nämlich die Welt in ihrer vielleicht ganz evidenten Selbstverständlichkeit zu sehen und anzuerkennen, erst dann seien die Ängste wirklich bewältigt und überwunden.

Vielleicht sei eine wirkliche Heilung der traumatischen Erschütterung nur denkbar, wenn die Ereignisse (früher und jetzt) nicht nur verstanden, sondern auch verziehen werden.

Am Abgrund mit Laura

Ich beginne mit dem Bericht aus einer langjährigen Analyse einer Patientin, mit der ich viel über Traumatisierungen gelernt habe, insbesondere einfühlsamer und mutiger mit ihnen umzugehen. Laura ist eine hoch gewachsene und immer gut gekleidete Frau in den mittleren Jahren, die in leitender Stellung in einem sozialen Beruf erfolgreich und ehrgeizig ist, nachts hingegen von Alpträumen und panikartigen Anfällen sowie schweren depressiven Gefühlen gequält wurde. Lauras Misstrauen und Widerstände einer analytischen Behandlung gegenüber waren sehr groß und sie konnte sich deshalb erst nach einigen Jahren auf die Couch legen. Bei der Begrüßung drückte sie mir hin und wieder so kräftig die Hand, dass ich den Schmerzen auszuweichen versuchte. Ihre Bewegungen glichen eher denen eines Soldaten und ihr Gesicht war oft verschlossen, hart und abweisend. Auf ihrem Stuhl versuchte sie, sich soweit wie möglich in die Zimmerecke zu verkriechen, aus der sie mich oft mit stechendem Blick kontrollierte: Sie lag auf der Lauer. Wie die Atmosphäre ihrer Kindheit war sie zunächst wortkarg, wiederholte sich öfter und ließ lange, bedrückende Schweigepausen. Auffällig war, dass sie in fast jeder Stunde allmählich in einen Bewusstseinszustand geriet, in dem ihr immer mehr Denken und Sprechen verloren gingen. Diese Lähmung begann schleichend, so dass sie sprachlich immer mehr erstarrte, ins Stottern geriet und dann oft verstummte. Sie regredierte dabei in einen zeitlosen Zustand ohne Vergangenheit und Zukunft, in ein Nichts ohne Menschen und Bilder, wo alles gefror. Lange Zeit fand sie auch keine Worte dafür und beschrieb ihn zunächst mit einem Bild: Eine Wüste mit uniformen Schattierungen, in der einen Ecke ein schwarzes dunkles Knäuel, regungslos erstarrt, halbtot. Dieses massive Dissoziationserleben wurde dadurch ermöglicht, dass sie ihr Leben außerhalb der Analyse mit Hilfe von Spaltungen schützte, sich jedoch sehr sorgte, diese schützende Abwehr könnte zusammenbrechen. Dies brachte auch mit sich, dass sie sich lange Zeit nicht an die letzte Therapiestunde erinnern konnte – ein Spiegel ihrer fast totalen kindlichen Amnesie.

Mit dem Eintritt ins Menschenleben und mit ihren Eltern hatte Laura wenig Glück. Ihrem Vater gelang es aus russischer Gefangenschaft nach Hause zu entkommen, wo er von seiner Frau eigentlich schon tot geglaubt und gewünscht worden war. In dieser Welt von Ablehnung und Gleichgültigkeit wurde Laura gezeugt. Kennzeichnend benannte sie mir ihre Eltern lange als »die Frau oder der Mann«. Ihre Mutter hatte sich mit dem vier Jahre älteren Bruder als Sohn für den Führer eingerichtet, litt nach Lauras Geburt an Depressionen und konnte bzw. wollte sie nicht versorgen. Glücklicherweise kümmerte sich der Vater auch teils um sie und war zum andauernden Ärger ihrer Mutter beruflich wenig erfolgreich. Laura sagte, *er* habe sie geliebt, habe aber hinsichtlich seines Verhaltens zwischen liebevoll, gleichgültig und brutal hin- und hergeschwankt. Seine inzestuösen Übergriffe begannen offensichtlich schon während der Babypflege, mit oft schmerzhaften Stimulierungen in ihrem Genitalbereich und Anleitung zur Fellatio mit Ejakulation. Sie dauerten bis zum 14. Lebensjahr, als er sie beim üblichen sonntäglichen Kuscheln zu penetrieren versuchte und sie aus Angst vor einer Schwangerschaft fluchtartig das Bett verließ und endlich die inzestuöse Beziehung beenden konnte. Begleitet war der Inzest von hartnäckigem Mutismus während der ganzen Schulzeit, bis sie mit 16 Jahren durch einen bewunderten Lehrer ihre Liebe zur Sprache und Literatur entdeckte. Ich schließe die Schilderung der Krankengeschichte hier ab und werde mich stattdessen, in sehr knapper Andeutung des Behandlungsverlaufs, den Verletzungen im analytischen Raum zuwenden.

Nach etwa siebenjähriger Analyse konnte sich die Patientin dank unserer Bemühungen eine bewusste Geschichte ihrer traumatischen Vergangenheit aneignen und sie allmählich als Teil ihres Selbst annehmen, während sie auf früher notwendige massive Spaltungen und Projektionen zunehmend verzichtete. Auch gelang es ihr in diesem Prozess, aus der anfänglichen Verleugnung der Opferrolle über ihre anschließende Annahme zu wechselseitiger Identifizierung von Opfer und Täter zu gelangen. Einhergehend damit haben sich im anfangs ausschließlich paranoid gefärbten analytischen Raum wachsende Inseln von Sicherheit, Zuverlässigkeit und Vertrauen gebildet. Sie fühlte sich aufgehoben, genoss ruhiges Schweigen unter der kuscheligen Decke auf der Couch, wurde sich ihrer und meiner sicherer und bezeichnete sich als geradezu süchtig, von mir umfassend und tiefgründig verstanden zu werden.

Diese Harmonie wurde nun jäh unterbrochen und erschüttert, als Laura mir eines Tages vor Stundenbeginn telefonisch mitteilte, sie käme wegen beruflicher Verpflichtungen zehn Minuten später. Zur vereinbarten Zeit fand ich sie schon wartend vor meiner Behandlungszimmertür, nachdem ich kurz oben in meine Wohnung gegangen war. Erst nach längerem Schweigen konnte sie mir sagen, dass ihre Welt zusammengebrochen sei.

Sie habe sich so auf das Wiedersehen gefreut, ihre Verspätung bedauert und sich beeilt und dann wäre ich nicht im Behandlungszimmer gewesen, um sie wie immer zu empfangen. Nach weiteren Schweigepausen meint sie, es sei wie ein Weltuntergang und sie überlege, die Therapie abzubrechen. Jetzt sei alles aus und nichts mehr zu reparieren. Mit zunehmendem Schrecken, nachdem ich zunächst ihre Reaktion für übertrieben gehalten und meinen Unwillen bemerkt hatte, fühlte ich mich wie ein Verbrecher angeklagt, dem sie die Beziehung aufkündigt. Ich sagte ihr schließlich, dass ich sie offensichtlich schwer verletzt habe, was ich bedaure und das Ausmaß und die Zusammenhänge gerne mit ihr ergründen würde. Sie entgegnete, dass sie so lange Zeit gebraucht habe, um Vertrauen in mich zu setzen, was jetzt für immer zerbrochen sei. Augenblicklich könne sie sich nicht vorstellen, dass das wieder zu reparieren sei und die Analyse noch einen Sinn habe. Sie sei aber vernünftig und werde zunächst weitere Stunden mit mir daran arbeiten. Trotz dieser massiven erstmaligen Abbruchdrohung – oder genauer gesagt mit deren Hilfe – gelang es nun mit der Analyse zu frühesten Traumatisierungen vorzudringen, d. h. ihrem Nichtwillkommensein bei den Eltern, insbesondere bei der Mutter. Daran hatten wir schon früher anlässlich wiederkehrender panischer Vernichtungsängste, ins Nichts zu fallen und sich aufzulösen, gearbeitet. Jetzt wiederholte sich das Unwillkommensein jedoch zwischen uns mit aller Wucht. Es konnte dann in weiteren Stunden durchgearbeitet werden, so dass das analytische Arbeitsbündnis schließlich heilsam gestärkt und gefestigt wurde.

Als wesentlich an dem geschilderten Verlauf erscheint mir, dass ich mit der Patientin eine zentrale Traumatisierung wiederholen musste, selbst wenn ich zunächst meine Beteiligung zu verharmlosen und vor mir zu bagatellisieren versuchte. Die Wahrheit aber ist, dass mir die Verspätung der Patientin zugunsten von etwas anderem ganz gelegen kam, mir anderes willkommener war, und ich die Patientin damit an ihre traumatische Grundthematik brachte bzw. von ihr dahin gebracht wurde. Mit ihrer Hilfe wurde mir das Ausmaß ihrer Verletzungen bewusst und ich konnte dieses Wissen mit ihr in offener Weise teilen. Dies ließ schließlich ihre massive Erschütterung und Enttäuschung durch mich heilen, was sich nachträglich auch auf ihre inneren traumatischen Objektbeziehungen ausgewirkt haben dürfte. Mir wurde dabei klar, welch existenzielle Bedeutsamkeit Therapeuten hin und wieder für ihre Patienten bekommen und dass sie ihnen häufig nicht gerecht werden. Es läge mir auch fern dies im Sinne einer idealisierten Selbstverfälschung anzustreben. Im Gegenteil sind solche Verstrickungen nach Ferenczi bei traumatisierten Patienten unumgängliche und notwendige Gelegenheiten die Analyse in früheste Traumatisierungen voranzutreiben, und zwar als *gemeinsames* Werk, das also auch die Analyse der unbewussten Beteilung des Analytikers mit einschließt und seine mutige und ehrliche Aufdeckung und Anerkennung erfordert. Wie weit ich dabei gehe und welche Auswirkungen dies hat, möchte ich noch an einem etwas späteren Beispiel dieses Behandlungsabschnittes veranschaulichen.

Nachdem Laura zunächst mit Erschrecken und Erstaunen bei sich lustvolles Quälen und Gequältwerden entdeckt hatte, verlagerte sie dies in die analytische Beziehung und begann, sich da vorsichtig herantastend, mich zu quälen. Sie erschrak zunächst über ihre intensiven Gefühle und Phantasien und äußerte ihre Sorge, ob ich dies aushielte. Mir kamen dabei ihre schon häufig geäußerten Zweifel in den Sinn, ob ich sie auch wirklich weiter ertragen könne? In der Überzeugung, dass dies der Fall und ich schon einiges gewohnt war, versuchte ich sie dabei einfühlsam und Verständnis fördernd zu begleiten, bis ich sie eines Tages guter Dinge eine Viertelstunde zu spät ins Behandlungszimmer holte. Nach einigen Schweigeminuten hörte ich zu meiner Überraschung Lauras Vorwurf, dass ich mich wenigstens entschuldigen könnte, wenn ich sie schon so lange warten ließe. Nach kurzer Verwirrung war ich zunächst sprachlos, als ich meine Fehlleistung wahrnehmen musste und sie ihr mit Bedauern eingestand. Ich fühlte mich schuldig und konnte zunächst nichts weiter dazu denken, noch sagen. Freundlicherweise bedrängte sie mich nicht und ließ mir Zeit zur Selbstanalyse in ihrer Gegenwart, um den Dingen auf die Spur zu kommen. Die fand ich dann auch mit ihrer Hilfe und meinem Erinnern: Ich hatte mich behaglich in die erfreuliche Stunde ihres Vorgängers eingenistet und sie verlängert, um mich ihren Quälereien zu entziehen, die ich bisher, auf bewusster Ebene, durchaus zu verkraften geglaubt hatte. Sie hatte also mit ihren bohrenden Fragen, ob ich sie noch ertrüge, doch Recht: In einem versteckten Winkel wollte ich nicht mehr und fürchtete mich vor ihr. – Was sollte ich nun mit dieser Selbsterkenntnis zum Nutzen des analytischen Prozesses machen? Nach einigem Abwägen entschloss ich mich ihr zu sagen, dass es im Gegensatz zu meinem bewussten Annehmen ihrer gewalttätigen und sadistischen Seiten, deren Aufkommen hier ich für sehr wichtig halte, offensichtlich eine Seite in mir gibt, die – dem entgegengesetzt – nichts damit zu tun haben wollte. Nach einer längeren Bedenkpause sagt sie mir, diese Erklärung könne sie annehmen und akzeptieren. Sichtlich erleichtert und versöhnlich konnten wir uns verabschieden. Wer nun denkt, dass solche analytischen Enthüllungen des Analytikers die Entfaltung der Übertragung störten oder gar beendeten, wird eines anderen belehrt. Die Thematik lief weiter und intensivierte sich:

Was ich ihr in der letzten Stunde zu ihrem heftigen Händedruck gesagt habe, stimme. Öfter habe sie den Impuls gehabt, zuzudrücken, Matsch aus mir zu machen. Sie sei selbst überrascht, woher das komme, dass sie sich vorstellt, mich so zusammenzudrücken, dass alle Innereien nach oben und unten rausquellen und nur noch die Haut übrig bleiben würde. Unangenehm, sie durchschüttle es. So was habe sie vorher nie gedacht. Woher komme das? Außerdem sei ihr eingefallen, dass sie mich wie eine Fliege mit dem Daumen zerdrücke. Es gäbe so viele Arten, Menschen zu malträtieren – sie habe sich eben diese ausgesucht. Es wäre einfach, Bezüge zu den Erlebnissen mit ihrem Vater herzustellen. Das liefe aber nur über den Kopf: Dass sie sich auch so zusammengedrückt und gequält gefühlt habe. Ich frage, ob sie sich so klein wie eine Fliege oder ein Knäuel dabei fühlte? Als Kind habe man ja wenig der Gewalt der Erwachsenen entgegenzusetzen. Ja, antwortet sie, aber da fehle noch der Aspekt des Quälens. Damit sei sie noch nicht fertig, da müsse ich noch einiges durchmachen. Ich sage: »Es ist also wichtig, dass Sie mit mir nicht nur im Kopf, sondern auch mit den Gefühlen das Damalige wiederholen, um es zu bewältigen.« Sie erwidert, jetzt könne sie darüber auch mit Verstand und Beherrschtheit reden, was früher nicht möglich war. Ich füge hinzu: »… während Beherrschung und Verstand damals gering waren und es ganz unmöglich war darüber zu reden«. Sie sagt, sie interessiere sich dafür, was sich beim Malträtieren in mir ereigne. Ich bemerke: »Sie kümmern sich dabei also auch um meine Gefühle – was bei Ihrem Vater fehlte«. Das sei ihm überhaupt nicht in den Sinn gekommen, antwortet sie und ergänzt, seine Anteilnahme habe nur darin bestanden, dass er sich hin und wieder erkundigte, was sie denn den ganzen Tag gemacht habe. Auch ihren beruflichen Weg habe er missbilligt und sich nicht dafür interessiert. Ich deute: »Sie möchten neben Ihrem Bedürfnis mich zu quälen, als Umkehr und Rache von damals, auch an meinen Gefühlen teilhaben, was damals mit Vater nicht möglich war.« Sie: Ja, sie wolle erfahren, was ich dabei fühle, aber das sei doch absurd: »Sonderbar, ich wusste es und wusste es auch nicht…« Ich ergänze: »… und brauchte das Miterleben meiner Qual, um es wirklich zu wissen?« – »Ja!«

Ich möchte mit diesem Einblick in eine langjährige Analyse verdeutlichen, wie sich frühe Traumatisierungen in der Behandlung oft in scheinbar harmlosem Gewande wiederholten, mich verwickelten und ich mit der

Patientin nach Möglichkeiten und Wegen suchte, die damit verbundenen Beziehungs- und Vertrauenskrisen analytisch zu durchleuchten und zur Sprache zu bringen. Dabei konnte zunächst in Sprachlosigkeit, Gefühllosigkeit und Selbstamputation eingefrorene Pathologie allmählich auf erträgliche Weise belebt, phantasiert und symbolisiert werden. Einst lebenswichtige Spaltungsvorgänge wurden mit wachsendem Vertrauen überflüssig, wie auch die frühere Angst, von verletzten, zerstörten und kompensatorisch omnipotenten Selbstanteilen überwältigt zu werden. Meine Patientin veranschaulichte dies an ihrem Erleben der Couch, die für sie eine Metamorphose vom Ort des Schreckens zu einem Hort zunehmender Sicherheit und behaglichen Nachdenkens durchlaufen hat, wo Erschütterungen und Krisen überstanden werden konnten. Diese stellten sich im Nachhinein als besonders wertvoll heraus.

Ich denke, dass uns diese erfreuliche Entwicklung vor allem dadurch gelang, dass wir unvermeidliche Verletzungen im therapeutischen Prozess sorgfältig beachteten und analytisch nach beiden Seiten untersuchten. Den darin enthaltenen früheren Traumata wurde die Macht des Wiederholungszwanges genommen, indem ihnen zunächst einmal Raum zur Reinszenierung und erlebenden Erinnerung bereitgestellt wurde. Durch diesen neuen Umgang mit den Traumata konnte die früher unmögliche Trennung von Vergangenheit und Gegenwart vollzogen wurde.

Die ewige Wiederkehr des Gleichen

Nach diesen Einblicken in meinen Umgang mit Verletzungen möchte ich mein Anliegen an den analytischen Behandlungen von zwei Kollegen untersuchen. Zuerst zitiere ich Stundenmaterial von Klaus Wilde (2003) aus der Therapie eines Mannes mit einer Perversion. Wilde hat seine Notizen unter dem Titel »Die ewige Wiederkehr des Gleichen« veröffentlicht und beschreibt darin eine sado-masochistische Kollision, in der er selbst unter der Zeitlosigkeit der Behandlung und dem Mangel an Fortschritten leidet. Er stellt drei Behandlungsstunden dar und kommentiert sie anschließend.

> Die erste, eine Montagsstunde beginnt er [der Patient] damit – er war ein bisschen ausgerutscht auf dem Weg zur Couch – ›wenn ich hinfallen und mich an der Fensterbank verletzen würde, könnten Sie mich auffangen und um meine Verletzung kümmern?‹. Überrascht, interessiert und neugierig frage ich nach Gründen, die Anlass gäben, dass er von mir aufgefangen werden müsste.

Er sagt, er wisse es nicht, aber er würde mir gerne zwei Träume erzählen, d. h. er wechselt das Thema, lässt mich auflaufen und hält mich hin, bevor ich mich besinnen kann. (Wilde 2003, S. 50)

Meiner Meinung nach ging es bei der Frage des Patienten um die reale Gefahr einer Verletzung und die Frage an den Analytiker, ob er ihn halten und sich um seine Verletzungen kümmern würde. Dies könnte man auch auf die ganze Behandlung beziehen. Statt die Sorge des Patienten aufzugreifen, kommt von Wilde die meiner Meinung nach verletzende Gegenfrage, ob es Gründe dafür gäbe, dass er von ihm aufgefangen werden müsste. Als beschämende Ohrfeige hätte ich dies an Stelle des Patienten erlebt, der dann mit zwei Träumen fortfährt – was der Analytiker später als eine »trickreiche, mein-Denken-lähmende Aktion und arrogante, überlegene Position« (Wilde 2003, S. 51) kommentiert. Im ersten Traum geht es um das Foto einer Freundin, Anne, das ihn sexuell errege und das er einer Kollegin zeige, die enthusiastisch reagiere. Im zweiten Traum wird er von Barbara überholt, die ihn mit »Herr X« anredet, was ihn verletzt. Als er sie deshalb zur Rede stellt, sagt sie, du bist neidischer als Semiramis. Er kontert, dass sie unglücklich und ihr ganzes Leben zerstört sei. Nachdem der Patient im Anschluss an die Traumerzählung noch einige Ereignisse des Wochenendes angefügt hatte, erwähnte er den Brief von Anne, den er im Briefkasten liegen gelassen habe. Der Analytiker deutete, dass der Patient ihn wie Annes Brief habe liegen lassen und sich gar nicht darum gekümmert habe, was er über diese Stunde und über das Wochenende denke. Der Patient fuhr fort, am Samstagmorgen sei er übrigens in der Nähe der Praxis des Analytikers gewesen und habe dort Annes Fotos abgeholt. Der Analytiker meinte darauf, der Patient müsse mit der Vorstellung gespielt haben, ihm mit Annes Fotos über den Weg gelaufen zu sein. Er wolle dabei nicht wahrhaben, dass er das augenblicklich auch so mit ihm mache, dass er nämlich mit Hilfe der Erwähnung von Annes Fotos sein Denken invertiere, gerade in dem Moment, wo er, der Analytiker, anfange, sich zu erholen, indem er zu beschreiben beginne, was er mit ihm mache. Der Patient beendete die Stunde mit der Bemerkung, dass er die Fotos auch jetzt bei sich habe und seine Kollegin auf diese Fotos gar nicht enthusiastisch reagiert habe.

Der Analytiker geht leider kaum auf die Themen seines Patienten ein, als ob sie ihn nicht interessierten oder als ob ihn anderes interessierte. Er schreibt dann auch in seinem Kommentar: »Ich, der Vater, soll seine Boshaftigkeit suchen und aufdecken, was er dazu benutzt, weiter in mich einzudringen und in die Irre zu führen. Hingehalten werde ich auch dadurch, dass mir Informationen zunächst vorenthalten werden«. Der Patient wird nur als böses, seinen Vater an der Nase herumführendes, perverses Kind gesehen, das Angst vor Aufdeckung und Bestrafung hat. Begonnen hatte die Stunde jedoch ganz anders, nämlich mit der Frage, inwieweit der Analytiker ihm genügend Halt und Heilung bieten kann. Daraufhin hatte sein Analytiker ihn leider verletzend zurückgewiesen und ihn der Boshaftigkeit bezichtigt, als er mit der Erzählung zweier Träume einen weiteren Kontaktversuch unternommen hatte. Dem Patienten gelingt es in der ganzen Stunde nicht, seinen Analytiker für sich und seine inneren und äußeren Bilder (Fotos) zu interessieren und zu begeistern. Das hilflose, verletzte wie auch das exhibitionistische Kind im Patienten werden nicht angenommen. Nach meiner Erfahrung sind dies Situationen, die viel häufiger in Analysen besonders schwieriger Patienten passieren als Analytiker das wahrhaben wollen. Aber erst Wahrnehmung und Anerkennung solcher für den Therapeuten schmerzlichen und beschämenden Ereignisse in der Analyse ermöglichen einen anderen Ausgang.

Ich denke, die Stunde hätte für beide analytischen Partner eine Wende genommen mit etwa folgender Deutung: »Zielte Ihre Frage am Beginn der Stunde vielleicht darauf ab, dass Sie Zweifel und Sorge haben, ob ich Sie überhaupt noch auffange und mich um ihre Verletzungen kümmern kann, nachdem so viel Neidisches und Verletzendes zwischen uns passiert ist und wir beide unglücklich sind mit einem Gefühl, hier viel zerstört zu haben.« Im Gegensatz zu der Deutungslinie des Autors beziehe ich den Analytiker als Verursacher von Unglück mit ein, ordne Übertragungsandeutungen nicht sofort als projektive Identifizierung dem Patienten zu und räume ihm die Fähigkeit richtiger Wahrnehmungen der Teilhabe des Analytikers am seelisch Kranken ein. Dies ist eine fruchtbarere Perspektive als die des hier dargestellten bösen, perversen Kindes und eines guten, gerechten und wissenden analytischen Vaters.

Die nächste Stunde beginnt der Patient mit der Bemerkung, dass er von Anne wieder abgewiesen wurde und Angst vor weiterer Abfuhr habe. Ich würde dies als Kommentar zur letzten Stunde auf mich beziehen. Schließlich sei er mit Inge auf ihren Wunsch in dem Film *Chocolat* gegangen, für ihn sei das eine Schnulze, aber Inge habe ihn gemocht und gemeint, es sei doch ein Märchen und gegen das Argument sei man machtlos. Hier wäre meiner Meinung nach eine gute Gelegenheit gewesen, auf seine Entwertung der Filmthemen, nämlich der Macht der Liebe, der Süßigkeit einzugehen und seine Skepsis gegenüber Veränderungen zu thematisieren. Der

Analytiker sagt jedoch: »Sie berichten, als ob Sie an der falschen Person Interesse hätten.« Der Patient verneint, mit Inge würde er auch am nächsten Wochenende etwas machen, ihr Geschmack bei Büchern, Filmen, Kleidung gefalle ihm nicht, aber beim Essen würden sie sich gut verstehen. Vielleicht lerne er doch, solche Sachen mehr und mehr zu tolerieren. – Diese Bemerkung halte ich für ausgesprochen erfreulich. – Nach einer Pause erzählt der Patient, er hätte weiter über Perversionen gelesen und gedacht, dass er pausenlos damit beschäftigt sei, seine Gefühle zu regulieren. Der Sonntag sei von allen Tagen der beste gewesen und Inge gegenüber fühlte er sich am unbefangensten. Statt nun diese kleinen Entwicklungsschritte anerkennend zu kommentieren und eine mögliche Paarbeziehung zu fördern, deutet der Analytiker folgendermaßen: »Es scheint eine unausgesprochene Frage zwischen den Wörtern zu geben, wie ich das Wochenende verbracht habe.« Ist das wirklich das Problem des Patienten und nicht eher eines Analytikers, der gekränkt und ausgeschlossen auf sich aufmerksam macht und die Erzählung des Patienten als »nur Wörter« entwertet? – Daraufhin unterwirft sich der Patient und reflektiert über Ferien und Reisen seines Analytikers, fragt sich, ob er ihn gequält habe und den Therapieprozess stören wolle. Der Analytiker darauf: »Das klingt, als ob Sie darüber nachgedacht hätten, ob Sie mich in der letzten Stunde gequält haben.« Der Patient antwortet mit einem Traum, in dem Tolstoi als alter Mann mit Bart in sein Haus wollte, er ihn aber durch Regen und eisigen Wind abhielt. Er assoziiert weiter, dass er durch immer neue Hindernisse den Fortschritt verhindere, für die Lektüre von *Anna Karenina* eineinhalb Jahre gebraucht habe und Graf Tolstoi sowohl das Leidende wie auch das Böse verkörpere. Er lese gerade einen Roman von Singer, in dem die Personen, zunächst jung und voller Erwartung, schließlich alle enttäuscht werden, weil alles schwieriger läuft, als sie es sich erhofft hatten. Der Analytiker: »Bemerkenswert ist, dass Sie für den eisigen Wind und Regen sorgen.« Der Patient fragt sich daraufhin, ob er denn so erbarmungslos sei. Der Analytiker: »Ich glaube, Sie fürchten, ich könnte Ihnen gegenüber Kälte empfinden, wenn Sie so von sich erzählen.« Der Patient bestätigt dies, er würde Anne gerne Maiglöckchen schenken, aber könne es nicht, da er sich so gekränkt und böse fühle; er denke aber sehr oft an sie, wie es mit ihr im Konzert war. Der Autor kommentiert diese Stunde abschließend, sie sei von Bewegungslosigkeit beherrscht gewesen, in die der Patient ihn hineinzwänge und alles tue, ihn nicht an sich heran zu lassen: »Er und ich, wir befinden uns in einem Kokon, einer Enklave, aus der keiner von uns beiden ausbrechen darf.«

Wir vermittelt das Material einen ganz anderen Eindruck. Ich erinnere an Freuds Empfehlung, der Analytiker möge dem Patienten immer einen kleinen Schritt voraus sein. Sind bei allem Schwierigen und Quälenden nicht die Erzählungen über Inge und den Film *Chocolat* kleine Pflänzchen, die der analytischen Pflege bedürfen, statt links liegengelassen oder zertreten zu werden? Hellhörig machen auch die Bemerkungen des Patienten zu Singers Roman, in dem die jungen Leute mit viel Hoffnung begannen und dann durch das Anderslaufen des Lebens enttäuscht werden. – Sind dies nicht mögliche Spiegel der gemeinsamen analytischen Geschichte und ein leises Anklingen der depressiven Position? Hinzu kommt noch das Übertragungsangebot, mit weiteren Geschenken vom Analytiker – wie von Anne – abgewiesen und gekränkt zu werden. Statt der angeblichen Bewegungslosigkeit dieser Stunde sehe ich hier mehrere bewegende Momente, die leider nicht aufgenommen wurden, was zu weiteren Verletzungen und charakterlichen Verhärtungen beim Patienten geführt haben dürfte.

Es verwundert dann nicht, dass der Patient zur dritten Stunde kommt mit der Angst verrückt zu werden und über die schwierige Beziehung zu Anne klagt. Der Analytiker kommentiert das mit den Worten: »Es klingt als hätten Sie keinen Platz mehr, nirgends.« Leider kann ich die Einzelheiten diese lehrreiche Stunde nicht weiter darstellen. Der Autor resümiert abschließend, wenn sein Patient aus dem Zustand projektiver Identifikation herauskomme, fühle er sich armselig und in großer Verzweiflung. Was anderes erwarte ihn, wenn er seine Perversion aufgebe, als ein totes verfolgendes Objekt, das sagt: »Du darfst kein eigenes Leben führen, leg dich neben mich!« – Eine interessante theoretische Linie, die jedoch schwierig und schmerzlich für den Analytiker wird, wenn er sich fragt, inwieweit er unbewusst mit dem toten verfolgenden Objekt identifiziert ist und seinen Patienten auch in diesem halbtoten Zustand festhält, einschränkt, verletzt und quält. Mit einem Einfall charakterisiert schließlich der Patient die analytische Beziehung als ein gegenseitiges Sich-Zerfleischen. Daran hat der Analytiker in dieser sehr schwierigen Behandlung leider einen erheblichen Anteil. Wunden können dabei nicht heilen, im Gegenteil, es kommen neue Verletzungen hinzu und führen in die Sackgasse der trostlosen Wiederkehr des ewig Gleichen.

Ein aufschlussreicher Brief

Ein weiteres Beispiel entnehme ich einer Arbeit von Mathias Hirsch (2003) über »Psychoanalytische Wege aus der Wortlosigkeit«. Der Autor beschäftigte sich seit langem mit Traumatisierungen von Patienten und bezieht sich dabei oft auf Ferenczi. In seiner klinischen und theoretischen Erörterung widersteht leider auch er nicht ganz einer manichäischen Spaltung von gut und böse. Zum Umgang mit der Aggressivität in der Gegenübertragung meint er, man solle nach einer längeren Zeit des Containings schließlich »das Böse zurückgeben, damit der Patient überhaupt sich gegen das Böse abgrenzen und seinen guten Teil entwickeln und schützen lernt.« (Hirsch 2003, S. 240).

Er illustriert sein Vorgehen an der Behandlung einer Patientin mit schwerem Selbstbeschädigungssyndrom und Unfähigkeit zu Partnerbeziehungen. Eines Tages drückte er ihr deutlich seinen Ärger darüber aus, dass sie ihm eine Woche lang eine andere Therapieerfahrung vorzog. Die erste Sitzung danach beendete der Analytiker ahnungslos zehn Minuten vor der Zeit, was er zu Recht als Ausdruck seines noch nicht erledigten Ärgers ansah. Die Patientin schrieb daraufhin ihrem Analytiker folgenden Brief:

Nachdem Sie mich heute hinausgeworfen haben, will ich doch herausbekommen, was ich nun wieder verbockt habe. Mir ist klar, dass Sie wieder sagen werden, es wäre alles ganz anders gewesen und so weiter. Aber wenn Sie ehrlich sind, haben Sie die Sitzung vor der Zeit beendet, weil ich Sie maximal verärgert habe. Sie werfen mir vor, ich sei nicht ausreichend motiviert. Ich kann Sie sogar verstehen, an Ihrer Stelle hätte ich mich als Patientin nicht einmal angenommen, geschweige denn soviel Geduld gehabt. Trotzdem will ich gerne einiges aus meiner Sicht darstellen, weil ich mich so gekränkt, unverstanden und hilflos fühle. Schade, dass Sie keine Entwicklung bei mir sehen. Ich sehe so viel und mehr, als ich jemals geträumt hätte. Ich habe nie etwas bewusst oder mutwillig verschwiegen, auch wenn Sie mir nicht glauben. Von dem Kind in mir haben Sie nichts erfahren, weil ich das Kind doch selber nicht kenne. Mir ist absolut schleierhaft, wie das Kind aussieht. Ehrlich gesagt habe ich eine Mordswut in mir. Egal, ob ich wieder nur einer Übertragung erliege oder ausnahmsweise mal das richtige wahrnehme, habe ich den Eindruck, dass Sie genauso sind wie meine Eltern. Mein Eindruck ist, dass ich nicht in Ihr Konzept passe. Den Therapieabbruch muss ich hinnehmen, kann ihn auch nachvollziehen, auch wenn ich gerne weitergemacht hätte! Ehrlich gesagt weiß ich im Moment gar nichts mehr. Schon seit Monaten denke ich, dass ich doch gar nicht sterben will. (Hirsch 2003, S. 239)

Dieser anrührende, wertvolle Brief enthält für mich allerlei Kritikpunkte, die man fruchtbringend in der analytischen Arbeit aufnehmen sollte. Ihr

Analytiker schrieb ihr zurück, dass für ihn die Behandlung keinesfalls zu Ende sei, sondern dass das Ganze eine Fehlleistung von ihm war und sie möge in die nächste Sitzung kommen. Nach dieser erfreulichen Reaktion tut sich der Autor jedoch mit der anschließenden Bearbeitung und theoretischen Konzeptualisierung schwer bzw. bleibt eher beim Gewohnten. Er spricht von einer Gratwanderung: Wenn man als zu böse erlebt werde, drohe der Abbruch, sei man zu gewährend, breche oft jahrelang die Abwehr der negativen Affekte nicht auf und man verhindere die Loslösung von den entsprechenden inneren Objekten. Die Patientin habe in ihrem Brief das »Gute in sich« und damit auch »sein Gutes in Form der Therapiefortschritte und der Beziehung« zeigen können. Andererseits habe er sich monatelang darüber geärgert, dass sie immer wieder von ihren Schwierigkeiten draußen erzählte, was er als monotones Agieren erlebte und auch als solches brandmarkte.

> Wenn ich so war und es ihr zeigte, konnte sie sich besser gegen mich abgrenzen. Wäre ich zu gut gewesen, hätte ich in sie eindringen können und ihr das Gute, das verborgen in ihr war und inzwischen auch gewachsen war, rauben können. Ich durfte nicht zu gut sein, und das betraf auch die therapeutische Situation. Jetzt hatte sie gedacht, ich hätte die Therapie abgebrochen (*natürlich Projektion*). (Hirsch 2003, S. 240)

Ganz abgesehen von der moral-theologisch anmutenden Verwendung von Gut und Böse befremdet mich vor allem der Gedankengang, dass die Güte des Analytikers ihn zum Räuber des Guten der Patientin machen könnte. Widersprechen möchte ich schließlich dem »natürlich Projektion«, auch wenn dabei Anteile der Patientin beteiligt sein mögen. Ich denke, dass die Patientin die Fehlleistung des Analytikers ganz richtig als unbewusste Abbruchneigung seinerseits analysiert hat. Dafür sprechen auch die mehrmaligen Hinweise auf den Ärger seitens des Analytikers, den er auch oft ausdrückte. So zeigt sich, dass die Patientin ebenfalls Recht hatte, als sie schrieb, er sei wie ihre Eltern und wolle sie seinem Konzept anpassen, d. h. seinem Selbst einverleiben. Hier wäre also ein weiterer Schritt der Selbstanalyse des Analytikers möglich und nützlich, ein relativ einfacher, da ja die Patientin dabei so behilflich war. Wie wäre es, wenn man zum Beispiel als weitere Assoziation zur Klärung dieser Fehlleistung hinzunähme, was der Autor einige Seiten später in seinem Artikel über den autoritären Chef einer anderen Patientin schreibt: »Es scheint sich um eine narzisstische Persönlichkeit zu handeln, der die gute Arbeit, die Frau C ihm gebracht hat, immer als Geschenk und als Beweis, was für ein guter Chef er sei, verstanden hat. Will sie dagegen Urlaub, hat er das Gefühl, sie lasse ihn im Stich. Er fühlt sich entwertet, verlassen und muss autoritäre Maßnahmen ergreifen, um sein Selbst wieder aufzurichten.« Nach meiner eigenen und anderer Kollegen Erfahrungen sind Analytiker hin und wieder nicht bessere Chefs ihrer Patienten wie der eben dargestellte. Der Druck der idealisierten analytischen Vorfahren, Lehrer und eigener Ansprüche drängt einen oft besser sein zu müssen, als man es sein kann.

Ferenczi hat dies in seinem *Klinischen Tagebuch* unter dem Thema der Hypokrisie und der Scheinheiligkeit als eine erhebliche Behinderung einer natürlichen menschlichen Beziehung in der Analyse beschrieben. Aus dieser Sicht geht es nicht darum, dass Analytiker gut sein müssen oder hin und wieder auch böse, sondern darum einfach zu ertragen, wie man als Therapeut in der analytischen Beziehung von Mal zu Mal wirklich ist. Analytiker machen es sich zu einfach, vieles kurzerhand als Projektionen ihrer Patienten abzutun, statt deren Mitteilungen über sich (über die Analytiker) auch als richtige Wahrnehmung und günstige Gelegenheit der Analyse des Analytikers und seiner möglichen und wünschenswerten Weiterentwicklung zu nutzen. Fehlleistungen sind dabei recht interessante Momente, mit deren gemeinsamer Aufklärung Analytiker sich oft schwer tun, wo sie doch gerade die Chance bergen, bisher Verborgenes im analytischen Dialog bewusst werden zu lassen. Statt mit Ausflüchten zur bekannten »Hexe Theorie«, die hier Melanie zu heißen scheint, könnte aus meiner Sicht die oben beschriebene angespannte analytische Situation für beide Partner bereinigt und heiler werden, wenn der Analytiker zum Brief seiner Patientin in etwa sagen würde: »Sie haben in einigen Punkten Ihres Briefes, der mich sehr beeindruckt hat, richtig gesehen. Vor allem haben Sie entdeckt, dass mein Ärger über Sie offensichtlich so stark war, dass ich Sie insgeheim loswerden wollte und sich dies in meiner Fehlleistung ausdrückte. Dieser Umstand war nicht leicht für mich zu akzeptieren, weil ich andererseits, wie Sie, unsere gemeinsame Arbeit hier sehr schätze und natürlich fortsetzen möchte. Aber offensichtlich gab oder gibt es noch eine Seite in mir, die Bestimmtes an Ihnen nicht ertragen kann oder will. Wir können bedauern, dass dem so ist und gleichzeitig die Gelegenheit ergreifen, dies zu weiteren Fortschritten in unserer analytischen Arbeit zu nutzen.« Diese Deutung im Nachhinein ist natürlich viel zu lang und es wäre wichtig, den Erkenntnis- und Verdauungsprozess Schritt für Schritt in kleinen Portionen für beide Partner erträglich zu gestalten, um die vorher verborgenen und jetzt offen gelegten Wirklichkeiten anzuerkennen.

Wahrscheinlich gäbe es dabei außerdem Möglichkeiten von Übertragungsdeutungen zum Thema des unwillkommenen Kindes, des Missbrauchs als
Selbstobjekt oder es gäbe die Gelegenheit, unbewusste Abtreibungsneigungen
bzw. -versuche der Eltern zu entdecken. Ich meine, dass sich die Fehlleistung
mit ihrer Aufklärung in der Übertragungs-Gegenübertragungssituation
auch zur weiteren Erforschung, Konstruktion und Rekonstruktion der
ganzen Lebensgeschichte der Patientin von Anfang an eignen würde.
Anschließend – und erst dann – würde ich den eigentlichen projektiven
Anteil der Patientin analysieren: Nämlich *ihren* Wunsch, die Behandlung
abzubrechen, möglicherweise als ein Stück nach Wiederholung drängender Geschichte. Auf diesem Wege könnte diese endlich Vergangenheit
werden, statt sich immer wieder neu mit projektiver Macht inszenieren zu
müssen. Gleiche Überlegungen gelten natürlich auch für den Analytiker
und seine eigene nicht verarbeitete Vergangenheit.

Diskussion

Meine nun folgenden abschließenden Überlegungen und Empfehlungen
starte ich aus dem Steinbruch, in dem sich schon vor mir viele Analytiker
für ihre Praxis und Theoriebildung bedient haben, oft ohne die Herkunft
zu benennen, wie Cremerius (1983) und andere nachgewiesen haben. Ich
meine Werk und Nachlass von Sandor Ferenczi, das im Gegensatz zu dem
Freuds weniger Anerkennung und eher schlechte Behandlung erfuhr,
obwohl Ferenczis Spuren sich schließlich doch in großer Breite in der
modernen Psychoanalyse nachweisen lassen. Für seine Experimente mit
der mutuellen Analyse, das heißt dem Rollenwechsel in der analytischen
Situation, wenn Prozesse in eine Sackgasse gerieten, trifft dies kaum zu.
Ferenczi überwand dabei eigene Ängste, wie sich von einer verrückten
Patientin analysieren zu lassen und sich in ihre Hände zu begeben, und trieb
dabei seine eigene Analyse in höchst komplizierten Übertragungsbeziehun-
gen oft bis ins Unerträgliche voran. Seine radikale Freilegung eigener Probleme in den Behandlungen mit seinen Patienten dürften auch an seiner
Gesundheit gezehrt und vielleicht seinen frühen Tod gefördert haben, wie
dies Groddek in einem Brief an seine Witwe meinte (Groddeck & Ferenczi
1986). In der Literatur über Ferenczi wird das Thema der mutuellen
Analyse meist ohne weitere Hinterfragung als Irrweg abgetan. Ich bin da
anderer Meinung und halte sie für eine der genialen Pionierleistungen der
Psychoanalyse, wobei natürlich der anfängliche Umgang mit dem Stoff an
Ähnliches bei der Entdeckung von Röntgenstrahlen oder der atomaren

Kernenergie erinnert. Im Gegensatz zu der damals üblichen Spiegelmetapher, in der der Arzt mögliche Gegenübertragungen zu unterdrücken habe, zeigt Ferenczi, dass die analytische Beziehung eine wechselseitige ist, bei der, wie er sagt, Unbewusstes mit Unbewusstem kommuniziert. Michael Balint hat dies dann auch in seiner Anmahnung einer Zweipersonen-Psychologie (Balint 1988) und Winnicott hat es mit seinem Schnörkelspiel aufgenommen (Winnicott 2002), um nur diese beiden zu erwähnen.

Aus dieser Sicht der Gegenseitigkeit entfaltet sich ein analytischer Prozess nicht in idealer Neutralität des Analytikers, so sehr er sich auch immer wieder darum bemüht und dies auch sollte, sondern stark beeinflusst von seiner Persönlichkeit und seinen unbewussten Konflikten. Psychoanalyse ist keine reine Ich-AG des Patienten, sondern eine GmbH, eine Gemeinschaft mit beschränkter Haftung. Genau um diese Haftung geht es mir, nämlich um die Anerkennung von Beschädigungen und Übernahme von Verantwortung seitens des Analytikers. Bei den früheren Traumatisierungen fehlte gerade dieses Dazu-Stehen des Täters und seine Bestätigung der wirklichen Zusammenhänge. Die pathogenen Folgen dieser Verleugnung gehen weit über die eigentlichen Verletzungen hinaus und wiederholen sich in der analytischen Beziehung mehr oder weniger versteckt. Wenn Analytiker heutzutage Ferenczis Erbe der mutuellen Analyse nutzen – ohne den Konkretismus und die Verwicklungen der Pionierzeit – können sie Patienten helfen, mit ihnen aus Deformierungen und Erstarrungen früherer Wunden herauszukommen. Ich sage bewusst *mit ihnen* und betone damit auch die unbewältigten Verletzungen, Mängel und Konflikte der Therapeuten, vor denen die Analyse in Anwesenheit der Patienten nicht Halt machen sollte. Im Gegenteil, Analytiker können die eigenen Schwächen oft mit Hilfe ihrer Patienten aufnehmen und dem gemeinsamen analytischen Prozess fruchtbar zugänglich machen. Dabei haben sie Ängste vor allem narzisstischer Art zu überwinden, wenn es ihnen nicht leicht fällt aus der Rolle des unantastbaren wissenden Vaters mit boshaften renitenten Kindern herauszutreten und auch *die eigene* Person und *das eigene* Verhalten in der Analyse zur Disposition zu stellen. Ohne dies kann nach meiner Erfahrung eine Befreiung aus der Wiederholung des ewig Gleichen, dem unseligen traumatogenen Wiederholungszwang, nicht gelingen. Auch haben in der Praxis theoretische Erstarrungen eines die Brust oder den Phallus besitzenden Analytikers angesichts eines neidischen kleinen Habenichts fruchtlose, wenn nicht fatale Auswirkungen auf eine kreative analytische Arbeit für beide. Ich will damit nicht sagen, dass Analytiker ihre Patienten nicht hin und wieder auch als gierig, unverschämt oder lästiges

Gesindel, wie es Freud ausdrückte, kurzum unwillkommen erleben dürfen (Ferenczi 1933). Im Gegenteil können solche Vorstellungen und Gefühle fruchtbar in die Arbeit eingebracht werden, wenn sie nach beiden Seiten hinterfragt und nicht als erstarrte Zuschreibungen gegen die Patienten missbraucht werden. Denn damit demütigen und beschädigen wir sie zu ihren Schwierigkeiten noch zusätzlich, statt ihnen zu helfen Verletzungen ausheilen zu lassen.

An dieser Stelle möchte ich einige Anmerkungen zum Umgang mit der negativen Übertragung einfügen. Es ist meiner Meinung nach zu einfach und falsch, kritische und negative Äußerungen des Patienten generell als Ausdruck seiner Aggressivität und Destruktivität gegen den Analytiker zu deuten. Bei genauerer Untersuchung erweist sich nämlich manches davon als etwas, was der Patient zu Recht an seinem Therapeuten wahrnimmt. Die Übertragung ist keine Einbahnstraße, sondern mit ihrer komplizierten Ergänzung in der Gegenübertragung eher wie eine Drehtür, wie das treffend Michel Neyraut (1976) formulierte: Schwer zu erkunden, wer dabei vorausging und anfing. Unberechtigte Übertragungsdeutungen der Widerrede des Patienten als objektgerichtete Aggressivität oder Destruktivität können, wenn es sich eigentlich um ungenügend integrierte primäre, narzisstische Gewalt zum Überleben handelt, zu Wunden führen, die dann meist noch unter Autoritätsdruck und Angst vor Liebesverlust verheimlicht und vertuscht werden. Ein weiteres Problem sehe ich im bevorzugten Aufgreifen des Analytikers der negativen Übertragungsseiten unter Vernachlässigung positiver, die Beziehung und die Entwicklung des Patienten fördernder Aspekte, wie ich das oben im Stundengeschehen dargestellt habe. Ich kann mich dabei nicht des Eindrucks erwehren, dass bei dieser Haltung im Hintergrund ein lebens- und lustfeindliches christliches Weltbild vom sündigen Menschen mitläuft. Bei der therapeutischen Arbeit sollte man sich deshalb hin und wieder fragen, ob der analytische Raum eine lebensfördernde Umwelt oder ein Totenkult ist, wie es um die eigenen lebensspendenden und todbringenden Seiten dabei bestellt ist, wo man selbst nützt und heilen hilft und wo man vielleicht verletzt, schadet und tötet. Diese Hinterfragung sollte außer in Supervision und Intervision vor allem gemeinsam mit Hilfe des Patienten beim Analysieren stattfinden. Natürlich bedarf es dazu Mut, vor allem seitens des Analytikers, sich auch von seinem Patienten analysieren zu lassen und dabei seine Schwächen, Fehler und Verletzungen offen zu legen, anzuerkennen und zu bedauern, in der Hoffnung auf Verzeihung. Dann könnte es zu den glücklichen Momenten einer analytischen Begegnung kommen, an denen alte Wunden an ihren Neuauflagen heilen und jenseits des Wiederholungszwangs neue Lebensmöglichkeiten entstehen.

Zusammenfassung

Mittlerweile 35 Jahren recht unterschiedlicher analytischer Erfahrungen mit meinen Lehrern, meinen Patienten und Kollegen verdanke ich – verbunden mit dem leider zu wenig genutzten Erbe von Sandor Ferenczi –, dass die Verletzungen in der Psychoanalyse mehr ins Zentrum meiner Aufmerksamkeit gerückt sind. Einleitend habe ich ihr historisches Auftreten und seine Folgen kurz gestreift und dann Ferenczis Pionierleistungen auf diesem Gebiet in groben Zügen darzustellen versucht. Anhand der Analyse mit Laura und zwei weiterer veröffentlichter Analysen bin ich dann dem Thema der Verletzungen nachgegangen, wie sie sich in der Praxis recht verschieden darstellen und welche Probleme sie verursachen können. Ich habe dabei meine Vorstellungen entwickelt, wie dem traumatogenen Wiederholungszwang durch Mutuelle Analyse neue, kreative Möglichkeiten entgegengesetzt werden können. Dieser Weg erscheint mir sinnvoll und gangbar im Paraphrasieren von Freuds berühmter Devise: Wo ein durch unerträgliche Verletzungen gespaltenes und deformiertes Selbst war, kann durch Wiederholungen, ermöglichte Erinnerungen und neue Erfahrungen im analytischen Raum ein integriertes Selbst mit seinen geschichtlichen Narben werden.

Literatur

Abraham, N.; Torok, M. (1984): Kryptonymie. Das Verbarium des Wolfmannes. Berlin (Ullstein TB-Verlag).

Balint, M. (1988): Die Urformen der Liebe und die Technik der Psychoanalyse. München (DTV).

Cremerius, J. (1983): Die Sprache der Zärtlichkeit und der Leidenschaft. Reflexionen zu Sandor Ferenczis Wiesbadener Vortrag von 1932. In: Psyche 37, S. 988–1015.

Ferenczi, S. (1999): Ohne Sympathie keine Heilung. Das klinische Tagebuch von 1932. Frankfurt a. M. (Fischer).

Ferenczi, S. (1964): Fragmente. In: Bausteine zur Psychoanalyse. Bd. IV. Bern (Hans Huber Verlag).

Ferenczi, S. & Groddeck, G. (1986): Briefwechsel. 1921–1933. Frankfurt a. M. (Fischer).

Freud, S.; Ferenczi, S. (2000): Freud - Ferenczi Correspondance, III. (Calmann-Lévy).

Freud, S. (1933): Sandor Ferenczi †. In: Freud GW, Bd. 16, S. 267–269.

Green, A. (2003): Die tote Mutter. Psychoanalytische Studien zu Lebensnarzissmus und Todesnarzissmus. Gießen (Psychosozial-Verlag).

Hirsch, M. (2003): Psychoanalytische Wege aus der Wortlosigkeit. In: Aktuelle Entwicklungen in der Psychotraumatologie. Gießen (Psychosozial-Verlag) S. 225–248.

Jones, E. (1987): Sigmund Freud. Leben und Werk. München (DTV).

Neyraut, M. (1976): Die Übertragung. Eine psychoanalytische Studie. Frankfurt a. M. (Suhrkamp).

Wilde, K. (2003); Die ewige Wiederkehr des Gleichen. In: J PsA 46 (S. 47–63).

Winnicott, D. (2002): Vom Spiel zur Kreativität. Stuttgart (Klett-Cotta).

Das Erleben von Macht und Ohnmacht in traumatischen Beziehungen

Katharina zur Nieden

Es gibt verschiedene Formen von Traumatisierung, deren Abgrenzung in vieler Hinsicht noch aussteht. Ich halte jedoch eine Unterscheidung zwischen chronischen familiären Traumen und akuten (Extrem-)Traumatisierungen vor allem deshalb für sinnvoll, weil sie für die Wahl des therapeutischen Vorgehens entscheidend ist. Chronische familiäre Traumen sind Beziehungstraumen und sie lassen sich deshalb am ehesten in einer langjährigen Beziehungstherapie, wie sie die (modifizierte) psychoanalytische Therapie darstellt, behandeln (vgl. auch Hirsch 2004, S. 2f.).

Thema dieses Aufsatzes ist das kindliche Beziehungstrauma, wobei ich mich dem Macht/Ohnmachtgefälle zwischen dem Erwachsenen und dem Kind und seinen Folgen – auch für die Behandlungstechnik – zuwenden möchte.

Traumatische Beziehungen sind regelmäßig durch ein starkes Macht/Ohnmachtgefälle gekennzeichnet. In kindlichen Beziehungstraumen spielen – neben traumatischen Verlusten – alle Formen elterlicher Gewalt, wie z. B. sexueller Missbrauch, seelische oder körperliche Misshandlung und Vernachlässigung, die Hauptrolle. Daneben ist für die Pathogenität eines Traumas – neben der subjektiv erlebten absoluten Hilflosigkeit, entscheidend – wie dieses in den familiären Kontext eingebettet ist. Handelt es sich z. B. um ein »kumulatives Trauma« (Khan 1963)? Wie ist die Beziehung zum traumatisierenden Objekt im Allgemeinen? Auch die Abwesenheit eines schützenden Dritten, der die kindliche Wahrnehmung bestätigen könnte, macht das Trauma erst pathogen. Durch das Fehlen eines Zeugen kommt es häufig zur Verleugnung der Realität.

Seinem Entwicklungsstadium entsprechend wird das kindliche Selbst durch die traumatische Beziehungserfahrung geprägt. Küchenhoff (1990) unterscheidet ein frühes Trauma von einem späteren Trauma. Er spricht bei sehr frühen Traumen (erstes bis zweites Lebensjahr) von der Entwicklung einer »traumatischen Identität«. Aufgrund der unreifen Ich-Funktionen werde das Trauma inkorporiert, d. h. es findet eine totale Assimilation statt, so dass das Trauma Ich- und Weltbild wird. Es bleibe die Grundüberzeugung dieser Menschen, dass sich das Leben vor dem Hintergrund einer basalen Unberechenbarkeit abspielt. Eine Form der Verarbeitung früher Traumen bestehe in der Einbindung in eine Objektbeziehung, die »Personifizierung des Traumas«. Das Trauma werde dann einem allgegenwärtigen, bösen frühen Objekt zugeschrieben, das z. B. im Körper in Form »schlummernder Krebszellen« lauert (Küchenhoff 1990, S. 23f.). Spätere Traumen ereignen sich erst nach dem Entwicklungsschritt der Trennung von Subjekt- und Objektrepräsentanzen, bleiben deshalb ein Fremdkörper für das Erleben und führen zur Introjektion des Traumas.

Erstmals beschreibt Ferenczi (1933), dass das Kind durch Introjektion der Gewalt und Identifikation mit dem Aggressor versucht, die lebensnotwendige Beziehung zum Objekt dadurch zu erhalten, dass es die Schuld auf sich nimmt. Die Schuld des Täters wird so zum Schuldgefühl des Kindes. Während Ferenczi noch nicht zwischen der Introjektion der Gewalt und der Identifikation mit dem Aggressor unterscheidet, halte ich diese Differenzierung im Hinblick auf das Verständnis und die Behandlung der Traumatisierung für grundlegend.

Familiäre Traumatisierung ist immer mit extremer Trennungsbedrohung verbunden, da traumatische Gewalt unbewusst als Verlust des primären Liebesobjekts erlebt wird. Die traumatische Introjektion dient der Abwehr dieses Verlustes. Sie stellt den Versuch dar, das Liebesobjekt in der Außenwelt zu erhalten. Gegenüber dem traumatischen Introjekt gerät das kindliche Selbst nun in die Position des »bösen Kindes«, das Strafe verdient hat. Diese masochistische Unterwerfung des Selbst unter das feindselige Introjekt bezeichnet Ferenczi als Identifikation mit dem Aggressor.

Auch Müller-Pozzi schreibt in Bezug auf das kindliche Trauma:

> Die absolute Notwendigkeit, die traumatische Situation zu vermeiden (...), führt zu einer globalen Identifikation mit der traumatisierenden Mutter (...). Allein diese Identifizierung gibt dem Kind eine minimale Sicherheit, von der Mutter nicht verlassen zu werden, was das absolute Trauma bedeuten und die gesamte Entwicklung, ja das Leben überhaupt gefährden würde. (Müller-Pozzi 1982, S. 107f.)

Es handelt sich hier aber gerade nicht um eine Identifizierung, sondern um die Introjektion der traumatisierenden Mutter.

Man geht heute davon aus, dass bei einer traumatischen Beziehungserfahrung keine assimilierende Identifikation des Selbst mit dem Objekt erfolgen kann, sondern dass destruktive Objektaspekte introjiziert werden, so dass ein Fremdkörper im Selbst, »wie ein Pfahl im Fleisch« (Laplanche 1970), gebildet wird, der von innen destruktiv wirkt. Das äußere Objekt kann damit als »gut« erhalten werden. Die Spannung zwischen Introjekt und Selbst verursacht Schuldgefühle und Verlust des Selbstwertgefühls, die im Extremfall zur Selbstauslöschung führen. So sagt Frau E., die von ihrer Mutter fast zu Tode geprügelt wurde, von sich, »ich bin ein Nichts«.

Das kindliche Beziehungstrauma hat eine traumatische Entwicklungsstörung zur Folge, die sich auch in einer abrupten Persönlichkeitsveränderung, bis hin zur Ausbildung einer neuen Identität, niederschlagen kann. Beispielsweise schildert Frau H. ein Kindheitstrauma als Fünfjährige wie folgt: Sie soll wegen einer Angina Rotlicht erhalten, möchte dabei aber gleichzeitig fernsehen. Die im Übrigen als »kalt und herzlos« beschriebene Mutter verdreht, sichtlich unwillig, den Hals der Rotlichtlampe und bleibt, ausgelöst durch einen Stromschlag, mit beiden Händen am defekten Gerät kleben. Erst durch den gellenden Schrei des Kindes wird der Vater alarmiert, der hinzustürzt und das Kabel aus der Steckdose zieht. Die Mutter erleidet schwere Verbrennungen an beiden Händen. Niemand nimmt im allgemeinen Durcheinander Notiz von dem Kind. Auch später erklärt ihr niemand das Vorgefallene. Sie selbst ist von nun an unerschütterlich davon überzeugt, dass sie »schuld« ist an der Verletzung der Mutter. Aus dem bis dahin lebhaften, »aufsässigen« Kind wird »schlagartig« eine »brave Hausfrau«, die alles tut, »um die Eltern glücklich zu machen«. Sie entwickelt auch ganz allgemein eine übertriebene Sensitivität für die Bedürfnisse anderer. Es kommt als Folge des Unfalls – und sicherlich in Verbindung mit rigiden Entwicklungsbedingungen – zu einer traumatischen Persönlichkeitsveränderung mit zwanghafter Icheinschränkung und weitgehendem Verzicht auf spontane Lebensäußerungen, die auch als Charakterabwehr gegen den Durchbruch aggressiver Regungen gerichtet ist. Eigene Wünsche und Impulse werden fortan unbewusst gleichgesetzt mit der Zerstörung des anderen. Eine Retraumatisierung der 17-Jährigen – bei einem schweren Autounfall, kurz vor der Fahrprüfung, wird der Fahrlehrer getötet, während Frau H. schwer verletzt überlebt – hat eine weitere Icheinschränkung mit fast vollständigem sozialen Rückzug zur Folge. »Erwartungen erfüllen und die Sorgen der anderen übernehmen, das ist die Quintessenz meines Lebens«, sagt Frau H. heute von sich.

Die Traumatisierung einer Persönlichkeit drückt sich ganz unterschiedlich aus: Es kommt sowohl zu Entwicklungseinschränkungen und -verzögerungen als auch zu »Frühreife« (wie die geschilderte Entwicklung zur »braven Hausfrau« als Fünfjährige). Darüber hinaus sind die durch das traumatische Introjekt hervorgerufenen Veränderungen zu nennen, vor allem Schuldgefühle und Selbstentwertung. Auch kann im weiteren Verlauf durch sekundäre Identifikation mit dem Aggressor versucht werden die Spannung zwischen Selbst und Introjekt dadurch zu verringern, dass sich das Selbst mit dem Sadismus des Täters identifiziert. In diesem Fall wird z. B. aus dem »geschlagenen Kind« eine Mutter, die es in Ordnung findet, ihr Kind zu schlagen. Immer erfolgt eine Dissoziation von Selbstanteilen, die bis zum Bild der multiplen Persönlichkeit führen kann. Es kommt zu einer Abspaltung von Affekten, die sich als Affektlosigkeit im Bereich des Traumas zu erkennen gibt – eventuell auch zu einer Abspaltung des Körperselbst.

Wie immer wieder festgestellt wird, sind bisher als Borderlinepersönlichkeit diagnostizierte Patienten oft traumatisierte Persönlichkeiten.

Besonderheiten der analytischen Traumabehandlung
Der Beginn der Behandlung

Da die traumatische Beziehung in einer Ohnmachterfahrung und damit auch einem totalen Kontrollverlust besteht, dem Gefühl des traumatischen Überwältigtwerdens einer unassimilierbaren Objekterfahrung, ist es allgemein wichtig, den Patienten darin zu unterstützen, ein Gefühl der Kontrolle in der analytischen Situation zu gewinnen (s. auch Bohleber 2004, S. 71). Das bedeutet auch, ihn nicht zu überfordern, ihn das Tempo bestimmen zu lassen und eine schnelle Assimilation des Traumas nicht erzwingen zu wollen, da dies einer Wiederholung des traumatischen Überwältigtwerdens entspräche.

An erster Stelle steht der Aufbau eines sicheren und tragfähigen Arbeitsbündnisses, das sich deutlich abhebt von der Unberechenbarkeit der traumatischen Erfahrung. Die Verlässlichkeit des Therapeuten bildet die Basis für jede Traumabearbeitung. Sie ist die Voraussetzung für die Wiederbelebung des Traumas in der Analyse, die jetzt, anders als in der traumatischen Situation, nicht allein und schutzlos, sondern im Beisein eines einfühlsamen Zeugen erfolgt. Sie bildet auch den Kern einer neuen Objekterfahrung. Aufgrund ihrer traumatischen Beziehungserfahrung haben die Patienten ein verständliches Misstrauen gegenüber jeder Beziehung und schützen sich damit auch vor Retraumatisierung. So bringt zum Beispiel Herr D., der als Kind gefesselt und beinah erwürgt worden wäre, zur ersten Analysestunde ein Gewehr mit – er ist seit Jugend Luftgewehr- und Kleinkaliberschütze –, das er gut sichtbar für uns beide an die Wand neben der Tür anlehnt. Nachdem ich mich vom ersten Schreck erholt habe, sage ich sinngemäß: »Damit Sie sich hier ausreichend sicher fühlen, ist es für uns beide wichtig zu wissen, dass Sie sich schützen können«. Daraufhin entspannt sich die Atmosphäre spürbar.

Die Wahl des Settings ist oft gerade zu Beginn der Therapie ein Problem. Ich habe die Erfahrung gemacht, dass Patienten, die sich anfangs entschieden gegen die Couch aussprechen, dies auch oft mit der »Ohnmachtsituation« und dem »Ausgeliefertsein« in Zusammenhang bringen – »wie ein Maikäfer auf dem Rücken« –, im Therapieverlauf oft von traumatischen Ohnmachterfahrungen berichten, die zu Beginn noch gar nicht verbalisiert werden konnten. Ich bin deshalb dazu übergegangen, Patienten nicht zu drängen sich hinzulegen, und mit ihnen zu besprechen, dass sie sich legen können, wenn sie genug Zutrauen gefasst haben. Es kann aber auch sein, dass auf diese Weise eine langjährige analytische Therapie im Gegenübersitzen durchgeführt wird. Diese Erfahrung machte ich z. B. mit Frau R., die ab ihrem zweiten Lebensjahr wiederholte traumatische Trennungen von ihrer tuberkulosekranken Mutter erlitt. Als sie zu mir kam, hatte sie bereits eine erste Analyse auf der Couch hinter sich, die sie als retraumatisierend erlebt hatte und angab über Jahre hinweg fast ausschließlich geschwiegen zu haben. Ich habe den Eindruck, dass Versuche, dem Patienten ein bestimmtes Setting (z. B. Stundenfrequenz, Couch) »aufzuzwingen«, dazu führen können, dass viele Therapien gar nicht erst zustande kommen. Andere Patienten »unterwerfen« sich, können oft erst viele Jahre später sagen, dass sie sich »ohnmächtig ausgeliefert« gefühlt haben. Dies ist z. B. auch ein Problem bei Ausbildungskandidaten, die aus formalen Gründen oft dem Bedürfnis des Patienten nicht entsprechen können.

Zu Beginn der Behandlung prüft der Patient unbewusst, ob er gegen einen »machtorientierten«, »missbrauchenden«, »invasiven« Therapeuten gesichert ist und es ist entscheidend, dass der Analytiker diese »Tests besteht«, nicht, dass er sie »aushält«, wie Reemtsma (1999, S. 213) betont. So konnte sich Frau R. erst auf eine Therapie bei mir einlassen, nachdem sie sich vergewissert hatte, dass ich den analytischen Raum vor dem (realen) Eindringen einer intrusiven Mutter schütze. Die hatte mich angerufen, um sich über ihre Tochter zu beklagen und mich im gleichen Atemzug gebeten, ihrer Tochter nichts von dem Anruf zu erzählen. Als ich Frau R. über das Telefonat informiere, auch darüber, dass ich die Mutter an sie zurückverwiesen habe, verändert sich ihr Verhalten schlagartig. Zuvor schweigsam und retentiv, beginnt sie jetzt zu erzählen.

Allgemeine Überlegungen zur Behandlungstechnik

Generell sollten Deutungen und Interventionen so gegeben werden, dass der Patient sie aufgreifen kann ohne sich unterlegen zu fühlen. So sollten »starke«, autoritative Deutungen, die den Analytiker als mächtig erscheinen lassen, weitgehend vermieden werden. Ich halte hier Ferro, der im Übrigen in seiner Deutungstechnik nicht zwischen traumatisierten und nichttraumatisierten Patienten unterscheidet, für hilfreich, der sagt, »dass der Analytiker vor allem den Dialog sucht, um gemeinsam mit dem Patienten an der Herstellung von Bedeutung zu arbeiten, und dabei auf Deutungszäsuren verzichtet« (Ferro 2002, S. 5). Er bevorzugt so genannte »schwache« oder »offene« Deutungen, die Raum lassen für die aktive Beteiligung des Patienten.

Insgesamt wird der Analytiker aktiver sein, als dies normalerweise üblich ist. Eine neutrale Haltung – nicht zu verwechseln mit Abstinenz – gegenüber traumatischem Erleben ist schädlich. Darauf weisen alle Autoren immer wieder hin (s. auch Fischer & Riedesser 1999, S. 191). Oft ist der Analytiker der erste Mensch, der angemessen emotional auf eine vom Patienten geschilderte schreckliche traumatische Erfahrung reagiert und dem Patienten erst damit einen Raum zur Verfügung stellt, in dem er erleben kann, was ihm widerfahren ist. Auch eine klare Stellungnahme des Analytikers bezüglich einer traumatischen Erfahrung verhilft dem Patienten zu einer realistischen Wahrnehmung der Eigenschaften des traumatischen Objekts, die üblicherweise verleugnet und tabuisiert werden. Konkret heißt das, dass ich z. B. zum Ausdruck bringe, dass es nicht »normal« ist, dass ein Vater seine Tochter fast zu Tode prügelt. Frau A. hatte sich zuvor erinnert, dass sie, »gelähmt vor Angst«, mit dem Gefühl »die Welt geht unter«, auf dem Boden vor diesem Vater kauerte, der auf sie einschlug, und »alle so taten, als sei das ganz normal«.

Die Folge einer zunehmend realistischen Objektwahrnehmung ist nach Fischer (1990) die Fähigkeit zur Objektspaltung, d. h. die Einsicht in die reale Gespaltenheit des Objekts. Familiäre Beziehungstraumen sind ihm zufolge deshalb umso vieles gravierender als außerfamiliäre Traumatisierungen, weil das Kind die Fähigkeit verliert zwischen freundlichen und feindseligen Objekten zu unterscheiden, wenn das geliebte Objekt gleichzeitig der traumatische Aggressor ist.

Die Rekonstruktion des Traumas

Die Rekonstruktion des Traumas, so unvollständig sie auch sein mag, ist notwendig, um die sekundären Bearbeitungen und Fantasien verstehbar zu machen (s. auch Bohleber 2000, 2003, 2004). Es geht auch darum, sich die eigene Lebensgeschichte anzueignen, die traumatische Erfahrung als Teil der eigenen Geschichte zu begreifen. Oft genug ist das Gefühl für die Kontinuität zerstört. Viele Patienten sind sich selbst fremd. Sie haben den Kontakt zu dem Kind in sich verloren, oft haben sie es (im Traum) getötet. Sie sehen auf die eigene Kindheit, auf das Kind, das sie einmal waren, mit fremden Augen. Eine Beschränkung auf die Arbeit im Hier und Jetzt ist aus diesen Gründen kontraindiziert.

Eines der Kernprobleme in der Behandlung traumatisierter Patienten betrifft die Unterscheidung zwischen Fantasie und Realität (s. auch Bohleber 2000, S. 805ff.). Traumatische Beziehungserfahrungen, vor allem wenn sie in der Familie geschehen, sind oft so unfassbar, dass sie als Fantasien oder Träume behandelt werden. Herr O., der sich der Einsicht nähert, dass die 14 Jahre jüngere Schwester vermutlich seine Tochter ist, eine Folge des Inzests mit der Mutter, bricht diesen Gedanken ab mit der Äußerung »das kann nicht wahr sein, das ist alles ein Traum.« Da die Realität dessen, was in traumatischen Familienbeziehungen geschieht, oft verleugnet wird und damit »totgeschwiegen«, ist das Kind seinen Fantasien ausgeliefert, die Realitätswahrnehmung ist gestört. Nachdem Frau A. sich an die Umstände ihrer Traumatisierung erinnert hatte, beschrieb sie diesen Zustand folgendermaßen:

ich hab das Gefühl, ich mach die Eltern schlecht. Das war nicht so schlimm. Warum fällt mir so etwas ein. Es kann doch nicht so schlimm gewesen sein. Andererseits habe ich das Gefühl, doch es war so. Ich habe mich so gefühlt. Ob Sie mir wohl glauben? Ich habe manchmal das Gefühl, als ginge die Fantasie mit mir durch. Mir fallen Dinge ein ..., ich weiß doch gar nicht, ob das stimmt.

Hier wird die Unsicherheit bezüglich der Realität ihrer Wahrnehmung angesprochen, die v. a. eine Folge davon ist, dass ein Zeuge gefehlt hat, der die Realität ihrer Wahrnehmung bestätigt. In der Therapie ist der Analytiker der Zeuge, der sich gemeinsam mit dem Patienten der traumatischen Realität stellt und die bislang totgeschwiegenen und verleugneten Erfahrungen beim Namen nennt, um so dem Patienten auch bei der Unterscheidung vergangener und gegenwärtiger Beziehungserfahrungen behilflich zu sein.

Der Umgang mit dem Trauma und seine Wiederbelebung in der Übertragungs-Gegenübertragungsbeziehung

Im traumatischen Bereich ist die Symbolisierungsfähigkeit zerstört, das heißt, dass durch dissoziative Abspaltung der traumatischen Erfahrung diese nicht symbolisch-verbal mit Bedeutung versehen werden kann. Sie bleibt psychisch unverarbeitet und wird auf konkretistische Weise repetitiv wiederholt. Die Folge ist die Unfähigkeit, Erlebtes zu begreifen. Wie in einem ungeordneten Puzzle ergibt das Ganze kein Bild, aus dem sich der Sinn erschließt. Aufgabe des Analytikers ist es, im Bion'schen Sinn als Container für diese fragmentierten, psychisch unverdauten Erfahrungen zur Verfügung zu stehen, sie zu benennen und in verdaulicher Form zurückzugeben, sodass für den Patienten allmählich ein sinnvolles Ganzes, schließlich die Assimilation der traumatischen Erfahrung als Teil der eigenen Geschichte, entstehen kann. An diesem Punkt der Behandlung sagt Frau A. erstaunt: »Ich habe es doch immer gewusst, aber nie verstanden«.

Wenn die traumatische Erfahrung in die Therapie eindringt, was manchmal erst nach Jahren der Fall ist, wird oft eine hochfrequente Therapie mit vier oder auch fünf Sitzungen notwendig, um dem Patienten genügend Sicherheit bei der Bearbeitung der nun auftauchenden traumatischen Affekte zu geben. Meist werden die Erinnerung des Traumas und seine Wiederbelebung ausgelöst durch ein Ereignis, das assoziativ mit dem ursprünglichen Trauma in Verbindung steht. In der Analyse wird die Wiederbelebung des Traumas oft mit einem Traum eingeleitet. So berichtet Frau A. von einem Traum, in dem sie droht abzustürzen, ohne dass die anwesenden Menschen beunruhigt zu sein scheinen. Sie hat das panische Gefühl »ich muss hier weg«. Sie arbeitet in dieser Zeit auf einer Intensivstation, fühlt sich zunehmend bedroht, schwankt zwischen Gefühllosigkeit und panischer Angst, fühlt sich alleingelassen. Sie sagt: »was so schlimm ist, ist das Gefühl, als wäre ich innerlich auch in so einer desolaten Situation. Es gibt eine Parallele zwischen den Patienten und mir – wie ich mich innerlich fühle. Das ängstigt mich.« Sie identifiziert sich hier mit den »ohnmächtig ausgelieferten«, vom Tode bedrohten Patienten, klagt, dass »die Kollegen so tun, als sei das alles ganz normal«. Dann beginnt sie, sich der eigenen traumatischen Erfahrungen zu erinnern.

Frau A. kommt im weiteren Behandlungsverlauf ihre Fähigkeit zur Dissoziation zu Hilfe, die es ihr ermöglicht, sich ausschließlich in den Therapiestunden, d. h. in meinem Beisein, der furchtbaren traumatischen

Erfahrung auszusetzen und sie zu bearbeiten. In dieser Phase ihrer Therapie, die zu diesem Zeitpunkt vierstündig stattfand, schildert sie ihren Zustand wie folgt: »In letzter Zeit habe ich häufiger das Gefühl, wenn ich hierher komme lebe ich in einer anderen Welt. Es ist wie einen Schalter umklappen. Hier sein, und wenn ich weggehe sind die Gefühle auch weg«.

Sobald das Trauma in die Übertragung drängt, spielt die Handhabung von Übertragung und Gegenübertragung eine zentrale Rolle. Die Reinszenierung der traumatischen Erfahrung in der Übertragungs-Gegenübertragungsbeziehung, die Ausdruck einer lebenslang wortlos gebliebenen Erfahrung ist, muss vom Analytiker transformiert und verbalisiert werden. Hier spielt die Mitteilung der traumatischen Erfahrung in der traumatisierenden Übertragung (einer Form der projektiven Identifizierung) nach Holderegger (1993) eine entscheidende Rolle. Dabei wird der Analytiker in der Gegenübertragung in die Lage des traumatisierten Kindes versetzt und erlebt hautnah, von welchen inneren unbewussten Szenarien, Introjekten und unerträglichen Affekten – vor allem Ohnmacht, Hilflosigkeit, Todesangst, Wut und Hass – sich der Patient bedroht fühlt. In der traumatisierenden Übertragung wird die Bedrohung durch das Objekt durch die konfliktvermeidende, regressive Verschmelzung des Selbst mit dem Introjekt abgewehrt. Der Patient stellt nun das traumatische Introjekt dar. Wie Holderegger sagt, ist der Patient während einer traumatisierenden Übertragung von seinem Introjekt »besessen«. Patienten, die in der Kindheit ein schweres Trennungstrauma, oft den Verlust der Mutter, erlitten haben, teilen diesen Verlust zunächst häufig in der traumatisierenden Übertragung mit. Das möchte ich wieder an einem kurzen Fallbeispiel veranschaulichen: Frau L. war als Kind Lieblingstochter der Mutter, die, als sie vier Jahre alt war, an Mamma-Ca (Brustkrebs) erkrankte und daran verstarb, als Frau L. neun Jahre alt war. Frau L. verfällt abrupt, sobald sie auf der Couch liegt, über lange Zeit in Schweigen. Sie liegt »wie aufgebahrt«, mit auf dem Bauch gefalteten Händen und gibt hin und wieder ein Stöhnen von sich. Auf meine Nachfragen ist die wiederkehrende Antwort: »Sobald ich auf der Couch liege, fühle ich mich körperlich krank. Mich ergreift ein Schwindel und ein unbeschreibliches Angstgefühl«. Die Patientin beschreibt hier die Verschmelzung mit dem mütterlichen Introjekt. Durch ihr Schweigen gerate ich in der Gegenübertragung zunehmend in einen regressiven Sog, der neben dem Gefühl »im Schweigen vereint« zu sein, allmählich zu einem Gefühl von Hilf- und Hoffnungslosigkeit führt, weil es mir nicht gelingt, einen Kontakt zur Patientin herzustellen. Ich fühle mich nicht wahrgenommen, bin immer wieder fassungslos, zunehmend auch resigniert, vermutlich so wie Frau L., der es als Kind nicht mehr gelang, von der Mutter, deren erklärter Liebling sie war, wahrgenommen zu werden.

Für den Analytiker stellt die Behandlung Traumatisierter eine enorme emotionale Belastung dar. Zunächst wird er bereits als »Zeuge« Teilnehmer grauenhafter Erfahrungen, die auch ihn mit der Hilflosigkeit und Ohnmacht konfrontieren, denen der Patient als Kind ausgesetzt war. Wenn das Trauma in die Übertragung kommt, wird – vor allem durch die traumatisierende Übertragung – der Umgang mit den eigenen Introjekten sowie die eigene Erfahrung im Umgang mit Hilflosigkeit, Ohnmacht und Ausgeliefertsein, eine große Rolle spielen. Diese Vorgeschichte entscheidet darüber, ob der Analytiker als Container für die unerträglichen Affekte des Patienten zur Verfügung steht, oder ob er aufgrund eigener Ängste, diese ebenso wie der Patient abwehren und in »unverdauter« Form zurückgeben muss. Wenn es ihm gelingt, die in der Gegenübertragung erlebten Gefühle des traumatisierten Kindes zuzulassen, zu verarbeiten und zu benennen, kann er dem Patienten in angemessener Form mitteilen, was bisher eine unaussprechliche Erfahrung war.

Sehr verwirrend ist auch der oft rasche Wechsel der Übertragung. Neben den üblichen Übertragungsformen gerät der Analytiker in einem Augenblick in die Rolle des traumatischen Introjekts, im nächsten in die des hilflosen Kindes, dann in die des ohnmächtigen Zuschauers der traumatischen Szene, oft eine Elternfigur, die ihr Kind im Stich lässt. Auch weist Holderegger darauf hin, wie wichtig es ist, die Darstellung der Affektivität des Introjekts nicht zu verwechseln mit der des kindlichen Selbst, das in der regressiven Verschmelzung mit dem Introjekt zeitweise verschwindet. Sich diesem Introjekt allmählich gegenüberzustellen in seiner eigenen Affektivität, bildet einen wesentlichen Bestandteil der analytischen Arbeit. Oft taucht als erstes Zeichen der wiedergewonnenen Vitalität der Hass gegenüber dem traumatisierenden Objekt auf. Da dieser Hass unbewusst für den Verlust des Liebesobjekts verantwortlich gemacht wird, entsteht Todesangst als Ausdruck der Angst vor Retraumatisierung. Hier entscheidet sich, ob die Trennung vom Introjekt, »Geburtsstunde der Individuation«, gewagt werden kann. In der Gegenübertragung fürchtet sich der Analytiker auch oft vor dem Hass des Patienten, so dass der Patient dann keine Unterstützung bei dem gefürchteten Trennungsschritt bekommt. Entscheidend ist, um mit Winnicott (1971b) zu sprechen, dass der Analytiker den Hass des Patienten überlebt.

Das Ende der Behandlung

Gegen Ende der Behandlung besteht ein weiteres Problem darin, die Hoffnungslosigkeit (s. auch Ehlert-Balzer 1996, S. 308) auszuhalten, die sich aus der Zerstörung durch das Trauma ergibt. Trauma bedeutet unwiderruflich Zerstörung, und die Aufgabe des Analytikers ist es, das anzuerkennen, weil sich der Patient sonst nicht verstanden fühlt und keine Unterstützung bei seiner Suche findet, mit diesem zerstörten Teil in sich zu leben. Eine bestimmte Form der »Trauerarbeit« (Ehlert–Balzer 1996, S. 312) steht jetzt im Zentrum. Die Trennung vom traumatischen Introjekt stellt das Hauptproblem dar. Der Analytiker erlebt sich oft als ohnmächtig gegenüber der Macht des Introjekts. Wenn der Verlust des Liebesobjekts nicht ertragen werden kann, kann die Bindung an das traumatische Introjekt nicht aufgegeben werden. Wenn das Selbst jedoch, gehalten durch seine langjährige Beziehungserfahrung mit dem Analytiker, in der Lage ist, die grauenhaften Leerezustände, die das Aufgeben des Introjekts zunächst bedeuten, auszuhalten, verwandelt sich die traumatische Erfahrung allmählich in einen endgültigen Verlust. »Jetzt bin ich wirklich ganz allein«, stellt Frau A. an diesem Punkt ernüchtert fest. Bei familiären Traumatisierungen bedeutet dies die Aufgabe der Liebeswünsche und die Abwendung vom ursprünglichen Liebesobjekt. Es bedeutet auch, den Verlust einer guten Elternbeziehung, die real oft nie bestanden hat, zu akzeptieren. Fischer (1990, S. 210) warnt in diesem Zusammenhang vor dem so genannten »Versöhnungsreflex« vieler Analytiker, die der Ansicht seien, dass es die Pflicht der Patienten gegenüber den traumatisierenden Eltern ist, sich zu versöhnen. Ich verstehe diesen »Versöhnungsreflex« so, dass der Analytiker als Container für diese radikale Trennungserfahrung und das Akzeptieren dieses endgültigen Verlustes nicht zur Verfügung steht, weil er die Ängste des Patienten teilt, dass dies den psychischen Tod bedeuten würde. Man könnte auch sagen, dass der Analytiker das Trauma, das dem Patienten bereits widerfahren ist, abwehren muss.

Exemplarisch möchte ich abschließend aus der Analyse von Frau A. berichten, bei der das traumatische Ohnmachterleben in der Übertragungsbeziehung erst bearbeitet werden konnte, nachdem ich meine Haltung und Deutungstechnik verändert hatte. Es war entscheidend, dass ich die Notwendigkeit der Kontrolle über die analytische Situation als Fähigkeit, für die eigene Sicherheit sorgen zu können, anerkannt und nicht als Widerstand gegen die Behandlung verstand. Auch hat dies der Patientin ermöglicht, zwischen vergangenem und gegenwärtigem Beziehungserleben zu unterscheiden.

Zur Vorgeschichte gehört, dass Frau A. in ihrer Kindheit die Erfahrung gemacht hat, dass Trennungswünsche (ganz real) mit dem Tode bedroht werden. Der Vater hatte die ältere Schwester beinah erwürgt, als die nach dem Abitur zum Studium wegziehen wollte. Die Mutter drohte mit Selbstmord. Danach versagten die Eltern der Schwester jede Unterstützung, wollten sie damit »zwingen« zurückzukehren. Die Patientin selbst floh während eines Krankenhausaufenthalts des Vaters aus dem Elternhaus.

Die Wiederbelebung des Traumas in der Übertragungsbeziehung bahnt sich an, als die Patientin unter Verleugnung der Gefahr einen Ferienaufenthalt in einem Land im Kriegszustand plant. In der Gegenübertragung reagiere ich zunehmend beunruhigt. Als ich sie schließlich mit der realen Gefahr konfrontiere und sie frage, ob sie sich wünscht, dass ich mich – anders als ihre Mutter damals – um sie sorge, wenn sie in Gefahr ist, gibt sie die Verleugnung auf und wird von Angst überflutet. Nachdem ich den bedrohlichen (äußeren) Krieg damit in die Übertragung gebracht habe, werde ich in der Folge zum traumatischen Aggressor. Nun erlebt sie mich als gefährlich und muss fliehen. Noch am gleichen Tag storniert sie die Reise, und bucht für das Ende der Woche eine Fernreise. Ich fühle mich in der Gegenübertragung überrumpelt und ohnmächtig. Versuche über die Situation zu sprechen bleiben fruchtlos, Frau A. fühlt sich von mir »festgehalten« und ist »gelähmt vor Angst«. Nach den mehrwöchigen Ferien eskaliert die Situation weiter. Frau A. sagt häufig Stunden ab oder hat Verlegungswünsche. Es gibt keine Möglichkeit der Verständigung, da sie immer wieder äußert: »Sie wollen mich zwingen ...«; in Gedanken ergänze ich: ... über die Terminabsagen zu sprechen. In der Übertragungsbeziehung heißt das: ›Sie wollen mich zwingen, über die traumatische Situation zu sprechen, über meine Todesangst, Ohnmacht und Wehrlosigkeit gegenüber dem traumatischen Vater.‹ Erst als ich verstehe, dass das Sprechen über die Terminabsagen für die Patientin unbewusst die Bedeutung erhält, sich erneut unterwerfen zu müssen (jetzt unter das Therapieritual), vermag ich meine Haltung zu ändern. Ich kann Verständnis äußern für ihr Gefühl des ohnmächtig Ausgeliefertseins und ihr deuten, wie wichtig es für sie ist, selbst die Kontrolle und Initiative zu haben in einer Situation, in der sie sich vollkommen wehrlos fühlt. Frau A. fühlt sich endlich verstanden und im weiteren Verlauf gelingt eine fruchtbare Bearbeitung des traumatischen Ohnmachterlebens in der Übertragungs-Gegenübertragungsbeziehung. Mein Verständnis für ihr Kontrollbedürfnis, das sich in dem geschilderten Konflikt u. a. darin ausdrückt, dass ich ihre Terminentscheidungen erst einmal akzeptiere, hat auch zur Folge, dass im weiteren Verlauf Terminabsagen und -verlegungen kein Problem mehr darstellen. Ich denke, dass meine veränderte Haltung ihr gegenüber ein entscheidender Schritt für die Fortsetzung unserer Arbeit war.

Literatur

Bohleber, W. (2000): Die Entwicklung der Traumatheorie in der Psychoanalyse. In: Psyche 54, S. 797–839.

Bohleber, W. (2003): Das Trauma und seine Bedeutung für das Verhältnis von innerer und äußerer Realität in der Psychoanalyse. In: Leuzinger-Bohleber, M. & Zwiebel, R. (Hg.): Trauma, Beziehung und soziale Realität. Tübingen (edition diskord), S. 11–32.

Bohleber, W. (2004): Trauma und Persönlichkeitsstörung. In: Rohde-Dachser, C. & Wellendorf, F. (Hg.): Inszenierungen des Unmöglichen. Stuttgart (Klett-Cotta), S. 60–75.

Ehlert, M. & Lorke, B.(1988): Zur Psychodynamik der traumatischen Reaktion. In: Psyche 42, S. 502–532.

Ehlert-Balzer, M. (1996): Das Trauma als Objektbeziehung. In: Forum Psychoanal. 12, S. 291–314.

Ferenczi, S. (1933): Sprachverwirrung zwischen dem Erwachsenen und dem Kind. In: Bausteine zur Psychoanalyse, Band III. Bern (Huber 1964), S. 511–525.

Ferro, A. (2002): Interpretation, Dekonstruktion, Erzählung oder die Beweggründe von Jacques. In: Psyche 56, S. 1–19.

Fischer, G. (1990): Die Fähigkeit zur Objektspaltung. In: Forum Psychoanal. 6, S. 199–212.

Fischer, G. & Riedesser, P. (1998): Lehrbuch der Psychotraumatologie. München (Reinhardt).

Hirsch, M. (2004): Psychoanalytische Traumatologie – Das Trauma in der Familie. Stuttgart (Schattauer).

Holderegger, H. (1993): Der Umgang mit dem Trauma. Stuttgart (Klett-Cotta).

Khan, M. (1963): Das kumulative Trauma. In: Selbsterfahrung in der Therapie. Eschborn (Klotz 1997), S. 50–70.

Küchenhoff, J. (1990): Die Repräsentation früher Traumata in der Übertragung. In: Forum Psychoanal. 6, S. 15–31.

Laplanche, J. (1970): Leben und Tod in der Psychoanalyse. Olten und Freiburg (Walter 1974).

Müller-Pozzi, H. (1984): Trauma und Neurose. In: Berna-Glantz, R. & Dreyfus, P. (Hg.): Trauma, Konflikt, Deckerinnerung. Stuttgart (Frommann-Holzboog), S. 102–120.

Reemtsma, J. Ph. (1999): Trauma – Aspekte der ambivalenten Karriere eines Konzepts. In: Persönlichkeitsstörungen 4, S. 207–214.

Winnicott, D. W. (1971b): Objektverwendung und Identifizierung. In: Vom Spiel zur Kreativität. Stuttgart (Klett 1973), S. 101–110.

Macht und Ohnmacht in Übertragung und Gegenübertragung bei der Begutachtung traumatisierter Flüchtlinge

Franziska Henningsen

Einleitung

Begutachtungen sind in das institutionelle Gefüge von Ausländerbehörden, Gerichten und Polizei eingebettet, ein Feld in unserer Gesellschaft, das im Gegensatz zum psychoanalytischen Rahmen steht. Bei der Begutachtung traumatisierter Menschen geht es für einen Analytiker darum, »angewandte Psychoanalyse« zu praktizieren. Er muss seine Haltung modifizieren und natürlich auch die Übertragungsprozesse in besonderem Maße reflektieren. Die Schwierigkeiten der am Begutachtungsprozess beteiligten Berufsgruppen entstehen häufig durch unbewusste Übertragungs- und Gegenübertragungsvorgänge, die die Wahrnehmung der Beteiligten bestimmen. Die schweren Störungen der Ich-Funktionen werden von vielen Ärzten, Juristen, Psychologen und Psychotherapeuten, die im Umgang mit schwer traumatisierten Menschen nicht vertraut sind, häufig nicht erkannt. Ferner hat der Prozess der Begutachtung einen öffentlichen Charakter und steht damit im Gegensatz zur Intimität der analytischen Situation. Der Proband, der zur Beurteilung seines Aufenthaltsrechts untersucht wird, weiß, dass seine Aussagen vor Gericht verwendet werden. Richter, Anwälte, Ärzte, Mitarbeiter der Ausländerbehörde und Angehörige können unter Umständen das Gutachten lesen. All dies zeigt, dass der Begutachtungsprozess offensichtlich nichts mit Psychotherapie zu tun hat.

Obwohl dem Flüchtling vermittelt wird, dass die beteiligten Institutionen auf seine Aussagen angewiesen sind, kann der psychisch extrem traumatisierte Mensch mitunter nicht über seine Erfahrungen sprechen. Seine zum Teil schweren Dissoziationen, die Unfähigkeit, seine Erfahrungen zu mentalisieren, zeitliche Abläufe logisch wiederzugeben, verlangen geradezu danach, dass Psychoanalytiker sich ihrer annehmen – sind sie doch in besonderer Weise darin geschult, traumatische Prozesse zu erkennen, unbewusste Kommunikation wahrzunehmen, nicht sprachliche Inszenierungen aufzunehmen, sie allmählich auf eine Symbolebene zu heben und sie ggf. zu versprachlichen. Psychoanalytiker können dem Traumatisierten dabei helfen, sein Trauma zu entziffern. Im Rahmen der Begutachtung können sie ihn darin unterstützen Zeugnis abzulegen, damit es ihm möglich wird sein Trauma anzuerkennen (Laub & Weine 1994, S. 1118). Macht und Ohnmacht sind wesentliche Erlebnismodi der Übertragung und Gegenübertragung, wenn es um die Begutachtung von traumatisierten Flüchtlingen in aufenthaltsrechtlichen Fragen geht. Im Prozess der Begutachtung gilt es folgende Einflüsse zu reflektieren:

– die individuelle intrusiv erlebte Traumatisierung, die nicht mentalisiert und/oder symbolisiert werden kann und direkt auf das Unbewusste des Untersuchers wirkt

– die individuell abgewehrte Traumatisierung, die latent den Interaktionsprozess gestaltet

– Einflüsse des kollektiven Gedächtnisses und der eigenen »trauma history« auf gegenwärtige Situationen politischer Verfolgung, Folter und Krieg

– Einflüsse durch Behörden und Verwaltungsgerichte, Schwierigkeiten, das Unaussprechliche des Traumas zu erkennen.

Die Vielfalt dieser Dimensionen manifestiert sich in den Verzerrungen und Spaltungsvorgängen von Übertragung und Gegenübertragung. Hierbei gilt es, zwei grundsätzliche Unterschiede in der emotionalen Situation zwischen dem Untersucher und dem Flüchtling anzuerkennen, die vom Grad der Störung des Probanden abhängen und die Beziehung zum Untersucher bestimmen:

1. die in der Latenz gehaltene, vermeidende Form der PTBS

2. die intrusive, manifeste Form der PTBS.

Diese zwei Manifestationsformen der chronischen PTBS sind als die Endpunkte eines Kontinuums zu denken. Die Zustände können bei einzelnen Traumatisierten schwanken, sogar während einer Sitzung. Die durch die jeweilige Manifestationsform bedingte Art der Beziehungsgestaltung findet sich natürlich auch außerhalb der Untersuchungssituation, z. B.

beim Arzt, bei Behörden und in der Familie. Der analytisch oder tiefenpsychologisch orientierte Therapeut ist allerdings darin geschult diese Gestaltungsprozesse zu erkennen und für seine Tätigkeit zu nutzen. Hierbei erscheint es mir notwendig zwischen dem *Gefühl* und der *Reaktion* zu unterscheiden, die der Untersucher entwickelt. Ich habe in zwei Tabellen mögliche Gegenübertragungsgefühle und die daraus resultierenden Gegenübertragungsreaktionen zusammengestellt (Tab. 1 und 2).

Die vermeidende Manifestationsform der PTBS

Die Prozesse, traumatische Erfahrungen und Intrusionen in der Latenz zu halten oder gar einzukapseln, sind in der psychoanalytischen Literatur mehrfach dargestellt (Bohleber 2000; Henningsen 1990, 2000, 2003a, b, c). Aus der Holocaustforschung ist auch der Prozess der transgenerationellen Identifizierung (Gampel 1994) bekannt. Dabei wird das abgewehrte Trauma auf die nächste Generation übertragen und kann dann in der zweiten oder dritten Generation zu einer schweren psychischen Erkrankung führen (Henningsen 2000).

das Trauma in der Latenz (Symptome)	Gegenübertragungsgefühl	Gegenübertragungsreaktion
Somatisierungen	»(pseudo)normales Gefühl«	Empathiestörung, Distanzierung
hohe Anpassungsleistungen	Leere, Bewunderung	Verleugnung von Krankheit
partielle Denkstörungen	Verunsicherung	Verleugnung
partielle Dissoziationen	Verunsicherung	Substitution oder Verleugnung
Affektarmut	Depression, Leere	Überidentifikation, Distanzierung
Symbolisierungsstörungen	Leere	leichte Denkstörung, Mitagieren
Vermeidungsverhalten	Angst (rührt ggf. an ein eigenes Trauma)	Vermeidungsverhalten
allgemeine Lebenseinschränkung	Druck	Bevormundung, Vernachlässigung
neurotisches Funktionsniveau außerhalb des Traumabereichs	wie bei anderen Patienten	wie bei anderen Patienten

Tab. 1: mögliche Übertragungen und Gegenübertragungen bei PTBS mit vorwiegend in der Latenz gehaltenen Intrusionen

Ein Patient, der akut unter PTBS leidet, unterscheidet sich deutlich von einem traumatisierten Patienten, dessen Traumaerfahrung bereits zurückliegt und dem es gelungen ist, sein Trauma einzukapseln oder in der Latenz zu halten. Letzterer ist der Patient, der oft in die Analyse kommt, er leidet unter den verschiedensten Symptomen, meist ist auch eine begrenzte Symbolisierungsstörung festzustellen, funktioniert aber eher auf neurotischem Niveau. Im Zuge der Analyse wird sein Trauma virulent und wenn es gelingt, die dann sehr schwierige Übertragungsbeziehung zu meistern, wird der Patient sein Trauma in einer zufrieden stellenden Weise integrieren und symbolisieren können. Die Konfrontation mit dem traumatisierten Patienten, der unter einer manifesten intrusiven Form der PTBS leidet, bietet dem Therapeuten die Gelegenheit, das in Statu Nascendi kennen zu lernen, was der andere Patient in mühevoller Weise abwehrt. Wie bereits erwähnt lassen sich die beiden Zustände der intrusiven versus der in der Latenz gehaltenen oder gar eingekapselten, vermeidenden Manifestationsform einer chronischen PTBS als die Endpunkte eines Kontinuums denken. Die Realität des einzelnen Patienten spielt sich in der Regel zwischen beiden Polen ab und kann schwanken: So kann z. B. bereits die Begutachtungssituation als initiales Übertragungsangebot für den Flüchtling die Wiederholung eines Polizeiverhörs oder einer erlebten Verfolgung bedeuten und das entsprechende paranoide Misstrauen mit intrusiven Symptomen hervorrufen. Bei anderen kann der Tod eines Angehörigen in der Heimat zu erneuten Intrusionen mit dem Vollbild einer PTBS und damit zur Dekompensation führen (Reaktualisierung).

Bei den Flüchtlingsfamilien ist folgende Struktur häufig anzutreffen: Ein Familienmitglied – meist ein Elternteil – leidet unter dem Vollbild eines PTBS, die anderen Mitglieder sind rund um die Uhr damit befasst den Traumatisierten zu betreuen; dabei können diese Familienmitglieder auf dem Wege der projektiven Identifizierung ihr eigenes Leid in den schwer Kranken projizieren. Vermittels der Pflege des Patienten wehren sie ihre eigenen Ängste ab. Der PTBS-Kranke übernimmt in so einem Fall die Rolle des Symptomträgers für die gesamte Familie. Aus diesem Grunde ist es wichtig familiendynamische Überlegungen in die Diagnostik und Therapie dieser Patienten mit einzubeziehen.

Der Prozess der Abspaltung oder Einkapselung ist oft bei den Kindern der Flüchtlinge zu beobachten: Sie haben in der Regel dasselbe erlebt wie die Eltern, spüren die Panik und Hilflosigkeit der Situationen aber nicht nur direkt, sondern auch über die Eltern, mit denen sie sich identifizieren. Über die gemeinsamen traumatischen Erfahrungen kann gewöhnlich nicht gesprochen werden. Die Bindung an die Eltern mobilisiert in ihnen viele Abwehr- und Anpassungsleistungen, die dazu beitragen, das aktuelle Leben in Deutschland zu bewältigen. Die Kinder sprechen häufig fehlerfreies Deutsch, bringen es zu hervorragenden Leistung in der Schule, sie fungieren als Hilfs-Ich für die Eltern, wenn sie bei diversen Behördengängen und Arztbesuchen für die Eltern als Übersetzer tätig sind. Diese Kinder funktionieren der Beurteilung mancher Lehrer zufolge sehr gut, stören auch nicht den Unterricht, sie sind aber in Wahrheit völlig überfordert, denn ihr eigenes Trauma wird in der Latenz gehalten. Hier sind Entwicklungsprozesse zu beobachten, deren Resultate wir aus den Schilderungen der Leiden der zweiten und dritten Generation nach extremen Traumatisierungen kennen. In diesem Zusammenhang möchte ich auf die prominente Rolle der Holocaustforschung verweisen (Kogan 1990, 1995).

Die intrusive Manifestationsform der PTBS

Der Mensch, der unter der intrusiven Form der PTBS leidet, ist den Intrusionen ausgeliefert und verfügt über keinen ausreichenden Reizschutz. Dies wirkt besonders belastend auf das Gegenüber: Die nicht zu bewältigenden Gefühle des Traumaopfers werden direkt, ohne eine schützende Membran und ohne eine kognitive Verarbeitung, intrusiv im Gesprächspartner manifest. Es kommt in der Gesprächssituation – manchmal nur in kurzen Momenten – zu Fusionen, die massive Gegenübertragungsreaktionen auslösen können. Das Burnout-Syndrom vieler Traumatherapeuten dürfte hierin eine wesentliche Ursache haben.

Die abgespaltenen Gefühle des Traumatisierten wirken wie psychotisch anmutende Mikroimpulse direkt auf die Gefühle des Gegenübers ein und rufen Reaktionen des Ausstoßens hervor. Ferner greifen die Spaltungsphänomene die Wahrnehmungsfunktion in der Gesprächsituation besonders an und es ist dabei sehr wichtig, innerlich bereit zu sein, vorerst einzelne Teile einer Person erkennen zu wollen. Um hier die Gegenübertragung zu erfassen, sollte zwischen dem introjizierten oder empathisch wahrgenommenen Gefühl des Traumatisierten und der darauf folgenden Reaktion (der emotionalen und mentalen Verarbeitung) des Analytikers unterschieden werden. Diese Nahtstellen sind in Supervisionen oft rekonstruierbar: Im Text befindet sich ein Gedankensprung; gefragt nach den Gegenübertragungsgefühlen erinnert sich der Supervisand an eine Palette von überwältigenden Gefühlen, vor denen er sich in der realen Situation durch Vermeidung zu schützen versuchte.

intrusiver Zustand (Symptome)	Gegenübertragungsgefühl	Gegenübertragungs-reaktion
Dissoziationen	Chaos	Denkstörungen
Panik, Intrusionen	Reizüberflutung	Empathiestörung
Stupor, Starre	Wut, Gefühlseinschränkung	Lähmung, Überreaktion
paranoides Misstrauen	paranoides Misstrauen	verfolgende Gesprächstechnik
Angst	Angst	Vermeidungsverhalten, Flucht
motorische Unruhe	Aggressionen, Hilflosigkeit	Mitagieren, somatische Reaktionen
Ohnmacht, Infantilität	Scham, Schuld, Ungeduld, Wut	Überidentifikation, Bevormundung, Helfersyndrom
	Berührung des eigenen Traumas?	Distanzverlust, Abwehr depressiver Gefühle
Borderline-Niveau/ Psychose	mangelnde Objektbezogenheit	Bevormundung des Patienten

Tab. 2: mögliche Übertragungen und Gegenübertragungen bei intrusiver Manifestationsform einer PTBS

Die Anwesenheit des Dolmetschers spielt in diesem Zusammenhang häufig eine hilfreiche Rolle, die etwas genauer dargestellt werden soll: Seine Vermittlungsfunktion führt dazu, dass der Analytiker die Mimik des Probanden und den sprachlichen Inhalt seiner Äußerungen nicht synchron, sondern mit Verzögerung wahrnimmt. Das kann beide vor einer Reizüberflutung und damit den Probanden vor erneuter Traumatisierung schützen. Die bestehende Latenz zwischen Form und Inhalt ist besonders wichtig, spiegelt sie doch – wenn es um die Schilderung eines traumatischen Ereignisses geht – eine Art von Spaltung wider: Die Gefühle der Erschütterung und/oder die Ausdrucksstarre werden direkt vermittelt, den erschreckenden Inhalt erfährt der Analytiker jedoch etwas später. Er nimmt also das traumatische Ereignis in Etappen wahr, kann sich vorbereiten, sich selbst auch vor dem Erschrecken und einer möglichen inneren Einfühlungshemmung schützen. Umgekehrt kann auch der Proband die zweiphasige Wahrnehmung des Analytikers beobachten: Während er spricht, sieht er, wie sich der Analytiker einfühlt, später, wenn der Übersetzer spricht, kann der Patient erkennen, ob der Analytiker in seiner Vorahnung dessen, was erzählt wurde, schon das wesentliche Gefühl erfasst hat, wie viel Neues, vielleicht auch Entsetzliches hinzukommt.

Es entsteht in dieser Latenzzeit eine besondere Atmosphäre des Verarbeitens auf präverbaler Ebene. Analytiker und Proband sind in gleicher Weise, aber in umgekehrter Wahrnehmungsrichtung damit befasst, Emotion und Inhalt zusammenzusetzen; auf diese Weise können Mentalisierungsprozesse (Varvin 2000) initiiert werden. Im Unterschied hierzu ist der Dolmetscher permanent mit der Übermittlung der intrusiven Inhalte befasst und bedarf deshalb einer speziellen Supervision.

Am Anfang der Beziehung kann der Traumatisierte die Möglichkeit der sukzessiven Wahrnehmung kaum nutzen. Der Analytiker spürt dann deutlich das Abreißen des Kontaktes, den Rückzug des Patienten in Hoffnungslosigkeit und Starre. Aber mit der Zeit, wenn ein wenig Hoffnung auf Verstandenwerden gewachsen ist, kann der Traumatisierte diesen Raum zeitweise für sich gewinnen. Er sieht im Gesicht des Analytikers, wie dieser die Dinge in seinem Inneren zusammensetzt und dann einen Kommentar, eine supportive Intervention, eine weitere Frage oder eine Deutung formuliert. Auf dem Wege der Identifizierung werden – wenn auch nur phasenweise und sicherlich auch nur vorübergehend – integrative Prozesse möglich. Entsprechend kann der Analytiker hier sehr viel über dissoziierende Prozesse in Erfahrung bringen und sich selbst darin schulen sie nicht zu übergehen, sondern anzuerkennen (Gerzi 2002). Er lernt sich zu bescheiden, lediglich die abgespaltenen Gefühle zu benennen. Er lernt, dass er in einer Stunde kein geschlossenes Bild der Persönlichkeit des Flüchtlings erhalten kann, er lernt mit Bruchstücken zu leben und dem Patienten zu zeigen, dass er um diese Bruchstückhaftigkeit weiß. Er lernt, die Dinge nicht vorschnell zu einem Ganzen zu machen, um sich zu beruhigen, denn dann würde er den Flüchtling in seinem Leid verlassen.

Der mit traumatisierten Menschen befasste Therapeut oder Diagnostiker sollte seine eigene »trauma history« bearbeitet haben (Fischer & Riedesser 1998). Die traumatisierten Flüchtlinge sprechen uns in besonderer Weise an, denn die Berichte der durch den Krieg traumatisierten Menschen rufen in uns je nach Generation Bilder und Erinnerungen hervor, die wir selbst erlebt haben oder durch unsere Eltern auf dem Wege der transgenerationellen Identifizierung (Gampel 1994, Kogan 1990 u. 1995) je nach Familiengeschichte latent in uns tragen. Das sind Bilder, über die vielleicht nie gesprochen wurde oder über die erhebliche Sprach- und Symbolisierungsschwierigkeiten bestehen. Bosnische Männer, die ihr Kriegselend darstellen, lassen uns an Väter und Großväter denken. Die Bilder der Wehrmachtsausstellung werden in uns lebendig. Vertriebene, Inhaftierte, Opfer ethnischer Säuberungen lassen uns an nationalsozialistisches Vorgehen gegen jüdische Mitbürger denken.

327

Schuldgefühle werden in uns wach. Andere Berichte verbinden sich in unserem Vor- oder Unbewussten mit der Flucht oder Vertreibung aus den ehemals deutschen Ostgebieten. Die manifeste Gewalttätigkeit bedingt psychotische Zustände, sowohl im Täter als auch im Opfer.

An anderer Stelle habe ich auf die berufspezifischen Übertragungen außerhalb der Psychotraumatologie hingewiesen und gezeigt, wie Juristen, Verwaltungsbeamte und Behörden dazu neigen, sich durch bürokratische Regelungen vor den überwältigenden Gefühlen zu schützen. Sie werden den traumatisierten Menschen nicht gerecht und höhlen den Sinn der Erlasse der Innenminister aus (Henningsen 2003c). Strukturell scheint sich in Deutschland ein bürokratisches Hickhack zu wiederholen, das bereits bei der Umsetzung des Bundesentschädigungsgesetzes zur Verleugnung bekannter Tatsachen führte und eine menschenwürdige Behandlung der Opfer verhinderte (Klein 1984, Krystal 1968, Niederland 1971, Wangh 1965 u. 1969, Pross 2001). Es taucht die Frage auf, ob hier auf gesellschaftlicher Ebene ein abgespaltenes, unbewältigtes Trauma oder ein eingekapseltes psychotisches Introjekt berührt wird, das nicht in den bewusstseinsfähigen Raum darf und deshalb ausgestoßen werden muss, ob also die juristischen und polizeidienstlichen Praktiken teilweise dieser Abwehr dienen (Henningsen 1990, Laub & Weine 1994). Gegenwärtig haben wir die Gelegenheit mit unbewältigten Traumata, die sich im kollektiven Gedächtnis unserer Gesellschaft abgelagert haben, in Berührung zu kommen und vielleicht ein wenig Integrationsarbeit zu leisten. Diese beträfe zum einen uns selbst, zum anderen aber auch die gesellschaftlichen Abwehrformationen und Wiederholungszwänge, denen wir immer wieder begegnen (Henningsen 2003a, b, c).

Drei Fallbeispiele

Anhand von drei Vignetten möchte ich zeigen, wie ich Gespräche strukturiere, die zum Zweck der Begutachtung von Flüchtlingen geführt werden. Es handelt sich dabei um Fälle, bei denen ich in der Gefahr war, meine ablehnenden Gefühle gegenüber den Flüchtlingen nicht zu kontrollieren und meiner Aufgabe nicht gerecht zu werden.

Frau A. – Überspringen des Traumas

Die Dissoziationen werden häufig darin manifest, dass der Traumatisierte sein Zeitgefühl verloren hat. Er kann die Ereignisse nicht mehr in ihrer ursprünglichen zeitlicher Abfolge schildern und springt in der Darstellung hin und her. Oft wird durch das Überspringen gerade dasjenige nicht genannt, was die Schwere des Traumas ausmacht. Gerade für den nicht geschulten Untersucher besteht die Gefahr, diese Abwehrbewegung mitzumachen. Die Traumatisierung wird dann angezweifelt, wie es seitens des Landeseinwohneramts bei Frau A. geschah.

Frau A. wies alle Symptome von PTBS auf, in den Akten wurde auf verschiedene traumatisierende Erfahrungen hingewiesen, auch hatte sie viele Verwandte verloren. Trotzdem wurde das Gutachterverfahren eingeleitet. Mündlich war mir noch beiläufig mitgeteilt worden: »Sie ist aber nicht vergewaltigt worden.« Frau A. war während der Gespräche kooperativ und offen. Auf meine Bitte in der dritten Sitzung, über die Kriegszeit zu sprechen, reagierte Frau A. mit knappen Worten und sagte: »Ja, dann brach der Krieg aus und ich bin nach Berlin gegangen.« Mimisch teilte sie mir mit, dass sie mit ihrem Bericht fertig war, bevor sie begonnen hatte. Für einen kurzen Moment spürte ich eine Erleichterung und zögerte. Ich atmete dann aber tief durch, um sie zu ermuntern ihre Erlebnisse mitzuteilen. In meinem Inneren hatte sich ein Widerstand gemeldet, ein Gefühl, das mir in vielen Untersuchungssituationen mit traumatisierten Flüchtlingen begegnet ist. Was war geschehen? In der Gegenübertragung hatte ich mich der Versuchung ausgesetzt gefühlt, das Gespräch auf sich beruhen zu lassen – schließlich war sie in Berlin angekommen, wir könnten unsere Arbeit beenden. Was hatte sich unbewusst zwischen uns abgespielt?

Frau A. litt neben den Depressionen, die sich auf den Verlust der Verwandten und ihrer Heimat bezogen, unter massiven Scham- und Schuldgefühlen. In ihrem Heimatdorf waren alle bosnischen Häuser zerstört worden, die Frauen lebten mit den älteren Menschen und den Kindern in den noch zugänglichen Kellern. Regelmäßig drangen die Serben in die Keller ein und vergewaltigten die Frauen, »nur mich nicht.« – »Wissen Sie, warum Sie davon verschont geblieben sind?« – »Der Anführer der Truppe ist in meine Schule gegangen. Wir sind zehn Jahre lang in derselben Klasse gewesen.«

In meinem Unbewussten war ich einer komplexen Übertragungsbeziehung ausgesetzt gewesen, die ich anfangs nicht annehmen wollte. Frau A., die Übersetzerin und ich standen in einer helfenden, solidarischen Beziehung zueinander, wir befanden uns quasi im Keller eines der zerstörten Häuser und hielten zusammen. Unbewusst hat sich Frau A. als Verräterin gefühlt, als sie die Schonung durch den früheren Freund annahm. Dieser (erste) Verrat wurde abgespalten und in mich projiziert. Außerdem war für sie die ursprünglich positive Bindung an einen Klassenkameraden zu einer perversen Beziehung geworden, die sie vor der Vergewaltigung bewahrte – als sei sie (in einem zweiten Verrat) einen Pakt mit dem Teufel eingegangen. Diese destruktiven Introjektionen wurden abgespalten und in den psychosomatischen Symptomen und der Depression manifest. In dem Moment, als Frau A. ihr Leben verteidigen und für sich sprechen musste, um eine Aufenthaltsbefugnis in Berlin zu erhalten, wiederholte sich auch dieser Aspekt der Kriegsereignisse: Ich hätte sie beinahe mit möglicherweise retraumatisierenden Fragen verschont (so wie der frühere Klassenkamerad sie verschont hatte), zugleich wäre sie aber in ihrem Leid nicht erkannt, sondern durch Abschiebung bestraft worden. In der Übertragung bestand die Gefahr, dass ich die projizierte Destruktion nicht wahrnahm, mich unbewusst mit dem doppelten Verrat identifizierte und im Sinne einer projektiven Gegenübertragungsreaktion (Grinberg 1991) handelte. Es ist durchaus denkbar, dass die Behörden mit dem Zweifel an ihrer Traumatisierung und der Bemerkung, »Sie ist aber nicht vergewaltigt worden«, dieser projektiven Identifizierung erlegen waren.

Frau B. – Negative Gegenübertragung

Schon bevor Frau B. zum ersten Mal bei mir war, hatte ich von der behandelnden Therapeutin unaufgefordert eine Stellungnahme erhalten. Die Therapeutin, die die Patientin seit Februar 2000 vierzehntäglich zu einer Stunde sah, sorgte sich offenbar sehr und ich fühlte mich bereits zu diesem Zeitpunkt unter Druck gesetzt.

Frau B. ist eine gepflegt aussehende wohlproportionierte Frau. Zum Erstgespräch erschien sie in meinem Zimmer an der Hand der Dolmetscherin. Offenbar hatte vor meiner Haustür die Übergabe von der Einzelfallhelferin an die Dolmetscherin stattgefunden. Während der Gespräche musste Frau B. immer wieder weinen, sie zitterte am ganzen Körper. Es war ihr unmöglich, Ereignisse in ihrem zeitlichen Zusammenhang zu schildern. Sie beklagte sich darüber, zu mir zu müssen. Ihre Therapeutin wisse über alles Bescheid, bei ihr solle ich mir Auskunft holen. Sie war darüber erbost, dass mehrere Termine – insgesamt fünf – nötig waren, sie wollte nur, dass alles schnell vorbei gehe. Auf Fragen nach ihrer Tochter reagierte sie nur mit einer erneuten Beschreibung ihres Leides und demonstrierte mir auch die Schweißabsonderungen unter ihren Achselhöhlen.

Frau B. rief in mir sehr schnell eine negative Gegenübertragung hervor, ich erlebte sie anspruchsvoll und infantil. So, wie sie nicht zwischen sich und der Tochter unterscheiden konnte, so war ich in der Gefahr, mich den destruktiven Intrusionen ausgeliefert zu fühlen. Ich spürte in mir Impulse, sie zurechtzuweisen oder ihr zeigen zu wollen, dass die Dolmetscherin und ich doch wirklich unser Bestes zu geben versuchten. Mir wurden eigene Scham- und Schuldgefühle bewusst. In Interventionen, die notwendig waren, damit Frau B. überhaupt sprechen konnte, versuchte ich ihr Leid zu benennen und ihre Erfahrungen in der zeitlichen Abfolge mit ihr zu ordnen. Ich bemühte mich die dissoziativen Zustände und ihr Vermeidungsverhalten anzuerkennen. Verweise auf die Realität wurden von Frau B. mit Vorwürfen gegen mich oder erneuten Klagen über ihre körperlichen Beschwerden und Ängste quittiert. Ich sagte ihr dann:»Ich weiß, dass Sie über Ihr Leid kaum sprechen können, und Sie sind jetzt in der schwierigen Situation, für sich sprechen zu müssen. Dabei möchte ich Ihnen gerne helfen.«

Frau B. erzählte, sie leide unter schweren Ängsten, Alpträumen und Flashbacks, oft schreie sie nachts:»Ich mach die Augen zu, und dann kommen alle Kriegsbilder.« Depressionen, Schweißausbrüche, Kopf-, Rücken- und Magenbeschwerden seien ihre ständigen Begleiter. Wegen Blutdruckschwankungen könne sie manchmal keine Treppen steigen. Bei gastrokopischen Untersuchungen wurden zehn Magengeschwüre festgestellt. Darüber hinaus klagte Frau B. noch über Atem- und Herzbeschwerden. Das Gedächtnis sei erheblich beeinträchtigt:»Ich habe eine Blockade im Kopf.« Sie könne sich nicht konzentrieren und leide unter Affektdurchbrüchen:»Mein Gehirn steht einfach. Vor kurzem hat meine Tochter auf der Straße mir nicht gleich geantwortet, da habe ich sie angebrüllt. Ich kann das nicht kontrollieren.« Sie breitete vor mir eine große Plastiktüte mit Medikamenten aus, darunter diverse Psychopharmaka.

Frau B. lebte mit ihrer zehnjährigen Tochter in einer Zweizimmerwohnung. Die Tochter ging in die 4. Klasse. Frau B. konnte nicht sagen, wie die Schule heißt. Die Tochter besuchte den Hort. Frau B. konnte zwar für das Kind kochen und mit ihm essen, wenn sie jedoch allein war, konnte sie sich kein Essen zubereiten. Eine Einzelfallhelferin betreute Frau B. acht Stunden pro Woche und begleitete sie zum Arzt, zum Sozialamt und anderen Institutionen, weil Frau S. nicht allein mit der U-Bahn fahren konnte.

Frau B. lebte seit zehn Jahren in Berlin und hatte von Beginn dieser Zeit an immer eine Sechs-Monats-Duldung im Anschluss an die vorherige bekommen. Die damit verbundene Ungewissheit belastete sie sehr.

Aus ihrer Biografie sei lediglich erwähnt, dass sie 1958 als das jüngste von drei Kindern (Bruder 1949 geboren, Schwester 1954 geboren) in Kroatien geboren wurde. Ihr Vater sei an einem Hirntumor gestorben, als sie fünf Monate alt war. Unter dem frühen Tod des Vaters habe sie aber nicht gelitten, denn sie blicke auf eine sehr schöne Kindheit zurück. (Möglicherweise handelt es sich hier um die Einkapselung eines frühen Traumas.) Sie habe die Fröhlichkeit des Vaters »geerbt« und die Mutter viel getröstet. Beruflich war sie als Verwaltungsangestellte tätig und heiratete im Alter von 20 Jahren einen serbischen Mann. Sie ist katholisch, aber nicht religiös, weshalb der Mischehe wenig Bedeutung beigemessen wurde. Die Beziehung blieb zehn Jahre kinderlos, anfangs haben die Eheleute kein Kind gewollt, später hatten sich Schwierigkeiten eingestellt. Es kam dann spontan zur Schwangerschaft, »im Krieg, wir hatten zu dem Zeitpunkt bestimmt kein Kind gewollt«.

Die spezielle Trauma-Anamnese sei hier ausführlicher dargestellt: Mit Ausbruch des Krieges stellten sich bei Frau B. ihren Angaben zufolge erste Anzeichen einer Angstsymptomatik ein. In ihrem Bekanntenkreis habe einer nach dem anderen seine Arbeit verloren, ihr Mann und sie seien in ständiger Gefahr gewesen, hätten sich permanent verstecken müssen und fühlten sich von beiden ethnischen Gruppierungen (der serbischen, der ihr Mann angehörte, und der kroatischen, der sie selbst angehört) bedroht. Während ihr Mann eingezogen wurde, um Schützengräben auszuheben, sei sie ständig besorgt gewesen, denn der Hass auf Menschen, die in Mischehen lebten, sei unberechenbar gewesen.

Den größten Schock habe sie jedoch erlitten, als eines Abends ca. zehn Männer in ihr Haus eindrangen, in dem sie sich allein befand. Bei vorgehaltenem Gewehr sei sie gezwungen worden, Nachbarinnen in ihr Haus zu holen. Die Männer seien nicht eindeutig als Soldaten zu erkennen gewesen, auch konnte Frau B. sie nicht einer bestimmten Ethnie zuordnen. Sie hätten gegrölt, Alkohol getrunken und die Frauen gezwungen, sich auszuziehen. Sie hätten daraufhin nackt vor ihnen tanzen müssen. Sie selbst habe mehrfach um Rücksicht gebeten, denn sie sei unübersehbar im sechsten Monat schwanger gewesen. Dies habe die Männer nicht interessiert, sie habe ihren Befehlen gehorchen müssen wie auch die anderen Frauen, vier Kroatinnen und eine Serbin. Das Treiben habe die ganze Nacht gedauert. Sie habe gehört, wie die anderen Frauen schrien. Die Schreie und ihre eigenen Erinnerungen an den Anblick der Männer suchen Frau B. noch heute in Flashbacks heim. Bei genauerer Exploration habe ich den Eindruck gewonnen, dass Frau B. während dieser Ereignisse unter Schock stand und nicht alle Vorfälle genau beobachtet hat. Es ist aber zu vermuten, dass die anderen Frauen vergewaltigt wurden. Ihr sei mehrfach in Anspielung auf ihre Mischehe vorgeworfen worden: »Du hast ja einen Tschetnik im Bauch.« Am Morgen hätten »echte Soldaten« sie und die anderen Frauen befreit. »Ich weiß nicht mehr, wer wer war, Sarajewo war total gemischt.« Sie habe ihrem Mann später von diesem traumatischen Ereignis berichtet, obwohl sie große Angst hatte es zu erzählen. Ihr Mann habe das aber nicht richtig wahrnehmen können, er sei selbst völlig verängstigt gewesen und habe »immer nur auf einen Punkt geguckt«.

Ohne ärztliche Hilfe gebar sie unter dramatischen Umständen ihre Tochter. Ihr hätten die Beine gezittert. Sie habe nichts denken können, alles sei unhygienisch gewesen. Sie habe für das Kind kein Gefühl entwickeln, es weder streicheln noch stillen können. Panik und Angst sei der dominierende Eindruck gewesen.

Nach der Geburt des Kindes seien sie nach Deutschland geflohen. Sie gerieten mehrfach unter Granatenbeschuss, fanden ein Versteck bei Freunden, zogen durch Wälder, schließlich seien sie von einem LKW aufgenommen worden. Dieser fuhr sie gegen Bezahlung auf Schleichwegen nach Österreich. »Ich weiß nicht wo, die Kleine hat geweint, und ich hatte keine Milch« ... »Ich war anfangs so stark, wollte das alles organisieren, aber zum Schluss ging es nicht.« Von Österreich aus sei sie mit ihrer Familie dann mit einem Bus nach Berlin gefahren, weil dort Freunde lebten.

In Berlin angekommen erhielten sie und ihre Familie ein Zimmer in einer Wohnung, die sie mit einer anderen Familie teilten. Nachdem sich alles ein wenig entspannt hatte, wurden ihr Mann und die Tochter ernsthaft krank. Ihr Mann habe schon seit geraumer Zeit unter Schmerzen in den Beinen gelitten, die auf die schwere Arbeit beim Ausgraben der Schützengräben zurückgeführt wurden. Seine Symptomatik verschlimmerte sich aber massiv, es wurde Knochenkrebs festgestellt.

Bald darauf waren die Essstörungen der kleinen Tochter (ca. anderthalb Jahre alt) so extrem und von Erbrechen begleitet, dass die Mutter mit dem untergewichtigen Kind ebenfalls ins Krankenhaus eingeliefert werden musste. Frau B. war völlig überfordert: »Mir war alles egal.« ... »Ich wollte nur noch sterben, ich konnte wirklich nicht mehr.« Nach der Entlassung hatte Frau B. in dem Zimmer, in dem die Familie lebte, ihren Mann anderthalb Jahre lang bis zu seinem Tode gepflegt. Die Tochter schlief in demselben Raum. Frau B. erzählt, sie habe sich eingeschlossen, Tabletten geschluckt und alles mechanisch gemacht. Einmal sei ihr der Strom abgeschaltet worden, der Arzt habe ihren Mann mit der Taschenlampe untersuchen müssen. »Ich konnte darüber nicht nachdenken.« ... »Mir zittern seitdem die Hände, ich wog nur noch 45 kg.« Sie habe in der Zeit keinen Respekt mehr vor Ärzten gehabt, häufig die Geduld verloren und das Kind beispielsweise einfach ins Bett gestoßen. Ihr Mann sei auf Wunsch seiner Eltern in seiner Heimat beerdigt worden, das habe das Sozialamt organisiert. Sie selbst habe nicht an der Beerdigung teilgenommen. Sie würde gerne einmal mit ihrer Tochter das Grab besuchen und dort Rosen niederlegen.

Die Tochter, Vanessa, sei früh (vor dem zweiten Lebensjahr) in den Kindergarten gekommen, das habe sie gerettet, denn dadurch sei sie tagsüber einmal aus der den Tod verheißenden Atmosphäre herausgekommen. Eine Sozialarbeiterin habe gesagt: »Das Kind muss aus dieser Situation heraus.« Im Kindergarten sei sie die Kleinste gewesen, habe kaum gegessen. Frau B. sagt, sie habe ihrem Kind keine Liebe geben können und auch nie mit ihr gekuschelt. Vanessa geht heute in die vierte Klasse, sie sei auffallend ordentlich und bringe nur gute Noten nach Hause. Das Lesen und Schreiben der serbokroatischen Sprache habe sie sich praktisch selbst beigebracht, nachdem sie ihr die wichtigsten Schriftzeichen einmal erklärt habe. Niemand merke, dass sie keine Deutsche ist.

Wenn Frau B. in einen – vermutlich durch Flashbacks ausgelösten – dissoziativen Abwesenheitszustand fiel und nur »auf einen Punkt starrt«, weckte Vanessa sie auf, indem sie sie mit »hallo Mama« ansprach und gleichzeitig mit den Händen vor dem ins Leere starrenden Blick hin und her winkte. Klagte die Mutter über Schmerzen, entschied Vanessa: »Mama komm, wir gehen jetzt zum Arzt.« Beim Arzt fungierte sie dann als Übersetzerin, wenn die Einzelfallhelferin nicht zugegen war. Frau B. teilte sich mit ihrer Tochter ein 1,60 m breites Bett, das sie vom Sozialamt erhalten hatte. Die nächtlichen Schreie der Mutter weckten die Tochter regelmäßig. Die Tochter versuchte dann, die Mutter zu beruhigen. »Sie versteht, wenn ich nicht mehr kann.« ... »Heute früh hat sie gesagt, ich soll mich nicht ärgern, weil ich heute wieder den Termin bei Ihnen habe, und dann hat sie mich gestreichelt.«

Wie bereits eingangs erwähnt entwickelte ich gegenüber Frau B. sehr schnell eine negative Gegenübertragung, die ich immer wieder kontrollieren musste. Bereits die Briefe der Therapeutin, die sie ankündigten, wie auch die Dolmetscherin, die sie zur ersten Stunde an der Hand führte, sowie ihr immer wiederkehrender Hinweis, ich solle sie in Ruhe lassen und ihre Therapeutin nach ihren Erlebnissen befragen, riefen in mir Ungeduld, Scham- und Schuldgefühle hervor. Ich stellte meine Arbeit in Frage, dachte: Was machst du hier eigentlich? Dass diese Frau den Respekt vor Ärzten und Behörden verloren hatte, konnte ich gut nachvollziehen, ich musste mir aber auch eingestehen, dass ich mich als Gutachterin in einer Machtposition befand, der sich Frau B. als Probandin ausgeliefert fühlte. Ich hatte den Eindruck, dass die Therapeutin, die in einer öffentlichen Einrichtung tätig war und

Frau B. nur alle 14 Tage sehen konnte, völlig überfordert sein musste und wahrscheinlich in Überidentifikation mit dem entsetzlichen Leid und aus Schuldgefühlen wegen ihres eigenen begrenzten Handlungsspielraums Angst hatte, der Patientin in abgegrenzterer Form gegenüberzutreten. Die Einzelfallhelferin sollte im alltäglichen Leben konkrete Hilfe bieten. Die Dolmetscherin hatte in der Eingangsszene unbewusst spontan die Rolle der Tochter übernommen und führte die Patientin an der Hand – genauso wie die Tochter die Mutter zum Arzt brachte. Am Ende der ersten Sitzung entschied ich mich, für die Einhaltung der Rollen zu sorgen, ich wollte gewissermaßen ein Minimum an Ordnung aufrechterhalten: Ich bat die Patientin nach der ersten Sitzung, allein die Treppe herunterzugehen, ich gab ihr einen festen Händedruck und fügte hinzu: »Sie können das, Ihre Einzelfallhelferin wartet draußen auf Sie.« Es war problemlos möglich. Ich hatte den Eindruck, das Setting der Untersuchung verteidigen zu müssen: Wenn die Dolmetscherin weiterhin in einer solchen Weise in die unbewussten Übertragungen der Patientin einbezogen würde und mitagierte, könnte ihre Neutralität als Übersetzerin gefährdet sein.

Als ich erfuhr, wie sehr Frau B. ihre Tochter als schützendes Elternobjekt benötigt und wie wenig sie in der Lage ist, ihr Wärme zu geben, spürte ich in mir Wut. Ich war in der Gefahr mich mit der Tochter zu identifizieren und das Unglück der Mutter aus dem Auge zu verlieren. Ich musste mir klar machen, dass Frau B. nicht anders konnte.

Im abschließenden Beratungsgespräch fragte mich Frau B., ob sie denn jemals wieder so fröhlich werden könne, wie sie früher war. Ich antwortete ihr, so wie früher könne ihr Leben gewiss nicht mehr werden, denn die Dinge, die geschehen sind, seien unwiderruflich geschehen. Es sei sicherlich notwendig, dass sie ihr Leid anerkennen lerne, hierzu benötige sie die weitere Hilfe ihrer Therapeutin und außerdem auch Zeit und sehr viel Geduld. Sie müsse das in kleinen Schritten versuchen.

Wir kamen nochmals auf ihre Schlafsituation zu sprechen. Frau B. verteidigte das jetzige Arrangement mit den Worten: »Ich möchte aber dem Sozialamt nicht zur Last fallen.« Ich antwortete ihr: »Ich bin mir nicht sicher, ob das der wahre Grund ist. Ihre Tochter hilft Ihnen sehr, beruhigt sie in der Nacht. Es ist, als ob Sie das Kind wären und ihre Tochter die Mutter wäre. Ich glaube, Sie müssen lernen, sich selbst eine gute Mutter zu sein.« Frau B. entschloss sich, im Anschluss an die Untersuchung sofort mit der Einzelfallhelferin zum Sozialamt zu gehen und darum zu bitten, dass das Bett in zwei kleinere getauscht würde, damit sie und ihre Tochter in getrennten Räumen schlafen könnten. Sie bedankte sich zum

Abschluss daran mehrfach für die Gespräche bei mir, was mich sehr überraschte, weil sie den Untersuchungsprozess doch eigentlich als eine permanente Quälerei erlebt hatte. Offenbar hatte es Frau B. gut getan, dass ich ihren regressiven Tendenzen standhielt. Dadurch hatte sich ihr die Möglichkeit geboten, ihre Traumatisierungen und die damit verbundenen Dissoziationen anzuerkennen und sich etwas mehr in Abgrenzung zu ihrer Tochter zu sehen.

Bei Frau S. ist sicherlich eine tiefenpsychologisch fundierte Psychotherapie indiziert, die Interventionen meinerseits können als Erfolg versprechende Probedeutungen aufgefasst werden. Diese Einschätzung und meine Empfehlung, im Falle einer analytischen Behandlung ein Setting mit ein bis zwei Wochenstunden im Sitzen zu wählen, habe ich mit der behandelnden Therapeutin besprochen.

Frau C. – Kulturelles Containment

Ein wesentlicher therapeutischer Effekt besteht in der Haltung, die während des Prozesses der Dokumentation eingenommen wird. Der Flüchtling erfährt, wie sich der Gutachter in ihn einfühlt, um mit ihm die realen Erfahrungen niederzuschreiben. Der Gutachter wird Zeuge der zerrissenen Innenwelt des Patienten, das notwendige Containment kann dabei hilfreich sein, wie es sich bei Frau C. herausstellte.

Frau C., eine sehr einfache, übergewichtige Frau, wies das Vollbild einer PTBS auf. Sie begegnete meiner Begrüßung zu Beginn mit Wut und schroffer Abwehr: »Mir kann niemand helfen. Da gibt es gar nichts.« Der starke Nikotingeruch, den sie verbreitete, zeigte, dass sie ihre enormen Spannungen durch Rauchen zu reduzieren versuchte. Weil sie bei mir nicht rauchen konnte, zerbröselte sie während der ersten Sitzung mehrere Tempotaschentücher; zu den folgenden Stunden hatte sie sich mit einer Leinentasche versorgt, die sie zwischen den Händen knetete. Sie war während der Flucht mit ihren Kindern psychotisch geworden. Sie hatte sich und ihre Kinder mehrfach in Gefahr gebracht, war ein- und wieder ausgereist, hatte Papiere vernichtet und sich in viele Widersprüche verstrickt, die dem Landeseinwohneramt Anlass zu Misstrauen gaben. Es waren neun Sitzungen nötig, um die verschiedenen Stationen ihres Fluchtweges aufzuklären und ihre prätraumatische Persönlichkeitsentwicklung zu erfassen. In der siebten Stunde sagte sie zu mir: »Ich kenne alle Höllen«, nach einer Pause fügte sie hinzu: »Wir haben früher in der Schule einmal etwas gelesen, wo ein Mensch ganz viele Höllen durchwandert, ich kenne die alle.« In mir tauchten sofort Botticellis Bilder (2000) zu Dantes Göttlicher Komödie (1921) auf, gleichzeitig dachte ich an Primo Levi (1958), der in seiner Autobiografie schildert, wie er sich durch die Erinnerung an die auswendig gelernten Verse von Dantes Inferno am Leben erhielt. Ich fragte Frau C.: »Sprechen Sie von Dantes Inferno?« – »Ich weiß nicht mehr, wie das heißt. Ich kann mich aber an den Text erinnern.« Die Dolmetscherin – sie ist Muttersprachlerin – gab zu verstehen, dass Dantes Inferno zum Schulkanon gehört hatte. Ich war sehr bewegt und sagte Frau C.: »Es stimmt, Sie sind durch viele Höllen gegangen, jetzt aber sind Sie bei mir. Wir versuchen alles noch einmal anzuschauen und das ist sehr quälend. Aber Dante ging nicht allein durch diese Höllen, er wurde begleitet von Vergil, und hier bin ich bei Ihnen. Sie sind jetzt nicht allein. Ich glaube, Sie schaffen sich mit dieser Erinnerung ein Bild, das Ihnen helfen kann. In Begleitung eines Menschen kann man eher die Höllen betrachten, bei Dante gibt es auch eine Erlösung, die es so vielleicht nicht für Sie gibt, aber Erleichterung, wenn Sie z. B. eine Psychotherapie machen könnten.« Im Anschluss daran erkundigte sich Frau C. nach einer Therapiemöglichkeit für sich.

Ausblick und Schluss

Psychoanalytiker, die sich auf dem Terrain der Begutachtung traumatisierter Menschen in aufenthaltsrechtlichen Fragen bewegen, befassen sich mit einem Gebiet der angewandten Psychoanalyse. Der Diskurs mit Nachbardisziplinen und der Dialog mit anderen Gebieten der Psychotherapie sind dabei notwendig und zwingen zu einer weitestgehend ideologiefreien, am klinischen Material orientierten Haltung. Das »spezifisch Analytische« liegt m. E. in der Erfassung unbewusster Kommunikationen, die sich zwischen dem Probanden und dem Untersucher abspielen und unbedingt entziffert werden müssen, damit den Menschen eine gerechte Beurteilung widerfährt. Nach meiner Erfahrung lohnt es sich, diesen Dialog zu führen. Die Ergebnisse – wie z. B. die Anerkennung der SBPM Standards durch die Bundesärztekammer und die Einführung curricularer Fortbildungsangebote in verschiedenen Bundesländern kommen den traumatisierten Menschen zugute.

Neben dieser berufspolitischen Dimension sei noch eine weitere hervorgehoben, die das klinische Wissen über Traumata betrifft. Die wissenschaftlichen Forschungen der Psychoanalyse haben in einer Fülle von Studien die Folgen frühkindlicher Traumatisierung und auch die transgenerationellen Folgen von Traumatisierung belegt. Kriegskinder sind in besonderem Maße durch ihre eigenen Erfahrungen belastet, wenn sie die Elternrolle annehmen möchten. Viele geben ihre eigenen Traumata an ihre Kinder weiter, weil sie durch die regressiven Begleiterfahrungen während Schwangerschaft und Geburt ihre Abwehr nicht mehr aufrechterhalten können. Die Spätfolgen sind aus den Analysen Erwachsener bekannt. Bei der Untersuchung traumatisierter Flüchtlinge und ihrer Familien sind Analytiker häufig diesen Interaktionen von völliger Hilflosigkeit, Ohnmacht und Starre direkt ausgesetzt und lernen, wie Dissoziationen und Projektionen entstehen und an die nächste Generation weitergegeben werden. Ich denke, die Psychoanalyse hat die Aufgabe, diese wissenschaftlich zu belegenden Erkenntnisse in die Gesellschaft zu tragen, um einen Beitrag zum Schutze des Menschen und seiner Zivilisation zu leisten.

Literatur

Bion, W. R. (1962): Learning from Experience. London (Maresfield Library) 1984.

Bohleber, W. (2000): Die Entwicklung der Traumatheorie in der Psychoanalyse. Psyche, 9/10, 797–839.

Botticelli, S. (2000): Sandro Botticelli. Der Bilderzyklus zu Dantes Göttlicher Komödie. Hrg. Staatliche Museen Berlin, Ausstellungskatalog, Berlin.

Dante, Alighieri (1921): Dantes göttliche Komödie. Stuttgart, Berlin: Cotta.

Fischer, G. & P. Riedesser (1999): Lehrbuch der Psychotraumatologie. München: Reinhardt.

Freud, S. (1923a): Das Ich und das Es. GW XIII.

Freud, S. (1923b): »Psychoanalyse« und »Libidotheorie«. Die Psychoanalyse als Deutungskunst. GW XIII S. 215.

Freud, S. (1940e): Die Ichspaltung im Abwehrvorgang. GW XVII, 57–62.

Gampel, Y. (1994): Identifizierung, Identität und Generationsübergreifende Transmission. Zs. psa. Theorie und Praxis, 9, 301–319.

Gerzi, S. (2002): Integration Holes Into the Whole. To Live the Absence in the Memories of Patients Who Were Children During the Holocaust. In S. Varvin, & T. Stajner Ppopovic (Hrsg.), Upheaval: Psychoanalytical Perspectives on Trauma (S. 101–132). Belgrade: International Aid Network.

Gierlichs, H. W.; Haenel, F.; Henningsen, F.; Schaeffer, E.; Spranger, H.; Wenk-Ansohn, M. & Wirtgen, W. (2000a): Standards zur Begutachtung psychisch reaktiver Traumafolgen (in aufenthaltsrechtlichen Fragen). Online: www.dgpt.de/news/news.html

Gierlichs, H. W.; Haenel, F.; Henningsen, F.; Schaeffer, E.; Spranger, H.; Wenk-Ansohn, M. & Wirtgen, W. (2002b): Wissen über Trauma mangelhaft. Deutsches Ärzteblatt, 99, 33, 2148–2149.

Greenacre, Ph. (1967): The Influence of Infantile Trauma on Genetic Patterns. In Ph. Greenacre (Hrsg.), Emotional Growth. Band I (S. 260–299). New York: I. U. P.

Grinberg, L. (1991): Gegenübertragung und projektive Gegenidentifizierung bei non-verbaler Kommunikation. EPF-Bulletin, 36, 14–29.

Grubrich-Simitis, I. (1979): Extremtraumatisierung als kumulatives Trauma. Psyche, 33, 991–1023.

Henningsen, F. (1990): Psychisches Trauma und psychische Realität. Zschr. psa. Theorie und Praxis, 5, 204–227.

Henningsen, F. (2000): Destruktion und Schuld. Spaltungen und Reintegrationsprozesse in der Analyse eines traumatisierten Patienten. Psyche, 54, 9/10, 974–1001.

Henningsen, F. (2002): Konkretistische Fusion, Agieren und Symbolisieren. Zum psychoanalytischen Prozeß bei schwer traumatisierten Patienten. In Lahme-Gonostaj (Hrsg.), Symbolisierung und ihre Störungen (S. 215–232). Herbsttagung 2002 Deutsche Psychoanalytische Vereinigung. Bad Homburg.

Henningsen, F. (2003a): Traumatisierte Flüchtlinge und der Prozess der Begutachtung. Psychoanalytische Perspektiven. Psyche, 57, 2, 97–120.

Henningsen, F. (2003b): Individuelle und kollektive Übertragungsprozesse bei der Begutachtung traumatisierter Flüchtlinge. Vortrag Freie Universität Berlin.

Henningsen, F. (2003c): Was kann man aus der Begutachtung traumatisierter Flüchtlinge für die Behandlung lernen? Vortrag zur Eröffnung einer psychotherapeutischen Abteilung der Klinik für Psychiatrie, Psychotherapie und Psychosomatik Bergisch-Gladbach.

Henningsen, F. (2004): Übertragung und Gegenübertragung bei der Begutachtung traumatsierter Flüchtlinge. In: Haenel, F. und Wenk-Ansohn M. (Hg.): Begutachtung psychisch reaktiver Traumafolgen in aufenthaltsrechtlichen Fragen. Beltz, Weinheim, S. 184–207.

Keilson, H. (1979): Sequentielle Traumatisierung bei Kindern. Stuttgart: Enke.

Kogan, I. (1990): Vermitteltes und reales Trauma in der Psychoanalyse von Kindern von Holocaust-Überlebenden. Psyche 44, 533–544.

Kogan, I. (1995): Der stumme Schrei der Kinder. Die zweite Generation der Holocaust-Opfer. Frankfurt/M: Fischer.

Klein, H. (1984): Wiedergutmachung – Ein Akt der Retraumatisierung. In Evangelische Akademie. Bad Boll: Protokolldienst, 14.

Krystal, H. (Hg.) (1968): Massive Psychic Trauma. New York: I. U. P.

Laub, D. & Weine, S. M. (1994): Psychotherapeutische Arbeit mit bosnischen Flüchtlingen. Psyche, 48, 1101–1122.

Levi, P. (1958): Ist das ein Mensch? München: dtv.

Niederland, W. G. (1971): Folgen der Verfolgung: Das Überlebenden-Syndrom. Seelenmord. Franfurt/M.: Suhrkamp. 1980.

Oliner, M. M. (1996): Äußere Realität. Die schwer fassbare Dimension der Psychoanalyse. Jahrb. d. Psychoanal. Bd. 37, S. 9–40, Stuttgart, (Fommann-holzboog).

Pross, C. (2001): Wiedergutmachung. Der Kleinkrieg der Opfer. Berlin, (Philo)

Varvin, S. (2000): Die gegenwärtige Vergangenheit. Extreme Traumatisierung und Psychotherapie. Psyche 54 Heft 9/10, S. 895–930.

Wangh, M. (1965): Verfolgungsgeschädigte vor deutschen Gutachtern. Psyche, 25, 716–719.

Wangh, M. (1969): Die Beurteilung von Wiedergutmachungsansprüchen der als Kleinkinder Verfolgten. In Herberg (Hrsg.), II. Internationales Juristisches Symposion in Düsseldorf: Extrembelastungen (S. 270 ff.).

Macht und Ohnmacht in psychoanalytischen (Ausbildungs-)Institutionen

Erste Ergebnisse einer empirischen Studie

Silke Wiegand-Grefe und *Michaela Schuhmacher*

(...) Da diese Gesichtspunkte allen bekannt sind, ist die Verweigerung, daraus den einzig möglichen Schluss zu ziehen, nämlich, es (das Zulassungsverfahren) in dieser Form aufzugeben, bemerkenswert. Wenn Unvernunft und Inhumanität gegen bessere Einsicht beibehalten werden, dann müssen gewichtige Motive dafür vorliegen. Ich sehe keine anderen als die, welche die psychoanalytische Bewegung in Gang setzen und sie bis heute unterhalten: Motive der Machtpolitik. (Cremerius, 1986, S. 1080)

Einleitung

In diesem Beitrag sollen, nach einem kurzen Überblick der Literatur zur Ausbildung, erste Ergebnisse einer empirischen Studie vorgestellt werden, die wir als Bundeskandidatensprecherinnen der DGPT im Herbst 2002 durchführten. Die Studie stellt einen Versuch dar, das Erleben der Ausbildung aus Sicht der Kandidaten zu erfassen. Geprüft werden sollte, ob sich die in der Literatur immer wieder beschriebenen Phänomene, wie z. B. hierarchische Machtstrukturen, Infantilisierung der Kandidaten, starres Lehrer-Schüler-Verhältnis, Verschulung der Seminare, Nichtbeachtung der beruflichen Erfahrung etc., auch empirisch belegen lassen. An der Erhebung beteiligten sich 172 Kandidaten. Die Erfassung des Erlebens und der Probleme der Ausbildung erfolgte mit dem eigens für die Studie entwickelten »Fragebogen zur Progression – Regression, Entwicklungsförderung und Entwicklungshemmung an den Instituten«. Dieser Fragebogen erfasst die vier wesentlichen Ausbildungsbereiche – Zulassungsverfahren und Prüfung weiterer Ausbildungsschritte, theoretische und klinische Seminare, Lehranalyse, Supervision – und einen Frageblock zur Organisation.

Überblick der Literatur zur Ausbildung

Die Literatur zur Ausbildung kann in vier Perspektiven untergliedert werden. Für eine ausführlichere Beschreibung aller vier Perspektiven wird an andere Stelle verwiesen (Wiegand-Grefe, 2002; Wiegand-Grefe & Schuhmacher, 2005):

– die Kandidatenperspektive (z. B. Speier 1983; Rieber-Hunscha 1996)
– die gesellschaftspolitische Perspektive (z. B. Erdheim 1986; Lohmann 1983, 1984)
– die machtpolitische Perspektive (z. B. Cremerius 1986, 1987, 1989, 1992, 1996).
– die Perspektive der Professionalisierung (z. B. Balint 1947; Bernfeld 1952; Freud, A. 1950, 1966; Mitscherlich-Nielsen 1984, 1986; Rosenkötter 1984; Kernberg 1984, 1986, 1996, 2000, 2001, 2002; Thomä 1991a, b, 1992; Thomä & Kächele 1999)

Seit Bestehen der Ausbildung wird aus allen Perspektiven wiederholt Kritik formuliert immer wieder auf ausgeprägte hierarchische Machtstrukturen und Abhängigkeiten mit entsprechend destruktiven, entwicklungshemmenden Folgen hingewiesen. Diese Kritik an der Ausbildung bleibt bislang jedoch ohne wesentliche Konsequenzen der Veränderung. Seit Bestehen der Ausbildung werden von anerkannten Psychoanalytikern immer wieder auch Lösungsvorschläge formuliert (vgl. z. B. die fruchtbaren Reformansätze von Thomä 1991a, b, 1992; Thomä & Kächele 1999 oder Kernberg 2002), die jedoch keine Umsetzung erfahren. Das Ausbildungssystem erweist sich als veränderungsresistent.

Die wiederholt formulierte Kritik lässt sich folgendermaßen zusammenfassen:

– hierarchisches Machtsystem mit starrem Lehrer-Schüler-Verhältnis
– Infantilisierung der Kandidaten
– Nicht-Beachtung von Erfahrung und beruflicher Qualifizierung der Kandidaten
– Verschulung der Ausbildung, dadurch Lähmung und Erstickung von Autonomie und Kreativität, »Denkhemmungen«
– Mangel an kreativem Denken und wissenschaftlicher Produktivität
– intellektuelle Indoktrinierung statt wissenschaftlicher Exploration von Theorie, Technik und Anwendungen
– wissenschaftliche Isolation und Ignoranz

- Autoritarismus und Willkür
- Gefahr des Machtmissbrauchs der Ausbilder
- Atmosphäre von »Indoktrination«, »ideologischer Vetternwirtschaft«, »Glaubensgemeinschaft«, »Institution vom Typus Kirche und Heer«
- übermäßige Idealisierungen mit paranoiden Haltungen als Folge, »Verhärtung des Über-Ich«
- fehlende Kriterien für die Akzeptanz, Fortschritt und Graduierung von Kandidaten
- fehlende klare Kriterien bei der Bestellung von Supervisoren und Lehranalytikern
- Verleugnung externer sozialen Realität und deren Auswirkung auf die Ausbildung
- Fragmentierung einzelner Bestandteile der Ausbildung
- fehlende Kommunikation zwischen Kandidaten und Öffentlichkeit der Institution

Das »Zwiebelmodell« fasst die Kritik unter systemisch-strukturellem Blickwinkel zusammen (vgl. auch Wiegand-Grefe 2004):

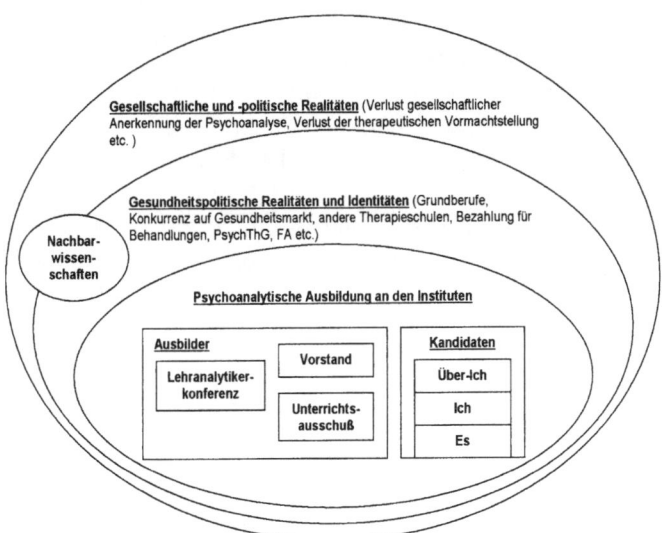

Abb. 1: »Zwiebelmodell« (Wiegand-Grefe, Schuhmacher & Loetz 2002, Abb. aus Wiegand-Grefe 2004)

Die Ausbildungsstrukturen scheinen auf allen Ebenen gekennzeichnet durch starre, rigide Grenzsetzung – verbunden mit der Folge von Abschottung, mangelnder Flexibilität und Durchlässigkeit der Systeme –, durch Festhalten an alten Strukturen und Konzepten, durch wissenschaftliche Isolation und Angst vor Veränderung im Inneren der Institution. Dies geht einher mit einer mangelnden »Öffnung nach außen«, und zwar gegenüber dem kreativen Potential der Kandidaten, anderen analytischen Konzepten und Behandlungstechniken, Schulen oder den Nachbarwissenschaften. Starre Grenzen existieren zwischen den Ausbildungsinstitutionen und der Außenwelt, z. B. gesundheits- und gesellschaftspolitischen Realitäten, ebenso auch im Inneren des Ausbildungs-Systems, z. B. zwischen Ausbildern und Kandidaten oder auch zwischen Gremien der Institution, mit der Folge einer mangelnden Transparenz bei Entscheidungen. Diese Grenzsetzung scheint sich im Intrapsychischen fortzusetzen in Form einer vermuteten Verfestigung von Über-Ich-Strukturen, statt deren Lockerung.

Zum Verständnis der Problematik und Veränderungsresistenz des Ausbildungssystems werden folgende Aspekte herangezogen:[1]

- die Geschichte der Institutionalisierung der Psychoanalyse und ihrer Ausbildung (vgl. z. B. Freud 1914; Eitingon 1924; Cremerius 1986, 1989; Wittenberger 1988, 1993; Reichmayer 1990; Bos 2000; Schultz-Venrath 2000; Weier 2001)
- die Elemente des Ausbildungssystems, vor allem die Lehranalyse, z. B. die Unterschiede zwischen Lehr- und therapeutischer Analyse (vgl. z. B. Jappe 1983; Simenauer 1984, Schneider 1986; Streeck & Werthmann 1992)
- die psychoanalytische Ausbildung als Organisation (vgl. z. B. Buchinger 1993; Streeck 1994; Weimer 1999; Garza-Guerrero 2002a, b)
- die Problematik psychoanalytischer Identität und Besonderheiten der psychoanalytischen Berufsausübung (vgl. z. B. Pollak 1989, 1999, 2001, Buchholz 1999; Bohleber 2000; Schlösser & Höhfeld 2000)
- die Problematik des Narzissmus im Ausbildungssystem (vgl. z. B. Erdheim 1986; Schneider 1986)

---

[1] Ausführlicher hierzu: Wiegand-Grefe 2002, Wiegand-Grefe & Schuhmacher 2005. Zur Zusammenfassung dieser verschiedenen Aspekte wurden zehn Hypothesen zur Veränderungsresistenz formuliert, die an anderer Stelle beschrieben werden (vgl. Wiegand-Grefe 2004).

Die empirische Studie[2]

Empirische Untersuchungen der psychoanalytischen Ausbildungssituation sind eine Seltenheit. Eine der wenigen Ausnahmen bildet die Untersuchung von Pollmann (1985) über die persönlichkeitsspezifischen Besonderheiten der Kandidaten, die eine Zulassung zur Ausbildung erworben haben. Empirische Ergebnisse über das Erleben der gesamten Ausbildungssituation und der verschiedenen Ausbildungsbestandteile gibt es bislang jedoch nicht.

Fragestellung der Studie

Mit der Studie »Progression – Regression, Entwicklungsförderung und Entwicklungshemmung an den Instituten« haben wir versucht, die Ausbildung in ihren wesentlichen Bestandteilen im Erleben der Kandidaten zu erfassen. Wir gingen folgenden Fragen nach:

– Wie wird die Ausbildung aus Sicht der Kandidaten erlebt?
– Lassen sich die in der Literatur wiederholt beschriebenen Phänomene und Prozesse (Infantilisierung der Kandidaten, hierarchische Machtstrukturen, starres Lehrer-Schüler-Verhältnis, Verschulung der Seminare, Nichtbeachtung der beruflichen Erfahrung etc.) im Erleben der Kandidaten empirisch belegen?

Methode der Studie: Forschungsdesign

Die Datenerhebung fand innerhalb eines dreimonatigen Zeitraumes, von Juli bis Oktober 2002, statt. Als Messinstrument wurde in Ermangelung standardisierter Instrumente ein eigens für diese Fragestellung entwickelter »Fragebogen zur Progression – Regression, Entwicklungsförderung und Entwicklungshemmung an den Instituten« eingesetzt. Dieser Fragebogen wurde an alle zu diesem Zeitpunkt registrierten 398 außerordentlichen Mitglieder (Kandidaten) der DGPT geschickt. Der Rücklauf der Fragebögen betrug 172 Bögen (43%).

---

2 Die gesamte Studie mit allen Ergebnissen wird an anderer Stelle ausführlich publiziert (Wiegand-Grefe & Schuhmacher 2005). Im vorliegenden Beitrag werden nur auszugsweise einige der Ergebnisse vorgestellt.

Beschreibung der Kandidatenstichprobe (N = 172)

Den Fragebogen haben 117 Frauen (72%) und 45 Männer (28%) im Alter zwischen 30 und 59 Jahren (Mittelwert [MW] = 44; Streuung [sd] = 5,99) beantwortet. In ihren Grundberufen waren dies 48 (29%) Ärzte und 120 (71%) Psychologen. Darüber hinaus verfügten 67 (42%) über eine weitere, abgeschlossene Berufsausbildung, 92 (58%) nicht. Hinsichtlich ihrer Erwerbstätigkeit waren 106 (63%) in eigener Praxis niedergelassen und 17 (10%) in sonstiger Form selbstständig tätig. Angestellte insgesamt waren 26 (16%), davon 9 (5%) in einer Klinik, 5 (3%) in einer Beratungsstelle und 3 (2%) in einer anderen Institution. Eine Person (0,6%) war arbeitslos. Die Kandidaten befanden sich seit 1–5 Jahren (63; 37%), 5–8 Jahren (63; 37%), 8–10 Jahren (32; 19%), 12–15 Jahren (7%) und seit mehr als 15 Jahren (3, 2%) in der Aus- bzw. Weiterbildung. Hinsichtlich der Fachgesellschaft repräsentiert die Stichprobe der Kandidaten die Mitgliederzahlen in der DGPT.

Messinstrument: Fragebogen zur Progression – Regression an den Instituten

Der für diese Studie entwickelte sechsseitige »Fragebogen zur Progression – Regression, Entwicklungsförderung und Entwicklungshemmung an den Instituten« hat folgende Struktur: Er umfasst die vier wesentlichen Ausbildungsbereiche (Zulassungsinterviews und weitere Prüfungen im Verlauf der Ausbildung, Seminare, Lehranalyse, Supervision) sowie einen fünften Frageblock zur Organisation. Die Antworten zu allen Fragebereichen werden mittels einer vierstufigen Likert-Ratingscala erfasst. Diese Art der Itemvariante, eine vierstufige Skala, enthält keine »Null«, erzwingt also eine Antwort-Tendenz. Als bekannten Nachteil impliziert sie jedoch eine Tendenz zu positiven Antworten, d. h. die Ergebnisse werden in Richtung positiver Antworten verfälscht (vgl. Diskussion).

Ergebnisse

Zulassungsinterviews

Es finden in der Regel zwei (79 Kandidaten; 46%) oder drei (83; 48%) Eignungsinterviews statt. Diese Interviews werden von etwa drei Viertel der Kandidaten (116; 72%) als »sehr unterschiedlich« erlebt. Einige der Fragen zu den Zulassungsinterviews wurden folgendermaßen beantwortet (Tab. 1):

	ja	eher ja	eher nein	nein
„Ich habe meine Zulassungsinterviews insgesamt positiv erlebt"	47 (27 %)	**91 (53 %)**	28 (16 %)	5 (3 %)
„Die Gespräche fanden ... in einer kollegialen Atmosphäre statt"	**40 (23 %)**	**85 (49 %)**	35 (20 %)	12 (7 %)
„Ich fühlte mich in den Gesprächen ... als BerufskollegIn behandelt"	26 (15 %)	**67 (39 %)**	**58 (34 %)**	21 (12 %)
„Ich fühlte mich in den Gesprächen ... als PatientIn behandelt"	9 (5 %)	42 (25 %)	**60 (35 %)**	**60 (35 %)**
„Die Zulassungskriterien waren mir im Gespräch klar"	14 (8 %)	26 (15 %)	**82 (48 %)**	**50 (29 %)**
„Ich hatte den Eindruck, dass keine klaren Kriterien für meine Zulassung existieren"	24 (14 %)	**67 (40 %)**	**57 (34 %)**	21 (12 %)
„ ... meine beruflichen Vorerfahrungen und Kenntnisse waren von Interesse"	**43 (25 %)**	**65 (38 %)**	41 (24 %)	22 (13 %)

Tab. 1: Zulassungsinterviews (n = 171)

Nach den Zulassungsinterviews haben nur 64 Kandidaten (38%) eine *Rückmeldung* erhalten, die Mehrzahl jedoch nicht (93; 55%), 8 (5%) wissen dies nicht mehr. 31 Kandidaten (18%) wurden in einem der Gespräche abgelehnt. Mit diesen *Ablehnungen* wurde in der Stichprobe an den Instituten folgendermaßen umgegangen (Tab. 2):

	ja	eher ja	eher nein	nein
„Wenn ja (Ablehnung erlebt), ist aus Ihrer Sicht respektvoll und angemessen damit umgegangen worden"	3 (9 %)	4 (12 %)	**17 (51 %)**	**9 (27 %)**
„Mit mir ist offen und ausführlich darüber gesprochen worden"	0	6 (13 %)	**19 (42 %)**	**20 (44 %)**
„Mir sind die Gründe der Ablehnung in respektvoller, nachvollziehbarer u. verständlicher Art und Weise mitgeteilt worden"	0	4 (12 %)	**12 (37 %)**	**16 (50 %)**

Tab. 2: Ablehnung (n = 31)

Der Feststellung »Ich habe ein Interview so negativ erlebt, dass ich deshalb an ein anderes Institut gegangen bin« stimmen immerhin 13 Kandidaten (10%) mit »ja« zu (Abb. 2).

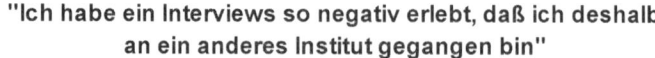

"Ich habe ein Interviews so negativ erlebt, daß ich deshalb an ein anderes Institut gegangen bin"

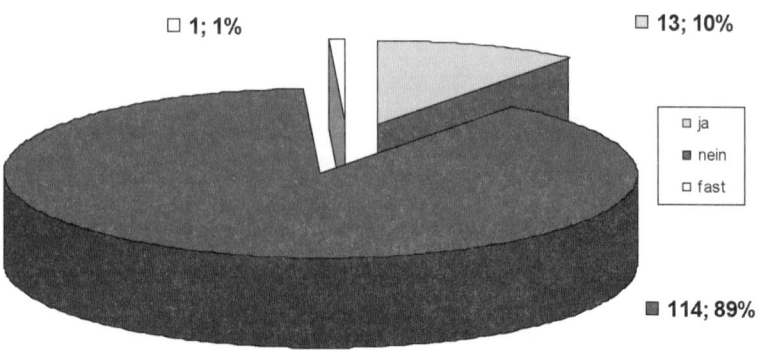

Abb. 2: »Ich habe ein Zulassungsinterview so negativ erlebt, dass ich deshalb an ein anderes Institut gegangen bin.« (n = 172)

Zum Abschluss jedes Frage- und Themenblocks gab es die Möglichkeit, einen kurzen, ergänzenden Text mit Anmerkungen zu negativen Erfahrungen anzufügen. Diese Möglichkeit wurde von ausgesprochen vielen Kandidaten genutzt – weit mehr als üblich bei einer derartigen quantitativen Erhebung und einem solch umfangreichen Fragebogen. Fast ein Drittel der Kandidaten (n = 55) machte kurze Bemerkungen im Fragebogen, etliche verwendeten zudem die Rückseite des Bogens für längere Texte mit negativen Erfahrungsberichten, einige Kandidaten schrieben uns lange Briefe mit haarsträubenden Schilderungen ihrer Ausbildungserfahrungen. Beispielhaft werden die kurzen Bemerkungen berichtet, längere Briefe werden hier (auch um die Anonymität zu wahren) nicht ausführlicher dargestellt. Diese Anmerkungen wiederholen sich in einigen Fällen, um aber die Vielzahl zu verdeutlichen, die unterginge, wenn wir nur einige Anmerkungen auswählten und anführten, haben wir uns entschlossen alle Bemerkungen zu ordnen und aufzulisten.

In vielen Anmerkungen zu den Zulassungsinterviews wurden verschiedene Aspekte des *Umgangsstiles* kritisiert:

– Umgang mit mir wie mit einem Forschungsobjekt
– Umgang mit mir war prüfend-undurchsichtig, ich fühlte mich als Versager, obwohl ich für die Ausbildung akzeptiert wurde

- die Passivität eines Lehranalytikers erlebte ich als verunsichernd und aggressionsauslösend
- ein Gespräch verlief wie eine Psychoanalysestunde, ohne Einleitung war von der anderen Seite einfach schweigen, fühlte mich zu Beginn sehr unwohl und ratlos, fing selbst dann einfach an zu reden
- der Analytiker schwieg fast vollständig, wie in einer Therapiesitzung. Ich war völlig orientierungslos.
- ein Gespräch erlebte ich als äußerst invasiv, unangenehm, eindringend, als würde ich etwas bewusst verleugnen
- ein Gespräch mit penetranten Fragen und systematischem Frustrieren, Nicht-Verstehen, grober und aggressiver Stil
- eine Interviewerin übertrieb die Abstinenz, wirkte unnahbar, lauernd
- starres, humorloses Abfragen, ohne die Bereitschaft, sich auf eine wirkliche Begegnung einzulassen
- Entscheidung über Aufnahme an das Institut in 2 Jahren (!), bei dem 1. Interview vor 5 Lehranalytikern: 1. Frage: »Wie halten Sie es mit Ihren Aggressionen?« 2. Frage: »Wie sehen Ihre Männerbeziehungen aus?« fühlte mich völlig überrollt, hatte nicht mit solchem Stil gerechnet
- Lehranalytiker wirkte sehr gelangweilt, zwei Gespräche positiv
- Versuch der Abschreckung und Zweifel an meiner Motivation
- Gefühl von Besitzstandswahrung
- Gefühl von Konkurrenz u. Ablehnung von einer weiblichen Lehranalytikerin; anschließend keine Rückmeldung, erst sehr viel später!
- Vorurteile wegen Ablehnung an einem anderen Institut
- eine eigene Angst im ersten Interview, unabhängig vom Gesprächspartner
- Prüfungscharakter
- bei einem bestimmten Therapeuten wollte ich nicht über meine persönlichen Dinge sprechen (keine Empathie entwickelbar)
- vorher bei ... Institut schreckliches Interview; bin dann zu einem ... Institut gegangen (Auslassung der Autorinnen)
- in einem der Gespräche ist es zu einer massiven Regression gekommen, die ich als (in diesem Rahmen) unangenehm erlebt habe
- Anmerkung zur Frage »insgesamt negative Erfahrungen in Gesprächen«: »habe nichts anderes erwartet«.

Mehrere Kandidaten betonten eine herablassende, arrogante oder ablehnende Art des *Umgangsstiles*:

- herablassende, verunsichernde Methode; offensichtliches Ziel, Kandidaten zu erschüttern!! eigene Persönlichkeit zu torpedieren, ohne die Menschlichkeit zu bewahren
- überheblich bewertende Atmosphäre und Haltung
- keine offene Atmosphäre, sehr kritisch-ablehnende Haltung
- herablassende Haltung
- etwas von oben herab behandelt werden, aber nur in einem Gespräch.

Einige sprachen die *Pathologisierung* dieser Situation an:

- übergriffige Fragen: Pathologisierung meines Lebenslaufes
- pathologisierende Aussagen
- zu intime Fragestellung! Distanzlos zur Patientin gemacht! zu wenig kollegial! Nur auf mögliche Problematik geschaut!
- in einem Gespräch wurde ich auf unangenehme Weise als Patientin behandelt und (unfreiwillig) infantilisiert
- ein Gespräch: kam mir vor wie eine Patientin; sollte Gefühle äußern, die ich nicht hatte (Ärger über ... – ärgerte mich aber »nur« über die Analytikerin)
- wie Patientin behandelt werden!
- Keine kollegiale Atmosphäre, Auswahlkriterien völlig unklar, Vorerfahrungen ohne Interesse!
- zu wenig kollegiale Gleichberechtigung
- Bewerbungsunterlagen nicht gelesen! Berufliche Vorerfahrungen nicht berücksichtigt! Sehr konfrontative Deutungen!

Manche ärgerten sich über *unpassende Deutungen* in diesem Rahmen:

- hier unpassend Deutungen erlebt, falsche Info, »Ich habe ihre schriftlichen Ausführungen nicht gelesen, erzählen Sie mal« sorgten für untergründige Irritation bei mir
- am ersten Institut wurde ich wegen meiner bestehenden Schwangerschaft negativ angesprochen (wie können Sie ihrem Kind zumuten, abends weg zu sein ...), so dass ich mich da nicht beworben habe
- mit der Bemerkung, dass ich wie meine Mutter berufstätig sein wollte, wurde ich abgelehnt! Ich bin dann an ein anderes Institut gegangen!
- Provokation von einem männlichen Analytiker, der vorschlug, ich sollte einen anderen Beruf wählen!

Einige sprachen die *Zulassungskriterien* an:

- Undurchschaubarkeit der Kriterien! Abstinenz der Lehranalytiker/ Interviewer
- Undurchsichtiges Auswahlverfahren! Sympathie ausschlaggebend? Zu wenig kollegiale Gleichberechtigung
- Diffusität der Aufnahmekriterien
- Ablehnungsgründe unklar, Prüfer uneinig, Gründe konnten nicht diskutiert werden

dass persönliche Antipathien als Kriterium für Ablehnung meinem Erleben nach den Ausschlag gaben, aber nicht benannt und geklärt werden konnte:

- Ablehnung eines Interviewers aufgrund eines von ihm aus der Luft gegriffenen Faktors der NICHTS mit mir zu tun hatte
- ... Institut, keine Interviews, weil damals 45 Jahre, Geld erst auf Mahnung zurück, (»Hätte ich gesagt, dass ich Jude bin ...«).

Manche stellten mangelnde *Rückmeldungen* ins Zentrum ihrer Anmerkungen:

- die Unwilligkeit, ein Rückmeldungsgespräch überhaupt zu führen und beim Insistieren darauf auf blinde Flecken verwiesen zu werden
- habe von einem Interviewer ein zweites Gespräch gefordert; bekam es nur widerwillig; hatte mich im ersten Gespräch geärgert!
- keine Rückmeldung
- Jede einzelne Interviewerin wollte sich nicht festlegen, deshalb keine Rückmeldung
- lange Wartezeit bis zur Mitteilung der Zulassung; keine direkte Rückmeldung bekommen zu können
- drittes Interview ohne Begründung, warum, schriftlich, Interviewer wirkten arrogant und ablehnend
- Zweifel im zweiten Gespräch, die zu dritten Termin führten, Zweifel wurden weder vom Lehrtherapeut noch Institut mitgeteilt, allerdings dann im dritten Gespräch
- ich bin von einem (er) abgelehnt worden, so dass ein drittes Gespräch notwendig war, weder die Person noch die Gründe sind mir bekannt außer in meiner Phantasie

- Ablehnungsgründe unklar, Prüfer uneinig, Gründe konnten nicht diskutiert werden
- Ich habe drei Ablehnungen an anderen Instituten bekommen, verstehe es bis auf ein einziges Interview nicht
- Begründung erfolgte nachher, vom Leiter des Institutes, war sehr vage, Auflage: _ Jahr Lehranalyse vor Beginn der Ausbildung.

Fragen zu weiteren Ausbildungsschritten
Wir fragten auch nach Erfahrungen in weiteren Prüfungen im Verlauf der Ausbildung. Der Mehrzahl, 133 Kandidaten (77%), wurden im Verlauf der Ausbildung keine Anamnesen, Kasuistiken etc. abgelehnt. Die 39 Kandidaten (23%), denen Weiterbildungsleistungen im Verlauf der Ausbildung abgelehnt wurden, gaben folgende Erfahrungen an (Tab 3):

	ja	eher ja	eher nein	nein
„Sind Ihnen die Gründe der Ablehnung transparent, verständlich u. nachvollziehbar mitgeteilt worden?"	11 (27 %)	**14 (35 %)**	6 (15 %)	9 (22 %)
„Konnten Sie die Ablehnung akzeptieren?"	**12 (30 %)**	10 (25 %)	6 (15 %)	**12 (30 %)**
„Hatten Sie Gelegenheit, sich nochmals dazu zu äußern?"	**27 (67 %)**	----------	----------	13 (32 %)
„Gab es Lösungen des Konfliktes, die Sie akzeptieren konnten?"	**23 (56 %)**	----------	----------	18 (44 %)
„Haben Sie insgesamt die Art der Rückmeldungen Ihrer Ausbildungsschritte für Ihre Entwicklung förderlich erlebt?" (n=172)	27 (19 %)	**77 (55 %)**	23 (16 %)	14 (10 %)
„Haben Sie ihre Erfahrungen während der Ausbildung motiviert, selbst in Gremien und Ausschüssen aktiv mitzuarbeiten?" (n=172)	24 (16 %)	42 (28 %)	**52 (35 %)**	31 (21 %)

Tab. 3: weitere Ausbildungsschritte (n = 39)

Auch an dieser Stelle wurde die Möglichkeit zu einem kurzen, ergänzenden Text genutzt. Wieder kritisierten viele Kandidaten den *Umgangsstil*:

- wilde Deutungen, bei allem was man tut!
- teilweise autoritärer und respektloser Umgangsstil; teilweise sehr wechselhafter Umgang u. fehlende Offenheit zur kreativen Arbeit.

- Chaotisches u. undurchsichtiges autoritäres Verhalten; wenn extreme Animositäten zw. den Kandidaten wären mehr Gespür u. pädagogische Kenntnisse im Umgang angebracht!
- aggressive Gegenübertragungsgefühle einzelner Supervisoren wurden nicht konstruktiv artikuliert, sondern teilweise agiert
- Androhung, als nicht analysegeeignet gemeldet zu werden, Unterwerfungsversuch
- Ablehnung der Zulassungsanamnesen zum Vorkolloquium, viel Destruktion; Zulassung erst durch Befangenheitserklärung d. Weiterbildungsausschuss
- zunächst war ich sehr engagiert, aber ich wurde zunehmend desillusioniert: entweder war alles schon beschlossen oder ich hatte kein Stimmrecht!
- unverständliche Supervisionen
- Schlechte Erfahrungen ... nach Kasuistik!

Einige vermissten *Sachlichkeit* in der Beurteilung:

- persönliche, grenzüberschreitende Angriffe
- provozierende, distanzlose Bemerkungen einer Supervisorin
- verletzende, unsachliche Kommentare, »Geschwätz«
- persönliche Bemerkungen des Beurteilers statt fachliche Kritik, d. h. arrogante »Geschmacksurteile« anstatt einer fundierten sachlichen Auseinandersetzung
- Kontrollanalytikerin überschritt den Rahmen, sie machte mich zum Fall anstatt den Fall zu besprechen
- die Zwischenprüfung war nicht am Thema orientiert, sondern eine ausführliche Fallbesprechung, bei der ich mich »vorgeführt«, gedemütigt fühlte (nicht wertgeschätzt)
- Ich wurde zwischen unterschiedlichen theoretischen Meinungen zweier Lehranalytiker zum Austragungsort dieser Differenzen (Art der Anfertigung von Erstinterviewprotokollen)
- keine Unterscheidung zwischen meinen Persönlichkeitsmerkmalen und der Qualität meiner Arbeit, viele negative Reaktionen durch Cliquenwirtschaft unter den Ausbildern, Stigmatisierungen, Neurotisierungen
- eine Kasuistik wurde abgelehnt, nachdem sie mündlich positiv beurteilt worden war, dem Prüfer fehlten auch basale Kenntnisse des Weiterbildungsablaufes!

Einige benannten die *Hierarchieproblematik*:

- teilweise die Behandlung durch Lehranalytiker als Patientin: Aufzeigen, Bloßstellen eigener Defizite
- die Art der Ablehnung fand wie in einem Lehrer-Schüler-Verhältnis statt, unkollegial – Macht ausübend
- der mangelnde Austausch, Lehrer-Schüler-Verhältnis, die Hierarchie hemmt Kreativität und Offenheit
- Schüler-Lehrer-Verhältnis zu deutlich!
- Ablehnung einer Zweitsicht: es kann immer etwas gefunden werden, wie in Lehr-Schulstunden durch den Seminarleiter!
- die hierarchische Struktur z. T. sehr rigide, wenig offen für das kreative Potential des Einzelnen; entwertende, rivalisierende Atmosphäre, wenig Toleranz!
- Hierarchie in den Gremien, die die Teilnahme als Kandidat mit relativer Ignoranz behandelt
- Hierarchie, eigene Meinung gilt als Anmaßung u. Infragestellung der Autorität
- Stimmung in den Gremien von viel Rivalität geprägt, Kandidaten dürfen mitreden, aber kaum Einfluss möglich!
- zu wenig Akzeptanz, das Machtgefälle war sehr deutlich
- Es wurde bestimmt! Stellungnahme des Weiterbildungs-Kandidaten wurde als überflüssig angesehen!
- sehr verschulte Ausbildungsatmosphäre
- das gesamte Klima des »in ein Schema passen müssens« und beurteilt werdens.

Institutsinterne Strukturen
Einige sprachen *Dogmatismus* oder *Rigidität* an:

- zu dogmatisch in Haltungen
- Tendenz, andere Therapiemodelle abzuwerten!
- rigides Einhalten von Ausbildungsvorschriften
- oft sehr formales Denken, ohne es inhaltlich zu begründen
- strenge Beurteilung.

Andere benannten in ihren Anmerkungen fehlende, konstruktive *Rückmeldungen*:

- das ich das Gefühl hatte, die Supervisorin, die das Erstinterview abgelehnt hat, ist nicht bereit, über die Gründe zu sprechen, so dass ich andere Lehranalytiker fragen musste, mit denen sie gesprochen hatte
- insgesamt eher wenig u. zurückhaltende Rückmeldung z. T. deutend u. rätselhaft u. andeutungsweise bleibend
- keinerlei Rückmeldung außer in der Supervision
- es gab einfach keine Rückmeldung, nur informelle, durch mich bei Supervisorinnen erfragt
- Begründung wurde nicht von den Beurteilern selbst abgegeben, sondern über Weiterbildungs-Ausschuss
- zu wenig Rückmeldungen
- mangelnde Rückmeldung
- es gibt so gut wie keine Rückmeldungen
- Art der Rückmeldungen förderlich? Antwort: abhängig von wem.

Auch klare *Kriterien* wurden wieder vermisst:

- der gesamte Prozess der Entscheidung zu undurchsichtig; dass ich keine Möglichkeit hatte, Eindrücke zu korrigieren, die für die Entscheidung wichtig war! Alles sehr undurchsichtig!
- keine Transparenz darüber, was gewollt wird, schwanke zwischen dem Gefühl von Unter- und Überforderung
- Ablehnung (zur Zwischenprüfung) war nicht nachvollziehbar Gespräch zum »nochmaligen dazu äußern« nur gegen Bezahlung
- formale Nichtanerkennung einer LZT mit 230 Stunden-Umfang

Seminare

Einige der Fragen zu den Seminaren wurden folgendermaßen beantwortet (Tab 4).

Der Raum für einen kurzen, eigenen Text wurde wiederum mit Anmerkungen gefüllt. Viele kritisierten *Machtstrukturen, Hierarchie, Lehrer-Schüler-Verhältnis und entwertenden Umgangsstil* in den Seminaren:

- Die Kandidaten wirken müde und gehorsam, die Dozenten selbstherrlich und wenig vorbereitet (Ausnahmen gibt es aber auch)
- Lehrer-Schüler Verhältnis, Hierarchie hemmt Kreativität und Offenheit
- kritische Haltungen, wenig Neugier

- sobald beurteilt werden soll, nur destruktive demontierende Rechthaberei von oben herab!
- Wenig Raum für Reflexion; dafür viel Selbstdarstellung! Psychiatrische Kenntnisse werden entwertet!
- Abwertung der bisherigen Qualifikationen! Alles zu verschult!
- schlecht verarbeitete Entwertung anderer Standpunkte; Weigerung eigenes therapeutisches Vorgehen z. B. in Form von Fallvignetten aufzuzeigen, aus Angst vor Entwertung!
- bisheriger Unwille, nicht unterrichten wollen/können, konnte nicht aufgelöst werden
- man verweist mich immer wieder auf Seminare, wie man mich dort erlebt: zu rational, zu spontan. Jetzt im Praktikantenstatus werde ich eher mit meiner Arbeit gelobt. Der Grund wird darin gesehen, dass die Gespräche, die mit mir geführt wurden, sinnvoll ... [unlesbar] waren.

	ja	eher ja	eher nein	nein
„Werden an Ihrem Institut neuere psychoanalytische Konzepte und Entwicklungen gelehrt?"	91 (53 %)	66 (39 %)	11 (6 %)	3 (2 %)
„Werden Entwicklungen aus den Nachbarwissenschaften berücksichtigt?"	32 (19 %)	64 (38 %)	62 (36 %)	12 (7 %)
„Ich finde die Seminare didaktisch gut aufbereitet"	9 (5 %)	72 (42 %)	74 (43 %)	12 (7 %)
„Gibt es Raum für Forschungsfragen?"	21 (12,4 %)	47 (27,8 %)	86 (50,9 %)	15 (9 %)
„Werden Forschungsvorhaben gefördert?"	10 (6 %)	26 (16 %)	73 (46 %)	51 (32 %)
„Ich erlebe die Seminare als eingeengt und verschult"	8 (5 %)	38 (22 %)	77 (45 %)	47 (28 %)
„Bisherige Erfahrungen werden in den Seminaren als Bereicherung geschätzt"	41 (24 %)	76 (45 %)	45 (27 %)	6 (4 %)
„Ich fühle mich durch die Seminare in meiner kreativen Entwicklung gefördert"	30 (18 %)	66 (39 %)	62 (37 %)	9 (5 %)
„Haben Sie Ihre Erfahrungen in den Seminaren motiviert, selbst Lehre mitzugestalten?"	14 (9 %)	49 (32 %)	47 (30 %)	44 (29 %)

Tab. 4: Seminare (n = 171)

Einige sprachen einen *Dogmatismus in der Lehre* an:

- einzelne Dozenten dogmatische Schulenanhänger, Grabenkämpfe der Lehranalytiker in großen Fallseminaren

– Fiktion der »richtigen Psychoanalyse«, dadurch oft eingeengt u. dogmatisch!
– Tendenz zur Normierung, was richtig oder falsch ist
– orthodox, unhinterfragbare Haltung
– ausschließlich analytisch denken

Etliche sprachen die *Inhalte* der Seminare an:

– vieles kann an bereits existierendem Wissen vorausgesetzt werden, Wiederholung vieler bekannter Dinge, Frage: Verkürzung der Ausbildung
– zu wenig Diskussion der neueren psychoanalytischen Konzepte und Auseinandersetzungen
– zu wenig Offenheit für Diskussion unterschiedlicher Standpunkte
– kein offener Austausch über Instituts- und Berufspolitik, erstaunliche Nicht-Beachtung der Beziehungsebene zwischen den Teilnehmern, mangelnde Kohäsion in der Gruppe, null (!) Selbsterfahrung, Vereinzelung
– zu wenig strukturiert u. zu unübersichtlich vorgetragene Theorie.

Viele kritisierten die *Didaktik*:

– Konfrontationsunterricht, wenig Diskussionskultur, wenig Förderung von Kohärenz unter den Kandidaten
– schlechte Didaktik, Frontalunterricht
– didaktisch unfähige Dozenten, nur Frontalunterricht
– einzelne Dozenten sind didaktisch inkompetent u. schlecht vorbereitet!
– didaktisch schlechte Seminare
– Seminare meistens didaktisch schlecht, zuviel Grundlagen, zu wenig Aktuelles
– schlechte oder keine Vorbereitung der Dozenten, didaktisch z. T. schlecht
– z. T. etwas langweilig, hängt von Dozenten ab
– schlechte didaktische Aufbereitung, weitschweifige Antworten auf Fragen
– zu wenig Dozenten sind pädagogisch vorgebildet, um Theorie gut aufzubereiten und zu vermitteln! Zu wenig inhaltliche Abstimmung unter den Dozenten!

- zu viele Seminare, zu große Gruppen
- Rückmeldung gibt es nur in den Fallsupervisionen.

Einige sprachen nicht nur die Didaktik, sondern eine grundsätzliche *Qualität/Kompetenz der Dozenten* an:

- dozierende Dozenten, die nicht in Beziehung gehen
- wenig Kenntnis seitens der Dozenten; fehlende Didaktik
- große Unterschiede in der Qualität der Dozenten
- teilweise inkompetente Dozenten, die selbst nicht analytisch arbeiten und denken.

Manche sprachen die *Atmosphäre* in den Seminaren an:

- Keine offene angstfreie Lern- u. Arbeitsatmosphäre!
- die angstvolle u. angespannte Atmosphäre!
- gehemmte, angstvolle Atmosphäre.

Einige benannten den *Zusammenhalt* unter den Kandidaten:

- wenig Zusammenhalt der Kandidaten
- Unverständnis anderer Teilnehmer für persönliche Erfahrungen
- Passivität der Weiterbildungsteilnehmer.

Einige sprachen strukturelle, organisatorische Gesichtspunkte an:

- bei großer Vielfalt und der Möglichkeit, den Ablauf der WB selbst zu gestalten, fehlten doch Orientierungshilfen, wenig Zusammenhalt
- Konflikte und Unstrukturiertheit des Institutes in Ausbildungsfragen beeinflussen Prüfungen.

Lehranalyse

Die Mehrzahl der Kandidaten (97; 57%) hat vor der Lehranalyse bereits eine therapeutische Analyse mit durchschnittlich 300 Stunden gemacht. Die meisten (76; 79%) haben diese »anders« erlebt als die Lehranalyse. 35 (56%) von ihnen erlebte die therapeutische Analyse »negativer«, 14 (23%) »positiver« und 13 (21%) einfach anders. Die aktuelle Anzahl Lehranalysestunden überblickt Abb. 3.

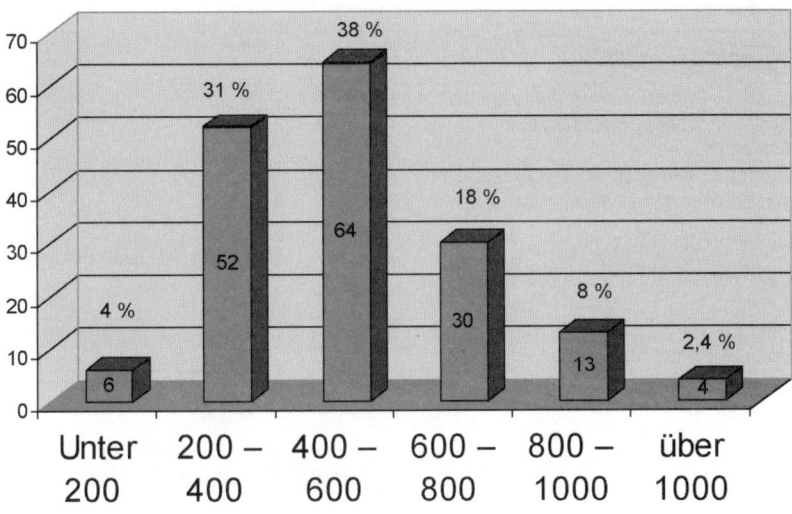

Anzahl Lehranalysestunden

Abb. 3: »Ich habe bisher insgesamt Stunden Lehranalyse« (n = 169)

Der Lehranalytiker konnte aus folgenden Institutionen gewählt werden: »nur am Institut« bei 110 Kandidaten (66%), »auch außerhalb des Institutes« bei 40 (24%), »auch andere Fachgesellschaft« bei 15 (9%), »weiß nicht« bei 2 (1%). Die Feststellung, »Wenn ich eine größere Auswahl gehabt hätte, hätte ich jemanden anderes gewählt« haben die meisten erwartungsgemäß mit »nein«, aber auch 33 Kandidaten (20%) mit »ja« beantwortet und 3 (2%) mit »möglicherweise«. Einige Fragen über die Mitteilungspflichten der Lehranalyse zeigt Tab. 5.

	ja	nein	weiß nicht
„Gibt es offiziell eine Mitteilungspflicht des Kandidaten über formale Fragen?"	82 (49 %)	35 (21 %)	**50 (30 %)**
„Gibt es offiziell eine Mitteilungspflicht des Lehranalytikers über formale Fragen"	41 (24 %)	55 (32 %)	**74 (43 %)**
„Gibt es offiziell Mitteilungen des Lehranalytikers über den Prozess der LA?"	5 (3 %)	**141 (82 %)**	25 (15 %)
„Nimmt der LA offiziell Einfluss auf dem Verlauf der Ausbildung?"	8 (5 %)	**149 (87 %)**	15 (9 %)

Tab. 5: Lehranalyse (LA) (n = 172)

Weitere Fragen zum *Schutz der Lehranalyse* wurden folgendermaßen beantwortet:

	ja	nein	weiß nicht
„Gibt es offiziell eine Mitteilungspflicht des Kandidaten über formale Fragen?"	**82 (49 %)**	35 (21 %)	**50 (30 %)**
„Gibt es offiziell eine Mitteilungspflicht des Lehranalytikers über formale Fragen"	41 (24 %)	55 (32 %)	**74 (43 %)**
„Gibt es offiziell Mitteilungen des Lehranalytikers über den Prozess der LA?"	5 (3 %)	**141 (82 %)**	25 (15 %)
„Nimmt der LA offiziell Einfluss auf dem Verlauf der Ausbildung?"	8 (5 %)	**149 (87 %)**	15 (9 %)

Tab. 6: Lehranalyse: Schutz der Lehranalyse (LA) (n = 172)

Auch die *erlebten Abhängigkeiten der Lehranalyse vom Institut* interessierten uns:

	ja	nein	weiß nicht	
„Ist Ihr Lehranalytiker in Gremien des Institutes aktiv?"	**118 (70 %)**	44 (26 %)	7 (4 %)	
	ja	eher ja	eher nein	nein
„Fühlen Sie sich durch eine Tätigkeit Ihres Lehranalytikers in den Gremien und als Funktionsträger des Institutes in Ihrer analytischen Selbsterfahrung beeinflusst?"	24 (16 %)	28 (18 %)	41 (27 %)	**59 (39 %)**
Wenn ja, (n=57)	**eher positiv: 23 (40 %)**		**eher negativ: 29 (51 %)**	**beides:** 5 (9 %)
„Erleben Sie die vielfältigen Abhängigkeiten vom Institut als ihre LA beeinflussend?"	38 (24 %)	38 (24 %)	**42 (26 %)**	41 (26 %)

Tab. 7: Lehranalyse (LA), Gremienarbeit (n = 172)

Außerdem interessierte uns der Umgang an den Instituten mit dem Besuch von Seminaren des Lehranalytikers oder der Umgang mit gemeinsamer Gremienarbeit, die – ebenso wie die negativen Anmerkungen zur Lehranalyse – an anderer Stelle berichtet werden (vgl. Wiegand-Grefe & Schuhmacher 2005).

Supervision

Einige Antworten zum Frageblock über die Supervision stellt Tab. 8 dar.

Tab. 8: Supervision (n=172)	ja	nein	weiß nicht	
„Gibt es offiziell eine Berichterstattung des Supervisors an das Institut"	98 (58 %)	16 (9 %)	54 (32 %)	
„Gibt es Austausch unter den Supervisoren?"	92 (54 %)	6 (3 %)	73 (43 %)	
„Wenn ja, gibt es Rückmeldungen an Sie"	58 (43 %)	76 (57 %)	-----------	
	ja	eher ja	eher nein	nein
„Die Rückmeldungen in der Supervision erfolgen respektvoll und angemessen"	86 (51 %)	78 (46 %)	2 (1 %)	2 (1 %)
„Fühlen Sie sich durch Ihre Erfahrungen in der Supervision motiviert, selbst Supervisionen zu geben?"	56 (34 %)	78 (48 %)	20 (12 %)	9 (5 %)

Tab. 8: Supervision (n = 172)

Organisation

Im Fragebogen beschäftigten wir uns auch mit Fragen der Organisation (Tab. 9).

Tab. 9: Organisationsstruktur (n=172)	ja	nein	weiß nicht	
„Die Kandidatenvertreter sind auf allen Ebenen der Institutsarbeit in den Gremien"	61 (36 %)	69 (40 %)	41 (24 %)	--------------
„Es gibt eine funktionierende Kommission für Konfliktfälle in der Weiterbildung, der ich vertraue"	39 (23 %)	73 (43 %)	57 (34 %)	--------------
„Gibt es externe Supervision am Institut"	39 (23 %)	70 (41 %)	60 (35 %)	-------------
„Gab es schon einmal externe Supervision am Institut "	47 (28,7 %)	24 (14,6 %)	93 (56,7 %)	-------------
	ja	eher ja	eher nein	nein
„Ich erlebe die Organisationsstruktur am Institut als demokratisch"	19 (11 %)	90 (53 %)	38 (22 %)	22 (13 %)
„Die Kandidatenvertretung funktioniert"	41 (25 %)	94 (56 %)	27 (16 %)	5 (3 %)
„Ich fühle mich gut informiert über die Vorgänge und Entscheidungen am Institut"	21 (12 %)	78 (46 %)	50 (29 %)	22 (13 %)

Tab. 9: Organisationsstruktur (n = 172)

Zum Abschluss stellten wir die Frage: »Muss sich am Institut etwas ändern, um eine psychoanalytische Haltung (geprägt von Offenheit, Wertneutralität, Toleranz, Neugier etc.) zu entwickeln?« Dies beantworteten 44 (26%) mit »ja«, 49 (29%) mit »eher ja«, 60 (35%) mit »eher nein« und 16 (9%) mit »nein«. Insgesamt stimmt die Mehrzahl der Kandidaten also Veränderungserfordernissen zu (»ja«-Stimmen insgesamt 55% vs. »nein«-Stimmen insgesamt 45%). Die Aufzählung: »Wenn ›ja‹, in welchem Bereich?«, fällt folgendermaßen aus: Kommunikation: 75 (43%), Organisationsstruktur: 74 (42%), Entscheidungsprozesse: 69 (39%), Seminare: 49 (28%), Supervision: 18 (10%), Lehranalyse: 7 (4%).

Diskussion

Zunächst möchten wir einige Gesamteindrücke dieser Erhebung schildern, bevor wir uns einzelnen Ergebnissen zuwenden. Auffallend ist für uns über den gesamten Fragebogen hinweg eine Diskrepanz zwischen den Angaben in der quantitativen Erhebung und den ergänzenden Textanmerkungen. Oft wurden die Fragen in den Ankreuzungen sehr positiv beantwortet, dann jedoch schrieben überraschend viele Kandidaten (deutlich mehr, als dies bei derartigen Fragebögen üblich ist) negative Erfahrungen als ergänzende Textanmerkung. Angesichts der Vielzahl dieser Anmerkungen – fast ein Drittel der gesamten Stichprobe – sind diese Anmerkungen nicht mehr nur als Einzelfälle zu betrachten. Vor allem ist dabei auffallend, dass oftmals gerade die Kandidaten, die positive Alternativen ankreuzten, negative Erfahrungen im Text schilderten. Es scheint, als wurden die positiven Erfahrungen angekreuzt, die negativen Erfahrungen aber isoliert und abgespalten – die kamen dann im Text zum Ausdruck. Es kam beispielsweise relativ häufig vor, dass Kandidaten in einem Gespräch negative, kränkende, demütigende Erfahrungen in einem Zulassungsinterview machten und uns davon auch im Text oder Brief berichteten, das zweite Gespräch aber vergleichsweise positiv erlebten und dann die Ankreuzungen ebenfalls sehr positiv vornahmen. Das positive Gespräch (jeweils 50%) gab also den Ausschlag für die Kreuze in den Items, die negativen Erfahrungen wurden dann im Text beschrieben. Dafür spricht auch der (wieder quantitative) Befund, dass drei Viertel aller Kandidaten angaben, dass die Gespräche »sehr unterschiedlich« verlaufen sind. Auf diese Weise blieben, so scheint es uns, negative Erfahrungen als Einzelfallschilderungen isoliert und abgespalten, das idealisierte Ganze blieb unberührt; diese Erfahrungen kamen nicht in den quantitativen Messungen zum Ausdruck.

Es ist allerdings auch schwer möglich Erfahrungen zusammenzufassen, auch wenn wir – angesichts unserer methodischen »Zwangslage« und in dem Versuch, eine quantitative Messung und Operationalisierung vorzunehmen – in unserem Fragebogen darum baten. Angesichts dieser Diskrepanz und weil der ausschließliche Einsatz einer quantitativen Datenanalyse diese Aspekte, die eine vollständigere Beschreibung der Ergebnisse und der Situation an den Instituten ermöglichen, außer Acht gelassen hätte, entschlossen wir uns auch zur Darstellung dieser zusätzlichen Anmerkungen und fassten sie zur Strukturierung in inhaltlichen Clustern zusammen. Auf dem Fragebogen gab es lediglich Raum für *negative* Textanmerkungen, da es unsere Absicht ist, vor allem auf Entwicklungshemmendes, Problematisches und Veränderungswürdiges hinzuweisen. Ein System zeigt sich an seinen »schwachen Stellen«, seinen »Problemzonen« am deutlichsten.

Auffallend an den Antworten ist auch die Unwissenheit vieler Kandidaten. Oftmals war die Kategorie »weiß nicht« die am häufigsten oder zweithäufigsten angekreuzte. Diese Unwissenheit kann seitens der Kandidaten als ein gewisses Desinteresse oder als Passivität, seitens des Instituts aber auch als Zeichen mangelnder Information und Transparenz und damit u. a. als Zeichen einer Infantilisierung der Kandidaten interpretiert werden.

Die quantitativen Bewertungen der *Zulassungsgespräche* sind in vielen Aspekten positiv ausgefallen: Die Mehrheit empfand eine kollegiale Atmosphäre, fühlte sich nicht als Patientin – wenngleich auch häufig nicht ebenbürtig als Berufskollegin – behandelt und hatte den Eindruck, dass berufliche Vorerfahrungen im Gespräch von Interesse waren. Dagegen scheinen die *Zulassungskriterien* ausgesprochen unklar gewesen zu sein. Zunächst zeigten die quantitativen Bewertungen, dass der Mehrzahl die Zulassungskriterien nicht klar waren, und es gab darüber hinaus den Eindruck, dass keine klaren Kriterien für die Zulassung existieren. Zusätzlich wurde auch in den freien, ergänzenden Anmerkungen der Kandidaten häufig das Fehlen klarer Kriterien bemängelt, was das aktuelle Zulassungsverfahren ausgesprochen willkürlich erscheinen lässt. Ein weiterer Problempunkt der Zulassungsinterviews scheinen die *Rückmeldungen* zu sein; die Mehrzahl hat keine Rückmeldungen erhalten, was ebenfalls kritisch in den ergänzenden Anmerkungen zur Sprache kam. Besonders problematisch scheint der Umgang in den Institutionen im Falle einer *Ablehnung*. Unsere Fragen, die einen angemessenen Umgang mit den Kandidaten im Falle einer Ablehnung erfassen sollten, fanden mehrheitliche, eindeutige, verneinende Antworten. Immerhin 10% (!) der Kandidaten erlebten so negative Zulassungsinterviews, dass sie deshalb an ein anderes Institut gingen. In den

Zulassungsinterviews scheinen also besonders die Rückmeldungen und der Umgang mit Ablehnungen problematisch zu sein. Die meisten ergänzenden Textanmerkungen wurden hier zum Thema »Macht, Hierarchie und entwertender, aggressiver Umgangsstil« gemacht.

In den *Prüfungen im weiteren Verlauf der Ausbildung* scheint der Umgang mit *Ablehnungen* zwar etwas weniger problematisch zu sein als nach dem Zulassungsinterview, aber keinesfalls zufrieden stellend. Akzeptierbar ist die erlebte Ablehnung nur für die Hälfte der Betroffenen, d. h. der Hälfte der Kandidaten ist ihre Ablehnung unverständlich. Auch sind die Ablehnungskriterien problematisch, die oft nicht klar und explizit formuliert werden. Erwähnenswert erscheint uns abschließend, dass die Erfahrungen während der Ausbildung die meisten Kandidaten wenig dazu motivieren, sich selbst später aktiv in Gremien und Ausschüssen der Ausbildung zu beteiligen. Ebenfalls nutzten wieder ein Drittel der Kandidaten den Raum für kurze Anmerkungen, die inhaltlich die Bereiche ›Umgang‹, ›Macht, Hierarchie mit Entwertungen‹ sowie ›Rückmeldungen‹ und ›Kriterien‹ betreffen.

In den *Seminaren* werden nach Einschätzung der Kandidaten auch neuere psychoanalytische Entwicklungen und Konzepte gelehrt. Auf die Frage, ob auch Entwicklungen aus den Nachbarwissenschaften berücksichtigt werden, gab es uneinheitliche Antworten. Auch über die Didaktik der Seminare bestand Uneinigkeit, mit Trend zur Verneinung. Übereinstimmendere Einschätzungen gab es im Hinblick darauf, dass Forschungsergebnisse nicht gelehrt werden (vielleicht sind sie auch nicht allen Dozenten bekannt) und Forschungsfragen in den Instituten zu wenig Berücksichtigung finden. Als verschult und einengend werden die Seminare jedoch eher nicht erlebt. Die Kandidaten berichteten in der Mehrzahl, dass bisherige berufliche Erfahrungen in die Seminare eingebracht und diese als Bereicherung geschätzt werden. Sie fühlten sich auch tendenziell gefördert in ihrer kreativen Entwicklung. Allerdings scheinen die Seminare trotzdem wenig zur Motivation beizutragen, die Lehre selbst mitzugestalten. Negative Erfahrungen werden ebenfalls wieder in vielen ergänzenden Textanmerkungen geschildert.

Die meisten Arbeiten in der Literatur zur Ausbildung beschäftigen sich mit der *Lehranalyse,* auch unser Frageblock hierzu ist relativ lang. Die Kandidaten äußerten sich insgesamt relativ zufrieden mit ihrer Lehranalyse. Sie wurde mit vielen positiven Eigenschaften beschrieben und unter den Bereichen, in denen sich etwas ändern müsse, zuletzt genannt. Die meisten Kandidaten, fast 60%, haben vor der Lehranalyse bereits einen längeren, mehrjährigen psychoanalytischen Prozess mit durchschnittlich

300 Stunden durchlaufen. Diese psychoanalytische Therapie wird in der Regel »anders« als die Lehranalyse, häufig »negativer« erlebt. Spielt hier möglicherweise bereits die Idealisierung der Lehranalyse und der Lehranalytiker im fortgeschrittenen Prozess und die Identifikation mit dem Institut eine Rolle? Vielleicht mag aber auch der Anlass für diese Bewertung ausschlaggebend sein: Anlass für die vorherige therapeutische Analyse war vermutlich eine Krise, Anlass für die Lehranalyse war der Beginn der beruflichen Weiterbildung. In der Ausbildungsanalyse erleben sich die Kandidaten als Patienten, gleichzeitig sind sie Berufskollegen. Sie arbeiteten in der Regel schon vor der Ausbildung als Psychotherapeuten und arbeiten im weiteren Verlauf der Ausbildung (unter Supervision) als Psychoanalytiker. Die Lehranalyse hat also per se nicht nur eine therapeutische, sondern auch eine didaktische Funktion, die sich nicht dadurch erledigt, dass man sie diskussionslos aus den im November 2004 neu verabschiedeten Weiterbildungsrichtlinien der DGPT streicht. Eine psychoanalytische Behandlung als Bestandteil der Ausbildung ist – anders als ein akuter krisenhafter Anlass – eine erhebliche narzisstische Gratifikation, was ihre Bewertungen sicherlich positiv beeinflusst. Die *Wahl des Analytikers* wird vom Druck, bald nach Ausbildungsbeginn mit der Analyse zu beginnen, und auch durch die zur Verfügung stehende Auswahl beeinflusst; immerhin 20 % hätten bei größerer Auswahl einen anderen Analytiker gewählt. Besonders an kleinen Instituten kann es schwierig sein, einen geeigneten Lehranalytiker zu finden. Nicht selten bestehen dort zu den zur Auswahl stehenden Analytikern berufliche oder andere Abhängigkeiten. Wenn dann nicht auch Analytiker aus anderen Fachgesellschaften oder Instituten gewählt werden können, verstärkt dies die Abhängigkeitsproblematik und kann u. U. zu einem inzestuösen Kreislauf führen. Der bereits angesprochene, besonders häufige Anteil »Weiß-nicht-Antworten« ist in den Fragen zur Lehranalyse besonders auffallend. Dieses Unwissen kann, wie bereits angemerkt, durchaus als Zeichen einer Infantilisierung der Kandidaten an den Instituten verstanden werden, die in der Lehranalyse natürlich am deutlichsten zum Tragen kommt.

Erfreulicherweise fühlen sich die allermeisten Kandidaten in ihrer Lehranalyse gut geschützt. Allerdings sind auch die Randzahlen nicht zu vernachlässigen: Insgesamt fühlen sich über alle derartigen Fragen zwischen 6 und 15 % nicht sicher geschützt. Ein Teil von ihnen sieht die Vorgaben zum Schutz der Lehranalyse am Institut nicht eingehalten, ist misstrauisch und fürchtet, dass Informationen aus der Lehranalyse in die Beurteilungen der Leistungen am Institut einfließen, ist nicht sicher, dass keine Informationen aus der

Lehranalyse in die Gremien gelangen oder geht davon aus, dass der Lehranalytiker unter Kollegen über sie spricht. Einschließlich der Unwissenden,
für die eine solche Möglichkeit zumindest denkbar scheint, glauben fast
20% (!) der Kandidaten, dass ihr Lehranalytiker offiziell Mitteilungen über
den Prozess der Analyse an die Gremien des Institutes weitergibt! In den
Köpfen der Kandidaten ist also das »reporting system« (welches bedeutet, dass
der Lehranalytiker die Gremien über den Prozess der Lehranalyse informiert
und in Ausbildungsentscheidungen einbezogen wird) keinesfalls abgeschafft!
Hier scheint Thematisierung, Problematisierung, Aufklärung über die Hand-
habungen am Institut und Information der Kandidaten über den Umgang in
diesen Fragen an den Instituten angebracht! Auch mag am Rande die Frage
erlaubt sein, wie mit dem theoretisch bestehenden »non-reporting-system« in
den Weiterbildungsgremien tatsächlich umgegangen wird. Verlässt ein Lehranalytiker, der im Weiterbildungsausschuss sitzt, wenn über »seinen Analysanden« befunden wird, tatsächlich an allen Instituten, in jedem Fall,
ausnahmslos den Raum? Es wäre denkbar, dass sich hier nicht nur die
Unwissenheit der Kandidaten ausdrückt – eine Unwissenheit, die trotz einer
bestehenden, sorgfältigen, klar abgegrenzten Umgangsweise am Institut
besteht – sondern auch eine neben der »Theorie« bestehende »Praxis« im
Umgang mancher Institute mit diesem Thema. Brisant wird es dadurch, dass
bei mehr als drei Viertel der Kandidaten der Lehranalytiker auch in den
Gremien des Institutes aktiv ist. Die Mehrzahl fühlt sich dadurch in ihrer
Selbsterfahrung zwar nicht beeinflusst, allerdings fühlen sich auch immerhin
über 30% – in der Mehrzahl negativ – beeinträchtigt. Die Hälfte der Kandidaten erlebt auch die vielfältigen Abhängigkeiten der Lehranalyse vom Institut als beeinträchtigend. In den meisten Items wird die Lehranalyse jedoch
trotzdem sehr positiv bewertet: Sowohl in den quantitativen Messungen dieses
Frageblocks als auch insofern, dass hier am wenigsten Veränderungsbedarf
gesehen wird. Möglicherweise handelt es sich dabei um eine Idealisierung der
Lehranalyse und des Lehranalytikers, immerhin wird sehr viel (Zeit, Geld,
Energie) in die Lehranalyse investiert, sodass sich die Kandidaten möglicherweise nicht allzu kritisch mit ihrer Lehranalyse auseinandersetzen wollen.
Dafür spricht auch, dass die meisten Kandidaten – ganz im Gegensatz zu ihrem
geringen Engagement in Gremien, Ausschüssen und Seminarleitung – selbst
auch Lehranalytiker werden wollen. Sicherlich – und das widerspricht sich
keinesfalls – werden aber in den Lehranalysen auch häufig wirklich sehr wertvolle, hilfreiche und entwicklungsförderliche Prozesse erlebt. Allerdings
wurden auch zur Lehranalyse – trotz der relativ positiven Bewertungen –
wieder sehr viele negative Anmerkungen gemacht.

Die *Supervision* wird nicht nur in der Literatur vernachlässigt, auch in unserem Fragebogen nimmt sie wenig Raum ein. Sie wurde, ebenso wie die Lehranalyse, in der Regel sehr positiv beurteilt. Die meisten Kandidaten gaben eine Berichterstattung an das Institut und einen Austausch unter den Supervisoren an (obgleich wieder ein hoher Prozentsatz unwissend ist). Auffallend ist auch hier – ebenso wie bei den Zulassungsinterviews –, dass die Mehrzahl keine Rückmeldung aus diesen Beratungen der Supervisoren erhielt. Sofern es diese gab, erfolgte sie jedoch angemessen und respektvoll. Auch selbst Supervisionen zu geben ist sehr beliebt.

Die *Organisationsstruktur* wird überwiegend als demokratisch erlebt und es wurde auch eine funktionierende Kandidatenvertretung angegeben. Fragt man allerdings nicht nach dem Erleben, sondern nach den »Fakten«, so ergibt sich ein anderes Bild. Jeweils in der Mehrzahl der Antworten sind die Kandidatenvertreter keinesfalls auf allen Ebenen der Institutsarbeit in den Gremien vertreten, es gibt auch keine vertrauenswürdige Kommission für Konfliktfälle in der Weiterbildung und keine externe Supervision am Institut – weder in der Vergangenheit noch heute. Dementsprechend stimmten auch die meisten Befragten der Aussage zu, dass weniger die Erfahrungen in der Ausbildung als vielmehr die persönliche Art ausschlaggebend dafür ist, ob sich ein Kandidat künftig am Institut engagieren wird. Dementsprechend wurde der Anteil Kollegen, die die Weiterbildung abbrechen, relativ hoch eingeschätzt – die meisten schätzen 5–10%, die Schätzungen gehen bis 50%. Im Einklang mit diesen Antworten wurden von der Mehrzahl der Kandidaten Veränderungen am Institut für notwendig gehalten, und zwar im Hinblick darauf, eine psychoanalytische Haltung zu erwerben, die geprägt ist von Offenheit, Toleranz und Wertneutralität. Der Bereich der Organisation wurde am veränderungswürdigsten eingeschätzt: An vorderer Stelle wurde die Kommunikation genannt, dann wurden die Organisationsstruktur und die Entscheidungsprozesse gewählt – also Aspekte einer funktionalen, professionellen, demokratischen Organisationsstruktur. Erst an vierter Stelle nannten die Kandidaten die Seminare, dann die Supervision und an letzter Stelle die Lehranalyse. Die Rangfolge dieser eingeschätzten Veränderungsbereiche stimmt insgesamt in etwa mit den quantitativen Antworten überein.

Abschließend sollen einige *methodische Überlegungen und* Schwierigkeiten der Untersuchung und des Fragebogens nicht unerwähnt bleiben. Methodische Schwierigkeiten ergaben sich sowohl aus dem Instrumentarium, unserem entwickelten Fragebogen, als auch dem Design der Studie. Der Fragebogen ist ein allgemeines Instrument, dessen Items allgemeine, aus der Literatur und der Erfahrung zusammengetragene Probleme erfragen, die im Zusammenhang mit der Ausbildung genannt werden. Differenzierte Einschätzungen der Ausbildungssituation und einzelner Ausbildungsteile sind daher nur begrenzt möglich. Eine weitere messmethodische Einschränkung dieser Untersuchung ist, dass unser Fragebogen lediglich einen »Ist-Zustand« erfasst und keine Erfassung von Prozessen ermöglicht. Viele inhaltliche Aspekte des Fragebogens sind jedoch prozessabhängig. Besonders eklatant ist diese messmethodische Einschränkung vermutlich bei manchen Angaben zur Lehranalyse.

Verfälschungen der Ergebnisse sind auch durch die *strukturelle und inhaltliche* Konzeption des Fragebogens nicht auszuschließen. So können Positionseffekte der Frageblöcke – die Zulassungsinterviews werden zuerst erfragt, die Organisationsstruktur zuletzt – und der Items innerhalb jedes Frageblocks zu einer bevorzugten Auswahl der Antwort geführt haben. Möglicherweise verleitet auch die unterschiedliche Itemanzahl innerhalb der einzelnen Bereiche des Fragebogens zu Verfälschungen: Die Fragen zur Lehranalyse sind z. B. deutlich stärker repräsentiert als die Fragen zur Supervision. Die Formulierung der Items auf unterschiedlichen Ebenen bzw. Abstraktionsniveaus könnte die Häufigkeit ihrer Nennungen ebenfalls beeinflusst haben. Manche Items sind auf einem höheren, möglicherweise schwer verständlichen Abstraktionsniveau formuliert. Außerdem sind Effekte dadurch zu vermuten, dass Menschen bekanntermaßen eher eine zustimmende »Ja-Antwort« ankreuzen (»Ja-sage-Tendenz«). Durch eine wechselnde Polung der Items in der Itemkonstruktion – abwechselnd bedeutet eine »Ja-Antwort« bei einer Frage etwas Positives und bei der nächsten etwas Negatives – haben wir zwar versucht, daraus resultierende Effekte zu minimieren, allerdings beinhalten die zustimmenden Antworten häufiger positive Aspekte, was die verfälschenden Tendenzen sicherlich verstärkt. Außerdem werden die Antworten zu allen fünf Fragebereichen mittels einer vierstufigen Likert-Ratingscala erfasst. Diese Art der Itemvariante, für die wir uns trotz ihrer Nachteile in unseren testtheoretischen Überlegungen entschieden, enthält keine »Null«, sie erzwingt also eine Antwort-Tendenz. Damit wird jedoch als bekannter Nachteil dieser Itemvariante eine Tendenz zu positiven Antworten impliziert, d. h. die Ergebnisse werden in Richtung positiver Antworten verfälscht.

Ein weiteres Problem der Untersuchung betrifft die *Selektivität und Repräsentativität* der Stichprobe. Die Repräsentativität der Studie ist aufgrund einer relativ geringen Anzahl teilnehmender Kandidaten und ihrer Selektion (die Teilnahme an der Untersuchung war freiwillig, sie gründet nicht auf einer Zufallsstichprobe) eingeschränkt. Eine weitere

Schwierigkeit des Fragebogens betrifft die *Formulierung der Items*, in manchen Fällen suchten wir mehrere Aspekte in einer Frage zu erfassen, was streng genommen natürlich nicht möglich ist, weil die verschiedenen Aspekte unterschiedlich beantwortet werden können.

Ausblick: Fazit für notwendige Veränderungen

Als Schlussfolgerungen aus unseren Ergebnissen einige abschließende Thesen:

– Das *Zulassungsverfahren* sollte in seiner bisherigen Form abgeschafft und durch ein angemesseneres, kollegiales, beruflich fokussiertes Gespräch ersetzt werden. Mindestens aber sollten die Kriterien einer Zulassung klarer definiert werden. In den Instituten sollte sich in Experten-Konsensusgesprächen über die Kriterien einer Zulassung verständigt, dieses Ergebnis schriftlich festgehalten und Bewerbern zur Verfügung gestellt werden. Gleichzeitig sollte unbedingt ein zuverlässiges und funktionierendes Rückmeldesystem eingeführt werden!
– In den *Supervisionen* mangelt es ebenfalls vor allem an Rückmeldungen, besonders im Falle eines Austausches unter den Supervisoren.
– In den *Seminaren* sollte vor allem die Bereitschaft zur Forschung und zum wissenschaftlichen Arbeiten gefördert sowie die Didaktik und Arbeitsatmosphäre verbessert werden!
– In der *Lehranalyse* ist besonders der Schutz des analytischen Prozesses zu beachten. Vieles spricht dafür, den Schwerpunkt der Ausbildung zu umfassender (und didaktisch guter) Theorievermittlung mit kreativer Forschung und Supervision der Behandlungen zu verlagern.
– Auf der Ebene der *Organisation* besteht größter Veränderungsbedarf: Hierarchische Machtstrukturen sollten durch demokratische Ausbildungsstrukturen ersetzt werden. Dazu gehören u. a. funktionierende Ethikkommissionen für Konfliktfälle in der Weiterbildung und eine Kandidatenvertretung auf allen Ebenen der Institutsarbeit. Unsere Ergebnisse scheinen die Notwendigkeit einer umfassenden Organisationsreform (vgl. Wiegand-Grefe 2004) zu bestätigen. Mindestens aber sollte ein zuverlässiger Rahmen für die Reflexion der Organisation geschaffen werden, z. B. in Form von Seminaren, Arbeitstreffen oder Qualitätszirkeln. Externe Supervision kann dabei hilfreich sein.

Schließen möchten wir mit einem Zitat von Ekstein:

> Wenn es aber weiter Inseln der Forschung gibt (...) auf denen immer wieder Fragen gestellt und Zweifel ausgedrückt werden können, wo es ununterbrochen Fortschritt gibt, dann könnte die große Gefahr der Institutionalisierung für die Psychoanalyse gebannt werden. Wenn wir es schaffen, die psychoanalytischen Vereinigungen so zu organisieren, dass in ihnen wissenschaftliche Veränderungen möglich sind, dann brauchen wir uns um die Zukunft der Psychoanalyse keine Sorgen zu machen. (Ekstein 1988, S. 40).

Danksagung

Abschließend möchten wir allen Kandidaten, die sich an dieser Studie beteiligt haben, sowie Frau Rachow aus der Geschäftstelle der DGPT für ihre Unterstützung sehr herzlich danken.

Literatur

Balint, M. (1947): Über das psychoanalytische Ausbildungssystem. In: Die Urformen der Liebe und die Technik der Psychoanalyse. Stuttgart (Klett-Cotta) 1997, 307–332.

Bernfeld, S. (1952): Über die psychoanalytische Ausbildung. Psyche, 38, 1984, 437–459.

Bos, J. (2000): Autorität und Erkenntnis in der Psychoanalyse. Eine diskursanalytische Studie zur Geschichte der Psychoanalyse. Gießen (Psychosozial–Verlag) 2000.

Bohleber, W. (2000): Gewalt in psychoanalytischen Institutionen. Luzifer – Amor, 13, 7–15.

Buchholz, M. B. (1999): Psychotherapie als Profession. Gießen (Psychosozial–Verlag) 1999.

Buchinger, K. (1993): Zur Organisation psychoanalytischer Institutionen: Psychoanalyse geht nicht ohne, Psychoanalyse geht nicht mit. Oder doch? Psyche, 47, 31–70.

Cremerius, J. (1986): Spurensicherung. Die »Psychoanalytische Bewegung« und das Elend der psychoanalytischen Institution. Psyche, 40, 1063–1091.

Cremerius, J. (1987): Wenn wir als Psychoanalytiker die psychoanalytische Ausbildung organisieren, müssen wir sie psychoanalytisch organisieren! Psyche, 41, 1067–1095.

Cremerius, J. (1989): Lehranalyse und Macht. Die Umfunktionierung einer Lehr-Lern-Methode zum Machtinstrument der institutionalisierten Psychoanalyse. Forum Psa., 5, 190–08.

Cremerius, J. (1992): Der Lehranalytiker begeht jeden einzelnen dieser Fehler. In: U. Streeck und H. V. Werthmann. (Hg.) (1992), 52–69.

Cremerius, J. (1996): Die Begrenzung der analytischen Selbstaufklärung durch die Ausbildungshierarchie. Luzifer-Amor, 9, 68–83.

Eitingon, M. (1924): Bericht über die Berliner Psychoanalytische Poliklinik in der Zeit vom Juni 1922 bis März 1924. Int. Zs. Psycho-Anal., 10, 229–240.

Ekstein, R. (1988): Muß der Psychoanalytiker eine bestimmte Grundeinstellung haben? In: P. Kutter, Paramo-Ortega, P. und Zagermann, P. (Hg.) Die psychoanalytische Haltung. München-Wien (Verlag Internationale Psychoanalyse), 1988, 31–42.

Erdheim, M. (1986): Das Verenden einer Institution. Psyche, 40, 1092–1104.

Freud, A. (1950): Probleme der Lehranalyse. In: Max Eitingon in Memoriam. Jerusalem: Israeli Psychoanalytic Society, 1950, 80–94, deutsch: Psyche, 24, 1970, 565–576.

Freud, A. (1966): Die Schriften der Anna Freud. Bd IX: 1966–1970. Probleme der psychoanalytischen Ausbildung, Diagnose und therapeutischen Technik. Kap. 6: Das ideale psychoanalytische Lehrinstitut: Eine Utopie (1966), München (Kindler) 1980, 2431–2450.

Freud, S. (1914): Zur Geschichte der psychoanalytischen Bewegung. GW X, 43–113.

Garza-Guerrero, C. (2002a): »The crisis in Psychoanalysis«: what crisis we are talking about. Int. J. Psycho-Anal., 83, 57–84.

Garza-Guerrero, C. (2002b): Organizational and educational internal impediments of psychoanalysis: Contemporary challenges. Int. J. Psychoanal. 83, 1407–1433.

Jappe, G. (1983): Die Lehranalyse – Analyse mit Apostroph. In: S. O. Hoffmann (Hg.): Deutung und Beziehung. Frankfurt/M. (Fischer), 219–227.

Kernberg, O. F. (1984): Changes in the nature of psychoanalytic training. In: R. S. Wallerstein (ed.): (1984): Changes in analysts and in their training. Int. Psychoanal. Assoc. (Monograph Ser) 4, 6–19.

Kernberg, O. F. (1986): Institutional problems of psychoanalytic education. JAPA, 34, 799–834.

Kernberg, O. F. (1996): Thirty methods to destroy the creativity of psychoanalytic candidates. Int. J. Psychoanal 77, 1031–1040, deutsch: Dreißig Methoden zur Unterdrückung der Kreativität von Kandidaten der Psychoanalyse. Psyche, 52, 1998, 199–213.

Kernberg, O. F. (2000): A concerned critique of psychoanalytic education. Int. J. Psycho-Anal., 81, 97–120.

Kernberg, O. F. (2001): Some Thoughts regarding innovations in psychoanalytic education. Presentation at the IPA Executive council meeting in Puerto Vallarta. January 7, 2001.

Kernberg, O. F. (2002): Presidental Adress. Int. J. Psycho-Anal., 83, 197–203.

Lohmann, H.-M. (1983): Das Unbehagen in der Psychoanalyse. Eine Streitschrift. Gießen (Psychosozial-Verlag) 1997.

Lohmann, H.-M. (1984): Die Psychoanalyse auf der Couch. Frankfurt/M. (Fischer) 1984.

Mitscherlich-Nielsen, M. (1986): Phantasie und Realität in psychoanalytischen Institutionen. Psyche, 40, 1105–1108.

Mitscherlich-Nielsen, M. und D. Michaelis (1984): Psychoanalyse in der Bundesrepublik. Psyche, 38, 577–584.

Pollak, T. (1989): Profession und Idealität. Anmerkungen zum Problem der Idealisierung in der psychoanalytischen Ausbildung. In: Bareuther et al. (Hg.) (1989). Forschen und Heilen. Auf dem Wege zu einer psychoanalytischen Hochschule. Frankfurt (Suhrkamp), 633–646.

Pollak, T. (1999): Über die berufliche Identität des Psychoanalytikers. Psyche, 53, 1266–1295.

Pollak, T. (2001): Ist die psychoanalytische Identität bedroht? Zur aktuellen berufspolitischen Situation der Psychoanalyse in der Bundesrepublik. Psyche, 55, 835–863.

Pollmann, A. (1985): Die Zulassung zur psychoanalytischen Ausbildung. Eine historische und empirische Studie. Göttingen (Vandenhoeck und Ruprecht).

Reichmayr, J. (1990): Spurensuche in der Geschichte der Psychoanalyse. Frankfurt/M. (Fischer Taschenbuch Verlag), 1994.

Rieber-Hunscha, I. (1996): Zerreißproben. Zwischen Ausbildung und Praxis der psychoanalytischen Therapie. Gießen (Psychosozial-Verlag).

Rosenkötter, L. (1984): Schattenseiten der psychoanalytischen Ausbildung. In: Lohmann. H. M. (Hg.), (1984), 221–233.

Schultz-Venrath, U. (2000): Notizen zur Geschichte der psychoanalytischen und psychotherapeutischen Ausbildung. Entwicklungslinien und Verwerfungen zwischen den »Richtlinien« von 1923 und der »Berufsordnung« von 1946. Luzifer-Amor, 13, 54–83.

Schlösser, A. M. und Höhfeld, K. (2000): Psychoanalyse als Beruf. Gießen: Psychosozial-Verlag.

Schneider, P. (1986). Das Artefakt »Lehranalyse«. Ein kritischer Beitrag zu Erich Simenauers »Aktuelle Probleme der Lehranalyse« Psyche 40: 320–326

Simenauer, E. (1984): Aktuelle Probleme der Lehranalyse. Psyche, 38, 289–306.

Speier, S. (1983): Gedanken zur Ausbildung oder wie man Analytiker wird. In: H. M. Lohmann (Hg.) (1997), 104–110.

Streeck, U. (1994): Institutionelle Herausforderungen an die Psychoanalyse. Forum Psa., 10, 322–331.

Streeck, U. und H. V. Werthmann (Hg.) (1992): Lehranalyse und psychoanalytische Ausbildung. Göttingen (Vandenhoeck und Ruprecht).

Thomä, H. (1991a): Idee und Wirklichkeit der Lehranalyse. Ein Plädoyer für Reformen (I). Psyche 45, 385–433.

Thomä, H. (1991b): Idee und Wirklichkeit der Lehranalyse. Ein Plädoyer für Reformen (II). Psyche 45, 481–505.

Thomä, H. (1992): Die unendliche Lehranalyse als Supertherapie. In: U. Streeck und H. V. Werthmann. (Hg.) (1992), 131–161.

Thomä, H. und H. Kächele (1999): Memorandum on a reform of psychoanalytic education. Newsletter IPA, 8, 33–35.

Weier, G. (2001): Wir sind im Besitz der Wahrheit. Macht in der Psychoanalyse. Sigmund Freud als Vaterfigur in der frühen psychoanalytischen Bewegung. Berlin: Quercus Verlag, 2001

Weimer, M. (1999): Psychoanalyse und/als Organisation. Psyche, 53, 8–51.

Wiegand-Grefe, S. (2002): Hierarchie, Macht und Abhängigkeit in der psychoanalytischen Ausbildung. Wissenschaftliche Examensarbeit, Lou Andreas Salome Institut für Psychotherapie und Psychoanalyse Göttingen.

Wiegand-Grefe, S. (2004): Die Destruktivität in der psychoanalytischen Ausbildung. Plädoyer für eine Ausbildungsreform. Forum Psychoanal 20: 331–350

Wiegand-Grefe, S.; Schuhmacher, M. und Loetz, S. (2002): Vom Heilen zur Haltung: Entwicklung psychoanalytischer Identität während der Ausbildung? Arbeitsgruppe, DGPT-Tagung 2002, unveröffentlichtes Manuskript.

Wiegand-Grefe, S. und Schuhmacher, M. (2005): Strukturelle Gewalt in psychoanalytischen Ausbildungsinstitutionen – Folge von Hierarchie, Macht und Abhängigkeit. Eine empirische Studie. Psychosozial-Verlag. In Vorbereitung.

Wittenberger, G. (1988): Die Geschichte des »Geheimen Komitees«. Psychoanalyse im Institutionalisierungsprozess. Psyche, 42, 44–52.

Wittenberger, G. (1993): Zur »Innenpolitik« der organisierten Psychoanalyse in der Zeit nach dem Bruch mit C. G. Jung. Luzifer-Amor, 6, 76–86.

Machtstrukturen in psychoanalytischen Institutionen und die Ohnmacht psychoanalytischen Denkens

Michael Pavlovic

Seit geraumer Zeit beobachte ich bei Angehörigen psychoanalytischer Institutionen eine Diskrepanz zwischen der machtvollen Fähigkeit, mithilfe psychoanalytischen Denkens Spaltungen, Abwehrprozesse oder destruktives Agieren in Patienten, Gruppen und Institutionen zu erkennen, zu benennen und zu erklären, und der gleichzeitig erschreckend gering ausgebildeten Fähigkeit, diese psychoanalytischen Instrumente auf die eigenen Institutionen anzuwenden.

Während Analytiker in ihrer Arbeit um ein Nicht-schon-vorher-Wissen bemüht sind, lassen sie sich bei der Reflexion ihres Gruppen- und Institutionslebens häufig von ihrem blinden Auge leiten.

Die Folgen sind beträchtlich, sowohl für die Ausbildung und die Kreativität der heranwachsenden Analytiker-Generation als auch für die etablierten Analytiker, Institute und Gesellschaften und ebenso für die (nicht nur berufs-)politische Relevanz der Psychoanalyse, deren Absinken in Bedeutungslosigkeit gefürchtet wird, ohne die eigene Mittäterschaft zu erkennen.

Inspiriert von Freuds Selbstanalyse könnten Analytiker versuchen, sich nicht nur auf die machtvolle Position hinter der Couch zurückzuziehen, sondern auch den sich eher ohnmächtig anfühlenden Platz auf der Couch einzunehmen. Dafür Methoden zu entwickeln bzw. die bereits gefundenen Möglichkeiten anzuwenden erfordert den Mut, sich selbst in Frage zu stellen und Fragen mit offenem Ausgang zuzulassen.

Bions Konzept der Grundannahmen

Bion (1961) beschreibt, wie in einer Gruppe neben der bewussten *Arbeitsgruppe* eine unbewusste *Grundannahmeaktivität* existiert, die auf regressive Weise die Gruppe und ihr Gleichgewicht erhalten soll und drei unterschiedliche Formen annehmen kann:

1. Die *Abhängigkeitsgruppe* (*Basic assumption of Dependency,* BaD), in der sich die Mitglieder hilflos und abhängig von einem Führer fühlen, dessen Aufgabe es ist, Sicherheit und Schutz bereit zu stellen.

2. Die *Kampf-Flucht Gruppe* (*Basic assumption of Fight-Flight,* BaF), die sich benimmt, als gäbe es einen Feind, vor dem die Gruppe fliehen oder gegen den sie kämpfen müsste.

3. Die *Paarbildungsgruppe* (*Basic assumption of Pairing,* BaP), die aus ihrer Mitte ein Paar erschafft und von diesem Paar erhofft, dass aus seinem »Verkehr« der Messias entsteht, der die Gruppe retten wird.

All diese Grundannahmen dienen als Container für psychotische Ängste. Ausgehend von Bions Arbeit möchte ich beschreiben, wie *Grundannahmeaktivitäten* auch in psychoanalytischen Institutionen an die Stelle von *Arbeitsgruppenaktivitäten* treten.

Grundannahmen und psychoanalytische Institutionen

Ein erster Versuch der Anwendung dieser Konzepte auf psychoanalytische Institutionen war ein Vortrag (Amann; Pavlovic & Weidinger 1991) auf der Jahrestagung der DPG 1991 »Die Kultur der Psychoanalyse«. Kandidaten waren aufgefordert worden, über ihre Erfahrungen mit der psychoanalytischen Kultur im Rahmen ihrer Ausbildung zu reflektieren. Damals hatte die psychoanalytische Weiterbildung Hochkonjunktur, allein das DPG-Institut in Stuttgart zählte 50 Kandidaten. Die DPG befand sich bereits in einer Umbruchsituation und die Kandidaten, zu denen auch ich gehörte, waren vor das Problem gestellt, eine psychoanalytische Identität innerhalb einer Gesellschaft zu erwerben, die eine neue Identität suchte.

Wir beschrieben die Mischung von Idealisierung und Entwertung, mit der wir Mitglieder der DPG mit der DPV umgingen, anhand der Bion'schen *Grundannahme Kampf-Flucht.* Außerhalb des Behandlungsraums konzentrierten sich seinerzeit viele Mitglieder auf das zentrale Thema ›Weiterbildung‹; darin sahen wir Aktivitäten der *Paarbildungsgruppe.* Die nächste Generation von Psychoanalytikern sollte dank perfekter, immer besser kontrollierter Ausbildung Erlösung von den Problemen der Gegenwart bringen, ohne sich dabei von den Fußstapfen ihrer »Väter und Mütter« zu entfernen. So verstanden wir den von uns wahrgenommenen

Infantilisierungswunsch der Weiterbildungskandidaten als Manifestation der *Abhängigkeitsgruppe*. Wir schlossen unseren Vortrag mit dem Satz:

> Können wir aber unsere Patienten, deren Suche in der Therapie ja auch als ein dauerndes Ringen mit ihrer Identität verstanden werden kann, wirklich besser verstehen, wenn nicht auch wir uns diesem schmerzhaften Prozess des »Nicht-Wissens« immer wieder neu stellen? (Amann; Pavlovic & Weidinger 1991).

An diese Frage möchte ich im Folgenden anknüpfen, denn seit jener Zeit hatte ich leider viel Gelegenheit zu beobachten, dass psychoanalytische Institutionen Probleme damit haben, ihr Wissen über unbewusste Dynamiken, Gruppenprozesse und Abwehrmechanismen auf die eigenen Institutionen anzuwenden.

Leicester 2004

Im Frühjahr 2004 besuchte ich die *Leicester Conference*, eine zwei Wochen dauernde Arbeitskonferenz nach dem Tavistock Modell. Hier wird mit einem analytisch-gruppenanalytisch-systemischen Ansatz versucht, Gruppen und Institutionen in ihrem Wechselspiel mit den sie bildenden Individuen zu verstehen. *Lernen durch Erfahrung* im Sinne Bions bedeutet, dass die Teilnehmer sich auf den inneren Aufruhr einer direkten emotionalen Erfahrung einlassen und andererseits versuchen, über ihre Erfahrungen nachzudenken und sie zu deuten.

Was mich bei dieser Konferenz von Beginn an beschäftigte, war, dass die Teilnehmer so bemüht schienen, reif und überlegt zu agieren, dass insbesondere die Großgruppe in ihrem Normal-Sein fest zu hängen schien und in einer merkwürdigen Form von Langeweile, ein Gefühl, wie ich es aus ähnlichen Veranstaltungen nicht kannte. Manchmal hatte es den Anschein, dass die Gruppenmitglieder voneinander vollständig getrennt waren, abgeschnitten und ohne Möglichkeit, aufeinander einzugehen. Diese Wahrnehmung spiegelte sich auch in meinen Träumen, in denen das Thema ›nicht zusammen kommen‹ auftauchte oder (und hier wurde eine darunter liegende Angst sichtbar) in denen intime Begegnungen sich in inzestuöse oder perverse Kontakte veränderten. Die Schwierigkeiten während der Konferenz veranschaulicht folgende bezeichnende Situation: Eine Teilnehmerin kam zu spät in eine Großgruppe und hörte dort auch weiterhin ihre Musik über Kopfhörer. Die Gruppe war nicht in der Lage, mit dieser Art von Benehmen umzugehen, die Teilnehmerin zu konfrontieren oder Verstehenshypothesen zu bilden.

Zu anderen Zeiten gab es Momente von Einmütigkeit, die in totalem Kontrast zu der beschriebenen Stimmung standen. Die Teilnehmer schienen sich in einer Art Fusion zu befinden, sich gegenseitig perfekt zu verstehen, ohne dass hierfür Worte nötig gewesen wären – vielleicht hätten sie sogar eher gestört. Ein weiteres Beispiel: An einem Morgen begann eine deutsche Teilnehmerin ihre momentane innere Situation in einem langen Redebeitrag zu erklären – auf Deutsch. Die Gruppenmitglieder beantworteten dies mit Bemerkungen darüber, wie wichtig das Gesagte für sie sei und dass die Musik ihrer Worte und der Ton ihrer Stimme ihnen viel bedeuteten. – Tatsächlich hatte der überwiegende Teil der Teilnehmer kein Wort verstanden.

Ich hatte den Eindruck, dass die ablaufenden Prozesse am ehesten mit dem Wirken der zusätzlichen Grundannahmen *Vereinzelung (Basic assumption of Meness*, BaM) (Lawrence; Bain & Gould 1996) und *Einssein (Basic assumption of Oneness*, BaO) (Turquet 1985) zu erklären waren. Beim *Einssein* vereinen sich die Mitglieder einer Gruppe in einem Zustand, in dem sie sich gleich, unterschiedslos fühlen können. Es gibt keine Differenzen in Rolle, Glauben, Kenntnissen oder Fertigkeiten, es ist ein Zustand ozeanischer Gefühle, ein Zustand des Aufgehoben-Seins und eine mächtige Abwehr gegen die Angst ausgelöscht zu werden. Die *Vereinzelung* hingegen wehrt sich gegen die Angst, in einer Gruppe seine Individualität zu verlieren, indem sich das Individuum hinter einer undurchdringlichen Barriere verschanzt, die es zusammenhält und vor Vernichtungsängsten durch Auflösung schützen soll. Mir fiel hierzu Meltzers (1966) Begriff der *Pseudoreife* ein, mit dem er primitive Zustände exzessiver projektiver Identifikation meint, die für Patienten zu einem prekären Schutzraum werden, der sie von dem emotionalen Kontakt mit anderen abschneidet. Die beiden Konzepte erschienen mir als die zwei Seiten derselben Medaille: Ich sah eine Oszillation zwischen den Zuständen von *Einssein* und *Vereinzelung*.

Die vierte Grundannahme

Ausgehend von Bion postuliert Hopper (2003) eine vierte Grundannahme, die nach seiner Ansicht eigentlich die erste, weil primitivste ist: die Grundannahme des *Zerfalls (Basic assumption of Incohesion*, BaI). Gemeint sind hier die Auflösung des Zusammenhalts, der Zerfall der Bindungen und Beziehungen zwischen den Gruppenmitgliedern oder der Zerfall der Grenzen zwischen ihnen. Diese Grundannahme kann in zwei Manifestationsformen auftreten: *Anhäufung* und *Vermassung (Aggregation* und *Massification*).

Hopper versucht in seinem Buch eine komplexe Theorie sozialer Bindungen und Bindungsauflösungen zu entwickeln, die in Gruppen und gruppenartigen sozialen Systemen auftreten. Dabei beschreibt er, wie für ihn Bions Arbeiten über die Grundannahmen bereits eine Theorie des Zusammenhalts in Gruppen darstellen und dass die Grundannahmeaktivitäten in Gruppen im Grunde Versuche sind, den Zusammenhalt der Gruppe angesichts ihrer Bedrohung durch primitive Ängste in der Gruppe zu bewahren. Die von ihm beschriebene Aktivität richtet sich gegen die Angst vor Auflösung und Vernichtung, entweder durch den Verlust des Selbst in der Gruppe oder durch den Verlust des Zusammenhalts der Gruppe. Diese Vernichtungsangst ist für ihn eng verknüpft mit posttraumatischen Reaktionen, die darin bestehen, das Trauma und die Vernichtungsangst entweder abzuspalten und zu projizieren oder zu isolieren und einzukapseln. Daraus folgt, dass die Grundannahme des *Zerfalls* insbesondere in Gruppen zu finden ist, die traumatisiert sind oder die sich aus traumatisierten Individuen zusammensetzen. Der Zerfall wird sich entweder, in der Folge von Spaltung und Fragmentierung, als *Anhäufung* oder, durch Verschmelzung und Konfusion, als *Vermassung* manifestieren. In einer *Anhäufung* finden Menschen zusammen mit einem Minimum an Bezogenheit und Engagement. Sie sind vereinzelt, fühlen sich einsam und unsicher. In einer *Masse* haben Menschen keine Individualität, es herrscht Homogenität. Die Negation von Unterschieden ist das primäre Ziel und dies zu erreichen wird als kollektive Leistung angesehen.

Fortsetzung Leicester

Wenn ich Hoppers Hypothese der Traumatisierung als Ursache von *Angst vor Vernichtung* zur Erklärung der Prozesse der Leicester-Konferenz 2004 nutzen will, taucht die Frage nach dem Traumatisierenden (in) der Konferenz auf. Es folgen einige Fakten und Phantasien zu diesem Thema:

Die *Leicester Conference* ist als Arbeitskonferenz für bis zu 65 Teilnehmer konzipiert. Zusätzlich gibt es für bis zu 18 Teilnehmer die Möglichkeit, an einer Trainingsgruppe teilzunehmen. Von den Teilnehmern an dieser Gruppe werden noch weitergehende Erfahrungen mit dieser Art von Arbeit erwartet. Während der Konferenz erhalten sie Gelegenheit selbst als Berater unter Supervision tätig zu werden. Kurz nach unserer Ankunft erfuhren wir, dass es keine Trainingsgruppe geben würde, offenbar waren hierfür nicht genügend Anmeldungen eingegangen. Außerdem wurde bekannt, dass viele Teilnehmer sich erst kurzfristig angemeldet hatten, angelockt von einer Tagungsgebühr, die etwa bei

50% der üblichen lag. Offensichtlich hatte es Rekrutierungsprobleme gegeben.

Solch eine Nachricht hätte nun zu den unterschiedlichsten Konflikten führen können. Tatsächlich wurde die Situation kaum erwähnt. Ich kann mich auch noch gut an meine Gefühle in diesem Zusammenhang erinnern. *Leicester* ist teuer, über 3000 Britische Pfund. Wer so viel Geld ausgibt und Zeit investiert, möchte nicht einer aussterbenden Spezies angehören. Demnach war die Vorstellung, dass dies das Ende von *Leicester* sein könnte, durchaus beängstigend. Ich wagte also nicht wirklich, Ärger oder Frustration auszudrücken, eigentlich nicht einmal, diese Gefühle deutlich zu empfinden. Allerdings berichteten Teilnehmer in der Großgruppe von ihren Träumen, in denen das Tavistock-Institute als Ruine eines alten Klosters auftauchte, oder es gab Bilder von leckenden, beschädigten Containern, die unsicher und nicht vertrauenswürdig waren.

Nach den Reaktionen der Teilnehmer zu urteilen wurde die Konferenz und die veranstaltenden Organisationen als traumatisiert erlebt oder phantasiert und die daraus resultierende Vernichtungsangst unterstützte das Auftreten von *Zerfall – Vermassung* oder *Anhäufung*. Dieses konnte in den verschiedenen Veranstaltungen während der Konferenz immer wieder beobachtet werden, wobei es häufig zu schnellen Wechseln zwischen den beiden Manifestationsformen kam.

Eine Gruppe unter dem Einfluss der vierten Grundannahme besitzt kaum Fähigkeit zu Containment. Zwei Teilnehmer verließen die Konferenz unter sehr beunruhigenden Umständen. Was hatten wir, bzw. der Zustand der Konferenz als beschädigter Container dazu beigetragen? Ich denke, hier wird deutlich, wie die Weitergabe von Traumatisierung funktioniert: Die traumatisierte Institution wirkt ihrerseits traumatisierend auf die Einzelnen.

Ich habe die Prozesse in dieser künstlichen Institution in Bezug auf die vierte Grundannahme beschrieben, weil ich in den Institutionen, denen ich mich nun zuwende, ähnliche Prozesse am Werk sehe. Sie sind mir erst nach den Erlebnissen während der *Leicester-Konferenz* deutlich geworden.

Psychoanalytische Institutionen

Im Folgenden gehe ich der Frage nach, wo sich diese primitiven Prozesse auch im Leben unserer professionellen Organisationen finden lassen. So sind psychoanalytische Institute aus verschiedenen Gründen in der Gefahr, unter den Einfluss von Grundannahmeaktivitäten zu geraten. Gleichzeitig ist es erstaunlich, wie gering der Einfluss unseres psychoanalytischen Denkens auf die Lösungssuche angesichts dieser Prozesse ist. Es gibt zwar eine große Anzahl von Veröffentlichungen über Probleme in psychoanalytischen Institutionen, leider bleibt es aber meist bei der Diagnostik.

Vor dem Hintergrund von Hoppers Ideen zur Grundannahme *Zerfall* und ihrer Verbindung mit Traumatisierungen zeigt sich eine ganze Reihe von Gründen, die den Einfluss dieser Grundannahme im unbewussten Leben psychoanalytischer Institutionen plausibel machen:

– Psychoanalytiker arbeiten mit schwer gestörten, häufig mit traumatisierten Patienten und haben es täglich mit primitiven Impulsen, psychotischen Ängsten und destruktivem Agieren zu tun. Dies erfordert schwierige innere Verarbeitungsprozesse.

– Wir sehen in der Psychoanalyse eine bedeutsame Disziplin, die in der privaten, beruflichen und akademischen Welt eine große Rolle spielt. Wir sprechen von einer Kopernikanischen Wende durch Freud. Dennoch sieht es im Moment so aus, als würde das Interesse an Psychoanalyse weltweit nachlassen, sowohl was das Interesse von Patienten betrifft als auch das von potentiellen Ausbildungskandidaten. Dies hat dazu geführt, dass die IPA eine erhebliche Geldsumme bereitgestellt hat, um weltweit Forschungsprojekte zu unterstützen, die diesen Umstand untersuchen sollen. Eine solche Situation kann wohl zu Recht als traumatisierend für Menschen angesehen werden, die ihr professionelles Leben der Psychoanalyse verschrieben haben.

– Psychoanalytiker neigen dazu, ihre Institutionen als *Toilettenbrust* zu nutzen, in die sie das Unerträgliche, das sie in der täglichen Arbeit aufnehmen, hineinprojizieren (Triest 2004). Aber von dort kommt es häufig unverdaut zurück, denn die (beschädigte) Institution funktioniert nicht als modifizierender Container. So landet das Unerträgliche in einzelnen Mitgliedern, in denen sich Gefühle von Unerwünscht-Sein und Unbedeutend-Sein unterbringen lassen.

– Unglücklicherweise profitieren psychoanalytische Institutionen kaum von dem psychoanalytischen Verstehen über das Funktionieren von Organisationen, denn sie suchen meist nicht die Hilfe, die sie anderen offerieren.

Die Situation in Deutschland

Auch speziell auf die Situation in Deutschland bezogen gibt es Gründe, die den Einfluss der Grundannahme *Zerfall* im unbewussten Leben psychoanalytischer Institutionen erwarten lassen:

– Seitdem die Leistung »psychoanalytische Psychotherapie« innerhalb des deutschen Krankenkassensystems erbracht werden kann, ist es für Psychoanalytiker verhältnismäßig einfach, ihren Lebensunterhalt zu verdienen. Während Ärzten verschiedene Zugangswege offen stehen, bleibt Psychologen nur die Wahl zwischen einer verhaltenstherapeutischen Weiterbildung und der Weiterbildung an einem psychoanalytischen Institut, nach DGPT-Richtlinien. Die Nachfrage war daher bislang entsprechend groß, man konnte sich wichtig und gebraucht fühlen, insbesondere als Lehranalytiker. Die Verführung, auf einem geschützten Markt agieren zu können, vernebelte jedoch häufig das kritische Urteilsvermögen.

– Psychotherapeutengesetz und Punktwertverfall haben die Lage entscheidend verändert und durch den Umbau des Gesundheitssystems entstehen immer wieder neue Bedingungen, die an den finanziellen Grundlagen der beruflichen Existenz rütteln.

Neben diesen, auf die berufsspezifischen Anforderungen und die berufspolitische Lage zurückzuführenden Belastungen ist – auf einer tieferen Ebene – eine zeitlich zurückliegende Traumatisierung der psychoanalytischen Institutionen, die ich für sehr bedeutsam halte, zu berücksichtigen: Im Dezember 1935 wurden die jüdischen Mitglieder der DPG zum Austritt gezwungen. 1938 war die DPG aufgelöst und die in Deutschland verbliebenen Psychoanalytiker arbeiteten unter dem Dach des *Reichsinstituts für Psychologische Forschung und Psychotherapie*, dem so genannten *Göring Institut,* in dem die Reste der verschiedenen psychoanalytischen Strömungen gleichgeschaltet wurden, mit dem Ziel, eine *arische Psychotherapie* zu entwickeln.

1948 wurde die heutige DPG gegründet – wiedergegründet wie man damals meinte – in Leugnung der jüngsten Geschichte und in dem Versuch einer manischen Wiedergutmachung. Nach der *Gleichschaltung* des Dritten Reiches entstand die Gesellschaft in einer Art Reaktionsbildung als ein loser Zusammenschluss, eine *Anhäufung* einzelner unabhängiger Institute und

Arbeitsgruppen. Internationale Anerkennung wurde der DPG verweigert; die neu gegründete DPV hingegen wurde Mitglied der IPA.

Die Geschichte der Traumatisierung von Mitgliedern psychoanalytischer Institutionen beginnt mit dem Rauswurf von Kollegen und Freunden und setzt sich von hier über Jahrzehnte fort. Dies zu erinnern und durchzuarbeiten ist sicher ein steiniger Weg und so entsteht ein verzweifelter Wunsch nach Abkürzungen. Es hilft zum Beispiel der Mythos, dass es die schuldigen Kollaborateure gab, während man selbst zu den unschuldigen Gegnern/Opfern gehört. In dieser Weise diente die DPG der DPV einige Zeit als Container für Schuldgefühle. Das Objekt, in das hinein ich mich durch projektive Identifizierung unangenehmer innerer Zustände entledigen kann, können auch die anders denkenden Mitglieder meines Instituts sein, die Psychotherapeuten anderer Schulrichtungen, die Psychologen für die Ärzte und umgekehrt; wer brauchet der findet!

Diese Prozesse können als Versuche gesehen werden, die eigene Kohäsion durch Ausschluss und Entwertung anderer aufrecht zu erhalten. Auf lange Sicht erweist sich dies allerdings als Pseudokohäsion, als *Vermassung*, die schnell auseinander brechen kann, wenn die Objekte zur projektiven Identifikation nicht mehr zur Verfügung stehen oder wenn andere Faktoren das Gleichgewicht stören. Diese Form von Abwehr festigt somit einen Zustand, gegen den sich die Gruppe eigentlich verteidigen will: den *Zerfall*.

In diesem Zusammenhang war es sicher wichtig, dass die DPG und die DPV in den 90er Jahren begannen, den Gebrauch der jeweils anderen Gesellschaft als Container für Projektionen zu untersuchen. Ein Meilenstein in diesem Prozess war die Tavistock Arbeitskonferenz in Seon, die 1996 stattfand. Es gibt eine ganze Reihe von Arbeiten über diese Konferenz, die zeigen, wie schwierig es für die 47 Teilnehmer war, Wege der Zusammenarbeit zu entwickeln, bei der ständigen Gefahr, in Grundannahmezustände zurückzufallen. Es war das erste und einzige Mal, dass in Deutschland versucht wurde, sich auf diese Art der Arbeitsaufgabe zu nähern, »die Folgen der Teilungen in der psychoanalytischen Gemeinschaft in Deutschland und ihre Bedeutung für die Psychoanalytiker heute zu untersuchen.« (Zitiert nach der Konferenzbroschüre). Gemessen an der Intensität, mit der Psychoanalytiker mit ihren Patienten zu arbeiten gewohnt sind, und angesichts der Schwere der ins Auge gefassten Probleme erscheint mir allerdings diese eine Konferenz eine recht schwächliche Intervention.

Streitrituale, ein Begriff, den Kreuzer-Haustein (1996) in ihrem Bericht über die Seon-Konferenz mehrfach verwendet, dienen dazu, ein komfortables Niveau an Feindseligkeit aufrecht zu erhalten und das Nachdenken darüber zu entmutigen. Durch die Aufnahme der DPG in die IPA entstehen neue Spaltungsmöglichkeiten. In der DPG gibt es jetzt die DPG-IPA-Mitglieder und DPG-Mitglieder ohne IPA Zugehörigkeit. Mitglieder so genannter gemischter Institute wissen, dass es inzwischen auch eine wichtige Unterscheidung in DPG- und Nicht-DPG-Mitglieder gibt. Hier bietet sich ein weites Feld zu gegenseitigen Entwertungen.

Der Wiederannäherungsprozess der DPG an die IPA war nicht frei von Konflikten, sowohl zwischen den Gesellschaften als auch innerhalb der DPG. Auch wenn die Mitglieder sich in den entscheidenden Abstimmungen dafür aussprachen, gab es doch einen nicht unerheblichen Widerstand bis hin zu demonstrativen Austritten aus der Gesellschaft. Es wurde vorgeschlagen, dem Thema eine Arbeitskonferenz zu widmen – wieder in Seon und wieder mit Ross Lazar, der schon die Konferenz 1996 geleitet hatte. Diese Konferenz, die den Titel tragen sollte: »Was nun, DPG?«, kam allerdings nicht zustande. Lazar (2004): »Ich hatte den Eindruck, es muss so angeboten werden, dass es nicht zustande kommt.« Seitdem ist kein weiterer Versuch unternommen worden, auf eine den emotionalen und unbewussten Kontext einbeziehende Weise an der Problematik zu arbeiten.

Stuttgart

Die *Akademie für Tiefenpsychologie und Psychoanalyse* in Stuttgart bildete über Jahrzehnte das Dach für drei DGPT-Institute. Teilweise in Kooperation, teilweise in Konkurrenz zueinander wurden Weiterbildung, Patientenberatung und andere Aktivitäten organisiert. 1998, also zu einer Zeit, als der Punktwerteverfall bereits eine reale Bedrohung für psychotherapeutische Praxen darstellte, verließ die DPV-Arbeitsgruppe die Akademie und baute ihre eigene Ambulanz auf. In der DPG-Arbeitsgruppe wurden ähnliche Ideen diskutiert. Natürlich gab es gravierende Probleme und sicher auch verstehbare Gründe für diese Überlegungen. Ich behaupte aber, dass die Bereitschaft zur gemeinsamen Lösungssuche sehr begrenzt war. Die beiden zurückbleibenden Institute unternahmen einen Klärungsversuch mithilfe eines psychoanalytisch orientierten Beraters. An einem Samstag fand eine Großgruppenveranstaltung statt, an der die teilnahmen, die dazu bereit waren. Leider kam nicht viel dabei heraus. Es fehlten wichtige Mitglieder, die in die Konflikte eingebunden waren. Es war vielleicht auch nicht die bestmögliche Arbeitsmethode angesichts der anstehenden Themen. Weitere Versuche wurden nicht unternommen. Folglich bleiben die Probleme bestehen, zwar verdeckt – man ist ja zivilisiert – aber deshalb nicht weniger virulent. In

Diskussionen wird verwundert festgestellt, dass die Renovierung des Daches des gemeinsam genutzten Gebäudes nicht als reine Sachfrage geklärt werden kann, ohne dass alte Kränkungen die Klärung behindern. Dass man über das gemeinsame Dach nicht reden kann ohne in Betracht zu ziehen, was sich unter dem Dach alles befindet, sollte für Psychoanalytiker eigentlich nicht so überraschend sein.

Dessen ungeachtet wird Kooperation immer notwendiger. Nach Maßgabe des Psychotherapeutengesetzes hat jedes Weiterbildungsinstitut – häufig für eine immer kleiner werdende Zahl an Weiterbildungsteilnehmern – ein umfangreiches Curriculum zu erfüllen. In Stuttgart halten also unbezahlte Dozenten für drei bis vier Studenten so identitätsstiftende Seminare wie »Psychopharmakologie für Psychotherapeuten« – und zwar getrennt für die zwei Institute in der Akademie, für die DPV-Arbeitsgruppe und für das C. G. Jung-Institut. Das erscheint mir als groteske Situation, die dadurch nicht besser wird, dass man es andernorts genauso handhabt. Hier wird durch die äußeren Probleme nicht die Veränderungskraft gestärkt, sondern die Fähigkeit vermindert, über die Situation nachzudenken, Konflikte zu ertragen, auszutragen und zu lösen. Es sieht so aus, als wolle sich die eine Gruppe die Möglichkeit der Stabilisierung durch die Ausgrenzung der anderen nicht nehmen lassen. So entsteht innerhalb der jeweiligen Gruppe eine an *Vermassung* erinnernde Konformität. Beispielsweise führen Wahlen für Ämter zu einstimmigen Ergebnissen, und zwar dank Vorabsprachen, die die Wahlen zur Farce werden lassen. Diese werden mit der Befürchtung begründet, dass sich ohne diese Vorarbeit möglicherweise niemand finden würde. – In einer Gruppe im Zustand der *Anhäufung* eine möglicherweise realistische Einschätzung.

Jedes konflikthafte Ereignis wirkt in einer auf der Grundannahmeebene arbeitenden Institution zusätzlich traumatisierend für die Institution und ihre Mitglieder und der Druck in Richtung Grundannahmeaktivität verstärkt sich noch mehr, insbesondere wenn kein Versuch der Durcharbeitung erfolgt. Traumen bleiben in der Institution verkapselt und wirken wie ein Streuherd. Oder sie werden durch projektive Identifikation an jemand anderen weitergegeben. Hier trifft es nicht selten die Weiterbildungsteilnehmer als die schwächeren Glieder in der Kette. Als fertiger Analytiker habe ich anders als der Weiterbildungsteilnehmer die Möglichkeit durch Rückzug aus der Situation auszusteigen. Die dann entstehenden »kalten Konflikte« (Glasl 2002) tragen allerdings auch nicht zum Gedeih der Institution bei.

Jeder Beteiligte könnte sich einmal die Frage stellen, was er einer Institution raten würde, die ihn als psychoanalytischen Organisationsberater gerufen hat und in der er ähnliche Konflikte wahrnimmt.

Schlussfolgerungen

Als Teil eines intensiven, wenn auch künstlichen Gruppen- und Organisationsprozesses habe ich in Leicester viel gelernt. Es war sehr hilfreich, in dieser *Laboratoriumssituation* mit Prozessen in Kontakt zu kommen, die das Leben auch in unseren Institutionen mitbestimmen.

So wie Psychoanalytiker ihre persönliche Analyse benötigen, ist es auch notwendig, dem Nachdenken über die unbewussten Prozesse in psychoanalytischen Organisationen einen Reflexionsraum zu geben. So etwas kann auf unterschiedliche Art geschehen. Eine Möglichkeit sind Arbeitskonferenzen wie zum Beispiel die Seon-Konferenz 1996.

Eine andere Möglichkeit ist es, eine *Reflexionsgruppe* im Institut einzurichten. Sie besteht aus unterschiedlichen Mitgliedern, vom Ausbildungskandidaten bis zum Lehranalytiker, alle ohne offizielles Amt. Aufgabe einer solchen Gruppe ist es, die Prozesse am Institut zu beobachten, zu reflektieren, Hypothesen über unbewusste Zusammenhänge zu bilden und diese in regelmäßigen Abständen den Mitgliedern und Entscheidungsträgern zur Verfügung zu stellen. Dies erinnert an die so genannten »Horchposten«, wie sie von *OPUS-Organisation for Promoting Understanding of Society* genutzt werden, um über gesellschaftliche Prozesse zu reflektieren.

> Listening Posts are based on the notion that a group of people meeting together to work in the way described below allows the unconscious expression of some characteristics of the wider social system and the experience of the Listening Post is itself, therefore, relevant to an understanding of society beyond individual and personal preoccupations.

> The aim of the Listening Post is to enable participants as individual citizens to reflect on their own relatedness to society and to try to develop an understanding of what is happening in society at this moment. (OPUS Homepage).

Am Stuttgarter DPG-Institut gab es, angeregt durch eine externe Supervision, einen solchen Horchposten. Dieser hat bedauerlicherweise schon vor vielen Jahren seine Arbeit eingestellt.

Heute verstehen sich Psychoanalytiker nicht ohne Grund als gefährdete Spezies; die wissenschaftlichen Untersuchungen, die helfen sollen, uns vor dem Aussterben zu bewahren, laufen bereits. Als Berater in einer Organisation, die Angst hat, vom Markt verdrängt zu werden, würde ich meinen

Klienten vielleicht die Frage stellen: Was würde die Welt verlieren, wenn es Ihre Organisation nicht mehr gäbe?

Literatur

Amann, K.; Pavlovic, M.; Weidinger, M. (1991): PsychoanalytikerInnen in Ausbildung: Identitätsbildung zwischen Anspruch und Wirklichkeit. Unveröffentlicht.

Bion, W. R. (1961): Experience in Groups and Other Papers. London: Tavistock Publications.

Glasl, F. (2002): Konfliktmanagement. Ein Handbuch für Führungskräfte, Beraterinnen und Berater. 8., überarb. Aufl., Stuttgart: Verlag Freies Geistesleben.

Hopper, E. (2003): Traumatic Experience in the Unconscious Life of Groups. London: International Library of Group Analysis.

Kernberg, O. (1996): Thirty methods to destroy the creativity in psychoanalytic candidates. Int. J. Psychoanal. 77: 1031–1040. Deutsch: Dreißig Methoden zur Unterdrückung der Kreativität von Kandidaten der Psychoanalyse. Psyche. Reprint in Kernberg, O. (1998).

Kernberg, O. (1998): Ideology, Conflict and Leadership in Groups and Organisations. New Haven/ London: Yale University Press.

Kreuzer-Haustein, U. (1996): Die Teilung der psychoanalytischen Gemeinschaft und ihre Folgen. Forum der Psychoanalyse 12: 363–369.

Lawrence, W. G.; Bain, A.; Gould, L. J. (1996): The fifth basic assumption. Free Associations 6. S. 28–55.

Lazar, R. A. (2000): Psychoanalyse, «Group Relations» und Organisation: Konfliktbearbeitung nach dem Tavistock-Arbeitskonferenz-Modell. In: M. Lohmer (ed) Psychodynamische Organisationsberatung. Stuttgart. Klett-Cotta. S. 40–78.

Lazar, R. A. (2004): Persönliche Mitteilung.

Meltzer, D. (1966): The Relation of Anal Masturbation to Projective Identification. Int. J. Psychoanal. 47: 335–42.

Opus Homepage: www.users.globalnet.co.uk/~opusuk/index.htm (November 2004).

Rice, A. K. (1965): Learning for Leadership. Tavistock Publications.

Turquet, P. (1985): Leadership: The Individual and the group. In: A. Colman. M. Geller (eds) Group Realtions Reader 2. Washington DC, A. K. Rice Institute. S. 71–88.

The Tavistock Institute (2004): Authority, Leadership and Organisation. Leicester Conference Broschüre.

Triest, J. (2004): Persönliche Mitteilung.

Unfreie Assoziationen – Kann psychoanalytische Ausbildung machtfrei konzipiert und praktiziert werden?

Jutta Kahl-Popp

Einführung

Unter dem Titel *Unfree Associations*, deutsch: ›Unfreie Assoziationen‹, veröffentlichte Douglas Kirsner (2000) die Geschichte der vier renommiertesten amerikanischen psychoanalytischen Ausbildungsinstitute in New York, Boston, Chicago und Los Angeles. Seine kritische Analyse wird der Doppeldeutigkeit des Titels gerecht: *Unfree Associations* – im Sinne von ›unfreie Gemeinschaften, Organisationen, Institutionen‹ – erzeugen Assoziationen, d. h. Einfälle, Abkömmlinge, Metaphern oder Narrative der Unfreiheit. Kirsner charakterisiert die Struktur der psychoanalytischen Institute, die fast überall auf der Welt die gleiche ist, als »closed shop«. Die Organisationsform der Ausbildung sei die einer säkularen Religion. Wichtigster Bestandteil sei die Lehranalyse, mit der vom Gründervater Freud an eine Genealogie der »Salbung« der jeweils nächsten Kandidaten-Generation installiert worden sei. Kirsner nennt diese Genealogie eine »esoteric pipeline« von Psychoanalytiker zu Psychoanalytiker. Diese esoterische Pipeline begründe den besonderen Status der Lehranalytiker, bei denen es sich um die eigentlich »echten« Psychoanalytiker handele, und mache den Personenkult in der Psychoanalyse mit Charisma- und Allwissenheits-Implikationen verständlich. Die beiden strukturellen Elemente, der Closed Shop auf der horizontalen Ebene und die esoterische Pipeline auf der vertikalen Ebene, begünstigten die Tendenz, dass die Mitglieder psychoanalytischer Institute besonders gefährdet seien, sich in ihrer eigenen Gruppendynamik zu verlieren und blind zu werden gegenüber dem Geist der Skepsis, auf den sich die Psychoanalyse gründe. Kirsner führt weiter aus, die psychoanalytischen Institute hätten eine Monopolstellung und dienten nicht nur Ausbildungsinteressen, sondern auch ökonomischen Zielen und der Berufspolitik. Nahezu alle Konflikte, Probleme, Skandale und ideologischen Spaltungen, die Kirsner an den amerikanischen Instituten erforscht hat, seien mit der institutionalisierten

Lehranalyse und den daraus resultierenden Auseinandersetzungen um Status, Macht und Einfluss verknüpft. Die psychoanalytische Bewegung habe unfreie, narzisstische Institutionen hervorgebracht, die regressive Tendenzen unterstützten (Kirsner 2000).

Silke Wiegand-Grefe (2004) schließt sich in ihrem Artikel über »Die Destruktivität in der psychoanalytischen Ausbildung« der internationalen Kritik an. Sie begründet, viele prominente Beiträge zusammenfassend, die »Veränderungsresistenz« des Ausbildungssystems damit, dass

- die »wahre« Psychoanalyse bewahrt werden solle,
- die Institute als »Familienbetriebe« organisiert seien,
- das Zulassungsverfahren die Infantilisierung der Kandidaten einleite,
- Abhängigkeit und Idealisierung gefördert würden,
- mit den Ausbildungsbedingungen narzisstische Bedürfnisse der Ausbilder befriedigt würden,
- verdeckte aggressive und libidinöse Wünsche der Ausbilder zu einer die Kandidaten unterdrückenden, kritischen und rigiden Haltung führten, und dass
- Abhängigkeitsverhältnisse und Angst vor Deutungen die Kandidaten darin hemmten, sich offen und kritisch mit der Ausbildung auseinander zu setzen.

Kirsners und Wiegand-Grefes Überlegungen habe ich stellvertretend für viele Beiträge der Ausbildungskritik referiert. Die Quintessenz dieser Beiträge aus über 60 Jahren besteht darin, dass der Umgang von Psychoanalytikern untereinander und mit ihren Ausbildungskandidaten von einer Beziehungskonfiguration der Macht und des Gehorsams bestimmt wird. Diese Beziehungskonfiguration, deren begleitende Affekte Angst, Hass, Schuld und Verfolgung erzeugen können, wird über das psychoanalytische Ausbildungssystem von einer Analytikergeneration zur nächsten weitergegeben.

In meinen Überlegungen gehe ich der Frage nach, ob und wie sich der Widerstand gegen eine Veränderung der Institution und Organisation psychoanalytischer Ausbildung auflösen lässt. Aus der psychoanalytischen Behandlungspraxis ist bekannt, wie hartnäckig sich Widerstand und Symptomatik halten können, bevor sie verarbeitet und integriert sind. Erst wenn die Stereotypie von Symptom und Widerstand zu »schmelzen« beginnt, können ihre Inhalte zum Gegenstand eines kreativen, »spielerischen« Umgangs werden. Ich denke z. B. an die schwere Lernstörung eines Patienten, die ihn an den Rand einer so genannten Behinderung gebracht hatte. Als Bewegung in diese Lernstörung kam, konnte er spielen, als ob er dumm sei und so tun, als ob er vergessen hätte, wohin er ein Spielzeug versteckt hatte oder wie ein Gegenstand aussah, der vor ihm auf dem Boden lag. Zunehmende Spielfähigkeit scheint ein Indiz für sich auflösende Widerstände zu sein (Kahl-Popp 2001).

In meiner psychoanalytischen Ausbildung und Praxis habe ich die Faustregel gelernt, dass sich Widerstände solange halten können, bis sie vom Therapeuten hinreichend verstanden und gedeutet wurden und diese Intervention vom Patienten unbewusst verifiziert wurde. Es scheint, als sei in der langjährigen kritischen Auseinandersetzung mit der psychoanalytischen Ausbildung Grundlegendes noch nicht hinreichend verstanden und gedeutet worden. Stattdessen ist der Anreiz groß, für die bekannten Mängel des Ausbildungssystems eine Liste von Anforderungen zu formulieren, die ähnlich überhört werden könnten wie die vielen Plädoyers in den vergangenen 60 Jahren.

Der strukturelle Über-Ich-Komplex

Nun liegt ein ganz neuer Beitrag von Jürgen Reeder vor, einem schwedischen Analytiker, der die Geschichte der Ausbildungskritik umfassend recherchiert und in seinem in diesem Jahr erschienenen Buch *Hate and Love in Psychoanalytic Institutions – The Dilemma of a Profession* (2004) veröffentlicht hat. Reeder untersucht die individuelle und institutionelle Dynamik, die dem Widerstand gegen die Veränderung über Generationen hinweg zugrunde liegt. Er entwickelt ein heuristisches Modell: Die immer wieder beklagten Zustände in allen offiziellen psychoanalytischen Institutionen, insbesondere in den Ausbildungsinstituten, seien Ausdruck eines strukturellen Über-Ich-Komplexes. Dieser Über-Ich-Komplex werde aus dem professionellen Über-Ich des einzelnen Psychoanalytikers und aus dem Über-Ich-System der jeweiligen Institution gebildet. Während das professionelle Über-Ich des Einzelnen ein intrapsychisches privates Phänomen sei, handele es sich bei dem institutionellen Über-Ich um ein System, das auf Gruppenniveau innerhalb psychoanalytischer Organisationen existiere. Das persönliche Über-Ich und das institutionelle Über-Ich-System verstärkten sich gegenseitig und konstituierten so den Über-Ich-Komplex, der nicht als Ausdruck der Interessen spezieller Individuen oder Gruppen anzusehen sei, sondern als Auswirkung struktureller Bedingungen, wie z. B. der Bildung einer gesonderten »Kaste« der Lehranalytiker als »Staat im Staat«.

In seiner theoretischen Begriffsklärung fordert Reeder eine *kategorische Trennung zwischen Über-Ich und Ich-Ideal*. Verbietende und orientierende Aspekte könnten, anders als von Sigmund Freud eingeführt, nicht miteinander kombiniert werden. *Das Über-Ich unterjoche sein Objekt, das Ich, durch Furcht. Die Hingabe an ein Ich-Ideal sei ein Akt der Liebe, weil das Subjekt mit dem gewählten Modell übereinstimmen möchte.* Internalisierung sei die Absorption und die Umwandlung intersubjektiver Beziehungen in subjektive Strukturen. Das Über-Ich bilde die introjizierte Repräsentanz einer äußeren Autorität. Das Subjekt verfolge das Ziel, seinen nun verinnerlichten Anforderungen gerecht zu werden. Dadurch werde das Über-Ich gestärkt und noch strenger. Mit Machthabern oder autoritären Vorschriften, die Gehorsam erzwingen, identifizierten sich die sich unterwerfenden Subjekte. Die gebietende Stimme des anderen werde akzeptiert, introjiziert und damit zur eigenen inneren Stimme, während zur gleichen Zeit das »Vergehen«, das die gebietende Stimme verdammt, auf die äußere Welt projiziert werde. Aus den sich unterwerfenden Kandidaten würden wiederum die harten, fordernden Ausbilder der nächsten Generation. Die verlässlichste Methode, Identifikation zu erzeugen, bestehe unglücklicherweise darin, das Individuum grausam zu behandeln (Arlow 1982, S. 13). Das bedeute nicht, dass das psychoanalytische Trainingsprogramm offen grausam sei, aber es sei aller Wahrscheinlichkeit nach fordernder, kontrollierender und strenger als viele anderen Ausbildungssysteme.

Reeder hält die Spaltung zwischen der Institution der Lehranalytiker und dem »Rest der Welt«, den Kandidaten und Kollegen, für maßgeblich beteiligt an der Bildung des psychoanalytischen Über-Ich-Komplexes und dessen destruktiven Auswirkungen. In der Regel seien Lehranalytiker gleichzeitig als Supervisoren und Dozenten tätig und arbeiteten als Funktionsträger in den Institutsgremien oder Fachgesellschaften. Daraus entstehe ein Informationssystem, das die Entwicklung einer paranoiden Atmosphäre und die Tendenz zur Spaltung von Gruppen begünstige. In welchem Ausmaß der psychoanalytische Über-Ich-Komplex Individuen, intersubjektive Beziehungen und die Organisationsform der psychoanalytischen Ausbildung prägt und sich auf die Theoriebildung und klinische Praxis auswirkt, illustriert Reeder an zahllosen Beispielen aus allen Jahrzehnten psychoanalytischer Institutionalisierungsgeschichte. Die große Zahl an Zitaten, in denen von Feindseligkeit und Hass der Psychoanalytiker untereinander und generationenübergreifend die Rede ist, hat mich schockiert.

Reeder nimmt an, dass eine der psychoanalytischen Institution immanente Pädagogik für die Erhaltung und Weitergabe des Über-Ich-Komplexes sorge. Immanente Pädagogik sei nicht auf die psychoanalytische Ausbildung beschränkt. Sie entwickle sich überall dort, wo Menschen mit starken gemeinsamen Interessen in ausreichender Zahl zusammenkämen. Keine Ausbildungseinrichtung belehre nur durch ihre Kurse, Workshops oder Seminare. Auch in keiner freiwilligen Organisation finde Vermittlung nur in ihren Zusammenkünften oder Studiengruppen statt. »Alle belehren und vermitteln durch alles, was sie tun, und oft wird durch ihre organisatorischen Handlungen das Gegenteil zu dem vermittelt, was in ihren Ausbildungsprogrammen steht« (Knowles 1973, S. 100, *Übersetzung von mir, J. K.-P.*).

Ich nehme an, dass ein struktureller psychoanalytischer Über-Ich-Komplex die Grundlage für den Veränderungswiderstand in psychoanalytischen Institutionen bildet. Für Meine folgenden Überlegungen möchte ich die in der psychoanalytischen Ausbildung immanent wirksame Pädagogik, mit der dieser Über-Ich-Komplex tradiert wird, den »heimlichen Lehrplan« (Böhm 2000, S. 235) nennen. Um Veränderung in Gang zu bringen, halte ich es für erforderlich, in der psychoanalytischen Ausbildung

1. den heimlichen Lehrplan besser zu verstehen,
2. den Zusammenhang von Über-Ich-Komplex und offiziellem Lehrplan zu untersuchen und
3. der Frage nachzugehen, wie Lernen und Lehren die Entwicklung eines professionellen Ich-Ideals anregt, das auf Liebe und Hingabe beruht.

Der heimliche und der offizielle Lehrplan in der psychoanalytischen Ausbildung

Psychoanalyse, Entwicklungsforschung und Neurobiologie stellen empirisch gesicherte Erkenntnisse darüber bereit, von welch zentraler Bedeutung die Bedingungen der Eltern-Kind-Beziehung für Wachstum, Entwicklung und psychophysische Gesundheit des Kindes sind. Zu den günstigen Bedingungen der Entwicklungsbeziehung, die Eltern ihren Kindern anbieten und für sie aufrechterhalten, gehören vor allem der Schutz vor Feindseligkeit, Gewalt und Verletzung und der Schutz der Intimität des Kindes. Mit den Ergebnissen der Psychotherapieforschung kann die Annahme als erwiesen gelten, dass die therapeutische Beziehung eine ähnliche zentrale Bedeutung für die Heilung des Patienten hat wie die Eltern-Kind-Beziehung für die Entwicklung des Kindes. Auch hier gibt es besondere Setting- oder Beziehungsbedingungen, die der Therapeut anbietet und aufrechterhält, um das Arbeitsbündnis zu festigen und die Entwicklung des Patienten zu begünstigen.

Besonders die adaptive Psychoanalyse (Langs 2004) hat zu einem Verständnis davon beigetragen, dass und wie Patienten die angebotenen Bedingungen der therapeutischen Beziehung unbewusst verifizieren oder falsifizieren. Die Art und Weise, wie der Therapeut die Beziehungsbedingungen handhabt und interveniert, beantworten Patienten mit abkömmlingshaften Mitteilungen über fürsorgliche oder ängstigende Introjekte oder mit einem Zuwachs an Erkenntnissen über psychische und interpersonelle Prozesse.

Auch in der Pädagogik gibt es Erkenntnisse darüber, wie bedeutsam die Bedingungen der pädagogischen Beziehung sind, innerhalb derer gelernt wird (Brozio 1996), sodass angenommen werden kann, dass für alle Subjekte, die auf Hilfe, Schutz, Anleitung und Anregung anderer Subjekte angewiesen sind, wie z. B. Heranwachsende, Patienten und Studierende, die Bedingungen ihrer Entwicklungs-, Therapie- und Lernbeziehung von signifikanter Bedeutung sind. Diese Bedingungen werden von ihnen ständig bewusst und unbewusst evaluiert. Günstige Beziehungsbedingungen werden z. B. mit Entwicklung, Symptomfreiheit und der Auflösung von Lernwiderständen verifiziert. Außerdem werden Narrative über positive Introjekte mitgeteilt, wenn die Bedingungen als hinreichend sicher evaluiert werden. Ungünstige Beziehungsbedingungen werden mit Symptombildungen, Lern- und Entwicklungshemmungen sowie der Bildung negativer Introjekte falsifiziert. Ich halte den psychoanalytischen Über-Ich-Komplex, der sich aus rigiden, ängstigenden und verfolgenden Introjekten des Subjekts und der Institution zusammensetzt, für eine Falsifikation der Beziehungs- und Ausbildungsbedingungen in psychoanalytischen Institutionen.

In der psychoanalytischen Ausbildung werden entwicklungsförderliche Beziehungsbedingungen nicht gewährleistet, nämlich der Schutz des Kandidaten vor Feindseligkeit und emotionaler Verletzung sowie der Schutz seiner Intimität. Dies ist von besonderer Brisanz, weil das Wissen um die Auswirkungen ungünstiger Beziehungsbedingungen auf Wachstum und Gesundheit des Subjekts und der Gruppe zum Lern- und Lehrstoff der psychoanalytischen Ausbildung gehört. Daraus folgt für mich, dass die Psychoanalyse, also die Summe der Erkenntnisse, die sie anzubieten und zu vermitteln hat, besonders dadurch legitimiert wird, *wie* diese Erkenntnisse vermittelt werden. Stensson sagt, die Kandidaten neigten dazu, Machtverteilung und andere ethische Qualitäten der interpersonellen Beziehungen in ihr psychoanalytisches Über-Ich zu introjizieren. Das passiere in einem solchen Ausmaß, dass die Ausbildungsinstitutionen mit dem Ausagieren von Macht, Kontrolle und Rivalität gleichgesetzt würden und die Interaktion mit dem Institut in negativen Internalisierungen münde (Stensson 1993, S. 53).

Die identifikatorische Introjektion, durch die der Über-Ich-Komplex tradiert wird, ist allerdings keine besondere Neigung von Ausbildungskandidaten, sondern eine anthropologische Konstante menschlichen Lernens. Die Heilwirkung von Psychotherapie besteht im Wesentlichen auf der identifikatorischen Introjektion des wohltuenden Therapeuten. Ein fachlich korrekter, aber im zwischenmenschlichen Umgang verletzender Lehrer wird, da man ihn im Zwangssystem Schule in der Regel nicht verlassen darf, identifikatorisch introjiziert. Schüler, die in der Schule gewalttätig sind, spiegeln nach meiner Erfahrung fast immer die *dort*, also im schulischen Beziehungssystem, erlittene Gewalt und Verletzung wider. Dies betrifft vor allem jene Kinder, die aus biographischen Gründen ganz besonders auf sichere Beziehungsbedingungen in der Schule angewiesen wären.

Bei dem heimlichen Lehrplan in der psychoanalytischen Ausbildung handelt es sich um Lerngelegenheiten mit Beziehungsbedingungen, die destruktive Auswirkungen für die Lerner und, folgt man Mario Erdheim (2004), auch für die Lehrer haben können. Reeder und viele andere Autoren kritisieren das, was Kandidaten der Psychoanalyse eigentlich *nicht* lernen sollten: die Außerkraftsetzung oder Vorenthaltung günstiger Beziehungs- und Ausbildungsbedingungen. Es ist allgemein bekannt, dass destruktive Auswirkungen von ungünstigen Therapie-, Entwicklungs- und Lernbedingungen für *eine Weile* mit Deutungen und Erklärungen aufgefangen und gemildert werden können, sofern Therapeuten, Eltern und Lehrer die Verantwortung dafür gegenüber ihren Patienten, Kindern oder Schülern übernehmen. Dauerhaft wird aber ein Therapeut, Elternteil oder Lehrer als schwach, inkompetent, wortbrüchig oder verletzend introjiziert werden, der nicht für machtfreie und intimitätsschützende Bedingungen in therapeutischen und pädagogischen Beziehungen sorgt.

Folgt man der Kritik an der psychoanalytischen Ausbildung, ist es vor allem die Verletzung der Intimität der Eigenanalyse des Kandidaten, die generationenübergreifende destruktive Auswirkungen gehabt hat. Wenn wesentliche Bedingungen der psychoanalytischen Beziehung – wie Auswahl des Analytikers, Frequenz, Dauer und Inhalt – durch Institution und Ausbildungsordnung fremdbestimmt werden, kann sich das, was Mitchell (2003) als einzigartiges Verhältnis von »konstruktiver Verantwortungslosigkeit« auf Seiten des Kandidaten und »Fürsorge« auf Seiten des Analytikers bezeichnet, nur eingeschränkt oder gar nicht entfalten. Das Einzigartige, das die Psychoanalyse zu bieten hat, wachstumshemmende und wachstumsfördernde Beziehungs- und Lebensbedingungen in einer geschützten Dyade bewusst und unbewusst zu evaluieren, wird ausgerechnet dem werdenden Psychoanalytiker in seiner Ausbildung vorenthalten. Dies ist ein Ausschnitt des heimlichen Lehrplans, der Teil und Folge des Über-Ich-Komplexes darstellt. Aber auch Aspekte des offiziellen Lehrplans – man denke nur an die Quantifizierung der psychoanalytischen Ausbildungsanforderungen – bilden Teil und Folge der identifikatorischen Introjektion von Verletzungen und ihrer Institutionalisierung als struktureller Über-Ich-Komplex.

Ich möchte diesen Abschnitt so zusammenfassen: Der psychoanalytische Über-Ich-Komplex hat einen *heimlichen* und einen *offiziellen Lehrplan* der psychoanalytischen Ausbildung hervorgebracht, der im wesentlichen beinhaltet, den Studierenden nach den Vorgaben dieses Über-Ichs zu erziehen. Erziehung wird weitgehend bestimmt durch den Pädagogen oder die Institution als verantwortlichem Akteur. ›Erziehung‹ heißt: Fremdführung und Einflussnahme auf die Persönlichkeit, die erzogen werden soll. Erziehung zielt darauf ab, dass die zu erziehenden Individuen bestimmte Vorgaben erfüllen sollen. Sie dient dazu, Normen-, Verhaltens- und Rollenkonformität zu erzeugen (Löwisch 2000). Der gegenwärtige psychoanalytische Ausbildungsvertrag ist kein Lehr-Lern-Vertrag (Meueler 1993) im subjektwissenschaftlichen Sinn, sondern eine gegenseitige Verpflichtungserklärung, die Vorgaben und Anforderungen der Ausbildungsordnung und der psychoanalytischen Fachgesellschaften zu erfüllen. In der psychoanalytischen Ausbildung erzeugt und erhält Erziehung eine rigide, kontrollierende und verfolgende psychoanalytische Über-Ich-Struktur.

Wie können Lernen und Lehren die Entwicklung eines professionellen Ich-Ideals anregen, das auf Liebe und Hingabe beruht?

Historisch betrachtet, ist die Form der psychoanalytischen Ausbildung – mit Selbsterfahrung, Theorievermittlung und supervisorisch begleiteter

Behandlungserfahrung – die Vorlage jeder anderen, später entwickelten psychotherapeutischen Ausbildung (Frühmann & Petzold 1994). Viele Vertreter anderer Ausbildungsgänge, wie beispielsweise derer zum Lehrer, Sozialpädagogen, Theologen oder Arzt, würden gerne Bestandteile der psychoanalytischen Ausbildung in ihren Curricula fest verankert bzw. verwirklicht sehen, vor allem die Selbsterfahrung und die Begleitung durch Supervision. An der Güte dieser Lerngelegenheiten zweifelt niemand. Aber die in ihnen angelegte und praktizierte Pädagogik ist fragwürdig. Der psychoanalytische Lerninhalt »unbewusste Erlebnis- und Verarbeitungsweisen« ist im Grunde emotional äußerst brisant und eine mögliche Angstquelle. Umso wichtiger ist es, diese Lerngelegenheiten achtsam und sorgfältig zu sichern.

Die Entwicklung eines professionellen Ich-Ideals, das auf Liebe und Hingabe beruht, kann nicht Folge einer Erziehung sein, die davon dominiert ist, »... ob und wie bestimmte Lernergebnisse oder Persönlichkeitsqualitäten im Lernenden durch gezielte, absichtliche und planmäßige Handlungen seiner Ausbilder herbeigeführt werden können« (Brezinka 1969), wie z. B. durch eine Didaktisierung der Lehranalyse.

Meines Erachtens kann ein solches professionelles Ich-Ideal nur aus einem *Bildungs*prozess entstehen. In diesem Prozess ist der Akteur der »sich-Bildende«. Das sich-bildende Subjekt führt sich selbst unter den Prinzipien der Vernunft und der Ethik. Der Pädagoge ist ein Moderator, der zur Selbstbefähigung anregt. Es gibt kein vorgegebenes Lehr-Lernziel, sondern Bildungsaufgaben, die sich »... die innere Verfassung des sich-Bildenden zur Angelegenheit dienen lassen« (Löwisch 2000, S. 11). Im Mittelpunkt steht nicht Vermittlung, sondern Befähigung. Die Aufgabe psychoanalytischer Aus-*Bildung* ist die Befähigung des Kandidaten, psychotherapeutisch-psychoanalytische Kompetenz zu erwerben und anzuwenden. In einer solchen Bildungs-Pädagogik kann Lernen als Aneignung aufgefasst werden. Aneignung setzt eine Beziehung zwischen Lerner und materiellem oder menschlichem »Gegenstand« voraus, in der Austausch und gegenseitige Veränderung stattfinden (Meueler a. a. O.). Lernen als Aneignung äußerer und vor allem innerer Wirklichkeit ist m. E. ein ständiger, die eigene Adaption optimierender Veränderungsprozess der Persönlichkeit, der unbewusst und bewusst in und über Beziehungen stattfindet.

Eine noch zu entwickelnde Didaktik der psychoanalytischen Ausbildung würde sich damit befassen, wie Lernen und Lehren theoretisch und praktisch miteinander verknüpft werden können, damit Bildung ermöglicht wird. Dafür wäre eine beziehungsorientierte Konzeption der psychoanalytischen

Ausbildung notwendig, die eine klare Abgrenzung der pädagogischen von der therapeutischen Beziehung beinhaltet. Aus dem Vorsprung an Wissen und aus der Vorsprungsverantwortung des Lehrers gegenüber dem Lerner leitet sich nicht zwangsläufig ein Machtgefälle ab. Auch die pädagogische Beziehung zwischen Erwachsenen, die auf Freiwilligkeit und Erfahrungsaustausch beruht, kann durch eine Dialektik zwischen dem Angebot an Führung und der Selbsttätigkeit des Lerners gestaltet werden. In dieser dialektischen Didaktik ist ebenfalls die Organisation von Lehr-Lern-Prozessen eine Angelegenheit pädagogischer Konzeption.

Im Hinblick auf adaptives Lernen und Selbst-Bildung erscheint es mir günstig, die psychoanalytische Ausbildung zu ent-institutionalisieren, Studierende in der Selbstorganisation von Lernprozessen zu unterstützen und sie an der Planung der Inhalte und der Organisation ihrer Ausbildung zu beteiligen. Nach Thomä (2004) wäre die Selbsterfahrung vollständig zu »privatisieren«. In der Supervision wäre es notwendig, die Mentoren- oder Entwicklungshelfer-Funktion des Supervisors von der Beurteilungs- und Prüfungs-Funktion zu trennen, um die pädagogische Beziehung zu sichern. Eine den Instituten und Fachgesellschaften übergeordnete Einrichtung aus Lernenden und Lehrenden müsste für Fälle von Grenzverletzungen in Selbsterfahrung, Supervision, Behandlung und Beurteilung zur Verfügung stehen.

Expansives Lernen und widerständiges Lehren

Lernen ist nach Holzkamp (1993) von Natur aus expansiv, weil Lernen ein zentrales Mittel der Lebensbewältigung darstellt, indem es dem Verfügungsinteresse des Subjekts dient und dazu beiträgt, Abhängigkeit abzubauen. Defensives Lernen ist eine Folge von strukturellen Über-Ich-Komplexen in Lehr-Lern-Institutionen wie z. B. der Schule. Soll psychoanalytische Ausbildung machtfrei konzipiert und praktiziert werden, müsste dem strukturellen Über-Ich-Komplex in psychoanalytischen Institutionen der Nährboden entzogen werden. Entgegen Kernbergs Kreativitätsunterdrückungs-These (Kernberg 1998) gehen aus der psychoanalytischen Ausbildung ja trotz Über-Ich-Komplex weiterhin kreative und kompetente Psychotherapeuten hervor. Es muss also möglich sein, sich dem Einfluss des Über-Ich-Komplexes zu entziehen und trotzdem expansiv zu lernen, die Organisation des eigenen Lernens selbst zu verantworten und sich für günstige und weitgehend sichere Bedingungen der Lerngelegenheiten einzusetzen. Lehrende könnten sich selbstkritisch und widerständig mit ihrem eigenen professionellen Über-Ich auseinandersetzen und damit, dazu beitragen den strukturellen

Über-Ich-Komplex am Leben zu erhalten. Sie könnten Anforderungen, die sie an sich und an Lernende stellen, und Anforderungen, die sie als Mitglied der Ausbildungsinstitution repräsentieren, kritisch prüfen, relativieren und abzubauen versuchen.

Ich denke, dass eine vertiefte Auseinandersetzung mit der Pädagogik in psychoanalytischen Ausbildungsinstitutionen, vor allem mit der pädagogischen Kompetenz der Ausbilder (Kahl-Popp 2004) und mit der ethischen Begründung pädagogischer Interventionen (Brumlik 2004), dazu beitragen könnte, auf dem Weg zur Machtfreiheit in der psychoanalytischen Ausbildung voranzukommen.

Literatur

Arlow, J. A. (1982): Psychoanalytic Education: a Psychoanalytic Perspective. Annuals of Psychoanalysis X S. 5–20.

Böhm, W. (2000): Wörterbuch der Pädagogik. Stuttgart (Kröner).

Brezinka, W. (1969): Über Absicht und Erfolg der Erziehung. Probleme einer Theorie der erzieherischen Wirkung. In: Hess Gerhard (Hrsg) Konstanzer Universitätsreden, 22, Konstanz (Universitätsverlag).

Brozio, P. (1996): Vom pädagogischen Bezug zur pädagogischen Beziehung. Würzburg (Ergon Verlag).

Brumlik, M. (2004): Advokatorische Ethik. Zur Legitimation pädagogischer Eingriffe. Berlin (Philo&Philo Fine Arts GmbH).

Erdheim, M. (2004): Das Traumatische an Macht und Ohnmacht. Vortrag anlässlich der DGPT-Jahrestagung, Berlin. (In diesem Band.).

Frühmann, R. und Petzold, H. (Hg.) (1994): Lehrjahre der Seele. Lehranalyse, Selbsterfahrung, Eigentherapie in den psychotherapeutischen Schulen. Paderborn (Junfermann).

Holzkamp, K. (1993): Lernen. Subjektwissenschaftliche Grundlegung. Frankfurt (Campus).

Kahl-Popp, J. (2001): Familienbeobachtung in der psychoanalytischen Ausbildung. Das Kieler Modell. In: Forum der Psychoanalyse, Band 17, S. 175–193, Springer, Heidelberg.

Kahl-Popp, J. (2004): Lernziel: Kontextbezogene psychotherapeutische Kompetenz. Gedanken zur psychoanalytischen Ausbildung. In: Forum der Psychoanalyse, Band 20, S. 403–418, Springer, Heidelberg.

Kernberg, O. F. (1998): Dreißig Methoden zur Unterdrückung der Kreativität von Kandidaten der Psychoanalyse. In: Psyche, 52. Jahrgang, März 1998, S. 199–213, Stuttgart (Klett-Cotta).

Kirsner, D. (2000): Unfree Associations – Inside Psychoanalytic Institutes. London (Process Press).

Jutta Kahl-Popp

Knowles, M. S. (1973): The Adult Learner: A Neglected Species, 3rd. ed. Houston: Gulf, 1990.

Langs, R. (2004): Fundamentals of Adaptive Psychotherapy and Counselling. New York (Palgrave Macmilan).

Löwisch, D. J. (2000): Kompetentes Handeln. Bausteine für eine lebensweltbezogene Bildung. Darmstadt (Wissenschaftliche Buchgesellschaft).

Meueler, E. (1993): Die Türen des Käfigs. Wege zum Subjekt in der Erwachsenenbildung. Stuttgart (Klett-Cotta).

Mitchell, S. A. (2003): Bindung und Beziehung. Auf dem Weg zu einer relationalen Psychoanalyse. Gießen (Psychosozial-Verlag).

Reeder, J. (2004): Hate and Love in Psychoanalytic Institutions. The Dilemma of a Profession. New York (Other Press).

Stensson, J. (1993): Explicit and Hidden Objectives of the Process of Training Psychoanalysis: Panel International Forum of Psychoanalysis 2, S. 52–54.

Target, M. (2003): Über psychoanalytische Ausbildung: Literaturübersicht und Beobachtungen. In: Forum der Psychoanalyse 19/2–3 Heidelberg (Springer) S.193–210.

Thomä, H. (2004): Ist es utopisch, sich zukünftige Psychoanalytiker ohne besondere berufliche Identität vorzustellen? In: Forum der Psychoanalyse 20/2 S. 133–157 Heidelberg (Springer).

Wiegand-Grefe, S. (2004): Die Destruktivität in der psychoanalytischen Ausbildung. Plädoyer für eine Ausbildungsreform. In: Forum der Psychoanalyse 20/ 3 S. 331–350, Heidelberg (Springer).

Hyperaktivität, ein Symptom innerer Ohnmacht

Rolf-Nikolai Katterfeld

Der Fluss, der über seine Ufer tritt, wird gewalttätig genannt.
Aber das Flussbett, das ihn einengt, nennt keiner gewalttätig.
(B. Brecht)

Einleitung

Sich mit Hyperaktivität als Symptom innerer Ohnmacht auseinander zu setzen erscheint mir angebracht, da diejenigen, die mit Hyperaktivität zu tun haben – auf eine spezielle Weise – auch Macht- und Ohnmachtsgefühlen ausgesetzt sind. In der Diskussion über ADHS (Aufmerksamkeitsdefizit-/Hyperaktivitätsstörung) wurde mir von analytischen TherapeutInnen immer wieder mitgeteilt, welch überwältigendes Gefühl von Ohnmacht sie erfasste, wenn mitten in einer laufenden Therapie eines als hyperkinetisch angesehenen Kindes eine Stimulationsmedikation – unangekündigt, auf Verlangen der Eltern, der Lehrer oder eines Arztes – in den Behandlungsprozess einbrach. Nach meinen Erfahrungen aus Supervisionen wird häufig dem Wunsch nach schneller Entlastung – in der Regel für den/die betreuenden Erwachsenen – nachgegeben. Ich gehe davon aus, dass sich in diesem Fall für den Patienten etwas wiederholt, das er aus seiner eigenen Vorgeschichte kennt. Dies lässt sich in Einzelfällen wie dem folgenden auch gut darstellen.

Erste Fallgeschichte

Ein achteinhalbjähriger Junge der zweiten Klasse einer Grundschule ist unkonzentriert, hört der Lehrerin nicht zu, erledigt Schularbeiten z. T. hervorragend, aber nur, wann und wenn er will, läuft im Klassenraum herum, pfeift und ärgert andere Kinder im Unterricht. Er nimmt vor allem die Autorität der Erwachsenen nicht ernst. Er sei, wie die Mutter ergänzt, ein »Mama-Kind«, das den Vater nicht wirklich akzeptiere. Die Lehrer und der Hausarzt hätten ADHS festgestellt, jetzt brauche er *Ritalin*, sonst würde die Lehrerin ein Sonderschulverfahren einleiten.

Aus der Vorgeschichte wird berichtet, dass die Mutter »nach Plan« vorgegangen sei. Drei Jahre habe sie zu Hause verbracht, ihr Sohn sei immer so ruhig gewesen, dass er »dort sitzen blieb, wo man ihn hinsetzte«. Er kam mit drei Jahren in einen Ganztagskindergarten, weil die Mutter plötzlich voll berufstätig sein wollte, da ihr zu Hause »die Decke auf den Kopf fiel«.

Der Junge fiel in der Kindertagesstätte recht bald durch Unruhe, ängstliches Weinen und Nichthinhören auf. Das setzte sich fort bis zum Schulbeginn.

In der Untersuchung sahen wir einen gut begabten, willensstarken Jungen, der konzentriert und kooperativ mit dem Interviewer arbeitete, aber um Verselbstständigung kämpfte. Er war verwirrt durch mütterliche Doublebinds, wie z. B.: »Sei in der Schule erfolgreich, aber lass mich über dich verfügen und bleib klein«. Seinem Vater stand er recht nahe. Er provozierte ihn häufig, vermutlich weil er ihn als schwach erlebte und zur »Stärke gegenüber der Mutter« herausfordern wollte.

Das Angebot einer tiefenpsychologischen Psychotherapie wurde von den Eltern, entgegen dem Wunsch des Sohnes, nicht angenommen, sondern sie bestanden – trotz aller aufgezählten Nebenwirkungen – auf der Gabe von *Ritalin*.

Nach einigen Wochen kamen die Eltern mit ihrem Sohn zur Wiedervorstellung, um mitzuteilen, dass er zwar bessere Noten in der Schule bekommen habe, doch sei er kaum noch tragbar, da er die Autorität der Eltern vollständig in Frage stelle. Er sei zunehmend aggressiv und würde sich kaum noch etwas sagen lassen, weder von den Eltern noch von der Lehrerin.

Es konnte eruiert werden, dass die Mutter, in sich selbst unruhig, hektisch und unbeständig, als Kind wenig Liebe erfahren hatte und aus ihrem Sohn »etwas machen« wollte. Aus den weiteren Angaben war zu entnehmen, dass die Mutter »das brave Kind« in seinen ersten drei Lebensjahren als ruhenden Pol für ihre eigene Unruhe gebraucht und als wohltuend erlebt hatte, dass sie aber dessen expansive Strebungen nicht ertrug und unterdrückte. Als sie ihn abrupt in den Ganztagskindergarten gab, hatte sie ihn plötzlich ihren eigenen expansiven, willkürlichen Strebungen ausgesetzt. Die »psychische Geburt« war zu diesem Zeitpunkt noch nicht vollzogen, der Junge konnte weder den Anforderungen des Kindergartens noch denen der Schule genügen, und zwar nicht so sehr in intellektueller als vielmehr in emotionaler Hinsicht.

Nach etwa sechs Behandlungsstunden, in denen das Kind sich emotional auf die Behandlung eingelassen hatte, kamen die Eltern erneut zu einem Gespräch mit der Feststellung, ihr Sohn sei umgänglicher geworden, sie hätten den Eindruck, dass auch das Elterngespräch zwischendurch ihnen geholfen hätte, ihn besser zu verstehen, nur ginge alles zu langsam, sie hätten sich nun entschlossen – ohne Absprache mit dem Therapeuten und gegen den Willen ihres Sohnes – diesen in eine Reha-Klinik mit einer Spezialschule zu bringen, damit er sich schneller verändere.

In der letzten gemeinsamen Sitzung erfuhren wir, dass die Mutter im Alter von eineinhalb Jahren von ihrer eigenen Mutter abrupt zur Betreuung bei wechselnden Bezugspersonen abgegeben worden war, da diese ganztägig arbeiten wollte.

Der tiefenpsychologischen Behandlung stand sie hochambivalent gegenüber mit der Hoffnung, etwas für sich selbst zu erhalten und der Angst, ihren Sohn »zu verlieren«, wenn er selbständiger würde. Es ist zu hoffen, dass dieses Problem in der Klinik erkannt und mit der Mutter bearbeitet wird.

Macht

Wenn ich der Frage nachgehe, wie das Thema »Macht und Ohnmacht« mit meiner täglichen klinischen Arbeit zusammenhängt, lautet die Antwort: Meine analytische und tiefenpsychologische Betrachtungsweise als Diagnostiker und Therapeut steht auf immer einsamerem Posten, da sie mit Macht bekämpft wird, und zwar besonders im Bereich des Krankheitsbildes ADHS:

– Bei keinem anderen Krankheitsbild ergehen so mächtige Forderungen an den Therapeuten, eine biologistische Betrachtungsweise einzunehmen, psychische Symptome als Ausdruck einer somatischen, weitgehend genetisch determinierten Gehirnstörung anzusehen und medikamentös zu behandeln sowie allenfalls noch Ergotherapie und Verhaltenstherapie zu verordnen (Bovensiepen 2002, Remschmidt 2004).

– Mit Macht fordern Eltern in Selbsthilfegruppen und Lehrer die Behandlung mit Stimulanzien wie *Ritalin*. Es gibt Lehrer, die sich auf die Diagnose »ADHS« bei manchen schwierigen Schulkindern festgelegt haben und damit drohen, die Kinder auf eine Schule für Verhaltensgestörte umzuschulen, falls nicht sofort *Ritalin* verordnet wird (Lehn 2004).

– Im Hintergrund droht dem Therapeuten eine für ihn gefährliche Macht (Behandlungsrichtlinien mit juristischen Konsequenzen *bei Unterlassung der medikamentösen Behandlung* [Remschmidt 2004]).

– Mit regulatorischer Macht wirkt die Gesundheitspolitik ein, welche mit ihrem Vergütungssystem Kinder- und Jugendpsychiatrische Praxen mit hoher Scheinzahl und vordergründig kosteneffizienter Behandlung bevorzugt und denjenigen Arzt »bestraft«, der im Einzelfall noch in die Tiefe des Verstehens gehen will und sich selbst als Psychotherapeut versteht.

– Die Werbung der pharmazeutischen Industrie versucht sich sogar – mit kindgerechter Werbung für einschlägige Stimulanzien – der Kinder »zu bemächtigen«. (Erwähnt sei hier nur das Pillendöschen in der Form eines Glückskleeblattes als Geschenk für die Kinder.) Mit Aufklärung über ADHS wendet sie sich auch direkt an die Eltern – allerdings unmissverständlich aus dem Blickwinkel eigener Interessen. Der amerikanische Pharmakonzern *Lily,* der *Atomexitin* herstellt, hat bereits im Jahre 2001 ein ADHS-Netzwerk gesponsert. Diese Art der mächtigen Einflussnahme durch Pharmakonzerne ist ein besonders zu beachtendes Phänomen. Entsprechend rasant ist die Verordnung von *Ritalin* und äquivalenten Präparaten in den letzten Jahren in den USA und in Deutschland gestiegen, während die Diagnose ›ADHS‹ in Japan und China unbekannt ist (Bovensiepen 2002; Zeit-Fragen 22.04.2002) und das Krankheitsbild andernorts – beispielsweise auch in Lettland, wie ich selbst anlässlich eines Besuches einer Klinik für Kinder- und Jugendpsychiatrie in der Nähe von Riga im Jahre 2001 erfahren konnte – noch kaum existiert.

– An dieser Stelle möchte ich die Macht einer Denkungsart erwähnen, die rationalistisch-reduktionistisch die neueren Ergebnisse der Neurowissenschaften einseitig interpretiert, im Sinne des Primats neuronaler Vorgänge als Ursache psychischer Phänomene (Bovensiepen 2002; Remschmidt 2004; Zeit-Fragen 22.04.2002). Die Gefahr einer solchen Betrachtungsweise besteht darin, dass die Sinnhaftigkeit von seelischer Krankheit nicht mehr gesehen wird, sondern stattdessen nur Symptome zusammengetragen und auf dem Wege eines pharmakologischen Reparaturplanes ausgeschaltet werden sollen (Seidler 2004). Die *»Wirklichkeit der Seele«,* von der C. G. Jung spricht, kommt in dieser Sichtweise nicht vor.

Günter Amend schreibt 2001 (Zeit-Fragen 22.04.2002):

> »In der globalisierten und degenerierten Welt von morgen werden psychoaktive Substanzen (...) als Instrumente der sozialen Steuerung unabdingbar sein.«
> »Der neue Mensch«, so Amend, »ist nur mithilfe psychoaktiver Substanzen formbar«, und: »Es geht auch um Produkte zur Regulierung des Sozialverhaltens bzw. zur Eliminierung unerwünschter Verhaltensweisen. Die Psychodroge Ritalin ist das derzeit erfolgreichste Produkt in diesem Machtsegment.«

Dies ist die Macht-Seite des ADHS-Problems, wie sie auch mir im Praxisalltag begegnet. Die geschilderte Situation führt auf Seiten der niedergelassenen Ärzte, die tiefenpsychologisch arbeiten, zu einem ständigen Kampf gegen eigene Ohnmachtsgefühle. Sie sind aber nur das letzte Glied in einer Kette zwischenmenschlich weitergegebener Ohnmachtserfahrungen.

Ohnmacht

Dem Therapeuten vorgetragen wird zunächst die Situation der Eltern, die sich ihren unruhigen, unaufmerksamen Kindern gegenüber oft ohnmächtig fühlen, ebenso wie die Lehrer, deren pädagogische Mittel bei diesen Kindern oft »nicht greifen« (Bettelheim 1971; Bly 1998; Bovensiepen 2002; Lehn 2004; Lempp 1996). Meines Erachtens ist dies ein Spiegel der Symptomatik.

Der Ohnmachtserfahrung der Erwachsenen zeitlich voran geht die Ohnmacht der Kinder: Sie sind ohnmächtig, wenn

– sie schon als Baby mit ihren kindlichen Möglichkeiten in der Kontaktaufnahme nicht mehr »anrühren«, zu wenig Resonanz finden, wenn ihnen in den ersten Lebensjahren der mütterliche und der väterliche Beziehungsraum nicht bergend und fördernd zur Verfügung steht. Hier liegt meiner Ansicht und Erfahrung nach die wesentliche Ursache für ADHS als Störung des Prozesses, der nach Mahler (1975) »Separation – Individuation« genannt wird.

– sie eingeengt werden in ihrer Spontaneität und Originalität, wie es durch zu frühe einseitig rationale intellektuelle Förderung – oder besser Forderung –bei nicht ausreichender Gelegenheit zu »zweckfreiem« Spiel, zu »Träumen« und »Trödeln«, zum »Ankommen in der Welt« geschehen kann (Elschenbroich 2001).

– die Bezugspersonen sie unbegleitet dem Geschehen in den Medien aussetzen. Hier droht eine machtvolle Überwältigung durch Bilder und Handlungsszenarien, in denen ihre ganzheitlich körperlich-seelische Handlungsfähigkeit und ihre kindliche Phantasietätigkeit verkümmert, wenn ihr eigener Phantasieraum durch fremde Bilder zu sehr besetzt wird (Bergmann 2000; Lehn 2004; Patzlaff 1999; Petri 2002).

– ihre Symptome auf eine defizitäre »Hirnverdrahtung« zurückgeführt werden. Diese Zuordnung bedeutet für sie, lebenslang mit der Vorstellung zu leben, ein abnormes bzw. krankes Gehirn zu haben (Weniger 2004).

Alle mir besonders wichtig erscheinenden Beispiele für die Ohnmacht der Kinder haben eines gemeinsam: Die Kinder werden am gesunden »Ergreifen des Selbst« gehindert, d. h. an der Wahrnehmung der eigenen, inneren Freiheitsgrade des Denkens, Fühlens und Wollens und an der Verantwortungsübernahme für das eigene Handeln. Der Raum, in den hinein sich das Selbstwerden des Kindes entfalten sollte, ist vielfach eingeschränkt: Das betrifft den emotionalen Beziehungsraum, den eigenen Phantasieraum und den eigenen Handlungsraum, wobei es hier im konkreten Sinne des Wortes auch um äußeren Raum z. B. für Spiel und Abenteuer geht, der besonders für Jungen wichtig ist. Auch diese Auflistung ließe sich fortsetzen.

Mein Eindruck ist, dass diejenigen Kinder, die *hyperaktiv* genannt werden – um im Bild von Brechts eingangs zitierter Flussmetaphorik zu bleiben –, besonders viel Einengung erfahren haben, und zwar oft aufgrund besonders starker, zur Individualität drängender Kräfte. Es sind oft Kinder mit besonderer Sensibilität und Gefühlsstärke, die zurückgedrängt wird, weil sie zu wenig Aufmerksamkeit und Gefühlsresonanz erfahren. Es sind auch oft Kinder mit origineller Begabung und besonders großem, auch motorischem Freiheitsdrang, die eingeengt werden, weil ihre Originalität und Lebendigkeit nicht erwünscht ist. Viele Erwachsene haben unbewusst Angst vor der »Lebendigkeit« der Kinder, die an ihre eigene, verschüttete, oftmals früher eingeengte Lebendigkeit schmerzvoll erinnert und rationale Abwehr hervorruft, wie beispielsweise: »Wenn ich das jetzt erlaube, wo soll das enden?« Das Zurückgedrängte bricht sich schließlich Bahn, indem das einengende Ufer der erwünschten Normalität, der ungestümen Art eines Hochwassers vergleichbar, übertreten wird.

Ein integratives Entwicklungsmodell

Die psychodynamische Diagnose, die sich über die Symptomatik hinaus an innerpsychischem Geschehen orientiert, beinhaltet eigene Vorstellungen und somit auch eigene Begriffe, wie z. B. Autonomie-Konflikt, Deprivation, Beziehungsstörung und mangelnde Objektkonstanz (Bovensiepen 2002).

Ich stelle nun ein Modell vor, welches die entwicklungspsychologischen Untersuchungen von Margret Mahler mit neueren Erkenntnissen der Säuglings- und Bindungsforschung verknüpft. Meiner Erfahrung nach geht es bei diesen Kindern um schwere Autonomiekonflikte, denen ein gestörter Prozess von Loslösung und Individuation zugrunde liegt (Mahler 1975).

Am Anfang des menschlichen Lebens stehen zwei antinomische Gegebenheiten: Einerseits eine extreme Abhängigkeit und Hilflosigkeit des Kindes mit der allmählichen Bewusstwerdung der Getrenntheit von der schützenden und nährenden Mutter, die zu Ängsten und Wünschen nach Wiedervereinigung mit ihr führen, andererseits ein starker, angeborener Drang nach Selbständigkeit, nach Loslösung und Individuation. Innerhalb dieser Antinomie findet Entwicklung statt, lernt das Kind laufen, denken, sprechen, seine Gefühle benennen und mit ihnen umgehen und vieles mehr. Es baut für das ganze Leben grundlegende innere Strukturen auf.

Nach Margret Mahler besteht in der symbiotischen Phase zunächst ein Zustand der illusorischen Vorstellung einer gemeinsamen Grenze oder auch »*gemeinsamen abschirmenden Membran*« (Mahler 1975, S. 79) von Mutter und Kind. Wenn wir die neuere Säuglingsforschung mit einbeziehen, muss das Mahler'sche Konzept hier natürlich erweitert werden. Insbesondere ist ihre Vorstellung eines vorausgehenden autistischen Stadiums heute nicht mehr haltbar; auch die frühe Triangulierung ist zu berücksichtigen. Als allegorisch-symbolische Umschreibung eines inneren Zustandes ist der Begriff der Symbiose jedoch in der Praxis der Psychotherapie sehr präsent, z. B. als »Zufluchtsort des überforderten Säuglings«(Dornes 1993, S. 77).

Nach der Phase dieser »Einheitswirklichkeit« (Erich Neumann), folgt mit 4–5 Monaten die Differenzierungsphase, in der die Mutter aktiv erkundet wird, und etwa ab dem 5. Monat die Übungsphase, in der sich die Erkundung auf die Umwelt ausdehnt. Das Kind hat Freude an seinen zunehmenden Fähigkeiten, besonders am Krabbeln und Laufen.

Zwischen dem 9. und 13. Monat wird das Kind fähig, die visuellen Wahrnehmungsanteile aus der Gesamtheit der Wahrnehmungs-, Affekt- und Handlungsmuster herauszulösen (Dornes 1993). Jetzt erst entwickelt sich die für Symbolisierungsprozesse so wichtige »imaging capacity« oder Abbildungsfähigkeit, die beispielsweise Voraussetzung dafür ist, dass das innere Bild der Mutter in sich aufrecht erhalten werden kann, wenn diese abwesend ist.

Symbolisierung ist Voraussetzung für erkennendes Wahrnehmen. Es kann angenommen werden, dass spätere Wahrnehmungsstörungen mitunter auf die Beeinträchtigungen dieser frühen Entwicklungsprozesse von visueller Wahrnehmung und Symbolisierung zurückzuführen sind.

Mit dem wachsenden Bewusstwerden seiner Getrenntheit von der Mutter kommt das Kind in eine Phase gesteigerter Trennungsangst und gesteigerten Wunsches nach Nähe bzw. Wiedervereinigung mit der Mutter, welche oft regelrecht »beschattet« wird. Mahler spricht von der Wiederannäherungsphase, die etwa um den 15. Lebensmonat beginnt, bis zum 24. Monat andauert und ihren Höhepunkt in der Zeit vom 18. bis 21. Monat hat. Letzteres ist die Zeit der so genannten Wiederannäherungskrise: Anklammern und Weglaufen wechseln sich ab. Es besteht ein erhöhtes Bedürfnis nach Körperkontakt zur Mutter, gleichzeitig aber auch ein starker Wunsch nach Expansion, nach aktiver Erweiterung der Mutter-Kind-Welt; in erster Linie nach weiterer Einbeziehung des Vaters, aber auch anderer Personen. Es kommt evtl. zu regelrechten Wiederannäherungskämpfen, weil bei dem Kind eine besondere Empfindlichkeit auf Trennung von der Mutter und gleichzeitig auf Festgehaltenwerden besteht.

Die Wiederannäherungsphase ist psychodynamisch von großer Relevanz. Es besteht eine besondere Verletzlichkeit in der seelischen Entwicklung. Die Trennung von Mutter und Kind, z. B. durch einen Krankenhausaufenthalt, kann schwerwiegende Auswirkungen haben. In dieser Phase können manche Mütter die Ambivalenz des Kindes nicht ertragen oder das Bedürfnis nach Nähe und Sicherheit nicht befriedigen; das Kind wird zurückgewiesen. Andere Mütter sind unfähig, die allmähliche Loslösung des Kindes zu akzeptieren, sie reagieren ablehnend gegenüber Schritten in die Selbständigkeit und belohnen regressives Verhalten des Kindes.

Während Mahler in der Differenzierungs- und Übungsphase bei den Kindern als Reaktion auf eine Trennung von der Mutter einen charakteristischen Stimmungsabfall mit Verlust des Interesses an der Umwelt und »Verlangsamung der gestischen- und Leistungsmotilität« (Mahler 1975, S. 98) beobachtete, stellte sie fest, dass in der frühen Wiederannäherungsphase, nachdem um den 15. Lebensmonat herum die Getrenntheit von der Mutter zunehmend deutlich *bewusst* wahrgenommen wird, die Abwesenheit der Mutter ein neues Verhalten, nämlich *gesteigerte Aktivität und Unruhe*, auslöst:

Während der frühen Wiederannäherung glaubten wir nun eine andere Verhaltensweise zu erkennen: die Abwesenheit der Mutter löste gesteigerte Aktivität und Unruhe aus. Es scheint, als sei das Äquivalent zum Stimmungsabfall, wenn sich das Kind seiner Getrenntheit bewußt wird, ein Gefühl der Traurigkeit. Diese Traurigkeit scheint jedoch zu ihrer Bewältigung einen größeren Aufwand an Ich-Stärke zu erfordern, den das Kind in diesem Alter offenbar noch nicht aufbringen kann; Hyperaktivität und Ruhelosigkeit könnten daher hier als frühe Abwehr gegen das Gewahrwerden des schmerzlichen Empfindens der Traurigkeit angesehen werden. (Mahler 1975, S. 121)

In analytischen Therapien ist immer wieder zu beobachten, dass Kinder im Rahmen der Bearbeitung von Verlassenheitsängsten und Traurigkeit ihre Hyperaktivität loslassen können. Überproportional häufig konnten die Mütter der ADHS- Kinder, die ich untersucht habe, typische Merkmale der Wiederannäherungsphase ihres Kindes nicht aus der Erinnerung beschreiben. Diejenigen, die sich daran erinnerten, hatten sie als sehr belastend empfunden.

Zu Beginn des 3. Lebensjahres beginnt nach Mahler die Phase der Konsolidierung der Individualität. Die verbale Kommunikation entwickelt sich in dieser Phase rasch weiter und erweitert allmählich die Verständigungsweisen. Es kommt zu einer Ich-Differenzierung und zu deutlicher Abgrenzung der inneren Repräsentanzen des Selbst von den inneren Repräsentanzen des Objekts. Gegen Ende des 3. Lebensjahres sagt das Kind schließlich »Ich« zu sich selbst. Erst jetzt sollte von der *psychischen Geburt* des Kindes bzw. der *Geburt des Ich* gesprochen werden. (Nicht selten hört man am Ende von Erwachsenentherapien, in denen es um nachholende Entwicklung dieser Phase geht, die Aussage von Patienten: »Ich bin erst in der Therapie geboren.«)

Wenn die Möglichkeit verbaler Kommunikation durch emotionale und kommunikative Vernachlässigung beeinträchtigt wird, ist es dem Kind auch nicht möglich Gefühle zu benennen und mitzuteilen. Auf diese Weise bleiben frühkindliche Ausdrucks-, Entladungs- und Abwehrwege bestehen und können sich später in einem Bild der Hyperaktivität darstellen.

Erst im dritten Lebensjahre ist das Kind nach Mahler »auf dem Wege zur Objektkonstanz«. Diese beinhaltet, dass die Mutter während ihrer physischen Abwesenheit durch ein verlässliches integriertes inneres Bild ersetzt werden kann. Schließlich ist das dreijährige Kind fähig, sich in fremden Gruppen wohl zu fühlen, es kann in den Kindergarten gehen.

Hyperaktive Kinder haben meines Erachtens diese innere Reifungsstufe der wirklichen Gruppenfähigkeit noch nicht erlangt. Ein gelungener

Individuationsprozess ist dadurch gekennzeichnet, dass das Kind gleichzeitig sowohl in Beziehung zu sich selbst als auch zu anderen Menschen stehen kann. Hyperaktive Kinder haben weder eine sichere Beziehung zu sich selbst noch zu anderen. Sie pendeln in einem Zwischenraum – ohnmächtig und mit planloser Aktivität – hin und her, was meiner Ansicht nach einem Gefangensein im Wiederannäherungsprozess entspricht.

Zweite Fallgeschichte

Ich möchte nun anhand einer zweiten Fallgeschichte einige Episoden aus einer Therapie darstellen, die zeigen, wie sich die Entwicklungsschritte des Separations-/Individuationsprozesses nachholend in der Therapie abbilden und darstellen:

Ein vierdreivierteljähriger Junge – ich nenne ihn Konstantin – wurde von den Eltern vorgestellt, da er »hyperaktiv« sei: Er störe zu Hause, sobald andere Menschen sich unterhalten wollten, sodass alle anderen Familienmitglieder überaus genervt seien. Dabei sei Konstantin der einzige, der in der Familie Aggressionen zeige. Er wolle hundert Sachen auf einmal machen, sei zunehmend nicht einverstanden, wenn die Mutter sich eigenen, außerhäuslichen Aktivitäten zuwende und sei im Kindergarten unerträglich, störe das Spiel der anderen, mache alles kaputt und sei inzwischen völlig isoliert. In ihm stecke »der Teufel«.

Vorgeschichte

Konstantins Vater ist ein erfolgreicher selbständiger Fabrikant, die Mutter ist Hausfrau und geht vielen außerhäuslichen gesellschaftlichen Aktivitäten nach. Sie arbeitet stundenweise im Büro des eigenen Unternehmens. Die Familie wohnt in einer Großstadt. Der 17-jährige Bruder, ein absolutes Wunschkind, dem beide Eltern sehr zugewandt sind, ist ehrgeizig und schulisch erfolgreich. Konstantin war nicht mehr geplant und kam für die Mutter sehr ungelegen, da sie andere Ziele verfolgte. Aus religiösen Gründen unterblieb aber eine Abtreibung.

Die Mutter berichtete, Konstantin habe sie von Anfang an sehr stark gefordert, viel geschrien und viel Unruhe gezeigt. Er sei wie ihr eigener Vater, der ein energiegeladener Egoist gewesen sei. Dieser habe sich früh von der Mutter getrennt, als sie selbst noch ein Kleinkind gewesen sei.

Diagnostik

Schon in den ersten diagnostischen Stunden wurde ein bestimmtes Verlaufsmuster deutlich: Zu Beginn der Stunden wirkte Konstantin freundlich, ja fast dressiert, dann aber versuchte er relativ schnell meinen Raum einzunehmen und zu verwüsten, sodass ich am Stundenende schweißgebadet war in dem Bemühen, diese Zerstörungswut einzudämmen. Besonders faszinierte ihn der *Teufel* unter den Kasperlepuppen; er versuchte, mit dessen Hörnern meinen Tisch zu traktieren. Ein Intelligenztest war erst nach einem halben Jahr möglich und ergab einen überdurchschnittlichen Wert. Im motorischen Bereich war Konstantin zwar sehr schnell und impulsiv, jedoch ungeschickt und auf dem Entwicklungsstand eines zweieinhalbjährigen Kindes. In projektiven Testverfahren wurde ein erheblicher Autonomiekonflikt deutlich.

Die Familie

Die Mutter-Kind-Beziehung wirkte fast symbiotisch im Sinne einer Selbstobjektbeziehung. Dabei hatte das Kind offensichtlich abgewehrte, negative und aggressive Selbstanteile der Mutter zu tragen, die diese in ihm bekämpfte. Eine Triangulierung war nicht gelungen, der Vater wurde von Konstantin bekämpft. Bei den Eltern bestanden Ängste, dass der ältere Bruder zu kurz komme; daher versuchten sie beispielsweise während der Mahlzeiten immer, sich mit diesem zu unterhalten, während Konstantin nicht einbezogen wurde und durch seine »Störmanöver« die Situation für alle immer unerträglicher machte.

Behandlung

Die Behandlung soll im Folgenden etwas ausführlicher dargestellt werden. Sie dauerte ein Jahr und zwei Monate und umfasste 86 Stunden. Auf die Dynamik der begleitenden Elterngespräche kann ich hier nicht im Einzelnen eingehen.

Als der Mutter deutlich geworden war, dass sie Konstantin viel zu wenig als Kind wahrgenommen hatte, hingegen an rascher Progression interessiert gewesen war (Machtkampf zwischen Progressionsforderung und Regressionswünschen), konnte sie sich zunehmend diesem Sohn zuwenden und ihn gleichzeitig aus der Rolle eines bösen Selbstobjektes entlassen. Auch der Vater lernte eigenständigen Kontakt zu dem Sohn aufzunehmen.

Ich habe die Therapie in folgende fünf Phasen aufgeteilt:

Phase 1: Chaos, Ausgangssituation
In den ersten 10 Stunden stellte der Patient immer wieder ein Chaos im Puppenhaus her und kämpfte darum, sich des Behandlungsraumes und seines Interieurs zu bemächtigen. Parallel dazu begann die Mutter, angeregt durch Elterngespräche, dem Kind – statt Fernsehen – Märchen und Geschichten anzubieten.

Phase 2: Beginnende Ordnung, Aufteilung der Welt in Gut und Böse, und: Angst vor Überwältigtwerden
In dieser Phase spielte der Patient viele Stunden lang mit der Ritterburg, wobei ein durchgehendes Muster war, dass schwarze und weiße Ritter gegeneinander kämpften. Erst allmählich wurden die Szenen versöhnlicher, Bauern kamen hinzu, die für die Ritter Häuser bauen mussten. Schließlich ging Konstantin zum Spiel im Sandkasten über, wo immer wieder kleine Schiffchen von großen Wassermassen überflutet wurden, untergingen und wieder neu erstanden, wobei ich die Schiffe schützen musste. Am Ende dieser Phase wurde in Elterngesprächen deutlich, dass der Patient sich zunehmend dem Vater zuwandte.

Phase 3: Entdeckung des Therapeuten als »Mitspieler« und »eigenständige Person mit eigenen Bedürfnissen«, Differenzierungs- und Übungsphase
In dieser Phase baute der Patient zunächst Höhlen, in die er hineinkroch. Ich als Therapeut musste die Höhle entdecken und zerstören, woraufhin der Patient voller Freude hervorkam. Ich musste auch in die Höhle hineinkriechen und die Höhle vom Patienten entdecken lassen. Schließlich baute sich jeder seine eigene Behausung. Ich musste über mich verfügen lassen und mich auch der archaischen Wut gegenüber als unzerstörbar erweisen, wenn meine Behausung vom Patienten zerstört wurde und dieser sich freute, dass ich als Therapeut keinen Schaden genommen hatte. Schließlich erhielt ich einen Namen, nämlich *Karim*, während der Patient sich selbst *Thomas* nannte.

Jetzt wurden Autos gebaut, mit denen man in die Welt fahren konnte, wobei zunehmend Unfälle passierten, bei denen *Thomas* beinahe starb und *Karim* als Arzt ihn rettete, ihn streichelte, ihm Geschichten erzählte und mit Pudding fütterte. – Hier deuten sich schon die Verlassenheitsdepression und die Wiederannäherungsphase an. – Mehr und mehr wurde *Karim* zu einem Beobachter gemacht, der die Dinge, die *Thomas* aufbaute, gutheißen sollte. Der Patient wollte der größte Erfinder und Konstrukteur der Welt sein.

Margret Mahler beschreibt die Hochgefühle der Übungsphase und spricht vom »Liebesverhältnis zur Welt«.

Phase 4: Wiederannäherungsphase mit Erleben von Verlassenheit und Trauer

Das Auto nahm weiterhin eine zentrale Stellung im Spiel ein. Plötzlich fühlte sich der Patient jedoch von Explosionen überwältigt. *Karim*, über das Handy gerufen, musste ihm immer wieder zu Hilfe kommen, musste immer wieder den reglos im Auto liegenden *Thomas* trösten. Dieser war sehr traurig und begann Situationen zu erzählen, in denen er sich verlassen gefühlt hatte, beispielsweise durch Auslandsaufenthalte der Eltern. Diese traurigen Spielsituationen wechselten ab mit Entdeckungsreisen.

Am Ende dieser Phase wurde ich als Therapeut in einem Elterngespräch von der Mitteilung überrascht, dass Konstantin nun völlig unauffällig, ja geradezu beliebt im Kindergarten und das Zentrum der Gruppe sei. Er wolle auch mit dem Vater viel unternehmen und könne die Mutter zu ihrer Freundin gehen lassen, ohne »Theater« zu machen. Er sei sehr ruhig und gesittet geworden und gleichzeitig sehr kreativ.

Phase 5: Konsolidierung auf dem Wege zur Objektkonstanz und Abschied

Das Spiel der Entdeckungsreisen »bis zu den Sternen« wurde fortgesetzt.

Als die Eltern die Beendigung der Therapie forderten, da Konstantin ja geheilt sei, führte dies bei Konstantin zu Protest gegenüber den Eltern und anklammerndem Verhalten und erneutem Auftreten oraler Wünsche in der Therapie, zum erneuten Versteck- und Suchspiel und zum Bau einer Kanone, mit der er mich erschießen wollte, um mich »kleingehackt und zerstückelt« mit nach Hause zu nehmen. Nach vielen Ausbrüchen von Ärger und Unzufriedenheit mit mir als Therapeut, der es zulässt, dass die Behandlung beendet wird, kam der Patient von sich aus auf die Idee, Teile meines Zimmers – in Form von kleinen Autos, Buntstiften und Zeichnungen – mitzunehmen, sie wiederzubringen und mit mitgebrachten Teilen aus seinem eigenen Zimmer zu ergänzen. Hier wird der Kampf um die Objektkonstanz deutlich.

Diese letzte Phase war also gekennzeichnet durch das Abschiednehmen, »den Therapeuten mitnehmen« und den Versuch sich mit ihm zu identifizieren. So berichteten die Eltern lachend, dass er versuche, »wie Dr. Katterfeldt« mit ihnen zu sprechen, und wenn er etwas durchsetzen wolle, dieses »im Namen von Herrn Katterfeldt« ankündige.

Zur Beendigung der Therapie zeigte der Patient Zufriedenheit mit seiner eigenen Situation und wies darauf hin, dass er zwar nicht mehr kommen könne, da er zu Hause zu viel zu tun habe, dass er sich aber wünsche in einem Vierteljahr wiederzukommen.

Ein Vierteljahr später absolvierte Konstantin erfolgreich eine Schuluntersuchung. Die Mutter berichtete, ihrem Sohn sei bescheinigt worden, in allem altersgerecht nachgereift zu sein. Danach habe er vom Kindergarten gut Abschied nehmen können und die Schwellensituation der Einschulung sehr gut gemeistert. Es bestand meinerseits leiser Zweifel, ob die Therapie auf Druck der Eltern nicht zu frühzeitig beendet worden sei. Die Eltern hatten jedoch eine Option wiederzukommen, falls es erneut zu Auffälligkeiten bei ihrem Sohn kommen würde. Da sie diese nicht wahrgenommen haben, gehe ich heute, ein Jahr nach Abschluss der Therapie, von einer Heilung der seelischen Störung des Patienten aus.

Ein Weg aus der Macht-Ohnmacht-Spirale

Abschließend komme ich noch einmal zurück auf die Spannung zwischen Macht und Ohnmacht in der praxistäglichen Auseinandersetzung mit ADHS und auf die Ohnmachtsfalle, in die Therapeuten manchmal zu geraten drohen:

Das alltägliche Erleben in der frühkindlichen Existenz hyperaktiver Kinder, in welcher vielfach Macht-Ohnmachtserfahrung an die Stelle von Liebeserfahrung getreten ist, bildet sich in der Praxis oft schon im Erstinterview ab: ›Macht‹ im Sinne von elterlichem Festhalten und emotionalem Ausbeuten oder von Alleinlassen und zu frühem Zwang zur Selbständigkeit.

Um auf die Allegorie des Flusses zurückzukommen: All das bedeutet ein Einengen des Lebensentwicklungsflusses der Kinder. Das Eingeengte schafft sich ein destruktives Grenzüberschreiten, das dann wieder andere ohnmächtig macht.

Mit meinen theoretischen und fallbezogenen Ausführungen wollte ich einen Weg aus der Macht-Ohnmacht-Spirale aufzeigen, der auf dem Wege der Ich-Stärkung und der nachholenden Entwicklung Kindern und Eltern helfen kann, Macht über sich selbst zu erlangen und Machtausübung über andere aufzugeben. Schon Marc Aurel schrieb: »Je mehr Unsicherheit aus den ersten Lebensjahren übrig bleibt, desto stärker die Tendenz zur Machtausübung«.

In meine Praxis kommen zunehmend junge Mütter, die selbst in ihren ersten Lebensjahren nicht mehr genügend mütterlichen Raum erlebt haben und stark verunsichert hinsichtlich ihrer eigenen mütterlichen Kompetenz sind. Von daher haben sie oft keine Gelassenheit und reagieren ihren Kindern gegenüber mit Ungeduld und Unruhe. Sie fühlen sich ohnmächtig gegenüber dem eigenen Ideal, eine gute Mutter zu sein, und fliehen aus diesem Konflikt oft in die Berufstätigkeit. Dieser Prozess nährt gesellschaftliche und politische Vorstellungen, Eltern immer früher durch Institutionen ersetzen zu können. Dabei wird übersehen, dass die Mütterlichkeit zunehmend abgewertet wird.

Ein Weg aus dieser Spirale ist meines Erachtens die Rückbesinnung auf die Kompetenz von Eltern. Eltern sind zunächst als die besten Begleiter ihres Kindes auf dem Weg zu sich selbst und in die Welt anzusehen. Sie sind nicht leichtfertig zu ersetzen.

In meiner Praxis sehe ich immer wieder Kinder, die sehr rasch ihre ADHS-Symptomatik verlieren, sobald ihre Eltern adäquate Hilfe erhalten und annehmen.

Manche junge Mütter müssen sich die eigene »Erlaubnis« ihres Wunsches, für ihr Kleinkind da zu sein, erarbeiten und sich auch gegen gesellschaftlichen Druck, die Kinder möglichst früh an Institutionen abzugeben, behaupten.

Die Kompetenzförderung der Eltern halte ich für eine zunehmend bedeutsame Aufgabe in der Kinder- und Jugendlichenpsychotherapie, wobei die berufliche Wiedereingliederungshilfe und auch bessere finanzielle Unterstützung mancher Eltern mit bedacht werden muss.

Literatur

Bergmann, W. (2000): Abschied vom Gewissen. Die Seele in der digitalen Welt. Asendorf (Mut).

Bettelheim, B. (1971): Die Kinder der Zukunft. Gemeinschaftserziehung als Weg einer neuen Pädagogik. Wien u. a. (Molden).

Bly, R. (1998): Die kindliche Gesellschaft. München (Droemer Knaur).

Bovensiepen, G. (2002): Unruhige und unaufmerksame Kinder. Frankfurt a. M. (Brandes u. Apsel).

Dornes, M. (1993): Der kompetente Säugling. Die präverbale Entwicklung des Menschen. Frankfurt a. M. (Fischer).

Elschenbroich, D. (2001): Weltwissen der Siebenjährigen. München (Kunstmann).

Lehn, Birgitta vom (2004): Kindeswohl ade! Gesundheitsverhütung im Wohlstandsland. Pisa war auch eine physische Pleite. Münster (Monsenstein u. Vannerdat).

Lempp, R. (1996): Die autistische Gesellschaft. Geht die Verantwortlichkeit für andere verloren? München (Kösel).

Mahler, S. (1975): Die psychische Geburt des Menschen. Smbiose und Individuation. Frankfurt a. M. (S. Fischer).

Patzlaff, R. (1999): Medienmagie oder die Herrschaft über die Sinne. Stuttgart (Freies Geistesleben).

Petri, H. (2002): Der Verrat an der jungen Generation. Welche Werte die Gesellschaft Jugendlichen vorenthält. Freiburg i. Br. (Herder).

Remschmidt, H. (2004): Differenzierte Diagnostik und multimodale Therapie hyperkinetischer Störungen. Deutsches Ärzteblatt 101, Heft 37: A 2457–2466.

Richter, E. (1972): Patient Familie. Entstehung, Struktur und Therapie von Konflikten in Ehe und Familie. Reinbek b. Hamburg (Rowohlt).

Seidler, E. (2004): »Zappelphilipp« und ADHS: Von der Unart zur Krankheit. Deutsches Ärzteblatt 101, Heft 5: A 239–243.

Weniger, T. (2004): Zwischen hilfreicher Diagnose und Stigma. Deutsches Ärzteblatt 101, Heft 39: A 2597–2598.

Zeit-Fragen (22.04.2002): Mit Ritalin und Prozac gefügig für die Globalisierung? Zeit-Fragen – Wochenzeitung für freie Meinungsbildung, Ehtik und Verantwortung, 22.04.2002.

Das moralische Dritte als Ausweg aus der Täter-Opfer-Beziehung: Wirkung, Initiative und Verantwortung in der Psychoanalyse

Jessica Benjamin

Als ich in den 1970ern im Rahmen meiner Dissertation Fragestellungen zum Thema »Anerkennung und Dominanz« verfolgte, entdeckte ich in der *Zeitschrift für Sozialforschung* aus dem Jahr 1937 den Aufsatz »Zum Gefühl der Ohnmacht« von Erich Fromm. Er war einer der ersten Analytiker, der den Begriff der Hilfsosigkeit nicht nur im theoretischen Zustand der Hilflosigkeit ansiedelte, auf die Freud sich in seiner Arbeit über die Angst (*Hemmung, Symptom und Angst*, 1926) berief. Fromm hatte klar erkannt, dass der Begriff der Machtlosigkeit auch eine soziale Komponente impliziert, die mit einem Mangel an Anerkennung und Respekt vor Kindern ebenso zu tun hat wie mit Subjektivitätsverlust, der dann entsteht, wenn ein Mensch gedemütigt wird oder sein autonomes Handeln und seine Wahrnehmung angegriffen werden. Diese Sichtweise hat sich inzwischen durchgesetzt und wurde in populärwissenschaftlichen psychoanalytischen Büchern, z. B. denen von Alice Miller, auch niedergeschrieben. Dennoch halte ich es für erfrischend und wichtig, noch einmal die Frage aufzuwerfen, was ein Individuum dazu befähigt, Wirkung auszuüben und Initiative zu ergreifen, die Verantwortung für seine Gefühle und Handlungen zu übernehmen, ein Subjekt im Ogden'schen Sinne zu sein, dessen Selbst seine Geschichte und seine Handlungen besitzt, das sich nicht als Opfer begreift und auch nicht fortwährend das Gefühl hat, dass ihm etwas angetan wird.

Im normalen Leben glaubt man, der Machtlosigkeit entkommen zu können, indem man selbst zum Handelnden, d. h. zum Täter, wird. Mit der Formulierung des Gedankens über den Ausweg aus der Täter-Opfer-Beziehung möchte ich deutlich machen, dass ein Subjekt, das seine Wirkung und Initiative spürt, nicht einfach die Umkehrung eines Subjekts ist, das sich als Opfer fühlt. Man mag zwar die eigene Wirkung spüren, wenn man dem anderen etwas antut, verliert aber die Initiativkraft, d. h., dass man seine Gefühle und Handlungen nicht mehr besitzt und sich nicht mehr dafür verantwortlich fühlt. Wenn wir die Täter-Opfer-Beziehung als zweiseitige, sich wechselseitig bedingende Komplementarität untersuchen, entspricht es unserem Wissensstand, dass sich das Individuum innerlich mit beiden Positionen identifiziert. Wenn Opfer und Täter diese Identifizierung leugnen, sind sie nicht mehr im Besitz ihrer Gefühle und Handlungen und verlieren ihre Subjektivität. Über das Modell der inneren Komplementarität hinaus brauchen wir auch ein intersubjektives Modell, das beschreibt, wie die sich wechselseitig bedingende Komplementarität zwischen zwei Individuen abläuft und mit welcherlei Handlungen des Subjekts sich diese überwinden lässt. Mit der Idee des moralischen Dritten, die ich hier expliziere, verfolge ich das Ziel, diese Überwindung in ihrem Kern, ihrem Prozess und ihrem Prinzip zu erfassen.

Da ich auf die klinische Situation fokussiere, bezieht sich mein Untersuchungsgegenstand auf die Art von Inszenierung, die entsteht – und oftmals in einer Sackgasse endet –, wenn Therapeut und Klient sich in dieser Komplementarität von Täter und Opfer wieder finden. Freud kannte ein Phänomen, das er als »spezifische Aktion« bezeichnete, und das Phänomen der »Wiederholung«. Niemand, so Freud, könne »*in absentia* oder *in effigie*« erschlagen werden. Doch leider setzte Freud sich nicht mit der unausweichlichen intersubjektiven Dimension dieser spezifischen Aktion auseinander: mit der wechselseitigen Beeinflussung bzw. der Ko-Kreation. Freud war der Ansicht, dass der Analytiker sauber bleiben könne wie etwa der Chemiker, der mit gefährlichen Chemikalien hantiert. Eine Leugnung dessen, dass auch die behandelnden Analytiker Chemikalien sind, intensiviert nur den Verbrennungsvorgang bzw. die Inszenierungen, weil sie Mystifikation hervorbringt. Eine solche Leugnung stellt ferner in Abrede, dass Analytiker durch Wiederholung lernen, und stiftet Verwirrung in der Frage, welche Verpflichtung sie dem Dritten gegenüber haben. So entsteht eine Verschmelzung aus dem Dritten und uneinlösbaren Idealvorstellungen, die viele analytische Behandlungen in den Sumpf der Verzweiflung führt.

Um einen Weg aus derartigen Sackgassen herausfinden zu können, schlage ich ein Drittes vor, das in einer antithetischen Beziehung zu den traditionellen Prinzipien der Neutralität und Zurückhaltung des Analytikers steht und nicht im Kopf des Analytikers existiert. Ich schlage vor, dass wir nach einem gemeinsamen, intersubjektiven Weg suchen. Wenn diese Haltung dazu führt, dass das Postulat der Deutung des Unbewussten hinterfragt werden kann, dann will ich diese Konsequenz gerne näher erkunden. Da ich das Dritte als eine Art Prinzip oder Muster einer dynamischen Interaktion sehe, das unseren unvermeidlichen Einfluss auf den anderen anerkennt, bin ich davon überzeugt, dass dieses Dritte ethisch motiviert ist bzw. auf Prinzipien basiert, die wir für ethisch halten. Deshalb bezeichne ich diesen wichtigen Aspekt als den des moralischen Dritten.

In der Art von Inszenierung, die ich beschreiben werde, sind sich die Partner häufig Spiegelbilder in dem Sinne, dass beide sich als Opfer des jeweils anderen fühlen. Dabei scheint mir der fast noch wichtigere Aspekt der zu sein, dass beide Partner sich zugleich als Opfer und Täter begreifen, weil jeder sich durch die Anschuldigungen des anderen schikaniert fühlt. Wenn man wegen seiner Fehler beschuldigt wird, empfindet man Scham und Schuld und entwickelt folglich das Gefühl, Opfer zu sein oder schikaniert zu werden. Doch vielleicht hat man auch den Eindruck, der eigentliche Täter zu sein, d. h. derjenige, der das Übel verursacht hat. So kann sich, wenn Projektionen des bösen Objekts hin- und hergeworfen werden, d. h., wenn beide Partner dagegen ankämpfen, die Position des »Bösen« besetzen zu müssen, kein authentisches Gefühl von Wirkung und Verantwortung einstellen. Wenn man als Therapeut in einen solchen Machtkampf – gleichgültig, wie subtil dieser ausgetragen wird – mit einer tief greifenden Struktur der Symmetrie oder der negativen Spiegelung verwickelt ist, bekommt man leicht das paralysierende Gefühl, einerseits eine große Verantwortung zu haben (»Ich sollte doch aus dieser Falle herauskommen und dem Patienten helfen können.«) und andererseits hilflos zu sein (»Alle meine Versuche fruchten nichts, der Patient ist schwierig und nicht analysierbar, ein ›Grenzfall‹.«). Und während man sich noch beruhigt, dass man die Projektionen des Patienten doch »auffängt und in sich aufnimmt«, stellt man häufig fest, dass man es nicht vermeiden kann, dem Patienten die Verantwortung, d. h. die Schuld, zurückzugeben.

Es liegt eine gewisse Ironie darin, dass die Geschichte der psychoanalytischen Profession zeigt, wie der Analytiker, der auf seiner Position des Wissenden beharrt, der alles unter Kontrolle hat, der als das seelisch gesunde Subjekt über das »Anderssein« des Patienten, d. h. über dessen Unbewusstes oder Irrationalität, reflektiert, zum Opfer seiner eigenen Projektionen wird; denn als Analytiker wird man schnell in den Spiegelsaal der Machtbeziehung hineingezogen. Vor vielen Jahren führte Ronald Laing (1960) in einem dramatischen Beispiel vor, welche Gefahren mit der objektiv-wissenschaftlichen Position verbunden sind und welch ahnungslose Mystifikation diese Position hervorbringen kann. Der machtlose Patient, der die Metakommunikation nicht beherrscht, gebraucht dennoch das Instrument der Inszenierung äußerst wirkungsvoll. In Laings Beispiel stellt ein Kliniker namens Kraepelin im Hörsaal einen Patienten vor. Dieser Patient, so Kraepelin, lasse »*kein einziges Stück wertvoller Information (...) nicht die geringste Relation zu der allgemeinen Situation*« (Laing

1960; dt. 1994, S. 35f., kursiv von Laing) erkennen. De facto aber äußert sich dieser angeblich so tumbe und stumpfe Patient folgendermaßen:

> (...) Wie heißen Sie? Was macht er zu? Er macht seine Augen zu. Was hört er? Er versteht nichts; er versteht nichts. (...) Wenn ich ihm sage, er soll schauen, schaut er nicht richtig. Sie da, schauen Sie her! (...) Passen Sie auf; er paßt nicht auf. (...) Werden Sie wieder unverschämt? (...) Sie huren nicht für mich (...) Sie verstehen überhaupt nichts, überhaupt nichts; überhaupt nichts versteht er. (...) (ebd., S. 35)

Hier bringt der Patient die Projektion des Klinikers, von der er sich nicht lösen kann, dadurch zum Ausdruck, dass er sie schauspielerisch nachahmt. Im wechselnden Gebrauch von Anrede und dritter Person Singular erkennen wir, wie in diesem mehrdeutigen Vortrag – in dem schwierig zu entscheiden ist, wer der Besitzer des Verhaltens, der Gefühle, der Anschuldigung, der Kritik ist – der Spiegelsaal der Positionierung des eigenen Selbst und des anderen thematisch wird; und diese Positionierung wird zum Motor der Inszenierung. Wenn der Patient den Psychiater nachahmt und sagt: »Er versteht nichts«, gibt er uns zu verstehen, wer hier derjenige ist, der nicht versteht. Der Psychiater, der nicht der Besitzer seines Gefühls der Machtlosigkeit ist, intensiviert dieses Gefühl in seinem Patienten. Hier wird deutlich, wie die Beobachtungsfunktion des Patienten – vermutlich durch ein Trauma – zerstört ist und nur die schauspielerische Darstellung übrig bleibt; und mithin sind die Bemühungen, das festzuhalten, was man im anderen wahrnimmt und wie man sich mit dem anderen identifiziert, zusammengebrochen. Laings großartige Arbeit *Mystifikation, Konfusion und Konflikt* (1965), die mich schon als Studentin an der Universität Frankfurt a. M. gefesselt hat, zeigt ferner, wie Mystifikation von der formal mächtigen Person ausgeht, die nicht die Besitzerin ihrer Gefühle ist und diese in den anderen projiziert.

Laing zeigt, wie die innere Stabilität von Eltern davon abhängt, dass sie ihr Kind als böse oder verrückt hinstellen, falls es nicht genau die Bedeutung des Gesagten wahrnimmt, die die Eltern ihm eigentlich mitteilen wollen. Das heißt praktisch: »Du hast mir gegenüber die Pflicht, die Dinge so zu erleben, wie ich sie erlebe, und meine Realität zu bestätigen. Aber ich habe das Recht, deine Realität zu missachten.« Die Existenz des anderen als Subjekt mit einer eigenen, separaten Orientierungsachse wird somit zu etwas Verbotenem oder Bösem. Die Projektion ist allerdings nur die eine Seite der Beschreibung. Hinzu kommt, dass auch die geistig-seelischen

Funktionen des Kindes direkt angegriffen werden. Die »transpersonale« Abwehr – das Recht des Kindes, zu sprechen oder zu protestieren, wird dadurch geleugnet, dass seine Äußerungen als böse oder verrückt etikettiert werden – führt zu weiteren Bindungen und Mystifikationen. Wenn diese mystifizierende Doppelbindung in der therapeutischen Beziehung aufs Neue inszeniert wird, wird selbst die geringste vom eigenen Erleben abweichende Äußerung (seitens des Therapeuten oder des Patienten) über den Zustand des anderen von diesem als böse, verrückt oder destruktiv gewertet bzw. als Versuch angesehen, von diesem als böse oder verrückt hingestellt zu werden. Man hütet sich vor dem Versuch, die Projektionen in sich zurückzunehmen, leugnet die eigene Schuldhaftigkeit und weist die Spiegelung des eigenen Selbst zurück. Ein solcher Zustand führt zum Zusammenbruch der Drittheit. Der Analytiker kann sich aus diesem Zustand nur dadurch befreien, dass er Verantwortung übernimmt und eine Möglichkeit findet, wie er zum Besitzer seines eigenen Beitrags zu dieser Situation werden kann, ohne sich gänzlich unterwerfen zu müssen.

Der Unterwerfungsgedanke ist für das Gefühl, sich entweder unterwerfen oder Widerstand leisten zu müssen, ein entscheidendes Moment und das Identifikationsmerkmal der Komplementärbeziehung, wie Thomas Ogden (1994) sie treffend beschreibt (Ogden bezieht sich auf das sich unterordnende Dritte, was meines Erachtens ein Widerspruch in sich ist, weil ein authentisches Drittes die Anerkennung haben muss). Wenn ich die Dynamik zwischen zwei Personen hervorhebe, will ich keinesfalls den Aspekt der Projektion der einzelnen Person bagatellisieren. Ich will vielmehr beleuchten, wie der Analytiker auf ein malignes komplementäres Muster reagiert, das auf der Beziehung zu einem Objekt beruht, das mit transpersonaler Abwehr befasst ist. Wenn sich, wie gesagt, diese Art maligner Komplementarität etabliert, gewinnt das Hin und Her der projektiven Identifikation – der Austausch von Beschuldigungen – so sehr an Fahrt, dass der Vorgang sich nicht mehr stoppen und auch nicht beobachten lässt. Dieser Prozess geht einher mit Übererregung, die die eigentliche Empathie des Analytikers unterminiert. Die Falle ist nun die, dass sich einerseits die Einstimmung auf den Patienten so anfühlt, als ob man sich der Erpressung unterwerfen würde, und sich andererseits die beobachtende Kommentierung der Situation wie eine destruktive Attacke auf die Realität des Patienten ausnimmt. Um sich vor dem negativen Selbstbild des Patienten zu schützen, muss man die Realität des Patienten angreifen. Doch genau dadurch bestätigt man die negative Sichtweise des Patienten von sich selbst. Der Analytiker wird immer ängstlicher, dass er dem Patienten destruktiv begegnen könnte, und findet es schwierig, ein Gefühl von Wirkung oder Verantwortung aufrechtzuerhalten. Beide Partner bleiben mit dem Gefühl der Hilflosigkeit zurück.

Die Bemühung, der Hilflosigkeit zu entkommen, führt Analytiker oft noch tiefer in sie hinein. Ferenczi (1932) hat behauptet, dass jede Handlung, für die wir nicht verantwortlich sein wollen, und jede Verletzung und falsche Empfindung, die wir eigentlich vermeiden sollten – und in jeder Beziehung und jeder Analyse gibt es zwangsläufig viele davon –, in Form einer Inszenierung zu uns zurückkehrt. Gerade weil der Analytiker sich bemüht, eine erneute Traumatisierung zu vermeiden, kann der Patient ihn zu interaktiven Verwicklungen und zur anschließenden Mystifikation führen. Schon Ferenczi hat diesen Grundsatz der Beziehungsanalyse, wonach nicht nur erkannt wird, dass »der Analytiker selbst zum Schänder des Patienten werden muss, sondern (...) auch realisiert [wird], dass der Patient dies beobachtet und darauf reagiert« (Aron 1996, S. 168), thematisiert und verfeinert. Zwangsläufig sei nicht nur die Wiederholung, sondern auch die Beteiligung des Analytikers. Was den Analytiker vom ursprünglichen Täter unterscheide, sei die Bereitschaft des Analytikers, offen und ehrlich zu akzeptieren, was bis dahin geleugnet worden ist, und die Verantwortung für die eigene Schwierigkeit zu übernehmen, die als Reaktion auf den Patienten entstehenden Gefühle zu tolerieren. Dies werde, so Ferenczi weiter, dazu führen, dass der Patient in den Analytiker das Vertrauen entwickelt, das den Kontrast zwischen der Gegenwart und der unerträglichen traumatogenen Vergangenheit bildet.

Die Schwierigkeiten entstehen, wenn der Analytiker sich einerseits dafür verantwortlich fühlt, der Erkennende, Neutrale und seelisch Gesunde zu sein, und andererseits dem Gefühl widerstehen muss, schuldbehaftet zu sein. Diese Schwierigkeiten, bei denen sich jemand als Opfer zu fühlt, weil er beschuldigt wird, für alles die Verantwortung zu tragen, sollen nun an einem Beispiel aus der Praxis eines höchst versierten Analytikers veranschaulicht werden. John Steiner, ein Befürworter der Vorstellung, der Analytiker müsse die Projektionen in sich behalten, als eine Art Container fungieren, berichtet von einem Fall, in dem Beschuldigungen komplementär hin- und hergeworfen werden. Bezeichnenderweise beschreibt er diesen Fall in einem wichtigen Aufsatz zum Thema »Patienten- und analytikerzentrierte Deutungen, Verstehen und Verstanden-Werden«, in dem er dem Verstehen, d. h. einem auf der Erkenntnis beruhenden Dritten, den Vorrang gibt.

Steiner beschreibt eine Interaktion, in der er seiner Ansicht nach in seiner Deutung zu weit gegangen war:

Nachdem ich zu Ende gesprochen hatte, bemerkte ich, dass dieser zusätzliche Kommentar einen irgendwie kritischen Ton enthielt. Vermutlich, so dachte ich, rührte dies von meiner Schwierigkeit her, die Gefühle, welche ich der Patientin entgegenbrachte, einschließlich solcher *Angst um sie*, in mir zurückzuhalten, *möglicherweise auch von meinem Ärger darüber, dass sie mich dazu brachte, mich verantwortlich, schuldig und hilflos zu fühlen.*« (Steiner 1993, S. 137; Hervorhebung J. B.)

Wie gesagt, kann sich so etwas genau dann ereignen, wenn der Analytiker zu wissen glaubt, worum es eigentlich geht, und sich vorstellt, dass seine Deutung im ureigentlichen Interesse des Patienten liegt. Solche Momente verweisen uns auf das Problem, wenn der Analytiker wegen seiner Schwierigkeiten mit der Selbstregulation dissoziiert. Auf dieses Thema gehe ich später noch ein. Obwohl Steiner in diesem Fall gesteht, dass er ängstlich gewesen sei und sich sowohl als schuldiger Täter wie auch als hilfloses Opfer gefühlt habe, sieht er die Reaktion der Patientin nicht als eine *Reaktion auf ihn*, sondern als eine Projektion. Er empfindet das so: »Ich wurde für die Probleme meiner Patientin wie auch für meine eigenen verantwortlich gemacht« (ebd., S. 144). Steiner scheint die Symmetrie zwischen seiner Reaktion und der Reaktion seiner Patientin nicht zu erkennen – er fühlt sich genauso schikaniert wie seine Patientin, denn diese hat den Eindruck, dass er »implizit meinte, dass ich« – d. h. sie allein – »verantwortlich war für das, was zwischen uns geschah« (ebd., S. 144). – Können Sie inzwischen noch auseinander halten, wer wem was angetan hat?

Steiner berichtet, dass die Patientin tatsächlich wisse, um was es hier geht. Denn als die »Frage der Verantwortung« gestellt worden sei, »gab sie mir zu verstehen, dass ich manchmal einen rechthaberischen Ton an mir gehabt hätte, wodurch sie den Eindruck bekommen habe, ich würde meinen eigenen Beitrag zu der Situation nicht überprüfen (...) meine Verantwortung nicht akzeptieren wollen« (ebd., S. 144). Von daher halte ich es für hoch interessant, dass Steiner nun den Gedanken, die Sichtweise der Patientin bestätigt zu haben, ebenso zurückweist wie sein eigenes Gefühl der Verantwortung. Ich habe wirklich vollstes Verständnis für dieses Dilemma hier, zumal es sich an diesem Punkt wie ein abgerungenes Geständnis anmutet und weil ich selbst schon häufig an solchen Gefühlen gescheitert bin. Ferner marginalisiert Steiner den Wert des Akzeptierens seiner eigenen Verantwortung, weil er davon ausgeht, dass die Patientin eine solche Offenheit als Zeichen der Unfähigkeit des Analytikers ansehen könnte, projizierte Elemente in sich aufzunehmen. Der Analytiker, so Steiner, darf sich weder »ein Geständnis, das die Patientin ängstigt, noch eine Leugnung, die die Patientin als Abwehr und Fehler ansieht« (ebd., S. 145), erlauben.

Steiner akzeptiert zwar, dass der Analytiker tendenziell in die Inszenierung verwickelt wird und dass er offen und neugierig sein muss, um von der Rückmeldung des Patienten profitieren zu können, doch zugleich verlangt er, dass der Analytiker alle Konflikte intern mit sich selbst ausmacht. Er wisse, so gibt Steiner unmittelbar vor seinen Ausführungen zu seinem kritischen Kommentar zu verstehen, dass die Patientin befürchte, nicht zu ihm vordringen zu können und dass sie de facto Angst hätte, er könne mit diesen Gefühlen nicht umgehen, weil sie *sein* geistig-seelisches Gleichgewicht stören würden. Doch aufgrund der Passivität und Unfähigkeit der Patientin, für ihre Bedürfnisse einzutreten, wodurch die Projektion von Schuld, Schmerz und Verantwortung in ihn ermöglicht worden sei, habe er tatsächlich sein Gleichgewicht verloren. Demnach wird Steiner also bewusst, dass er seine Selbstregulation aufgegeben hat. Er ist gewissermaßen so durchlässig bzw. so unfähig diese Gefühle »in sich aufzunehmen«, dass er für die Verlust- und Angstgefühle der Patientin keine Empathie empfinden kann: vermutlich deshalb, weil er ihre Hilflosigkeit nicht tolerieren kann. Hier sieht man, wie die Dissoziation des Analytikers in der Inszenierung wirkt. Die fehlende Selbstregulation, die durch die Hilflosigkeit der Patientin hervorgerufen wird, muss abgewendet werden.

Steiner kann seine Wirkung auf die Patientin zwar akzeptieren, scheint von dieser Akzeptanz jedoch keinen Gebrauch zu machen, um bei sich und seiner Patientin Regulation zu erreichen, sondern geht stattdessen davon aus, dass seine Akzeptanz eher noch mehr Destabilisierung brächte. Folglich spricht er nicht von ihrer Reaktion auf seinen Kommentar und nimmt die nächste Reaktion der Patientin auf ihn (sie zieht sich zurück) nicht als eine *Reaktion auf seine unmittelbare Handlung* an. Er ist sich bewusst, dass sich ein Patient im Allgemeinen angegriffen fühlt und es zunehmend als Störung empfindet, wenn der Analytiker die Projektionen des Patienten nicht in sich aufnehmen kann und sich abschottet bzw. Gegenprojektionen entwirft. Steiner beeilt sich jedoch mit der Feststellung, dass ein Patient Verantwortung übernehmen und Verständnis aufbringen muss, wenn sich in ihm etwas verändern soll.

Ist es zu radikal gedacht, wenn man annimmt, dass es sich hier nicht nur um eine Sache handelt, die zu einer dauerhaften Veränderung im Patienten führt, sondern auch um etwas, das der Analytiker von seinem Patienten braucht, weil sich die Interaktion sonst einfach nicht auf das

Dritte hin orientieren lässt? Im nächsten Abschnitt der Falldarstellung ist die Patientin tatsächlich in der Lage, während Steiners Abwesenheit ihre eigene Traurigkeit in Besitz zu nehmen und zu erkennen. In der Konsequenz kann Steiner hier als Container fungieren und Empathie zeigen.

Wenn Steiner fordert, dass der Analytiker projizierte Elemente vorbildhaft in sich aufnehmen und verstehen soll, hängt er einem Ideal an, das unerreichbar ist. Dem Patienten könne, so behauptet Steiner folgerichtig auch, letztlich nur dadurch geholfen werden, dass er versteht, und weniger dadurch, dass er verstanden wird. Denn wenn sich der Patient verstanden fühlte, Bestätigung und Anerkennung bekäme oder sogar Nachsicht ernten dürfte, würde er zwangsläufig vom anderen abhängig. Eine solche Abhängigkeit lehnt die Neo-Kleinianische Analyse, die bekanntermaßen darauf fokussiert, dass Abhängigkeit ohne omnipotente Abwehr nicht akzeptiert werden kann, paradoxerweise ab. Sowohl Analytiker als auch Patient halten sich eher an eine Art genormte Abhängigkeit von individueller Erkenntnis – einem *internen* Dritten – und machen sich nicht das wechselseitige, wenn auch asymmetrische Containment als *externes* Drittes zunutze. Diese Ebene können wir erreichen, wenn wir unser Wissen um eine gemeinsame, mit Fehlern behaftete Humanität anerkennen (Cooper 2000). Steiners Definition von ›Containment‹ schließt die Möglichkeit eines gemeinsamen Dritten aus, d. h. die Etablierung eines dyadischen Systems, das zum Container von Gefühlen wird, wenn man gemeinsam über die Interaktion reflektiert und diese gefühlvoll anerkennt. Damit spricht Steiner sich gegen ein intersubjektives Feld aus, auf dem der Konflikt um die Verantwortung transformiert werden könnte in ein gemeinsames Drittes, das beide Partner entmystifiziert und berechtigt darüber nachzudenken, was gerade vor sich geht und weshalb dies so ist. Mein Einwand richtet sich gegen dieses Ideal des perfekten Containers, demzufolge der Analytiker jeden Konflikt intern bewältigen muss, statt akzeptieren zu können, dass der Analytiker dem Patienten hilft, der in einem fortwährenden interaktiven Kreislauf wiederum dem Analytiker hilft.

Wenn der Analytiker seine Beteiligung an einer Inszenierung anerkennt, wird dies leider oft fälschlicherweise als Verlustkontrolle, als – so Steiner – Grund zur Angst gesehen. Ich halte es für problematisch anzunehmen, dass die Fähigkeit des Analytikers, zu seinen Unvollkommenheiten zu stehen, den Patienten ängstigen würde, weil dieser das Verhalten des Analytikers als Schwäche statt als Stärke wahrnehmen könnte (Renik 1998). Wäre dies nicht selbst eine Projektion? Genauso wichtig erscheint mir die Frage: Wenn es beschämend oder tadelnswert ist, seine Schwäche einzugestehen, weshalb um alles in der Welt sollte dann der Patient dazu bereit sein? Tatsächlich wäre die Anerkennung auf Seiten des Analytikers der beste Hinweis darauf, dass es ihm gelungen ist, seine Schuldgefühle, dem Patienten etwas angetan zu haben, in sich aufzunehmen, und dass er seine eigene Verantwortung sehen kann. Die Anerkennung des Analytikers würde auch darauf hindeuten, dass er keine unerträgliche, vernichtende Kritik auf den Patienten projiziert und mithin die Enttäuschung oder Empörung des Patienten ertragen kann. In Steiners Fall bleibt festzuhalten: Das Verhalten des Analytikers führt unweigerlich dazu, dass die Patientin den Eindruck hat, sie werde in die Rolle der Schuldigen gedrängt. Als freies Subjekt kann sie jedoch nicht die Verantwortung übernehmen, die der andere zurückweist und in sie verlagert. Folglich handelt es sich hier nicht nur um eine Projektion, sondern vielmehr um eine transpersonale Abwehrhandlung, die zwangsläufig die Drittheit zerstört, die zwei verantwortliche Subjekte erzeugen können. Wenn der Analytiker die unmittelbaren oder früheren Ursachen seiner Reaktionen zu erkennen vermag, kann dies zweifellos eine ungeheure Erleichterung sein, und genau dies ist das Fundament des psychoanalytischen Prozesses. Doch in vielen Fällen ist es so, dass sich diese Erleichterung nicht einstellt und die Erkenntnis in die Selbstbeschuldigung abstürzt, weil der Analytiker sie als erzwungene Übernahme von Verantwortung für die unmittelbare Interaktion empfindet. Der intersubjektiv ausgetragene Wettstreit darüber, wer die Verantwortung übernimmt, steht der Erkenntnis im Wege. Steiners Patientin wird sich fragen, weshalb sie die Verantwortung für ihre Schwächen übernehmen soll, wenn der Analytiker seine Schwächen leugnet. Vielleicht denkt sie nach der Sitzung: »Will ich unbedingt spüren, dass er Schwächen hat, oder ist es umgekehrt? Vielleicht will der Analytiker lieber seine eigene seelische Gesundheit bewahren, als sich um mich zu kümmern.« Wenn der Analytiker seine eigene Abwehrhaltung akzeptieren kann, wird er zu einem Vorbild der Stärke und zeigt die Fähigkeit, eigene Schwierigkeiten zu akzeptieren, sich für Verletzungen, die er dem anderen zugefügt hat, zu entschuldigen und die Verantwortung dafür zu übernehmen. In dem so geschaffenen Raum der Drittheit können beide die Scham- und Schuldgefühle des Patienten und seinen Eindruck von einer malignen Objektpräsenz, die dieser Interaktion zweifellos zugrunde liegt, mit neuen Augen sehen.

Wodurch wird es dem Analytiker möglich, diese Haltung der Anerkennung so zu gestalten, dass sowohl beide Beteiligten als auch das Dritte gestärkt werden? Ich bin der Meinung, dass sich in der analytischen Gemeinschaft etwas ändern muss und nicht nur in unserer Theorie. Da wir immer deutlicher erkennen können, dass der Analytiker unweigerlich an Inszenierungen beteiligt ist – wie Steiner dies auch akzeptiert –, müssen wir Lösungsmodelle entwickeln, die demokratisch und intersubjektiv sind und dennoch die asymmetrische Fokussierung darauf bewahren, dem Patienten zu helfen. Dies erfordert de facto, dass der Analytiker mehr – nicht weniger – Verantwortung für die unvermeidlichen Momente übernimmt, in denen er aufgrund seiner eigenen Dissoziation, seiner Konflikte oder Schwierigkeiten im Umgang mit schmerzlichen Aspekten des eigenen Selbst den anderen verletzt hat oder nicht verstehen konnte. Das hier wirkende Prinzip ist das des Sich-Fügens: sich ins Unvermeidliche schicken. Genau dies kann zum Ausgangspunkt der gegenseitigen Verständigung werden und im Laufe der Analyse zu einer zunehmend symmetrischen Beziehung zu dem moralischen Dritten führen. In dem von Steiner beschriebenen Fall wäre dies die Übernahme von Verantwortung (»Ich trage die Last und übernehme meine beschämenden Anteile, wenn du das willst.«). Ich behaupte, dass in der Dyade gehandelt werden muss, wenn man dem Hin und Her transpersonaler Projektionen, bei denen man immer mit dem Versagen des anderen rechnen muss, entkommen will. Der Analytiker sollte einen Weg finden, wie er die intersubjektive Dynamik so nutzt oder verlagert, dass ein brauchbares, gemeinsames Drittes geschaffen bzw. neu etabliert wird.

Die Säuglingsforschung hat festgestellt, dass es die Repräsentation eines gemeinsamen Dritten schon in der frühen Mutter-Kind-Interaktion gibt, in der beide miteinander den Rhythmus der wechselseitigen Reaktionsbereitschaft erzeugen. In der klinischen Psychoanalyse schenkt man dieser prozeduralen Interaktionsebene, der »subsymbolischen« Kommunikation, der Musik anstelle des Inhalts der Worte, zunehmend Beachtung. Wenn das Erleben des gemeinsamen Rhythmus fehlt, hört man die Worte ohne die Musik und erlebt die Anteilnahme des anderen als externe Kontrolle und nicht als empathisches Mitschwingen. Entwicklungspsychologisch gesehen, führen mangelnde Akzeptanz, Empathie und Verständigung in der frühen Betreuungssituation dazu, dass das andere Subjekt als Hindernis, als gefürchteter Richter oder als zu benutzendes Objekt wahrgenommen wird.

Ich habe Ronald Brittons Behauptung erweitert, wonach ein unsicherer mütterlicher Container dazu führt, dass die Beziehung der Mutter zu dem Dritten als Bedrohung wahrgenommen wird. Nach Brittons Modell ist das Dritte eine interne Repräsentation des Vaters, des Gesprächspartners der Mutter. Nach meinem Modell entsteht das Dritte mit dem Prinzip der wechselseitigen Verständigung, die so weit nach bestimmten Regeln ablaufen muss, dass sie nicht mit Zwang verwechselt wird, und die dem Kind das Gefühl vermitteln kann, Handelnder und Ko-Kreator dieses Dritten zu sein. In diesem Sinne sollte die Analyse dem Patienten ein weiteres Mal die Erfahrung bieten, ein gemeinsames Drittes zu schaffen, sodass er die Aussagen des Analytikers als etwas, das er ungezwungen benutzen und nach eigenen Vorstellungen gestalten kann, erlebt und nicht als externe Macht wahrnimmt, der er sich unterwerfen oder gegen die er Widerstand leisten muss. Ohne Realität, die gemeinsam geschaffen werden kann, bzw. ohne Wechsel zwischen der einen Sichtweise und der anderen Sichtweise bleibt uns die Möglichkeit nur einer einzigen psychischen Realität, um im Behandlungszimmer am Leben zu bleiben. Dies ist die Situation – um in Lacans Worten zu sprechen – des Tötens oder Getötet-Werdens. Britton beschreibt, wie die polarisierende Wahl zwischen »meiner Realität und deiner Realität« in der analytischen Beziehung in Gang gesetzt wird, wenn die Präsenz eines beobachtenden Dritten als quälend empfunden wird. Wenn die Funktion der Selbstreflexion zu einem »Zerrbild« des Dritten verkommt, wenn der Peiniger in Gestalt der Erkenntnis auftritt, kann man dies als einen gescheiterten Versuch ansehen, die Repräsentation der Verständigung zwischen dem eigenen Selbst und dem des anderen aufrechtzuerhalten.

Die relationale Sichtweise, die ich hervorheben möchte, geht von der Frage aus, ob diesem »falschen Dritten« ein dissoziativer Prozess vorausgeht. In der klinischen Praxis beobachten wir eine höchst signifikante Verschiebung und erkennen allmählich, wie die unfreiwillige Reaktion des Analytikers auf das dissoziierte Selbsterleben des Patienten darin besteht, selbst zu dissoziieren. Dann verlieren Analytiker und Patient den Rhythmus des Dritten. Alan Schore, der sich eingehend mit dem Thema »Selbstregulation und wechselseitige Regulation in der therapeutischen Dyade« auseinander gesetzt hat, behauptet, dass die Dissoziation, die als Bewegung von der rechten zur linken Gehirnhälfte gesehen wird, von der einen Seite wahrgenommen und von der anderen Seite umgehend beantwortet wird. Wenn sich der Analytiker als Reaktion auf die Übererregung des Patienten aus der Musik der wechselseitigen Regulation bzw. der gemeinsamen Drittheit in einen dissoziativen Gebrauch der Beobachtung zurückzieht, um selbst ruhig zu werden, kann der Patient dies spüren. Dann wird das beobachtende Dritte des Analytikers, d. h. seine Äußerungen oder Reflexionen, zu einem Zerrbild, zu einem im Britton'schen Sinne disruptiven Vater. Der Umstand, dass der Patient wahrnimmt, wenn der Analytiker sich zurückzieht und ihn allein lässt, wenn der Analytiker ihn nicht kennen will, wenn er dem Patienten nicht helfen will, seine Selbstregulation wiederzuerlangen, weil er, der Analytiker, keine eigene Regulation besitzt, wurde lange Zeit als Widerstand missverstanden. Wie Philip Bromberg (1998) zeigt, sind wir in der Praxis besser beraten, wenn wir davon ausgehen, dass der Patient uns beharrlich etwas über einen dissoziierten Teil zu erzählen versucht, der ergründet werden muss.

Gleichzeitig ist zu betonen, dass ohne eine solche Inszenierung, d. h., ohne dass der Analytiker die schmerzliche Erkenntnis seiner eigenen Dissoziation bewältigt, das Trauma des Patienten nicht in die Behandlung eintreten kann. Damit will ich nicht sagen, dass der Therapeut sich dem Patienten gegenüber immer öffnen sollte. Doch in vielen Fällen, wie z. B. in dem von Steiner beschriebenen Fall, in dem die Inszenierung sehr weit geht, ist zu fragen, in welchem Umfang der Therapeut diese Dissoziation kennen und aufdecken kann, auch wenn er sie dem Patienten gegenüber nicht zugeben will. Analytiker können ihre Abwehrhaltung und die Mystifikation, die das Gefühl des Patienten hinsichtlich seiner Wirkung und Realität schwächt, tatsächlich überwinden, wenn sie kompromissbereit sind und sich auf ihren eigenen Schutz konzentrieren.

Jeder Kliniker entscheidet natürlich selbst, in welcher Form er Anerkennung gibt, d. h., wie er den gemeinsamen Raum der Drittheit nutzt, den Dialog mit dem Patienten gestaltet, um sich – in Distanz zu seiner Dissoziation – neu zu orientieren. Mir geht es lediglich um Folgendes: Damit Therapeuten ihre Beobachtungsfähigkeit und ihr Wissen erhalten und die Stärke und Wirkung beider Partner fördern können, dürfen sie sich nicht von der Wahrheit schikaniert fühlen oder sich das Leiden des Patienten zum Vorwurf machen. Dies können sie nur leisten, wenn sie akzeptieren, dass sie zwangsläufig dissoziieren, inszenieren, in Komplementarität verfallen, und wenn sie auf der Basis dieser akzeptierenden Haltung, die in dem aufnehmenden (containing) Dialog durchaus explizit thematisiert werden kann, ihre Selbstregulation wiedererlangen und die wechselseitige Regulation wieder herstellen. Dieser Rhythmus von Abriss und Wiederaufbau wird dann zu einem übergeordneten Muster, zu einem Dritten, auf das sich Patient und Analytiker verlassen können. Wenn der Therapeut vom Patienten verlangt, Wissen um seine Fehler in sich aufzunehmen oder zu tolerieren, verlangt er eben nicht vom ihm, dass er alles Böse in der analytischen Beziehung in sich aufnimmt. Der Analytiker gibt dem Patienten in einer Situation relativer Sicherheit und Geschütztheit eine Möglichkeit stärker zu werden, wenn der Patient die Unzulänglichkeiten des Analytikers bewältigt. Darin besteht meines Erachtens der Kompromiss.

Der Therapeut bietet dann nicht das Idealbild eines Analytikers, der schon alles weiß, sondern das Modell eines Menschen, der mit Fehlbarkeit, Schwachstellen und der unentrinnbaren Undurchsichtigkeit der eigenen unbewussten Motive und derjenigen des anderen verantwortungsvoll umgeht (Mitchell 1997). Wenn die psychoanalytische Gemeinschaft erkennt, dass die Bemühungen des Analytikers, Verantwortung zu modifizieren und zu übernehmen, ein integraler Bestandteil der analytischen Kur ist, dann ist sie weit entfernt von der Mythologisierung dessen, was sein sollte. Wie Irwin Hoffman sagt, ist es schwer, schwimmen zu lernen, wenn man glaubt, auf dem Wasser gehen zu müssen.

Ich möchte im Folgenden ein Beispiel aus der gegenwärtigen Literatur zur relationalen Psychoanalyse anführen. In einer faszinierenden Fallbeschreibung zeigt Jody Davies (2004), eine bedeutende Vertreterin der relationalen Psychoanalyse, wie die Patientin die Analytikerin braucht, um die Last des Bösen annehmen zu können, und wie die Analytikerin ihre Bereitschaft zeigt, dies zu tolerieren, um die Patientin zu schützen. Die Inszenierung beginnt damit, dass die Patientin fordert – nicht bittet –, die Therapiestunde auf einen anderen Termin zu verlegen. Die Analytikerin fühlt sich genötigt und weiß, dass sie nicht auf die Forderung der Patientin eingehen will, und sie hat dabei das Gefühl, böse und hartherzig zu sein. Die Forderung der Patientin zieht eine erzwungene Reaktion nach sich, durch die die Dyade in der Komplementarität eingeschlossen bleibt. Davies legt dar, wie virulent solche Interaktionen sind; sie ähneln dem Mechanismus des Wetterhäuschens: Ich kann nur aus meinem Schuldgefühl herauskommen, wenn du in deines hineingehst. Folglich versucht die Therapeutin zu vermeiden, die »böse Person« zu sein, die die Dynamik antreibt und auf diese Weise eine Eltern-Kind-Beziehung reproduziert, in der dem anderen (dem Kind) etwas Giftiges aufgezwungen wird, damit es im eigenen Selbst (dem des Elternteils) geleugnet werden kann.

Die von Davies beschriebene Patientin realisiert, dass die Analytikerin sich zurückzieht und ärgerlich wird. Beide starren sich eine Weile an, und dann sagt die Patientin: »Sie hassen mich.« Die Patientin teilt eigentlich mit, dass die Analytikerin böse ist, weil sie ihren Hass leugnen will und stattdessen ihr, der Patientin, zu verstehen gibt, dass sie, die Patientin, böse und hasserfüllt ist. In diesem Moment ist die Analytikerin natürlich versucht – und dies wäre ein Leichtes –, das Gespräch auf das Verhalten der Patientin zu verlagern. Doch die Analytikerin entscheidet sich anders. Nach einer Pause erwidert sie: »Ich glaube, dass wir beide uns manchmal hassen (...) Ich schätze, wir müssen herausfinden, wie wir hier herauskommen. Beide mögen wir diese Situation nicht sonderlich (...) aber so ist sie nun einmal.«

Die Frage, wer von den beiden böse oder verrückt ist, wird beantwortet mit »beide«. Die Analytikerin bringt eine profunde Wahrheit zum Ausdruck, wenn sie sagt, dass das Gefühl gegenseitig ist, dass beide sich nicht davon freimachen können, dass sie in dieser Dynamik miteinander verstrickt sind. Das starke Moment in dieser Situation besteht darin, dass die komplementäre Zweiheit aufgelöst wird, indem gemeinsam – im Wir – eine andere Art von analytischem Dritten geschaffen wird: ein gemeinsames Gebilde, »das uns beide und auch unsere zuvor dissoziierten Teile in sich aufnimmt«. Analytikerin und Patientin können sich nicht mehr in ihr eigenes Selbst flüchten. Es gibt keinen *Nachbar*teller mehr, auf den man die heiße Kartoffel fallen lassen kann – es gibt nur einen *gemeinsamen* Teller. In diesem Augenblick wird die früheste Form der Drittheit (Benjamin 2004) akzeptiert: die Drittheit, die anerkennt, dass Patientin und Analytikerin ein und dasselbe Gefühl haben. Im vorliegenden Fall können Patientin und Analytikerin akzeptieren, dass sie sich auch in Bezug auf eine negative Emotion in demselben Zustand befinden – derlei Situationen werden übrigens häufig ironisierend dargestellt.

Nach Davies müssen Böses und Gutes fest zusammengehalten werden, wenn man dem Tauziehen um den wechselseitigen Rückzug entkommen will. Die Bemühungen des Analytikers, verständnisvoll, gut oder empathisch zu sein, würden den übererregten Patienten wahrscheinlich in die schmachvolle Position treiben, der Böse zu sein. Wenn beide das jeweilige Böse anerkennen, ist das ein gangbarer Weg in die Drittheit gegenseitigen Verstehens. Dieser Schritt signalisiert ferner, dass man Verlust akzeptiert: »Wir können nicht gut sein, wir können uns im Moment nicht so wertschätzen, wie wir es gerne hätten. Doch statt gut miteinander zu sein, haben wir einen Augenblick der Wahrheit und der Akzeptanz dessen, was ist.« Dieses Sich-Fügen (surrender) in das, was ist, statt in der Abscheu vor dem Bösen stecken zu bleiben, ermöglicht es, sich aus der oppositionellen Zweiheit zu befreien. »Wenn wir jetzt im Bösen zusammen sein können, können wir beide vielleicht eines Tages auch gut miteinander sein – gemeinsam in die depressive Position gehen, die das Mitgefühl für den anderen impliziert.« Damit betreten Analytiker und Patient den Raum des moralischen Dritten, das darauf beruht, dass das Bezeugen von Mitgefühl (compassion) zur Richtschnur der analytischen Praxis wird.

Davies hebt hervor, dass es ein Kategorienfehler wäre, wenn man ihre Ausführungen als Selbstenthüllung bezeichnen würde. Selbstenthüllung wäre es nur dann, wenn man sagen würde: »Ich spüre jetzt Hass in mir.« Die intersubjektive Wahrheit, dass beide hassen, wird möglicherweise verschleiert, wenn man sich im Griff des komplementären Spiels »Gewinnen oder Verlieren« befindet: »Wer von uns ist der Böse?« Im übergeordneten Spiel des Lebens jedoch ist der Hass nichts Neues und sollte es auch nicht sein. Das Neue daran ist – »neu« im Sinne von Bateson, der sagt: »Information ist ein Unterschied, der einen Unterschied macht« –, dass jemand zu einem solchen Gefühl stehen kann und nicht versuchen muss, es in den anderen auszulagern. In der von toxischen Projektionen angereicherten Situation kann es unglaublich schwierig sein, sich mit der Wahl zu konfrontieren, ob man zugeben will, dem Patienten etwas Schreckliches angetan zu haben, oder ob man dies leugnen will, was die Psyche des Patienten zerstören und zu einer Art Seelenmord werden kann. Auf dem Spiel stehen nicht nur Liebe und Gutes oder Böses, sondern vielleicht sogar das psychische Überleben oder die seelische Gesundheit eines Menschen. Ein entscheidender Gradmesser des Bösen ist zum einen das Ausmaß an Gewalt, mit der das Kind an die elterliche Projektion gebunden worden ist, und zum anderen der Druck, den der Analytiker empfindet, wenn er sich überlegt, ob er ein Schänder gewesen ist oder die seelische Gesundheit des Patienten zerstört hat.

Folglich hat es der Analytiker – insbesondere bei schwer traumatisierten Patienten – in der Praxis nicht gerade leicht, die Verantwortung für Verletzungen zu übernehmen. Man muss unterscheiden können zwischen Verletzen und Töten, also zwischen dem Vorgang, Schmerz und Angst des Patienten zu dissoziieren (das Verbrechen zu bezeugen), und dem Vorgang, zum Täter zu werden. Nur auf diesem Wege kommt der Analytiker wieder in den Besitz seiner Gefühle und seines Verhaltens und fühlt sich von der Beschuldigung des anderen nicht mehr schikaniert. Diese verbessernde Aktion stärkt das Dritte und treibt seine Entwicklung voran. Es beruht auf dem gleichen Prinzip wie das mütterliche Handeln, das die verhängnisvollen Gefühle des Säuglings in sich aufnimmt; denn die Mutter weiß, dass es noch viele davon gibt. Dieses Dritte bezeichne ich als *moralisches Drittes*, weil der Analytiker es erzeugt, wenn er die Verantwortung für Schmerz und Scham übernimmt, wenn er dem Patienten die Verantwortung, mit der dieser schon immer befrachtet wurde, nicht erneut aufbürdet und wenn er dem Pingpong der Projektionen ein Ende bereitet. Der Analytiker sagt: »Ich mache den Anfang.«[1] Und wenn er sich an dem moralischen Dritten

---

1 Drucilla Cornell (2003) expliziert das Prinzip *Ubuntu*, das im südafrikanischen Versöhnungsprozess eine sehr wichtige Rolle spielt und die Bedeutung hat: »Ich gehe zuerst.«

der Verantwortung orientiert, zeigt er auch dem Patienten den Weg aus der Hilflosigkeit.

Angesichts der jüngsten Ereignisse in der Welt bin ich über diese Reflexionen auf die Frage gekommen, wie sich die Übernahme von Verantwortung verkehren kann in die Übernahme von Schuld. Wenn ein Opfer beschuldigt wird, bedeutet dies für ihn in der Konsequenz einen unerträglichen Identitätsverlust, weil er dadurch seine gesamte Geschichte des zugefügten Unrechts preisgibt. Dieser Vorgang ist so unerträglich, dass er ein fundamentalistisches Beharren darauf hervorbringt, Recht zu haben, das rechtmäßige Opfer und im Besitz der einzigen und alleinigen Wahrheit zu sein. Dieses rechthaberische Opferbekenntnis tritt an die Stelle der realen Stärke, die dadurch gewonnen werden kann, dass man die Komplexität eines Konflikts, der nicht von einem einzigen ausgeht, akzeptiert und bereit ist, die eigenen Missetaten zuzugeben und die vom anderen gewährte Anerkennung anzunehmen. Das Opfer wird enorm gestärkt, wenn es zugunsten einer solchen Akzeptanz auf Vergeltung verzichtet. Dies verlangt jedoch nach einer Person – und manchmal ist diese Person der Führer der Unterdrückten und nicht derjenige der Mächtigen –, die »den Anfang macht«.

In ihrem wichtigen Buch *The reproduction of evil* behauptet Sue Grand (2000), dass der Täter sich wirklich als unschuldig erlebe, seine Handlungen als im Grunde nicht real, nicht als wirkliches Vergehen oder vielleicht nicht einmal als seine eigenen Handlungen. Somit sei der Einbruch des Opfers in die Realität das, was die Dissoziation durchbrechen könne. Die wachgerüttelte depressive Kapazität des Täters, die auf Wiedergutmachung und Reue gerichtet ist, werde von der wiedererlangten Wut und Erinnerung des Opfers ko-kreiert, während die wiedererlangte Wut und Erinnerung des Opfers auf die Anerkennung des Täters warte. Sue Grand folgert, dass jeder die Anerkennung des subjektiven Anderen suche, bevor sich beide dem gemeinsamen Schlaf des Nicht-Wissens überließen. Um diesen Kreislauf durchbrechen, die Heilung des Opfers möglich machen zu können, braucht es die soziale, formale, öffentliche Anerkennung – wie dies meine Kolleginnen und Kollegen unterstreichen, die mit den Opfern von Menschenrechtsverletzungen unter Pinochet in Chile gearbeitet haben. Eine solche Anerkennung muss auf allen Ebenen immer wieder erfolgen. Dem stehen jedoch die höchst dissoziativen Prozesse, die Verwicklung von Schuld und Scham und der Verlust des Selbst im Wege.

Vor einigen Jahren kam ich in Deutschland unerwartet mit diesem Problem in Berührung und sah zum ersten Mal einige der Schwierigkeiten, die aus der Dissoziation einer Gruppe und mangelnder sozialer Anerkennung entstehen. Ich sollte im Rahmen meines Workshops zum Thema »Intersubjektivität« einen Fall supervidieren. Am Abend zuvor hatte mir die Analytikerin, die den Fall vorstellte, mit einer Eindringlichkeit, die ich nicht begriff, aber ohne weitere Erklärungen ein maschinengeschriebenes Blatt ausgehändigt, auf dem sie zwei Träume ihres Patienten notiert hatte. Der Mann, zwischen 30 und 40 Jahre alt, hatte von entsetzlichen Gewalttaten geträumt, die an einem unschuldigen, aber vielleicht verachtungswürdigen Opfer begangen wurden. Er hatte aber auch geträumt, dass er selbst kleine Tiere umbrachte, sie also vernichtete, und dass er die Blutspuren verwischte.

Ich möchte hier nicht ins Detail gehen und kann mich auch nicht mehr an die Einzelheiten erinnern, aber ich weiß noch, dass ich einen langen Brief an die Mitglieder des Instituts schrieb, in dem ich die Veranstaltung schilderte: dass ich die Analytikerin gebeten hätte, Näheres über Assoziationen oder auch Materialien aus den Therapiesitzungen zu präsentieren, die sie aber nicht hatte. Die Familiengeschichte des Patienten war dürftig. Die Situation war mir peinlich für die Analytikerin, und eingedenk der Tatsache, dass ich das Thema »Intersubjektivität« behandeln sollte, fragte ich sie nach ihrem Erleben in der Therapiesitzung. Vor allem wollte ich vorsichtig sein und die junge, unerfahrene Therapeutin nicht verletzen – also nicht diejenige sein, die die überlegene Position unbekümmert und unsensibel ausnutzt. Aufgrund des Alters des Patienten zog ich meinen ersten Gedanken, dass es in seiner Familiengeschichte Nazitäter gegeben haben könnte, in Zweifel. Doch als ich mich schließlich direkt nach Einzelheiten erkundigte, enthüllte die präsentierende Analytikerin Tatsachen über den Vater des Patienten, der in der SA gewesen und nach dem Krieg dekompensiert sei, und sie berichtete auch, dass der Onkel des Patienten »in der Psychiatrie« eingesperrt und später umgebracht worden sei. Alle diese Einzelheiten kamen erst allmählich hervor und wurden geschildert, als ob nichts Besonderes dabei wäre, ohne dass die Analytikerin oder die Teilnehmer etwas dazu anmerkten oder Emotionen zeigten. Nach einer Weile drängte es mich, diese Situation zu kommentieren, aber ich musste meinen Geist zwingen, gegen eine dicke Nebelwand anzukämpfen. In diesem Moment wurde mir eine Welle der Angst bewusst. In Worte übersetzt, würde diese Empfindung etwa lauten: »Hier bin ich, der einzige jüdische Mensch in diesem Raum, und ich soll diejenige sein, die *es* ausspricht.« Da ich mich verantwortlich fühlte, sagte ich schließlich: »Wenn man weiß, dass ein Elternteil gemordet hat oder bei einem Mord anwesend war oder das Morden eines anderen unterstützt hat, ist dies schrecklich und traumatisierend, und die Identifikation mit so einem Vater, wie dies in der Behandlung jetzt aufbricht, muss entsetzlich sein.« Ich konnte die Angst im Raum, im Herzen der Therapeutin nur erahnen, die nicht in der Lage gewesen war, die gewalttätigen Träume ihres Patienten anzusprechen, die offensichtlichen Assoziationen zu benennen, die einen klaren historischen Hinweis auf die Nazigräuel aufzeigten.

Anschließend wurde nicht mehr über das Problem gesprochen und die Nazivergangenheit mit ihrem Genozid, dem Morden und der Gewalt nicht mehr erwähnt. Wir stiegen in den »Schlaf des Nicht-Wissens« hinab. Nur eine Studentin versuchte, das Offenkundige zur Sprache zu bringen, indem sie einen Artikel zum Schweigen über den Holocaust erwähnte. Ich fühlte mich zunehmend außerhalb der Realität. Mein Bewusstsein spaltete sich auf in einen Teil, der das Geschehen durchschaute, und einen Teil, der zum Denken oder Formulieren nicht imstande war. Einige Teilnehmer des Workshops stellten theoretische Fragen zur Intersubjektivität in der Behandlung. Ich konnte auf diese Fragen nicht eingehen und grübelte nach der Veranstaltung selbstkritisch darüber nach, weshalb ich diese Fragen nicht hatte beantworten können.

Erst viel später an diesem Tag kam ich aus meiner Benommenheit heraus, als mir nämlich eine Kollegin aus einer anderen Stadt erzählte, dass sie gehört habe, wie ein jüdischer Analytiker darüber gesprochen hätte, was es für ihn bedeutet habe, nach all den Jahren wieder nach Deutschland zurückzukehren. Als ob die Nebelwand, die mich von meinem Erleben getrennt hatte, plötzlich aufgerissen wäre, kehrte das Entsetzen, das ich während des Workshops gespürt hatte, in mein Bewusstsein zurück. Ich erkannte, dass ich mich nicht nur als Zeugin von Gewalttaten gefühlt hatte, deren Wahrnehmung alle anderen im Raum geleugnet hatten, sondern mich auch so gefühlt hatte, als ob ich von Tätern umgeben sei. Mit anderen Worten: Ich erkannte, wie erschreckend die Leugnung von Gefahr sein kann, wie sehr man sich ausgeliefert fühlen kann. Ich empfand so etwas wie Empörung darüber, dass man von mir verlangt hatte, all das Wissen um die Gräueltaten in mir aufzunehmen, während sich alle anderen im Raum so verhielten, als ob sie von nichts wüssten. Mir kam es so vor, als ob die Analytikerin dieses kollektive Trauma nicht in sich aufnehmen konnte und deshalb Wissen darum in mich, die symbolische Repräsentantin der Überlebenden, auslagern wollte, damit ich meinerseits die Dissoziation durchbrechen und sie zu etwas Realem machen konnte. Letztlich wurde hier das Wissen um die Gräueltaten der Nazizeit nicht bloß geleugnet, sondern aus dem Bewusstsein der anderen gewaltsam vertrieben und in mein

Bewusstsein projiziert. Meine Reaktion darauf war Dissoziation und Angst, als ob ich einer »realen« Gefahr gegenübergestanden hätte. Es kam zu einer Inszenierung, wie Sue Grand sie beschreibt. Die eindringliche Aufforderung, Gefühle in sich aufzunehmen, führte zur Empörung des Opfers, das mit der Dissoziation des Täters konfrontiert war. Da ich jedoch zur symbolischen Repräsentantin der Überlebenden geworden war, ohne dass ich die involvierte gewalttätige Beziehung explizit anerkannt hätte, wurde ich zumindest zum Container für die zwei gegnerischen Seiten. Mein *assoziiertes* Anliegen darüber hinaus, das zum Motor meines expliziten Verhaltens wurde, war darauf gerichtet, die präsentierende Analytikerin nicht zu verletzen oder zu demütigen. Mein stärkeres und *dissoziiertes* Erleben, das ich nicht ausagieren konnte, war so beschaffen, dass ich mich von der Gruppe angegriffen und im Stich gelassen fühlte. Und dieses Erleben war wie eine Nachbildung des von dem präsentierten Patienten geschilderten Traumes, in dem er mit Entsetzen, allein gelassen mit seinen Gefühlen und umgeben von seiner Familie beobachtet, wie jemand getötet wird.

Inzwischen kann ich mit einem gewissen Bedauern und auch mit einem Gewinn an Erkenntnis sagen, dass die Inszenierung für mich noch weiterging, nachdem ich den Mitgliedern des Instituts in einem Schreiben, in dem ich meine Empörung und meinen Schmerz zum Ausdruck brachte, die Situation während des Workshops geschildert hatte. Als sie in ihrer Antwort davon sprachen, dass sie verantwortlich und darüber beunruhigt seien, mich in dieser Situation allein gelassen zu haben, reagierte ich nur auf den Teil ihrer Antwort, in dem sie sich beharrlich von dem Leiden distanzierten, als ob diese schmerzliche Sache nur mir passiert wäre und nicht auch ihnen. So verlaufen analytische Inszenierungen natürlich häufig. Der Analytiker wird als derjenige empfunden, der nicht leidet, der vom Himmel herab spricht. Rückblickend erkenne ich meine eigene Unfähigkeit, empathisch auf das Schamgefühl zu reagieren, das denjenigen lähmt, der das Gefühl hat, als die Person identifiziert worden zu sein, die die Verletzung begangen hat. Obwohl ich damals spürte, dass das Leiden unter der Identifizierung mit der Seite der schuldigen Täter der gesamten Situation den Impuls gab, war mir nicht klar, inwieweit meine Reaktion ihr Gegenstück darstellte. Ich hatte nämlich fälschlicherweise erwartet, diese Art von Trauma könne ohne Inszenierung, ohne unweigerlichen Abstieg in die Dissoziation durchgearbeitet werden – und ich vermute, dass meine Kolleginnen und Kollegen dieses unrealistische Ideal ebenso hegten. Ich wollte auch eine tiefere Auseinandersetzung mit den Versäumnissen der psychoanalytischen Gemeinschaft, um mit größerer Bewusstheit einen Rahmen zu schaffen, in dem man sich mit Schuld und Dissoziation hinsichtlich der kollektiven Tätergeschichte befassen kann. Ich wollte nicht, dass die lernenden Analytiker mit dieser Geschichte allein gelassen werden und sie ohne Unterstützung bewältigen müssen. Ein Kollege, der im Israel-Palästina-Konflikt mit beiden Seiten arbeitet, sagte mir jedoch, dass ich den Mitgliedern des Instituts keinen sicheren Raum geboten hätte, in dem sie sich eingehender mit mir über unsere gemeinsame Erfahrung hätten austauschen können.

Damals schrieb ich: Die intersubjektive Dimension dieser Situation ist das Nicht-Aussprechen, das Nicht-Sprechen, das Nicht-Zeugnis-Ablegen-Können oder -Wollen. Der Beziehungsinhalt ist die Beziehung der Analytikerin zu dem Unerträglichen, zu ihrer eigenen Familiengeschichte, zu ihren Kollegen und deren Beziehung zu ihrer eigenen familiären historischen Last, zu der Gemeinschaft der Psychoanalytiker. Jedes Trauma könnte eine solche Dynamik in einer Gruppe hervorrufen.

Mit anderen Worten: Die intersubjektive Dimension und das, was ich als moralisches Drittes bezeichne, entstehen dann, wenn bestimmte Seelenängste miteinander besprochen und wechselseitig bezeugt und gemeinsam gefühlt werden. Das zugrunde liegende Versagen kann nur mit einer intersubjektiven Theorie erfasst werden. Besonders hervorheben möchte ich aber die Frage, inwieweit sich die eigenen Normen der psychoanalytischen Gemeinschaft gegen eine Auseinandersetzung mit einer emotional authentischen und gemeinsamen Beschäftigung mit Trauma, Seelenqual und Verzweiflung gestellt haben. Dadurch, dass man die unvermeidlichen und tief gehenden subjektiven Reaktionen des Analytikers auf Traumata nicht anerkannt hat, wird ihm eine Norm der Neutralität übergestülpt, die ihn mystifiziert und beschämt. Er hat es dadurch viel schwerer, seine eigene Subjektivität einzusetzen. Mit dieser Abwehrhaltung gegen die Tatsache, dass der Analytiker zwischen starken subjektiven Gefühlszuständen und genauso starken Rückzugsbewegungen in die Dissoziation oszilliert, hat sich die analytische Gemeinschaft aus der Position eines verstehenden Containers entfernt und ist stattdessen zu einem Vollzugsorgan eines Täterideals geworden. Dies führte folglich zur Lähmung und Unfähigkeit, Inszenierungen auf verantwortungsvolle, überlegte Weise anzuerkennen und zu verarbeiten – Inszenierungen, die insbesondere in Bereichen traumatischer Erfahrungen vorkommen und in denen die Dissoziation des Patienten diejenige des Analytikers auslöst. Damit Analytiker ihr Fühlen und Handeln wieder in Besitz nehmen und Angst und Schmerz wieder erfahren und reflektieren können, muss anerkannt werden, dass die Inszenierung unvermeidlich und sogar notwendig ist. Wenn der Analytiker die Verantwortung für Fehlschläge und Brüche übernimmt, kann er auch einen angemessenen Weg finden seinen eigenen Beitrag anzuerkennen. Auf diesem Weg begegnet er dem Seelenzustand des Patienten mit Empathie, motiviert beide Partner zu weiterer Einsicht im Dialog und befähigt den Patienten dazu seinerseits Verantwortung zu übernehmen. Dies ist der Prozess, in dem man sich auf das moralische Dritte verlässt, d. h., an die Notwendigkeit von Abriss und Wiederaufbau, an die gesamte Kraft des analytischen Dialogs und an die Suche nach der Wahrheit glaubt.

Übersetzung: Astrid Hildenbrand

Literatur

Aron, L. (1996): A meeting of minds: Mutuality in psychoanalysis. Hillsdale, NJ: Analytic Press.

Benjamin, J. (1998): Shadow of the other: Intersubjectivity and gender in psychoanalysis. New York/London: Routledge. Dt.: (2002). Der Schatten des anderen: Intersubjektivität – Gender – Psychoanalyse. Frankfurt/M.: Stroemfeld.

Benjamin, J. (2002): The rhythm of recognition: comments on the work of Louis Sander. *Psychoanalytic Dialogues* 12: 43–54.

Benjamin, J. (2004): Beyond doer and done to: an intersubjective view of thirdness. *Psychoanalytic Quarterly* 63: 5–46.

Bromberg, P. M. (1998): Standing in the spaces: Essays on clinical process, trauma, and dissociation. Hillsdale, NJ: Analytic Press.

Cooper, S. H. (2000): Objects of hope: Exploring possibility and limit in psychoanalysis. Hillsdale, NJ: Analytic Press.

Cornell, D. (2004): Defending ideals: War, democracy, and political struggles. New York: Routledge.

Davies, J. & M. Frawley (1994): Treating the Adult Survivor of Sexual Abuse: A Psychoanalytic Perspective. New York: Basic Books.

Davies, J. (2004): Whose bad objects are we anyway: Repetition and our elusive love affair with evil. *Psychoanalytic Dialogues*. 13: 711–732.

Ferenczi, S. (1932): The confusion of tongues: The passions of adults and their influence on the sexual and character development of children. Vortrag am 12. Internationalen psychoanalytischen Kongress, Wiesbaden. Auch in: (1933): *Internationale Zeitschrift für Psychoanalyse 19*: 5–15. Später unter dem Titel: The confusion of tongues: The language of tenderness and of passion. Dt.: Sprachverwirrung zwischen den Erwachsenen und dem Kind: Die

Sprache der Zärtlichkeit und der Leidenschaft. In: Ferenczi, S. (1982): Schriften zur Psychoanalyse, Bd. 2, S. 303–313. Frankfurt a. M.: Fischer.

Fromm, E. (1937): Zum Gefühl der Ohnmacht. *Zeitschrift für Sozialforschung* 6: 95–118.

Grand, S. (2000): The reproduction of evil: A clinical and cultural perspective. Hillsdale, NJ: Analytic Press.

Laing, R. D. (1960): The Divided Self. Haarmondsworth (Penguin). Dt.: (1994): Das geteilte Selbst: Eine existentielle Studie über geistige Gesundheit und Wahnsinn. Köln: Kiepenheuer & Witsch.

Laing, R. D. (1965): Mystification, confusion and conflict. In: Boszormenyi-Nagy, J. & J. Framo (ed.) Intensive family Therapy. New York (Harper & Row). Dt.: (1970): Mystifizierung, Konfusion und Konflikt. In: Blumenberg, H. et al. (Hrsg.). Schizophrenie und Familie, S. 274–304. Frankfurt a. M. (Suhrkamp). Auch (1975): Mystifikation, Konfusion und Konflikt. In: Boszormenyi-Nagy, J. & J. Framo (Hrsg.). Familientherapie: Theorie und Praxis. Bd. 2, S. 110–129. Reinbek b. Hamburg: Rowohlt.

Mitchell, S. (1997): Influence and autonomy in pschoanalysis. Hillsdale, NJ: Analytic Press. Dt.: (2005): Psychoanalyse als Dialog: Einfluss und Autonomy in der analytischen Beziehung. Gießen: Psychosozial-Verlag.

Ogden, T. (1994): Subjects of analysis. Northvale, NJ: Analytic Press.

Renik, O. (1998): Knowledge and authority in the psychoanalytic relationship. Northvale, NJ: Jason Aronson.

Steiner, J. (1993). Psychic retreats: pathological organizations in psychotic, neurotic, and borderline patients. London: Routledge. Dt.: (1998): Orte des seelischen Rückzugs: pathologische Organisationen bei psychotischen, neurotischen und Borderline-Patienten. Stuttgart: Klett-Cotta.

Macht und Ohnmacht in der psychoanalytischen Beziehung

Georg Bruns

Die psychoanalytische Beziehung ist in manchem wie andere Beziehungen, z. B. ist sie wie andere Beziehungen eine auf Dauer gestellte Verbindung zwischen zwei Menschen, und wie bei anderen Beziehung ist eines ihrer Charakteristika die Existenz einer inneren Repräsentanz des jeweils anderen in jedem der Beteiligten. Aber sie besitzt auch ihre Eigentümlichkeiten. So enthält sie in sich mehrere andere Beziehungen: die therapeutische Beziehung, das Arbeitsbündnis und die Übertragungs-Gegenübertragungsbeziehung.

Diese drei Unterbeziehungen gilt es voneinander zu unterscheiden: Die therapeutische Beziehung beruht auf der Vereinbarung zwischen Therapeut und Patient, ein Leiden des Patienten zu bessern oder zu heilen und dafür die notwendigen Maßnahmen und Schritte zu ergreifen; dem Therapeuten wird eine gewisse Führungsrolle zuerkannt, der Patient hat eine positiv getönte Bindung an ihn entwickelt. Das Arbeitsbündnis (Deserno 1990) bezeichnet in der Psychoanalyse die ausgesprochene oder unausgesprochene Übereinkunft zwischen Analytiker und Analysand, die psychoanalytische Methode als Grundlage der gemeinsamen Arbeit auch unter belastenden Bedingungen einzuhalten; es betrifft die gemeinsame Arbeit und damit die instrumentelle Anwendung der technischen Regeln durch beide Beteiligte, soweit in der Psychoanalyse von ›instrumentell‹ zu sprechen ist. Wenn ich an dieser Stelle schon einmal vorgreifend bemerke, dass Aspekte der Ungleichheit oder Asymmetrie in der psychoanalytischen Beziehung enthalten sind, so ist das Arbeitsbündnis dennoch eindeutig ein egalitäres Element, das eine gleichwertige Reziprozität zwischen Analytiker und Analysand herstellt. Die Übertragungs-Gegenübertragungsbeziehung bezeichnet die wechselseitigen Übertragungen von Analytiker und Analysand aufeinander und die jeweiligen Antworten darauf. Diese Beziehung ist immer mehrschichtig angelegt, also aus mehreren übereinander gelagerten Übertragungs-Formationen konstruiert, die komplizierterweise einander oft durchweben, sich also nicht an den eigentlich wünschenswerten, sauberen, schichtweisen Aufbau halten; tendenziell erlangt der Analytiker in der Übertragungs-Gegenübertragungsbeziehung eher die Rolle einer überlegenen, erfahrenen, erwachsenen Person, der Analysand die Rolle eines unerfahrenen und abhängigen Kindes.

Als klinische Illustration meiner Überlegungen stelle ich eine ehemalige Patientin vor. Sie ist eine verheiratete, kinderlose, im Ausland aufgewachsene Frau und erschien mir als kluge Person. Nach etwa einem Jahr in der Analyse berichtete sie, sie gerate immer in Anspannung, wenn sie etwas sage, ich aber dazu schweige. Sie denke dann, ich fände blöd, was sie gesagt habe. Ich äußerte die Vermutung, sie erwarte eine schweigende Verurteilung durch mich. Sie stimmte zu; aber es sei noch mehr, sie achte genau auf alles, was zu hören sei, was ich in welchem Ton sage. Ich: Sie wollen herausfinden, ob ich Ihnen zustimme. Sie stimmte wieder zu und erweiterte nochmals, sie lausche auf jedes Geräusch, auf meine Bewegungen, mein Atmen, alles sei wichtig. Ich: Als wenn Sie sich vor einer unangenehmen Überraschung schützen wollen. Sie: Ihr Gefühl sei so, als wenn sie auf dem Sprung sei.

Im weiteren Stundenverlauf beschrieb sie ihren fast zwanghaften Drang, überall gut ankommen zu müssen. Mir war deutlich, dass sie sich von mir bedroht fühlte, sie mich kontrollieren und zugleich besänftigen wollte. In der nächsten Stunde erzählte sie, sie habe sich am Wochenende an ihr Gefühl erinnert, ich säße ihr im Nacken. Es sei ein unangenehmes Gefühl des Ausgeliefertseins gewesen; aber dann sei ihr plötzlich eingefallen, wenn jemand hinter ihr stehe, könne der ihr ja auch den Rücken stärken. Wir sprachen über die Redewendungen »im Nacken sitzen« und »den Rücken stärken«. Ich war erleichtert, weil die Patientin mich jetzt offenbar weniger als ein bedrohliches denn als ein stärkendes oder schützendes Objekt erlebte. Jetzt begann sie vom Vater zu sprechen, in dessen Gesicht sie immer nach den kleinsten Andeutungen seiner Stimmungen gesucht hatte. Ich wusste bereits einiges über ihn, dass er zeitweise viel Alkohol getrunken hatte, dass er psychotisch geworden war, dass er unberechenbar und bedrohlich gewesen war, dass er eine zwanghafte Kontrolle über die Familie ausgeübt hatte – und dass er die Patientin sehr entwertend behandelt hatte. Beispielsweise hatte sie beim Essen nicht mit den Eltern am Tisch sitzen dürfen; bei Spaziergängen hatte sie einige Meter hinter den Eltern gehen müssen, als wenn sie nicht zu ihnen gehöre. Die von der Patientin jetzt angesprochene Szenerie kannte ich noch nicht. Ihre Mutter, häufiger nachts arbeitend, hatte ihr, allein im Bett liegend und voll Angst auf den Vater wartend, einen Rosenkranz in die eine, ein Brotmesser in die andere Hand gegeben. Das war die Rückenstärkung durch die Mutter gewesen, aber eine zwiespältige, denn die Mutter hatte sie allein gelassen und dem unberechenbaren Vater ausgeliefert. Ich spürte die zweifelnden Fragen der Patientin, was sie denn von der Rückenstärkung durch mich halten solle.

In diesen beiden Stunden wurde also eine mehrschichtige und wechselnde Übertragung deutlich; in einem Moment erlebte sie mich wie den bedrohlichen, unberechenbaren, machtvollen Vater, im nächsten Moment wie die unterstützende Mutter, die aber zugleich eine Mutter war, die sie im Stich ließ.

Die Entfaltung der Übertragungs-Gegenübertragungsbeziehung wird entscheidend gefördert durch die regressive psychoanalytische Situation. Nach Stone ist die psychoanalytische Situation durch »die allgemeinen und gleichbleibenden Merkmale des analytischen Settings und des analytischen Verfahrens sowie die bewußten und unbewußten Bedeutungen und Funktionen der Arzt-Patient-Beziehung« bestimmt (Stone 1961, S. 9). Die analytische Situation sei v. a. gekennzeichnet durch einen »Zustand intimer Trennung« (ebd., S. 104), der in seiner Bedeutung für das Unbewusste »die entscheidenden Trennungserfahrungen in der Beziehung des Kindes zu seiner Mutter« (ebd., S. 127) repräsentiere. Der Spannungsbogen einer »intimen Trennung« entsteht nach Stones Auffassung daraus, dass die primäre unbewusste Übertragungsbedeutung des traditionellen Arztes für seine Patienten die der Mutter der vorsprachlichen Periode ist, weil er – wie die pflegende Mutter – mit seinen Berührungen und der Lagerung zur Untersuchung eine intime körperliche Nähe herstellt. Der Analytiker aber stellt diese intime körperliche Nähe nicht her, wenn er auch mit der Lagerung des Analysanden auf der Couch eine Ähnlichkeit mit der Lagerung auf dem mütterlichen Wickeltisch schafft. Die Betonung der Sprache aber und die Abstinenz von körperlicher Berührung machen den Analytiker im unbewussten Erleben des Patienten zur Mutter der Separationsphase, die ihre sich einfühlenden körperlich-intimen Dienste am Kind zunehmend zurücknimmt und ihm stattdessen Denken, Sprechen und wachsende Selbstversorgung abverlangt. Auch Balint hebt den regressiven Charakter der analytischen Situation hervor, wenn er das Liegen und die Bewegungseinschränkung als ein symbolisches Festgehaltenwerden des erregten Kindes durch die Mutter sieht (Balint 1968, S. 224).

Als die zwei Hauptelemente der psychoanalytischen Situation benennt Bleger (1966) den Prozess und den Rahmen. Der Prozess sei das Veränderliche, bestehend aus den Variablen, der Rahmen sei der Nichtprozess, bestehend aus den Konstanten der psychoanalytischen Situation wie dem Setting mit den getroffenen Vereinbarungen, aber auch der psychoanalytischen Haltung des Analytikers (Kutter et al. 1988) und der Einhaltung der psychoanalytischen Methode in der Behandlung.

Die psychoanalytische Situation als dynamisches Feld ist also gekennzeichnet durch eine bipolare Struktur mit einem regressiven, eher vergangenheitsgerichteten sowie einem entwicklungsorientierten, eher gegenwarts- und arbeitsbezogenen Pol. Diese Polarität und das Changieren zwischen den Polen ist konstitutiv für die psychoanalytische Arbeit. Sie wird in den verschiedenen Phasen der psychoanalytischen Theorie- und Technikentwicklung unterschiedlich bezeichnet: Sterba (1934) spricht für die frühe Ich-Psychologie von der therapeutischen Ichspaltung mit Erleben/Empfinden einerseits und Selbstbeobachten andererseits. In der kleinianischen Psychoanalyse ist es das Oszillieren zwischen der paranoid-schizoiden und der depressiven Position mit der das Objekt letztlich okkupierenden projektiven Identifizierung in der ersten und dem das Objekt schonenden oder wiederherstellenden Schuldgefühl in der zweiten Einstellung. In der Bion'schen Theoriesprache bezeichnet das Container/Contained-Modell mit der Umwandlung von Beta- in Alpha-Elemente und deren weiterer Transformation in denkbare Gedanken den Wechsel zwischen verschiedenen Zuständen, allerdings jetzt des Analytikers, der die Beta-Elemente des Patienten aufnimmt und erlebt, sie aber nach ihrer Transformation als Gedanken weitergibt. Sogar in der scheinbar ganz egalitären Theorie des Feldes, wie sie in der argentinischen und italienischen Psychoanalyse entstanden ist (Ferro 2002), in der Analytiker und Analysand gemeinsam etwas hervorbringen und konstruieren, gibt es den Psychoanalytiker nicht nur als einen Involvierten, sondern auch weiterhin als den Interpretierenden. Letztlich lässt sich für alle psychoanalytischen Theorien die Arbeit des Psychoanalytikers als ein Changieren zwischen den Positionen der Identifizierung und der Distanzierung beschreiben.

Die Tatsache, dass dem Psychoanalytiker die Rolle des Interpretierenden und des Wächters über die Aufrechterhaltung der situativen Reflexion zuerkannt wird, also die Wahrnehmung der entwicklungs- und arbeitsorientierten Funktionen, verdeutlicht, dass dem Analysanden schwerpunktmäßig die regressiven Prozesse zukommen, obgleich der Analytiker in der Identifizierung, in der Rêverie, in der Bereitschaft zur Rollenübernahme (Sandler 1976), im Mitagieren (Klüwer 1983) sich in die regressive Welt des Analysanden hineintastet. Aber immer wird von ihm dabei auch die Aufrechterhaltung der beobachtenden und reflexiven Funktion erwartet.

Es zeigen sich also hier neben den allgemeinen Merkmalen einer Beziehung und den erwähnten drei Unterbeziehungen zwei starke und auf diese Weise nur der psychoanalytischen Beziehung eigene Merkmale: die Regression des Analysanden und die reflektierte Regression des Analytikers im Dienste seiner Fähigkeit zur Deutung.

Dies ist der Hintergrund für alle Überlegungen zur Frage der Macht und Ohnmacht in der psychoanalytischen Beziehung. Können wir bei einer so stark strukturierten Beziehung, die klare präformulierte Anforderungen an beide Beteiligte stellt, davon sprechen, dass in ihr Macht ausgeübt wird?

Einige Theorien der Macht

Um das zu beantworten, müssen wir besser verstehen, was Macht ist. In einer sehr allgemeinen, von Max Weber stammenden Definition wird Macht verstanden als »jede Chance, innerhalb einer sozialen Beziehung den eigenen Willen auch gegen Widerstreben durchzusetzen, gleichviel worauf diese Chance beruht« (Weber 1922, S. 28). In der Soziologie wird davon ausgegangen, dass drei Bedingungen vorliegen müssen, um von Macht sprechen zu können: 1. die Verfügung über Ressourcen und deren Allokation, also ihren Einsatz und ihre Verteilung, 2. die Kapazität zur Nutzung der Ressourcen, 3. die planvolle und strategische Verwendung von Macht ggf. auch gegen den Widerstand anderer Personen (Boudon & Bourricaud 1984, S. 302). Macht beschreibt also eine Relation zwischen Akteuren, seien es nun Einzelpersonen oder Gruppen. Diese Relation ist asymmetrisch dadurch, dass eine Seite über Ressourcen verfügt, die der anderen nicht zur Verfügung stehen. Luhmann beschreibt im Rahmen seiner Systemtheorie Macht als ein symbolisch generalisiertes Kommunikationsmedium, das, wie alle generalisierten Kommunikationsmedien, mit einem symbiotischen Mechanismus assoziiert ist, und zwar mit Gewalt. Die symbolisch generalisierten Kommunikationsmedien dienen dazu, die Annahme einer Kommunikationsofferte zwischen zwei Systemen wahrscheinlicher zu machen. Ein anderes symbolisch generalisiertes Kommunikationsmedium ist z. B. Liebe mit ihrem symbiotischen Mechanismus Sexualität. Während Sexualität bei erfolgreicher intersystemischer Kommunikation als Gratifikationsmechanismus dient, ist Gewalt im Falle von Macht eine Vermeidungsalternative. Jedoch ist, anders als für die Sexualität im Falle von Liebe, die Einsetzbarkeit von Gewalt im Zusammenhang von Macht begrenzt, und zwar aus zwei Gründen: Mit dem Einsatz von Gewalt wird ernsthaft die Machtfrage gestellt, die auch zum Einsatz von Gegengewalt und damit zur Zerstörung der Macht führen kann. Die zweite Begrenzung ergibt sich aus der Forderung nach der Legitimität von Macht. Macht ist auf Dauer nur dann legitim, wenn die ihr Unterworfenen ihre Entscheidungen anerkennen und sich ihnen fügen oder gar hingeben. Man kann mit Luhmann also sagen, dass Macht unabdingbar der Verfügung über Gewalt bedarf, aber mit dem Einsatz von Gewalt sich selbst in Frage stellt. Macht sichert sich am ehesten, wenn sie Gewalt nicht einsetzt, sondern allenfalls mit ihr droht. Noch eleganter ist es, wenn die Potentialität von Gewalt unausgesprochen im Bewusstsein der Machtunterworfenen präsent ist. Weiter gedacht ist es berechtigt zu sagen: Die wirkliche Ausübung von Macht führt zugleich zu ihrer Gefährdung.

Historisch gesehen hat der Prozess der Zivilisation (Elias 1936) die Notwendigkeit der Legitimation von Macht verschärft. Das gilt sowohl für staatliche Macht, die meistens als Staatsgewalt imponiert und der Absicherung eines Herrschaftssystems dient, als auch für Macht in zivilen Zusammenhängen. Kruder Machteinsatz z. B. im Geschlechterverhältnis, in Arbeitsverhältnissen, in Ausbildungsverhältnissen und an anderen gesellschaftlichen Orten wird seltener. Macht ist mit ihrer Legitimierung Regeln unterworfen worden, die auch den Mächtigen binden, wenn sie ihm auch den Zugang zu Ressourcen und zu Gewalt erhalten. Mit der Bindung an legitimierende Regeln ist die Macht geringer geworden, hat aber an Stabilität gewonnen. Die Anwendung von Macht erfolgt in modernen Gesellschaften weitgehend unter Beachtung legaler und damit legitimierender Verfahren.

Damit hat sich Macht zum Teil von Personen und Gruppen abgelöst, ist stattdessen gebunden an Positionen, Prozesse und Strukturen. Diese Verschiebung hat zu einer Anonymisierung und damit zu einer weiteren Transformation von Macht geführt. Foucault spricht von »ganz neuen Machtmechanismen« (1976, S. 110). Macht werde nicht mehr überwiegend mit dem Recht ausgeübt, das mit der Strafe, im schlimmsten Falle mit der Todesstrafe gedroht habe, sondern die neuen Machtverfahren arbeiteten mit der Technik, der Normalisierung und Kontrolle, die weit über den Staat und seine Apparate hinausgingen (ebd., S. 110f.). Die Macht liege nicht bei einer regierenden Kaste oder bei ökonomischen Entscheidungseliten, sondern Macht entstehe eher ungeplant (ebd., S. 116). Foucault formuliert es so: Macht entsteht aus primär begrenzten Taktiken,

> die sich miteinander verketten, einander gegenseitig hervorrufen und ausbreiten, anderswo ihre Stütze und Bedingung finden und schließlich zu Gesamtdispositiven führen: auch da ist die Logik noch vollkommen klar, können die Absichten entschlüsselt werden – und dennoch kommt es vor, dass niemand sie entworfen und kaum jemand sie formuliert: impliziter Charakter der großen anonymen Strategien (...). (Ebd., S. 116)

Aufbauend auf dieser Konzeption könnte Macht, wenn ich eine andere Formulierung wähle, als Emergenzphänomen bezeichnet werden. Aber sie bedarf, um sich zu verwirklichen, der Mitwirkung der Menschen. Foucault erwähnt den »relationalen Charakter der Machtverhältnisse« (ebd., S. 117) und spricht von einer Vielzahl von Widerstandspunkten. Die sind aber nur möglich, wenn Macht trotz ihrer Anonymität als etwas betrachtet wird, gegen das Widerstand zu leisten ist. Dazu muss Macht repräsentiert sein. – Aber wo? Foucault sieht sie weiterhin in der äußeren Welt, zum einen im Recht, zum andern aber auch, und zwar zunehmend, im Diskurs lokalisiert. Es gibt jedoch gute Gründe, eine Repräsentanz von Macht auch in der inneren Welt der Menschen anzunehmen.

Entsprechende Überlegungen hat bereits Fromm in seinem sozialpsychologischen Teil der *Studien über Autorität und Familie* (1936) des Frankfurter Instituts für Sozialforschung angestellt, wenn er von der verinnerlichten Autorität des Vaters spricht, die als Vorbild für die Unterordnung unter später ins Leben tretende Autoritäten diene. Adorno hat diese Überlegungen in den *Studien zum autoritären Charakter* (1949) fortgeführt. Und auch Norbert Elias fand Worte für die »Innenwirkung« der Macht: Der Prozess der Zivilisation schaffe nicht nur effektive Herrschaftsstrukturen mit einem Gewaltmonopol in ihrem Herrschaftsgebiet, führe nicht nur zur Verfeinerung der Sitten, sondern sei auch ein gigantischer Verinnerlichungsprozess für Lüste und Begierden, vornehmlich der aggressiven: »Aber der Kriegsschauplatz wird zugleich in gewissem Sinne nach innen verlegt. Ein Teil der Spannungen und Leidenschaften, die ehemals unmittelbar im Kampf zwischen Mensch und Mensch zum Austrag kamen, muß nun der Mensch in sich selbst bewältigen.« (Elias 1936, Bd. 2, S. 330) Wir können ergänzen: nicht nur die Kämpfe, auch die Machtstrukturen, also die Mechanismen der Kontrolle über die Kämpfe, Lüste und Begierden werden auf die innere Bühne der Menschen verlagert.

Diesen Gedanken der Verinnerlichung von Macht formuliert Judith Butler (1997) in einer ihrer Untersuchungen über die Geschlechteridentität für das melancholische Geschlecht, wie sie es nennt. In dem Buch *Psyche der Macht. Das Subjekt der Unterwerfung* geht sie der Genese des Subjekts nach, das sie, entsprechend dem Wortsinn von »subiectum«, als ein Unterworfenes, aber als ein sich selbst unterworfen Habendes betrachtet. Die wesentlichen Bezugspunkte ihrer Überlegungen findet sie bei Hegel, Nietzsche, Althusser, Foucault und Freud. Von Hegel entlehnt sie die Paradoxie der Entstehung des Subjekts, wie Hegel sie in der *Phänomenologie des Geistes* bei der Betrachtung des »unglücklichen Bewußtseins« entwirft, wenn er die Befreiung des Knechtes aus der Beherrschung durch den Herrn in der Selbstverknechtung sieht – seine Subjektivation. Subjektivation meint hier genau den Doppelsinn von Subjektwerdung und Unterwerfung. Die Selbstunterdrückung oder besser die selbst ausgeführte Unterdrückung des Willens scheint auch bei Nietzsche in seiner »Genealogie der Moral«, so Butler, die Bedingung der Konstituierung des Subjekts zu sein. Althusser liefert Butler die interpellative Szene, die Situation der Anrufung des Menschen durch eine staatliche, will heißen Macht repräsentierende Person, auf deren Anrufung der Mensch reagiert, damit seine Macht-unterworfenheit und Subjekthaftigkeit anerkennend. Foucaults wichtigster Beitrag für Butler ist die Aufzeigung der diskursiven Form der Macht, die sich in vielen Alltagsgestalten fortpflanzt. Freud schließlich stellt ein Modell der Verinnerlichung bereit. Butler stützt sich dabei auf seine zwei Schriften *Trauer und Melancholie* und *Das Ich und das Es*. Die aufgegebene Objektbesetzung führt in der Identifizierung zur Formung des Ich nach dem Vorbild des Objekts. Mit dem ambivalent besetzten Objekt bleibt aber nicht nur die Libido, sondern auch der Hass verhaftet, der sich nach der Inkorporation und Formierung im Über-Ich gegen das eigene Ich und das Selbst richtet. – Butler sieht v. a. eine Unterdrückung der freien Entwicklung der Geschlechtlichkeit, indem die natürlich vorhandenen homosexuellen Strebungen einem kulturellen Verbot unterliegen, das sich nicht mit offiziellen Strategien, sondern eben diskursmäßig durchsetzt. Die Unterdrückung der Homosexualität verlangt die Aufgabe des gleichgeschlechtlichen Liebesobjektes. Dieser Vorgang ist für Butler das Modell des Objektverlustes und der Entwicklung eines melancholischen Modus der Psyche. Die Macht, diese anonyme Instanz, kann eben nicht nur das homosexuelle Liebesobjekt, sondern jede Alterität obsolet machen, sie ist dabei nicht einmal beschränkt auf Personen, sondern kann sich auch auf deren Ersetzungen durch Ideale wie Vaterland, Freiheit oder anderes erstrecken.

Der interessante Gedanke bei Butler ist die Formulierung der verinnerlichten Unterwerfung unter ein zwar von Personen vermitteltes, aber nicht auf einzelne Personen zurückzuführendes Gebot oder Verbot, es ist eine letztlich im Diskurs erscheinende und weitergegebene Verzichts- und Unterwerfungsforderung. Insofern ist es ein sich anonym realisierendes Gesetz, das im Über-Ich der Menschen verankert wird. Die Annahme der im Inneren der Menschen selbsttätig sich verwirklichenden Macht ist eine interessante Erweiterung der ansonsten soziologischen und politischen Machtmodelle.

Macht in der psychoanalytischen Beziehung

Nach diesem Parforceritt durch einige Theorien der Macht wende ich mich der oben gestellten Frage zu, ob in der psychoanalytischen Beziehung Macht ausgeübt wird. Jedoch muss die Antwort darauf etwas ausführlicher ausfallen, denn die Frage ist nicht mit einem einfachen »Ja« oder »Nein« zu beantworten. Meine folgenden Überlegungen gelten vorerst der Realebene der Beziehung zwischen Analytiker und Analysand. Ferner werde ich nur untersuchen, ob und ggf. wie der Analytiker Macht ausübt, nicht die umgekehrte Richtung der Machtausübung des Patienten über den Analytiker.

Ich kehre noch einmal zu dem von Norbert Elias beschriebenen Prozess der Zivilisation zurück. Dieser Prozess besteht aus zwei Hauptsträngen: Der eine ist eine Konsolidierung, Arrondierung und Verfestigung der politischen Macht dadurch, dass Staaten mit einem definierten Staatsgebiet, der Verfügung über das Gewaltmonopol in diesem Staatsgebiet, einer einigermaßen stabilen Herrschaftsformation und einer Legitimierung durch Legalität entstehen; der andere Strang ist die Verinnerlichung der Kontrollprozesse dadurch, dass die Menschen vermehrt eine Selbstkontrolle ihrer Lüste und Begierden entwickeln. Elias spricht von der »Selbstkontrollapparatur«, natürlich ist es das Über-Ich, das damit gemeint ist. Diese verinnerlichte Selbstkontrolle ermöglicht einen zivilisierten Umgang der Menschen miteinander auch dann, wenn eine äußere Kontrolle durch eine strafbewehrte Aufsicht nicht anwesend ist. Einen gewaltigen historischen Schub hat diese Zivilisierung der Menschen am Beginn der Neuzeit getan; eine entscheidende Rolle darin spielte die Entwicklung der protestantischen Ethik (Weber 1905), die eben die Eigenverantwortlichkeit jedes Einzelnen und die Unmöglichkeit des Dispens bei Verfehlungen betont, ferner die strenge asketische Lebensführung in allen Lebensbereichen verwirklicht sehen will.

Dieser Prozess einer wachsenden Verinnerlichung und Selbstkontrolle als ein entscheidendes Merkmal der Zivilisierung von Lüsten, Begierden, Kämpfen, Eroberungen, Morden und Festen war und ist mit großen psychischen Kosten verbunden. Zwar wird das Leben, wie Elias sagt, gefahrloser, aber es wird auch ärmer, indirekter und langweiliger, es wird in größerem Maße auf die Bühne der Phantasie verlagert und in seinen verpönten Teilen verdrängt. Das war die Bedingung für die allmähliche Verwandlung von äußerem Unglück und Elend in inneres, neurotisches Unglück. Psychohistorisch hat die Forderung der Zivilisierung der Triebe,

449

die, wenn man zeitgenössischen Berichten glauben darf, noch im Mittelalter drastischer und derber als in der Neuzeit Befriedigung fanden, mit der verbreiteteren Triebversagung die Voraussetzungen für neurotische Triebkonflikte geschaffen. Die Psychoanalyse ist an einem historischen Zeitpunkt entstanden, als die Häufung neurotischen Elends gerade in der zivilisiertesten Gruppe, der der Bürger, unübersehbar und die Forderung nach einer ihnen angemessenen Behandlungsmethode unabweisbar geworden war (Bruns 1994).

Nun ist die psychoanalytische Behandlung selbst eine höchst zivilisierte Interaktionsform. In der psychoanalytischen Behandlung werden die prekärsten Themen – Liebe, Sexualität, Eifersucht, Neid, Hass, Todessehnsüchte, Mordgelüste – behandelt, die mit ihnen verbundenen Affekte werden stimuliert, aber der Zugang zum motorischen System, wie er im sonstigen Leben im Umgang mit diesen Strebungen und Affekten unvermeidlich ist, bleibt versperrt. Jeder entlastende Ausweg ins Handeln gilt als ernster Behandlungsfehler, wenn der Psychoanalytiker ihn einschlägt, und als vorrangig zu deutendes situatives Symptom, wenn der Patient es tut. Vielmehr ist der gesamte psychoanalytische Prozess auf einer psychischen Ebene, in einem Bereich der Virtualität zu halten, auch dann, wenn durch die Übertragungsentwicklung die Strebungen und Affekte direkt zwischen Analytiker und Analysand auftreten, es also nicht mehr ein Sprechen über sie, sondern ein Empfinden in ihnen ist. Die einzige motorische Betätigung ist das Sprechen, eine Bewegungsform mit geringen Energiebeträgen. Die großen bewegenden Themen, die starken Affekte werden in einem Bereich der Phantasie gehalten, insbesondere der Analytiker überlässt sich seinen psychischen Prozessen und den Angeboten und Anträgen des Analysanden nicht naiv, unmittelbar, indem er sie in einer Eins-zu-eins-Relation übersetzt und für bare Münze nimmt, sondern er fragt immer nach dem unbewussten, verborgenen, unausgesprochenen Sinn hinter dem Erscheinungsbild. Dieser Verzicht auf die motorische Erledigung starker Erregungen, die Aufrechterhaltung der Virtualität, die Fortsetzung des Denkens in affektiver Bedrängnis, die Transformation komplexer psychischer Prozesse und Zustände in Sprache sind äußerst anspruchsvolle Symbolisierungsleistungen. Sie verlangen ein Ausmaß an Psychisierung von Lebensprozessen, wie es in wenigen anderen Bereichen existiert.

Es ist ein Paradox: Um sich von den schädlichen Folgen des Zivilisationsprozesses zu befreien, gehen die Menschen eine äußerst zivilisierte, hochgradig verzichtsvolle Prozedur ein. Sie beginnen einen Dialog über privateste und intimste Gegenstände und treiben ihn so weit, dass dieser

Vortrieb an fast jedem anderen gesellschaftlichen Ort als Aufforderung, Einverständnis oder Provokation dazu verstanden würde, mit sexuellen oder zerstörerischen Absichten übereinander herzufallen. In der Psychoanalyse bleibt es bei der Phantasie und beim Dialog über die Phantasie. Um diesen Dialog erfolgreich zu gestalten, haben die Psychoanalytiker elaborierte Regeln der Behandlung erstellt. Es sind Regeln, die für beide Beteiligten gelten, für Analytiker und Analysand. Die Kernregeln wie ›freie Assoziation‹ auf Seiten des Patienten, ›gleichschwebende Aufmerksamkeit‹ auf Seiten des Analytikers, Vermeidung einer alltagsweltlichen Interaktion, Abstinenz und Neutralität für den Analytiker, Deuten statt Handeln, Befragung aller kommunikativen Angebote auf ihre verborgene Bedeutung hin sind allgemeine Gesetze des Psychoanalysierens, die vom einzelnen Analytiker nicht hintergangen werden können. Er muss ihre Gültigkeit und seine Unterworfenheit unter sie anerkennen. Sie sich zu Eigen zu machen war mühsam genug, ist meistens mit Opfern persönlicher und materieller Art erkauft worden. Psychoanalytiker zu werden ist im letzten Schritt ein Analogon zur Selbstverknechtung, wie Hegel sie für die Geburt des Subjekts beschrieben hat: Befreiung vom Herrn, für den der Lehranalytiker nur als Zwischenvermittler steht – denn wir wissen, dass auch er ein Unterworfener ist –, und zugleich die Selbstunterwerfung unter das Gesetz. Der durch das Gesetz abgesteckte Gestaltungsraum ist für den Analytiker nicht größer, eher kleiner als für den Patienten.

Wenn ich also nach der Macht in der psychoanalytischen Beziehung frage, dann bejahe ich ihr Vorhandensein, aber weder der Analysand noch der Psychoanalytiker verfügen über sie, sondern beide sind ihr unterworfen. Sie ist als Drittes in der Analyse vorhanden, als der Zwang für beide alles, was zwischen ihnen abläuft, zum Gegenstand der Reflexion zu machen und nach den Regeln der psychoanalytischen Methode zu untersuchen. Das bedeutet, diese Regeln sind nicht außer Kraft zu setzen. Psychoanalytiker wird nur, wer dieses Gesetz verinnerlicht hat. Alle professionellen Prüfungen in der Psychoanalyse laufen darauf hinaus zu prüfen, ob der Adept die psychoanalytische Methode konsequent auch unter Belastungen beibehalten kann. Damit perpetuieren sich die Methode und das Gesetz ihrer konsequenten Anwendung.

Loch (1974) hat vom Analytiker »als Gesetzgeber und Lehrer« gesprochen. Ich glaube, es ist nicht berechtigt, vom Analytiker als Gesetzgeber zu sprechen, allenfalls ist er ein Rechtspfleger, der selbst strengen Regeln unterworfen ist und seine Klienten für bestimmte Bereiche auf die Einhaltung des Gesetzes verpflichtet. Das Gesetz ist eine für beide anonyme

Macht, sie wissen nicht, wer es erstellt hat, aber es gilt und sie haben ihm zu folgen. So ist es auch mit den analytischen Gesetzen: Ihr Ursprung ist nicht immer klar, aber sie gelten. Manche lassen sich bis zu Freud zurückverfolgen, obwohl es widersprüchliche Äußerungen Freuds zu manchen psychoanalytischen Gesetzen gibt, aber Freud ist für die heutigen Psychoanalytiker meistens keine dialogfähige Person mehr, sondern eine Ikone. Hinter den psychoanalytischen Gesetzen steht eine nicht greifbare Macht, konkretisiert in der auch gegen das eigene Widerstreben geltenden Verpflichtung, Methode, Rahmen und Setting einzuhalten. Ihr sind Analytiker wie Analysand in der psychoanalytischen Beziehung unterworfen.

Wenn ich also jetzt die psychoanalytische Beziehung mit Bezug auf klassische Machttheorien – als solche will ich jetzt die erwähnten von Max Weber und Niklas Luhmann betrachten – prüfe, muss ich sagen, der Psychoanalytiker übt unter den Bedingungen einer kunstgerechten Durchführung der Behandlung keine Macht über den Analysanden aus: Er hat keine von ihm mit dem Ziel der Steuerung einsetzbaren Ressourcen zur Verfügung, er wendet weder Zwang noch Gewalt an, er setzt nicht überlegene Mittel gegen das Widerstreben des Patienten ein. Jeder Analysand kann in jedem Stadium der Analyse die Beziehung zum Analytiker beenden, ohne dass er eine Sanktion befürchten muss. Auch die Foucault'sche und Butler'sche Machttheorie würden die Ausübung von Macht in der psychoanalytischen Beziehung durch den Analytiker verneinen, sie würden aber, wie ich es unter Rückgriff auf die Zivilisationstheorie von Elias getan habe, das analytische Paar einem Machtdiskurs unterworfen sehen.

Ein intersubjektives Modell der Macht

Die formale Betrachtung der psychoanalytischen Beziehung mit Bezug auf Machttheorien ist korrekt, aber unbefriedigend, denn sie lässt insbesondere eine der erwähnten Partialbeziehungen unberücksichtigt, nämlich die Übertragungs-Gegenübertragungsbeziehung. Diese Teilbeziehung der psychoanalytischen Beziehung ist gekennzeichnet von zwei Hauptmerkmalen: ihrem regressiven Charakter und ihrer Anknüpfung an verinnerlichte Objektbeziehungen. Ausgehend von diesen zwei Merkmalen möchte ich die Machttheorien erweitern und ein intersubjektives Modell der Macht entwerfen. Dabei werde ich nur untersuchen, ob und ggf. wie der Analytiker Macht ausübt, nicht die umgekehrte Richtung der Machtausübung des Patienten über den Analytiker.

Freud unterscheidet zwischen der topischen, der zeitlichen und der formalen Regression. Im Zusammenhang meiner Überlegungen zur Übertragungs-Gegenübertragungsbeziehung sind besonders die zeitlichen und formalen Aspekte der Regression von Bedeutung. Zeitlich versetzt sich der Analysand unbewusst in einen früheren Abschnitt seiner Biografie, was daran erkennbar wird, dass die früheren Objektbeziehungen für ihn lebendiger und aktueller werden; formal treten in regressiv getönten sozialen Beziehungen einfachere, weniger komplexe Ausdrucksweisen in Erscheinung. Die Regression ist im psychoanalytischen Prozess verknüpft mit der Entwicklung einer ausgearbeiteten Übertragung, nicht nur eines Übertragungsschattens, wie er auf viele soziale Beziehungen fällt. In dieser Übertragung werden die früheren, inzwischen verinnerlichten und zu Identifikationen gewordenen Objektbeziehungen des Patienten wieder lebendig, jetzt in der Beziehung zum Analytiker.

Der Analytiker wird im unbewussten Erleben des Patienten zu einer eindrucksvollen Figur aus der frühen Kindheit des Analysanden. Figur sage ich deswegen, weil in der Übertragungsgestalt immer Abstraktionen und Verhärtungen enthalten sind. Der Analytiker wird nie mit der realen Mutter oder dem realen Vater der frühen Kindheit gleichgesetzt, sondern mit der Gestalt, die das Kind in ihm gesehen hat, die durch Projektionen, Stimmungen und Wahrnehmungsausschnitte bearbeitet ist. Entscheidend ist, dass diese frühe Elternfigur dem Kind als viel stärker als es selbst erschien, eine Einschätzung, die jetzt auch dem Analytiker der Übertragung gilt.

Ich spreche im Folgenden von den Eltern, weil sie meistens die wichtigsten und prägendsten Beziehungen im Leben eines Kindes liefern; das kann natürlich auch durch andere Personen passieren. Der Einfachheit halber soll aber der Begriff »Eltern« die dominanten Personen der Kindheit bezeichnen.

Ihre tatsächliche Stärke und Überlegenheit können Eltern dem Kind gegenüber mit unterschiedlichen Tönungen versehen, die zwischen den beiden Polen Schutzverheißung und Zerstörungsdrohung liegen. Eine solche Tönung ist unvermeidlich, weil Kinder nach ihr verlangen; sie sind von ihren Eltern abhängig und immer wollen sie wissen, wie viel an Schutz oder Bedrohung sie zu erwarten haben. Die Verbindung von Stärke, Überlegenheit und Abhängigkeit im Eltern-Kind-Verhältnis begründet eine Machtbeziehung. Ihre Gestaltung trägt entscheidend dazu bei, ob ein Kind eine glückliche oder eine unglückliche Entwicklung nimmt. Wenn Menschen als Kinder einen besonnenen, schützenden, fördernden Einsatz elterlicher Macht erlebt haben, konnten sie ein Gefühl eigener Stärke entwickeln und verfügen als Erwachsene über ein Gefühl der Unabhängigkeit; in diesem Falle werden sie selten neurotisch erkranken. Unsere Analysanden dagegen haben überwiegend in ihrer Kindheit einen partiellen Missbrauch elterlicher Macht erlebt, durch ihren übermäßigen Einsatz oder auch durch ihr Fehlen. Sie stehen als Erwachsene in einer prekären Beziehung zu machtvollen Personen, erwarten die erneute Unterdrückung, neigen zur Rebellion, fürchten die erneute Vernachlässigung. Damit wird auch deutlich, dass sie die Abhängigkeit von den Mächtigen ihrer Kindheit nicht gelöst und noch kein Gefühl der Unabhängigkeit errungen haben.

In der Regression der Übertragungs-Gegenübertragungsbeziehung tritt das Abhängigkeitsgefühl wieder auf. Zugleich stellt sich auch die unbewusste Erwartung ein, auf dieselbe Machtkonstellation zu treffen, die das kindliche Leben beherrscht hat. Dem Analytiker werden die Kräfte und die Überlegenheit zuerkannt, die das Kind den Eltern zugeschrieben hatte, von ihm werden ähnliche missbräuchliche Verwendungen seiner vermuteten Macht erwartet, wie das Kind sie in der Beziehung zu den Eltern erlebt hat.

Mit der Zuschreibung der elterlichen Macht wird sie partiell zur Realität. In der Gegenübertragung des Analytikers scheint das Macht- und Überlegenheitsgefühl der Eltern auf, die unbewusst an ihn herangetragene Erwartung, er werde diese Macht auch einsetzen, wirkt wie eine Aufforderung es zu tun. Er spürt die Versuchung, dieser Erwartung zu entsprechen. Zwei Regeln halten ihn davon ab: die Abstinenz- und die Neutralitätsregel. Während die Abstinenzregel ihn anhält, die sprachliche Ebene einzuhalten und nicht in Handlungen überzugehen, verpflichtet die Neutralitätsregel ihn zum Verzicht auf tendenziöse Einflussnahmen auf die Meinungen und Entscheidungen des Patienten.

Zwar wird in intersubjektiven Perspektiven die Beteiligung beider Seiten des analytischen Paares betont und damit in Frage gestellt, ob der Analytiker wirklich neutral sein könne (Thomä 2000, S. 175ff.), die historische Bedingtheit des Neutralitätsideals der Ich-Psychologie wird nachgewiesen (Will 2001), dennoch wird auch in diesen Perspektiven die Aufwiegung der Subjektivität des Analytikers verlangt, und zwar durch das Prinzip des Dritten, ob das Dritte nun als »die Anderen« (Thomä 2000, S. 176) oder als die psychoanalytische Selbstreflektion mit Beteiligung des Patienten »am eigenen Nachdenken über die Gegenübertragung« (ebd., S. 177) aufgefasst wird. Eizirik verbindet die Begriffe Intersubjektivität und Neutralität und fasst als Neutralität im analytischen Feld den permanenten Wechsel »zwischen Momenten mehr oder weniger großer Objektivität und Subjektivität« auf (Eizirik 2003, S. 1095). Irwin Hoffman, der Vertreter einer konstruktivistischen Konzeption der Psychoanalyse, hält eine Einflussnahme des Analytikers für unvermeidbar; sie beruhe auf der ihm zuerkannten »liebevollen Autorität« (Hoffman 1996, S. 121) in einer Beziehung, die von gleichzeitiger »ritualisierter Asymmetrie und Wechselseitigkeit« (ebd.) gekennzeichnet sei. Sein Vorschlag für die Errichtung der dritten Position ist, die Autorität in Frage zu stellen. Sie werde damit zu einer paradoxen Autorität, erreiche aber gerade dadurch Beständigkeit (ebd., S. 129). Aus all dem wird deutlich: Neutralität kann in einer modernen Perspektive nicht die zwanghafte Vermeidung einer eigenen Meinung sein, sondern besteht in der reflektierten Hinterfragung der eigenen Position, die auch dem Patienten zugänglich gemacht wird. Das kann zwar in technisch unterschiedlicher Weise passieren, aber dass es erfolgt, ist auch aus intersubjektiver Sicht unabdingbar. Es dient dem Schutz des Patienten vor der Überwältigung durch die Tendenzen des Analytikers. Für die psychoanalytische Beziehung gilt auch in diesem Fall, dass der Analytiker die aus der Übertragungs-Gegenübertragungsbeziehung ihm zuwachsende Macht in einem selbstreflexiven Akt dekonstruiert.

Ich werde aber noch einen Schritt weiter gehen. Der konsequente, selbst auferlegte Machtverzicht und die radikale, selbstbetriebene Machtdekonstruktion in der Übertragungs-Gegenübertragungsbeziehung werden in einer paradoxen Weise zur eigentlichen Macht des Analytikers. Es ist zuerst eine Macht der Negation – sich nicht, wie es in vielen sozialen Beziehungen passiert, unvermerkt durch die Übertragungen des Patienten in eine dadurch induzierte Position bringen zu lassen –, es ist aber v. a. eine moralische Macht – durch den Verzicht auf die Durchsetzung von eigenen Interessen ein hohes Maß an Integrität und Glaubwürdigkeit gewonnen zu haben. In der Behandlung von Patienten ist das die Voraussetzung dafür, dass sie dem Analytiker ihr rückhaltloses Vertrauen schenken. Die psychoanalytische Beziehung ist insofern charakterisiert durch einen strukturellen Machtverzicht auf der Realebene und einen zirkulären Ablauf der Zuerkennung, Aufnahme und Dekonstruktion von Macht auf der Übertragungs-Gegenübertragungsebene.

Machtmissbrauch und Ohnmacht

Ich habe im Bisherigen ein Bild der guten, gewissermaßen idealtypischen psychoanalytischen Beziehung entworfen, in der der Analytiker die Regeln seiner Profession einhält. Natürlich wissen wir, dass nicht alle Analytiker das immer tun. Die Selbstbegrenzung der Macht auf psychische Abläufe und ihre Dekonstruktion auf dieser Ebene werden dabei aufgegeben, der Analytiker bewegt den Patienten zu ungerechtfertigten Zahlungen, missbräuchlichen Beziehungskonstellationen u. a. m. Die intersubjektive Dynamik weist Ähnlichkeiten mit der Dynamik einer traumatischen Situation (Ehlert & Lorke 1988) auf, wie sie sich etwa zwischen einem Gewalttäter und seinem Opfer aufbaut. In der traumatischen Situation existiert durch Gewaltanwendung oder -androhung ein radikales Macht-/Ohnmachtgefälle, das zusammen mit der Angst des Opfers seine Infantilisierung erzwingt. Eine Ich-Regression zu frühen Abwehrmechanismen und eine Objekt-Regression zu den allmächtigen Objekten der frühen Kindheit treten ein. Die traumatische Misshandlung verdeutlicht, dass das allmächtige Primärobjekt, jetzt mit dem Täter gleichgesetzt, sich abgewandt hat. Dieser Verlust des Primärobjektes führt zum Versuch, es zurückzugewinnen oder es zu erhalten, indem es introjiziert wird. Dabei identifiziert sich das Opfer mit dem Bild, das sich nach seiner Vermutung der Täter von ihm gemacht hat. Als misshandelndes und damit auch entwertendes Introjekt wendet sich nun das Täterintrojekt gegen das Selbst des Opfers, das sich als verachtenswert erlebt. Das Opfer vollzieht so die Entwertung durch den Täter nach, unterwirft sich ihm nicht nur äußerlich, sondern auch in der Selbstbetrachtung, und fühlt sich im Erleben der eigenen Hilf- und Wertlosigkeit an ihn gebunden.

Im Falle des Machtmissbrauchs durch den Analytiker wird die umfassende Regression nicht mit Gewalt erzwungen, sondern sie ist durch die psychoanalytische Situation bereits hergestellt. Die weitere Abfolge ist gleich: das Macht-Ohnmachtgefälle, das Verlassenheitserleben durch das Primärobjekt und den an seine Stelle getretenen Analytiker, Introjektion des Analytikers und Identifizierung mit seiner missachtenden Haltung, Selbstentwertung als Nachvollzug seiner Missachtung, paradoxe Bindung an den Analytiker und unbewusste Wiederholung der missbräuchlichen Situation in der Hoffnung auf die endlich bessere Gestaltung. Das ist das Erleben von Ohnmacht in der psychoanalytischen Beziehung. Solche Situationen nicht herzustellen liegt in der besonderen Verantwortung der Analytiker.

Manche Patienten, v. a. solche mit einer traumatischen Vorgeschichte, verlocken den Analytiker unbewusst zu einem Missbrauch seiner Macht aus der Übertragung. Die Patientin, von der ich eingangs gesprochen habe, hatte bald nach den zwei erwähnten Stunden von der entwertenden Affäre mit einem ihrer Arbeitskollegen zu sprechen begonnen. Der Mann hatte sie einmal, als sie beide nach Dienstschluss noch alleine am Arbeitsplatz gewesen waren, aufgefordert sich auszuziehen. Sie hatte gezögert, hatte sich gehemmt gefühlt, nicht nur wegen der nüchternen Umgebung mit Neonbeleuchtung und Arbeitsmobiliar, sondern auch, weil sie eine Scheu und Angst hatte, sich ihm nackt zu zeigen. Sie ist eine dicke Frau, fand sich als solche hässlich und kämpfte ständig mit dem Essen und dem Übergewicht. Der Vater hatte sie dafür immer verächtlich gemacht, seine Worte hatten sich ihr regelrecht eingebrannt. Ich spürte, dass die Patientin, wenn sie über diese Dinge zu sprechen begann, Vertrauen zu mir gefasst hatte, aber auch unsicher war, wie ich ihr begegnen würde. Auch mit mir war sie allein in einem Zimmer, wie mit dem Arbeitskollegen. Der hatte sich nach der sexuellen Begegnung am Arbeitsplatz, die ziemlich misslungen war, abrupt von ihr abgewandt und hatte wenige Tage später eine Affäre mit einer anderen Frau begonnen. Diese Frau war eine Freundin und eingeweihte Vertraute der Patientin gewesen. Die Patientin war nun vom Geliebten und der Freundin verraten. Mir tat sie in ihrer Verlassenheit nach dem doppelten Verrat ungeheuer Leid. Ich dachte über die Parallele zu den familiären Beziehungen nach – vom Vater bedroht und entwertet, von der Mutter ihm ausgeliefert. Allmählich wurde der schon häufiger aufgetauchte Gedanke, sie könne als Kind auch einen sexuellen Missbrauch erlebt haben, stärker. Ich wunderte mich aber auch über ihren Kollegen und seine Avancen und konnte mir schwer vorstellen, dass er auf diese, auch in der Kleidung sich unförmig machende Frau sexuellen Appetit entwickelt hatte. Dann fiel mir auf, dass ich wiederholt Termine mit ihr abgesagt hatte, durchaus bei triftigen äußeren Anlässen, aber ich schien bei unvermeidlichen Absagen bevorzugt die Termine dieser Patientin zu treffen. An dieser Stelle wurde mir klar, dass auch ich eine Missachtung ihr gegenüber entwickelt hatte. Ihre Termine schien ich weniger zu schützen als die anderer Patienten, ich setzte sie gewissermaßen an den Katzentisch, wie der Vater es bei den Mahlzeiten getan hatte. Bei weiterem Nachdenken darüber stellte sich vorübergehend eine Tendenz ein, dafür die Patientin verantwortlich machen zu wollen. Ich fühlte mich von ihr nahezu eingeladen, sie zu benachteiligen, weil sie eine unausgesprochene Duldsamkeit und ein Stillhalten signalisierte. In den nächsten Sitzungen verstand ich meine Gegenübertragung besser. Tatsächlich berichtete die Patientin jetzt von einem langjährigen Missbrauch durch den Vater. Sie hatte oft im Ehebett neben ihm gelegen, weil die Mutter, mit der offiziellen Begründung, Ruhe wegen ihrer Nachtdienste zu benötigen, im Bett der Patientin geschlafen hatte. Der Vater hatte sich bei diesen Gelegenheiten ihr genähert und sie sexuell berührt, sie wohl auch zu Berührungen seines Genitals gebracht. Er hatte sie einerseits verführt und missbraucht, andererseits verachtet, weil er so die Selbstverachtung für den inzestuösen Übergriff projektiv abwehren konnte. In seiner Konstruktion machte er sie zur Verführerin. In meiner Gegenübertragung erschien das wieder, wenn ich der Patientin erotische Reize absprach und versucht war, sie für meine Terminabsagen verantwortlich zu machen.

In der Übertragungs-Gegenübertragungsbeziehung hatte sich eine Konstellation eingestellt, in der die Patientin sich mir als duldsam und missachtenswert anbot, ich darauf in meinen Gegenübertragungsphantasien mit einer erotischen Entwertung und einer Tendenz zur Missachtung ihrer Ansprüche antwortete.

Diese Konstellation aufzudecken gelang durch die Befolgung des psychoanalytischen Gesetzes: alles, was in der psychoanalytischen Beziehung passiert, zu reflektieren und damit das Prinzip des Dritten, die Betrachtung von außen, einzuhalten.

Die Befolgung dieses Gesetzes liefert einen Schutz: Es können in der psychoanalytischen Beziehung Machtkonstellationen erkannt, die Ausnutzung der ohnmächtigen Unterwerfung von Patienten verhindert und die intersubjektiven Machtpositionen des Analytikers als Verlockungen zum Machtmissbrauch dekonstruiert werden.

Literatur

Adorno, Th. W. (1949): Studien zum autoritären Charakter. Franfurt 1973 (Suhrkamp).

Balint, M. (1968): Therapeutische Aspekte der Regression. Reinbek 1973 (rororo studium).

Bleger, J. (1966): Die Psychoanalyse des psychoanalytischen Rahmens. Forum Psychoanal. 9 (1993), S. 268–280.

Boudon, R. & Bourricaud, F. (1984): Macht. In: Dies.: Soziologische Stichworte. Ein Handbuch. Opladen (Westdeutscher Verlag) 1992, S. 302–309.

Bruns, G. (1994): Zivilisierte Psychoanalyse? Soziologische Bemerkungen zu Selbstbehauptung und Anpassungsproblem. Zeitschrift für psychoanalytische Theorie und Praxis 9, S. 135–155.

Butler, J. (1997): Psyche der Macht. Das Subjekt der Unterwerfung. Franfurt 2001 (Suhrkamp).

Deserno, H. (1990): Die Analyse und das Arbeitsbündnis. Frankfurt 1994 (Fischer).

Ehlert, M., B. Lorke (1988): Zur Psychodynamik der traumatischen Reaktion. Psyche – Z Psychoanal 42, S. 502–532.

Elias, N. (1936/1969): Über den Prozeß der Zivilisation. Soziogenetische und psychogenetische Untersuchungen. Neuaufl. 1969. Bd. 1 und 2. Frankfurt a. M. 1976 (Suhrkamp).

Eizirik, C. L. (2003): Ist zwischen Objektivität, Subjektivität und Intersubjektivität noch Platz für analytische Neutralität? Psyche – Z Psychoanal 57, S. 1086–1098.

Ferro, A. (2002): Interpretation, Dekonstruktion, Erzählung oder die Beweggründe von Jacques. Psyche – Z Psychoanal 56, S. 1–19.

Fromm, E. (1936): Autorität und Familie - Sozialpsychologischer Teil. In: Fromm, E., Horkheimer, M. et al.: Studien über Autorität und Familie. Paris (Alcan), S. 77–135.

Foucault, M. (1976): Sexualität und Wahrheit. Bd. 1. Der Wille zum Wissen. 3. Aufl. Frankfurt a. M. 1989 (Suhrkamp).

Hoffman, I. Z. (1996): Die verborgene und paradoxe Autorität der Präsenz des Analytikers. In: Hardt, J. & Vaihinger, A. (Hrsg., 1999): Wissen und Autorität in der psychoanalytischen Beziehung. Gießen (Psychosozial), S. 109–138.

Klüwer, R. (1983): Agieren und Mitagieren. Psyche 37, S. 828–840.

Kutter, P.; R. Páramo-Ortega; P. Zagermann (1988): Die psychoanalytische Haltung. Auf der Suche nach dem Selbstbild der Psychoanalyse. Stuttgart (Verlag Internationale Psychoanalyse).

Loch, W. (1974): Der Analytiker als Gesetzgeber und Lehrer. Legitime oder illegitime Rollen? Psyche – Z Psychoanal 28, S. 431–460.

Luhmann, N. (1975): Macht. Stuttgart (Enke).

Sandler, J. (1976): Gegenübertragung und die Bereitschaft zur Rollenübernahme. Psyche – Z Psychoanal 30, S. 297–305.

Sterba, R. (1934): Das Schicksal des Ichs im therapeutischen Verfahren. Int. Z. f. Psychoanal. 20, S. 66–73.

Stone, L. (1961): Die psychoanalytische Situation. Frankfurt/M 1973 (Fischer).

Thomä, H. (2000): Gemeinsamkeiten und Widersprüche zwischen vier Psychoanalytikern. Psyche – Z Psychoanal 54, S. 172–189.

Weber, M. (1905): Die protestantische Ethik und der Geist des Kapitalismus. In: Weber, M.: Die protestantische Ethik I (hrsg. von J. Winckelmann). Hamburg 1973 (Siebenstern), S. 27–277.

Weber, M. (1922): Wirtschaft und Gesellschaft. Grundriss der verstehenden Soziologie. 5. Auflage., Tübingen 1980 (J.C.B. Mohr – Paul Siebeck).

Will, H. (2001): Was ist klassische Psychoanalyse? Vom defensiven und polemischen zum historischen Gebrauch. Psyche – Z Psychoanal 55, S. 685–717.

Geschichte der DGPT

Ingrid Moeslein-Teising (Bad Hersfeld) spricht mit *Ina Weigeldt* (Bremen), Vorsitzende der DGPT von 1981 bis 1983

Wolfgang Holitzner: Meine Damen und Herren, ich möchte Frau Ina Weigeldt ausdrücklich vom Vorstand begrüßen. Liebe Ina, du bist Ehrenvorsitzende unserer Gesellschaft, du warst von 1981 bis 1983 Vorsitzende der Gesellschaft und von 1979 bis 1985 auch im Geschäftsführenden Vorstand der DGPT. Nun könnte ich natürlich ganz viel erzählen über dich, aber ich habe extra vereinbart, dass ich das nicht mache, sondern dass sich das vielleicht hier im Gespräch entwickelt. Ich denke, es wird ein interessantes Gespräch werden, und ich bitte, dass Sie beginnen.

Ingrid Moeslein-Teising: Vielen Dank Herr Holitzner.
Liebe Kolleginnen und Kollegen, ich freue mich, dass Sie gekommen sind, um heute Frau Dr. Ina Weigeldt zu hören. Frau Weigeldt, es ist mir eine große Ehre, Sie heute hier begrüßen zu dürfen, und ich freue mich sehr, dass Sie sich bereit erklärt haben, mit uns zu sprechen. Einige unserer Kolleginnen und Kollegen verstehen es in besonderer Weise, Dokumente aus Archiven zum Leben zu erwecken und zu uns sprechen zu lassen. Ich denke zum Beispiel an Frau Lockot, die heute gleichzeitig mit unserer Veranstaltung hier eine historische Stadtführung durch das psychoanalytische Berlin anbietet, und an Herrn Hermanns, um nur diese beiden zu nennen. Es ist für uns eine große Bereicherung, dass wir seit der Jahrestagung 2002 in einer Reihe Zeitzeugen zu uns sprechen lassen können, die uns an ihrem unmittelbaren Erleben der Geschichte teilhaben lassen und uns Jüngeren auch etwas von dem Gründergeist der DGPT vermitteln können. Nach Herrn de Boor 2002 und Herrn Ehebald 2003 – ich freue mich, dass Herr Ehebald heute bei uns ist – wollen wir heute von Frau Weigeldt erfahren, wie es damals war. Der Zeitpunkt unseres Gesprächs heute ist, denke ich, gut gewählt, nicht etwa weil Frau Weigeldt ihren eigenen Fußballverein mitgebracht hat – wie Sie unschwer merken konnten, ist *Werder Bremen* samt begeisterter Fans hier im Haus – nein, ich denke an das Tagungsthema »Macht und Ohnmacht«, was uns, wie wir noch sehen werden, sicher in vielfältiger Weise im Zusammenhang mit Frau

Weigeldt, ihrem Lebens- und Berufsweg beschäftigen wird. Frau Weigeldt war nicht nur Vorsitzende der DGPT von 1981 bis 1983, sondern sie war auch die erste *weibliche* Vorsitzende. Sie ahnen, dass hier bereits die erste Schnittstelle mit dem Thema »Macht und Ohnmacht« ist. Frau Weigeldt hat die Entwicklung der DGPT über Jahrzehnte mitgeprägt und ist – wie man mir sagte – »ein Urgestein der DGPT«. Sie war von 1965 bis 1987 Vorstandsmitglied der *Bremer Arbeitsgruppe für Psychoanalyse und Psychotherapie* und des *Psychoanalytischen Instituts Bremen*, davon 20 Jahre als Geschäftsführende Vorsitzende. Sie ist auch seit 1971 affiliiertes Mitglied der DPV. Sie repräsentierte die *Bremer Arbeitsgruppe* seit 1967 in der DGPT und war Mitglied des Gesamtvorstandes der DGPT seit 1971. Sie ist heute Ehrenvorsitzende der DGPT. Frau Weigeldt, Sie haben gesagt: »Es ist auch etwas meine DGPT«, und in Bezug auf Ihre oder unsere Arbeit als Psychoanalytiker: »Eine gewisse Besessenheit gehört schon dazu.« Und Sie haben Freud zitiert: »Wer einmal Feuer gefangen hat, der gehört dann zum wilden Heer.« Man könnte in Anlehnung an den Vortrag heute Morgen auch sagen, es geht um Leidenschaft *mit* Wärme[1]. Nun würde ich gerne zu den Anfängen kommen, Frau Weigeldt, wie kam es, dass Sie Feuer fingen, dass Sie sich für die Psychoanalyse begeisterten und zu einer »Besessenen« wurden?

Ina Weigeldt: Bei mir fing es mit der Psychosomatik an. Ich habe das erst gar nicht gewusst; als ich mir überlegte, was ich sage würde, fiel mir das ein. Ich habe in der Inneren Medizin gearbeitet als Assistenzärztin, hatte eine Männerstation mit Patienten, die magenkrank waren und Asthma hatten. Mein Oberarzt wunderte sich und sagte immer: »Warum hast du so lange Anamnesen?« Ich habe gesagt: »Das haben die mir erzählt!« Er wunderte sich und ich fand nichts dabei. Dann kam ich in die Bremer Nervenklinik als Assistenzärztin, dort hatte inzwischen Frau Buder mit der Arbeit als Psychoanalytikerin angefangen. Herr Prof. Schulte hatte sie als Nicht-Ärztin auf eine Arztstelle gesetzt, um seinen Assistenten zu ermöglichen, dass sie nicht nur Psychiatrie, sondern auch ein bisschen was von Psychotherapie lernten. Er hatte damals noch gar nicht mal an Psychoanalyse gedacht, aber das entwickelte sich so. Jedenfalls, die Assistenten wurden gebeten, mit Frau Buder zu sprechen. Da ging natürlich jeder auch

---

[1] Hans-Jürgen Wirth zitierte in seinem Vortrag (in diesem Band) Erich Fromm (1961), der den Begriff »kaltes Feuer« verwendet: eine »Leidenschaftlichkeit, die ohne Wärme ist«.

mal hin und ich habe ihr erzählt, wie es mir gegangen ist. »Ach«, hat sie gesagt, »das müssen sie ausnützen«, und hat mir erzählt, was ich machen könnte; das war 1951. Dann habe ich mein zweites Kind bekommen, und nachdem Almuth auf der Welt war, habe ich mit der Lehranalyse angefangen. So kam ich zur Psychoanalyse und bin dabei geblieben. Für uns Bremer war es interessant, dass Frau Buder sich schwer entscheiden konnte, was sie nun machen wollte, Psychoanalyse oder Jung'sche Psychologie. Sie hat dann die Idee gehabt, sie wollte ein »Synoptisches«, wie sie das nannte, Institut gründen. Das ist nicht so ganz gelungen. Es ist zwar ein Stück weit geblieben, in Bremen gibt es immer noch eine jungianische Ausbildung, aber sie selber hat das nicht ganz durchführen können. Für mich war es bei einer Tagung der Jungianer in Bremen so, dass ich dann wusste, was ich wollte. Marie-Luise von Franz hatte einen Vortrag gehalten über die Engel, das ging mir irgendwo zu weit und ich habe gedacht, nein, so möchte ich nicht arbeiten. Phantasie und Einfühlungsvermögen und Einbildungskraft habe ich selber, ich brauche eine Theorie, die mich stützt, wo ich sozusagen hinter mich in mein Regal greifen kann, in mein Inneres, und wirklich Techniken, Möglichkeiten herausnehmen kann, die ich brauche. Und dann war für mich klar: Psychoanalyse und nichts anderes! Das ist nun 50 Jahre her und es hat sich überhaupt nicht geändert. Die DGPT war die Gesellschaft, die uns, wenn wir in Bremen Ausbildung gemacht hatten und in Stuttgart Examen machen mussten, weil Bremen noch nicht selbständiges Institut war, offen stand.[2] Was anderes gab es nicht. Wir hatten zwar viel Verbindung mit Hamburg; als Herr Ehebald dann dort war, war es auch sehr schön, da immer mit eingeladen zu sein, alle Londoner Größen bei ihm kennen zu lernen, sodass wir eine sehr vielfältige Ausbildung hatten, aber die Ordnung war für uns die DGPT. Dann habe ich gesagt, gut, dann gehe ich da hin, und habe dann auch fürs Institut die Vertretung im Gesamtvorstand übernommen. Das gibt vielleicht noch eine andere Frage dann.

---

[2] Das Psychoanalytische Institut Bremen der Bremer Arbeitsgruppe für Psychoanalyse und Psychotherapie wurde 1969 als »großes Institut« von der DGPT und der KBV für die Weiterbildung zum ärztlichen und psychologischen Psychoanalytiker und von der STÄKO für die Ausbildung zum Kinder- und Jugendlichenpsychotherapeuten anerkannt.

Ingrid Moeslein-Teising: Vielleicht gehen wir, bevor wir uns damit beschäftigen, wie die Anfänge in Bremen waren, zurück in die Zeit noch bevor Sie Ärztin waren. Ich denke, Ihre persönliche Biographie zu Beginn ist sehr wesentlich für Ihren Berufswunsch später, und vielleicht auch für die Tatsache, dass Sie überhaupt auf der Internistischen Abteilung einen so guten Kontakt zu den Patienten bekommen haben, dass die Ihnen »so viel erzählt« haben. Vielleicht erzählen Sie uns etwas über Ihren Werdegang.

Ina Weigeldt: Eigentlich wollte ich mal Tänzerin werden. Das fand ich so schön und habe mich so gerne bewegt. Ich hatte dann so eine nette Gymnastiklehrerin, na ja, aber bewegen tue ich mich immer noch gern. Und dann waren Sprachen für mich sehr interessant. Das geht bis heute so, ich bin ungern in einem Land, wo ich nicht wenigstens ein bisschen was von der Sprache verstehe oder lesen kann, was geschrieben steht. Wir waren mal in Persien, wenigstens konnte ich damals die Zahlen lesen. Es ergab sich durch Arbeitsdienst und Kriegshilfsdienst im Krankenhaus und meines Vaters Beruf – mein Vater war Arzt – dass ich dann doch dachte, eineinhalb Jahre vor dem Abitur: nein, ich studiere Medizin! Er hat es sehr geschickt gemacht: Als ich im Kriegshilfsdienst als Schwesternhelferin in dem Krankenhaus arbeitete, an dem er auch Amtsarzt war und Pathologe, sagte er: »Ich habe eine Obduktion im Krankenhaus, komm runter, wenn dich das interessiert«, und ich glaube, er hat insgeheim sehen wollen, wie stellt die sich an? Sie hat sich offensichtlich gut angestellt – und mit dem Moment war das dann auch klar. Dann habe ich Medizin studiert – angefangen in Graz, weitergemacht in Prag, schließlich, nach vielen Umwegen, in Leipzig Examen gemacht – und so war meine Neugierde, glaube ich, letzten Endes der Beweggrund, weshalb Medizin mich dann am meisten interessierte. Ich wollte wissen, wie der Mensch gebaut ist, nicht nur, wie das Leben vor sich geht, was man alles wissen können kann, vielleicht um teilzunehmen auch an Möglichkeiten der Heilung für Kranke, aber nicht so sehr aus einem Heilungsbewusstsein, sondern eigentlich aus Neugier: Wie geht das? Ich bin noch neugierig heute und rede gern mit Menschen und möchte gerne wissen, wie es in ihnen aussieht.

Ingrid Moeslein-Teising: Es war ja nicht nur der Vater, der Arzt war, sondern auch die Mutter, die in diesem Bereich gearbeitet hatte.

Ina Weigeldt: Meine Mutter hatte sich im *Roten Kreuz* engagiert; das war zu der Zeit natürlich ganz klug, denn es war gut, wenn man irgendwo gebunden war, wo man politisch nicht in den Vordergrund treten musste oder überhaupt nach Politischem nicht gefragt wurde.

Ingrid Moeslein-Teising: Ihr Weg im Medizinstudium war nicht einfach gewesen, er war mit Brüchen versehen, mit Ortswechseln, die aufgrund der politischen Gegebenheiten notwendig wurden. Es war mir sehr eindrücklich als wir darüber sprachen, wie konstruktiv Sie doch immer wieder mit den jeweiligen Gegebenheiten haben umgehen können. Sie haben auch als Schwesternhelferin gearbeitet in Zeiten, als das und nichts anderes ging; sie waren in weiten Teilen ganz auf sich gestellt.

Ina Weigeldt: Meine Mutter war im November 1944 gestorben, ich blieb dann mit meinem Vater und meiner damals über 80-jährigen Großmutter, in Gablonz, im Sudetenland. Ich studierte damals in Prag. Es fehlte nur wenig, aber wir konnten kein Physikum mehr machen, weil die Prager Uni geschlossen wurde. Dann kam ich nach Hause, kam in die Munitionsfabrik und hatte einen netten Menschen in dem Saal, wo wir Zünder drehen mussten, und konnte unter dem Tisch meine Anatomiebücher weiter studieren. Dann wurde mein Vater von den Tschechen als letzter Behördenchef verhaftet, und ich musste nun sehen ... Wir kriegten als Reichsdeutsche die Ausweisung zu einem bestimmten Termin im Juni 1945, und ich versuchte natürlich irgendetwas für meinen Vater zu tun, ein bisschen abenteuerlich. Ich wundere mich heute, dass ich damals überhaupt keine Angst hatte, ich musste das einfach tun: Ich bin zum russischen Kommandanten gegangen und habe den gefragt, ob er da helfen kann. Konnte er nicht. Dann bin ich mit meiner Großmutter raus, auch mithilfe von tschechischen Freunden, die uns ermöglichten, dass wir mit der Bahn fahren konnten, was eine Seltenheit war. Bin in das völlig zerstörte Dresden gekommen, zu einer Freundin meiner Mutter, die mich aufnahm, habe mich dann dort am Krankenhaus als Schwesternhelferin verdingt und dann erst mal gearbeitet. Dann war das noch spannend, ob ich jetzt eine Aufenthaltsgenehmigung eher kriegte oder vielleicht eher die Arbeitsgenehmigung. Ich brauchte beides, sonst kriegte ich keine Lebensmittelkarten. Ich finde das gar nicht so besonders, es ging einfach gar nicht anders. Und dann hörte ich, dass in Leipzig die Uni wieder aufmachte. Bin mit einer Arbeitsdienstkameradin, die ich in Dresden wieder getroffen hatte, ziemlich abenteuerlich von Dresden nach Leipzig gefahren. Wir wollten

uns dort bewerben. Ich habe mich beworben mit dem Antrag das Physikum zu machen. Das hat offensichtlich geholfen, denn ich wurde angenommen. Und dann habe ich … also, das sind Geschichten: Mein Bruder
hatte eine Erbschaft im Thüringer Wald zu erwarten und hat mich dort
hingeschickt, nach Steinach, dann hatte ich 700 Mark abholen können
und hatte mein Geld zum Studieren. Habe außerdem aber ein Stipendium
beantragt, um da überhaupt bleiben zu können und nicht zu kellnern oder
sonst was machen zu müssen, weil dazu die Zeit eigentlich fehlte. Denn erstes
klinisches Semester und Physikum machen, das musste halt sein, aber das
war ein bisschen schwierig. Ja, und so bin ich dann zum Examen gekommen, 1948, habe dort meinen Mann kennen gelernt. Es war noch vor der
DDR, und als wir merkten, was da jetzt alles kam, mit viel gesellschaftlichen
Aktivitäten, und was man so machen sollte, da haben wir gesagt, nein, wir
bleiben hier nicht! Wir hätten tolle Stellen gekriegt, wollten wir nicht, und
sind dann schwarz über die grüne Grenze nach Westdeutschland, wo mein
Vater inzwischen von den Tschechen Gott sei Dank entlassen worden war,
dadurch, dass ein Tscheche ihn im Gefängnis sah und sagte: »Oh, jetzt sind
Sie hier, jetzt kann ich Ihnen helfen, wie Sie mir damals geholfen haben.«
Und auf die Weise kam mein Vater nach Westfalen, hat dort wieder Praxis
gemacht und dann waren wir wieder einigermaßen normal.

Ingrid Moeslein-Teising: Ihr Mann hatte dann eine Anstellung bekommen
und Sie haben, wie es so schön hieß, zunächst »mitgearbeitet«.

Ina Weigeldt: Das war ja so: Ich habe 1947 in der Nervenklinik in Bremen
famuliert, eben durch meines Bruders Hilfe. Herr Prof. Schulte hat zu mir
gesagt: »Na, wenn Sie fertig sind, können Sie ja vielleicht wiederkommen.«
Das fand ich sehr ehrenvoll. Nun kam ich dann wieder, aber suchte erst
mal eine Stelle für meinen Mann. Ich hatte inzwischen meinen Sohn geboren und damals war das üblich, erstmal kriegt der Vater die Stelle, nicht
die Frau. – Was? Nein! – Und dann hat mein Mann auch tatsächliche eine
Stelle gekriegt und es hieß: »Nicht wahr, Frau Weigeldt, Sie arbeiten doch
mit?!« – Habe ich dann auch. Für Wohnung und Essen. Aber es war gut.
Wir haben in der Klinik eine Dienstwohnung gehabt, es war eine sehr schöne, sehr lebendige und sehr reiche Zeit eigentlich, und da fing ich auch mit
der Psychoanalyse an.

Ingrid Moeslein-Teising: Sie fingen mit der Psychoanalyse an, weil Sie sich für die Menschen interessiert haben. So etwa habe ich es von Ihnen gehört.

Ina Weigeldt: Ja. Kann man sagen.

Ingrid Moeslein-Teising: Sie haben von sich gesagt, dass es Ihnen im Grunde immer um die Beziehung ging, die Beziehung zu den Menschen. Wir hören, dass die Patienten Ihnen immer viel erzählt haben. Patienten erzählen dann viel, wenn sie eben in Beziehung treten. Das haben Sie in Ihrer Arbeit in ganz unterschiedlicher Weise immer wieder in den Vordergrund gestellt. Sie sagten einmal: »Psychoanalyse ist ohne Beziehungsgeschichte, ohne Beziehungsaufnahme, gar nicht möglich. Der Analytiker ist Fachmann für Beziehungen. Drum ist es für den Analytiker auch so wichtig, dass er Beziehungen zu seinen Mitanalytikern hat. Ich und mein Patient sind sehr einsam. Wir brauchen den Dritten, der hilft.« Vielleicht können wir an dieser Stelle eine Verbindung knüpfen zu Ihrem Engagement in der DGPT. Ihnen lag die Beziehung zu den Menschen am Herzen in dem Sinne, dass Sie als Analytikerin mit Ihren Patienten gearbeitet haben. Aber es lag Ihnen auch am Herzen, Beziehungen zu knüpfen mit Mitkollegen und unter dem Dach der DGPT etwas Gemeinsames zu entwickeln. Vielleicht können wir darauf zu sprechen kommen.

Ina Weigeldt: Ja, natürlich. Das fing in Bremen damit an, dass wir drei waren: Haarstrick, Graf Finckenstein und ich, die dort das eigentliche Institut nach Frau Buders Weggang aufgebaut haben und miteinander sehr viel machen konnten. Dieses Miteinander war sehr wichtig. Ich sag jetzt mal was: Das war typisch für meine beiden Herren, dass sie sagten: »Geh du mal da in den Vorstand.« Ich habe mit Haarstrick oft gesprochen: »Ja wieso ich, das können Sie doch!« – »Nein, nein, machen Sie das!« Er war der Leiter der berufspolitischen Abteilung in der DGPT, er hatte also seine Linie. Damit fing das an, dann habe ich mich natürlich interessiert für die Gruppe. Es waren wenig Frauen während meiner Zeit im Allgemeinvorstand; gerade gegangen war Ilsabell von Viebahn, sonst war da nur noch Agnes Becker aus Berlin, eine Kollegin, mit der ich mich sehr gut verstand. Wir beide haben manchmal darüber gesprochen, wie das wohl ist mit unseren Herren, wie wir wohl mit denen umgehen müssen am besten und wie wir am besten unseren Platz in dieser Runde halten. Wir haben uns um Macht oder Ohnmacht nicht gekümmert. Das hat uns auch nicht interessiert, wir waren wohl unserer selbst ein bisschen leichtsinnig, aber wohl sicher. Wir haben dann gewusst, es gibt einige Herren, die müssen erst was sagen, die muss man erst mal ausreden lassen, und wenn die dann ihre Worte gesagt haben, dann können wir auch mitdiskutieren und dann geht das gut. Wenn eine von uns am Anfang was womöglich Schlaues gesagt hatte, das wurde geklaut, das kam nachher von irgendwem anderen am Ende der Sitzung. Ich sag das hier mal so. Es ist wirklich witzig gewesen. Aber gut. Wir haben uns nicht unterdrückt gefühlt und gar nichts. Ich habe auch wirklich keine Notwendigkeit, irgendwelche Frauenpowerparolen von mir zu geben. Es ist eine sehr schöne Zeit gewesen, ich habe das gern gemacht. Das mit der Beziehung stimmt; das lag mir am Herzen, bei dieser schwierigen Lage und bei dieser schwierigen Zusammensetzung unserer Gesellschaft mit Ärzten und Psychologen und nachher mit den Kinder-therapeuten, was wirklich immer sehr schwierig war. Es war die eine Gruppe dann stärker, die andere fühlte sich dann schwächer, musste sich dann wieder behaupten gegen die andere. Für mich war innerlich wichtig den Zusammenhalt zu halten und ein Gespräch zu ermöglichen, ja, zu vermitteln, zu integrieren, was da zu integrieren war.

Ingrid Moeslein-Teising: Wenn wir hören, dass Sie in Ihrer langen Zeit des Mitwirkens im Vorstand, auch als Vorsitzende, integrierten und zusammenhielten, so könnten wir etwas aus ihrer Biographie erfahren, was dazu passt.

Ina Weigeldt: Ich möchte aber vorher auf was anderes eingehen, wenn ich das darf. Denn ich habe ja nicht nur im Gesamtvorstand der DGPT gesessen und gearbeitet, ich habe daneben in Bremen mit Gräfin Vitzthum mitge-holfen die Ausbildung in analytischer Kindertherapie zu etablieren, bin in die Ständige Konferenz gekommen, die damals ja noch ganz am Anfang, nur ein Freundeskreis war und die dann später erst der Verein Ständige Konferenz wurde, war dann dort eine Weile auch Vorsitzende. Ich glaube, dass ich helfen konnte, dass da etwas entstand. Das hat mir dann auch Sicherheit gegeben im DGPT-Vorstand und mir vielleicht überhaupt die Möglichkeit gegeben zu wissen, dass ich so was machen kann. Ich weiß, dass eine Kollegin sagte: »Mach das mal, mach du die Sitzung, du kannst das.« Ich war mir nicht so furchtbar sicher, ob ich da so gut sein würde.

Nun zu der Familie. Das ist fast zu persönlich, ich weiß gar nicht, ob Sie das interessiert. Meine Eltern waren im Weltkrieg beide geschieden aus ihren ersten Familien und haben am 31.12.1918 geheiratet. Sie kannten sich aber schon lange, weil in dem kleinen Ort in Thüringen, wo meines

Bruders Erbschaft dann her kam, mein Vater der Arzt war und der Mann meiner Mutter der Apotheker. Das ist zu der Zeit wahrscheinlich ein Roman gewesen, diese Trennungen, und da die Männer dann beide im Krieg waren, war das vielleicht überhaupt möglich. Jedenfalls bin ich das Kind dieser Eltern und hab immer das Gefühl gehabt – als Kind ist man ja auch so moralisch: Das ist eigentlich schrecklich, deine Eltern sind geschieden, die haben die Ehe gebrochen, das geht nicht. Also ich hatte immer das Gefühl, ich muss etwas wieder gut machen oder ich muss beweisen, dass die nicht schlechte Leute sind oder so. Ich habe da nicht ständig daran gedacht, aber ich habe mir überlegt, dass wahrscheinlich da eine bestimmte Neigung von mir herkommt, dass ich gerne Leute zusammenbringe und gerne Verbindungen schaffe und daran beteiligt bin, dass das auch gut geht.

Ingrid Moeslein-Teising: Wir waren zu Ihrer Vorstandsarbeit gekommen und auf das, was Sie vielleicht in besonderer Weise noch dazu prädestiniert, zu integrieren und zusammenzuhalten, und wir sprachen auch über die Tatsache, dass Sie lange Zeit als einzige Frau im Gesamtvorstand waren. Sie waren dann 1981 die erste weibliche Vorsitzende. Immerhin hat es bis 1981 gedauert, bis die DGPT eine Frau als ihre Vorsitzende haben konnte. Ich darf hier kurz einfügen: Bei meinen Recherchen im DGPT-Archiv ist mir ein Blatt in die Hände gefallen, aus dem hervorgeht, dass sich bereits im Jahr 1950 jemand, wer auch immer, dafür interessiert hat, wie die Mitgliederstruktur in der DGPT war; schon damals waren es mehr Frauen als Männer. Es ist bis heute so geblieben; bemerkenswerterweise war aber die Mitgliederzahl der Frauen nie repräsentiert in Vorstandsposten. Nun, immerhin 1981 wurde Ina Weigeldt erste weibliche Vorsitzende. Wir haben heute Morgen, gerade im Anschluss an den Vortrag, einen kleinen Frauenaufstand gehabt. Sie waren vielleicht dabei im großen Saal, als Frauen reklamierten, sie seien nicht zu Wort gekommen, nur Männer. Das Thema »Frauen in der DGPT« beschäftigt weiterhin und in vielfältiger Form. Ich würde aber gerne von Ihnen erfahren, wie Ihre persönlichen Erfahrungen als Frau waren. Vielleicht können Sie uns davon erzählen, wie Sie Vorsitzende geworden sind, was sich da abgespielt hat.

Ina Weigeldt: Na ja, das ist ganz hübsch. Bei einer DPV-Tagung in Kassel hatte ich Geburtstag und Herr Appy kam auf mich zu, gratulierte mir, gab mir einen Kuss auf die Backe und sagte: »Also wissen Sie, Frau Weigeldt, in England, da haben sie jetzt eine Frau, da haben sie jetzt Frau Thatcher

gewählt, und wir haben uns gedacht, wir möchten eigentlich auch eine
Frau im Geschäftsführenden Vorstand haben.« – »Hach«, habe ich gesagt,
»Herr Appy, das ist ja schön, aber Thatcher bin ich nicht.« – »Ja, eben
drum.« So kam ich da rein. Ich weiß nur, dass ich mir das überlegen
musste, sowieso mit meinem Mann telefonieren. Ich habe dann mit den
Kolleginnen, die bei der Tagung waren, gesprochen und denen das erzählt.
»Wie finden Sie das, wie findet ihr das?« – »Ja mach das, ja das ist toll, ja
mach das doch, ach gut, dass du das machst.« Ich kriegte also volle
Zustimmung. Es war so, als ob die alle erleichtert waren, dass eine sich
traut, so einen Posten anzunehmen. Und ich fand mich gar nicht so furchtbar mutig, ich habe mich gewundert, dass diese Frage überhaupt an mich
kam. Ich habe mich nie in dem Kreis als Frau nicht genug geachtet, nicht
geschätzt oder nicht gleichwertig gefühlt. Ich musste so etwas auch nicht
werden. Ich habe immer gerne Arbeiten gemacht; klar, ich war auch schon
Klassenführerin in der Schule. Wenn wir in einem Ort sind, den wir noch
nicht kennen, dann sagen meine Schulfreundinnen heute noch: »Ina, geh
vor, du weißt doch den Weg.« – Ich denke, ich habe etwas gelernt in diesen
Jahren, auch zum Teil mit Tränen in der Nacht und Bitterkeit; aber das
hatte nichts mit dem Mann-Frau-Sein zu tun, sondern es ist natürlich klar,
wenn man an hervorgehobener Stelle steht, dann kriegt man nicht nur
Beifall, dann kriegt man auch viel Negatives zu hören. Manchmal geht
etwas überhaupt nicht und man kriegt also glatte Ablehnung oder man
kriegt gesagt: »Du hast da irgendwas überhaupt nicht gemacht.« Dann
muss man sich das überlegen und muss lernen, dass solche Kränkungen
oder solche negativen Erfahrungen mit dazu gehören und dass man die
natürlich dann auch verarbeiten und aushalten muss. Man muss seine
Kränkbarkeit schon gut in den Griff kriegen. Ich habe mir überlegt, weil
ich oft danach gefragt worden bin, ob das vielleicht für Frauen viel schwerer ist; die können das offenbar schlechter als Männer, die sich auch harte
Sachen sagen können und hinterher ein Bier zusammen trinken. Das geht
bei Frauen eigentlich in der Regel nicht. Ob das daran liegt, vielleicht, dass
ich die Einzige war? Denn was wir später erlebt haben ... In dem Moment,
als zwei Frauen im Geschäftsführenden Vorstand waren, das war schlimm.
Das scheint eine Schwierigkeit zu sein, und ob das eine speziell weibliche
ist oder ob das aus den Erziehungswegen kommt, die Frauen durchlaufen
– ich kann das nicht beurteilen, aber ich habe es beobachtet. Das ist, glaube ich, das Geheimnis vielleicht: auszuhalten, dass man auch mal ganz mies
dasteht.

Ingrid Moeslein-Teising: Ich dachte daran, dass es für Sie in der Zeit des Vorstands gewisse Entwicklungen gegeben hat und vermute, dass möglicherweise Sie, eine Frau, Vorsitzende geworden sind, weil andere bestimmte Erwartungen an Sie hatten und bestimmte Wünsche. Haben Sie eine Idee dazu?

Ina Weigeldt: Vielleicht hat es Wünsche gegeben, dass ich bereit wäre, Wünsche zu erfüllen oder gestellte Aufgaben zu übernehmen, stellvertretend sozusagen, ich weiß das nicht; es gab manchmal Situationen, wo ich dachte: Na ja, da meint ihr wohl, ich soll das ... Und das habe ich dann aber gemerkt. Also: Ich war keine gehorsame Tochter. Das war nicht so richtig gut zu machen. Holger, nicht? – Nein!

Ingrid Moeslein-Teising: Ums vielleicht ein bisschen zuzuspitzen: Ich hatte den Gedanken, dass der eine oder andere vielleicht dachte, dass Sie eine brave Tochter seien.

Ina Weigeldt: Natürlich.
Ingrid Moeslein-Teising:
Und sich da ordentlich verrechnet hat.

Ina Weigeldt: Ja, weiß ich nicht genau, vielleicht hat er ja auch was gelernt!

Ingrid Moeslein-Teising: Und dass Sie deutlich gemacht haben, dass Sie eben Vorsitzende waren und keine vorgeschobene Vorsitzende. Sie haben Ihre Position klar deutlich gemacht und auch vertreten.

Ina Weigeldt: Jedenfalls versucht, ohne mich zu zanken, ohne Machtanmaßung. Die Macht, die ich hatte, hat mich manchmal erschreckt. Man kriegt sie nämlich hingeschoben und muss dann zusehen, dass man richtig damit umgeht. Es ist schon toll, wenn ein Haufen Menschen etwas möchte, es aber nicht selber machen möchte, sondern jemanden haben möchte, der das tut für sie. Ich dachte gestern auch an den Vorstand, der da so was hingeschoben kriegt: »Macht ihr das!«, was eigentlich die Institute selber machen müssen. »Nein, macht ihr das, ihr habt die Macht.« Und wenn sie es dann machen und vorschreiben, dann: »Nein nein, das sind die Bösen, die schreiben uns zuviel vor.« Das fand ich ganz wichtig, diese Möglichkeit zu wissen, wenn du jetzt das und das machst und machst das geschickt, dann kriegst du die alle auf deine Seite, aber du willst doch eigentlich, dass das selbständige Leute sind. Ich erinnere nur an diese Sitzung, doch, da muss ich jetzt davon reden, als Willi Meyer und Herr Richter anfingen mit diesem Psychologenverein und uns das so richtig in der Mitgliederversammlung vor den Kopf knallten. Da war ich platt, da war ich ziemlich fertig. Das hatte ich nicht erwartet, und das war auch völlig unvorbereitet.

Ingrid Moeslein-Teising: Vielleicht können Sie den Jüngeren von uns sagen, worum es da ging.

Ina Weigeldt: Ja, ich habe ein Stückchen davon schlicht vergessen, weil das so schrecklich war. Es ging um eine Abspaltung der Psychologen, die für sich einen Verein gründen wollten, der nicht innerhalb der DGPT bleiben sollte, es war dramatisch. Es war 1984 oder 1983.
Publikum, Holger Schildt (Hamburg):
Nachdem es in der Mitgliederversammlung eine Abfuhr gab, wurde das dann aufgefangen durch die Fachpsychologenkommission.

Ina Weigeldt: Wir haben eine Lösung gefunden, aber im ersten Moment war das schlimm.

Ingrid Moeslein-Teising: Wenn es darum geht, Gedanken zu entwickeln, warum die Gründung der DGPT notwendig war und welch identitätsbildende Wirkung die DGPT hat, dann möchte ich Tobias Brocher zitieren, der sagte, dass die DGPT Menschen unter ihrem Dach vereinigt, die trotz wissenschaftlich verschiedener Auffassung ein gemeinsames Ziel haben: den Wiederaufbau einer verlorenen und bewusst zerstörten Wissenschaft; oder Herrn De Boor, der uns sagte: »Die DGPT war eine Art Notgemeinschaft, insbesondere auch gegen die anderen Ärzte«; oder Herrn Nedelmann, der in der Notwendigkeit der Gründung der DGPT eine Art Gegenbewegung zur trennenden Bewegung in DPG und DPV gesehen hat.

Ina Weigeldt: Ohne die DGPT, darf ich's mal so formulieren, wären wir in verschiedene Gruppen verteilt gewesen: Dann wäre da die DPV, dann wäre dort die DPG, dann wäre da vielleicht noch ein anderer Verein. Wir haben immer versucht – als Berufspolitikverein sowieso, aber auch inhaltlich – alles zusammenzuhalten. Es wurden immer mehr mit reingenommen, was wahrscheinlich auch nötig war. Aber zunächst mal ging es einfach darum eine gemeinsame, jetzt sage ich es mal, Macht zu entwickeln, überhaupt in der Gesellschaft einen Platz zu kriegen. Denn in den einzelnen

Fachgesellschaften war das noch nicht möglich. Die DPV musste sich mühen, dass sie den internationalen Anschluss bekam, aber dann waren wieder viele andere, die konnten gar nicht dazu kommen; die DPG, ich habe Herrn Schultz-Hencke noch erlebt, hatte auch wieder ihren eigenen Stil. Ich danke den Gründungsvätern der DGPT, dass sie versucht haben, hier einen gemeinsamen Verbund zu schaffen.

Ingrid Moeslein-Teising: Sie haben schon darauf hingewiesen, dass Ihnen die Emanzipation der Kinder- und Jugendlichentherapeuten sehr am Herzen lag. Vielleicht können wir noch etwas Genaueres darüber hören. Nicht zuletzt auch deshalb, weil es ja auch wieder einen ganz aktuellen Bezug hat.

Ina Weigeldt: Ja natürlich, und zwar gerade wegen dieser Problematik. Wir haben lange verhandelt, bis es überhaupt zu einer Verbindungskommission mit den Kindertherapeuten kam, zu der STÄKO, der *Ständigen Konferenz der Ausbildungsstätten für Analytische Kinder- und Jugendlichen-Psychotherapeuten in der Bundesrepublik und West-Berlin*, wie das damals hieß, dieses Ding. Das war überhaupt dann die Möglichkeit, einheitliche Ausbildungsrichtlinien zu formulieren für die analytischen Kindertherapeuten, und es war die Möglichkeit, im berufspolitischen Feld Platz zu schaffen für die und ihre Problematik von Anfang an. Es kam gestern auch wieder raus, dass die Kindertherapeuten uns eben doch für ihre Ausbildung brauchen, dass die sich selber nicht ausbilden können und die Lehranalysen eben von Erwachsenen-Analytikern gemacht werden müssen, und dass dadurch immer eine Abhängigkeit natürlich von uns besteht, die den Analytikern auch wiederum Macht zuschreibt, die die dann aber gar nicht so ausüben wollen. Das hat uns von Anfang an beschäftigt, aber wir haben wirklich in vielen Jahren guter Zusammenarbeit immer versucht, sie entsprechend mit einzubeziehen. Ich würde mir wünschen, es würde nicht nur darauf ankommen, dass die Kindertherapeuten sagen, wir sind bei euch gut aufgehoben, denn dann würden sie sich kleiner machen, als sie sind. Sondern sie müssten dann schon wirklich selber sagen: Okay, wir tun unseren Teil, ihr tut euers und wir haben eine Vereinbarung miteinander und das ist es. Würde ich mir sehr wünschen. Denn Kindertherapeuten zu DGPT-Mitgliedern zu machen wird die Lösung nicht sein, da sagen die VAKJP-Leute mit Recht, da gehen die aus der VAKJP raus und gehen in die DGPT und dann haben sie eigentlich für sich wieder keinen Ort.

Publikum, Zuruf: Wir haben ja auch außer der DGPT auch noch unsere jeweilige Fachgesellschaft und das könnte für die Kindertherapeuten auch sein.

Ina Weigeldt: Genau, genau, und das geht hier sehr gut.

Publikum, Gert Halbach: Nochmals zur Ständigen Konferenz. Ich habe fast den Eindruck, Ina, dass du etwas zu Understatement neigst. Die Ständige Konferenz ist eigentlich damals ein sehr ungeordneter, ja man könnte fast sagen, heterogener Haufen gewesen, sowohl was die Ausbildung anging als auch was die Organisation anging, in den du eine Ordnung hineingebracht hast. Ich kann mich noch lebhaft an äußerst schwierige Konferenzen erinnern, damals mit der Heidelberger Exponentin, die eigentlich eine ziemlich chaotische Vorstellung gegeben hat, was du mit sehr leichter Hand mehr und mehr in Ordnung brachtest. Schmidt brachte es formal in Ordnung, aber du inhaltlich, deshalb meine ich, es ist etwas Understatement.

Ina Weigeldt: Ja, danke Gert, aber da kann ich nur sagen, das war wirklich eine unheimliche Sitzung dieses Freundeskreises STÄKO. Herr Schmidt brachte in Ordnung, dass jeder Tagesordnungspunkt bitte eine andere Farbe auf dem Papier haben sollte, das fand ich ziemlich dumm. Dann hat es um diese Heidelberger Geschichte eine Diskussion gegeben, das ist vielleicht der Anfang meiner Berufspolitik. Ich wurde so zornig und dachte, hier ist ein ganz heißes Eisen auf dem Tisch, ich ziehe mir jetzt mal einen Handschuh an, fass das an und habe gesagt: »Also entweder wir werden ein Verein und kriegen eine Satzung und machen das in Ordnung oder wir lassen das Ganze!« Und, puh, da war dann die Luft raus und wir haben den Verein später gegründet. Mit einer schönen langen Satzungsdiskussion. Hans-Otto, du weißt das. Ja, das war eigentlich der Anfang. Stimmt. Hätte ich jetzt beinahe vergessen.

Ingrid Moeslein-Teising: Ich nehme das Stichwort Understatement auf. Frau Weigeldt, wenn Sie ein Mann wären, niemand würde Sie in einem solchen Gespräch fragen: Sie haben drei Kinder, waren berufstätig und haben so viel noch für Ihren Berufsverband getan, wie haben Sie das geschafft? Deshalb frage ich Sie auch nicht danach. Aber ich erlaube mir, es festzustellen, und würde gerne mit Ihnen darüber sprechen, wie möglicherweise die Erfahrungen als Mutter und Frau in der Familie durchaus auch eingewirkt haben auf Ihre Arbeit im Beruf und im Berufsverband.

Ina Weigeldt: Meine Kinder haben das ja manchmal schrecklich gefunden, dass ich dann nicht zu sprechen war; aber dann sagte meine in Kanada lebende Tochter: Weißt du, Mutti, aber letzten Endes, in den Ferien, waren wir immer alle zusammen, das war immer ganz toll und wenn wir dich brauchten, warst du immer da. Dann haben die auf die Uhr geguckt, wann ist sie mit der nächsten Stunde fertig, wartet, also da müssen wir dann hin für die zehn Minuten und dann kam's. Aber wir haben das eigentlich gut hingekriegt. Und was aus meinem Sohn geworden ist, das können Sie ja in der Zeitung lesen.

Ingrid Moeslein-Teising: Der Sohn von Frau Weigeldt ist Vorsitzender des Hausärzteverbandes.

Ich meinte es auch auf einer anderen Ebene. Wir hatten einmal darüber gesprochen, dass Sie Ihre Funktion im Verband oder in Vorstandssitzungen häufig als die einer aufnehmenden und entwickelnden Figur hatten. Ich meinte Ihre Fähigkeit sich mütterlich nicht nur im behütenden Sinne, sondern auch im aufnehmenden, bewahrenden und entwickelnden Sinne entsprechend einzubringen. Vielleicht könnten wir darüber sprechen.

Ina Weigeldt: Ja, sicherlich hängt das zusammen. Als Parallele fällt mir ein, dass ich manchmal gedacht habe, ich wäre meinen Kindern vielleicht nicht eine so furchtbar gute Mutter gewesen, weil ich auch andere Sachen gemacht habe. Aber auf der anderen Seite danken die mir, dass ich sie auch genug in Ruhe gelassen habe; und ich für mich, ich habe mir gedacht, dass es gut war, dass ich meine eigene Kraft und auch mein eigenes Stück Ehrgeiz in meinen Beruf tun konnte und nicht auf meine Kinder abwälzen musste. Das war ganz bestimmt wichtig, denn ich fürchte, ich hätte sonst hinter denen gesessen und erwartet, dass die nun vielleicht etwas erfüllen, da habe ich es dann lieber selber gemacht. Und deshalb glaube ich, dass sie nicht so sehr darunter gelitten haben.

Ingrid Moeslein-Teising: Vielleicht darf ich eine persönliche Erfahrung, die ich mit Ihnen hatte, hier einbringen und etwas auch als Charakteristikum von Ihnen hervorheben. Wir hatten uns im letzten Jahr kennen gelernt und haben ein längeres Gespräch miteinander geführt. Ich hatte mich da von Ihnen, die Sie mich ja nicht kannten bis dahin, erstens sehr eingeladen gefühlt, und zweitens hatte ich den Eindruck, dass sich gemeinsam mit Ihnen sehr gut etwas entwickeln lässt, wir haben zu manchen Themen Gedanken gemeinsam entwickeln können. Ich dachte, so muss die DGPT

Sie über Jahre eben auch erlebt haben: als jemand, der in der Lage ist zu integrieren, zusammenzubringen und gemeinsam mit anderen etwas zu entwickeln. Wir hatten heute, während des Gesprächs, anhand ihrer Biographie auch den einen oder anderen Ansatzpunkt, woher das kommt, dass Sie dazu so gut geeignet sind. Und ich hoffe, dass sich auch heute, hier im Gespräch mit Ihnen, das eine oder andere hat entwickeln können.

Ina Weigeldt: Na ja, das ist ja vielleicht der Grund, weshalb für mich die Psychoanalyse genau die Wissenschaft und Möglichkeit war, mich einzusetzen, mich weiterzuentwickeln, das zu benutzen, was mir vielleicht als Möglichkeit, als Talent, wenn Sie so wollen, mitgegeben ist. Es ist mein Ding. Deshalb auch: mein Gott, meine DGPT, was macht sie denn? Es geht mir nicht um etwas Besitzergreifendes, aber um diese Identität, um dieses Da-zu-Hause-Sein, so zu fühlen, das, was ich einsetzen kann. Mit dem Herzen dabei oder, ach, wie man das so mehr oder weniger schlüssig sagen kann.

Ingrid Moeslein-Teising: Obgleich wir ja schon die eine oder andere Wortmeldung hier hatten, als es spontan notwendig wurde, würde ich gerne jetzt eine Diskussion noch einmal freigeben. Was gibt es, was Sie Frau Weigeldt noch gerne fragen oder was Sie ihr noch gerne sagen würden?

Publikum, Beatrice Piechotta: Sie haben ja schon einiges angedeutet und mich würde interessieren, noch ein bisschen mehr, was waren denn die Probleme damals, mit denen sich die DGPT befassen musste.

Ina Weigeldt: Sie musste sich befassen mit: Wie bringt sie Ärzte und Psychologen zusammen, wichtig waren Hauptausbildungsgrundsätze, all das zusammenzutragen, aufzustellen und dann unter Umständen zu revidieren, neue Gesichtspunkte zu beachten. Dann vor allen Dingen auch die Arbeit von Haarstrick, die Anfänge der Kassenleistung, das waren Themen, die uns dann sehr, sehr viel beschäftigt haben. Für mich letzten Endes das größte Problem war eigentlich immer zu sehen, dass unsere beiden Gruppen, die Psychologen und die Ärzte, zusammenkamen und jede Gruppe das erarbeiten konnte, was sie brauchte. Da gibt es eine Arbeitsgemeinschaft medizinisch-wissenschaftlicher Fachgesellschaften; wir haben damals gedacht, wir sollten dazugehören. Ulrich Ehebald hat einen Vorstoß gemacht, da haben die gesagt, nein, wir hätten ja Ärzte und Psychologen, das ginge nicht, so ein gemischter Verband. Dann habe ich das noch mal versucht, bin hingegangen zu der Sitzung, bin auch vorgelassen worden und dann wären wir beinahe rein gekommen. Die haben mich zwar auch gefragt, na ja, Sie haben ja Psychologen da drin, ja ja, habe ich gesagt, und Analytiker, und dann ist es um eine Stimme gegangen, dass wir wieder abgelehnt wurden. Aber ich fürchte zu wissen, wer die eine Stimme war! Nach innen hin Ausbildungsfragen, Richtlinien und so weiter, und nach außen eine Außendarstellung der Gesellschaft als Gesellschaft von Ärzten und Psychologen, eben von Analytikern.

Publikum, Ulrich Ehebald: Wenn ich dir so zuhöre, Ina, da merke ich doch, wie wahnsinnig schwierig es offensichtlich ist, Geschichte zu schreiben. Ich dachte immer, so in meinen jungen und mittleren Jahren, das ist ganz klar, und je älter ich jetzt werde und uralt, und gucke, wie die Geschichte von Ort zu Ort total verschieden geschrieben wird. Ich fange mal mit meinem eigenen Verein, der DPV, an. Das, was Lutger Hermanns als die Geschichte der DPV verkauft, ist die Geschichte der DPV in Berlin. Da ist aber Heidelberg nicht drin, Ulm nicht drin, Gießen nicht drin, Hamburg nicht drin, wenn Sie so wollen. Jetzt hier ist mir eine Frage gekommen: Du hast ja die Frau Buder als eine Synoptikerin geschildert; sie hatte die Idee – siehe die Deutung des Fasanenkahntraumes: Jungsch, Freudsch und Adlersch ...

Ina Weigeldt: Nee, nee, nee, Adler war die nicht.

Publikum, Ulrich Ehebald: Schultz-Hencke ... – also drei Deutungen zu geben, und das hat sie jedenfalls gut gemacht, lesenwerte Geschichte; und wo Frau Buder durchgezogen ist, was ist denn da geblieben? Es ist die Frage, wie weit kann man Bremen auch als Synoptisches Institut anschauen? Das einzige Synoptische Institut, das ist jetzt meine Sicht der Dinge, ist Stuttgart.

Ina Weigeldt: An denen haben wir ja auch drangehangen.

Publikum, Ulrich Ehebald: Deshalb musste man auch nach Stuttgart zur Prüfung hin. Aber wie ist das in Bremen: Es gibt keine Jung-Gruppe in dem Sinne und es gibt keine Schultz-Hencke-Gruppe schon gar nicht. Die DPV mit Seeberger ist bei dir ein bisschen zu kurz gekommen. Es ist ja nur ein Teil, aber ist der wirklich integriert in Bremen, synoptisch?

Ina Weigeldt: Synoptisch sind wir nicht mehr, nein.

Publikum, Ulrich Ehebald: In Bremen nicht, aber er gehört zu Bremen. Das Erbe von Frau Buder kann man in Stuttgart sehen, kann man ein wenig in Bremen auch sehen. Denn sogar du und Haarstrick, ihr seid weder DPG noch DPV noch ..., aber ihr habt alles drin. Also es ist schon schwierig, sehr interessant.

Ina Weigeldt: Na sagen wir mal so, wir sind mit allem in Berührung gekommen, und wir mussten uns entscheiden, das ist vielleicht auch ein Vorteil für uns gewesen.

Publikum, Ulrich Ehebald: Eben!

Ina Weigeldt: Also Finckenstein, Haarstrick und ich, wir haben uns sehr eindeutig entschieden, damals sind wir auch bei euch affiliiert worden, da waren wir zusammen. Wir haben lange, beide Institute unter einem Dach, die Anerkennung als KBV-Institut gehabt. Das ist jetzt erst so, dass beide Institute, jedes als sein Institut, also das DPV-Institut und das Bremer Institut, KV-berechtigt oder anerkannt sind.[3] Aber es ist keine Synopsis mehr. Die paar Jungianer die wir noch haben, die sind der letzte Rest. Das ist das Interessante bei Frau Buder, sie hat bei vielem mitgewirkt.

Publikum, Ulrich Ehebald: Kann man wohl sagen, ja.

Ina Weigeldt: Irgendwann hatten wir doch mal einen Kongress, ich weiß nicht mehr, wo das war, da hatten wir uns doch verabredet, alle, die mal bei Frau Buder waren. Dann sind wir zu ihr hingegangen, da warst du auch dabei. Es ist aber lange her, ich weiß das nicht mehr so genau.

Ingrid Moeslein-Teising: Vielleicht könnte man an der Stelle über Frau Buder etwas sagen, die Jüngeren wissen weniger, wer das ist. Frau Buder war eine zentrale Figur aus der Zeit der Anfänge, sie war Ausbildungsleiterin an der

---

3 In Bremen gibt es, neben der Arbeitsgruppe der DPV, seit 1994 auch eine Arbeitsgruppe der DPG. Während die Mitglieder der DPV im Institut der Bremer Psychoanalytischen Vereinigung mitarbeiten, sind die Mitglieder der DPG am Psychoanalytischen Institut Bremen, das keiner Fachgesellschaft angehört, engagiert.

Bremer Nervenklinik und war vorher in Tübingen tätig. Sie war Lehrerin von Beruf, also weder Ärztin noch Psychologin. Sie hatte in Tübingen bereits Lehranalysanden. Schwierigkeiten mit dem dortigen Psychiater Kretschmer entwickelten sich besonders dann, als dessen Sohn Lehranalysand bei Frau Buder wurde, dann wurde das Leben für Frau Buder in Tübingen zu kompliziert und sie ging zu Prof. Schulte nach Bremen.

Ina Weigeldt: Sie war heilfroh, dass er ihr das Angebot machte. Ulli, du hast das ja auch gesagt

Publikum, Hans-Otto Platte: Für die Frage, die Herr Ehebald angesprochen hat, die Synopse, ist interessant, wie der berufliche Weg von Frau Buder zunächst war. Die war in den 20er Jahren DPG-Mitglied geworden und nach der Machtergreifung war sie aus der DPG ausgetreten und zu den Jungianern im *Deutschen Institut* in Berlin unter Kranefeld und Heyer übergewechselt.[4] In ihrer Biographie ist also ein Bruch vom Freudianischen zum Jungianischen hin.

Ina Weigeldt: Ja, ja, bei Felix Boehm hatte die Lehranalyse gemacht.[5]

Publikum, Hans-Otto Platte: Ich habe lange darüber recherchiert und nachgedacht, als ich 1991 die 40-jährige Geschichte des *Bremer Psychoanalytischen Instituts* und der *Bremer Arbeitsgruppe für Psychoanalyse und Psychotherapie* geschrieben habe: Was haben wir eigentlich für ein Erbe

---

[4] Im Mai 1936 wurde auf Betreiben des »Reichsärzteführers« und Vorsitzenden der DAÄGP, Mathias Heinrich Göring (einem Vetter des Ministerpräsidenten und späteren Reichsmarschalls Hermann Göring), unter Einschaltung von C. G. Jung, der zuvor von M. H. Göring zum Vorsitzenden der IAÄGP berufen war, das Deutsche Institut für psychologische Forschung und Psychotherapie (DI) mit dem offiziellen Ziel gegründet, eine »Neue Deutsche Seelenheilkunde« aus einer Verbindung aller drei Psychotherapieströmungen (Freudianer, Jungianer, Adlerianer) und der Fusion der verschiedenen Forschungseinrichtungen herauszuarbeiten. Das seit 1911 bestehende Berliner Psychoanalytische Institut der DPG bildete mit allen Vermögenswerten, Personal und den lehrenden Psychoanalytikern die Basis. Leiter des DI wurde erwartungsgemäß M. H. Göring. Im September 1939 wurde das DI der Deutschen Arbeitsfront (DAF) unterstellt und mit Wirkung vom 1. Januar 1944 in Reichsinstitut für psychologische Forschung und Psychotherapie im Reichsforschungsrat umbenannt.

[5] Nach dem Austritt aus der DPG folgte eine zweite Lehranalyse bei Kranefeld.

bekommen und was wirkt eigentlich in uns noch weiter und was geben wir nun wiederum an unsere Kandidaten weiter, als Lehranalytiker. Da ist etwas, was uns beschäftigt und auch lange beschäftigt hat. Zum Beispiel war ein Ergebnis aus meiner Sicht, dass ich mich – das Bremer Institut ist ja ein freies, nicht fachgesellschaftsgebundenes Institut – an eine DPG-Arbeitsgruppe persönlich angeschlossen habe, zwei Jahre dort als Gast mitgearbeitet habe, bis ich dann DPG-Mitglied geworden bin, weil es mir persönlich wichtig war an dieser tief verwurzelten psychoanalytischen Tradition teilzuhaben. Auf der Institutsebene habe ich angefangen mir mit den Kandidaten anzugukken, wie war denn die Psychoanalyse im Dritten Reich. Wir haben Artikel aus der Zeitschrift *Psychotherapie und psychische Hygiene* und aus der später in *Zentralblatt für Psychotherapie* umbenannten Fachzeitschrift[6] durchgearbeitet und versucht uns Fragen zu beantworten: Wie, wo sprang es um von der »Aufbruchstimmung 1926« mit der AÄGP hin dann über 1933, 1935 zu der »Tüchtigkeit«, das war ja so ein Wort, das die Psychoanalysen als Ziel erreichen mussten. Ich weiß nicht, wer gestern auch im Vortrag war[7], das war sehr ergreifend, als plötzlich ganz andere Bezugspunkte wichtig wurden, die auch mit den Jungianern etwas zu tun hatten, wo diese synoptische Geschichte und die Auftragserfüllung der Psychoanalytiker im Dritten Reich sich drin widerspiegelte. In diesem ganzen Konfliktfeld war Frau Buder gewesen, sie war dann von Berlin nach Stuttgart und Tübingen gegangen und hatte dort ihre Praxis begonnen und war von dort wiederum nach Bremen gekommen. Im Übrigen ist Frau Buder eine von den zehn Mitgliedern gewesen, die die DGPT sozusagen entnazifizieren sollten, das ist auch eine ganz spannende Geschichte. Die DGPT hatte 1949, in der Gründungsphase, zehn Mitglieder beauftragt, die die Aufnahme begehrenden Mitglieder alle durchchecken sollten, da gibt es spannende Geschichten, besonders aus – wo sie gerade nicken Herr Halbach – besonders aus

---

6   Zunächst hieß die Zeitschrift Allgemeine ärztliche Zeitschrift für Psychotherapie und psychische Hygiene einschließlich der klinischen und sozialen Grenzgebiete, Organ der AÄGP (Hgg. v. Prof. Rob. Sommer, Gießen), seit 1930 dann: Zentralblatt für Psychotherapie und ihre Grenzgebiete einschließlich der medizinischen Psychologie und psychischen Hygiene, Organ der AÄGP (Hgg. v. E. Kretschmer, R. Sommer, R. Allers, A. Kronefeld, I. H. Schultz), seit 1936 dann: Zentralblatt für Psychotherapie und ihre Grenzgebiete, einschließlich der medizinischen Psychologie und psychischen Hygiene, Organ der Internationalen AÄGP, Herausgeber Prof. Dr. M. H. Göring.

7   Hier wird erinnert an die Vorträge von Roland Knebusch, »Diagnose als Todesurteil«, und Uwe Langendorf, »Das Erbe der Ohnmacht«.

München. Nach München war ja, wie wir ja wissen, die Kriegskasse des Reichsinstituts hin verschleppt worden und so weiter, das lassen wir jetzt aber alles weg. Also Frau Buder hat auf vielfältige Art und Weise am Anfang in der DGPT mitgewirkt, sie war zunächst auch im Vorstand der DGPT und der Prof. Schulte, bei dem sie angestellt war, ist heute auch noch Ehrenmitglied der DGPT, weil er sie nämlich mit gegründet hat. Da sind ganz vielfältige Wurzeln, in die Ina Weigeldt dann hineingekommen ist, das ist eine ganz spannende Geschichte.

Ina Weigeldt: Ja, und ich finde es interessant, dass du das hier sagst Hans-Otto. Im Übrigen kann ich sagen: Irgendwie sind meine Bremer ganz gut, die denken alle mit. Nein, ich habe eigentlich mich gar nicht als Nachfolger von Frau Buder gefühlt, ich habe mich eher immer bemüht mich von ihr abzusetzen, das merke ich jetzt, wenn wir darüber sprechen. Ich habe bei ihr viel gelernt, aber so wollte ich nicht sein.

Publikum, Hans-Otto Platte: Sie haben das ja sehr schön herausgearbeitet, dass Ina Weigeldt die erste weibliche Vorsitzende war, und wir sind da auf einen Konflikt gestoßen zwischen den ärztlichen und den psychologischen Psychoanalytikern. Herr Halbach war lange der Psychologenvertreter im Vorstand, aber: Die Ärzte, und zwar die männlichen Ärzte bis Ina Weigeldt, hatten den Vorstand immer voll im Griff. Es durfte keiner aus dieser anderen Berufsgruppe, die zwar inzwischen innerhalb der Gesellschaft die Mehrheit stellte, sein. Genau wie die Frauen die Mehrheit stellten in der Gesellschaft, gibt es diesen Teil auch, dass die psychologischen Analytiker nicht den Vorsitz stellen durften. Der erste psychologische Vorsitzende wurde dann Herr Werthmann. Ich würde gerne noch mal dich fragen wollen, wie du das erlebt hast.

Ina Weigeldt: Das war eigentlich dann ganz selbstverständlich, Herr Werthmann war schon mit im Vorstand. Ich weiß noch, als ich abtrat und wir hatten unseren Gesellschaftsabend und tanzten zusammen, Werthmann und ich. Dann sagt er: »Glauben Sie, dass ich das schaffe, na ja, Sie als erste Frau und ich als erster Psychologe?« – »Natürlich schaffen Sie das«, habe ich gesagt, das war uns sehr bewusst.

Publikum, Zuruf: Möglicherweise war das ja wichtig, erst eine Frau und dann ein Psychologe!

Publikum, Holger Schildt: Das kann man noch ein bisschen ergänzen. Ihr seid jetzt gleich losgeschossen auf die Wahl von Herrn Werthmann, als es dann geklappt hat, aber was mir jetzt deutlich wird und was ich jetzt auch in einem anderen Zusammenhang noch mal sehen kann: 1981, als du zur Vorsitzenden in Hamburg gewählt worden warst, da brach der erste Aufstand los, da kam es zum ersten Mal dazu, dass die Psychologen in der DGPT Gegenkandidaten aufstellten. Ich frage mich jetzt, nachdem wir das gehört haben, die erste Frau und deine Stärke oder vermeintliche Schwäche vielleicht in mancher Augen, ob das nicht vielleicht ein Grund mit war für den Aufstand, weil die dachten, oh jetzt kommt 'ne Frau, vielleicht können wir jetzt mal hier die Verhältnisse zurechtrücken.

Publikum, Zuruf: Machtstrukturen in der DGPT!

Publikum, Martin Teising: Ich wollte Sie schlicht fragen, was würden Sie denn sagen, was Ihr größter Erfolg war in der DGPT und – auf der anderen Seite – was hat Sie vielleicht am meisten gewurmt oder genervt?

Ina Weigeldt: Herr Teising, das ist eine schwere Frage. Was mich am meisten freut, dass ich so viele gute Freunde gewonnen habe und dass ich eine Aufgabe hatte. Es hängt wahrscheinlich damit zusammen, dass ich zu einem Zeitpunkt meines Lebens diese Aufgabe übernehmen konnte, als ich so etwas wahrscheinlich dringend brauchte, kurz nach dem plötzlichen Tod meines Mannes. Ich glaube, das hat mich auch bewogen, viel Kraft in diese Arbeit zu stecken. Spielt sicher eine Rolle. Ich habe noch mal etwas Eigenes fertig bringen können. Alles andere hatten wir zusammen gemacht, wir hatten zusammen studiert, zusammen Examen gemacht, allerdings in verschiedenen Fächern. Mein Mann war Neurophysiologe und Nervenarzt und ich Analytiker. Was mich am meisten gegrämt hat, kann ich nicht sagen, weil aus dem, was mich zwischendurch manchmal betrübt oder was mich geärgert hatte oder was mir schwer wurde, habe ich so viel gelernt, dass ich das nicht sagen kann. Es klingt vielleicht blöd, aber das kann ich nicht. Wenn ich hier sitze und mit Ihnen rede, finde ich mich ein bisschen, na also, vielleicht musste ich nicht so viel reden, aber ich bin dankbar.

Publikum, Holger Schildt: Was den Erfolg angeht, Ina, bist du ja sehr bescheiden, denn ich weiß schon einen großen Erfolg zu benennen, das schließt genau an das an, was ich eben sagte. Es ist dir nämlich gelungen, das, was in Hamburg losbrach, 1981, wieder in geordnete Bahnen zu lenken, während deiner Zeit als Vorsitzende und ich glaube, das war ein sehr, sehr großer Erfolg. Die Integration, also das Zusammenführen der in Hamburg auseinander driftenden Kräfte, das war eine große Leistung über die Jahre hinweg danach.

Ina Weigeldt: Ja, freut mich auch sehr, bin ich froh, dass das gelungen ist, aber: Ihr habt ja alle mitgemacht!

Ingrid Moeslein-Teising: Interessant, dass diese Integrationsarbeit gerade von einer Frau geleistet wurde, vielleicht eben nicht zufällig.

Ina Weigeldt: Kann sein.

Ingrid Moeslein-Teising: Es war mit Sylvia Payne eine Frau, die es geschafft hatte, alle zusammen zu halten und die Spaltung zu verhindern, als damals die *British Society* auseinander zu driften drohte. Wenn ich das hier höre, dann denke ich, hat Frau Weigeldt offenbar eine ähnliche Funktion, wenn auch auf anderer Ebene, für die DGPT gehabt.

Publikum: Wolfgang Holitzner: Diese Zeit, 1981, ist mir nicht so bekannt, da war ich noch weit weg von der DGPT. Was aber mich und damals das Institut, in dem ich war, auch betroffen hatte, war der so genannte Unvereinbarkeitsbeschluss, der nicht lange danach kam. Mich würde interessieren, ob du da einen Zusammenhang siehst. Letztlich war es ja dann wieder ein Ärzteaufstand, der zu diesem Unvereinbarkeitsbeschluss führte.

Der Unvereinbarkeitsbeschluss war so: Es betraf damals u. a. unser Institut. Wir hatten 1983 in Berlin ein Institut gegründet, das zunächst nur für Ärzte zuständig war. Das hing damit zusammen, dass 1978 auf dem Ärztetag die Zusatztitel geteilt wurden, es gab früher nur den ärztlichen Zusatztitel ›Psychotherapie‹, dann wurde der Zusatztitel ›Psychoanalyse‹ eingeführt und ›Psychotherapie‹ wurde abgewertet. Dafür hatte sich kein Institut interessiert; wir hatten dann eine Arbeitsgruppe in Berlin gegründet für diesen Zusatztitel ›Psychotherapie‹, der ja für Hausärzte zum Beispiel interessant schien. Wir sind damals an das Institut Koserstraße herangegangen, stießen aber nicht auf großes Interesse. Man muss sehen, dass in dem Institut Koserstraße damals die Abspaltung des IPBs[8]) lief. Da

---

[8] IPB = Institut für Psychoanalyse, Psychotherapie und Psychosomatik Berlin e.V. (DPG)

waren wir mit unserem Anliegen vielleicht daneben für die, was aber dazu führte, dass wir ein eigenes Institut gründeten.[9] Als wir nun schon dabei waren ein eigenes Institut zu gründen, haben wir gesagt, da machen wir auch die ›Psychoanalyse‹ gleich mit für die Ärzte. Wenn die schon den Zusatztitel ›Psychotherapie‹ erwerben, dann sollen sie auch die Möglichkeit bekommen ›Psychoanalyse‹ machen zu können, im Anschluss, letztlich darauf mehr oder weniger aufbauend. Damit gerieten wir plötzlich in diesen Unvereinbarkeitsbeschluss hinein. Wir suchten zunächst mal die Nähe zu den Fachgesellschaften, nur mit einem etwas anderen Konzept, aber gar nicht aus unserer Sicht psychologenfeindlich. Es hatte sich aus dem Aufbau ergeben, dass damals eben nur für Ärzte dieser Zusatztitel ›Psychotherapie‹ erreichbar war. Die KBV-Richtlinien waren für Psychologen so, dass die sich nur dann niederlassen konnten, wenn sie auch Psychoanalyse gemacht hatten. Mein Interesse gilt jetzt noch mal dem Aufstand der Psychologen; dann kam, dass sich die Ärzteschaft für den Zusatztitel ›Psychotherapie‹, den neuen, interessierte, wie hängt das womöglich zusammen?

Publikum, Hans-Otto Platte: Da bringen Sie zwei Dinge durcheinander. Der Unvereinbarkeitsbeschluss hatte eine andere Geschichte, und zwar ging es da um das Baukastenprinzip bei der Psychotherapie. Dass wir das nicht unterstützen wollten, sondern wir wollten eine curriculare Weiterbildung haben an der Stelle, das sind aber zwei verschiedene Dinge. Das, was Sie jetzt sagen, das ist eine isolierte Ausbildung für Ärzte und nicht für Ärzte und Psychologen. Das war wieder ein anderer Punkt. Aber der Unvereinbarkeitsbeschluss bundesweit war etwas anderes, der ging um dieses Baukastenprinzip und dass wir das nicht unterstützen wollten.

Ina Weigeldt: Doch, das gab's auch.

Publikum, Wolfgang Kruska: Kruska, Berlin. – Muss ich dazu sagen: Berlin-Ost? Ich arbeite nämlich in Köpenick, und wir sind ja erst 1990 dazu gekommen. Ich bin heute eigentlich hier, weil mich die Geschichte der DGPT jetzt unter Seiteneinsteigergesichtspunkten natürlich sehr interessiert und weil ich auch eine der großen alten Damen dieser Richtung mal live erleben wollte. Wir haben in Berlin im Rahmen des Vereinigungsprozesses sehr intensiv eine andere alte große Dame der Psychotherapie, Frau Dührssen,

---

[9] das Berliner Institut für Psychotherapie und Psychoanalyse e. V. (BIPP)

kennen und schätzen gelernt, und wir haben uns beim Eintritt gewundert, wieso eigentlich die Dauerfehde zwischen Ärzten und Psychologen, so kam es uns vor, eine so große Rolle spielte. Das gab es im Osten eigentlich nicht. Weder zwischen den Fachärzten und den Hausärzten, noch zwischen den Psychologen und den ärztlichen Psychotherapeuten. Ich hoffe, dass das inzwischen überwundene Diskussionen sind. Ich habe eher den Eindruck, tiefenpsychologische und psychoanalytische Ausbildung steht jetzt mit dem Rücken zur Wand. Ich weiß nicht, wie das an den anderen Instituten ist. Besonders unter Ärzten gibt es relativ wenige Anmeldungen, und wir hätten einen Haufen Gründe in der Situation jetzt, integrativ, wie Sie es seinerzeit gemacht haben, zusammenzuhalten und nicht bei jeder kleinen Gelegenheit wieder Trennendes und Besserwisserisches hervorzuholen.

Ina Weigeldt: Genau, ich meine, genau an dieser Fehde haben wir ja gearbeitet und vieles ist ja sehr gut gelungen gemeinsam.

Ingrid Moeslein-Teising: Wir müssen nun zum Ende kommen. Aber ich würde Ina Weigeldt gerne im Sinne eines Schlusswortes fragen, ob sie für uns vielleicht noch einen Auftrag hat, was sie sich für die DGPT in der Zukunft wünscht.

Ina Weigeldt: Einen guten Zusammenhalt, aller Verschiedenheiten zum Trotz, denn die Verschiedenheiten machen auch wiederum das Interessante, das Farbige, das Vielseitige dieses Vereins aus. Seien wir doch froh, dass wir sehr unterschiedliche Personen und sehr unterschiedliche Einstellungen zur Psychoanalyse, Ärzte und Psychologen, in unserer Gruppe vereinen können. Denn es geht uns doch wohl darum, Psychoanalytiker zu sein, egal mit welchem Grundberuf. Und dass dies das Vereinende bitte bleiben möge und nicht vor lauter Reden um Geld oder nicht Geld oder Geltung oder nicht Geltung, dies bitte nie vergessen wird. Sonst nützen wir nicht viel. Bitte.

Autorinnen und Autoren

Thomas Abel, geb. 1965; Diplompsychologe, Psychologischer Psychotherapeut, Psychoanalytiker (DGIP, DGPT); tätig in eigener Praxis in Berlin Charlottenburg sowie als Dozent und Vorstandsmitglied des *Alfred Adler Institutes Berlin*; elfjährige Kliniktätigkeit auf einer psychiatrisch-therapeutischen Station; Arbeitsschwerpunkte sind die Behandlung von Patienten mit Borderline-Persönlichkeitsstörungen und mit Essstörungen. Homepage: www.praxis-abel.de

Ingrid Baumert, geb. 1943; Dr. phil., Diplompsychologin, Psychoanalytikerin; niedergelassene Psychotherapeutin; Dozentin am Kieler *John-Rittmeister-Institut für Psychoanalyse, Psychotherapie, Psychosomatik* (JRI), DGPT; führt Supervisionen und Lehranalysen durch; ehem. Leiterin des Weiterbildungs-Ausschusses für Psychoanalyse am Hamburger DPG-Institut, ehem. Leiterin des Weiterbildungsausschusses für Psychotherapie am JRI Kiel; Themenschwerpunkte sind psychopathologische Phänomene und Behandlungstechniken.

Jessica Benjamin; Ph. D., Autorin und Psychoanalytikerin in privater Praxis in New York, lehrt an der *New School for Social Research* und der New York University; studierte in Madison und in Frankfurt a. M. (bei Theodor W. Adorno); Mitherausgeberin der Zeitschrift *Psychoanalytic Dialogues*, Gründerin und Vorstandsmitglied der *International Association for Relational Psychoanalysis and Psychotherapy*, Gründungsmitglied der Vereinigung *Psychotherapists for Social Responsibility* in New York; Veröffentlichungen u. a.: Die Fesseln der Liebe, Frankfurt a. M. 1993; Fantasie und Geschlecht. Frankfurt a. M. 1996.

Eduard Bolch, geb. 1946; Diplomsoziologe, Diplompsychologe, Psychoanalytiker (DPV, IPA, DGPT); niedergelassen in eigener Praxis als Psychoanalytiker; arbeitet als Supervisor in verschiedenen Tätigkeitsfeldern; Seminartätigkeit am *Frankfurter Psychoanalytischen Institut* (FPI), Dozent am *Saarländischen Institut für Psychoanalyse und Psychotherapie*, DPG; Vorträge und Veröffentlichungen zu Theorie und Praxis der Psychoanalyse.

Klaus-Jürgen Bruder, geb. 1941; Psychoanalytiker in eigener Praxis (DGIP), Professor für Psychologie, Freie Universität Berlin. Veröffentlichungen u. a.: Psychologie ohne Bewusstsein. Die Geburt der behavioristischen Sozialtechnologie. Frankfurt a. M. 1982; Monster oder liebe Eltern. Sexueller Missbrauch in der Familie. (Mit Sigrid Richter-Unger), 2. Aufl., Göttingen 1997; Kreativität und Determination. Studien zu Nietzsche, Freud und Adler. (Mit Almuth Bruder-Bezzel), Göttingen 2004.

Almuth Bruder-Bezzel; Dr. phil, Diplompsychologin, Psychoanalytikerin in eigener Praxis, Dozentin, Lehranalytikerin (DGIP, DGPT); zahlreiche Buch- und Aufsatzveröffentlichungen zur Geschichte und Theorie der Individualpsychologie u. a.: Alfred Adler. Die Entstehungsgeschichte einer Theorie im historischen Milieu Wiens. Göttingen 1983; Die Geschichte der Individualpsychologie. 2. Aufl., Göttingen 1999; Kreativität und Determination. Studien zu Nietzsche, Freud und Adler. (Mit Klaus-Jürgen Bruder), Göttingen 2004.

Georg Bruns, geb. 1948; Prof. Dr. med., Diplomsoziologe, apl. Professor für Soziologie an der Universität Bremen; Psychoanalytiker in eigener Praxis; 2002–2004 Vorsitzender der *Deutschen Psychoanalytischen Vereinigung* (DPV), zurzeit deren stellvertretender Vorsitzender; Arbeitsschwerpunkte sind psychoanalytische Psychosentherapie und eine Soziologie der Psychoanalyse wie der Psychiatrie.

Peter Canzler, geb. 1940; Dr. med., Dr. ès lettres; Facharzt für psychotherapeutische Medizin und Psychoanalytiker (DPV, SPP, DGPT, DAGG), Lehr- und Kontrollanalytiker am *Psychoanalytischen Institut Heidelberg/Karlsruhe* und am *Institut für Psychoanalyse und Psychotherapie Heidelberg-Mannheim*; Veröffentlichungen zu den Themen Psychosomatik von Patienten mit Rückenschmerzen, Parzival und depressive Gegenübertragung, Homoerotik, Klinik des destruktiven Narzissmus sowie seine Auswirkungen in Nationalsozialismus und Rassismus.

Mario Erdheim, geb. 1940 in Quito, Ecuador; Psychoanalytiker in Zürich; Studium der Ethnologie, Psychologie und Philosophie in Wien, Basel und Madrid; bis 2004 Privatdozent an der Universität Frankfurt; Interessengebiete sind Kulturtheorie, Adoleszenztheorie und Theorie des Alterns; zahlreiche Veröffentlichungen.

Klaus Grabska, geb. 1952; Diplompsychologe, Psychoanalytiker (DGPT, DPG, IPV), Vorsitzender des *Instituts für Psychoanalyse und Psychotherapie Hamburg* (DPG); Veröffentlichungen zur gleichschwebenden Aufmerksamkeit, zur Deutung und zur Desobjektalisierung des Analytikers. Arbeitsschwerpunkt: Unbewusste Austauschprozesse zwischen Analysand und Analytiker.

Franziska Henningsen, geb. 1948; Dr. phil., Diplompsychologin; Psychoanalytikerin in eigener Praxis, ordentliches Mitglied, Lehranalytikerin und Leiterin der Osteuropakommission der *Deutschen Psychoanalytischen Vereinigung* (DPV), 2000–2004 Sekretärin der DPV; Mitglied der Projektgruppe *Standards zur Begutachtung psychotraumatisierter Menschen* (SBPM) in aufenthaltsrechtlichen Fragen, anerkannte Gutachterin und Supervisorin auf diesem Gebiet; zahlreiche Veröffentlichungen zur psychoanalytischen Theorie und Behandlung von Erwachsenen und Kindern.

Mathias Hirsch, geb. 1942; Dr. med., Facharzt für Psychiatrie und für psychotherapeutische Medizin, Psychoanalytiker (DGPT, affiliiertes Mitglied DPV), Gruppenanalytiker (DAGG); arbeitet in psychoanalytischer Praxis; Ehrenmitglied des *Psychoanalytischen Seminars Vorarlberg*; Forschungsschwerpunkte: Psychoanalytische Traumatologie, Psychoanalyse des Körpers; darüber hinaus zahlreiche Veröffentlichungen, u. a. zu Aspekten der Objektbeziehungstheorie, psychotherapeutischer Technik, Gruppenpsychotherapie und kulturpsychologischen Themen.

Jutta Kahl-Popp, geb. 1953; Diplompädagogin, Psychoanalytische Psychotherapeutin für Heranwachsende, Eltern und Familien; tätig in freier Praxis und in der Ausbildung psychoanalytischer Psychotherapeuten; wissenschaftlicher Förderpreis der *Vereinigung Analytischer Kinder- und Jugendlichen-Psychotherapeuten* (VAKJP); Arbeits- und Forschungsinteressen: unbewusste Beziehungsdynamiken und Beziehungskonstellationen im therapeutischen, familiären und institutionellen Kontext; Interessengebiet außerdem: Verbindung von Psychoanalyse und Pädagogik.

Rolf-Nikolai Katterfeld, geb. 1947; Dr. med., Diplomingenieur; Facharzt für Kinder- und Jugendpsychiatrie/-psychotherapie und Facharzt für psychosomatische Medizin, Psychoanalytiker; arbeitet in eigener Praxis mit sozialpsychiatrischer Zusatzvereinbarung; bis 2004 Dozent an einem Ausbildungsinstitut für analytische Kinder- und Jugendlichenpsychotherapie;

Arbeitsschwerpunkt: Wiederherstellung der elterlichen Selbstwertschätzung in der Beziehung zu ihren Kindern, Mobbing in Schulen und Kindergärten.

Rudolf Klußmann, geb. 1937; Prof. em. der Ludwig-Maximilians-Universität München; Internist, Facharzt für Psychosomatische Medizin und Psychotherapie, Lehranalytiker (DGPT, DAGG), Lehrtherapeut der Bayerischen Landesärztekammer, Supervisor verschiedener psychosomatisch-psychotherapeutischer Kliniken; Arbeitsschwerpunkte: Psychosomatische Erkrankungen, auch psychohistorische Forschungen und Veröffentlichungen auf diesem Gebiet, u. a.: VäterSöhne. Charaktere und Konflikte – eine psychohistorische Studie. Lengerich 2003; Bismarck im Licht der Psychosomatik. Macht und Ohnmacht des »Eisernen Kanzlers«. Lengerich 2004.

Roland Knebusch, geb. 1943; Medizinstudium Berlin, Zürich und Düsseldorf, Psychologiestudium in München, Psychiatrische Ausbildung am *Max-Planck-Institut für Psychiatrie*, Psychoanalytische Ausbildung an der *Psychosomatischen Universitäts-Klinik Heidelberg;* seit 1985 als Analytiker in freier Praxis in Kehl; wissenschaftliche Arbeiten zur NS-Medizin und zum Antihumanen Syndrom, Mitbegründer des *Cercle Menachem Taffel* in Straßburg.

Uwe Langendorf, geb. 1941; Dr. med.; Psychoanalytiker, niedergelassen in freier Praxis in Berlin (DGAP, DGPT); Dozent am *Institut für Psychotherapie* Berlin. Forschungen und Veröffentlichungen zu den Themen Migration, Ethnologie, Psychohistorie und Probleme der Zeitgeschichte, Theorieentwicklung der Analytischen Psychologie.

Carl Nedelmann, geb. 1936; Dr. med., Facharzt für Psychiatrie und für Psychotherapeutische Medizin, Psychoanalytiker in privater Praxis; von 1983 bis 1997 Direktor des Instituts für Psychoanalyse und Psychotherapie – *Michael-Balint-Institut* – in Hamburg; von 1983 bis 1985 Vorsitzender der DGPT; von 1992 bis 1994 Vorsitzender der DPV; Mitglied der Schriftleitung im *Forum der Psychoanalyse*; Publikationen zur Theorie und Praxis der Psychoanalyse.

Michael Pavlovic, geb. 1953; Dr. med., Facharzt für Psychotherapeutische Medizin, Facharzt für Psychiatrie und Psychotherapie; Psychoanalytiker, Gruppenanalytiker, Supervisor und Organisationsberater (DGPT, DPG,

IPA, DAGG, ISPSO) in freier Praxis; Lehrtätigkeit im Rahmen der psycho-analytischen Weiterbildung und verschiedenen anderen psychotherapeu-tischen Weiterbildungsgängen, Lehr- und Kontrollanalytiker am *Institut für Psychoanalyse der DPG Stuttgart.* Homepage: www.psychcon.de

Jan Ponesicky, geb. 1943; Dr. med., Dr. phil.; Oberarzt der MEDIAN-Klinik Berggießhübel, Psychoanalytiker, Supervisor; Dozent an der Prager Psychotherapeutischen Fakultät und an der Fakultät für Humanistische Studien der Karlsuniversität in Prag/CR.; Arbeitsschwerpunkte: Psycho-somatik, Psychoanalyse und Philosophie.

Ilka Quindeau, geb. 1962; Dr. phil. habil., Diplompsychologin, Diplom-soziologin; Psychoanalytikerin (DPV/IPV) in eigener Praxis, Professorin für Klinische Psychologie an der Fachhochschule Frankfurt; Arbeits-schwerpunkte: Psychoanalytische Theoriebildung, individuelle und gesellschaftliche Auseinandersetzung mit NS, Antisemitismus, Fremden-feindlichkeit, Frauenforschung; letzte Veröffentlichung: Spur und Umschrift. Die konstitutive Bedeutung von Erinnerung in der Psychoa-nalyse. München 2004, ausgezeichnet mit dem 2005 erstmals vergebenen *Wolfgang-Loch-Preis* für herausragende psychoanalytische Arbeiten.

Michaela Schuhmacher, geb. 1957; Fachärztin für psychotherapeutische Medizin; als ärztliche Psychotherapeutin und Psychoanalytikerin seit 1994 in eigener Praxis in Bad Krozingen tätig; Interessensschwerpunkt: Anwendung unterschiedlicher Fokuskonzepte in Langzeitpsychothera-pien.

Sieglinde Eva Tömmel; Dr. phil., Dr. rer. pol. habil., Lehr- und Kontroll-analytikerin der MAP, DGPT, BLÄK und der Ärztlichen Akademie für die Psychotherapie von Kindern und Jugendlichen e. V., niedergelassene Psychoanalytikerin in München/Planegg, zahlreiche Veröffentlichungen zur Psychoanalyse der Kunst und Kreativität, zur Geschichte und Kultur-theorie der Psychoanalyse.

Bertram von der Stein; Dr. med., Psychoanalytiker (DGPT, DPG), Dozent am *Institut für Psychoanalyse und Psychotherapie Düsseldorf*, Arzt für Psychotherapeutische Medizin, Arzt für Psychiatrie und Psychotherapie. 1995–2003 in Psychosomatischen Kliniken u. a. in leitenden Funktionen tätig. Erfahrungen in psychosomatischer Rehabilitation und Psychotherapie mit Älteren und Migranten. Seit 2003 niedergelassener Psychoanalytiker in eigener Praxis. Veröffentlichungen v. a. im Bereich Ich-struktureller Störungen, Alkoholismus, autodestruktiven Verhaltens, Kriegstraumatisierungen und Migration.

Silke Wiegand-Grefe, geb. 1964; Dr. rer. nat., Dipl. psych.; Psychologische Psychotherapeutin, Psychoanalytikerin (DPG, DGPT), Paar- u. Familientherapeutin (DGSF, BVPPF), Dozentin, Supervisorin, Lehrtherapeutin an der *Akademie für Psychotherapie Erfurt* (AfP), Dozentin am *Adolf Ernst Meyer Institut für Psychotherapie Hamburg* (AEMI), tätig am Universitätsklinikum Hamburg Eppendorf, Klinik für Kinder- und Jugendpsychiatrie und -psychotherapie. Wiss. Schwerpunkte: Psychotherapie- und Evaluationsforschung, Leitlinien Psychosomatische Rehabilitation, Familientherapie, Kinder psychisch kranker Eltern, transgenerationale Weitergabe traumatischer (Kriegs-)erfahrungen.

Hans-Jürgen Wirth, geb. 1951; apl. Prof. Dr. habil., Diplompsychologe, Psychoanalytiker, Psychologischer Psychotherapeut; arbeitet als Psychoanalytiker und psychoanalytischer Paar- und Familientherapeut in eigener Praxis in Gießen; lehrt an der Universität Bremen; Gründer und Verleger des *Psychosozial-Verlages*; Arbeitsschwerpunkte: Psychoanalyse und Politik. Homepage: www.psychosozial-verlag.de

Katharina zur Nieden, geb. 1951; Ärztin für Neurologie und Psychiatrie, Psychoanalytikerin (DPG, IPV) und Gruppenanalytikerin (GRAS) in eigener Praxis in Berlin; Lehranalytikerin (DPG) und Dozentin am *Institut für Psychoanalyse Berlin* (IPB) und im Rahmen der Facharztweiterbildung für Psychiatrie und Psychotherapie an der *Charité* Berlin; Interessenschwerpunkte: psychoanalytische Behandlung traumatisierter Patienten, behandlungstechnische Fragen.

Publik-Forum:

»Ein Meisterwerk politischer Psychoanalyse«

Besondere Empfehlung für die Sachbuch-Bestenliste der Süddeutschen Zeitung, des NDR und des BuchJournals

2. Auflage 2003
439 Seiten · gebunden
EUR (D) 24,90 · SFr 43,70
ISBN 3-89806-044-6

»Die Fallstudien, die Wirth auf Grund genauer Recherchen zur Barschel-Affäre, zu Helmut Kohl (mit zurückhaltendem Einbezug des Freitods von Hannelore Kohl), zur 68er Generation und zu Joschka Fischers stupenden Metamorphosen sowie zu Slobodan Milosevics Paranoia vorlegt, sind sehr ergiebig, besonders eindrucksvoll im Falle Uwe Barschels.«

Ludger Lütkehaus, NZZ

»Harte Bandagen also, die – so Wirth – dennoch nicht zu Politikverdrossenheit verleiten sollten: Erst wenn Bürger und Wähler den ›Einfluss unbewusster psychischer Konflikte auf Entscheidungen höchster Tragweite‹ erkennen würden, könnten ihnen Politik und Politiker wieder ›ein Stückchen näher‹ rücken.«

Der Standard

»Hans-Jürgen Wirth hat die Plattform erreicht, auf der eine allgemeine Psychoanalyse der Politik errichtet werden kann. Der Schritt war unerlässlich.«

Paul Parin

P🔲V
Psychosozial-Verlag

2005
720 Seiten · gebunden
EUR (D) 36,– · SFr 62,–
ISBN 3-89806-363-1

»Das Unbewusste« ist keine Erfindung Freuds, sondern wurde von ihm im 19. Jahrhundert aus anderen Feldern in die Medizin und Psychologie »umgebucht« (Assmann). Durch Freud wurde es zum Zentralbegriff der Psychoanalyse und der Tiefenpsychologie. Seitdem ist es als solches unbestritten, aber wie und ob es überhaupt »gedacht« werden kann, ist Gegenstand heftiger Kontroversen – auch wieder zunehmend in anderen Disziplinen.

Die Beiträge zeigen, welche vor-freudschen Wurzeln das Unbewusste in der (auch außereuropäischen) Philosophie, Medizin und Psychologie hat, beschreiben die Entwicklungen des Begriffs durch und nach Freud und zeigen, wie sehr das Unbewusste in den Nachbarwissenschaften und längst in der empirischen Psychotherapieforschung als selbstverständlich angenommen wird.

P🏛V
Psychosozial-Verlag

2005 · 232 Seiten · Broschur
EUR (D) 19,90 · SFr 34,90
ISBN 3-89806-394-1

Was ist Liebe? Was hat eine Affäre mit der eigenen Beziehung zu tun? Lohnt es sich zu kämpfen? Kann eine Therapie helfen? War die Beziehung nicht von Anfang an zum Scheitern verurteilt? Ist die Ehe gar der Friedhof jeder Liebe?

Wolfgang Hantel-Quitmann widmet sich diesen Fragen und kreiert daraus eine »Psychologie der Liebesaffären«, entwickelt an Beispielen aus der paartherapeutischen Praxis, großen Werken der Weltliteratur und den Liebesaffären berühmter Paare.

Für alle, die sich aus psychologischem, literarischem, rein menschlichem oder gar privatem Interesse mit dem Thema beschäftigen – bevor die nächste Liebesaffäre als Ende aller Liebe, moralisch verwerflich oder schicksalhaft missdeutet werden könnte.

P🔲V
Psychosozial-Verlag

2004 · 558 Seiten · gebunden
EUR (D) 36,– · SFr 62,–
ISBN 3-89806-315-1

Für die psychoanalytische Theorie stellt sich die Frage, ob Glauben eine innere Notwendigkeit darstellt, der sich kein Mensch entziehen kann. Glaube wäre in diesem Falle ein wesentlicher Teil der Kulturfähigkeit des Menschen, zugleich aber auch seines Leidens an dieser Kultur.

In der analytisch-therapeutischen Arbeit werden individuelle und kollektive Glaubenssysteme untersucht. Die Aufgabe des Über-Ich, des Ich-Ideal und auch des grandiosen Selbst nimmt dabei eine zentrale Rolle ein. Doch auch Psychoanalytiker selbst geben ihr »Nicht-Wissen« zu oft zugunsten eines gläubigen »Wissens« auf, z. B. in Bezug auf eine Deutung und ihren Wert oder auf eigene Theorien und ihre Hintergrundannahmen.

Dieser Band enthält die Vorträge der 54. Jahrestagung der Deutschen Gesellschaft für Psychoanalyse, Psychotherapie, Psychosomatik und Tiefenpsychologie. Die Beiträge zeigen, wie vielfältig bis heute die Verknüpfungspunkte mit Glauben in der täglichen theoretischen und praktischen Arbeit sind und wie unterschiedlich Psychoanalytiker ihre Erfahrungen in ihrem Denken konzeptualisieren.

P🗗V
Psychosozial-Verlag